易经图典

河图洛书名家集解

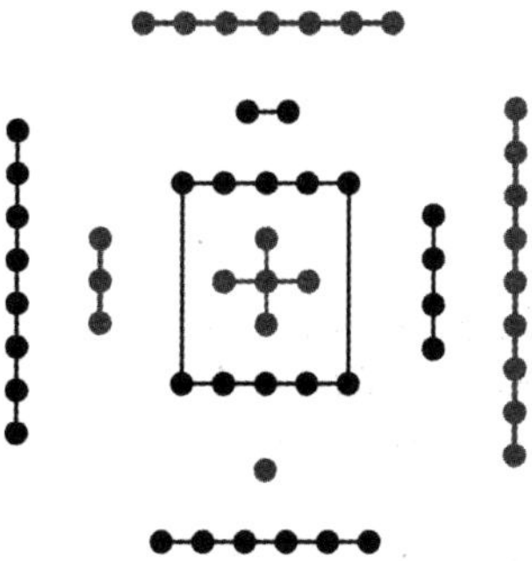

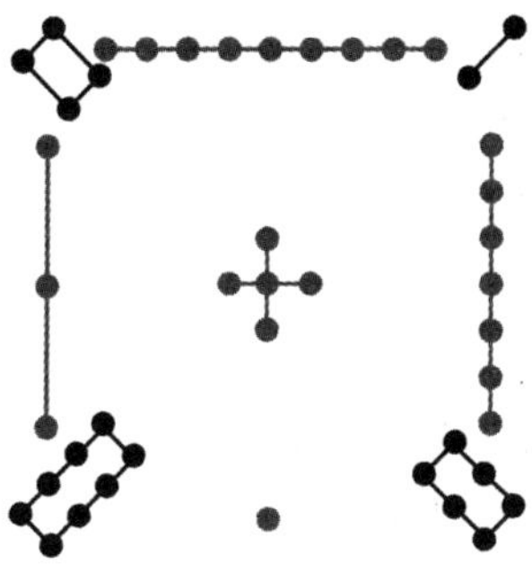

施维 主编

巴蜀书社

图书在版编目(CIP)数据

易经图典:河图洛书名家集解 / 施维主编 . —成都:
巴蜀书社,2020.11
ISBN 978 - 7 - 5531 - 1386 - 9

Ⅰ. ①易… Ⅱ. ①施… Ⅲ. ①《周易》—图解
Ⅳ. ①B221.2

中国版本图书馆 CIP 数据核字(2020)第 201035 号

易经图典——河图洛书名家集解 施维主编
YIJINGTUDIAN HETULUOSHU MINGJIAJIJIE

责任编辑	肖　静
封面设计	南京私书坊文化传播有限公司
出　　版	巴蜀书社 四川省成都市锦江区三色路 238 号新华之星 A 座 36 楼　邮编 610023 总编室电话:(028)86361843
网　　址	www. bsbook. com
发　　行	巴蜀书社 发行科电话:(028)86361856
经　　销	新华书店
印　　刷	成都东江印务有限公司
版　　次	2021 年 1 月第 1 版
印　　次	2025 年 2 月第 5 次印刷
成品尺寸	170mm × 240mm
印　　张	34. 25
字　　数	700 千
书　　号	ISBN 978 - 7 - 5531 - 1386 - 9
定　　价	96. 00 元

本书若有印装质量问题,请与印刷厂联系调换
(028 - 82601551)

圖釋萬象開物成務

囊括天地與民更始

題易經圖釋大典以應老友施維之囑

乙未暮春　劉大鈞撰書

劉大鈞

欣知施維先生周易八卦圖解巴蜀
版行並極為高興特呈拙詩以賀之

天錫河圖識奇蹄
先天後天探玄機
八卦圖象再排漓
夜深清露挹霞衣

壬午冬 劉文劍撰并書

原　序

宋人治《易》，著作丰富，尤注意“图”“书”的发挥和运用。

所谓“图”“书”，主要指“河图”与“洛书”，是宋人附会并发挥前人注《易》之图而来。这些易图又被后人互相附会发明，愈演愈繁，自宋至清绵延七八百年之久，易图据说达到数千种之多，形成宋、元、明、清四代人讲《易》的一支新学派，被称之为“图”“书”之学。

先秦确有“河图”之说，如《尚书·顾命篇》：“大玉、夷玉、天球、河图在东序。”孔子在《论语·子罕》中也叹道：“凤鸟不至，河不出图，吾已矣夫!”但这“河图”到底是什么样子，当时却无人谈及。《系辞》虽说圣人作《易》则之“河图”“洛书”，《管子》一书亦有提及，但历来讲《易》者，由西汉的施、孟、梁丘、京房、费直，到东汉的马融、荀爽、郑玄、虞翻、陆绩，及至魏晋时的王肃、王弼、姚信、王廙、张璠、干宝等，皆无人讲解“河图”“洛书”是何种形状，唐人陆德明、孔颖达、李鼎祚等，在注《周易》时对“河图”“洛书”也没有具体言及。

汉人如刘歆、孔安国、扬雄、班固等，虽曾谈及，亦是一笔带过，且说法往往各有不同。另外，《礼记》《淮南子》《易纬·乾凿度》《论衡》《白虎通义》等书中提到“河图”“洛书”，亦是泛泛而言。只有郑玄注《系辞》，称“河图”有九篇，“洛书”有六篇（“九”与“六”相加为十五，倒合于“洛书”之特点）。若依郑注，则“河图”“洛书”的内容，当有文字撰述，恐非仅为易图，何况郑玄此说，恐本于纬书，纬书晚出，不可为据。

于是，自宋至今，学人多持两种观点。

（一）以为宋人之前，未见其图，易图之兴，盖肇始于北宋初年的华山道士陈抟。陈抟通过对易理的归纳推衍，制成“河图”“洛书”“先天图”“无极图”等易图，以发挥《周易》的象数之学。这些易图以《周易》之“卦爻反复研求，无不符合”，且其阴阳奇偶也“一一与《易》相应”（《四库全书总目》）。其图后经刘牧、邵雍、周敦颐、朱震、朱熹等人的推演、传播和肯定，元、明、清三代学者的共同繁衍发挥，终于形成了易学史上不可忽视的“图”“书”之学。

（二）以为宋人之图，虽始于陈抟，但其图乃宋人发挥《系辞》及扬雄《太玄》中的《玄图》和《大戴礼记·明堂》及《易纬·乾凿度》之郑玄注文等等而来，这些易图虽于《易》有补，但绝非宋人发明。今人李申先生在做了扎实的考证之后指出：“陈抟刻无极图于华山石壁事，令人疑问千重。”基本否定了此说，他认为是“道士们一步一步地把太极图改成了丹图和无极图”（《太极图渊源辨》，载《周易研究》1991 年第 1 期）。

笔者以为，易图的兴起，特别是“河图”“洛书”等图，绝不是宋人自造，除了上面考证的资料外，还有至今尚未引起学人重视的两点。

（一）隋唐之前，早已有以易图解《易》之著。考《隋书·经籍志》之《易》类书目中，有“《周易系辞义疏》二卷”下注：“萧子政撰。梁有《周易乾坤三象》《周易新图》各一卷，又《周易普玄图》八卷，薛景和撰。”可证以易图解《易》，梁已有之。在《隋书·经籍志》之纬书类中，亦载有“河图二十卷”，下注“梁‘河图’‘洛书’二十四卷，目录一卷”，另有“河图龙文一卷”。

《易纬·乾凿度》曰：“故太一取其数，以行九宫，四正四维，皆合于十五。”郑玄于此有一段很长的注文，对九宫做了详细注释。清人胡渭按八卦方位，参照郑玄注文，在其《易图明辨》卷二中列图揭示了宋人“洛书”之“戴九履一，左三右七，二四为肩，六八为足”乃袭取于《易纬·乾凿度》的这段文字。故先儒以此作为一条很重要的证据，证明“洛书”乃宋人袭《易纬·乾凿度》郑玄之注而造出。

然而，《隋书·经籍志》的“五行术数类”中，已载有“九宫图一卷”“九宫变图一卷”“九宫八卦式蟠龙图一卷”，此“九宫图”“九宫变图”及“九宫八卦式蟠龙图”等，是否即表现《易纬·乾凿度》郑注八卦下行“九宫”的易图？宋人是否因为看了这些易图而造出“河图”“洛书”？重要的是，近年出土的在海内外引起高度重视的马王堆帛书《系辞》，其与今本《系辞》的大部分文字都相同，但今本《系辞》中的“象”字，帛本却都写作“马”。此一字之差引起了学界的极大关注与重视，并为“易者象也”之“象”作“马”，学者们做出了不同解读。在对古人易图作追根溯源的研究中，我发现帛书《系辞》以“马”代“象”，当源自古易图之说。案《礼记·礼运》：“故天降膏露，地出醴泉，山出器车，河出马图。”郑玄注：“马图，龙马负图而出也。”孔颖达疏：“龙马负图出于河，遂法之画八卦。”“龙马”又叫“马龙”，《文心雕龙·正纬》：“马龙出而大《易》兴，神龟见而《洪范》耀。”秦汉人当时应皆知古人法“马图”“马龙”以画八卦之旨，故帛书《系辞》中以“马”代“象”，此“马”当是“马图”“马龙”之简称。“马”既可“法之画八卦”，故其旨与今本“象”字同。

（二）如果于此仍有疑问，作为铁证的是《旧唐书·礼仪志第四》：“天宝三年，有术士苏嘉庆上言，请于京东朝日坛东置九宫贵神坛……东南曰招摇，正东曰轩辕，东北曰太阴，正南曰天一，中央曰天符，正北曰太一，西南曰摄提，正西曰咸池，西北曰青龙，五为中，戴九履一，左三右七，二四为上，六八为下……”此一段文字记载，足以说明宋人“洛书”乃袭前人九宫说而出之。1977 年春，在阜阳县双古堆西汉汝阴侯墓发现的“太乙九宫占盘”，是唐时仍有传授的铁证。

因此，据上所考，宋人“图”“书”之说，绝非宋人自造，唐时于九宫已有“戴九履一，左三右七，二四为上，六八为下”之说，“洛书”乃袭前人“九宫”说而出，此点已无疑义，故以易图解《易》，由来久矣！隋唐之前，早已有之。帛书《系辞》中以“马”代“象”，当时代表了秦汉人对“马图”“马龙”说的普遍认知。至于这些易图是何时因何故被逐出解《易》之书的，恐怕要从研究文人相轻史入手，估计是一派得势而另一派失势的结果。

易图的学术价值，在于它以图谱的形式去说明和探索《周易》的深奥含义，对于推动后世象术、义理、丹道、中医、堪舆、占筮等方面的研究，起到了巨大的作用。

施维先生收集宋代至清末三十余家易学专著集录之易图近千幅，使读者存一书而可见易图发生及发展之大概。故此书的付梓，使我备感欣慰，故特制短文如上以记之。

刘大钧

壬申年辰月

前　言

“河图”“洛书”之说早见于先秦、两汉诸典，如“大玉、夷玉、天球、河图在东序”（《尚书·顾命》），“河出图，洛出书，圣人则之”（《易经·系辞》），“河图命庖，洛书赐禹，八卦成列，九畴由叙”（《汉书·五行志赞》）。而在南朝和唐代已可见以图解《易》的滥觞，如梁代的《周易新图》一卷、《周易普玄图》八卷（《隋书·经籍志》），唐代的《大衍玄图》一卷（《新唐书·艺文志》）——遗憾的是，这些图书学著作和它们记载的易图，早已湮没不传，无从稽考了。

五代末北宋初年，一位承前启后的关键人物——华山方士陈抟的出现，揭开了宋代《易经》图象兴盛的序幕。

陈抟，字图南，自号扶摇子，亳州真源（今安徽亳州市谯城区）人，长于“养生知来”，被宋太宗誉为方外高士，并赐号“希夷先生”。他通过对易理的归纳推演，制成了“河图”“洛书”“先天图”“太极图”等易图，借以发挥《易经》象数学。这些奇妙复杂的易图不但以《易经》之“卦爻反复研求，无不符合”，而且其阴阳奇偶也“一一与易相应”（《四库全书总目·经部易类》）。

陈抟传世的这些易图形成了三大谱系，去陈未远的宋代易学名家朱震（1072—1138）考证说：“国家龙兴，异人间出，濮上陈抟以‘先天图’传种放，放传穆修，修传李之才，之才传邵雍；放以‘河图’‘洛书’传李溉，溉传许坚，坚传范谔昌，谔昌传刘牧；修以‘太极图’传周敦颐，敦颐传程颐、程颢。”（《进周易表》）

在这三大谱系中，又以邵雍、刘牧、周敦颐为代表，于后世影响较大。其中，邵雍据“先天图”撰《皇极经世书》，刘牧据“河图”“洛书”著《易数钩隐图》，周敦颐又据“太极图”作《太极图说》。其后朱震著《汉上易传》，朱熹著《周易本义》《易学启蒙》，对《易经》图象进一步肯定、推演、传播，终于在宋代形成了易学史上融象、数、理为一体的图书之学。元、明、清三代图书学得到了进一步的发展，学者们参同会异，繁衍其说，以图解易的著作愈来愈多，图象涉及的领域也愈加广阔，出现了一批质量上乘的图书学著作，对近现代的易学研究产生了巨大的影响。

宋、元、明、清传留下来的易图及其图说是我国古代学者对《易经》这部“卜筮之书”不断探索的记录，其中不乏学术的精华和智慧的火花，具有较高的文献和研究价值。我对宋、元、明、清易图及研究文献的搜集、整理工作始于1990年，完成于1993年，这些成果由中国工人出版社于1994年12月出版（书名《周易图释大典》，精装上下册），1995年9月再版。今以此书为基础，稍作删节，收录宋、元、明、清30余位易学名家所著录的重要易图及其图说约780余幅（条），包括了历代易图的精华，更其名曰《易经图典——河图洛书名家集解》，以满足学者和爱好者的需求。1992年，中国周易学会会长、中央文史馆馆员、国际著名易学家刘大钧先生于百忙之中为本书作序，对“图”“书”之源流、价值进行了详尽的考证，提出了非常精辟的见解。虽然已经过去27年，但是，刘大钧先生序言中的观点仍然对图书学的研究具有指导意义，故本次再版，谨以“原序”之名列于篇首，并再次向刘大钧先生致以深深的谢意。

施　维

2021年1月

凡　例

（一）以单种易著为单位收编整理易图，图下附作者对易图的阐释，各书的排列依时代先后为序。

（二）各书所录图谱如与前人完全相同，其图说又无独见或未增加新的资料者即删去不录。如元代张理《大易象数钩深图》《乾坤易简之图》至《既济未济合律之图》凡六十四图，皆与宋佚名所辑《周易图》所载图象、文字基本相同，盖从后者书中录出，即予删节。

（三）有的易图没有图说，如其图为前人所无，则予收录，否则不取。

（四）辑录以图书学派的著作为主，兼取部分确有价值的反图书学派的著作，以便读者从正反两方面了解易图的功过得失。如清代著名学者胡渭的《易图明辨》虽主攻易图之失，却能穷溯图书的本末源流，“一一抉所自来”，就连图书学派的大师杭辛斋也不能不叹其精博，故予收录。

（五）“解说”部分为历代学者对各自所收或所作易图的阐释，编者不再另加新的评介或解析，仅将古人图说进行整理、标点，提供较为完整和系统的易图研究资料。

（六）所收之书，凡有两种以上版本者，以所见最佳者为底本，而参校别本，补正缺讹，为省篇幅，不出校记。凡原书图象模糊不清者，用善本补换后，皆由专人修复。如图毁伤太甚，又无本可补，修补无据者，则付阙如。

（七）本书不以图为单位收编易图，是因为易图的情况比较复杂，如“太极图”所见著录即有陈图南本图、周敦颐空心圆太极图，赵谦、胡渭阴阳鱼图等。又如“河图”“洛书”，一派以图九书十为说，始于刘牧《易数钩隐图》；一派以图十书九为说，以朱熹为代表，“图”“书”之数正好相反。易图的不同画法表现了作者对易理、易数的不同观点，所以不宜将此类易图并行编辑。本书以著作为单位，依时代先后编次易图，清楚地反映了易图发展繁衍的线索，全面展示了不同时代以图解易的特点和成就，从而给读者提供一个丰富全面、系统明晰的易图工具书。

目　录

宋·刘牧《易数钩隐图》

一、太极图

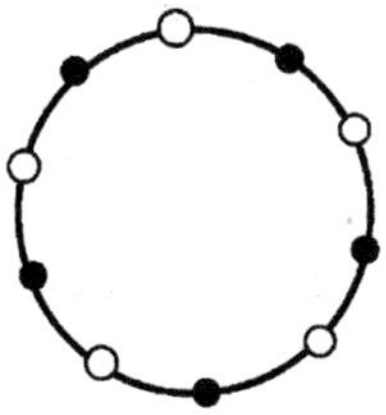

解说

太极无数与象。今以二仪之气混而为一以画之，盖欲明二仪所从而生也。

二、太极生两仪图

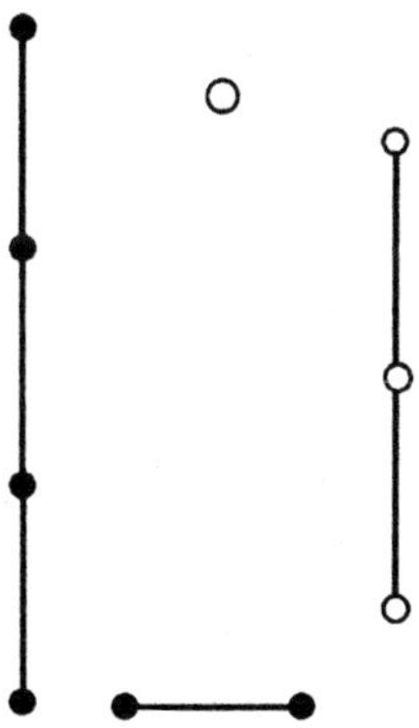

解说

《经》曰：易有太极，是生两仪。太极者，一气也。天地未分之前，元气混而为一，一气所判，是曰“两仪”。易不云乎天地，而云两仪者，何也？盖以两仪则二气始分，天地则形象斯著，以其始分两体之仪，故谓之“两仪”也。何以明其然？略试论之：夫气之上者轻清，气之下者重浊。轻清而圆者，天之象也；重浊而方者，地之象也。兹乃上下未交之时，但分其仪象耳。若二气交，则天一下而生水，地二上而生火，此则形之始也。五行既备，而生动植物焉，所谓“在天成象，在地成形”也。则知两仪乃天地之象，天地乃两仪之体尔。今画天左旋者，取天一、天三之位也；画地右动者，取地二、地四之位也。分而各其处者，盖明上下未交之象也。

三、天五图

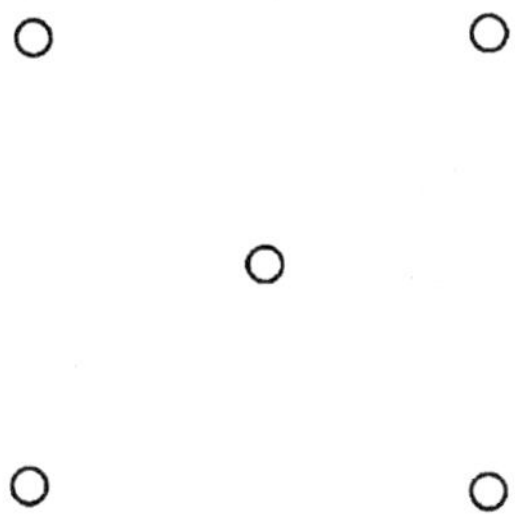

解说

天一、地二、天三、地四，此四象生数也。至于天五，则居中而主乎变化，不知何物也，强名曰“中和之气”，不知所以然而然也。交接乎天地之气，成就乎五行之质，弥纶错综，无所不周，三才之道既备，退藏于密，寂然无事，兹所谓“阴阳不测之谓神”者也。《经》虽云“四象生八卦”，然须三、五之变易，备七、八、九、六之成数，而后能生八卦而定位矣。

四、天地之数十有五图

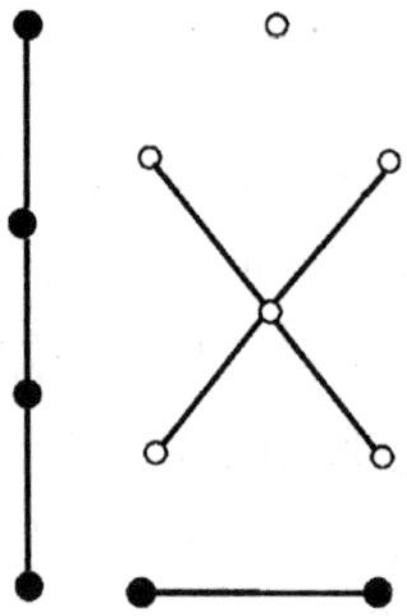

解说

或问曰：天地之数，何以由天五而生变化？答曰：天地之生数足，所以生变化也。天地之数十有五，自天一至天五，凡十五数也。天一、天三、天五成九，此阳之数也，故“乾元用九”。地二、地四成六，此阴之数也，故“坤元用六”。兼五行之成数四十，合而为五十有五，备天地之极数也，所以能成变化而行鬼神。

五、天一下生地六图

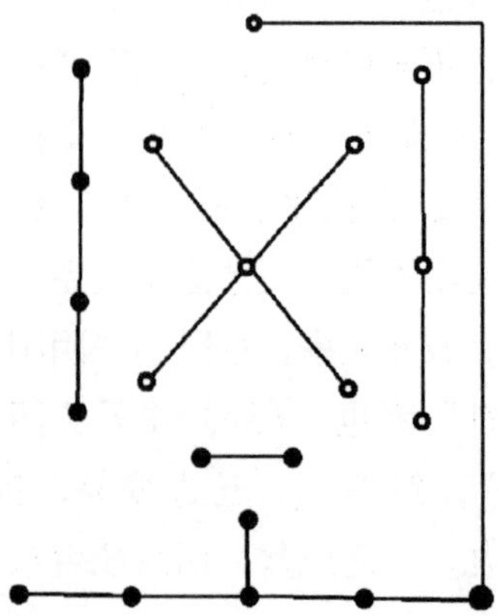

六、地二上生天七图

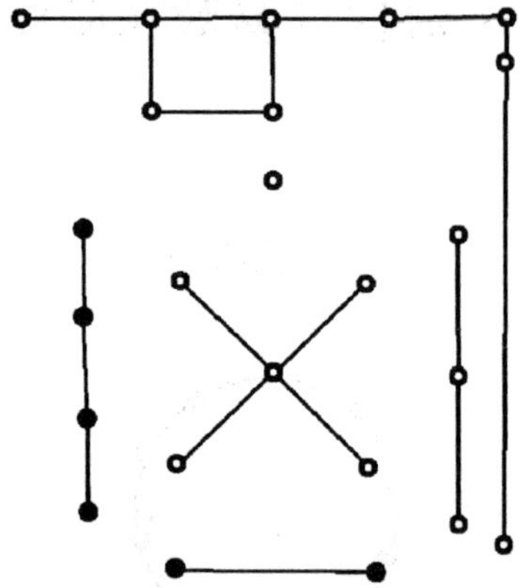

七、天三左生地八图

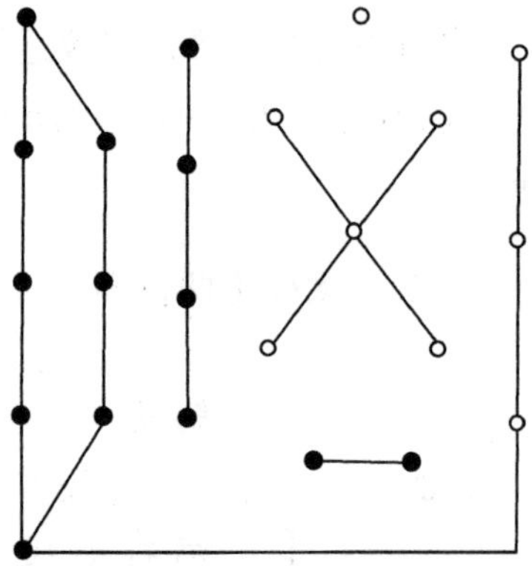

八、地四右生天九图

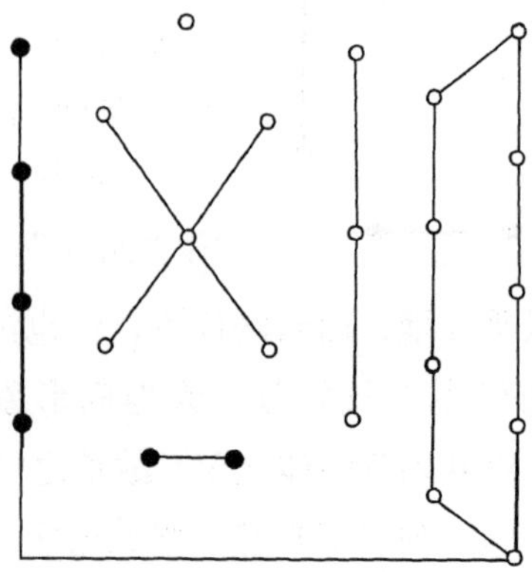

解说 五至八诸图并说

《经》曰：三伍以变，错综其数。通其变，遂成天地之文；极其数，遂定天下之象。又曰：三，合也。伍，为偶配也，为天五合配天一，下生地六之类是也。以通其变化，交错而成四象、八卦之数也。成天地之文者，为阴阳交而著其文理也。极其数者，为极天地之数也。天地之极数五，十有五之谓也。遂定天地之象者，天地之数既设，则象从而定也。

九、两仪生四象图

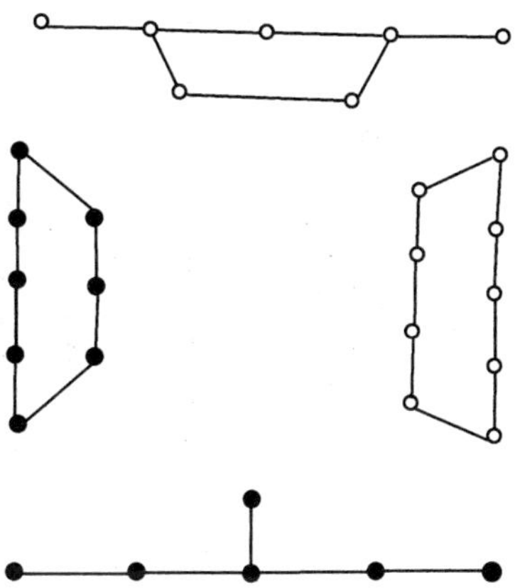

解说

《经》曰：两仪生四象。孔氏疏谓金、木、水、火禀天地而有，故云“两仪生四象”。土则分王四季，又地中之别惟云四象也。且金、木、水、火有形之物，安得为象哉？孔氏失之远矣。又云：“易有四象所以示”者，庄氏云：四象谓六十四卦之中有实象，有假象，有义象，有用象也。今于释卦之处已破之矣。何氏谓天生神物，圣人则之，一也；天地变化，圣人效之，二也；天垂象，见吉凶，三也；河出图，洛出书，圣人则之，四也。今谓此四事，圣人易外别有其功，非专易内之物。称“易有四象”，且又云“易有四象，所以示也”；系辞焉，所以告也。然则象与辞，相对之物。辞既爻卦之下辞，象谓爻卦之象也。上两仪生四象，七、八、九、六之谓也。诸儒有谓七、八、九、六，今则从以为义也。而疏家以七、八、九、六之四象，为所以示之四象，则驳杂之甚也。何哉？夫七、八、九、六乃少阴、少阳、老阴、老阳之位，生八卦之四象，非易之所以示四象也。略试论之：且夫四象者，其义有二：一者谓两仪所生之四象，二者谓易有四象，所以示之四象，若天一、地二、天三、地四所以兼天五之变化，上下交易，四象备其成数，而后能生八卦矣。于是乎坎、离、震、兑，居四象之正位。不云“五象”者，以五无定位，举其四，则五可知矣。夫五上驾天一，而下生地六；下驾地二，而上生天七；右驾天三，而左生地八；左驾地四，而右生天九，此“河图”四十有五之数耳。斯则二仪所生之四象，所谓易有四象，所以示者。若《系辞》云吉凶者，失得之象一也；悔吝者，忧虞之象二也；变化者，进退之象三也；刚柔者，昼夜之象四也。且孔氏疏云：象之与辞，相对之物。辞既爻卦之下辞，象谓爻卦之象也。又上句云：易有四象，所以示也；下句云：系辞焉，所以告也。详其吉凶、悔吝、变化、刚柔四者之象，既系辞所陈，则与爻卦正协其义也。而又孔氏复引二仪所生之四象，举七、八、九、六之数，则其义非也，不亦失之甚乎？

十、四象生八卦图

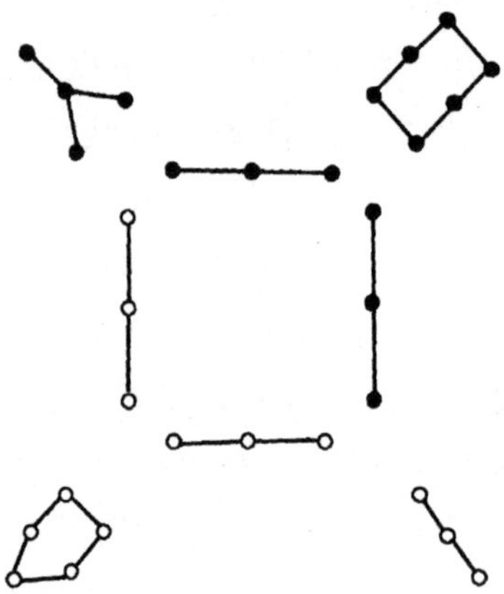

解说

五行成数者，水数六，金数九，火数七，木数八也。水居坎而生乾，金居兑而生坤，火居离而生巽，木居震而生艮。已居四正而生乾、坤、艮、巽，共成八卦也。

十一、二仪得十成变化图

解说

此乃五行生成数，本属“洛书”。此画之者，欲备天地五十五数也。

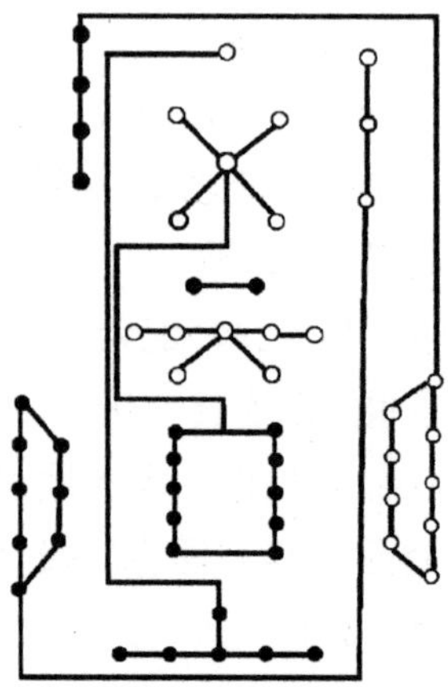

十二、天数图

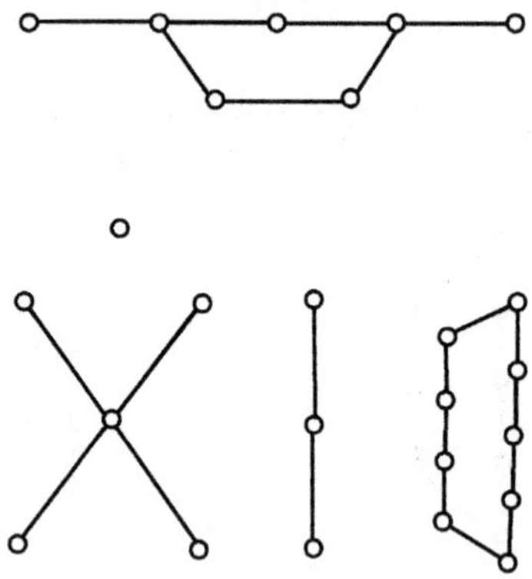

十三、地数图

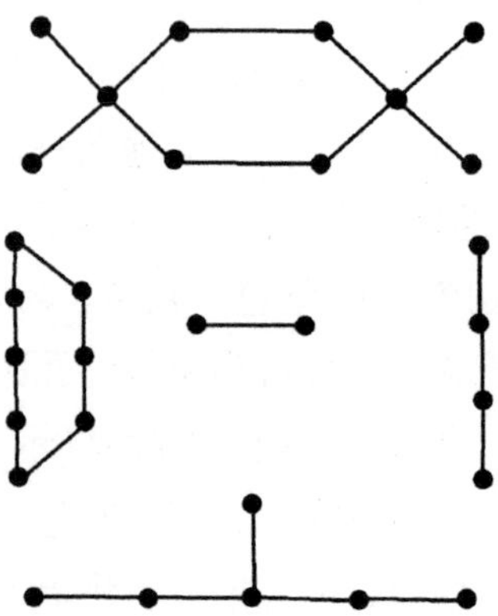

十四、天地之数图

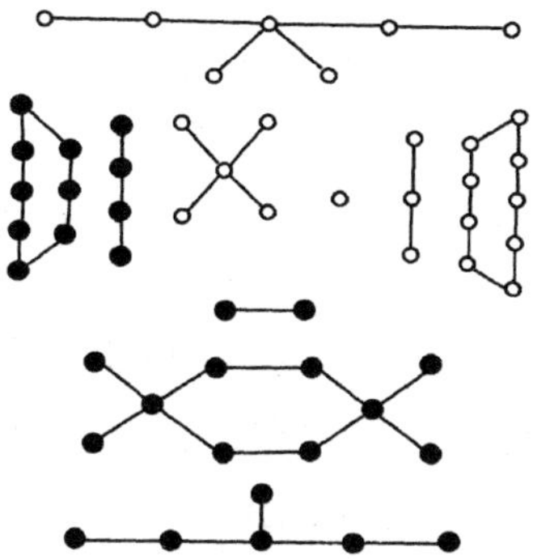

解说

内十五天地之用，九、六之数也。兼五行之数四十，合而为五十有五，备天地之数也。

十五、大衍之数图

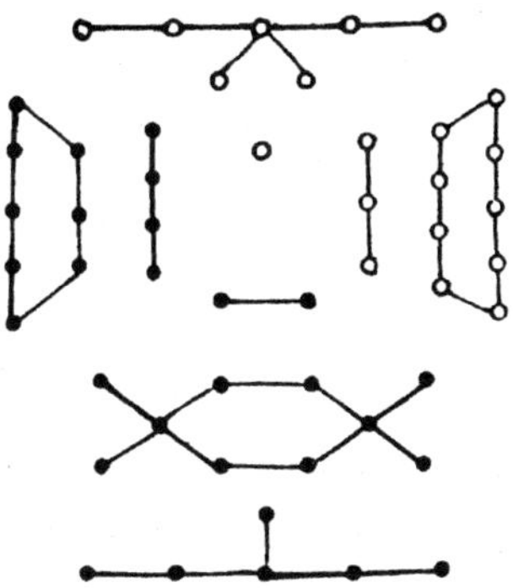

解说 十二至十五诸图并说

《经》曰：凡天地之数五十有五，此所以成变化而行鬼神也。又曰：大衍之数五十，则减天地之数五也。韩氏曰：演天地之数，所赖者五十也，则不言减五之数。所以孔氏疏以为五十有五，乃天地阴阳奇偶之数，非是。是文演天地之策也。且诸儒分大衍之数分而为二之义中，则述天地之数五十有五之用，末则陈四营成易、十有八变而成卦之理，此岂可同乎本末而异其中之数也。况乎揲蓍之数，以象天地，岂可舍其数而求其象乎？斯亦疏家之失，不求“天五退藏于密”之义也。且夫五十有五，天地之极数也。大衍之数，天地之用数也。盖由天五不用，所以大衍之数少天地之数五也。或曰：天五不用，何以明其不用之由？答曰：天五不用，非不用也，是用四象者也。且天一、地二、天三、地四，此四象生数也，天五所以斡四象生数而成七、八、九、六之四象。是四象之中，皆有五也。则知五能包四象，四象皆五之用也。举其四，则五在其中矣。故易但言四象以示，不言五象也。今揲蓍之义，以筮而尚占者也，以象天地之用数，所以大衍之数减天地之数五也。

十六、其用四十有九图

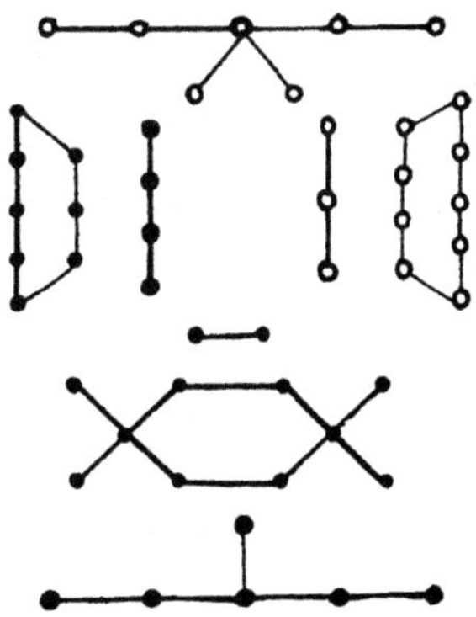

解说

大衍之数五十，其用四十有九。韩氏注曰：衍天地之数，所赖者五十。其用四十有九，则其一不用也。不用而用以之通，非数而数以之成，斯易之太极也。四十有九，数之极也。夫无不可以无明，必因于有，固尝于有物之极，而必明其所由之宗也。孔氏疏：京房云：五十者，谓十日、十二辰、二十八宿也。凡五十其一不用者，天之生气将欲以虚求实，故用四十九焉。马季长云：易有太极，谓北辰。北辰生两仪，两仪生日月，日月生四时，四时生五行，五行生十二月，十二月生二十四气。北辰居位不动，其余四十九运而用之也。荀爽云：卦各有六爻，六八四十八，加乾、坤二用，凡五十。初九“潜龙勿用”，故用四十九也。郑康成云：天地之数，五十有五者，以五行气通于万物，故减五，大衍又减一，故用四十九。姚信董遇云：天地之数五十有五者，其六以象六画之数，故减而用四十九也。顾欢云：立此五十数以数神，神虽非数，因数而显，故虚其一数，以明不可言之义也。今详诸家所释，义有多端，虽各执其说，而理则未允。敢试论之：韩氏注以虚一为太极，则未详其所出之宗也。何者？夫太极生两仪，两仪既分，天始生一，肇其有数也。而后生四象、五行之数，合而为五十有五，此乃天地之极数也。今若以太极为虚一之数，则是大衍当用五十有四也。不然，则余五之数，无所设耳。况乎大衍衍天地之数也，则明乎后天地之数矣。大衍既后天地之数，则太极不可配，虚其一之位也明矣。又无不可以无明，必因于有，是则以太极为无之称。且太极者，元气混而为一之时也。其气已兆，非无之谓，则韩氏之注，义亦迂矣。或曰：韩氏之注，承辅嗣之旨。且辅嗣之注，独冠古今，斐然议之，无乃不可乎？答曰：此必韩氏之寓言，非辅嗣之意也。且若愚以胸臆论之，是谓狂简。今质以圣人辞，且易有太极，是生两仪，易既言有，则非无之谓也。不其然乎？至于京、荀、马、郑众贤之论，皆采摭天地名数，强配其义。且若以天地之名数强加配偶，则靡所不可。然而天地之数，生成相因，理如贯珠，不可骈赘而设也。虽能强立其义，推而究之，则于所由之宗不会矣。试论于末篇。

天地之数十有五，居其内而外斡；五行之数四十也，今止用其四十九者，何也？盖由天五为变化之始，散在五行之位，故中无定象。又天一居尊而不动，以用天德也（天德九也）。天一者，象之始也，有生之宗也，为造化之主，故居尊而不动也。惟天三、地二、地四之数，合而成九阳之数也。天三则乾之三画，地二、地四则坤之六画也。地道无成而代有终，阳得兼阴之义也。故乾之三兼坤之六，成阳之九，斡运五行成数而通变化也，所以揲蓍之义，以象其数也。或问曰：易云“坤元用六”，今则乾三兼之，是坤之六无用乎？答曰：非也，在其中矣。此盖易举其多数而言之也。数六是少数，举其多则少可知矣。是知阳进而“乾元用九”，阳退则“坤元用六”也。亦由当期之日，惟合老阴、老阳之数，其少阴、少阳之数，则在其中。举多兼少，易义皆然矣。

十七、少阳图

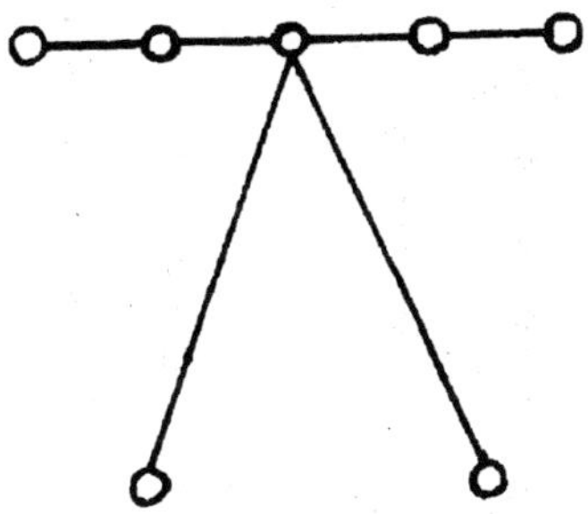

十八、少阴图

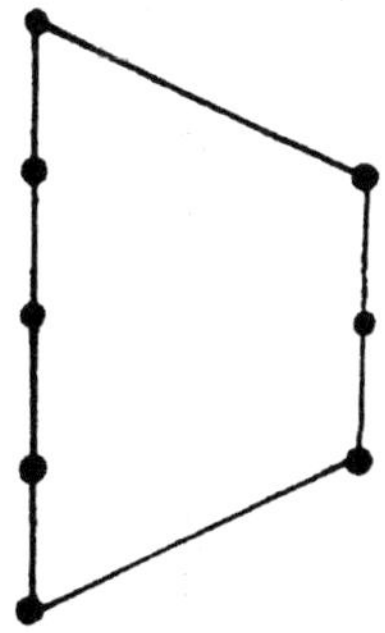

十九、老阳图

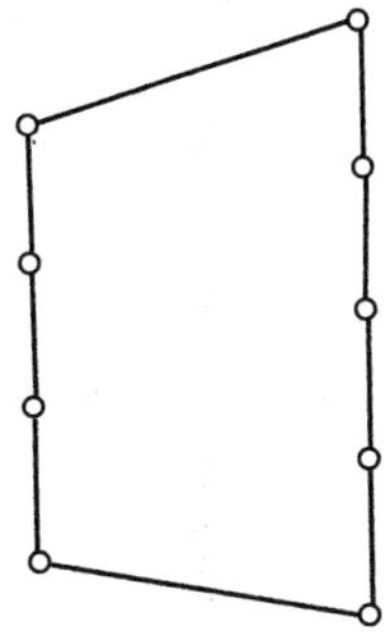

二十、老阴图

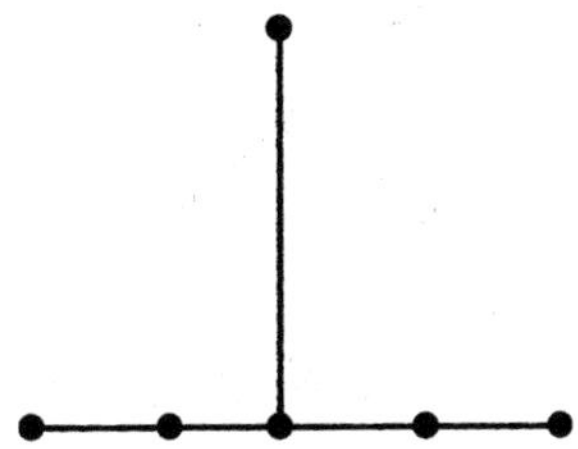

二十一、七八九六合数图

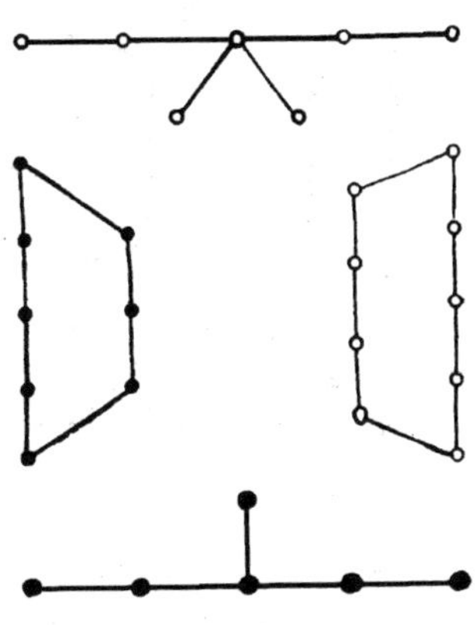

解说 十七至二十一诸图并说

且夫七、八、九、六之数，以四

位合而数之，故老阳四九则三十六也，少阳四七则二十八也，老阴四六则二十四也，少阴四八则三十二也。

二十二、乾画三位图

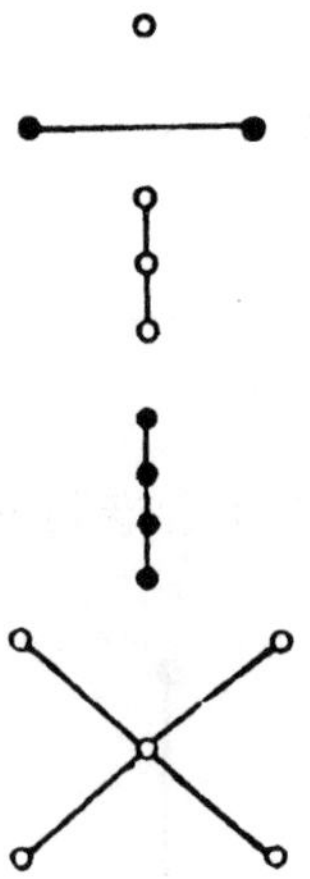

二十三、坤画三位图

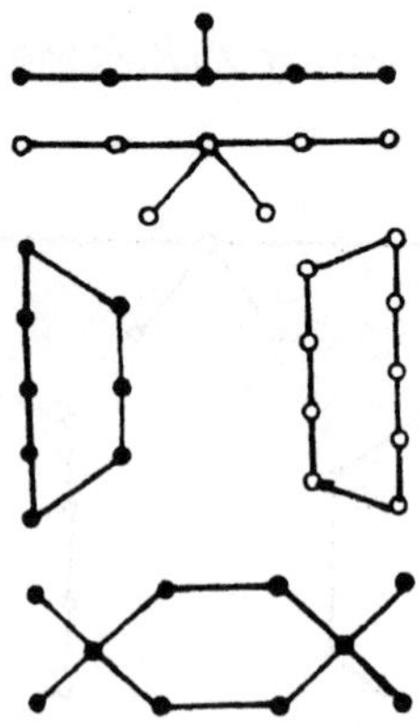

解说 二十二、二十三两图并说

乾画奇也，坤画偶也，且乾、坤之位分则奇偶之，列则阴阳之位序矣。

二十四、阳中阴图

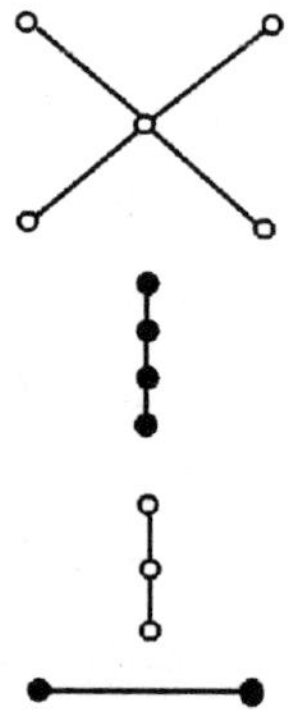

二十五、阴中阳图

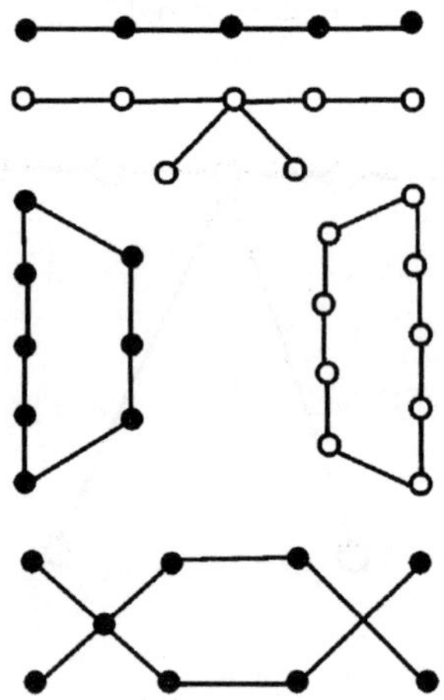

二十六、乾独阳图

二十七、坤独阴图

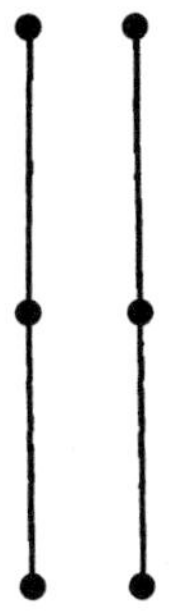

解说 二十四至二十七诸图并说

《经》曰：一阴一阳之谓道。韩氏注云：道者，无之称，无不通也，无不由也，况之曰道，寂然无体，不可为象，必有之用极，而无之功显，故至于“神无方而易无体”，而道可见矣。故穷变以尽神，因神而明道，阴阳虽殊，无一以待之。在阴为无阴，阴以之生；在阳为无阳，阳以之成，故曰“一阴一阳”也。又孔氏云：一谓无阴无阳，乃谓之道也。观其注疏之家祖述无以为义，不释其道之妙用也。且道无形，亦必陈乎宗旨。易称一阴一阳之谓道，必垂一阴一阳之义耳。略试论之：且夫一阴一阳者，独阴、独阳之谓也。独阴、独阳且不能生物，必俟一阴一阳合，然后运其妙用，而成变化；四象因之而有，万物由之而生，故曰：无不由之谓道也。若夫独阴、独阳者，天地所禀（天独阳、地独阴）至于五行之物，则各含一阴一阳之气而生也。所以天一与地六合而生水，地二与天七合而生火，天三与地八合而生木，地四与天九合而生金，天五与地十合而生土，此则五行之质，各禀一阴一阳之气耳。至于动物植物，又合五行之气而生也。今欲明其义，故先布天地独阴、独阳之体，次列五行含二气之象，末陈人禀五行之质也。

二十八、离为火图

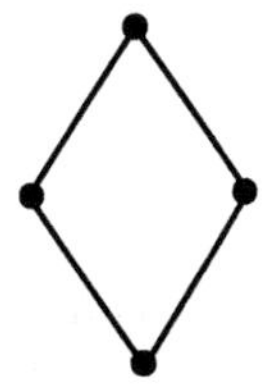

二十九、坎为水图

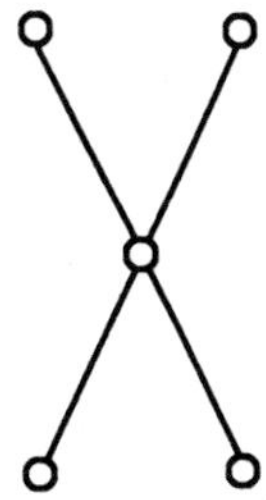

三十、震为木图

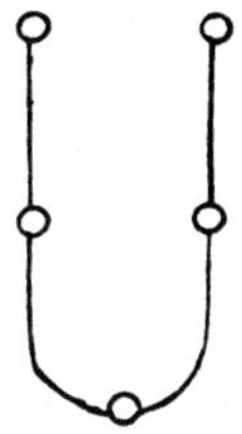

三十一、兑为金图

三十二、天五合地十为土图

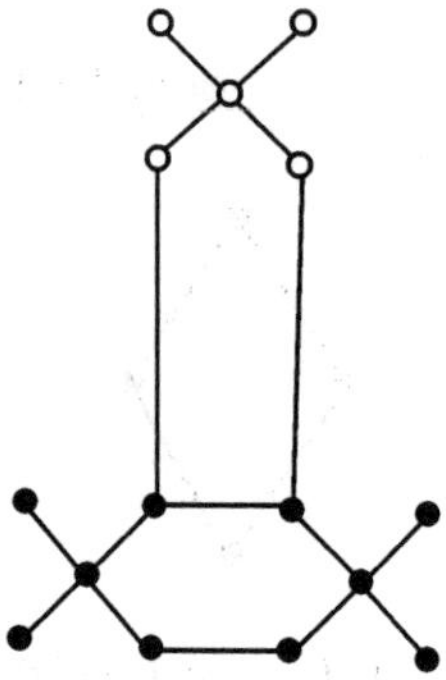

解说

土无象也，分王四季。地则称阴之气，气禀独阴，不能生物也。暨天五与地十合而生土，成其形质，附地而载，是为五行之一也。故疏云：土者，是地中之别耳。所以地则称乎独阴，土则禀乎二气也。

三十三、人禀五行图

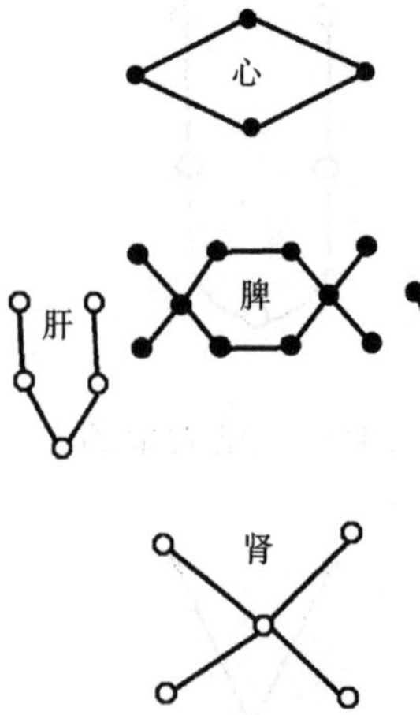

解说

《易》之为书也，广大悉备，有天道焉，有人道焉，有地道焉，兼三才而两之，故六六者非他也，三才之道也。然则三才之道上中下之位，三才之用含五行，则斯须无以济矣。至于人之生也，外济五行之利，内具五行之性。五行者，木、火、土、金、水也。木性仁，火性礼，土性信，金性义，水性智，是故圆首方足，最灵于天地之间者，蕴是性也。人虽至愚，其于外也，日知由五行之用；其于内也，或蒙其性而不循五常之教者，可不哀哉！

三十四、乾坤生六子图

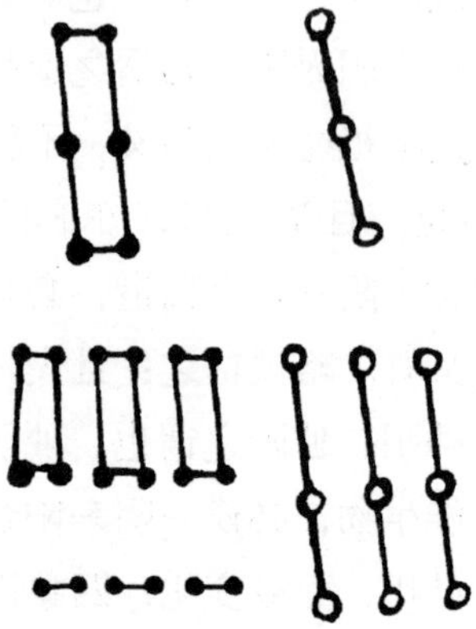

三十五、乾下交坤图

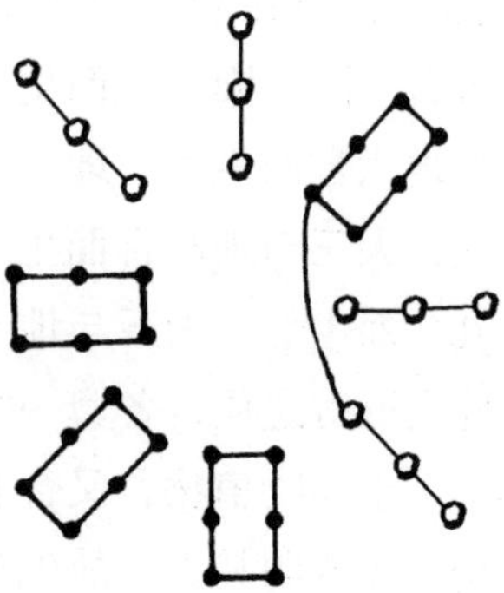

解说

乾，天也，故称乎父，下济而光明焉。

三十六、坤上交乾图

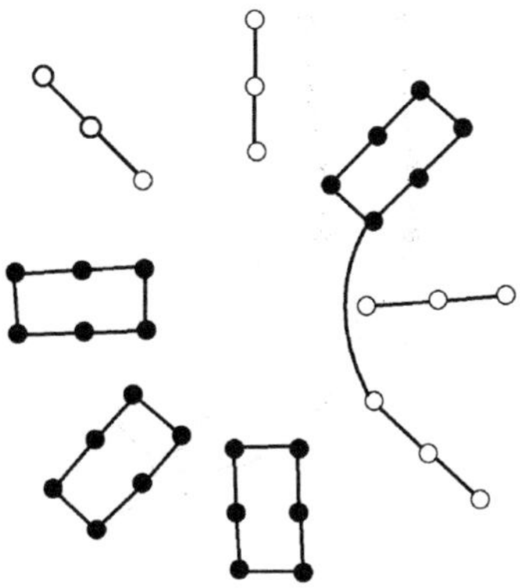

解说

坤，地也，故称乎母，母卑而上行焉。

三十七、震为长男图

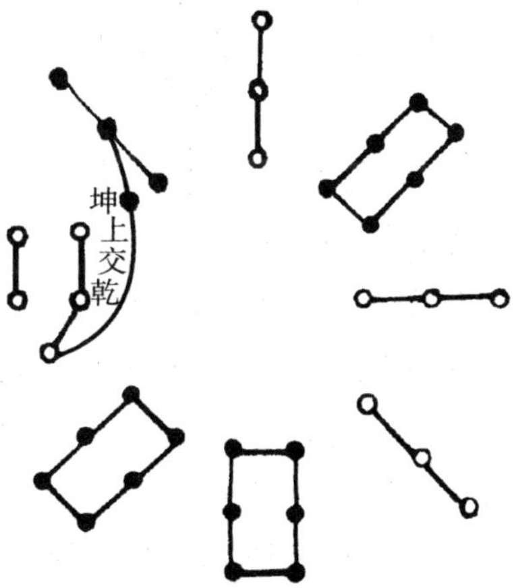

解说

震一索而得男，故谓长男。

三十八、巽为长女图

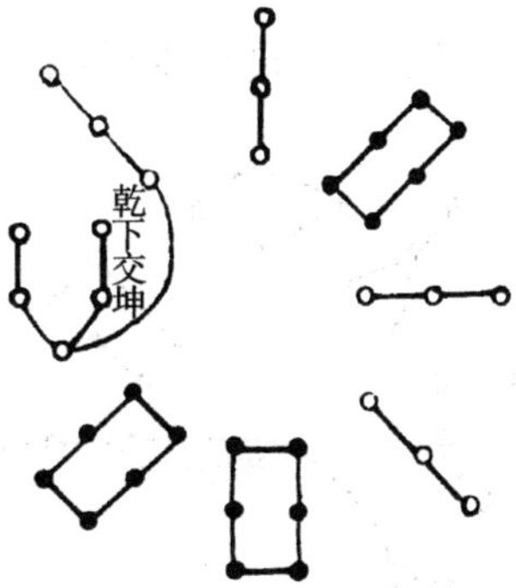

解说

巽一索而得女，故谓之长女。

三十九、坎为中男图

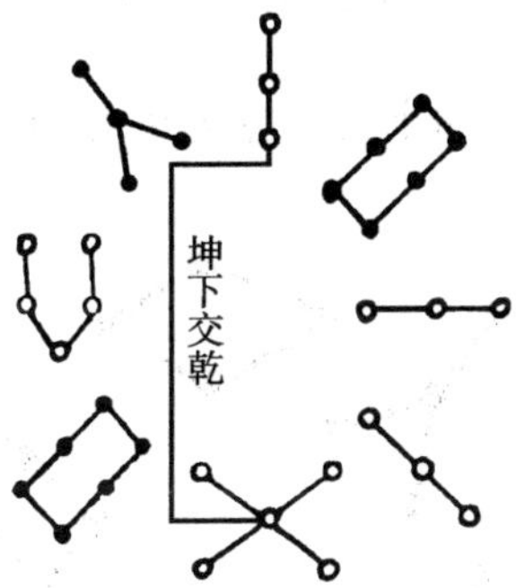

解说

坎再索而得男，故谓之中男。

四十、离为中女图

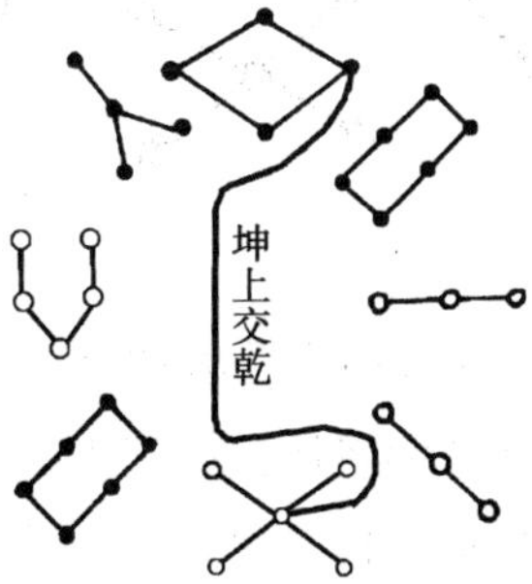

解说

离再索而得女，故谓之中女。

四十一、艮为少男图

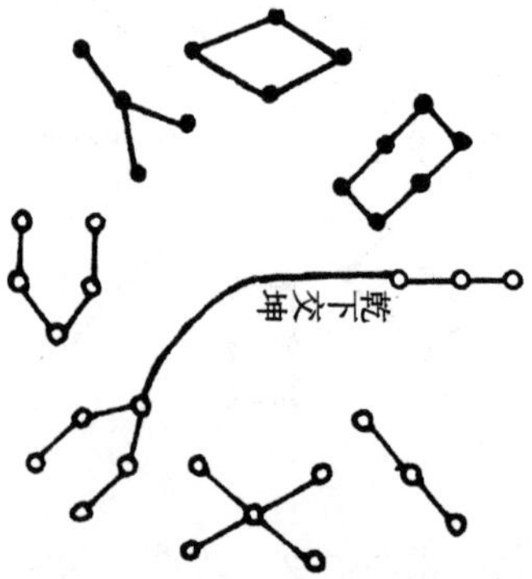

解说

艮三索而得男，故谓之少男。

四十二、兑为少女图

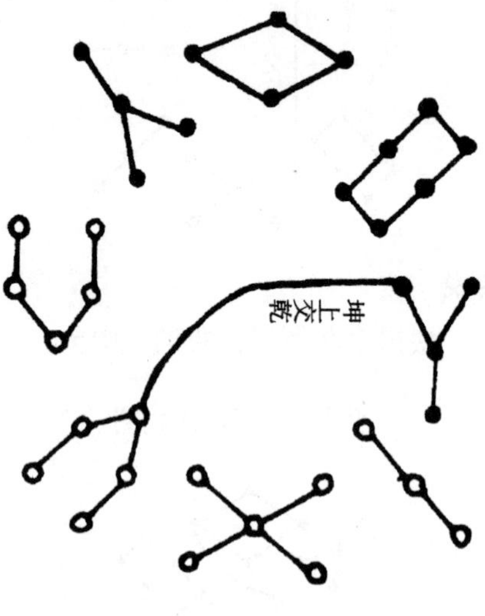

解说

兑三索而得女，故谓之少女。

已上（编者按：指三十四至四十二诸图）更布自然之象者，盖欲明上下自然交易相生之理，成八卦变化之义也。

四十三、坎生复卦图

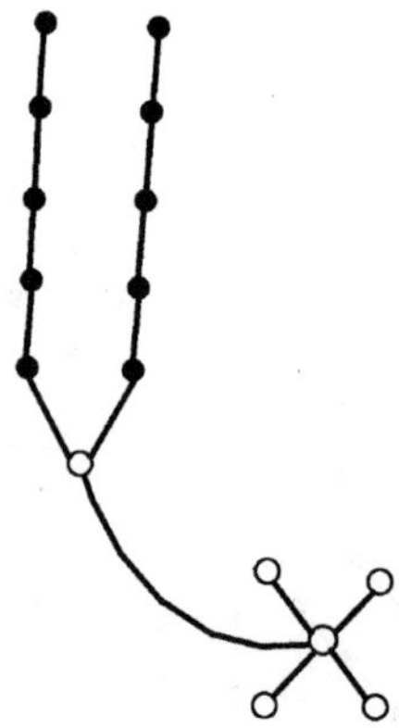

四十四、离生姤卦图

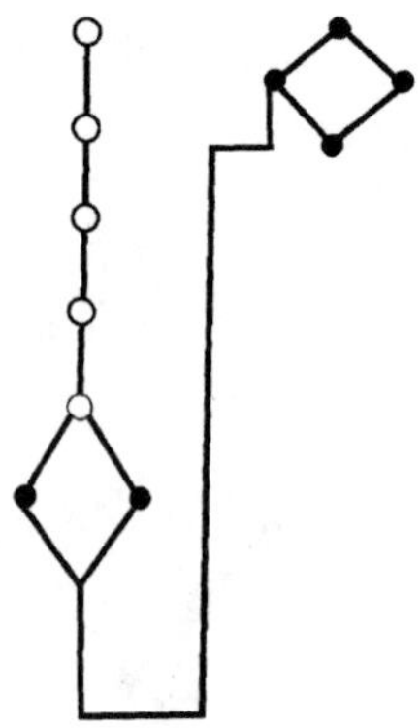

解说 三十四至四十四诸图并说

夫易有太极，是生两仪，两仪生四象，四象生八卦。八卦成列，象在其中矣，因而重之，爻在其中矣，则知太极乃两仪之始，八卦则重卦之始也。重卦之首以复卦，何谓也？阳气之始也。略试论之：且夫四正之卦，所以分四时十二月之位，兼乾、坤、艮、震者，所以通其变化；因而重之，所以效其变化之用也。观其变化之道，义有所宗，故其复卦生于坎中，动于震上，交于坤，变二震、二兑、二乾而终。自复至乾之六月，斯则阳爻上生之义也。姤卦生于离中，消于巽下，交于乾，变二巽、二艮、二坤而终。自姤至于坤之六月，斯则阴爻下生之义也。自复至坤，凡十二卦，主十二月。卦主十二月，中分二十四气，爻分七十二候，以周其月日之数。是故离、坎分天地子午以东为阳，子午以西为阴。若夫更错以他卦之象，则总三百八十四爻，所以极三才之道。或问曰：合数图以正之，卦之与爻分四时十二月之位，又兼乾、坤、艮、巽之卦通其变。且复卦生坎中，动于震，交于坤，易曰地中有雷，复正协其义也。若姤卦则生于离之中，消于巽，交于乾，《易》曰天下有风，姤且巽非四正之卦也，则与复卦不同其义。今卦体则是巽承于乾，而变易其位从兑者何谓也？答曰：斯则取归妹之象。《易》曰：归妹，天地之大义也。天地不交，则万物不兴。归妹者，人之终始也。所以资长男交少女之义。交少女而长女主其卦者，明其妹系于娣嫁，而妹非正也，所谓侄娣之义也。若以长男交长女，虽曰夫妇常久之道，然未尽广延之理也。则知能终其始者，必归妹也，故易称天地之大义。是以卦之变易，必从归妹，妹非正室，必以娣主其卦也。是以其体则取兑合震，其名则以巽承乾也，变易之义其在兹乎。

四十五、河　图

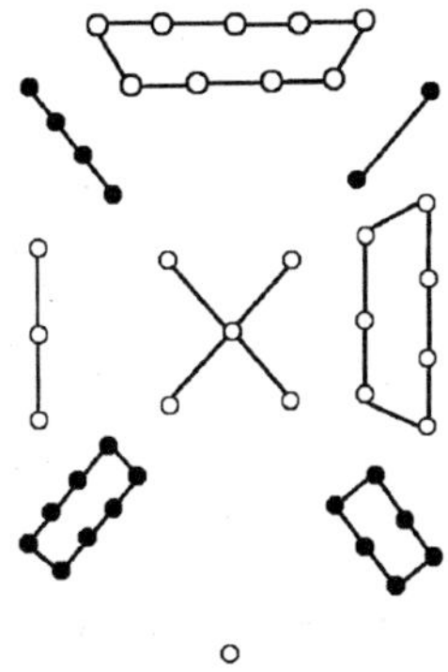

解说

以五为主，六、八为膝，二、四为肩，左三右七，戴九履一。

四十六、河图天地数

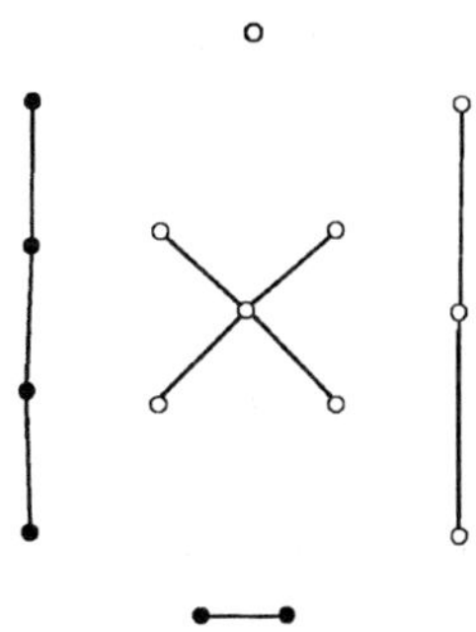

四十七、河图四象

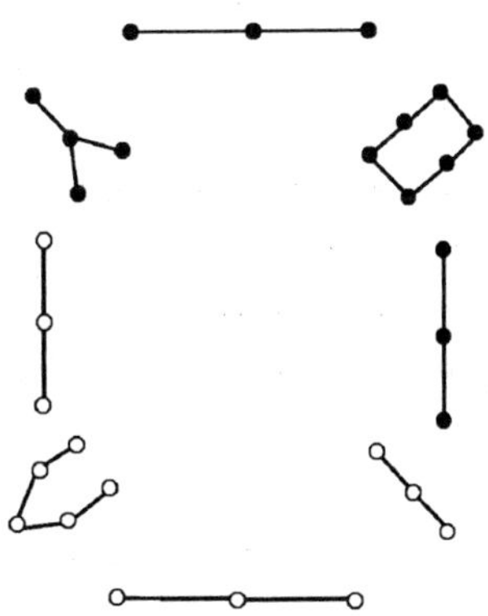

四十八、河图八卦

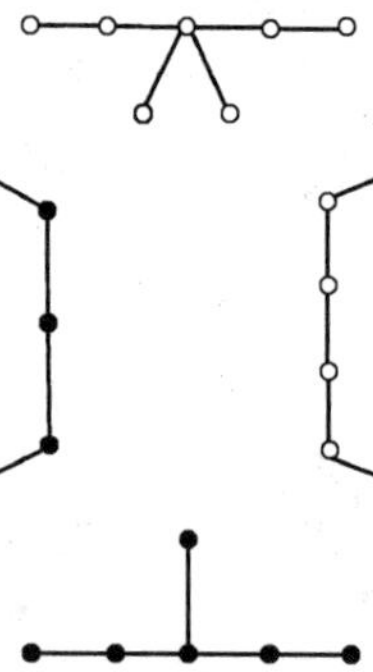

四十九、洛书五行生数

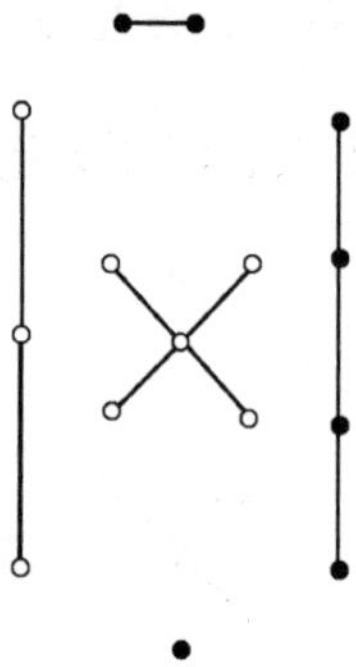

五十、洛书五行成数

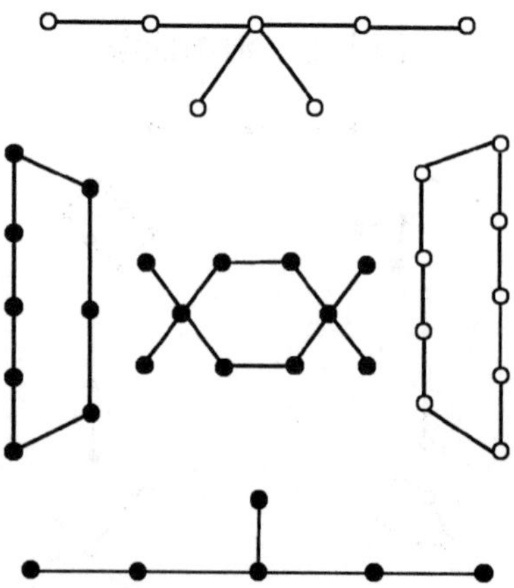

解说　四十九、五十两图并说

或问曰：“洛书”云一曰水，二曰火，三曰木，四曰金，五曰土，则与“龙图”五行之数之位不偶者，何也？答曰：此谓陈其生数也。且虽则陈其生数，乃是已交之数也。下篇分土王四时，则备其成数矣。且夫“洛书”“九畴”惟出于五行之数，故先陈其已交之生数，然后以土数足之，乃可见其成数也。

五十一、十日生五行并相生图

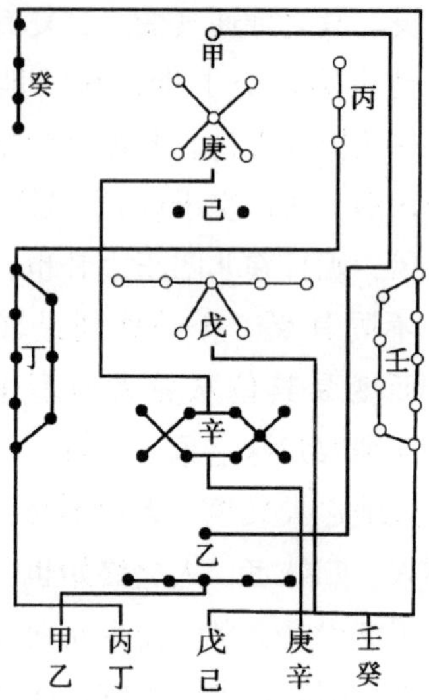

解说

天一、地六，地二、天七，天三、地八，地四、天九，天五、地十，合而生水、火、木、金、土。十日者，刚日也。相生者，金生水，水生木，木生火，火生土，土生金也。相克者，金克木，木克土，土克水，水克火，火克金也。

解说 四十五至五十一诸图并说

《易》曰：河出图，洛出书，圣人则之。《纬》云：《春秋纬》云：河以通乾出天苞；洛以流坤吐地符。河龙图发，洛龟书感。“河图”有九篇，“洛书”有六篇。《书·正义》曰：“洛书”九类，各有文字，即是书也。而云“天乃锡禹”，如此天与禹者，即是“洛书”也。《汉·五行志》：刘歆以为伏羲系天而王，河出图，则而画八卦是也。禹治洪水，锡“洛书”，法而陈《洪范》是也。颖达共为此说，龟负洛书，《经》无其事。《中候》及诸纬多说黄帝、尧、舜、禹、汤、文、武受图书之事，皆云龙负图，龟负书。纬候之书，不知谁著，通人讨核，以为伪起哀、平者也。前汉之末，始有此书，不知起谁氏也。以前学者必相传此说，故孔氏以《九类》是神龟负文而出，列于背，有数从一而至于九，见其文，遂因而第之以《九类》也。陈而行之，所以常道得其次叙也。言禹第之者，以天神言语必当简要，不应曲有次第，丁宁若此，故以禹次而第之也。然大禹既得《九类》，常道始有次叙，未有“洛书”之前，常道所以不乱者，世有浇、淳，教有疏、密，三皇以前无文亦治，何止无“洛书”也。但既得“九类”以后，法而行之则治，违之则乱也。且不知“洛书”本文计天言简要，必无次第之数。上传云：禹因而次之。则孔氏以第是禹之所为，初一曰等二十八字，必是禹加之也。其敬用农用等一十八字，大刘及顾氏以为龟负也。小刘以为敬用等亦禹所第叙。其龟文惟有二十字，并无明据，未知孰是，故两存焉耳。详夫众贤之论，多背经书之旨。观其大法，凡《九类》，盖是禹叙“洛书”，因而第之，遂著成法，则非是神龟负书出于大禹之时也。何以明其然？略试论之。箕子曰：在昔鲧湮洪水，汩陈其五行，帝乃震怒，不畀“洪范九畴”，彝伦攸斁。鲧则殛死，禹乃嗣兴，天乃锡禹“洪范九畴”，彝伦攸叙，则不载神龟负图之事。惟孔氏注称天锡禹“洛书”，神龟负文而出，列于背有数至九也。诸儒更演载天书言语字数之说，后乃迹相祖述，遂以禹亲受“洛书”而陈“九类”。且《经》无载图书之事，惟《易·系辞》云：河出图，洛出书，圣人则之。此盖仲尼以作《易》而云也。则知“河图”“洛书”出于羲皇之世矣。乃是古者河出龙图，洛出龟书，羲皇（编者按：此下原缺）画八卦，因而重之，为六十四卦（编者按：此下原缺）文王作《卦辞》，周公作《爻辞》，仲尼辅之《十翼》，《易》道始明。观今“龙图”，其位有九，四象八卦皆所包韫。且其图纵横皆合天地自然之数，则非后人能假伪而设之也。夫“龙图”呈卦，非圣人不能画之，卦含万象，非圣人不能明之，以此而观，则洛出书，非出大禹之时也。《书》云天锡禹“九畴”者，盖是天生圣德于禹，诚明“洛书”之义，因第而次之，垂范后世也。今“河图”相传于前代，其数自一至九包四象八卦之义，而兼五行之数，“洛书”则惟五行生成之数也。然羲皇但画卦以垂教，则五行之数未显，故禹更陈五行而显“九类”也。今诸儒以禹受“洛书”，“书”载天神言语，陈列字数，实非通论。天何言哉，圣人则之必不然也。或曰：未可，敢质于《经》。且尧任九子，各主其一。“九畴”之数，九子之职也。至农用八政，司空、司徒之官，唐虞世设之矣。协用五纪，羲氏、和氏已正之矣。斯则非俟禹受“洛书”之后，设其官也。且夫天垂象，见吉凶，圣人象之；河出图，洛出书，圣人则之。天象则（编者按：此下原缺）虽韫其义，非至圣不能明之。（编者按：此下原缺）“河图”“洛书”，非羲皇不能画之。卦合其象，非文王不能伸之。爻象之兴，非周公不能著之。故仲尼曰：文王既没，文不在兹乎？又曰：天生德于予，则知天生睿哲于圣人，默究乎幽绩，是谓锡之也。故《仲虺之诰》曰：天乃锡王勇智，表正万邦之谓也。且孔氏以箕子称天乃锡禹“九畴”，使谓之洛出龟书，则不思圣人云“河出图，洛出书”在作《易》之前也。又唐法“九畴”，唐虞之前已行之矣，而云禹受洛书之后，始有常道，次叙不曰诬之者乎？

《春秋纬》曰：“洛书”六篇。孔氏云：“洛书”神龟负文而出，列于背，有数一至九。今代之所传“龟书”，惟总五行生成之数，未知孰是。略试论之：《春秋纬》言“洛书”六篇，则与五行“九畴”之数不偶，亦未明其义。孔氏云“洛书”有数一至九，谓《书》之“九畴”自一五行至五福、六极之数也。且《书》之“九畴”惟五行是包天地自然之数，余八法皆是禹参酌天时、人事类之耳。则非龟所负之文也。今详《洪范·五行传》凡言灾异，必推五行为之宗。又若鲧无圣德，汩陈五行，是以彝伦攸斁。则知五行是天垂自然之数，其文负于神龟，余八法皆大禹引而伸之，犹“龙图”止负四象八纯之卦，余重卦六十四皆伏羲仰观俯察，象其物宜，伸之以爻象也。况乎五行包自然之性，八卦韫自然之象，圣人更为之变易，各以类分，而观吉凶矣。若今世之所传者“龟书”不为妄也。尚或疑焉者，试精之于问答，或问曰：且云“图”“书”皆出于羲皇之世，则“九畴”亦陈于羲皇之代，不当言禹第而次之也。答曰：“河图”八卦，垂其象也，故可以尽陈其位。“洛书”五行，含其性也，必以文字分其类。伏羲之世，世质民淳，文字未作，故“九畴”莫得而传也，但申其数耳。至大禹圣人，遂演成“九类”，垂为世范。“九畴”自禹而始也。或问曰：既云“龙图”兼五行，则五行已具于“龙图”矣，不应更用“龟书”也。答曰：虽兼五行，有中位而无土数，唯四十有五，是有其象，而未著其形也。唯四象、八卦之义耳。“龟书”乃其五行生成之数五十有五矣。易者包象与器，故圣人资“图”“书”而作之也。或问曰：《书》云：天乃锡禹《洪范》九畴，必“洛书”，今臆说破之，无乃（编者按：此下原缺）答曰：仲尼称河出图，洛出书于伏羲画易之前，不当云出夏禹之世也。如曰不然，是“洛书”复出于夏禹之时矣。诚如是，禹之前无“九畴”也，又何以尧之典九法，坦然明白乎哉？问曰：今书世之传者“龙图”“龟书”，《经》所不载，纬候之书，蔑闻其义，诚诞说也。答曰：“龙图”“龟书”虽不载之于《经》，亦前贤迭相传授也。然而数与象合位，将卦偶不盈不缩符于自然，非人智所能设之也。况乎古今阴阳之书，靡不宗之。至于通神明之德，与天地之理，应如影响，岂曰妄乎？

宋·刘牧《易数钩隐图遗论九事》

一、太皞氏授龙马负图

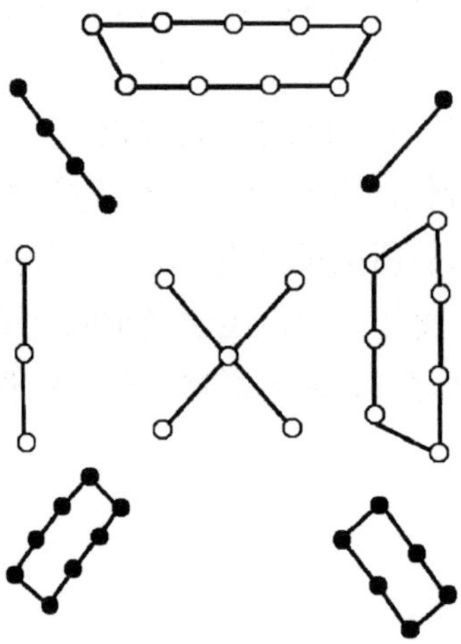

解说

昔伏羲氏之有天下，感龙马之瑞，负天地之数出于河，是谓“龙图”者也。戴九履一，左三右七，二与四为肩，六与八为足，五为腹心，纵横数之，皆十五。盖《易系》所谓“三伍以变，错综其数”者也。太皞乃则而象之，遂因四正定五行之数，以阳气肇于建子，为发生之源，阴气萌于建午，为肃杀之基，二气交通，然后变化所以生万物焉，杀万物焉。且天一起坎，地二生离，天三处震，地四居兑，天五由中，此五行之生数也。且孤阴不生，独阳不发，故子配地六，午配天七，卯配地八，酉配天九，中配地十，既极五行之成数，遂定八卦之象，因而重之，以成六十四画三百八十四爻，此圣人设卦观象之奥旨也。且宓牺相去文王逾几万祀，当乎即位，乃纣之九年也。作《易》者，其有忧患文王乎？文王既没五百余岁，方生孔子，孔子生而赞易道且曰：河出图，洛出书，圣人则之。是知龙马之瑞，非宓牺不能昭格；“河图”之数，非夫子不能衍畅。原夫错综之数，上极二仪，中括万物，天人之变，鬼神之奥，于是乎尽在。敢有非其图者，如圣人之辞何。

二、重六十四卦推荡诀图

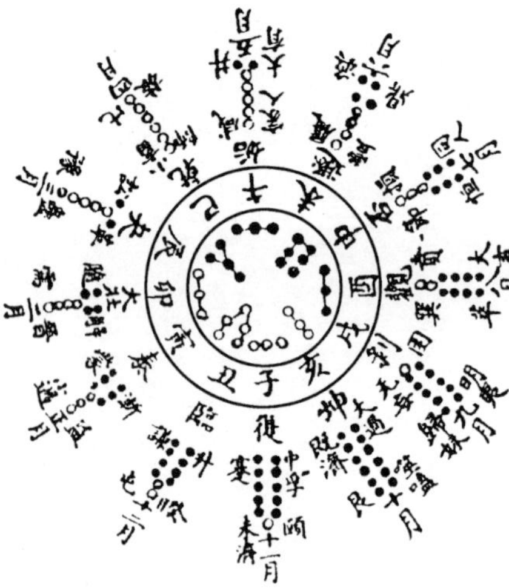

解说

圣人观象画卦，盖按“龙图”错综之数也。仰观天而俯察地，近取身而远类物，六画之象既立，三才之道斯备，所以极四营之变，成万物之数者也。原夫八卦之宗，起于四象。四象者，五行之成数也。水数六，除三画为坎，余三画布于亥上，成乾；金数九，除三画为兑，余六画布于未上，成坤；火数七，除三画为离，余四画布于巳上，成巽；木数八，除三画为震，余五画布于寅上，成艮，此所谓四象生八卦也。且五行特举金、木、水、火而不言土者，各王四时也。然圣人无中得象，象外生意，于是乎布画而成卦，营策以重爻。乾之数二百一十有六，坤之数百四十有四，凡三百有六十，当期之日，二篇之策，万有一千五百二十，当万物之数也。大矣哉！阳之七、九，阴之六、八，皆天地自然之数，非人智所能造也。宓牺氏虽生蕴神智，亦代天行工而已。

三、大衍之数五十图

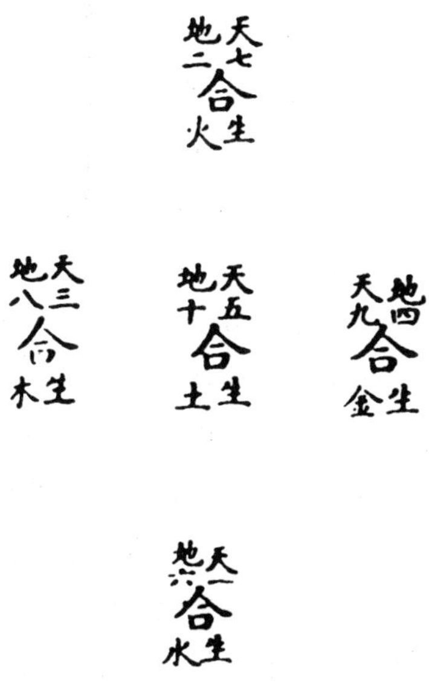

解说

大衍之数五十，其用四十有九。五十者，蓍之神用也。显阴阳之数，定乾坤之策，成六十四卦三百八十四爻也。四十九者，虚天一而不用，象乎太极而神功不测也。五十五者，天地之极数，所以成变化而行鬼神也。然则大衍之数，先哲之论多矣。马季长、郑康成之徒各存一说，义亦昭然。谨按：《系辞》曰“天数五”，五奇也；“地数五”，五偶也。“五位相得而各有合”以成金、木、水、火、土也。天数一、三、五、七、九也，地数二、四、六、八、十也，此乃五十五之数也。夫言五位者，奇偶之位也；有合者，阴阳相合也。既阴阳相合而生五行，则必于五位之中，（编者按：此下原缺）所主矣。至如天一与地六合而生水，合之者（编者按：此下原缺）生之者子也。言于父母，数中虚一为水，以（编者按：此下原缺）之用，亦犹大衍之虚也。夫如是，则地二天七、天三地八、地四天九、天五地十合生之际须各（编者按：此下原缺）金土而备五行之数者也。然每位虚一非也。盖五位父母密藏五子之用，而欲成就变化，宣行鬼神者也。五行既能佐佑天地，生成万物，是阴阳不可得而测也，况于人乎？故曰：密藏五子之用也。如云不然，则五行之数，自何而生哉！生万物者，木、火之数也；成万物者，金、水之数也。土无正位，寄王四季，可知矣。圣人云：精气为物，游魂为变，此之谓也。况天地奇偶配合，而生五行，虽睹合之之道，而不究生之之理，则五子何得从而著之哉！是以五位虚五以成五行藏用之道，则大衍五十，断可明矣。

四、八卦变六十四卦图

解说

四营成易，十有八变而成卦。八卦而（原缺）小成，引而伸之以成六十四卦。三才之道，万物之源，阴阳之数，鬼神之奥，不能逃其情状矣。然八八之变，概举则文繁，是故标乾为首，以例余卦。䷀乾为天，䷫天风姤，䷠天山遁，䷋天地否，䷓风地观，䷖山地剥，䷢火地晋，䷍火天大有。兹七卦，由乾而出也。《易》曰“游魂为变”，凡变之第七，游魂也；第八归魂也。言归魂者，归始生卦之体也。余皆仿此。

五、辨阴阳卦图

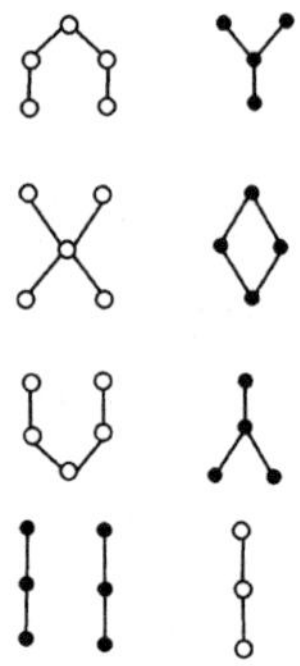

解说

乾天也，故称乎父。巽、离、兑三女，由乾而索也。坤，地也，故称乎母。震、坎、艮三男，自坤而生也。阳卦多阴，阳一君而二民，震、坎、艮，阳卦也；阴卦多阳，阴二君而一民，巽、离、兑，阴卦也。阳一画为君，二画为民，其理顺，故曰“君子之道”也。阴二画为君，一画为民，其理逆，故曰“小人之道”也。

六、复见天地之心图

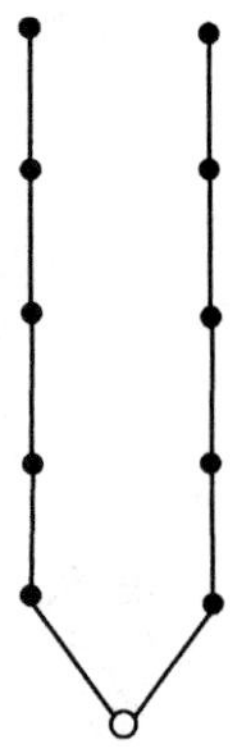

解说

按宓牺“龙图”亥上见六，乃十月老阴之位也。阴气至此方极。六者，阴数也。且乾、坤为阴阳造化之主，七日来复，不离乾坤二卦之体。乾之阳，九也；坤之阴，六也。自建子一阳生，至巳，统属于乾也。自建午一阴生，至亥，统属于坤也。子午、相去，隔亥上之六，则六日也。六乃老阴之数，至于少阳来复，则七日之象明矣。然则一阴一阳之谓道，十月阴气虽极，阳气亦居其下，故荔挺出。四月纯阳用事，阴气亦伏其下，故靡草死。颖达云：十月亥位三十日。圣人不欲言一月来复，但举一卦配定，六日七分者，非也。何以明之？且既济䷾六二云：妇丧其茀，勿逐，七日得。解微云：七日变成复，所以寄言七日也。又陆子云：凡阴阳往复，常在七日。以此质之，义可见矣。若夫建子之月，天轮左动，地轴右转，一气交感，生于万物。明年冬至，各反其本。本者，心也。以二气言之，则是阳进而阴退也。夏至阳气复于巳，冬至阴气复于亥，故谓之“反本”。

《易》曰：雷在地中，动息也；复见天地心，反本也。天地养万物以静为心，不为而物自为，不生而物自生，寂然不动，此乾、坤之心也。然则易者，易也，刚柔相易，运行而不殆也。阳为之主焉。阴进则阳减，阳复则阴剥，昼复则夜往，夜至则昼复，无时而不易也。圣人以是观其变化也，生杀也，往而复之无差焉，故或谓阳复为天地之心者也。然天地之心与物而见也，将求之而不可得也。子曰：天下何思何虑？天下殊途而同归，一致而百虑。圣人之无心与天地一者也，以物为之心也。何已心之往哉！故有以求之不至矣，无以求之亦不至矣，是以大圣人无而有之，行乎其中矣。

七、卦终未济图

解说

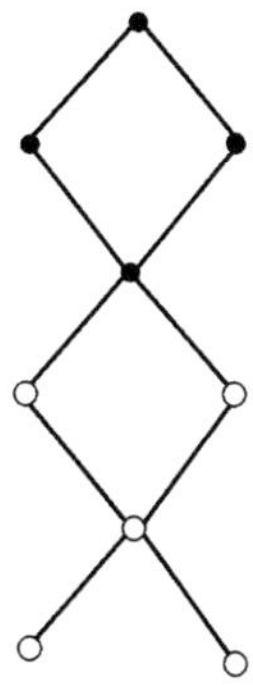

《易》分上下二篇。按《乾凿度》，孔子曰：阳三阴四，位之正也。故八八之卦，析为上下，象阴阳也（阳纯而奇，故上篇三十。阴不纯而杂，故下篇三十四）。上经首之以乾、坤，造化之本、万汇之宗也。系之以坎、离、日月之象，丽天出地，而能终始万物也。下经先之以咸、恒，男女之始，夫妇之道，能奉承宗庙为天地主也。终之以既济、未济，显盛衰之戒，正君臣之义，明乎辨慎而全王道也。是以既济九三、九五失上下之节，戒小人之勿用也。未济九四、六五得君臣之道，有君子之光者也。大哉！圣人之教也。既济则思未济之患，在未济则明慎居安，以俟乎时，所以未济之始，承既济之终。既济之终，已濡其首，未济之始，尾必濡矣。首尾相需，终始迭变，循环不息，与二仪并。噫！既济而盈，可无惧乎。九四震用伐鬼方，三年有赏于大国。陆子曰：三年者，阳开之数也。夫易之道，以年统月，以岁统日，以月统旬，以日统时，故凡言日者，以一册当一时；言年者，以一册当一月，故三日、三年皆九之一册也。七日者，一九二六之册；旬与十年者，九六七八之册也。月有朔虚，岁有闰盈，故言月者，合七八之册而半之，以象一朔之旬；言岁举九六之爻而全之，以象一闰之日。三旬为一朔，八月之旬，当极阴之册，二十有四。三岁为一闰，一闰之日，当二篇之爻三百八十有四，故三百六十册，当期之日，虚分包矣。三百八十四爻，当闰之日，盈分萃矣。此乃圣人之微，非迂而辨之、曲而畅之也。不然，何阴阳奇偶自然与天地潜契哉！

八、蓍数揲法图

解说

大衍之数五十，其用四十有九，盖虚一而不用也。不用而用，以之通；非数而数，以之成也。故将四十九蓍两手围之，犹混沌未分之际也。分而为二以象两，为将蓍分于左右手中，以象天地也。卦一以象三，为于左手取一存于小指中，象三才也。揲之以四以象四时，为先将左手中蓍，四四数之也。归奇于扐以象闰，为四四之余者，合于挂一处也。五岁再闰，故再扐而后挂者，为将右手蓍复四四数之，余者亦合于挂一处，故曰后挂也。如此一揲之，不五则九；二三揲之，不四则八，尽其三揲，一爻成矣；十有八变，一卦成矣。

九、阴阳律吕图

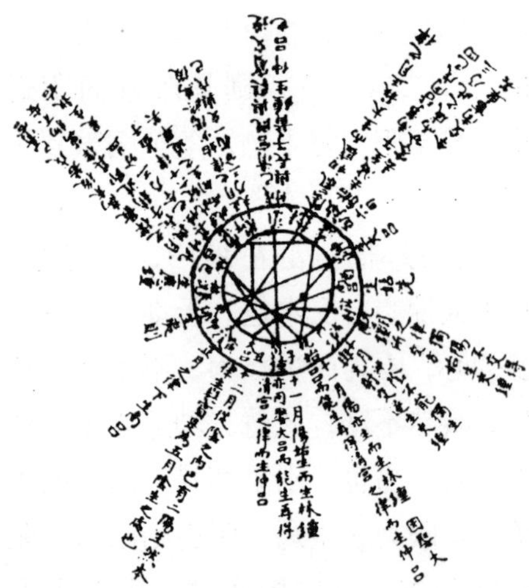

解说

昔黄帝使伶伦自大夏之西、昆仑之东，取嶰谷之竹，以其窍厚而均者，断两节之，间而吹之，为黄钟清宫之管。管最长者，制十二篇，以听凤凰之鸣，其雄鸣六，雌鸣六，自清宫皆可以生之，是黄钟为律本。故乾䷀之初九律之首阳之变也。因而六之，以九为法，得林钟（以六乘黄钟之九得五十四也）大吕，故坤䷁之初六，吕之首阴之变也，皆“参天两地”之法也。九、六，阴阳、夫妇、子母之道也。异类为子母（谓黄钟生林钟，须得大吕而生），同类为夫妇（谓大吕须嫁于黄钟，是为夫妇，而能生六月），盖天地之情也。且夫阳气始归戊巳清宫，是其黄钟之母也。才得五月蕤宾之交，其律已付长子，候冬至而用也。黄钟自十一月阳气始生而用事，是为律本也。然五月一阴生，后得清宫还付而收之，方生仲吕耳。按《晋书》云：汉京房知六律五音之数、六十律相生之法，以上生下，皆三生二；以下生上，皆三生四。阳下生阴，阴上生阳，终于仲吕，而十二管毕矣。仲吕上生执始，执始下生去灭，上下相生，终于南事，六十律毕矣。夫十二律之变至于六十，犹八卦之为六十四也。

宋·佚名辑《周易图》

一、太极图

解说

太极未有象数，惟一气耳。一气既分，轻清者为天，重浊者为地，是生两仪也。两仪既分，则金、木、水、火四方之位列，是生四象也。水数六，居坎而生乾；金数九，居兑而生坤；火数七，居离而生巽；木数八，居震而生艮，是四象生八卦也。

二、周氏太极图

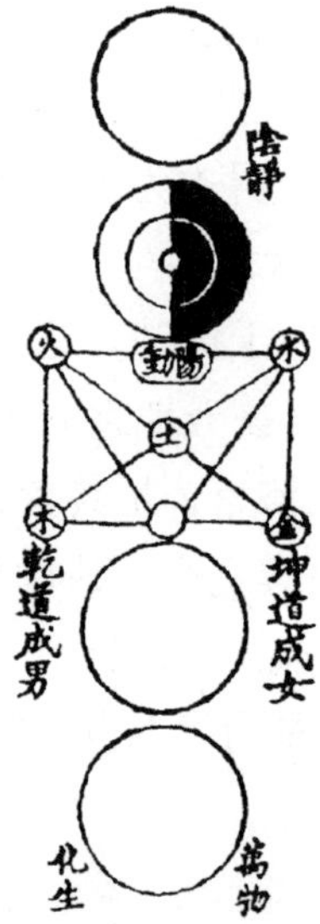

解说

周茂叔先生曰：无极而太极。太极动而生阳，动极而静，静极复动，一动一静，互为其根，分阴分阳，两仪立焉。阳变阴合，而生水、火、木、金、土，五气顺布，四时行焉。五行，一阴阳也；阴阳，一太极也；太极，本无极也。五行之生也，各一其性，无极之真，二、五之精，妙合而凝。乾道成男，坤道成女，二气交感，化成万物。万物生生，而变化无穷焉。

三、郑氏太极贯一图

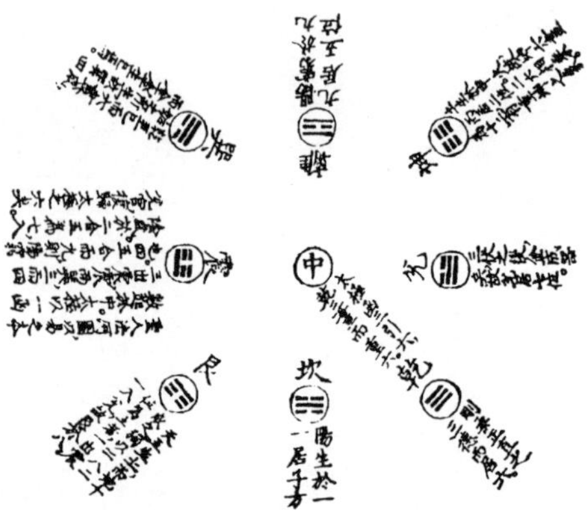

解说

少枚先生曰：八卦之位，始于伏，重于夏、商，衍于周，作经于孔，皆不易其方位，实本“河图”

“洛书”之本文、本数也。其述作之意，一归于中，所谓“执中惟一”之道。皇极一而系于五，共得六数，乃太极涵三之引六也。近太极莫若乾，出中而居，六位正，而曾子谓“一贯之忠恕”也。用太极者莫若震，故以震居三位，盖得太极涵三之圆，不动正，而子思所谓“发而中节之和”也。判太极者莫若坎与坤，坎得其一，坤得其二，一即二矣，二即三矣，此水、土所以并生于申，善与恶，阴与阳，执其一者，皆非道，是曰“失中”，而中庸之学不取也。以大概论之：一、三、七、九，阳数布于四方，分至之义；二、四、六、八，阴数布于四隅，启闭之义，求中气而积闰之理也。

四、河图之数图

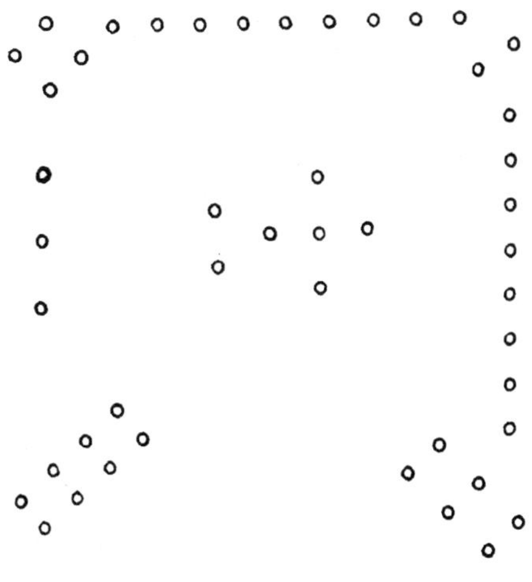

解说

刘牧传自范谔昌，谔昌得之许坚，坚得于李溉，溉得于种放，放得于希夷先生。其图戴九履一，左三右七，二、四为肩，六、八为足，纵横皆十五数，总四十有五。列御寇曰：易者，一也；一变而为七，七变而为九，九复变而为一。李康伯曰：伏羲观“河图”而画卦者，此也。又谓之“九宫”，故阴阳家一、六、八为白，二黑，三绿，四碧，五黄，七赤，九紫，其本于此乎？

五、洛书数图

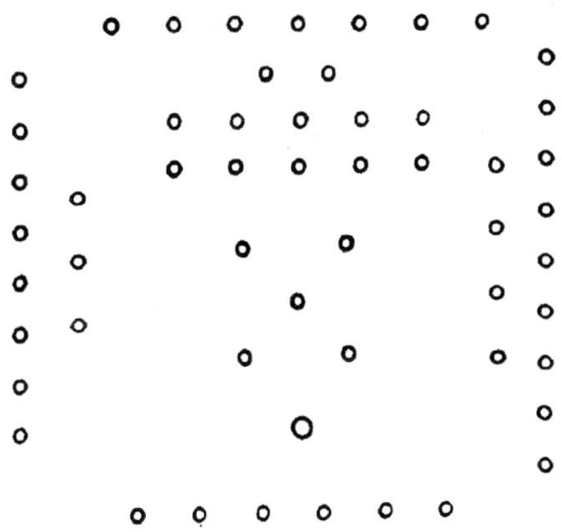

解说

聂氏（麟）曰：天一与地六合于北，而生水；地二与天七合于南，而生火；天三与地八合于东，而生木；地四与天九合于西，而生金；天五与地十合于中，而生土。朱汉上谓一、三、五、七、九，奇数，所谓天数二十五。二、四、六、八、十偶数，所谓地数三十。凡五十有五，成变化，行鬼神者，此也。

六、天地自然十五数图

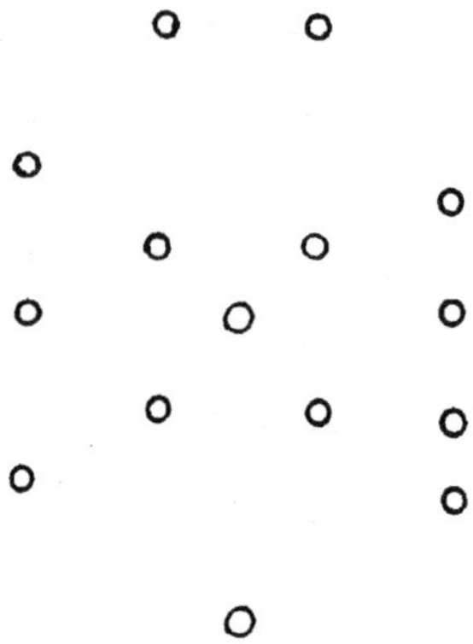

解说

聂氏曰：其旨有六：一者“河图”，纵横皆十五数；二者天一至地十，凡十五数；三者太极浑然一也，一判而为仪二也，二仪分而为象四也，四象生八卦，此十五数也（编者按：此下恐脱“四者”一段文字）；五者五行之数，中分以象阴阳，七为少阳，八为少阴，亦十五数也；六者八为少阴，阴动而退，为盛阴，故称六；七为少阳，阳动而进，为盛阳，故称九；六与九合，亦十五，是皆天地自然之数。

七、日月为易图

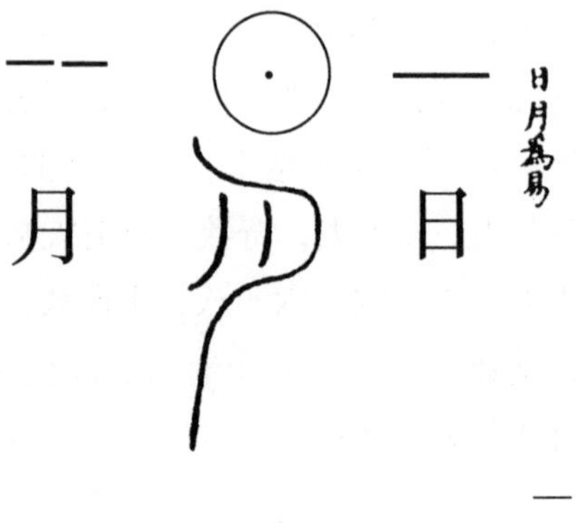

解说

郑氏（厚）曰：易从日，从月。⚊，日也；⚋，月也。天下之理，一奇一偶尽矣，此外无余易也。天文、地理、人事、物类，以至性命之微，变化之妙，凡否、泰，损、益，刚、柔，得、丧，出、处，语、默，皆有对敌，是故易设一长画，一短画，以总括之，所谓“一阴一阳之谓道”，此也。

八、六位三极图

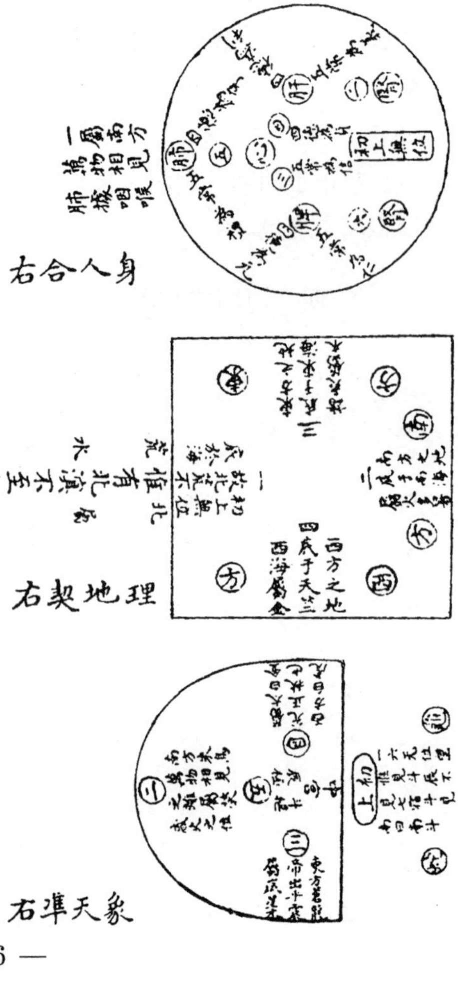

解说

合沙郑少枚先生曰：六位以二、三、四、五为经，七、八、九、六为纬者，象天文也。天以龙、虎、鸟、龟为经，辰、岁、荧惑、太白为纬。六位之经无玄武之数者，北望惟见斗枢、辰极也。故斗谓之北斗，辰谓之北辰。虽名曰北，而实天中，是一、六太极之数，潜宿于五也。“河图”六、一居亥子之北，五居中央，是中央与北皆得太极之数也。六位之纬，无镇星之数者，镇星二十八载一周天，岁、荧惑、太白、辰，皆历镇星所镇之宿而行，如阴阳家所谓土居中宫，王四季之说也。故易爻凡三百八十四，上契上象之数，而吉凶之变占于七、八、九、六，如五星之变焉。

九、先后中天总图

十、先天数图

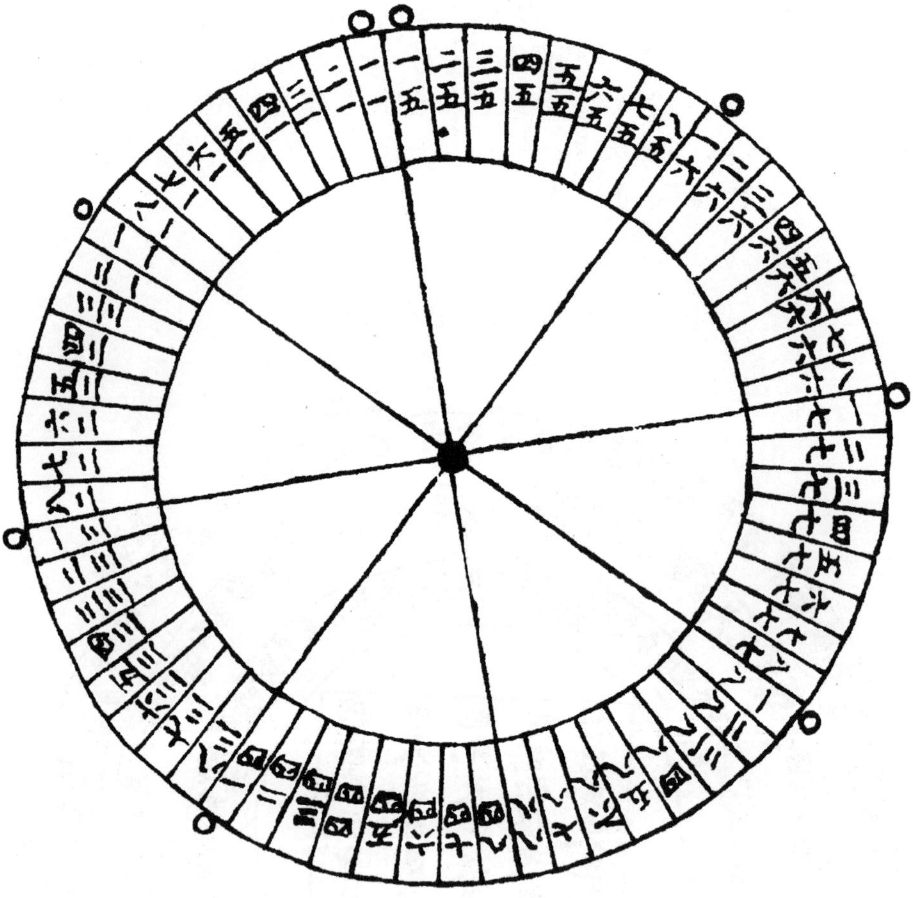

十一、先天象图

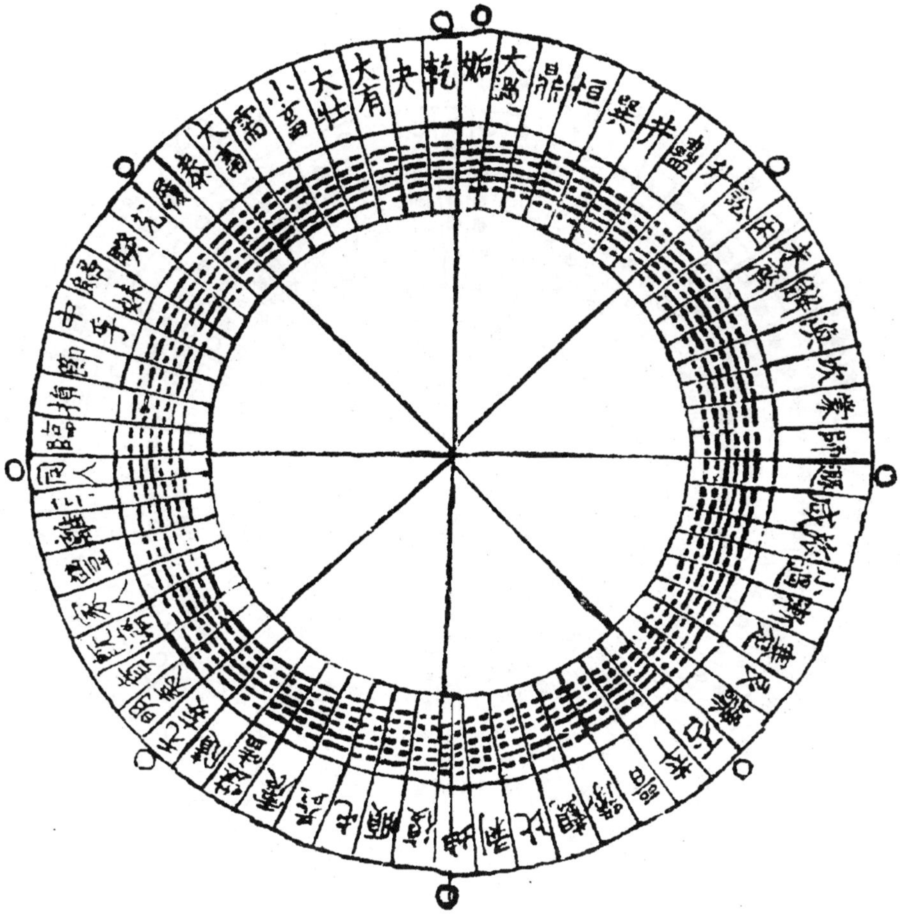

解说 十、十一，两图并说

二图伏羲八卦也。盖天地自然数逆、数顺，取其义不穷，初出希夷陈先生，而传于康节邵先生。

十二、六十四卦阴阳倍乘之图

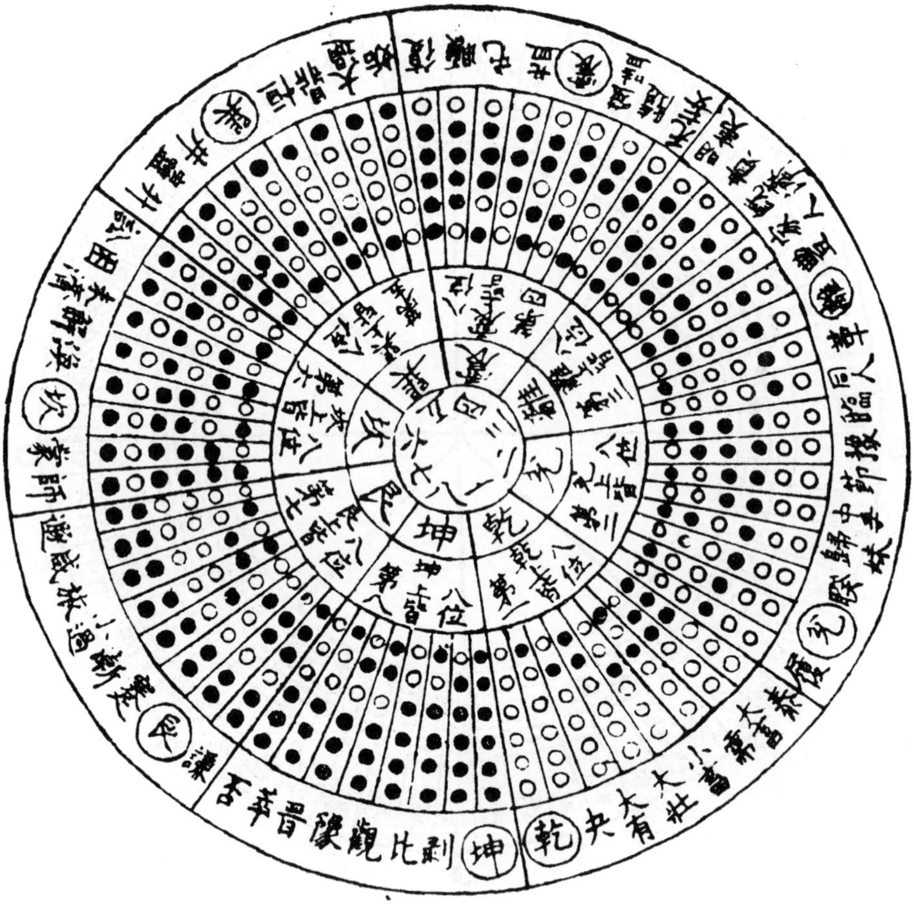

解说

此图传自洪紫微迈，云：此图一、二、三、四、五、六、七、八，故八位之序皆合“先天图”，一二、三四、八七、六五为不同。

十三、乾坤六子图

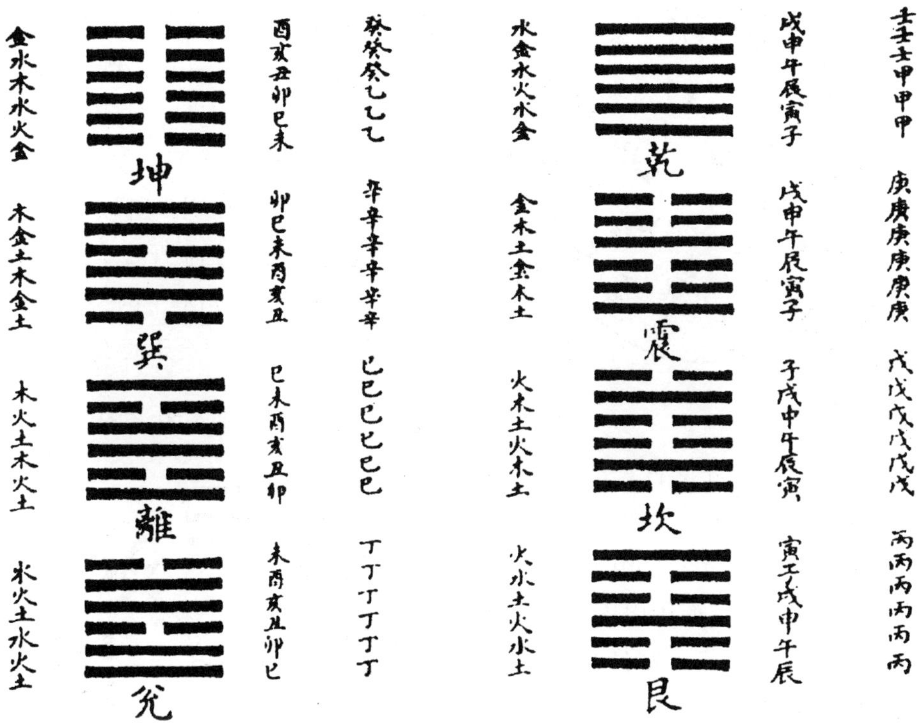

十四、浑天六位图

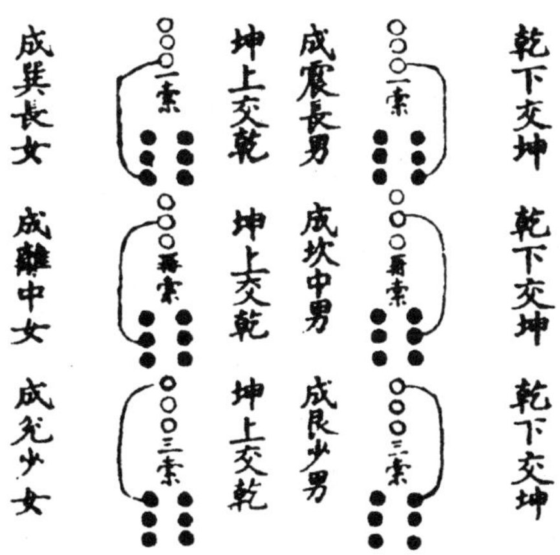

十五、六十四卦生自两仪图

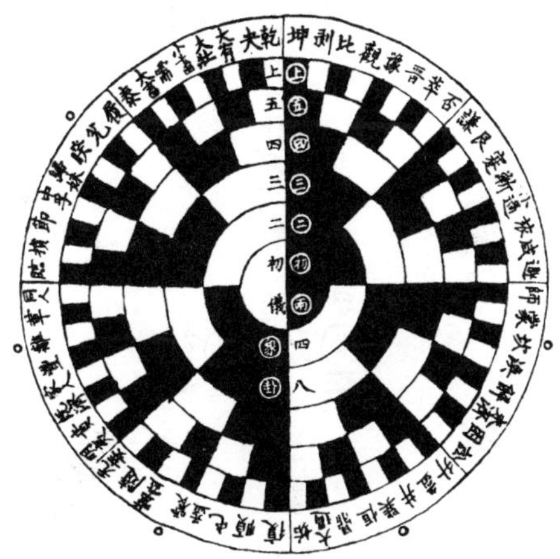

十六、先甲后甲图

解说

汉上曰：春分之日，旦出于甲；秋分之早，暮入于庚。甲、庚者，天地之始终也。内黑晕自甲子、甲戌、甲申为先甲之三，而甲申正合外晕之庚。以庚、申而言，则知先甲之日矣。外白晕自甲午、甲辰、甲寅为后甲之三，而甲寅复合于内晕之庚。以庚、寅而言，则知后甲之日矣。

十七、八卦纳甲图

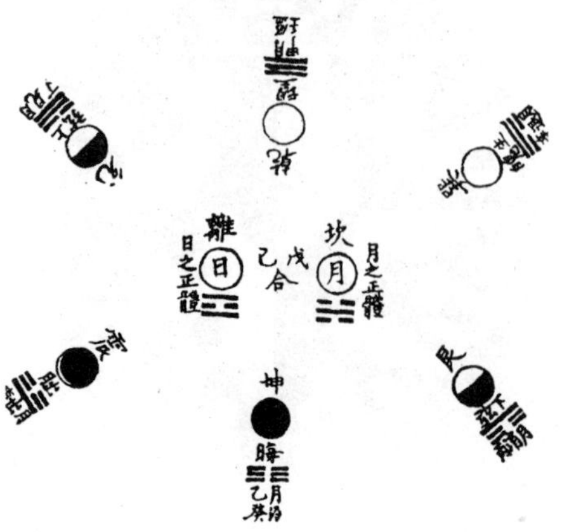

解说

离为日，坎为月，是日月之正体也。月离于日，而有明。自晦朔之合，而为坤象。越三日，朏而出于庚，为震之象。复五日，上弦而见于丁，为兑之象。复七日，盈于甲壬，与日相望，而全其明，所以有乾之象。既盈而生魄，乃退于辛，为巽之象。凡八日，下弦乃消于丙，为艮之象。亘七日，复与日会于辰次之所。

十八、八卦本象之图

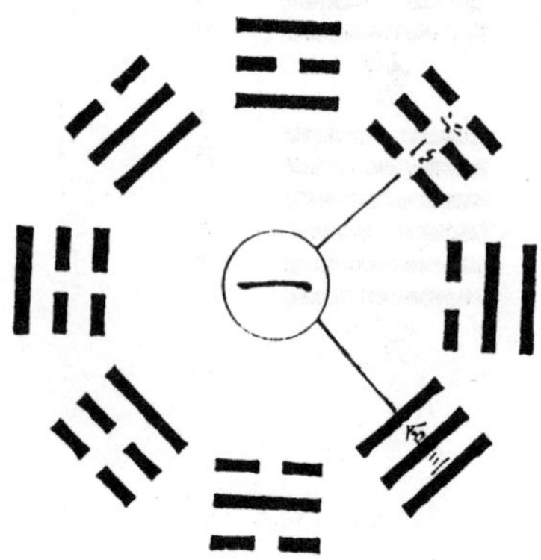

解说

合沙郑先生曰：乾三画而为天者，以一涵三也。坤六画而为地者，偶二而为六也。天一地二之本数，天奇地偶之本画，不待较而可知，然妙理在乎一涵三，二涵六耳。乾一涵三，故索为三男而皆奇；坤二涵六，故索为三女而皆偶，此天地生成之理，岂不妙哉！震为雷，雷出于地下，故一阳在下；坎为水，水蓄于地中，故一阳在中；艮为山，山形于地上，故一阳在上。然阳动阴静，以动为基者，故动震是也；以静为基者，故止艮是也。动者在中，非内非外，故或流或止、或动或静焉，此坎所以为水。巽为木，木发生于地下，故一阴亦在下；离为火，火出于木中，故一阴在中；兑为泽，泽钟于地上，故一阴在上。然阴柔而阳刚，故木也始弱而终强，阳在末也；阳明而阴晦，故火也外明而内晦，阳在外也；阳燥而阴润，故泽也外润而内燥，阳在内也。或问：泽内燥何也？愚曰：内燥则能生金，外润则能钟水。金所以能生水，火所以能生金者，即泽而知之也，圣人岂苟云哉！

十九、乾坤交成六十四卦图

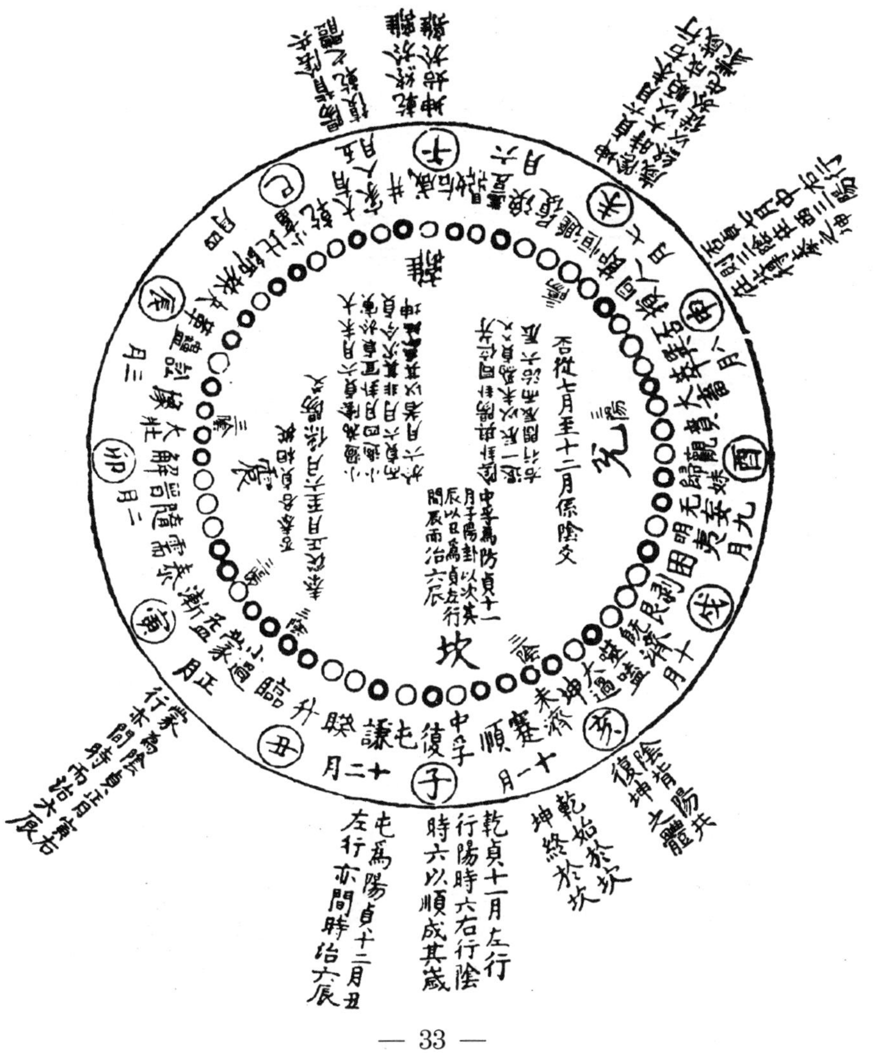

二十、八卦生六十四卦图

二十一、李氏六卦生六十四卦图

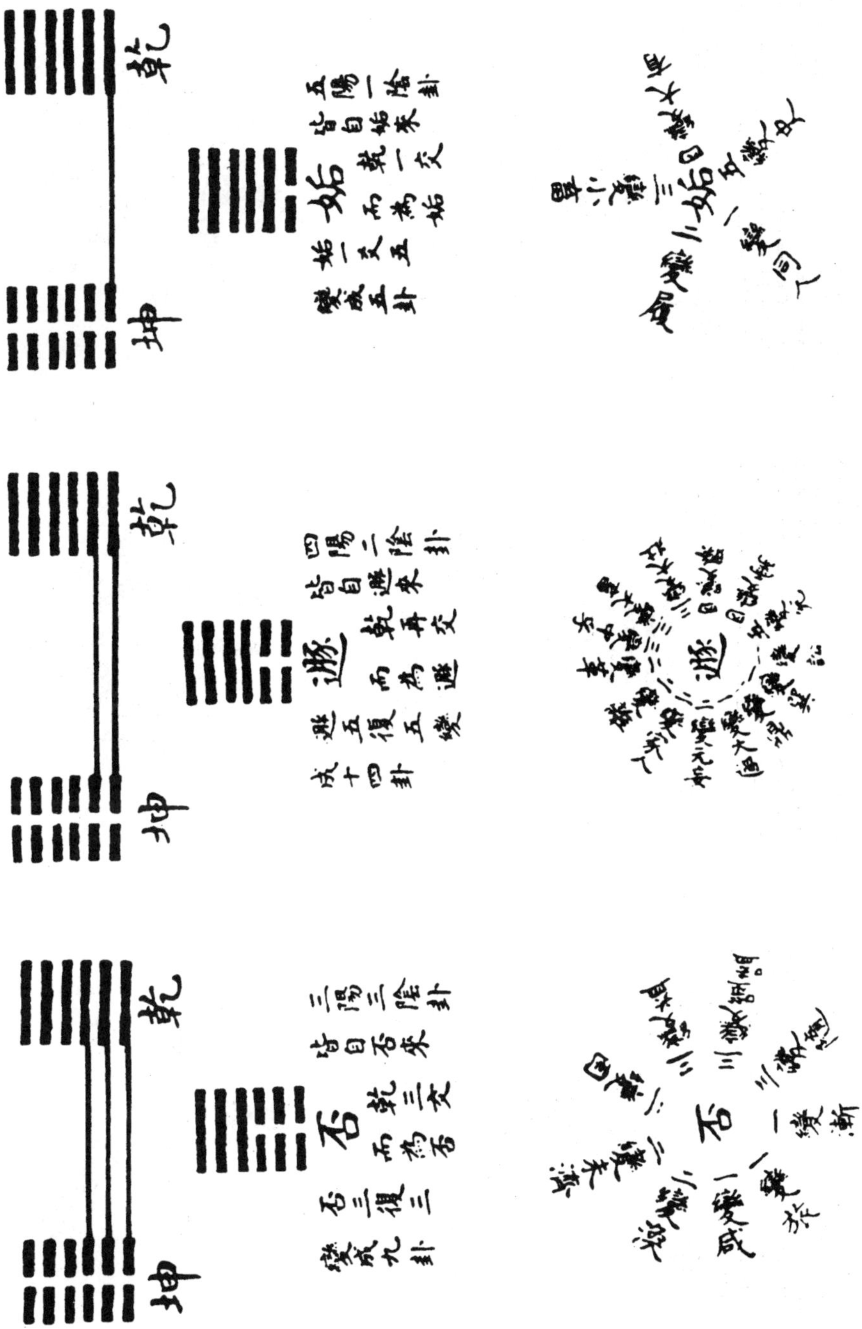

二十二、八卦推六十四卦图

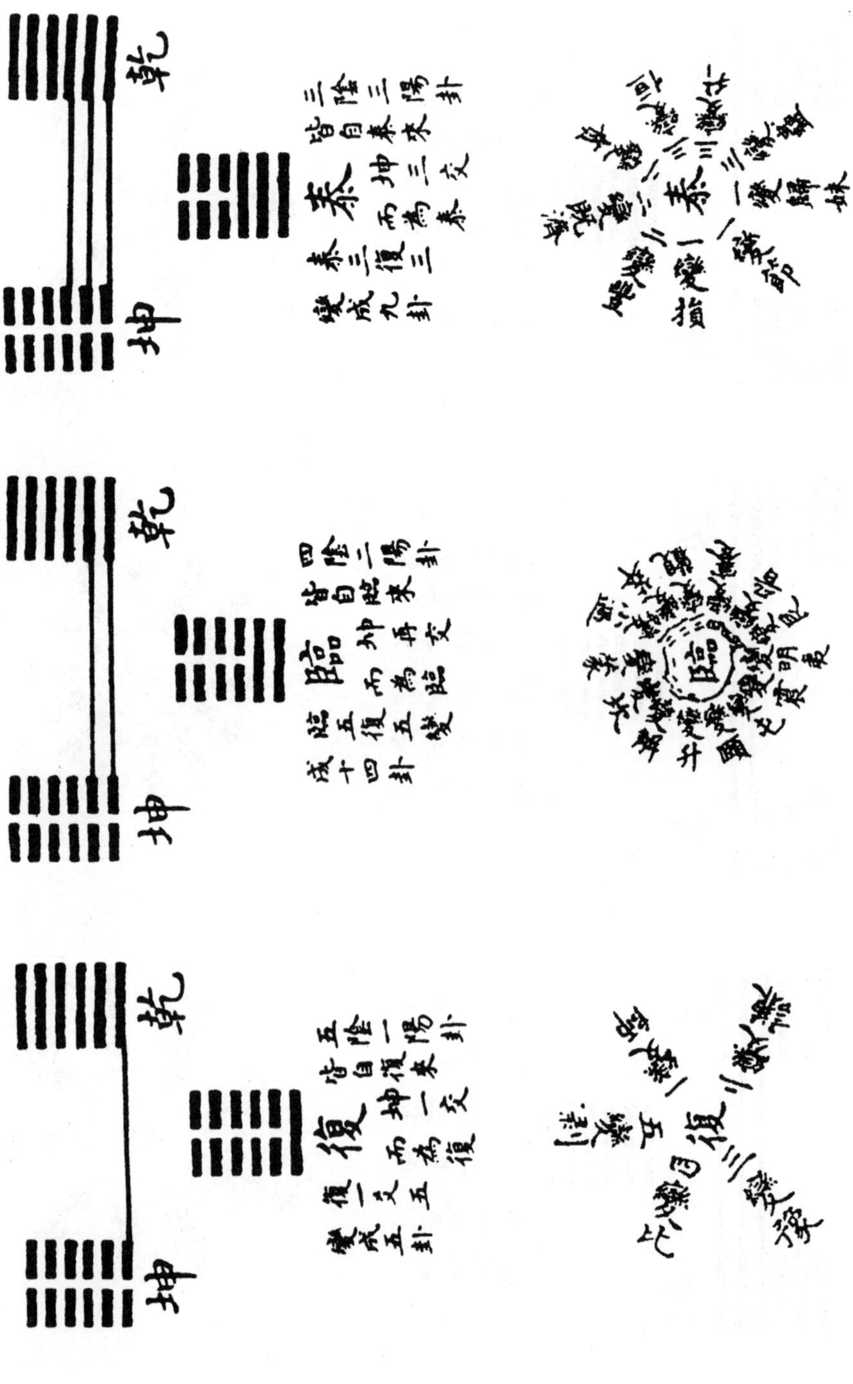

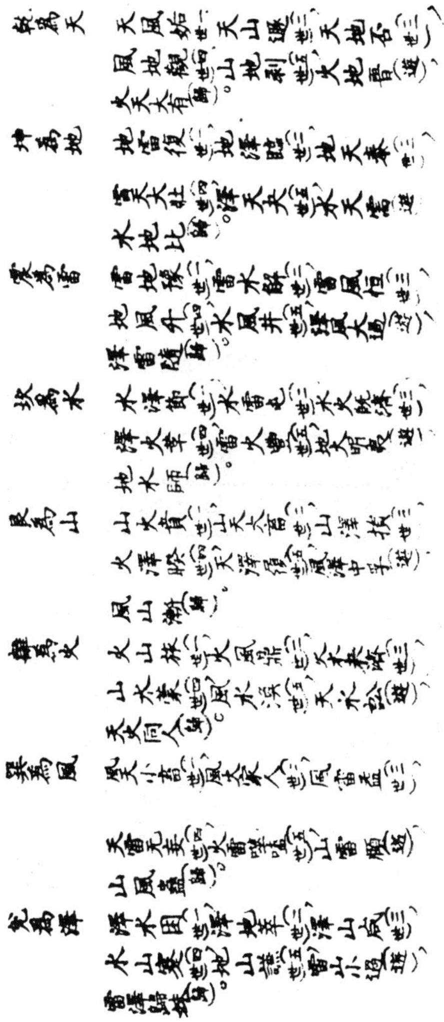

（二十二、八卦推六十四卦图）

解说

郑氏云：乾顺进一得姤，姤，乾之一世。自姤进二得遁，遁，乾之二世。自遁进四得否，否，乾之三世。自否进八得观，观，乾之四世。自观进十六而得剥，剥，乾之五世也。上爻不变，故三十二数不用。彼三十阴，三十二阴，皆六十四卦上爻耳。卦有游魂、归魂，亦以八与十六为法。乾游魂自剥退八而得晋，归魂自乾进十六而得大有，此自然之理也。坤逆进，亦以此准焉。震退一得豫，自豫进二得解，自解进四得恒。自恒退八得升，自升进十六得井，而五世备。游魂则自井进八而得大过，归魂则自本卦进十六而得随焉。坎右进一节，退二屯，自屯进四既济，自既济进八革，自革退十六得丰，而五世备矣。游魂则自丰退八而得明夷，归魂则自本卦退十六而得师焉。离亦如之。艮右退一贲，自贲退二大畜，退四损，自睽退十六履，而五世备。游魂则自履进八而得中孚，归魂则自本卦退十六得渐。兑亦如之。

二十三、帝出震图

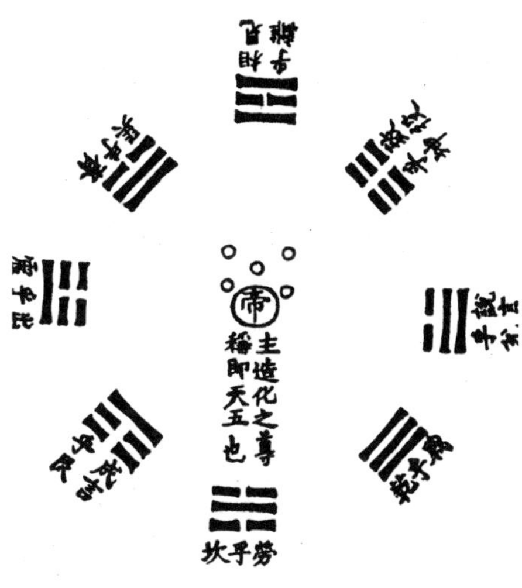

解说

希夷曰：正位称方，故震东，离南，兑西，坎北；四维言位，故艮东北，巽东南，乾西北；坤独称地者，盖八方皆统于地也。兑言正秋，亦不言方位者，举正秋，则四方之主时为四正，类可见矣。离称相见，以万物皆见于此也。兑称说言者，以正秋非万物所说之时，惟以兑体为泽。泽者，物之所说，而不取其时焉。艮称成言者，以艮之体终止万物，无生成之义，今以生成初言者，以艮连于寅也，故特言之。坤加致字者，以其致用于乾也。触类皆然。

二十四、卦配方图

解说

郑合沙曰：造化之一气，即圣人之一心。造化之气，本于发生，而圣人之心，亦将以济世也。故不免由静以之动，自无而入有，使万物得以遂其生，安其业。人不见其迹者，其故何哉？盖造化之气，与圣人之心，虽动而不离，虽有而不舍，无彼万物与万民也，齐、见、役、说、战、劳于其间，而不自觉知耳。此八卦之序，所以出乎震，而成乎艮也。谓之帝者，岂非造化之气，与圣人之心一乎？

二十五、乾坤不居四正位图

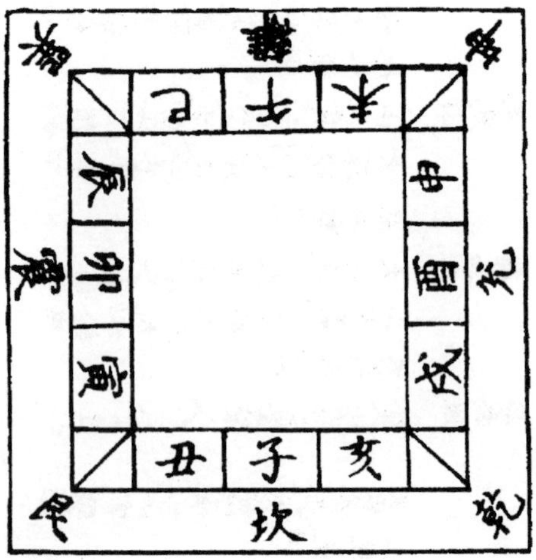

解说

石先生曰：乾居西北，父道也。父道者尊严，严凝之气盛于西北。坤居西南，母道也。母道者养育，育物之气盛于西南。又说西北冬之会，是乃万物成就之方。西南万物茂盛之方。坤者，地之道，在长养之位，育万物成就归功于乾，若臣道从王事，不敢成己功，必归功于君。此见天无为而万物生、君拱己而天下治也。

二十六、坎离天地之中图

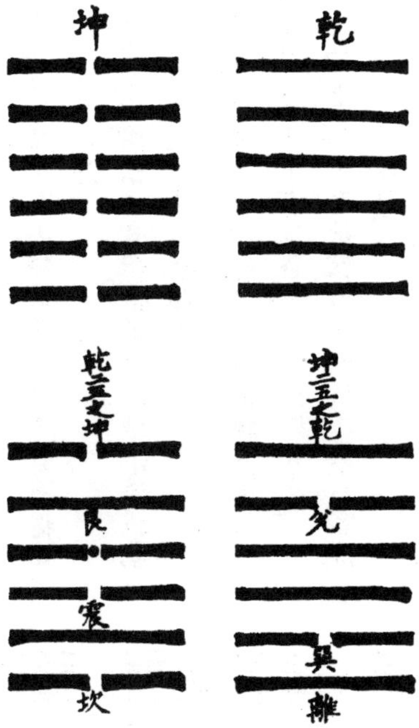

解说

朱汉上曰：乾、坤，天、地、鬼、神也；坎、离，日、月、水、火也；艮、兑，山、泽也；震、巽，风、雷也；坎、离、震、兑，四时也。坎，为天地之中也。圣人得天地之中，则能与天、地、日、月、四时、鬼、神合。先天而天弗违，圣人即天地也；后天而奉天时，天地即圣人也。圣人与天地为一，是以作而万物睹。同声相应，震、巽是也；同气相求，艮、兑是也；水流湿，火就燥，坎、离是也。云从龙，风从虎，有生有形，各从其类，自然而已。

二十七、六十四卦大象图

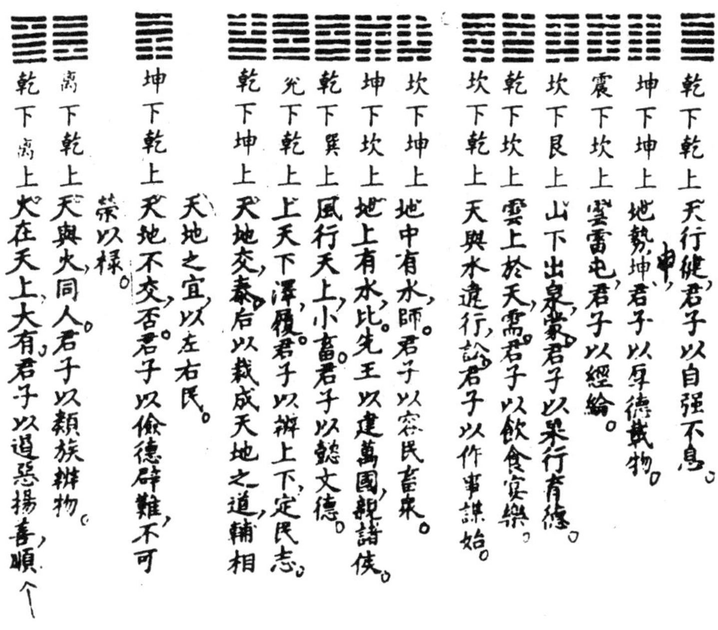

乾下乾上 天行健，君子以自强不息。
坤下坤上 地勢坤，君子以厚德載物。
震下坎上 雲雷屯，君子以經綸。
坎下艮上 山下出泉蒙，君子以果行育德。
乾下坎上 雲上於天需，君子以飲食宴樂。
坎下乾上 天與水違行訟，君子以作事謀始。
坎下坤上 地中有水師，君子以容民畜衆。
坤下坎上 地上有水比，先王以建萬國，親諸侯。
乾下巽上 風行天上小畜，君子以懿文德。
兑下乾上 上天下澤履，君子以辨上下，定民志。
乾下坤上 天地交泰，后以裁成天地之道，輔相天地之宜，以左右民。
坤下乾上 天地不交否，君子以儉德辟難，不可榮以祿。
離下乾上 天與火同人，君子以類族辨物。
乾下離上 火在天上大有，君子以遏惡揚善，順

天休命。

艮下坤上　地中有山，謙。君子以裒多益寡，稱物平施。

坤下震上　雷出地奮，豫。先王以作樂崇德，殷薦之上帝，以配祖考。

震下兑上　澤中有雷，隨。君子以嚮晦入宴息。

巽下艮上　山下有風，蠱。君子以振民育德。

兑上坤上　澤上有地，臨。君子以教思無窮，容保民無疆。

坤下巽上　風行地上，觀。先王以省方，觀民設教。

震下离上　雷電，噬嗑。先王以明罰敕法。

离下艮上　山下有火，賁。君子以明庶政，無敢折獄。

坤下艮上　山附於地，剝。上以厚下安宅。

震下坤上　雷在地中，復。先王以至日閉關，商旅不行，后不省方。

震下乾上　天下雷行，物與無妄。先王以茂對時，育萬物。

乾下艮上　天在山中，大畜。君子以多識前言往行，以畜其德。

震下艮上　山下有雷，頤。君子以慎言語，節飲食。

巽下兑上　澤滅木，大過。君子以獨立不懼，遯世無悶。

坎下坎上　水洊至，習坎。君子以常德行，習教事。

离下离上　明兩作，離。大人以繼明，照于四方。

艮下兑上　山上有澤，咸。君子以虛受人。

巽下震上　雷風，恒。君子以立不易方。

艮下乾上　天下有山，遯。君子以遠小人，不惡而嚴。

乾下震上　雷在天上，大壯。君子以非禮弗履。

坤下离上　明出地上，晉。君子以自昭明德。

离下坤上　明入地中，明夷。君子以莅眾，用晦而明。

离下巽上　風自火出，家人。君子以言有物，而行有恒。

兑下离上　上火下澤，睽。君子以同而異。

艮下坎上　山上有水，蹇。君子以反身脩德。

坎下震上　雷雨作，解。君子以赦過宥罪。

兑下艮上　山下有澤，損。君子以懲忿窒慾。

（二十七、六十四卦大象图）

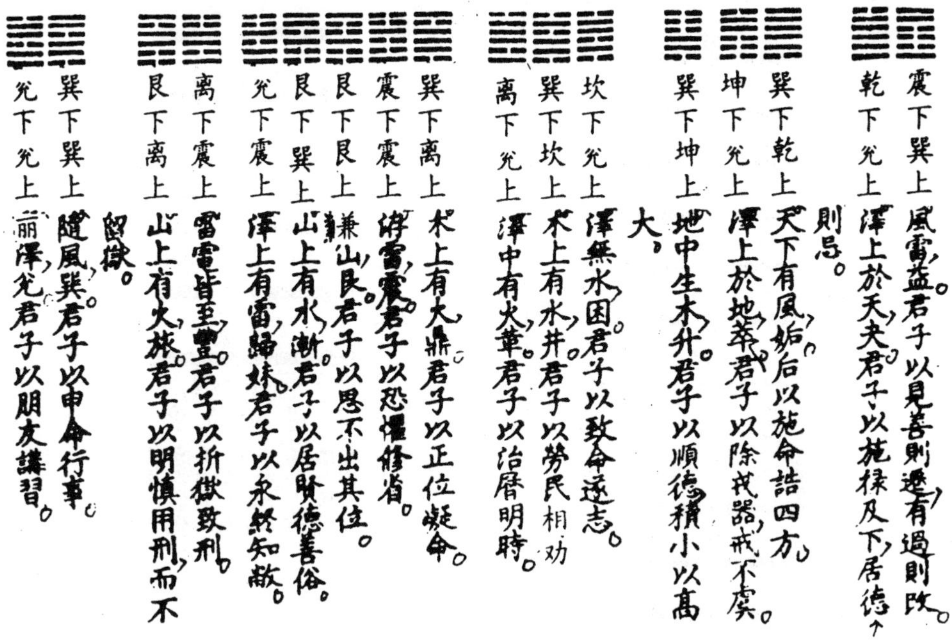

震下巽上 風雷益君子以見善則遷有過則改。
乾下兑上 澤上於天夬君子以施祿及下居德則忌。
巽下乾上 天下有風姤后以施命誥四方。
坤下兑上 澤上於地萃君子以除戎器戒不虞。
巽下坤上 地中生木升君子以順德積小以高大。
坎下兑上 澤無水困君子以致命遂志。
巽下坎上 木上有水井君子以勞民相劝
离下兑上 澤中有火革君子以治曆明時。
巽下离上 木上有火鼎君子以正位凝命。
震下震上 洊雷震君子以恐懼修省。
艮下艮上 兼山艮君子以思不出其位。
艮下巽上 山上有木漸君子以居賢德善俗。
兑下震上 澤上有雷歸妹君子以永終知敝。
离下震上 雷電皆至豐君子以折獄致刑。
艮下离上 山上有火旅君子以明慎用刑而不留獄。
巽下巽上 隨風巽君子以申命行事。
兑下兑上 麗澤兑君子以朋友講習。

（二十七、六十四卦大象图）

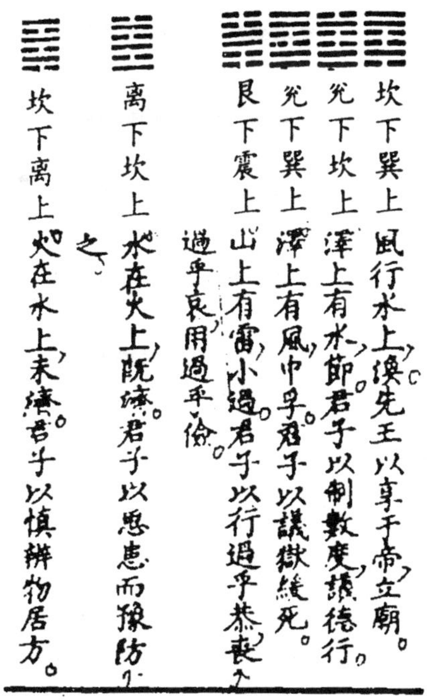

坎下巽上 風行水上渙先王以享于帝立廟。
兑下坎上 澤上有水節君子以制數度議德行。
兑下巽上 澤上有風中孚君子以議獄緩死。
艮下震上 山上有雷小過君子以行過乎恭喪過乎哀用過乎儉。
离下坎上 水在火上既濟君子以思患而豫防之。
坎下离上 火在水上未濟君子以慎辨物居方。

（二十七、六十四卦大象图）

二十八、乾坤易简之图

六十四卦图并说，合沙郑先生撰

解说

乾、坤者，数之一、二也，形之方、圆也，气之清、浊也，理之动、静也。故乾具两仪之意，而分上、下乾；坤包四象之体，而分南、北、东、西。两仪、四象共数有六，并其乾坤之本体，则八卦之数周备矣。此乾坤所以去太极未远，内贞外悔两仪之理也，元亨利贞四象之道也，二、三、四、五以为经，七、八、九、六以为纬，八卦之方也。所以自一而二，自二而四，自四而八，自八而十六，自十六而三十二，自三十二而六十四，

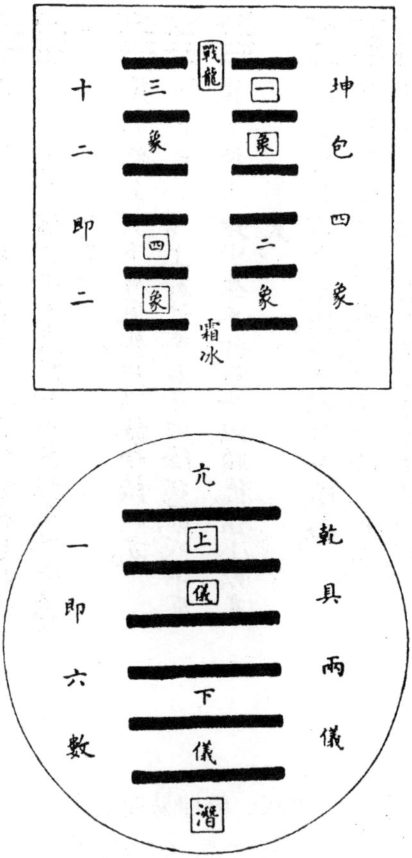

(二十八、乾坤易简之图)

六十四而天道备矣。岁功成矣，人事周矣。此易故六十四卦而乾坤居首也。学者能由六十四以归一，由一以悟太极，则伏羲、文王、孔子皆备于我，成变化，行鬼神，亦是道也。

二十九、屯象图

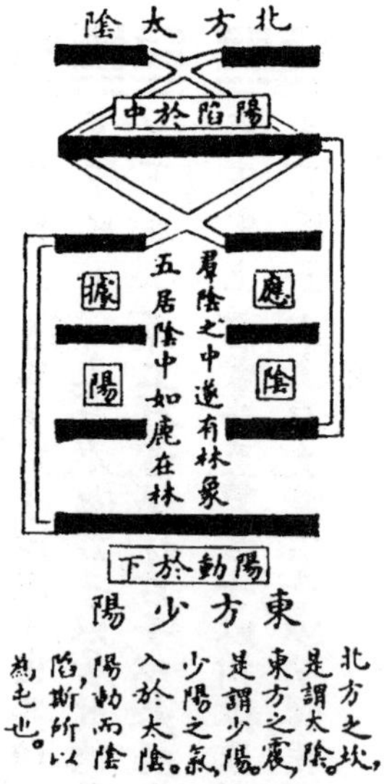

解说

北方之坎是谓太阴，东方之震是谓少阳。阳之气入于太阴，阳动而阴陷，斯所以为屯也。

三十、蒙养正图

解说

童蒙在五，击之在上，是外学也。耳目所入，虽足以资吾，适足以贼吾之真性，故不利为寇也。包蒙在二，发之在初，是内学也。心之所造，贵于几先，一著于心，便成机械，所以脱桎梏吝也。利者，吾心之桎梏乎。

三十一、需须图

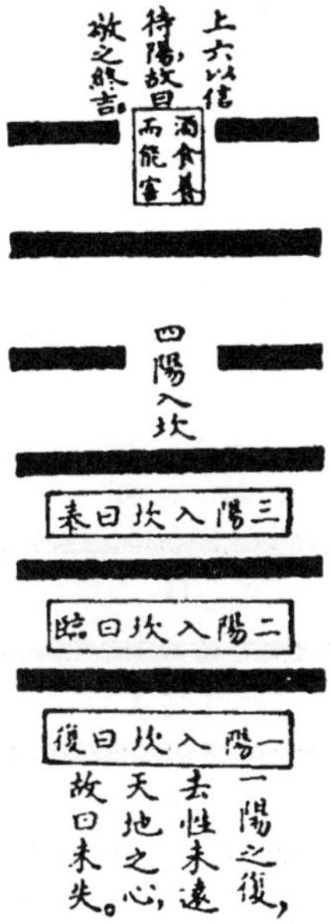

解说

坎中之阳以为助，乾卦之阳求待上，一阳而为之援，一阴避之而与进，一阳阻之而使退，此所以为需之吉凶也。然圣人之意不责于二阴，而责于三阳，不责于三阳，而责于坎中之阳，利所在也，故责之重也，遂系之以酒食之象焉。酒食者，养人之具也，人之所求待也。为酒食之所困，而为害者亦有之也。始贪其利，终罹其害者，小人之常也。必有道以处之，所贵乎贞吉也。贞者，中正之义，内中正则外固，外固则不陷矣。

三十二、讼象图

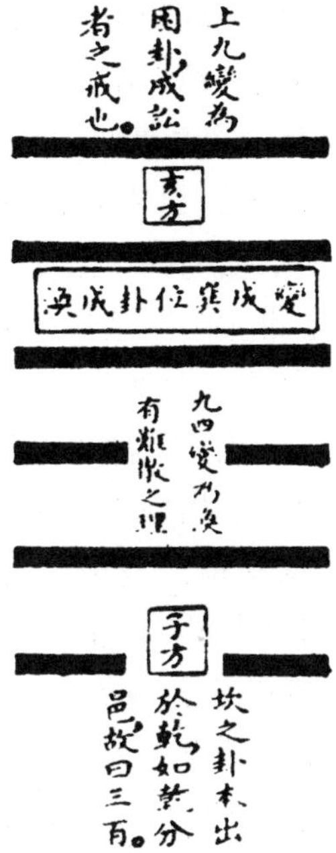

解说

乾居亥位，坎起子方，亥子皆北，皆属于水，始无所争也。一离于形，则天西倾，水东注天上，蟠水下润，于是而讼矣。

三十三、师比御众之图

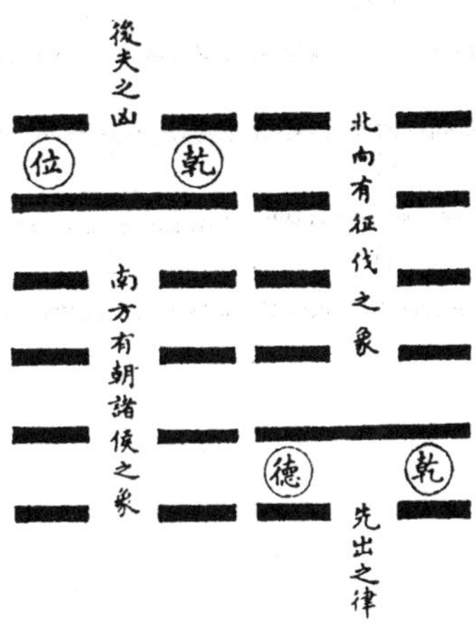

解说

坤为众，而师亦为众者，师统众之义也。统众者，非德也则不可。故以乾之九二入于坤为师，以乾德在二也。律因数起，数自中出。黄钟之律起为度量衡，差之毫厘，则不可也。北方之坎，黄钟之本也，故繇言丈人，爻言律，丈与律，法度之出，非有德者乎？北主幽阴杀伐之象，南主向明朝会之象。六爻分二、三、四、五之数。二居南方，离明之地也，故以比为南面。五居中央，非北也。天北望，惟见斗枢，辰极，辰曰“北辰”，斗曰“北斗”，虽名曰北，实中天也。师北向，故有五人为伍之意。比南面，故有五等分爵之象。上居五位，后其君者也，故曰“后夫凶”。

三十四、大小畜吉凶图

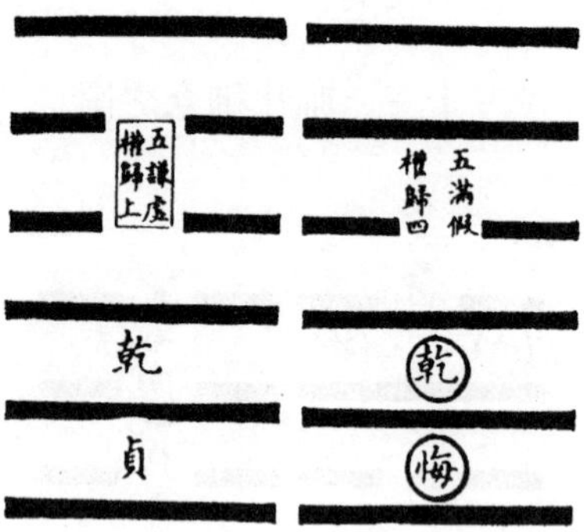

解说

巽居东南方，乾气自子至巳入于巽，为巽所畜，名曰“小畜”。以阴生于巽，巽阴之微，故以“小”言。艮居东北方，乾气自子至寅入于艮，为艮所畜，名曰“大畜”者，阳终于艮，艮，阳之究也，故曰“大”。自子至寅，三画之乾也。是艮畜乾贞，巽畜乾悔也。大畜之所以得权者，变小畜之九五而六五，谦虚下人，所以得权而畜人也。小畜之所以失权者，变大畜六五而为九五耳。满假自大，所以失权，而为人所畜也。

三十五、履虎尾图

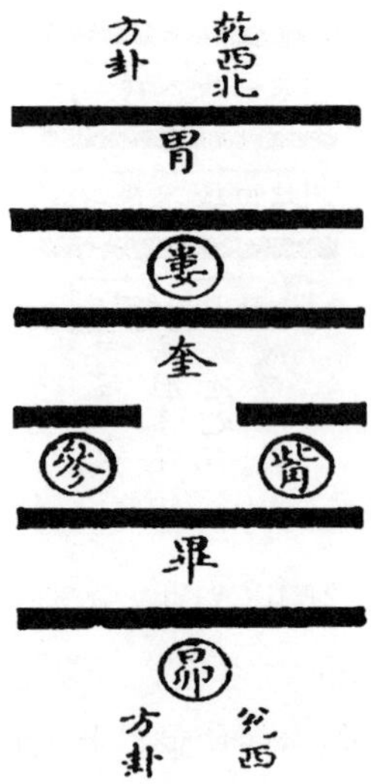

解说

乾居亥位，初爻本室壁，二爻方起奎，奎系之者，见其履虎尾也。坤居申位，参本坤之初爻，以参系兑者，见虎尾之咥人也。乾居兑下，则无履虎尾，咥与不咥之象矣。以乾乘兑，所以履虎之象明也。履卦自兑入乾，由戌达亥，以人应天之道乎？

三十六、否泰往来图

解说

观泰之象，则见否之所生；观否之象，则见泰之所起，是阴阳之气上、下、升、降以成象也，故否、泰之卦皆往来。

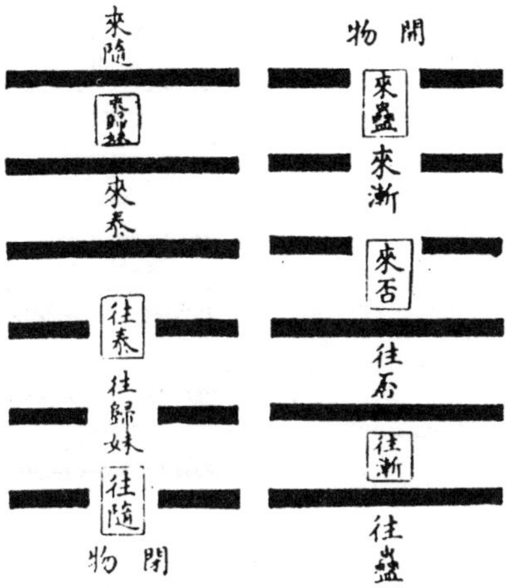

（三十六、否泰往来图）

三十七、同人图

解说

乾居上三十六策，变其中爻，则同乎离。离居下二十四策，变其中爻，则同乎乾。是谓二人同心，言外貌不同，而心同也。

三十八、大有守位图

解说

大有之卦众阳盛，时而五以六居之，人君体元居正可不知守位之仁

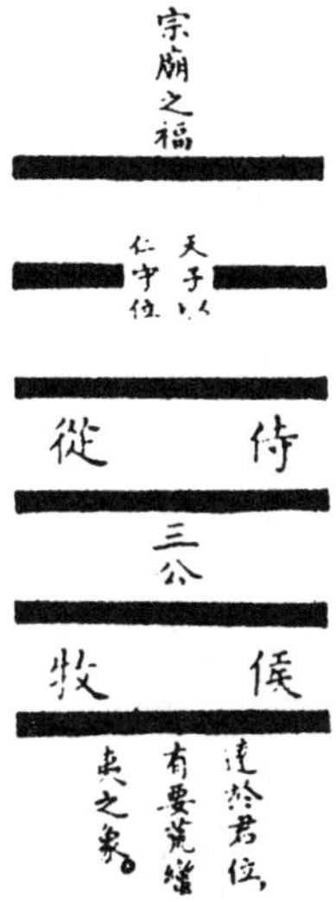

乎？推而明之，四为侍从，则曰“匪其彭”；三为三公，则曰“公用亨于天子”；二为侯牧，则曰“大车以载”；初远于君位，有要荒蛮夷之象，则曰“无交害”，皆发政施仁之道，如是，则福及宗庙，而未有万世之业矣。

三十九、谦象图

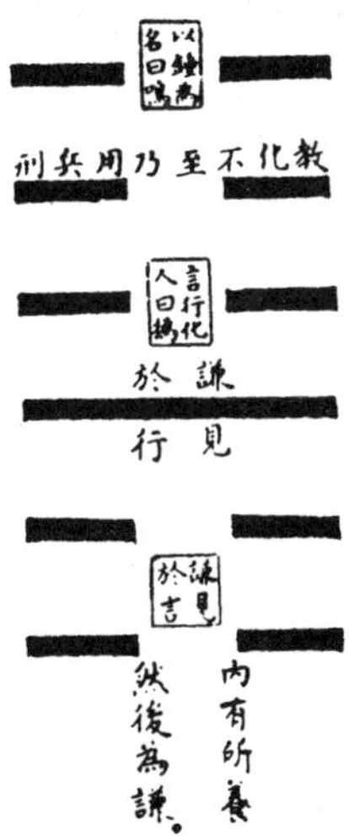

解说

艮居寅，属木，仁也；坤居申，属金，义也，故五上有杀伐之象。谦者，以至诚为本，言心声也。不情之言则不出于诚，非心之本，是为伪也。故鸣谦居中者为至诚，居外者为不情，是以谦为鸣耳，外谦而内好胜也。

四十、豫象图

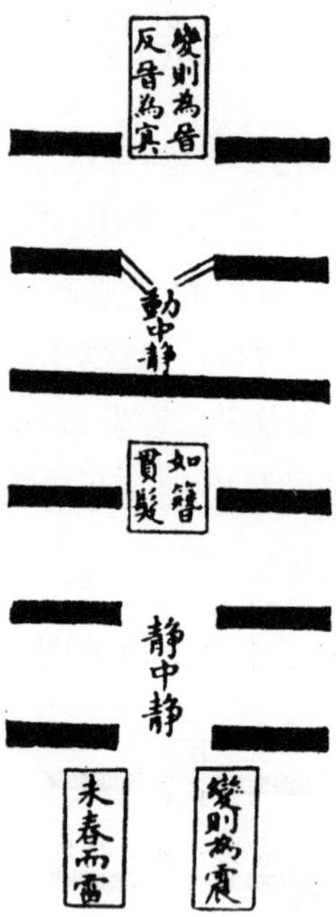

解说

震居坤下，是谓一阳之复，天地之心也。今出坤上，是出地之豫，亦天地之心也。坤中之爻，静中之静也，故曰“介于石”。震中之爻，动中之静也，故曰“贞疾，恒不死”。

四十一、随卦系失图

解说

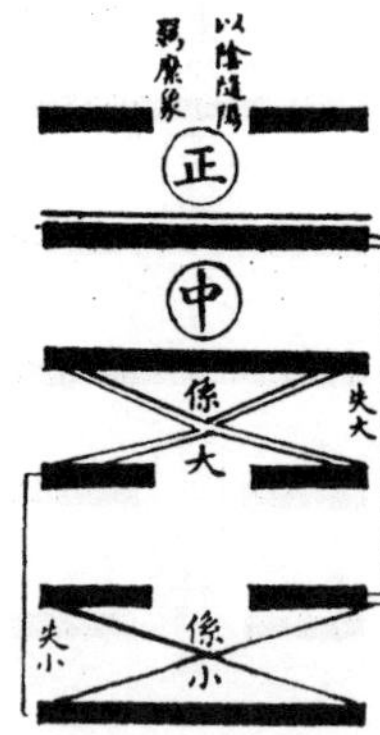

自震达兑，由东徂西，春作秋成之义也。夫是之谓随阳。自阴中而起，阴随阳动也。阴来迎阳而说之，阳随阴聚也。故兑之上爻，有羁縻之象。

四十二、蛊象图

解说

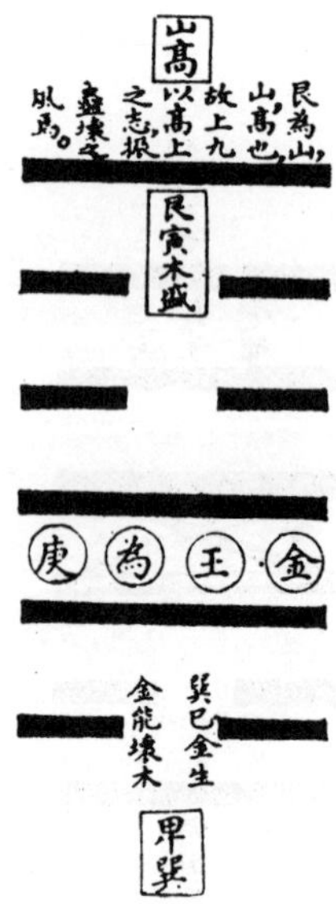

巽居巳位，金之所生也。至酉金王，而巽之功成矣。故巽五爻言庚金在艮下，尤居寅位木之乡也，故言甲。甲庚分子午之位，循环无穷，行权之道也。金克于木，今居于木下，是蠹生于木中也。有蛊自然之象，上九居山之高，有高上之志，足以振蛊壤之风，使懦夫有立焉。

四十三、临象图

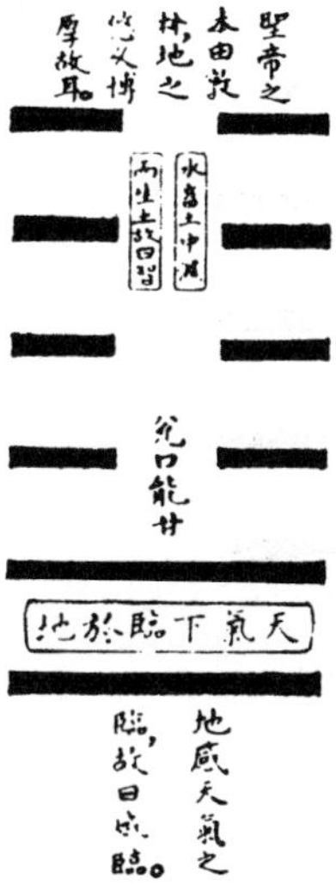

解说

临卦之象，指为人主者，以临乎下也。临下之术在施德于下，则二阳在下，如天气感地焉。存心于上，则行中以智，而敦朴为先，如高明柔克焉。彼兑口之甘，是能言而不能行。如王者陟降，诏谕丁宁而仁泽实不行也。何足以论施德存心之道哉！

四十四、观国光之图

解说

四阴生，阴侵阳之卦也。比之于阳侵阴，乃大壮之理也。不曰小壮，而曰观者，阴顺巽而无侵阳之意也。下既顺巽，上必以中正，然后足以使下观而化。安有侵阳之事乎？

四十五、噬嗑身口象图

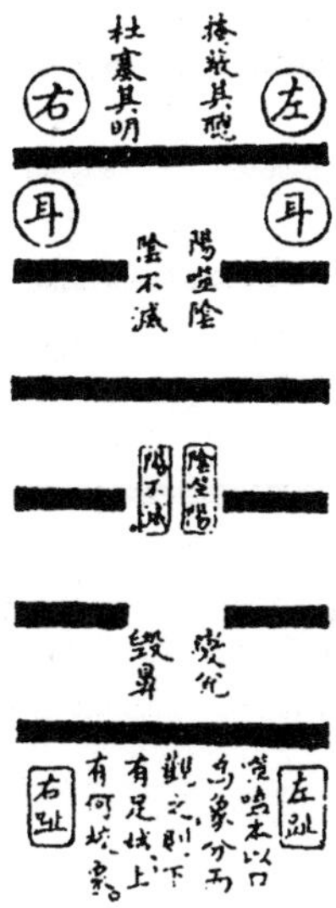

解说

噬嗑本以口为象，而趾、鼻、耳、目亦系之者，盖一身赖口以为养也。养之有道，噬嗑之福；养不以道，噬嗑之祸。祸多福少，小人贪嗜者多也。噬嗑先电而后雷，电扬而雷震，舌动而齿咀，此自然之理也。噬嗑与贲，皆颐中有物，一为贲，一为噬嗑者，噬嗑得颐之下，动贲得颐之上，止惟下动，则噬嗑矣。

四十六、贲天文图

解说

离为日、月、星、辰，天之文也；艮为山、川、草、木，地之文也。而孔子独谓之天文，而不及地者，盖观象以作《象》，象有日月溯明之象也。日月因溯明而合朔，朔晦

（四十六、贲天文图）

相循而四时成矣。此所以察时变也。离有继明之意，而贲变离之四爻，日月相抱持也，此所以为天文之要道焉。

四十七、剥为阳气图

解说

复卦之下阳，即剥之上阳落于地也，故有硕果不实之象。其阳气之种乎，所以乾为木果，而生木于亥也。亥者，乾之位也。木有生而未芽，芽则在子矣。子者，孳也。未芽之果，本于剥上之阳，如果在木末焉。

四十八、复七日图

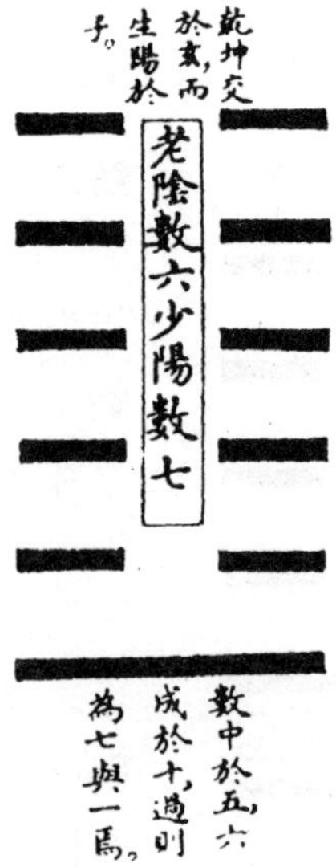

解说

六数进则为七，退则为五，是五为六之未盈，六为五之已满，过则为七矣。六为极矣。一阳生，则“七日来复”也；二阳生，则“八月有凶”也。七为少阳，八为少阴，日为震，月为兑。临虽阳长，而实得八兑之数也。故曰“有凶于八月”也。复卦一阳来复，曰“七日”者，盖坤阴极于亥，六数尽于一，复出于坎，并而得七也。数穷于六甲，运穷于三统，而复为元，亦“七日来复”之义云耳。

四十九、无妄本中孚图

解说

中孚，信也；无妄，亦信也。中孚之信，其自然之诚乎？无妄之信，是或使之也。故曰：刚自外来，而为主于内。诚信之道，本自中出而主者，亦以中。今反自外来，而为内主，安得自然！此所以异乎中孚也。

（四十九、无妄本中孚图）

五十、颐灵龟图

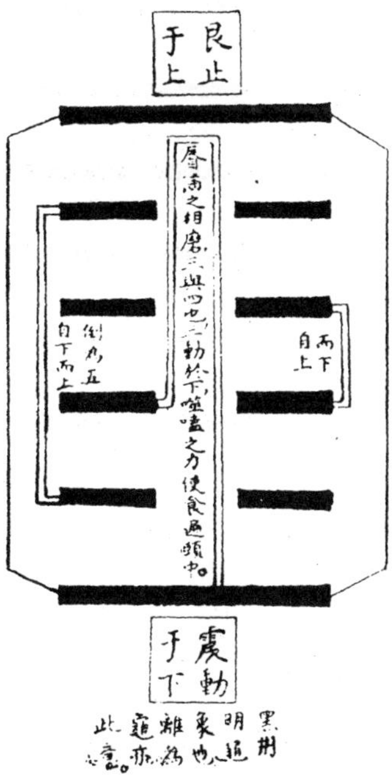

解说

颐中虚，虚则灵龟之象。君子见之，以灵龟自警，小人见之，则孕颐垂涎。三为下齿，噬之动者也，故凶甚于二、五。三之所以动者，因初有震象耳。离为龟，亦此意。

五十一、大过栋隆桡图

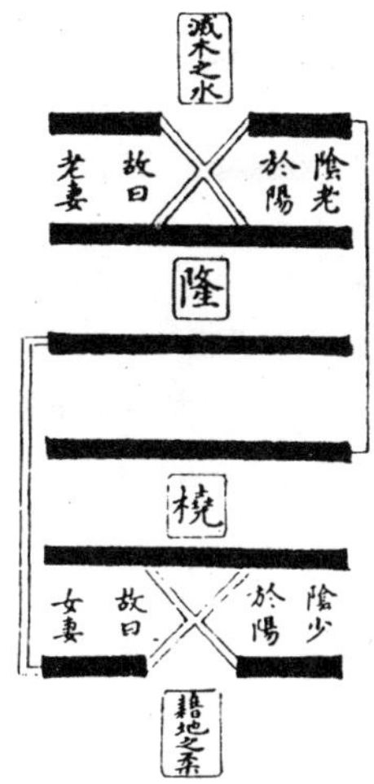

解说

大过一卦，吉凶在初与上也。栋上隆，以应藉；地之茅，慎之至也。栋之桡，以应灭木之水，故大过之繇辞，见于九三也。阳气骄为大者，过九二配以少阴，故能发生枯杨之稊，稊，杨之芽枿耳。九五配以老阴，发生之理穷矣，遂有枯杨之华象。华则不能结实而为萌芽也。

五十二、习坎行险图

解说

坎曰“维心亨”，是心无善恶之思，无喜怒哀乐之动，一人于习，则

（五十二、习坎行险图）

同者变而为异。故坎卦始终象小人习险，以自陷其身，戒人用心之恶也。阴阳者，善恶之端也，动静之分也。心之动，则恶萌矣。阳动而阴静，阳善而阴恶。六三以阴居阳，所以为恶之大，又陷于二阴之中，是染习皆恶也。六四以阴居阴，静之至也，是复性而反诚，又居于二阳之间，是染习皆善也。故“樽酒簋贰用缶”，有简率敦朴之象。九五虽以阳中而未免陷二阴之党，染习之气不能免也。孔子所以指之以“未出中”。中，未大之象焉。

五十三、离继明图

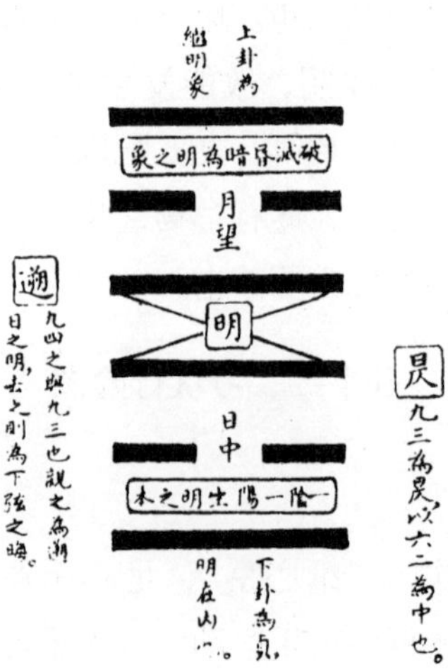

解说

下卦离之贞，上卦离之悔，是下卦为贞明，而上卦为继明也。月者，溯日以明。合朔之时，月包于日，而后溯其明也。此上卦所以包下卦，有日月溯明之象也。离为日而不为月，在重离则月象生焉。故曰“明两”，又曰“日月丽乎天”。六二自“黄离”，是自中而明，所谓诚性之明。六五有哀悲之象者，是月既望而将远于日，亦明极而晦生，反言吉者，以忧惧得吉也。

五十四、咸朋从图

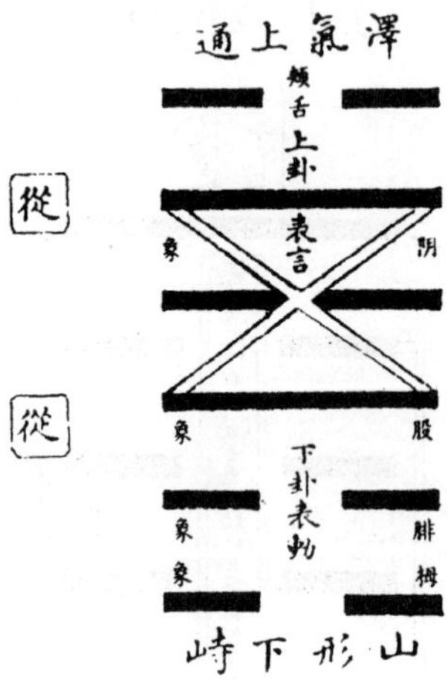

解说

一气居中，故泽之云蒸于山，而山之泉入于泽，是山泽相咸也。卦有三阳，而九四居其中，心象也。惜乎朋于二阳，未免有意有必有固有我，故“憧憧”而“往来”。九五上连于六，是用在上六也，故上六为颊、舌，而五为脢。九三下连六二，是用在六二也，故六二为腓，而三为股。股随腓而动，脢则不能随颊，舌以发言，此吉凶所以异也。

五十五、恒久图

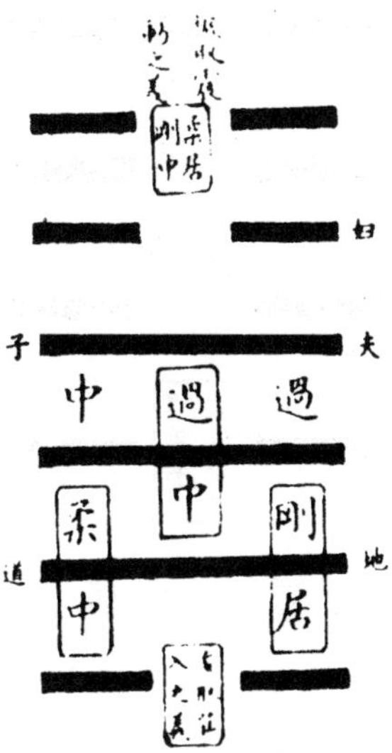

解说

六爻惟九二一爻得一刚一柔之道，而居中，故与之以能久。中六五虽一刚一柔而居中，然与共天位者亦柔也，故有妇人贞从一之象，所以异于二矣。九三以刚居刚，动而过中，不恒之象。初、上爻，二爻一浚以趋下，一振而向上，皆迷途之甚者，不得其中，故皆凶。

五十六、遁象图

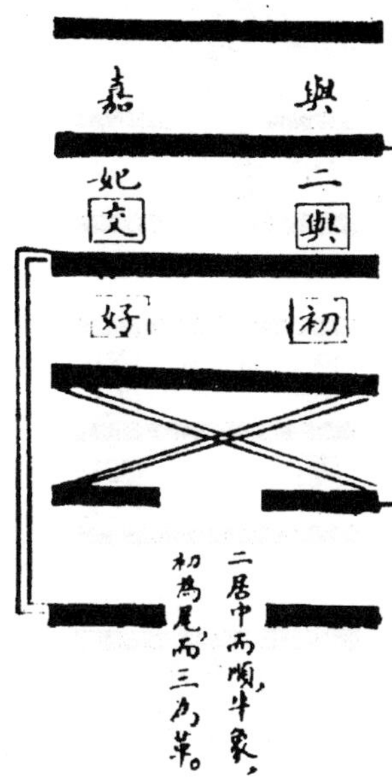

解说

二以中顺之德，而取象于黄牛。牛之所以能负重者，革之坚也。牛无革，则机上肉耳，何能为哉！九三以刚居外，有革之象，三苟随乾以遁，则二遇祸矣。所以劝其执之。四阴位，以九居之，下应初六，故曰“好”，言交好也，是阴位下交于阴爻也。五阳位，以九居之，下应六二，故曰“嘉”，嘉，妃也，是阳位之阳爻，下妃于阴位之阴爻也。阴妃于我，故交于我；小人不可交，则与之绝，此所以“吉”。妃，则吾正偶耳，不能绝也。故但正其志，则淫邪非僻不能入，此所以为“贞吉”。

五十七、大壮羊藩图

解说

大壮之卦，下累四阳，有栋宇基址之象，故云壮也。上震下乾，震为苍筤竹，故有藩象。乾之九三变则入

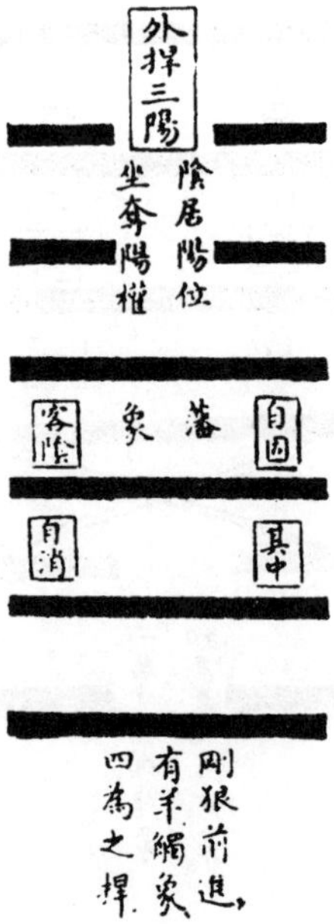

(五十七、大壮羊藩图)

兑，故有羊象。兑西而震东，卯酉正冲，故有“羊触藩”之象。初者，羊之趾也。羊以角触，而趾用其力，角羸则趾困矣。九四实吾之同类，苟决其藩，以开大途，容羊进而不羸之，则下三阳反为吾“壮与之輹”矣。此九二、九四所以有贞吉之辞。

五十八、晋康侯之象

解说

八卦之象，乾实为马。晋以坤之贞，而阴爻居五位，岂有马象哉！盖乾“锡之马”，因以“致蕃庶”，诸侯之象明矣。必明出地上，象诸侯者，以火在天上为大有，象天子故耳。天子与诸侯皆南面之君，必有明

德以安民，民安则位安，故曰“康侯”也。

五十九、明夷箕子图

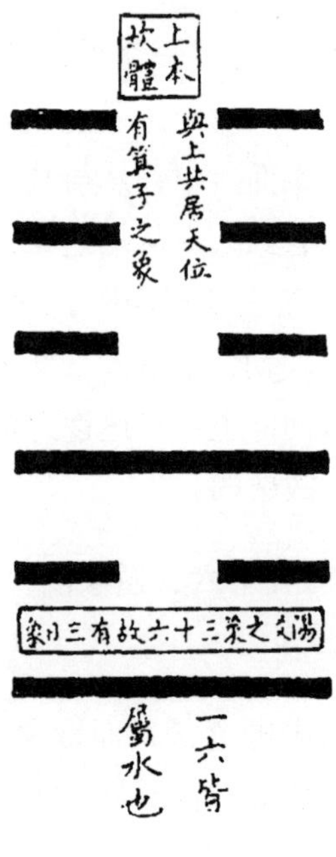

解说

明夷之卦，圣人赞之，以《彖》“象”最显，于人事最明。五为箕子，则上为纣矣。九三有南狩，而得“大首”之辞，岂非武王乎？“拯马壮”者，又岂非武王之辅相乱臣乎？六四本坤画，而下与三同居人位，又岂非微子、太公之归周乎？初九与上六同乎坎水，将飞而翼垂，将行而粮不继，岂欲拯之而力不能，如伯夷、叔齐之徒乎？

六十、家人象图

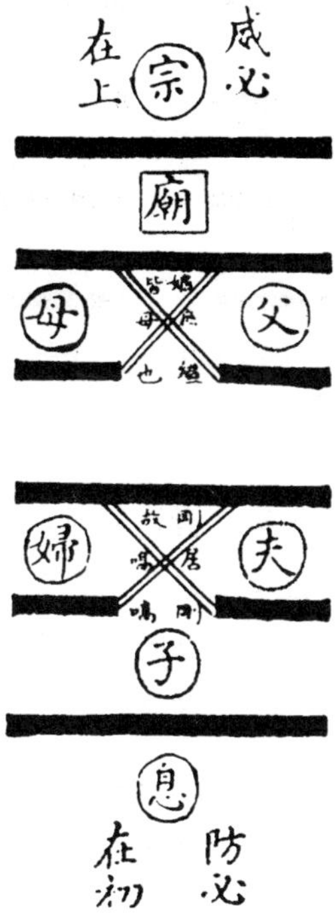

解说

或问：文中子家人之象。子曰：明内齐外，盖离、巽之象也。然象在一阴一阳相妃于中，有父母夫妇之象，意本于夫子之《彖》。焦延寿以上爻为宗庙，五为君，今用之于家人，则君位为父矣。孔子曰：家人，有严君焉。父母之谓也。

六十一、睽卦象图

解说

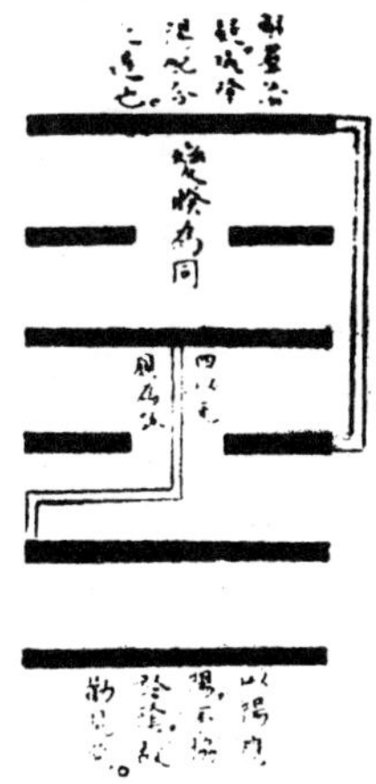

睽之为卦，六爻相疑者，阴阳相疑也。阳居阴位，是以位相疑。二应五，而五连于上，上应三，而三连于二，是以应相疑。疑则睽而不合矣。故圣人于六爻之辞，皆释其疑也，而使阴阳各安其位焉。所以睽卦物象，比之他卦最盛，盖欲尽意而已。

六十二、蹇往来图

解说

蹇之二阳皆陷于阴中，故蹇繁往来者四，而不繁往来者二。四者皆失中，而二与五皆得中也。中以自养，虽处蹇中，素患难行乎？患难，何往来之有？五在上位之中，善处蹇而不凌下，使人乐归之，此所以致朋来而不孤立于兑。兑，非类也，变我则与

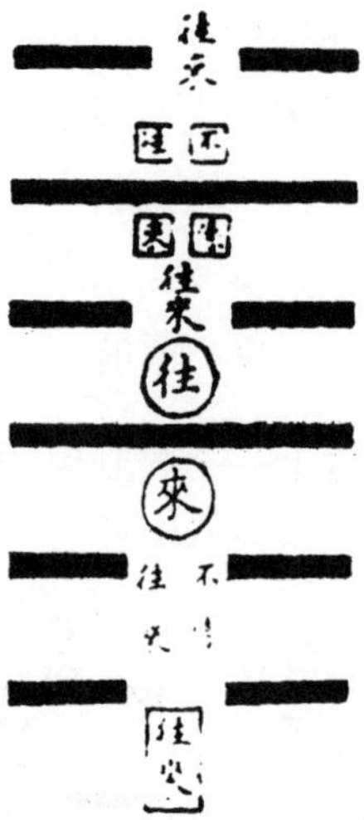

（六十二、蹇往来图）

同，此四爻所以有牵羊之象，亦以二爻变有羊象耳。

六十三、解出坎险图

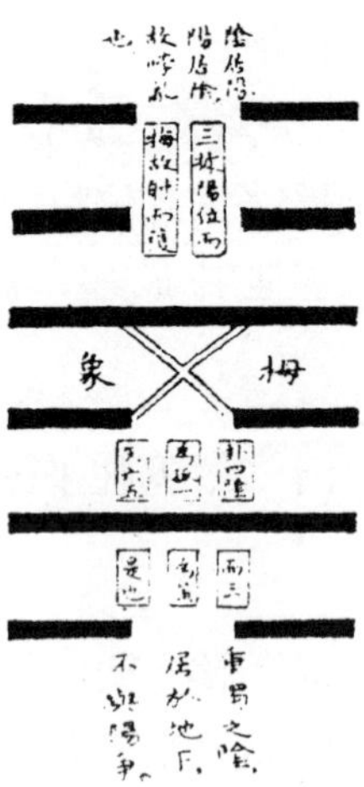

解说

坎中之一阳，即震下之一阳，始包于坎中，既而出于坎上，动于震下，若果核之仁变而为芽，故曰：得黄矢者，中直也。中直，则芽达矣。其卦阴阳悖乱，而不当其位，上爻有解悖之象，以震之在坎也。君子屈于下，混迹小人之时，而发生敷布之心，不志也。一旦脱迹而去，遂伸其志，此九四之与六三所以有“拇”象者，君子之警戒也。

六十四、损益用中图

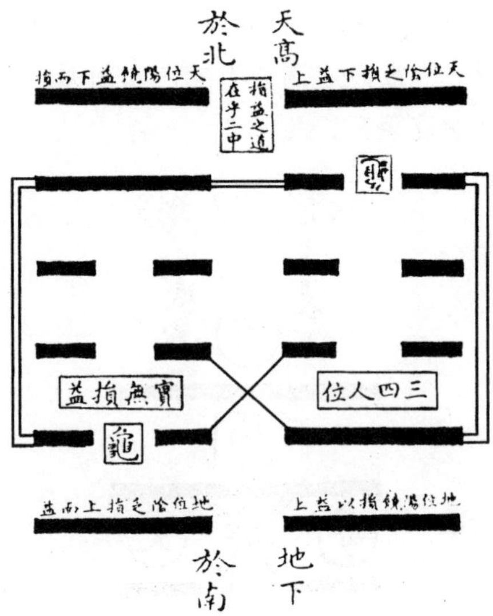

解说

二卦之象，皆言与时偕行。二卦之爻，皆言十朋之龟。言时者，谓时当损而损，天下不以为险啬；当益而益，天下不以为骄奢也。言龟者，谓龟筮协从臣民，无逆也。

六十五、夬决之图

解说

五阳而决一阴，五君子而去一小人，不为难矣。然阴附五位，五与四皆属之，是谓兑卦所谓包阳之阴，挟

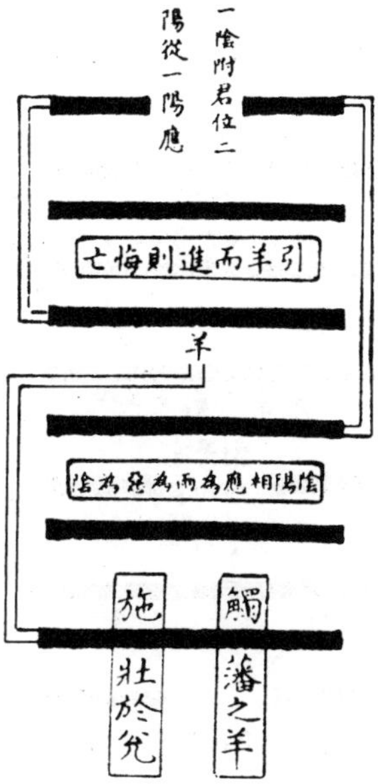

（六十五、夬决之图）

君子之小人，所以难决、难去耳。大壮之羊，施壮于震。震，同类也。夬之羊，施于兑，兑，非类也。变我则与同，此四爻所以有牵羊之象，此三爻变有羊象耳。

六十六、姤遇图

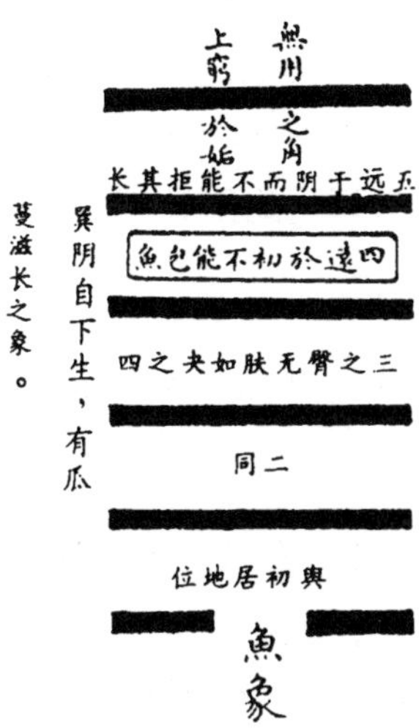

解说

初于本爻观之，则有豕象，而九三实其臀。初二四观之，则有鱼象，言阳包阴也。于九五观之，则有瓜蔓滋长之象。姤本乾也，一阴变其初，有龙反化鱼象，龙化鱼而角无用矣。此姤之角所以上穷。乾之一阳起子而终于巳，巳实居巽方，是乾之六阳与巽相遇于巳位，而巽之一阴遂萌矣。此阴之生，故名曰“姤”也。

六十七、萃聚图

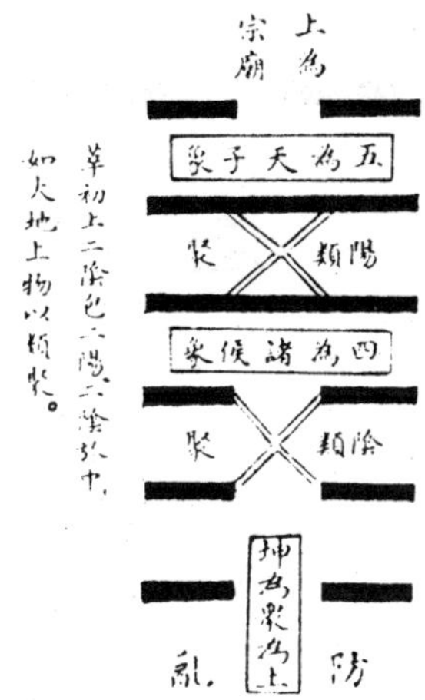

解说

萃之初、上包二阳、二阴于中，如物以类聚之象。阳据南面之位，一为天子，一为诸侯，下统三公、二十七大夫、八十一元士，上奉宗庙之严，防众之乱，故初爻惩失众之象寓于上画。萃者，物以秋成而聚。秋主于兑，兑卦本于上爻，为主。今西南之坤气运至西方，而阴画众矣，故二阳统之，而上爻失众焉。

六十八、升阶图

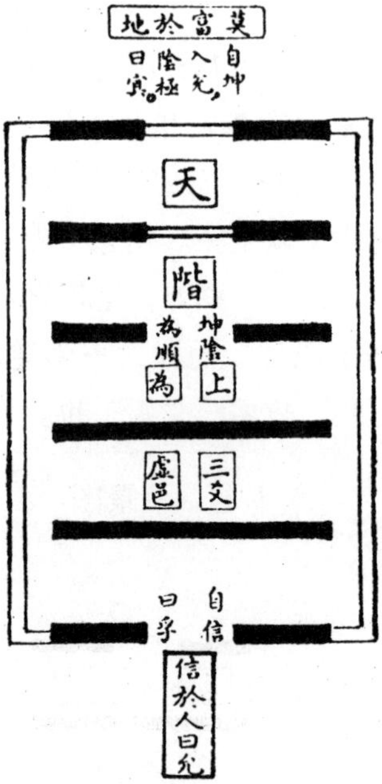

解说

巽下一阴，与坤三阴一体也。阴沉滞而阳升腾，初附二阳而升，三阴又与之一体，故有允升之象。允者，言见信于人。坤用事于亥，而亥亦木之生，而未成形者也。至于子位，则震居坤下，震亦木也，是木之始根芽耳。若巽居坤下，则有二阳，非若震之一阳始萌，故曰“升”也。升居丑位，及乎卯，则木王矣。外卦以位言也。而五天位，是不可以阶升也。然贞者，正也。尧、舜、禹、汤升天位以正，如升平阶。苟不以贞，宁免于颠跻乎？

六十九、困蒺藜葛藟株木图

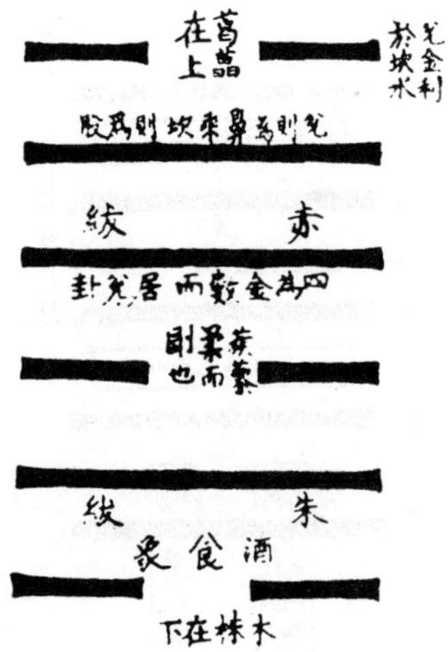

解说

困之为卦，属乎九月。兑气用事，而临于戌土。泽水为土所壅，故《大象》曰“泽无水，困”。卦因兑坎相重而成。兑正秋，而坎为冬。兑之一阴，象乎始得秋气而蔓草未杀，故为“葛藟之困”。六三则秋冬之交，蔓草叶脱而刺存焉，故为“蒺藜”之困。若初六则坎之下，正大冬之时也。蔓草为霜杀而靡有孑遗，所存者，株木耳。此困卦三阴系以草木之象。

七十、井鼎水火二用之图

解说

井以阳为泉者，水因天一之阳而生也。坎中之阳出于北方，寒泉也。北方生寒，寒生水之义。巽之二阳一

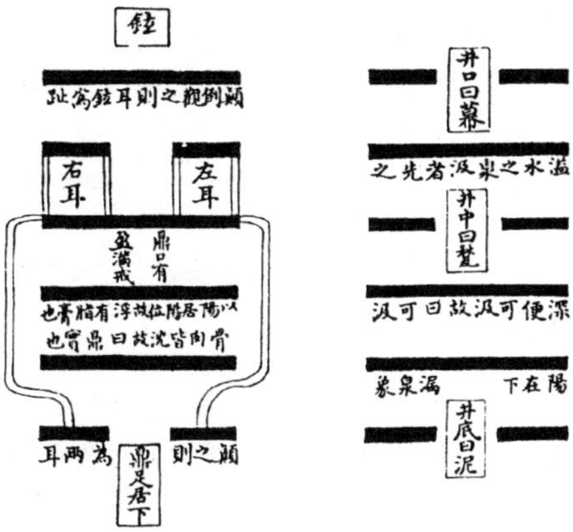

（七十、井鼎水火二用之图）

在地位，趣下而入是谷而非井矣。一阳虽在人位，居甃之下汲之不及，又曾不若五爻浮溢于甃上也。井欲溢而鼎戒盈，此德与器之辩。鼎卦铉、耳、趾皆全，而趾欠其一，所以初爻言“鼎颠趾”，言鼎倒而趾在上也。下一阴反有两耳之象，五曰“黄耳”，以别初爻焉。

七十一、革炉鞴鼓铸图

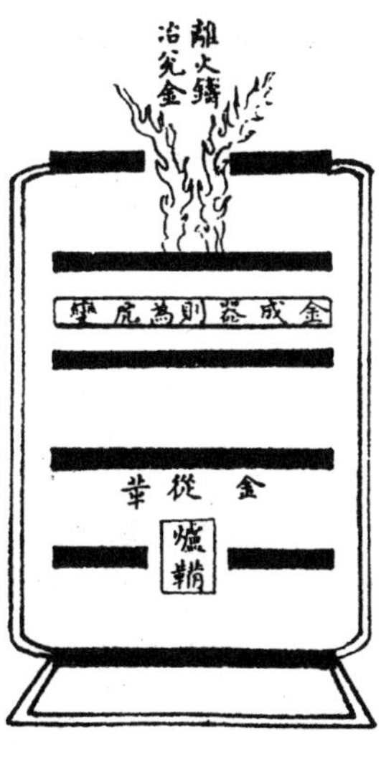

解说

革虽有鼎，鬲革生为熟之象，然以炉鞴之象为正，盖以离火鼓铸兑金，而金从革也。革而后鼎者，以鼓铸而成鼎也。夏后氏铸鼎，而汤武因之，以宝其器，故有汤武革命之象。

七十二、震动心迹图

解说

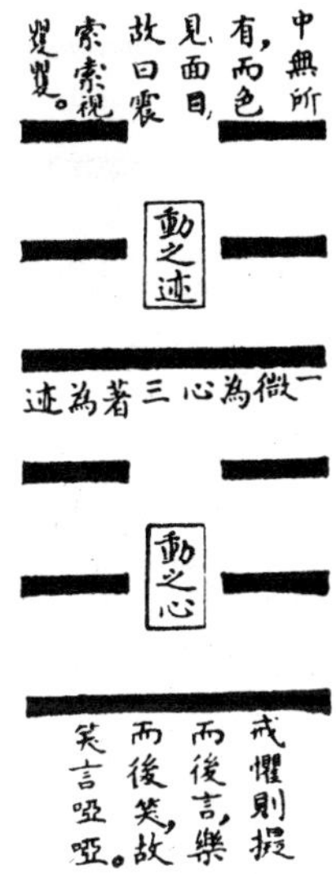

震之六爻，初动以戒惧，而后“言笑”；二又戒以“丧贝”，而“勿逐”，是欲内无妄动于一心，而外无贪其利也；三则言“苏苏”，是欲人修慝辨惑，无终入于迷途，皆动心之要也。外卦论动之迹，故四言“遂泥”，表事之凝滞不决；五言“无丧”，表事之成；上言“征凶”，戒事之败。

七十三、艮背象图

解说

艮象言辅颊，不言口；言身，不言腹；言夤限，不言脐，有背面而立之象，故曰“艮其背”。统一卦观之，下不分其腓、趾，上不别其身、辅，

(七十三、艮背象图)

四阴排布，宛有背骨状。上一阳为肩膊，中一阳而为脊膂，脊膂取其贯中而已。艮之九三，艮之主也。以阳居阳，其性躁动，譬之腰焉。罄折行止，运动实系于心，系之以“薰心”之象。六二以阴居阴，其性情故有“腓”象，心欲动而腓不举，行安有快意乎？故圣人又系之以“其心不快”之辞。

七十四、鸿渐南北图

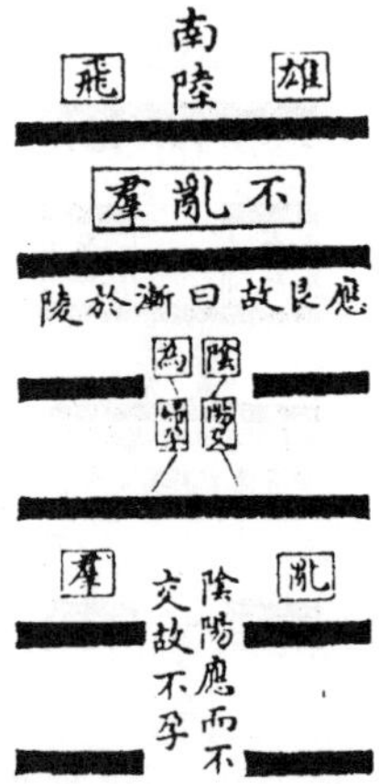

解说

渐卦下艮上巽，当正月立春后鸿渐来之候，故六爻皆系以“鸿”也。鸿者，随阳之鸟，而艮巽限乎子午之阳，方系之以鸿，岂不宜哉？三居艮卦之上，上居巽卦之上，是南北二陆也。三以一阳限于群阴之间，当鸿雁北来之际，鸟鱼将孳尾之时，故有夫征妇孕之象。又与四气交于人位，故孕也。若五与二，一居于天，一处于地，远应而雌雄有别，故不孕耳。

七十五、归妹君娣袂图

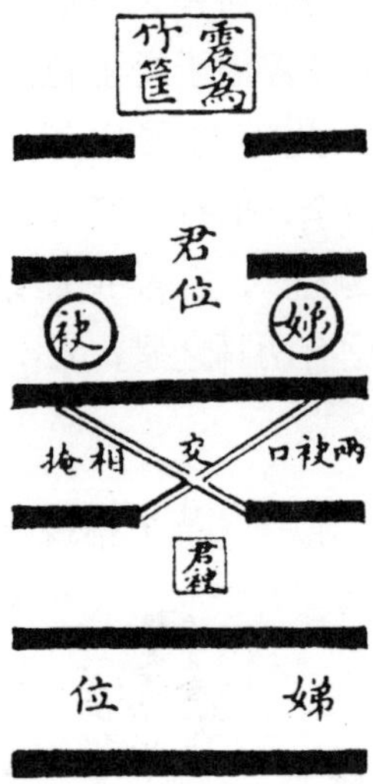

解说

震为苍筤竹，下实上虚，筐象也。归妹卦与泰相类，而人位二爻两相交互，有掩袂象。夫一身左阳而右阴，阴阳之交，如两袂之交也。娣位乎下，其画阳也；君位乎上，其画阴也。易以阳善而阴恶，阳贵而阴贱，此君之袂，不如娣之袂，盖以女行非正也。其卦乃迁东方之阳，以就西方之阴，是震气入于兑，木为金所克制，故必“月几望”而后“吉”。若“征”则“凶”，无所利者，以行不以正也。

七十六、丰日见斗图

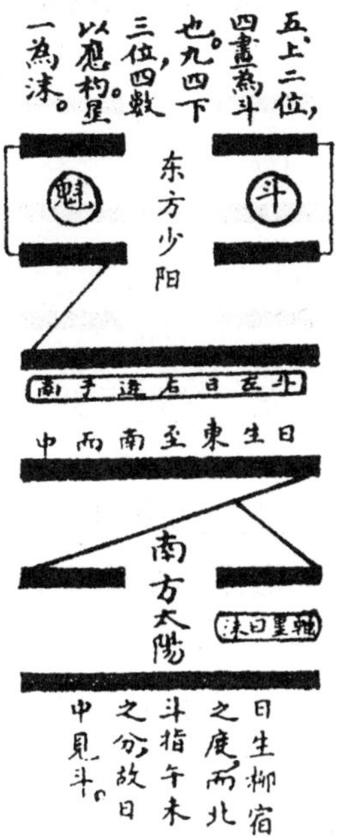

解说

伏羲画震于东，而置离于南，方者表少阳之气动于东方，太阳之名盛于南方也。文王以震重离，遂名曰“丰”，言少阳之震，运至于南方，合太阳之离，明而为丰盛耳。所以文王于丰繇明盛极必衰之理，曰“宜日中”；于丰爻明明极必昏之理，曰“日中见斗”与“沫”也。文王所系卦爻之辞，惟日与斗也。孔子之《彖》，遂论及月，何哉？盖丰卦在五六月之交，日在柳宿之度，而斗指午未之分，柳宿之度，实通三辰，故有见斗之理也。

七十七、旅次舍图

解说

六二以中道，遂怀资得童仆。九四以刚柔相济，而有应，遂得“资斧”，皆近利不若六五也。离之所以明者，顺以行其智也，故曰：“畜牝牛，吉。”上九之丧牛，是丧其明也。旅当夬之后，乾之前，阳盛皆客气，所以反曰“旅”也。上九得势而主权者，寄一身于炎炎之上，不知有“焚巢”之祸。九三趋炎而躁进，不知有“焚次”之灾。六二、九四虽以柔道而旅，或怀资，或得斧，获利于时，而二必以身而后免过，四之心尤“不快”也。岂非戒旅以求利之事乎？若六五者，始以离雉有文明之美而射之，而亡其矢，而不获，是道之不行也。

七十八、巽床下图

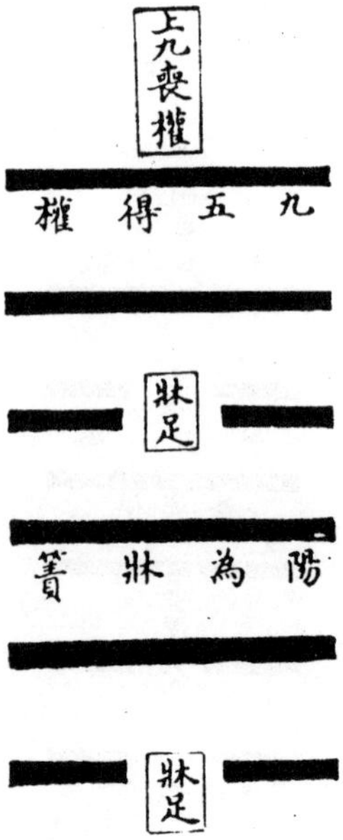

解说

巽以阳为床箦，而以阴为床足者，以床下有足之象，四阳行则有箦之象。九二床之东壁，而上九床之西壁，故皆云“巽在床下”，以床足附之也。九五即乾之九五，为龙，飞而为虎变者也。飞龙为甲，虎变为庚，是亦一气之变更耳。上九丧斧，刚过也。九二用史巫，刚中而未得位也。九三之频蹙，又无位而失中也。由是观之，则权以有位而得中者行矣，非九五而谁乎？

七十九、兑象图

解说

坎之初六主于冬至，离之初九主

于夏至，震兑之初则主于春秋之分也，故以兑之下二爻阳气尤盛，为七月之象；中二爻阴阳中分，为八月之象；上二爻阴过于阳，为九月之象。此兑卦所谓四爻言商兑，以见震角、离徵、坎羽之音；五爻言孚剥，以见震、夬、离、姤、坎、复之理也。

八十、涣躬图

解说

一阳生于子，而六阳亢于巳。子属坎，巳属巽，以巽重坎，所以为涣。涣者，散也。卦气当夏至后、大暑之前，是阳气散于外也。阳虽散于外，而有生生不穷者在其中，是坎中一阳也。人之元气似之。阳主气，阴主形，一阳散于外，故言“汗”“血”；二阴分于中，故言“群”

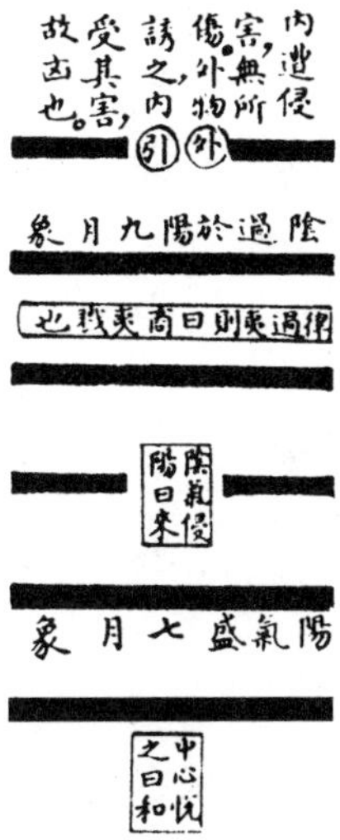

（八十、涣躬图）

“躬”，躬分而为四支，群分而为五脏、六腑。形也，是皆元气分散而成也。元气出于坎水，是为天一之精，蒸而为汗，流而为血，以养四支、五脏也。

八十一、节气图

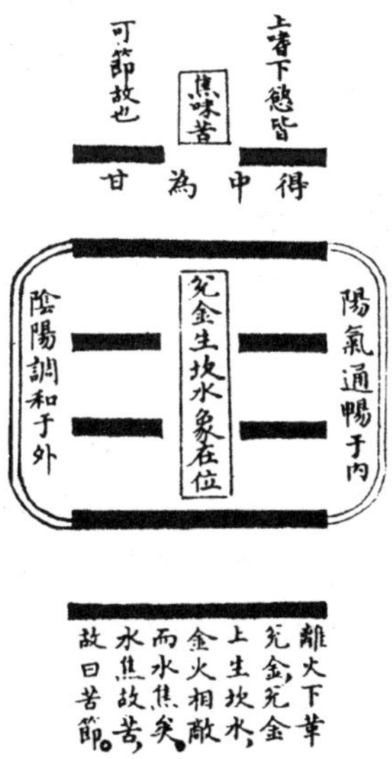

解说

兑之一阳，下泄有戒欲之象；坎之一阴，上缺有戒嗜之象。戒欲，故云“不出户庭”；戒嗜，故云“甘苦之味”。初爻变则为坎，天一之水，是为真精之原，君子能缜密不出，闭其精户，是得养生之要。坎二则火也，门庭者是开窍为心也，心之火贵下济于水；心之明贵出而外明于物，不出则失中道亦失戒欲之义也。三言嗟者悔叹而不节。四言安者安于能节，是皆明告利害所在也。养生之道与涣尽之。

八十二、中孚小过卵翼生成图

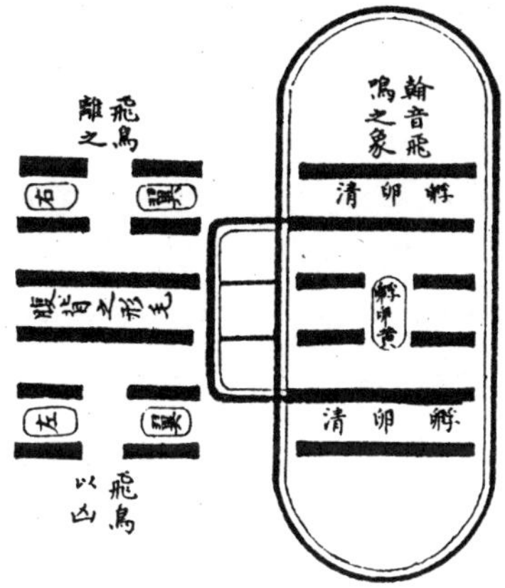

解说

中孚生阳，羽族卵生也，咸卦生阴，血肉之物胎生也。故中孚为生阳之始，小过为生阳之成。鸟雀四时生卵，而春盛，故为立春之象，冬至之卵焉。中孚有鸟卵之象，鸟，炎上之性，必以豚鱼而后吉。水，北方子位，豚鱼之地也。不过，飞鸟离之凶者，由东行而中南方之网罟也。网罟取离阳，至离而太盛，阴气生矣。

八十三、既济未济合律之图

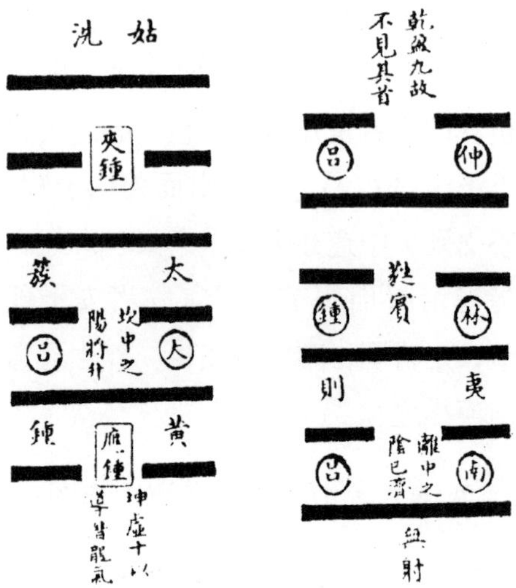

解说

黄帝之律吕分为乾、坤；配为坎、离。乾、坤即分六阴、六阳，坎、离则成既济、未济。坎中之阳将升，而至于仲吕，辟卦为乾，是谓乾盈。九不见其首，离内之阴已入于坎，至于应钟，辟卦为坤，是谓坤虚十以导潜龙之气。既济之首，乾之首也；未济之尾，坤之尾也。乾尾续于坤尾，九而后十也；坤首继于乾首，二而先一也，皆自然之理。

八十四、方以类聚图

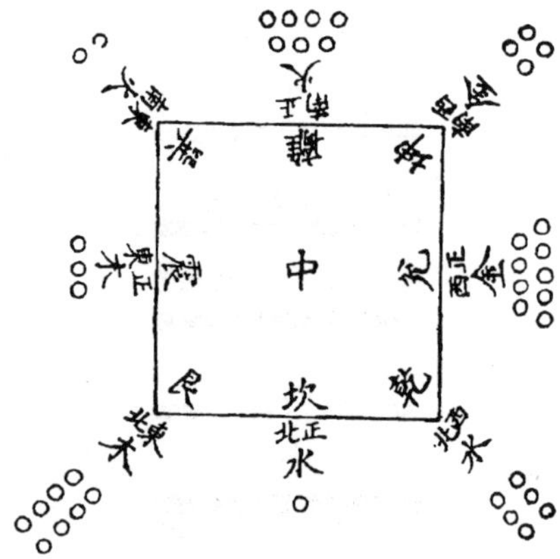

解说

坎，北方也，乾以水之成数，类聚于西北；震，东方也，艮以木之成数，类聚于东北；离，正南也，巽以火之生数，类聚于东南；兑，正西也，坤以金之生数，类聚于西南，故八卦各以其方而类聚。

八十五、物以群分图

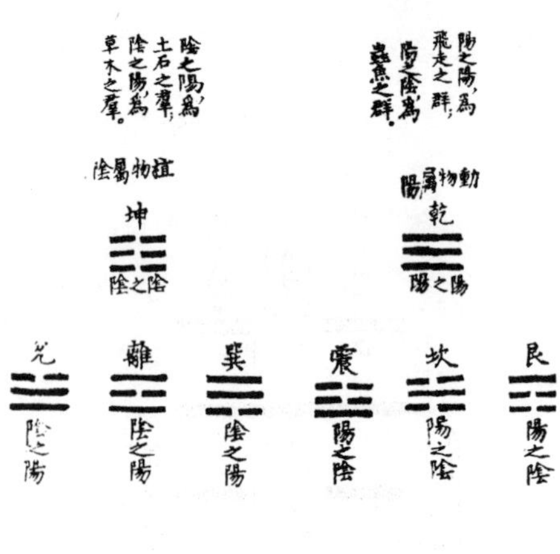

解说

天下之动者，不能直，偏于阳也；天下之植者，不能动，偏于阴也。阴阳之物，以是而群分。惟人为能动而直，能植而动，所以得阴阳之全，固能灵于物，而为之群分也。

八十六、参天两地图

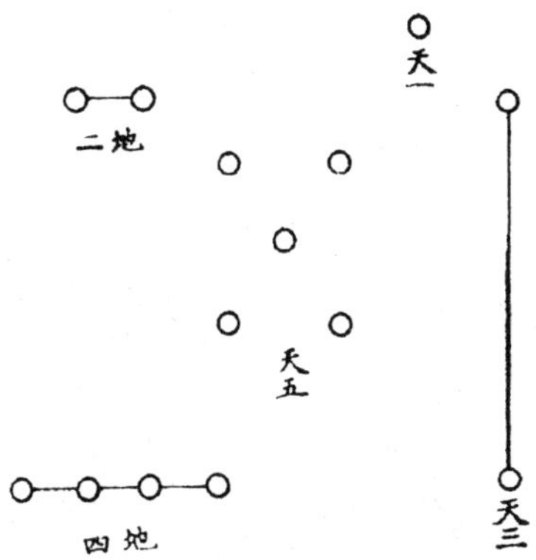

解说

耿南仲曰：参天，则天一、天三、天五总而为九；两地则地二、地四合而为六。方其揲蓍，七、九、八、六皆以为用；及其成卦，舍七而取九，舍八而取六，倚于一偏，是为“倚数”。

八十七、乾坤合律图

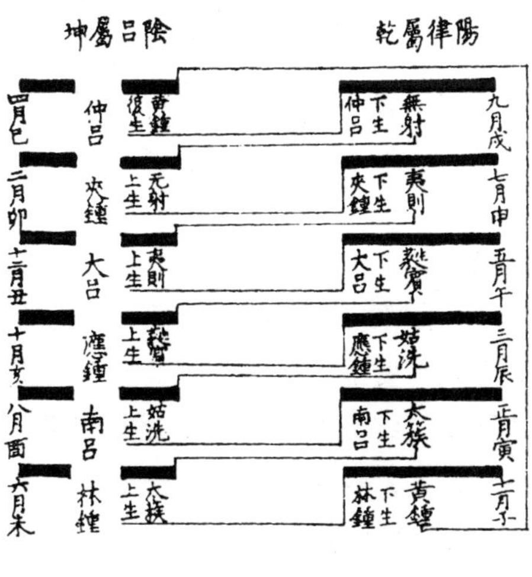

解说

郑氏注《周礼》云：其律吕相生，以阴阳六体为之。黄钟初九，下生林钟之初六，林钟又上生太簇之初二，太簇又下生南吕之六二，南吕又上生姑洗之九三，姑洗又下生应钟之六三，应钟又上生蕤宾之九四，蕤宾又下生大吕之六四，大吕又上生夷则之九五，夷则又下生夹钟之六五，夹钟又上生无射之上九，无射又下生仲吕之上六，故仲吕复生黄钟而循环焉。

八十八、卦分律吕图

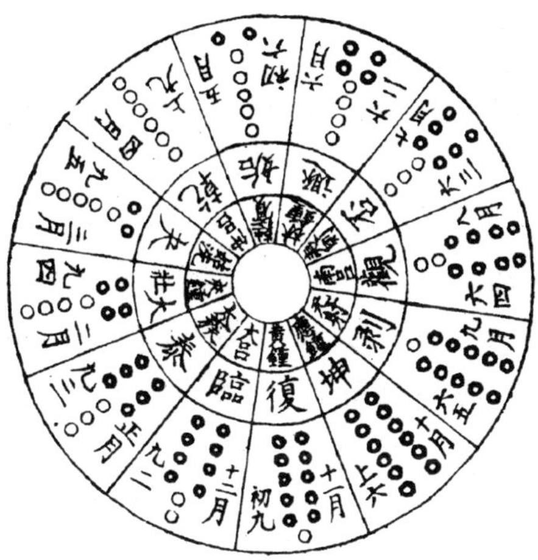

解说

杨氏云：十一月复一阳生黄钟，气至四月之阳，为乾，故开户谓之乾；五月姤一阴生蕤宾，气应至十月六阴，为坤，故阖户谓之坤焉。

八十九、四象八卦图

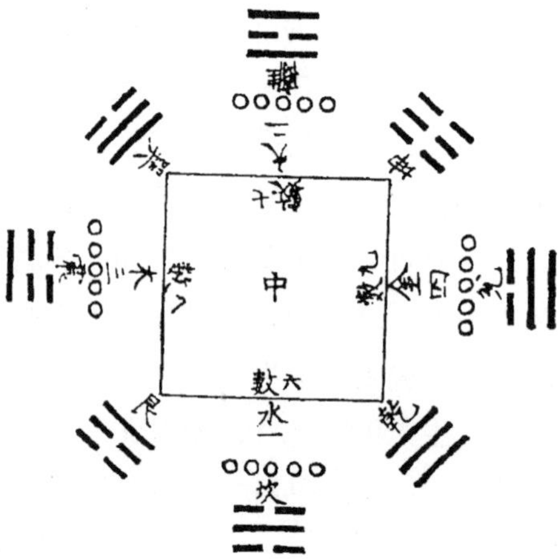

解说

范氏（谔昌）曰：四象者，以形言之，则水、火、木、金；以数言之，则老阳、老阴、少阳、少阴，九、六、七、八，惟土无形，四象各以中央土配之，则是为辰戌丑未之成数也。水数六，故以三画成坎，余三画布于亥上为乾；金数九，除三画成兑，余六画布于未上为坤；火数七，除三画成离，余四画布于巳上为巽；木数八，除三画成震，余五画布于寅上为艮，此四象生八卦也。

九十、乾坤大父母图

解说

乾一变姤，二变遁，三变否，至五变为剥而止。物不可以终尽，剥穷上反下，故受之以复。坤一变复，二变临，三变泰，至五变为夬而止。夬必有遇，故受之以姤。

九十一、复姤小父母图

解说

一阳来复，变临为二阳，变至泰为四阳，变至大壮为八阳，变至夬为十四阳，终其变于归妹，成十六阳。一阴始姤，变遁为二阴，变至否为四阴，变至观为八阴，变至剥为十四阴，终其变于随，成十六阴。

九十二、三变大成图

九十三、八卦司化图

九十四、五位相得各有合图

解说

聂氏曰：一、三、五、七、九，阳之奇也；二、四、六、八、十，阴之偶也。五位以阴阳相得，而各有所合。以阳生者成以阴，以阴生者成以阳，是天数二十有五，地数三十，所以成变化，而行鬼神也。

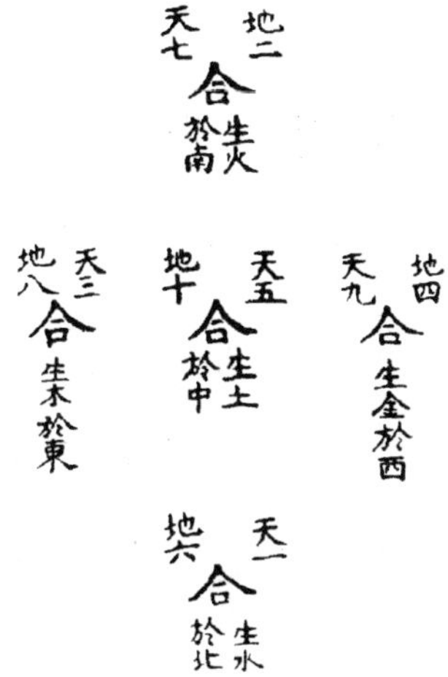

九十五、十有八变成卦图

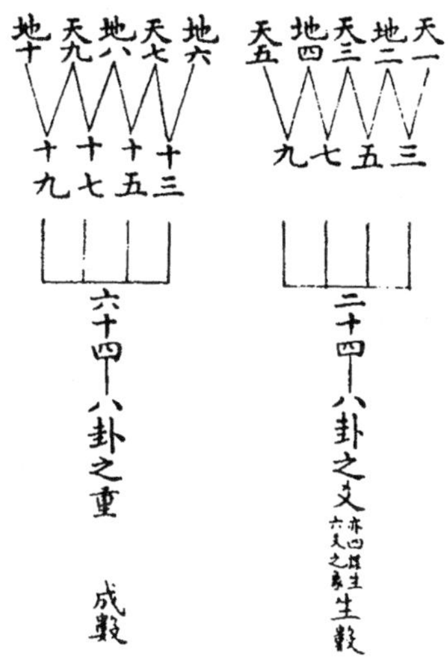

解说

男女合者，上下经惟十二位，正位乾、坤、坎、离、咸、恒、损、益八卦，分为十八位。乾坤变颐、大过，颐、大过变坎、离，坎、离变中孚、小过，中孚、小过变咸、恒，成人伦也。

九十六、十三卦取象图

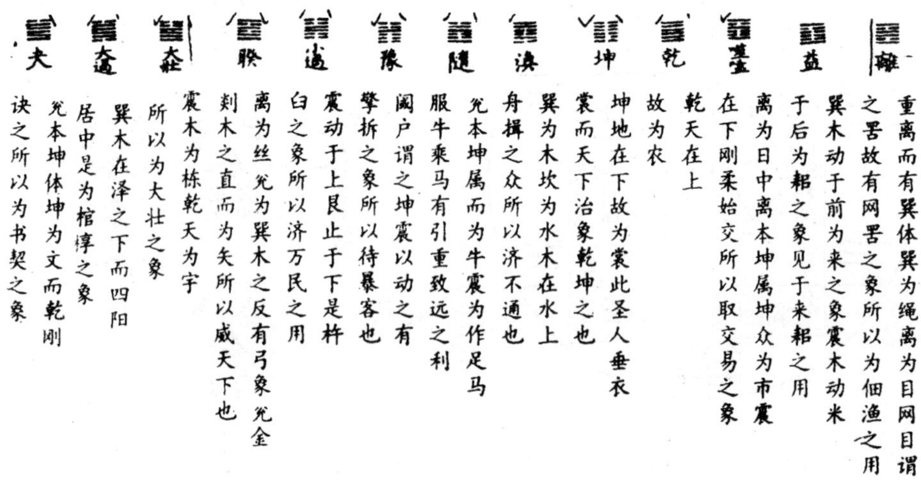

離
重离而有巽体巽为绳离为目网目谓
之罟故有网罟之象所以为佃渔之用
益
巽木动于前为耒之象震木动米
于后为耜之象见于耒耜之用
噬嗑
离为日中离本坤属坤众为市震
在下刚柔始交所以取交易之象
乾
乾天在上
故为衣
坤
坤地在下故为裳此圣人垂衣
裳而天下治象乾坤之也
涣
巽为木坎为水木在水上
舟楫之众所以济不通也
随
兑本坤属而为牛震为作足马
服牛乘马有引重致远之利
豫
阈户谓之坤震以动之有
擎折之象所以待暴客也
小过
震动于上艮止于下是杵
臼之象所以济万民之用
睽
离为丝兑为巽木之反有弓象兑金
剡木之直而为矢所以威天下也
大壮
震木为栋乾天为宇
所以为大壮之象
大过
巽木在泽之下而四阳
居中是为棺椁之象
夬
兑本坤体坤为文而乾刚
决之所以为书契之象

解说

《丛说》云：古人制器取法，皆有内外重象，其用亦然。网罟、耒耜、市货、衣裳、舟楫、牛马、门柝、杵臼、弧矢、栋宇、棺椁、书契，两象也。畋渔、耒耨、交易、垂衣裳、济不通、引重致远、待暴客、济万民、威天下、待风雨、治百官、察万民、封木丧期，亦两象也。

九十七、陈氏三陈九卦图

解说

希夷曰："龙图"天散而示之，伏羲合而用之，仲尼默而形之，三陈九德探其旨，所以知之也。故履德之基明用十，谦德之柄（明用十五，兼明五用在于谦）。复德之本明用二十四也。故三卦属上经，明乾之用统于坤；六卦属下经，明坤之用兼于乾也。斯则天三三、地二二之义耳。

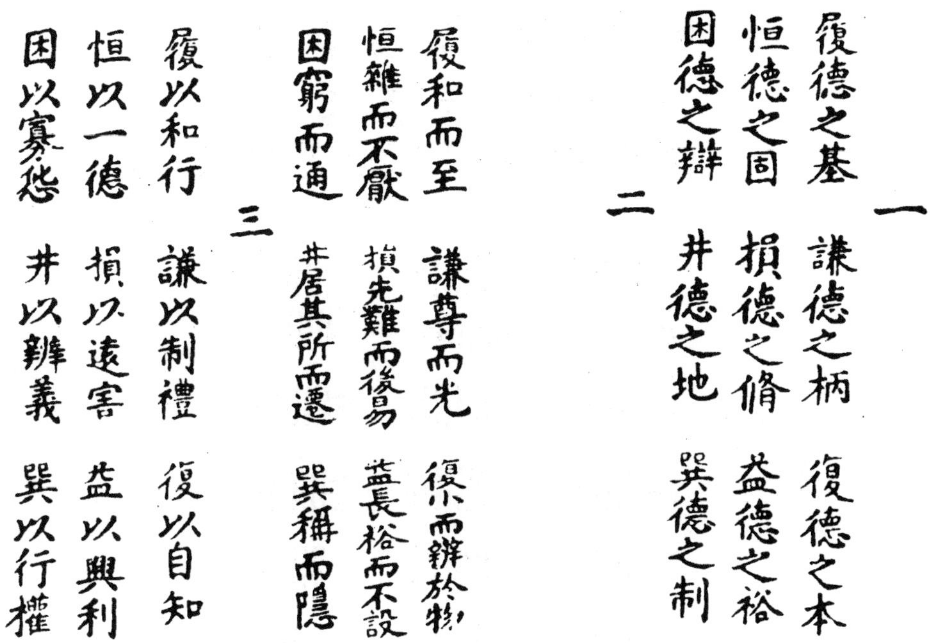

一
履德之基
謙德之柄
復德之本
恒德之固
損德之脩
益德之裕
困德之辯
井德之地
巽德之制
二
履和而至
謙尊而光
復小而辨於物
恒雜而不厭
損先難而後易
益長裕而不設
困窮而通
井居其所而遷
巽稱而隱
三
履以和行
謙以制禮
復以自知
恒以一德
損以遠害
益以興利
困以寡怨
井以辨義
巽以行權

（九十七、陈氏三陈九卦图）

九十八、序卦图

解说

汉上曰：文王作易，以乾、坤、坎、离为上篇之用，以艮、兑、震、巽为下篇之用。上篇终于坎、离，下篇终于既济、未济。颐、大过、小过、中孚为二篇之正。乾、坤者，易之本；坎、离者，乾、坤之用。离肖乾，坎肖坤，中孚肖乾，小过肖坤。颐肖离，大过肖坎。既济，坎、离之交；未济，坎、离之合。坎、离所以为乾、坤用者，得天地之中也。斯圣人酬酢不倚，千变万化不离乎其中。邵康节先生曰：至哉！文王之作易也，其得天地之用乎？至夫子序卦，然后明生生不穷，而天地之蕴尽矣。故上经天地万物具而人道具，下经人道备而天地万物备，岂倚一偏哉！韩康伯读序卦而不察也。

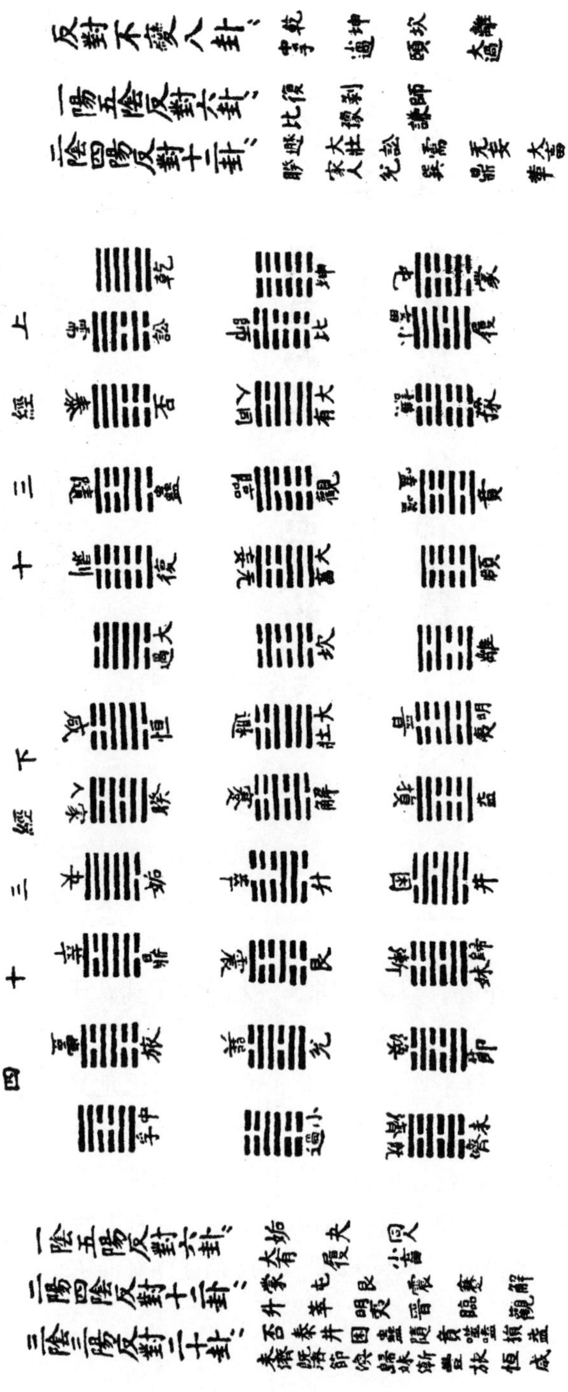

（九十八、序卦图）

九十九、杂卦图

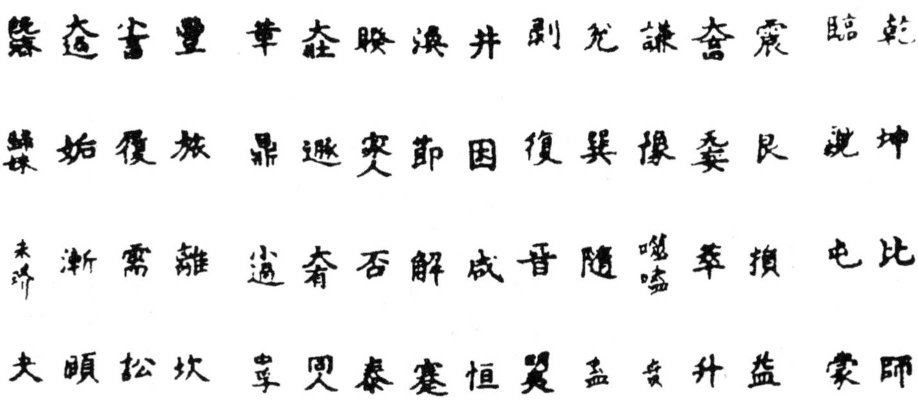

解说

汉上曰：《杂卦》专以刚柔、升降、反复取义，糅杂众卦，以畅无穷之用，而百世之后有圣人作，不外是也。邵康节曰：乾、坤三变，坎、离不动，谓此若夫自大过颠也，而下简册缺乱，当曰颐，养正也；大过，颠也；遘，遇也，遘，当作姤，柔遇刚也；夬，决也，刚决柔也，君子道长，小人道忧也；渐，女归待男行也；归妹，女之终也；既济，定也；未济，男之穷也为文。

一〇〇、大衍数图

解说

韩康伯曰：大衍之数，其用四十有九，则其一不用也。不用而用，以之通；非数而数，以之成，斯易之太极也。四十九，总而为一，散而为四十九，即太极在其中矣。刘氏曰：动静一源，显微无间，知四十九为一之用，即知一为四十九之体。或以干支辰宿八卦阴阳求合五十之数，恐非。

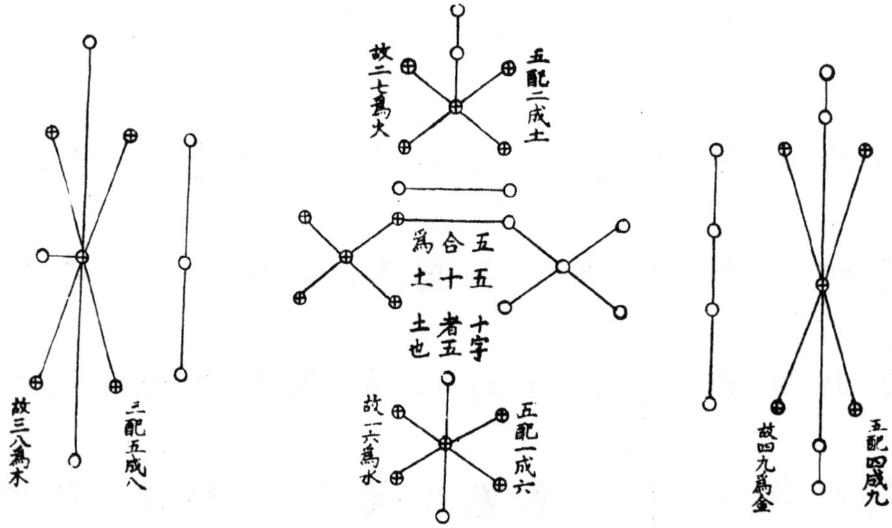

（一〇〇、大衍数图）

一〇一、揲蓍法图

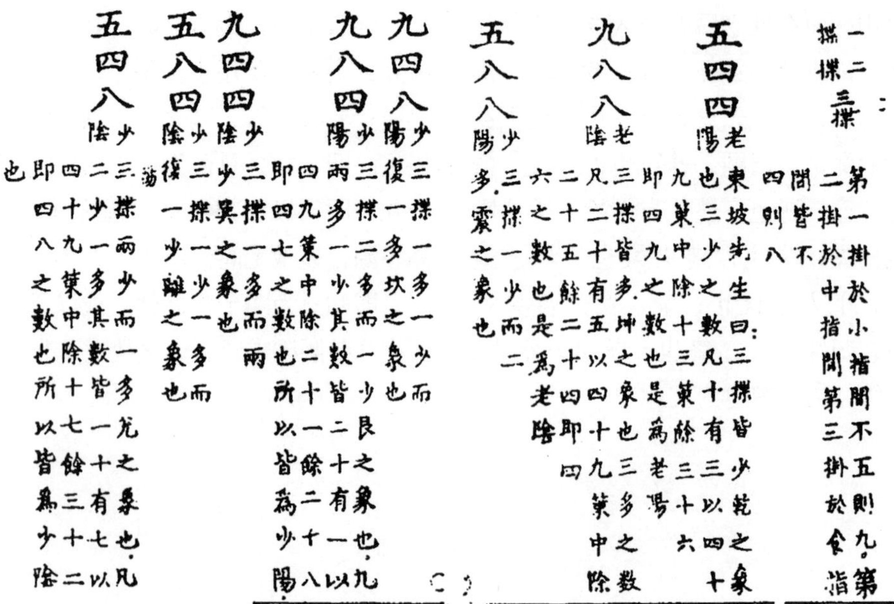

一〇二、邵氏皇极经世之图

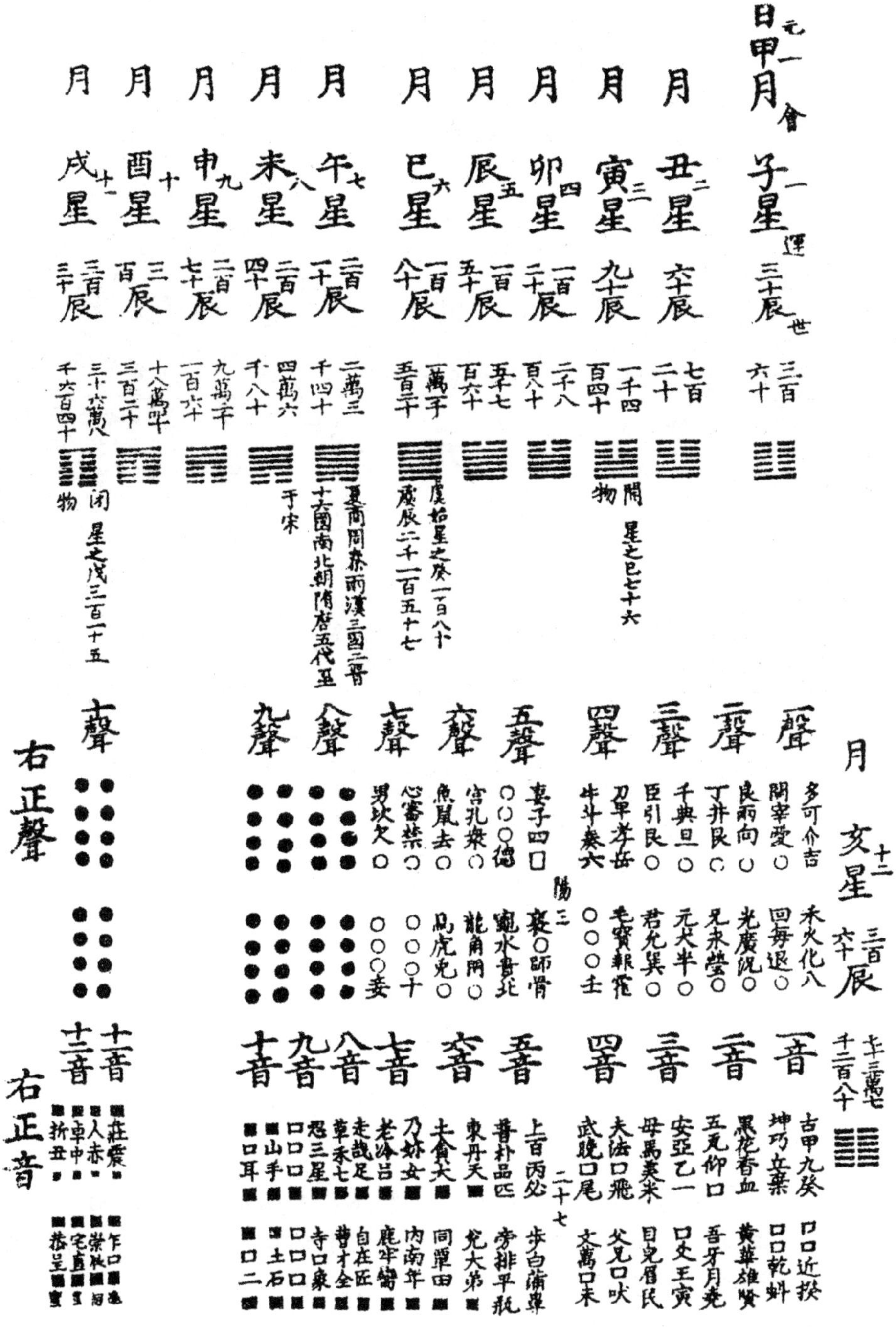

一〇三、太玄准易图

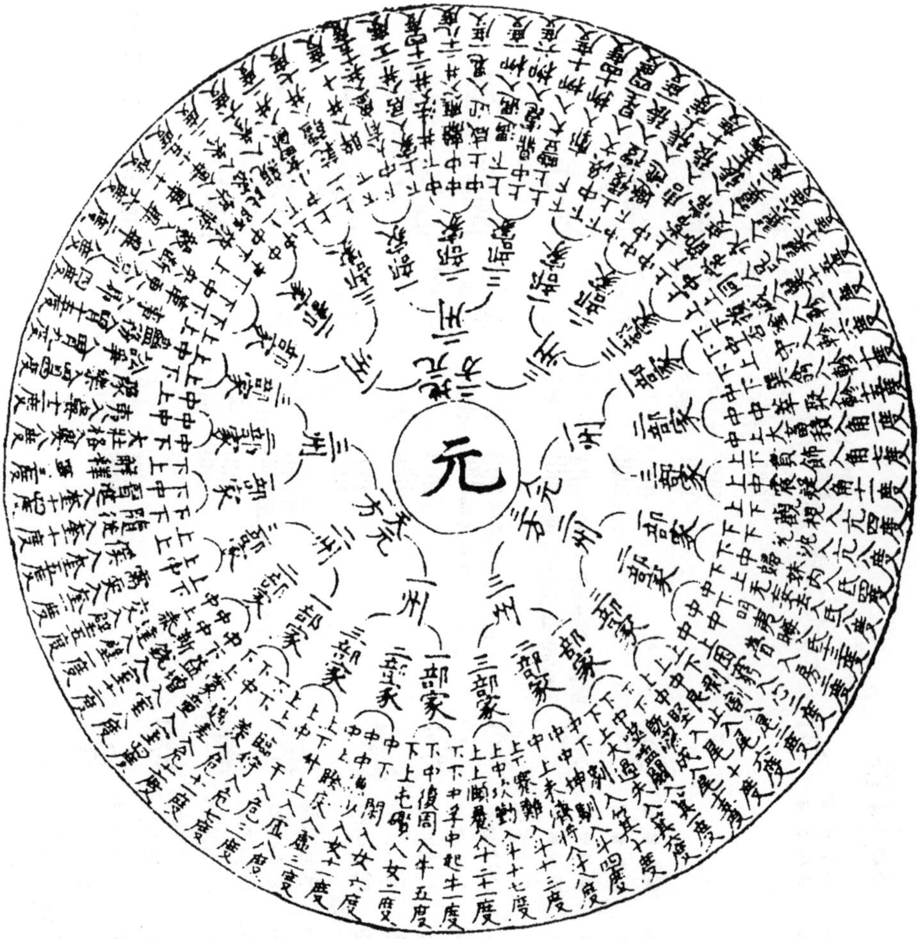

一〇四、关子明拟玄洞极经图

解说

天地辟，万物生，生必萌而后息，息而华，华则茂，物不终茂，故能以止，止然后安，安则得其燠，燠则实，实可资矣。资必有所用，用然后达，达则能兴，兴则能举，举则悖，悖莫若静，静则可育矣。育然后和平，平则有序，序则物不终和，和久则塞，决塞必有作，作则几乎正矣。至正必有抑，抑则冥，物不终冥，故以通而终焉。

生之象

育之象

資之象

育乘其一爲煥
育乘其二爲實
育乘其三爲興
資乘其一爲煥
資乘其二爲茂
資乘其三爲達
育一資二爲序
育二資一爲和

生乘其一爲萌
生乘其二爲華
生乘其三爲安
資乘其一爲悖
資乘其二爲止
資乘其三爲靜
生一資二爲息
生二資一爲纍

生乘其一爲抑
生乘其二爲用
生乘其三爲作
生乘其一爲賓
育乘其二爲塞
育乘其三爲平
生一育二爲通
生二育一爲襲正

（一〇四、关子明拟玄洞极经图）

一〇五、皇极经世全数图

圖上

一 元之元日之日乾之乾一。

二一 元之會日之月乾之兌十二。

三一 元之運日之星乾之離三百六十。

四一 元之世日之辰乾之震四千三百二十。

五一 元之歲日之石乾之巽一十二萬九千六百。

六一 元之月日之土乾之坎一百五十五萬五千二百。

七一 元之日日之火乾之艮四千六百六十五萬六千。

八一 元之星日之水乾之坤五萬五千九百八十七萬二千。

一二 會之元月之日兌之乾一十二。

二二 會之會月之月兌之兌一百四十四。

三二 會之運月之星兌之離四千三百二十。

四二 會之世月之辰兌之震五萬一千八百四十。

五二 會之歲月之石兌之巽一百五十五萬五千二百。

六二 會之月月之土兌之坎一千八百六十六萬二千四百。

七二 會之日月之火兌之艮五萬五千九百八十七萬二千。

八二 會之辰月之水兌之坤六十七萬一千八百四十六萬四千。

一三 運之元星之日離之乾三百六十。

二三 運之會星之月離之兌四千三百二十。

三三 運之運星之星離之離一十二萬九千六百。

四三 運之世星之辰離之震一百五十五萬五千二百。

五三 運之歲星之石離之巽四千六百六十五萬六千。

六三 運之月星之土離之坎五萬五千九百八十七萬二千。

七三 運之日星之火離之艮一百六十七萬九千六百一十六萬。

八三 運之辰星之水離之坤二千一十五萬五千三百九十二萬。

一四 世之元辰之日震之乾四千三百二十。

二四 世之會辰之月震之兌五萬一千八百四十。

三四 世之運辰之星震之離一百五十五萬五千二百。

四四 世之世辰之辰震之震一千八百六十六萬二千四百。

五四 世之歲辰之石震之巽五萬五千九百八十七萬二千。

六四 世之月辰之土震之坎六十七萬一千八百四十六萬四千。

七四 世之日辰之火震之艮二千一十五萬五千三百九十二萬。

八四 世之辰辰之水震之坤二萬四千一百八十六萬四千七百四萬。

一五 歲之元石之日巽之乾一十二萬九千六百。

圖下

二五 歲之會石之月巽之兌一百五十五萬五千二百。

三五 歲之運石之星巽之離四千六百六十五萬六千。

四五 歲之世石之辰巽之震五萬五千九百

八十七萬二千。

五五 歲之歲石之石巽之巽一百六十七萬九千六百一十六萬。

六五 歲之月石之土巽之坎二千一十五萬五千三百九十二萬。

七五 歲之日石之火巽之艮六萬四百六十六萬一千七百六十萬。

八五 歲之辰石之水巽之坤七十二萬五千五百九十四萬一千一百二十萬。

一六 ㊊之元土之日坎之乾一百五十五萬五千二百。

二六 月之會土之月坎之兌一千八百六十六萬二千四百。

三六 月之運土之星坎之離五萬五千九百八十七萬二千。

四六 月之世上之辰坎之震六十七萬一千八百四十六萬四千。

五六 月之歲土之石坎之巽二千一十五萬五千三百九十二萬。

六六 月之月土之土坎之坎二萬四千一百

八十六萬四千七百四萬。

七六 月之日土之火坎之艮七十二萬五千五百九十四萬一千一百二十萬。

八六 月之辰土之水坎之坤八百七十萬七千一百二十九萬三千四百四十萬。

一七 ㊐之元火之日艮之乾四千六百六十五萬六千。

二七 日之會火之月艮之兌五萬五千九百八十七萬二千。

三七 日之運火之星艮之離一百六十七萬九千六百一十六萬。

四七 日之世火之辰艮之震二千一十五萬五千三百九十二萬。

五七 日之歲火之石艮之巽六萬四百六十六萬一千七百六十萬。

六七 日之月火之土艮之坎七十二萬五千五百九十四萬一千一百二十萬。

七七 日之日火之火艮之艮二百一十七萬六千七百八十二萬三千三百六十萬。

八七 日之辰火之水艮之坤二千六百一十

二萬一千三百八十八萬三百二十萬。

一八 ㊏之元水之日坤之乾五萬五千九百八十七萬二千。

二八 辰之會水之月坤之兌六十七萬一千八百四十六萬四千。

三八 辰之運水之星坤之離二千一十五萬五千三百九十二萬。

四八 辰之世水之辰坤之震二萬四千一百八十六萬四千七百四萬。

五八 辰之歲水之石坤之巽七十二萬五千五百九十四萬一千一百二十萬。

六八 辰之月水之土坤之坎八百七十萬七千一百二十九萬三千四百四十萬。

七八 辰之日水之火坤之艮二千六百一十二萬一千三百八十八萬二百二十萬。

八八 辰之辰水之水坤之坤三萬一千。

(一〇五、皇极经世全数图)

一〇六、皇极经世先天数图

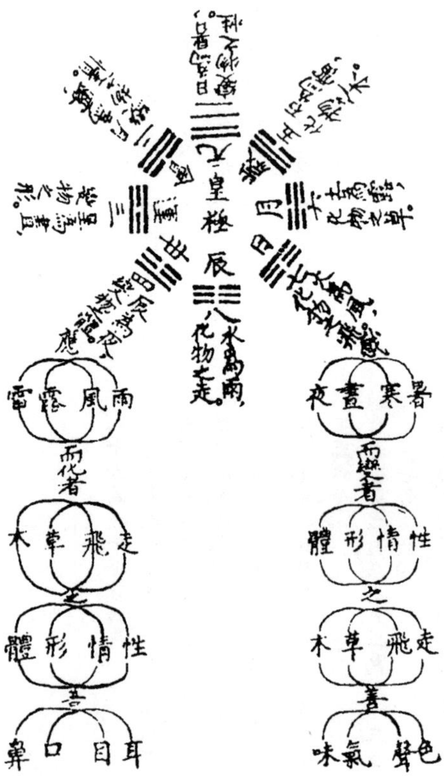

解说

此图邵康节先生所述也。古今之数皆始于一，而“皇极之数”实本于伏羲之先天也。乾一、兑二、离三、震四、巽五、坎六、艮七、坤八，是八卦之生数也。阳一而阴二，故阳之生阴，二而六之，为十二。阴之生阳，三而十之，为三十。是以乾始为一，而兑为十二，离则十二而三十为三百六十，震则十二而三十六为四千三百二十，自巽之坤，皆奇偶之生数也。厘之为六十四卦，则以所生之数而相乘之，知其总数也。如兑之震，则为十五万五千五百二十之数也。周旋六十四卦相生之数，皆如是也。若以日、月、星、辰、水、火、土、石、暑、寒、昼、夜、飞、走、草、木分隶于八卦，得生生之数，则知其所以生；得化化之数，则知其所以化。在学者冥心于此，思则得之矣。

宋·朱震
《汉上易传·卦图》

一、河　图

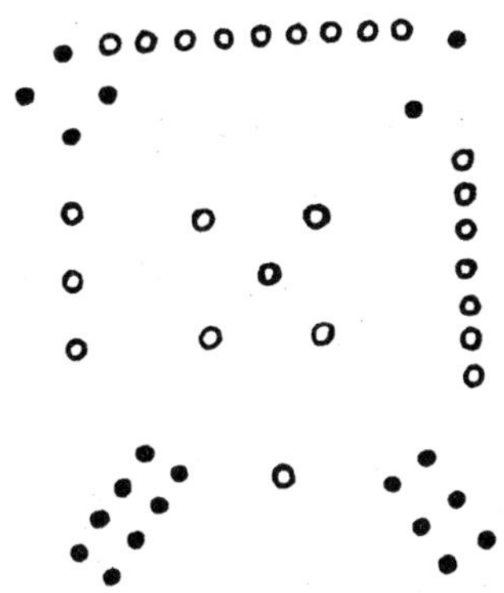

解说

“河图”刘牧传于范谔昌，谔昌传于许坚，坚传于李溉，溉传于种放，放传于希夷陈抟。其图戴九履一，左三右七，二四为肩，六八为足，纵横十有五，总四十有五。列御寇曰：易者一也，一变而为七，七变而为九，九复变而为一。李泰伯曰：伏羲观“河图”而画卦，御寇所谓变者，论此图也。一者太极不动之数，七者大衍数，九者玄数也。泰伯谓画卦亦未尽其实，大衍五十之数寓于四十五之中。黄帝书土生数五，成数五。《太玄》以五五为土，五即十也。其在《周官·天府》，凡国之玉镇大宝器藏焉。大宝器，《书》所谓“天球，河图在东序”是也。其在《易》则见于《系辞》。王洙曰：《山海经》云伏羲氏得“河图”，夏后因之曰《连山》，黄帝氏得“河图”，商人因之曰《归藏》，列山氏得“河图”，周人因之曰《周易》。斯乃杜子春之所凭，抑知姚信之言非口自出，但所从传者异耳。梁武攻之涉于率肆，《易》曰：河出图，洛出书，圣人则之。仲尼曰：凤鸟不至，河不出图，吾已矣夫。盖圣人受命，必有符瑞。若图出，不再无劳叹，奚谓河伯不智，尤为妄矣。

二、洛　书

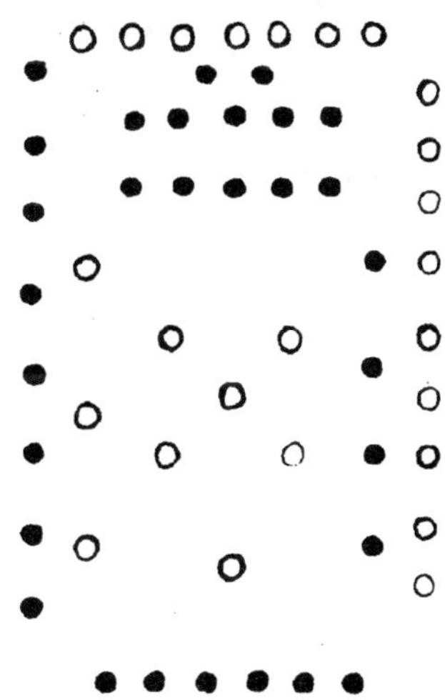

解说

“洛书”刘牧传之，一与五合而为六，二与五合而为七，三与五合而为八，四与五合而为九，五与五合而为十。一六为水，二七为火，三八为木，四九为金，五十为土。十即五五也。《洪范》曰：一，五行。《太玄》曰：一与六共宗，二与七共朋，三与八成友，四与九同道，五与五相守。范望曰：重言五者，十可知也。一、三、五、七、九奇数，二十有五，所谓天数；二、四、六、八、十偶数，所谓地数。故曰：天地之数五十有五数，五即十也。故“河图”之数四十有五，而五十之数具，“洛书”之数五十有五，而五十之数在焉。惟十即五也，故甲已九，乙庚八，丙辛七，丁壬六，戊癸五，而不数十，十盈数也。

三、伏羲八卦图

原题此名，它书皆题“伏羲六十四方圆图”

解说

“伏羲八卦图”。王豫传于邵康节，而郑史得之。《归藏》初经者，伏羲初画八卦，因而重之者也。其经初乾、初爽坤、初艮、初兑、初荦坎、初离、初厘震、初巽，卦皆六画，即此八卦也。八卦既重，爻在其中。薛氏曰：昔神农氏既重为六十四卦，而初经更本包牺八卦成列，而六十四具焉，神农氏因之也。《系辞》曰：神农氏作，斫木为耜，揉木为耒，耒耨之利以教天下，盖取诸益。王辅嗣以为伏羲重卦、郑康成以为神农重卦，其说源于此。子曰：天地定位，山泽通气，雷风相薄，水火不相射。天地定位即乾与坤对，山泽通气则艮与兑对，风雷相薄则震与巽对，水火不相射则离与兑对。而《说卦》健、顺、动、入、陷、丽、止、说、马、牛、龙、鸡、豕、雉、狗、羊、首、腹、足、股、耳、目、手、口，与夫别象次序，皆初卦也。夬曰：乾之初，交于坤之初得震，故为长男；坤之初，交于乾之初得巽，故为长女；乾之二，交于坤之二得坎，故为中男；坤之二，交于乾之二得离，故为中女；乾之上，交于坤之上得艮，故为少男；坤之上，交于乾之上得兑，故为少女。乾、坤大父母也，故能生八卦；复、姤小父母也，故能生六十四卦。复之初九，交于姤之初六得一阳；姤之初六，交于复之初九得一阴；复之二，交于姤之二得二阳；姤之二，交于复之二得二阴；复之三，交于姤之三得四阳。姤之三，交于复之三得四阴；复之四，交于姤之四得八阳。姤之四，交于复之四得八阴；复之五，交于姤之五得十六阳；姤之五，交于复之五得十六阴；复之上，交于姤之上得三十二阳；姤之上，交于复之上得三十二阴。阴阳男女皆顺行，所以生六十四卦也。

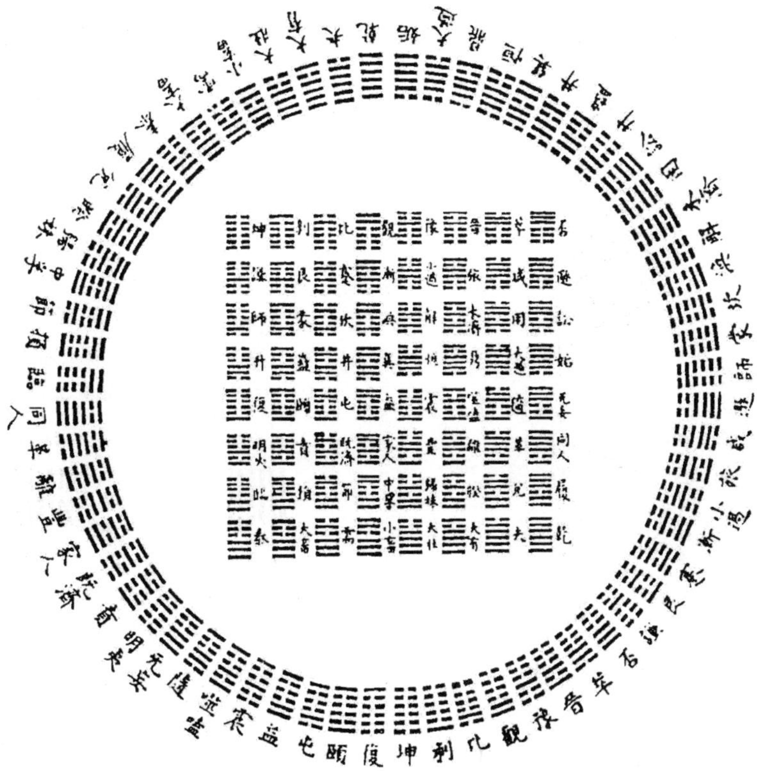

（三、伏羲八卦图）

四、文王八卦图

解说

《说卦》：帝出乎震，齐乎巽，相见乎离，致役乎坤，说言乎兑，战乎乾，劳乎坎，成言乎艮。又曰：震，东方也，巽，东南也。离也者，明也，万物皆相见，南方之卦也。坤也者，地也。兑，正秋也。乾，西北之卦也。坎者，水也，正北方之卦也。艮，东北之卦也。又曰：动万物者，莫疾乎雷，桡万物者，莫疾乎风，燥万物者，莫熯乎火，说万物者，莫说乎泽，润万物者，莫润乎水，终万物、始万物者，莫盛乎艮。此说《周易》也。故管辂曰：圣人何以处乾位于西北，坤位于西南？邵康节曰：置乾于西北，退坤于西南，乾统三男而长子用事，坤统三女而长女代母，坎、离得位而兑、震为偶，以应地之方也。王者之法，尽于是矣。

五、太极图

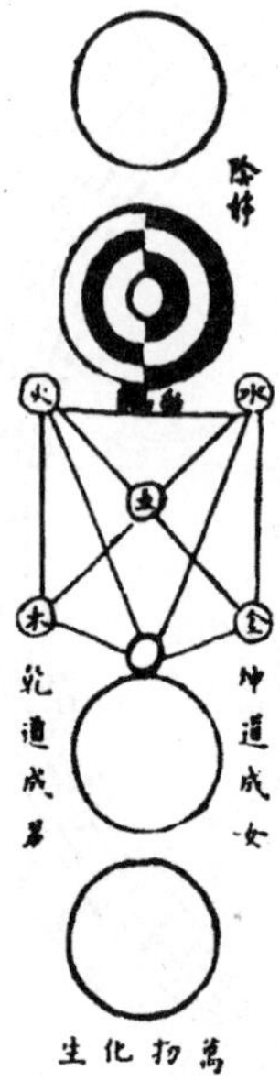

解说

“太极图”。周敦实茂叔传二程先生。茂叔曰：无极而太极，太极动而生阳，动极而静，静极而生阴，静极复动。一动一静，互为其根。分阴分阳，两仪立焉。阳变阴合，而生水、火、木、金、土，五气顺布，四时行焉。五行，一阴阳也；阴阳一太极也，太极本无极也。五行之生也，各一其性。无极之真，二五之精，妙合而凝。乾道成男，坤道成女，二气交感，化生万物，万物生生，而变化无穷焉。唯人也，得其秀而最灵。形既生矣，神发知矣。五性感动而善恶分，万事出矣。圣人定之以中正仁义（圣人之道，仁义中正而已矣）。而主静（无欲则静）立人极焉。故圣人与天地合其德，日月合其明，四时合其序，鬼神合其吉凶。君子修之吉，小人悖之凶。故曰：立天之道曰阴与阳，立地之道曰柔与刚，立人之道曰仁与义。又曰：原始反终，故知死生之说。大哉！易也，斯其至矣。

六、变卦反对图

六十四卦刚柔相易，周流而变易，
于《序卦》、于《杂卦》尽之

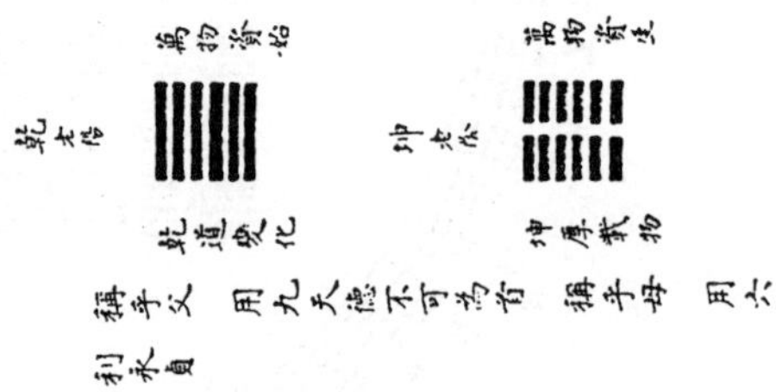

天行健　乾元亨利贞　地势坤
坤元亨利牝马之贞

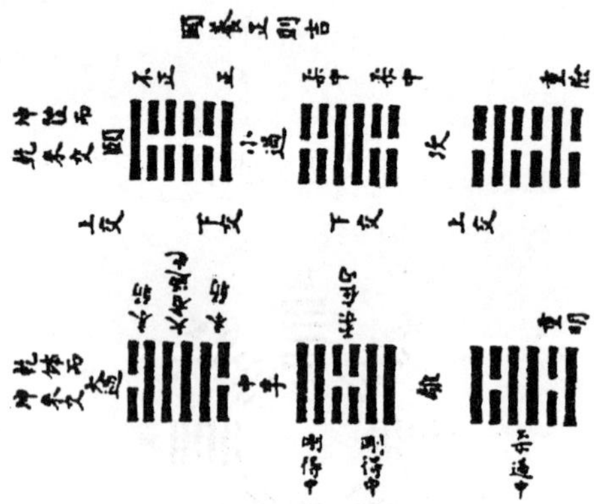

康节曰：乾坤之名位不可易也；坎离名可易而位不可易也；震、巽，位可易而名不可易也，兑、艮名与位皆不可易也。离肖乾，坎肖坤，中孚肖乾，小过肖坤，颐肖离，坤、大过肖坎，是以乾、坤、离、坎、中孚、颐、大过，小过，皆不可易者也。

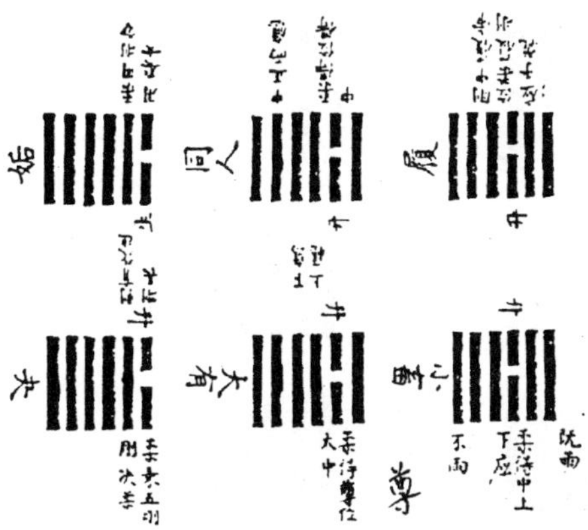

希曰：颐、大过与诸卦不同。大过从颐来，六爻皆相变，故卦有反合，爻有升降，所以明天人之际，见盛衰之理焉。故征象会意必本于此。陆所谓反合、升降，即此图也。

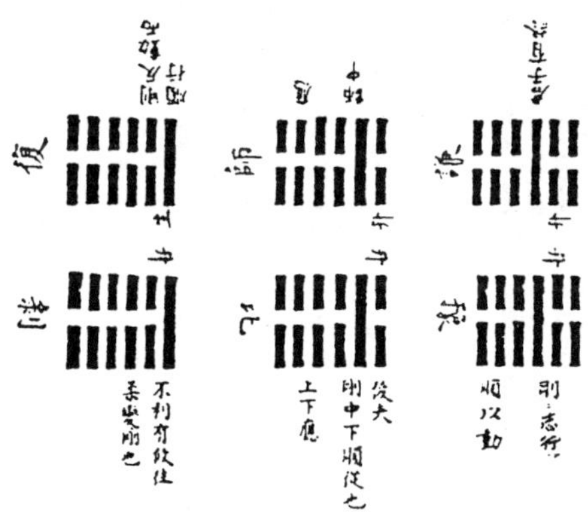

乾坤二卦为易之门万物之祖图第一（旧本曰“成功无为图”）：

乾坤相索三交变六卦不反对图第二：

康节曰：乾、坤之名位，不可易也；坎、离，名可易而位不可易也；震、巽，位可易而名不可易也；兑、艮，名与位皆不可易也。离肖乾，坎肖坤，中孚肖乾，小过肖坤，颐肖离，坤、大过肖坎，是以乾、坤、离、坎、中孚、颐、大过、小过，皆不可易者也。

乾卦一阴下生反对变六卦图第三：

陆希声曰：颐、大过与诸卦不同。大过从颐来，六爻皆相变，故卦有反合，爻有升降，所以明天人之际，见盛衰之理焉。故征象会意必本于此。陆所谓反合、升降，即此图也。

坤卦一阳下生反对变六卦图第四。

乾卦下生二阴各六变反对变十二卦图第五。

坤卦下生二阳各六变反对变十二卦图第六。

乾卦三阴各六变反对变十二卦图第七。

坤卦下生三阳各六变反对变十二卦图第八。

解说

上李挺之“变卦反对图”八篇。康节曰：卦之反对，皆六阳六阴也。在易则六阳六阴者，十有二对也。去四正者，八阳四阴，八阴四阳者，各六对也。十阳二阴，十阴二阳者，各三对。康节所谓六阳六阴者，否变泰、恒、咸、丰、旅、归妹、渐、节、涣、既济、未济十二卦，泰变否、损、益、贲、噬嗑、蛊、随、井、

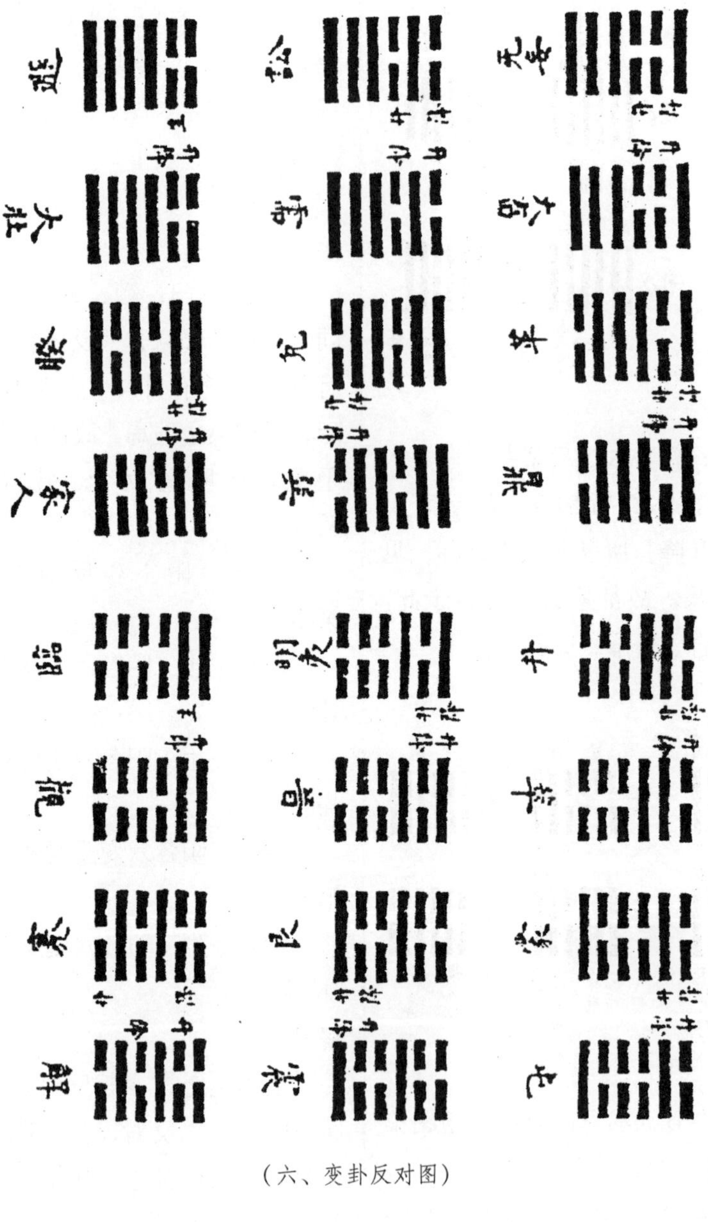

（六、变卦反对图）

困、既济、未济、十二卦。四正，颐、大过、中孚、小过也。所谓八阳四阴，八阴四阳者，遁变大壮、讼、需、无妄、大畜、睽、家人、兑、巽、革、鼎十二卦，临变观、明夷、晋、升、萃、蹇、解、艮、震、蒙、屯十二卦。十阳二阴，十阴二阳者，姤变夬、同人、大有、履、小畜六卦，复变剥、师、比、谦、豫六卦。乾、坤，天地之本；坎、离，天地之

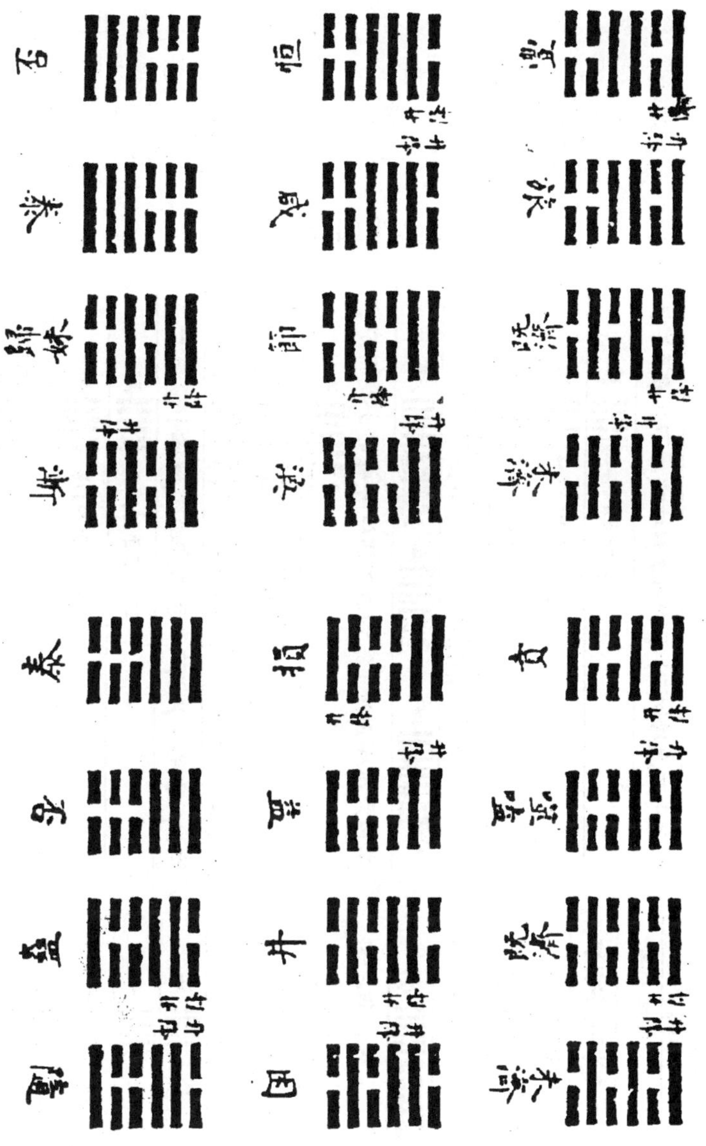

（六、变卦反对图）

用。乾、坤交而为泰，坎、离交而为既济。乾生于子，坤生于午，坎终于寅，离终于申（连山也），以应天时也。置乾于西北（伏羲初经乾上坤下，故曰天尊地卑，乾坤定矣），退坤于西南（《归藏》以坤先乾）。乾统三男而长子用事，坤统三女而长女代母，坎离得位而兑、艮为偶（复归于伏羲之初经）。以应地之方也。王者之法，尽于是矣。故易始于乾、坤，终于坎、离、既济、未济。而泰、否为上经之中，咸、恒为下经之首。乾坤，本也，坎离，用也。乾、坤、离，上篇之用也。咸、兑、艮也；恒、震、巽也。兑、艮、震、巽，下篇之用也。颐、大过、小过、中孚，二篇之正也。故曰：至哉！文王之作易也，其得天地之用乎？

七、六十四卦相生图

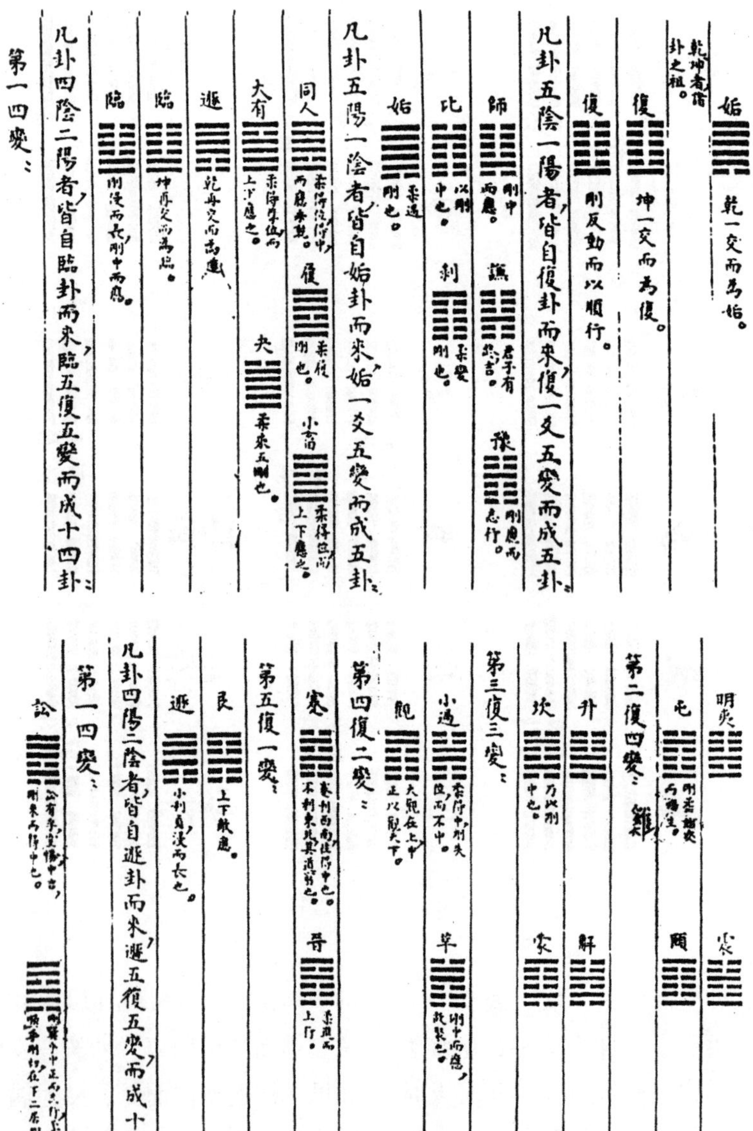

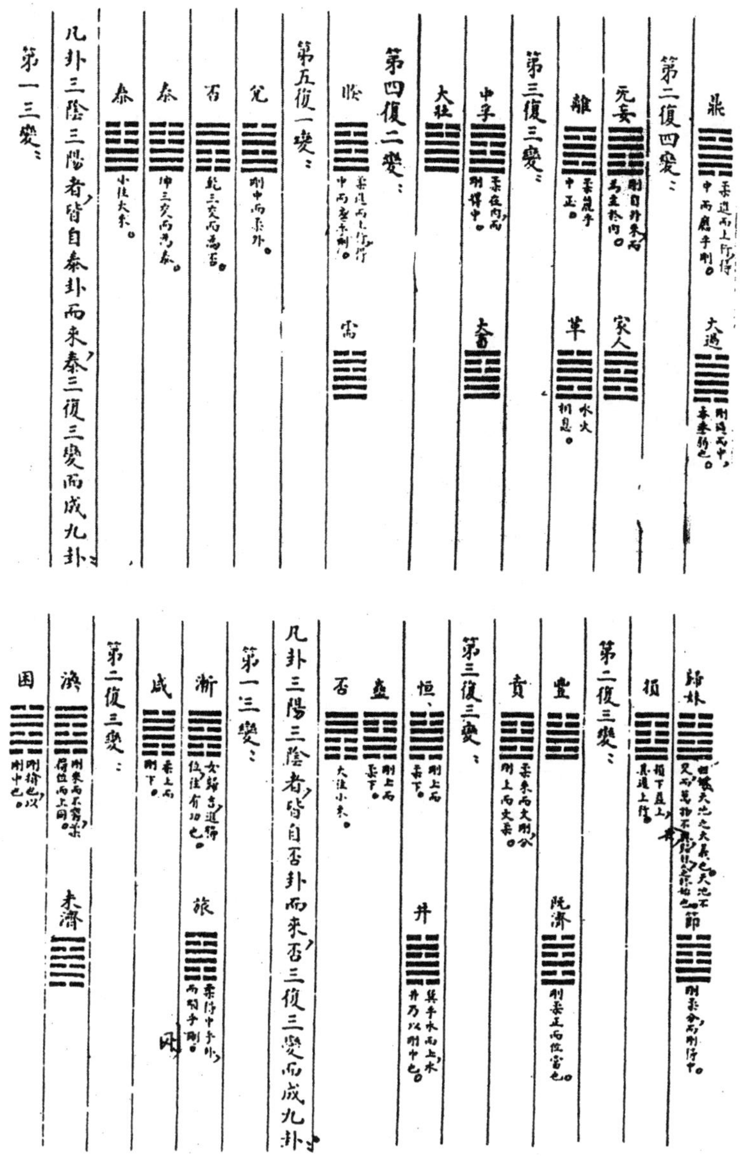

（七、六十四卦相生图）

解说

上“李挺之六十四卦相生图”一篇，通“变卦反对图”为九篇。康节之子伯温，传之于河阳陈四文（忘其名），陈传之于挺之。始虞氏卦变，乾、坤生坎、离，乾息而生复、临、泰、大壮，夬，坤消而生姤、遁、否、观、剥。自复来者一卦（豫），自临来者四卦（明夷、解、升、震）。自泰来者九卦（蛊、贲、恒、损、

（七、六十四卦相生图）

升、归妹、丰、节、既济）。自大壮来者六卦（需、大畜、大过、睽、鼎、兑）。自夬来者一卦（同人），自遁来者五卦（讼、无妄、家人、革、巽），自否来者八卦（随、噬、咸、益、困、渐、涣、未济），自观来者五卦（晋、蹇、颐、萃、艮），自剥来者一卦（谦）。而屯生于坎，蒙生于艮，比生于师，颐、小过生于晋，睽生于大壮，咸生于无妄，旅生于贲，咸生于噬嗑，中孚生于讼。小畜变需上，履变讼初。姤无生卦。师、同人、大有、兑四卦阙。李鼎祚取蜀才虞氏之书，补其三卦（大有阙）。而颐卦虞以为生于晋侯，果以为生于观。今以此图考之，其合于图者，三十有六卦，又时有所不合者，二十有八卦。夫自下而上谓之升，自上而下谓之降。升者上也，息也；降者消也。阴生阳，阳生阴，阴复生阳，阳复生阴，升降消息循环无穷。然不离于乾坤一生二，二生三，至于三极矣。故凡卦五阴一阳者，皆自复来，复一爻五变而成五卦（师、谦、豫、比、剥）。凡卦五阳一阴者，皆自姤来，一爻五变而成五卦（同人、履、小畜、大有、夬）。凡卦四阴二阳者，皆自临来，临五复五变而成十四卦（明夷、震、屯、颐、升、解、坎、蒙、小过、革、观、蹇、晋、艮）。凡卦四阳二阴者，皆自遁来，遁五复五变而成十四卦（讼、巽、鼎、大过、无妄、家人、离、革、中孚、大畜、大壮、睽、需、兑）。凡卦三阴三阳者，皆自泰来，泰三复三变而成九卦（归妹、节、损、丰、既济、贲、恒、升、蛊）。凡卦三阳三阴者，皆自否来，否三复三变而成九卦（归妹、节、损、丰、既济、贲、恒、井、蛊）。乾、坤大父母也，复、姤小父母也。坎、离得乾、坤之用者也。颐、大过、小过、中孚得坎、离者也。故六卦不反对而临生坎、遁生离；临生颐、小过，遁生大过、中孚。或曰：先儒谓贲本泰卦，岂乾、坤重而为泰，又由泰而变乎？曰：此论之卦也，所谓之卦者，皆变而之他卦也。《周易》以变为占，七卦变而为六十三卦，六十四卦变而为四千九十六卦。而卜筮者尚之，此焦延寿之《易林》所以兴也。圣人因其刚柔相变，系之以辞焉，以明往来、屈信、利害、吉凶之无常也。故君子居则观其象而玩其辞，动则观其变而玩其占。占兴辞一也，故乾坤重而为泰者，八卦变而为六十四卦也。由泰而为贲者，一卦变而为六十三卦也。或曰：刚柔相易，皆本诸乾、坤也，凡三子之卦，言刚来者，明此本坤也，而乾来化之；凡三女之卦，言柔来者，明此本乾也，而坤来化之。故凡言是者，皆三子三女相值之卦也。非是卦，则无是言也。谓泰变为贲，此大惑也。曰：不然也。往来者以内外言也，以消息言也，自内而之外，谓之往；自外而之内，谓之来。请复借贲卦言之。柔来而文刚者，坤之柔，自外卦下，而来文乎乾之刚也。分刚上而文柔者，乾之刚，自内卦上，而往文乎坤之柔也。于柔言来，则知分刚上而文柔者，往也；于刚言上，则知柔来而文刚者，下也。上者出也，下者入也。此所谓其出入以度内外，此所谓上下无常也。若言柔来者，明此本乾也，则不当言分刚上而文柔，当曰："刚来而文柔矣。"无妄之彖曰："刚自外来，而为主于内。"外卦乾已三画矣，谓之自外来，则当自卦外来乎。故乾施一阳于坤，以化其一阴而生三子；坤施一阴于乾，以化其一阳而生三女者；乾坤相易以生六子，成八卦也。上下往来，周流无穷者，刚柔相易，以尽其爻之变也。爻之言往来，言上下内外者，岂唯三子三女相值之卦而已哉？故曰：刚柔相推，变其中矣。又曰：往来不穷谓之通。又曰：变动不居，周流六虚。谓之周流六虚，同其往其来，非谓三画之卦也。近世杨杰、鲍极论卦变之义。杨曰：泰者，通而治者也，故圣人变于节、贲、损、蛊、恒、归妹、大畜之《彖》，以为御治之术焉。否者，闭而乱者也，故圣人变于咸、益、随、涣、噬嗑、无妄、讼之《彖》以为救乱之术焉。鲍曰：遁，阴长之卦，邪道并兴。圣人易一爻而成无妄，欲以正道止其邪也。杨谓否变无妄，讼亦误矣。然触类而长，六十四卦之相变，其义可推矣。

八、太玄准易图

解说

律历之元，始于冬至，卦气起于中孚，其书本于夏后氏之《连山》。而《连山》则首艮，所以首艮者，八风始于不周，实居西北之方，七宿之次是为东壁、营室。东壁者，辟生气而来之。营室者，营阳气而产之。于辰为亥，于律为应钟，于时为立冬。此颛顼之历，所以首十月也。汉巴郡落下闳运算转历推步晷刻，以太初元年十一月甲子夜半，朔冬至而名节会，察寒暑，定清浊，起五部，违气初分数，然后阴阳离合之道行焉。然落下闳能知历法而止，扬子云通敏贤达，极阴阳之数，不唯知其法，而又知其意。故《太玄》之作，与太初相应，而兼该乎颛顼之历，发明《连山》之旨，以准《周易》，为八十一

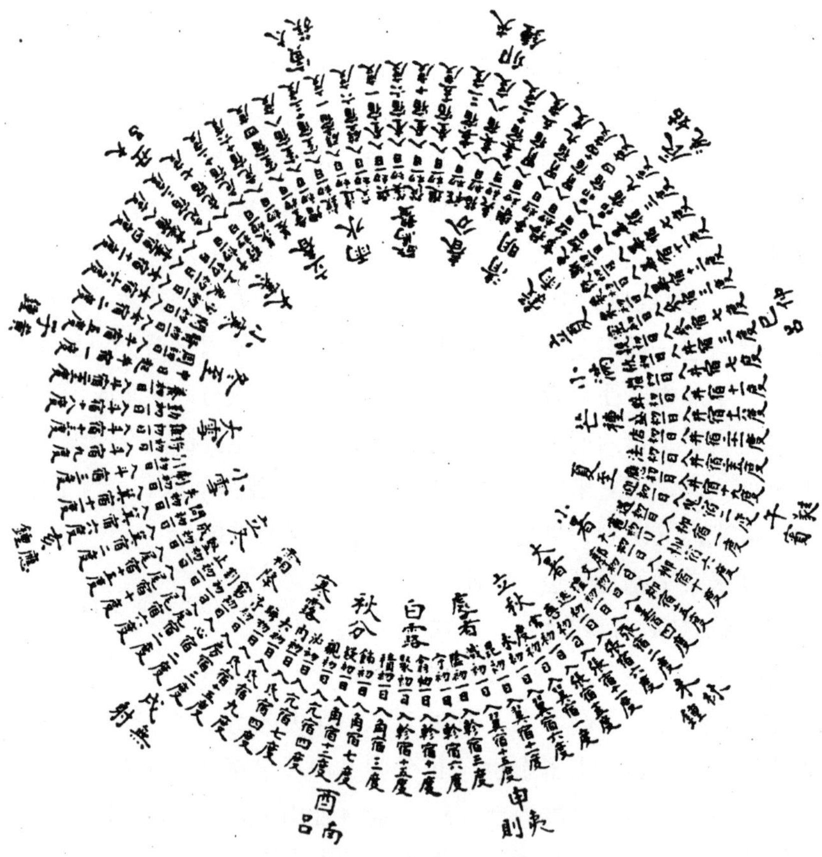

（八、太玄准易图）

卦，凡九分共二卦，一五隔一四。细分之，则四分半当一日。准六十卦，一日卦六日七分也。中，中孚也；周，复也；礥闲，屯也；少，谦也；戾，睽也；上于，升也；狩羡，临也。此冬至以至大寒之气也。差，小过也；童，蒙也；增，益也；锐，渐也；达，交泰也；耎傒，需也；从进，随也；释，解也；格、夷，大壮也；乐，豫也；争，讼也；务事，蛊也；更，革也；断毅，夬也。此立春以至谷雨之气也。装，旅也；众，师也；密亲，比也；敛，小畜也；疆睟，乾也；盛，大有也；居，家人也；法，井也；应，离也；迎，咸也；遇，姤也；电，灶鼎也；大廓，丰也；文，涣也；礼，履也；逃唐，循也；常，恒也。此立夏以至大暑之气也。永，恒也；度，节也；昆，同人也；减，损也；唫守，否也；翕，巽也；聚，萃也；积，大畜也；饰，贲也；疑，震也；视，观也；沈，兑也；内，归妹也；去，无妄也；晦瞢，明夷也；穷，困也；割，剥也。

此立秋以至霜降之气也。止坚，艮也；成，既济也；阙，噬嗑也；失剧，大过也；驯，坤也；将，未济也；难，蹇也；勤养，坎也。此立冬以至大雪之气也。日月之行，有离合；阴阳之数，有盈虚。踦嬴二赞有其辞，而无其卦，而附之于养者，以闰为虚也。踦，火也，日也。嬴，水也，月也。日月起于天元之初，归其余也。盖定四时成岁者，以其闰月再而后卦者，由于归奇六日七分，必加算焉。以三百六十五日四分之，不齐也。坎、离、震、兑，四正之卦也。二十四爻周流四时，《玄》则准之。日右斗左，东巡六甲，东西南北，经纬交错，以成八十一首也。一月五卦也，侯也，大夫也，卿也，公也，辟也。辟居于五，谓之君。卦四者，离卦也，《玄》则准之。故一玄象辟，三方象三公，九州象九卿，二十七部象大夫，八十一首象元士，其大要则历数也，律在其中也，体有所循而文不虚生也。陆绩谓自甲子至甲辰，自甲辰至甲申，自甲申至甲子，凡四千六百一十七岁，为一元。元有三统，统有三会，会有二十七章。九会二百四十三章，皆无余分。其钩深致远，与神合符，有如此也。善乎，邵康节之言曰：《太玄》其见天地之心乎？天地之心者，坤极生乾，始于冬至之时也。此之谓律历之元。

九、乾坤交错成六十四卦图

荀爽曰：乾始于坎，坎终于离，坤始于离，终于坎。

乾生三男：震、坎、艮，故四卦所生为阳卦。

坤生三女：巽、离、兑，故四卦所生为阴卦。

解说

乾阳也，坤阴也，并如而交错行。乾贞于十一月子，左行阳时六（贞，正也，初爻以此为正，次爻左右者各从次数之）。坤贞于六月未（乾、坤阴阳之主也，阴退一辰，故贞于未）。右行阴时六，以顺成其岁。岁终，次从于屯、蒙（岁终则从其次，屯、蒙、需、讼也）。屯为阳，贞十二月丑，其爻左行，以间时而治六辰。蒙为阴，贞正月寅，其爻右行，亦间时而治六辰。岁终则从其次卦。阳卦以次，其辰以丑为贞，左行间辰而治六辰（阴卦与阳卦其位同，谓与日若在衡也。阴则退一辰，谓左右交错相避）。否泰之卦，独各贞其辰（言不用卦次，泰当贞于戌，否当贞于亥。戌，乾体所在，亥，又乾消息之月。泰，否、坤体气相乱，故避而各贞其辰。谓泰贞正月，否贞七月。六爻者，泰得否之乾，否得泰之坤。否贞申右行，则三阴在西，三阳在北。泰贞寅左行则三阳在东，三阴在南，是则阴阳相比，共复乾坤之体也)。其共北辰，左行相随也（北辰左行，谓泰从正月至六月，此月阳爻。否从七月至十二月，此月阴爻。否、泰各自相随)。中孚为阳，贞于十一月子。小过为阴，贞于六月未，法于乾、坤（中孚于十一月子，小过正月之卦也，宜贞于寅二月卯，而贞于六月，非其次，故言象法乾、坤。其余卦则各贞于其辰，同位乃相避)。三十二岁期而周六十四卦，三百八十四爻，一千五百二十复贞，此乾坤交错成六十四卦，陈纯臣所谓六十四卦推荡诀是也。其说见于《乾凿度》，而郑康成及先儒发明之。京房论推荡曰：以阴荡阳，以阳荡阴，阴阳二气荡而成象。又曰：荡阴入阳，阳入阴，阳交互内外，适变八卦，回巡至极则反。此正解《系辞》八卦相荡之义。如六十四卦图，本于乾坤，并如阴阳交错而行。故传图者，亦谓之推荡。易，天下之至变者也。六位递迁，四时运动，五行相推，不可执一者也。

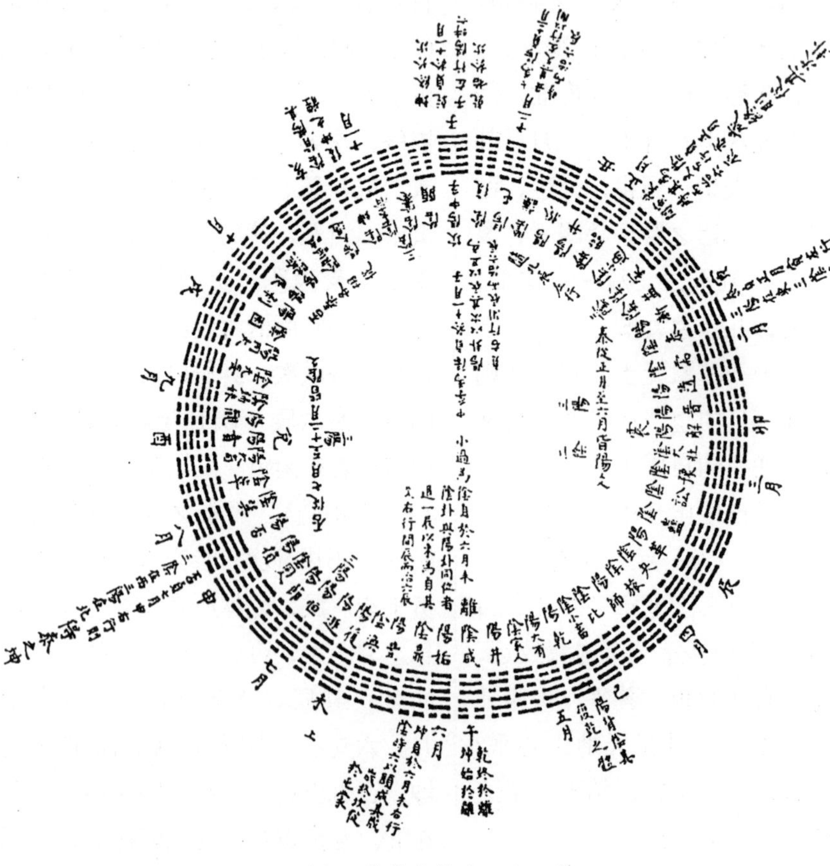

（九、乾坤交错成六十四卦图）

十、律吕起于冬至之气图

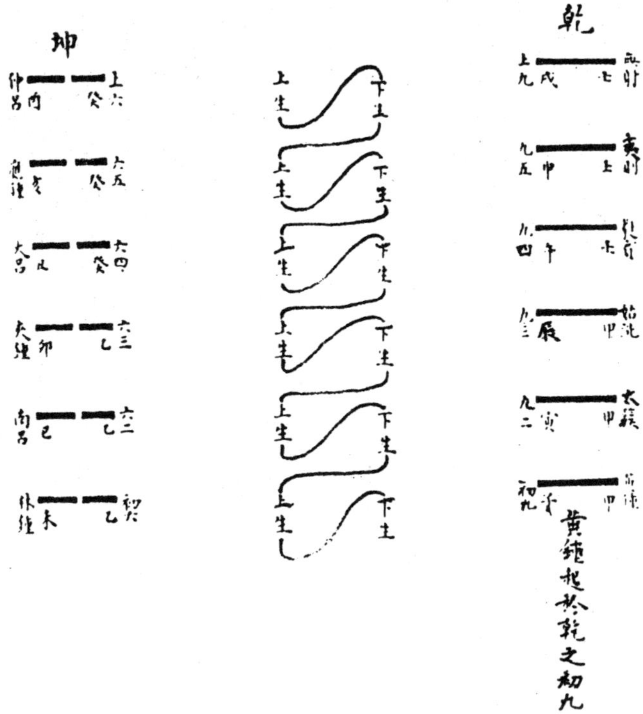

解说

上图郑康成注《周礼·太师》云：黄钟，初九也。下生林钟之初六，林钟又上生太簇之九二，太簇又下生南吕之六二，南吕又上生姑洗之九三，姑洗又下生夹钟之六三，应钟又上生蕤宾之九四，蕤宾又下生大吕之六四，大吕又上生夷则之九五，夷则又下生应钟之六五，应钟又上生无射之上九，无射又下生仲吕之上六。臣谓不取诸卦，而取乾、坤者，万物之父母。

十一、阳律阴吕合声图

解说

周官太师掌六律，六同，以合阴阳之声。郑康成曰：声阴阳各有合。黄钟，子之气也，十一月建焉，而辰在星纪（丑也）。大吕，丑之气也，十二月建焉，而辰在玄枵（子也）。太簇，寅之气也，正月建焉，而辰在娵訾（亥也）。应钟，亥之气也，十月建焉，而辰在析木（寅也）。姑洗，辰之气也，三月建焉，而辰在大梁（酉也）。南吕，酉之气也，八月建焉，

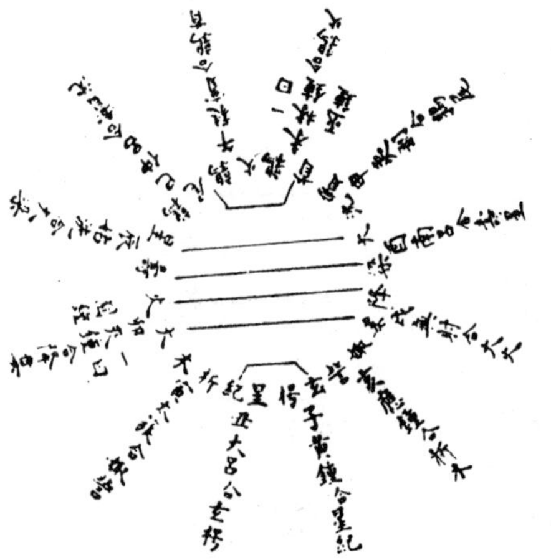

（十一、阳律阴吕合声图）

而辰在寿星（辰也）。蕤宾，午之气也，五月建焉，而辰在鹑首（未也）。林钟，未之气也，六月建也，而辰在鹑火（午也）。夷则，申之气也，七月建焉，而辰在鹑尾（巳也）。仲吕，巳之气也，四月建焉，而辰在实沈（申也）。无射，戌之气也，九月建焉，而辰在大火（卯也）。夹钟，卯之气也，二月建焉，而辰在降娄（戌也）。与建交错贸处，如表里然，是其合也。

十二、十二律相生图

又名：十二律十二月消息卦

解说

《太玄》曰：黄钟生林钟，林钟生太簇，太簇生南吕，南吕生姑洗，姑洗生应钟，应钟生蕤宾，蕤宾生大吕，大吕生夷则，夷则生夹钟，夹钟生无射，无射生仲吕。说者谓阳下生阴，阴上生阳。独陆绩注《太玄》

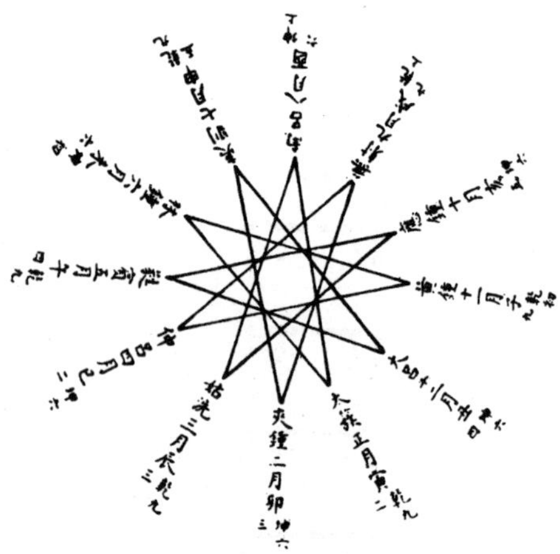

云：黄钟下生林钟，林钟上生太簇，太簇下生南吕，南吕上生姑洗，姑洗下生应钟，应钟上生蕤宾，蕤宾又上生大吕，大吕下生夷则，夷则上生夹钟，夹钟下生无射，无射上生仲吕。其说谓阳生于子，阴生于午，从子至巳，阳生阴退，故律生吕。言下生吕生律，言上生从午至亥。阴升阳退，故律生吕言上生，吕生律言下生。至午而变，故蕤宾重上生。而绩论律吕分寸，与司马迁律书特异。然黄钟至蕤宾，律生吕者自左而右，吕生律者自右而左，蕤宾至仲吕，律生吕者自右而左，吕生律者自左而右云。夫六十卦，乾贞于子而左行，坤贞于未而右行，屯贞于丑间时而左行，蒙贞于寅间时而右行，泰贞于寅而左行，否贞于申而右行，小过贞于未而右行。七卦错行，律实效之。黄钟，乾初九也；大吕，坤六四也；太簇，乾九二也；应钟，坤六五也；无射，乾上九也；夹钟，坤六三也；夷则，乾九五也；仲吕，坤六二也；蕤宾，乾九四也；林钟，坤初六也。初应四，二应五，三应上。故子、丑、寅、亥、卯、戌、辰、酉、巳、申、午、未谓之合声。司马迁曰：气始于冬至，周而复生，此所谓律数。

十三、六十律相生图

六十律、六十卦，自黄钟左行至于制时为上生，自林钟至于迟时为下生。

解说

《太玄》曰：声生日，律生辰。《乾凿度》曰：日十者五音，辰十二者六律也，星二十八者七宿也，凡五十，所以阂物而出之者。郑康成曰：甲乙，角也；丙丁，徵也；戊己，宫也；庚辛，商也；壬癸，羽也。六律益六吕、十二辰，四七二十八而周天。观康成所论，五音本于日，十二律生于辰，其学源于《太玄》，而子云则观大衍之数五十而知之。夫卦有十二，消息升降于前后五日，而成六十卦，律有十二，一律舍五声。五声之变，成六十律。冬至之卦复也，其实起于中孚，七日而后，复应冬至之律。黄钟也，其实生于执始。而执始乃在冬至之前，此律历之元也。唯子云知之。今北辰不动，纽为天枢，而不动之处，其实在纽星之末一度有余。非善观天者，孰能知之哉。

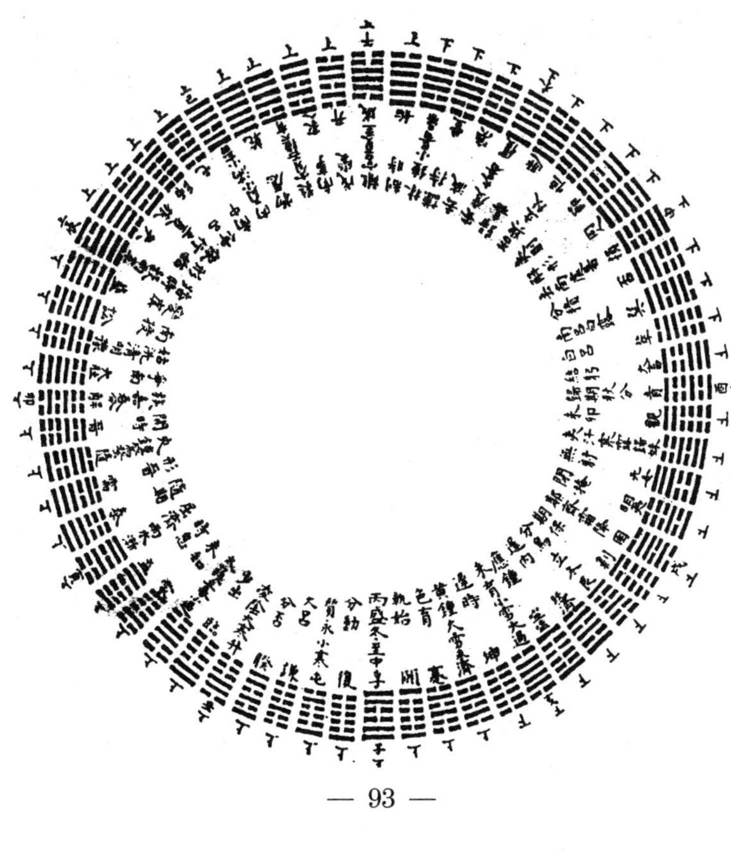

十四、十二律通五行八正之气图

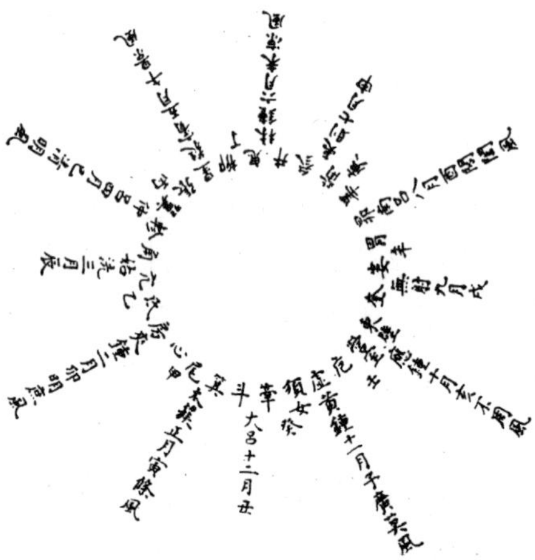

解说

司马迁《律书》论律历，天所以通五行八正之气。其略曰：不周风居西北，东壁居不周风，东至于营室，至于危，十月也，律中应钟。其于十二子为亥。广莫风居北方，东至于虚，东至于须女，十一月也，律中黄钟。其于十二子为子，其于十母为壬癸（十日为母，则十二辰为子。十日为干，则十二辰为夫。东至牵牛，东至于建星，建星六星，在南斗北）。十二月也，律中大吕。条风居东北，南至于箕，正月也，律中太簇，其于十二子为寅。南至于尾，南至于心，南至于房。明庶风居东方，二月也，律中夹钟，其于十二子为卯，其于十母为甲乙。南至于氐，南至于亢，南至于角。三月也，律中姑洗，其于十二子为辰。清明风居东南维，西之轸，西至于翼。四月也，律中仲吕，其于十二子为巳。西至于七星，西至于张，西至于注（柳八星，一曰天相，一曰天库，一曰注），五月也，律中蕤宾。景风居南方，其于十二子为午，其于十母为丙丁。西至于弧（参罚东有大星曰狼，下有四星曰弧）。凉风居西南维，六月也，律中林钟。其于十二子为未。北至于罚（参为白虎三星贞是也，为衡石，下有三星，兑曰罚），北至于参，七月也，律中夷则。其于十二子为申。北至于浊，北至于留，律中南吕，其于十二子为酉。阊阖风居西方，其于十母为庚辛，北至于胃，北至于娄，北至于奎，九月也。律中无射。其于十二子为戌。太史公所论，即《乾凿度》所谓五音、六律、七变，由此而作。故大衍之数五十，七变言七宿，四七二十八为周天。甲、乙、丙、丁、庚、辛、壬、癸，四方而戊己当轩辕之宫。京房论大衍五十，谓十日、十二辰、二十八宿为五十，其一不用者，天之生气。郑康成谓天地之数五十有五，以五行气通，凡五行减五，大衍又减一，其说皆本于此。

十五、天文图

虞氏曰：离、艮为星，离、坎为月。王辅嗣曰：刚柔文刚，天之文也。

解说

徐氏云："天文也"上脱"刚柔交错"四字，故《彖》总而释之，

（十五、天文图）

刚柔交错，天文也，文明以止，人文也。王昭素、胡安定皆此义，石徂徕不然之曰：《彖》解亨，小利有攸往，中间更无异文。即言天文者，言刚柔也者，天之文也。天之文，即刚柔二义也。二气交错成天之文，柔来文刚，分刚上而文柔者，天文也。臣曰：日为阳，月为阴，岁荧惑镇为阳，太白辰为阴，斗魁为阳，尾为阴，天南为阳，北为阴，东为阳，西为阴。日月东行，天西转，日自牵牛至东井，分刚上而文柔也。月自角至壁，柔来而文刚也。五星东行有迟有速，北斗西行，昏明迭建，二十八宿从分配五行，各有阴阳四时隐见。至于中外之宫，无名之星，河汉之精，皆发乎阴阳者也，则二气交错成天之文，信矣。

十六、天道以节气相交图

解说

陆希声曰：天道以节气相交，天文也。

孔颖达曰：四月纯阳用事，阴在其中，故靡草死。十月纯阴用事，阳在其中，故荠菜生，以此为刚柔交错四时之变。石徂徕谓政道失于下，阴阳之气差忒于上，则天交毕错。臣曰：二者皆是也，故采虞、陆二家之学，以兼明之。

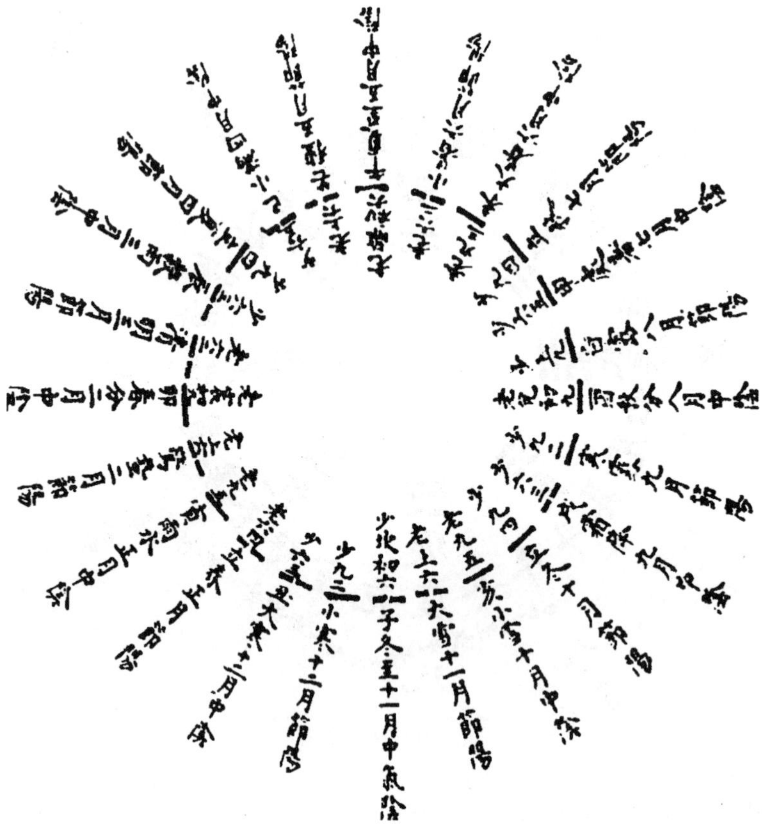

（十六、天道以节气相交图）

十七、斗建乾坤终始图

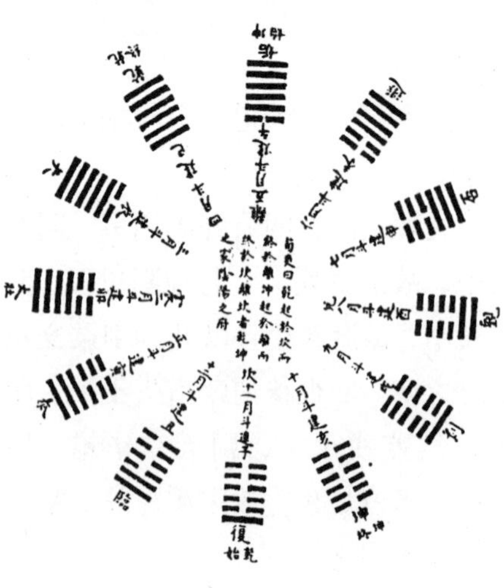

《太玄》曰：斗之南地，左行而右转旋。

天地革而四时成。

十八、日行十二位图

解说

楚丘曰：明夷，日也。日之数十，故有十时，亦当十位。自王已下，其二为公，其三为卿。日上其中，食日为二，旦日为三。杜预曰：日中当王，食时当公，平旦为卿，鸡鸣为士，夜半为皂，人定为舆，黄昏

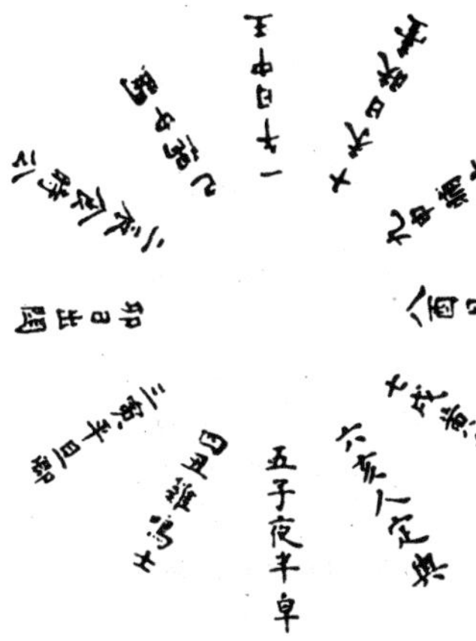

（十八、日行十二位图）

为隶，日入为僚，晡时为仆，日昳为台，隅中日出，阙不在第，尊王公也。夫日右行经天成十二位，子者乾之始也，而终于巳午者，坤之始也，而终于亥，故曰：大明终始，六位时成。

卜楚丘所推十日，盖如一月五卦，卦当五，以初为诸侯，二为大夫，三为卿，四为公也。又卦有六位，一元士，二大夫，三诸侯，四卿，五天子，六宗庙。易之用于卜筮，其术多矣。

十九、日行二十八舍图

《太玄》曰：日之南也，右行而左旋。

解说

斗左行，建十二次，日右行，周二十八舍，则乾、坤终而复始。子、寅、辰、午、申、戌，阳也，乾之六位；未、巳、卯、丑、亥、酉，阴也，坤之六位。位之升降不违其时，故曰：

大明终始，六位时成。《太玄》之序曰：盛哉，日乎，炳明离章，五色淳光，夜则测阴，昼则测阳，昼夜之测，或否或臧。阳推五福以类升，阴幽六极以类降，升降相关，大贞乃通。经则有南有北，纬则有西有东。巡承六甲与斗相逢，历以记岁而百谷时雍。所谓昼夜升降，经纬六甲，则大明终始，六位时成也。甲子、甲寅、甲辰、甲午、甲申、甲戌谓之六甲，大贞乃通者亨也。《太玄》明历，故举六甲。

二十、北辰左行图

九宫数即卦数。

解说

上九宫数者，《乾凿度》曰：太一取其数，从行九宫，四正四维，皆于十五。郑康成曰：太一，北辰之神也，居其所，曰“太常”，行于八卦日辰之间，曰“太一”。或曰：太一出入所由息紫宫之外，其星因以为

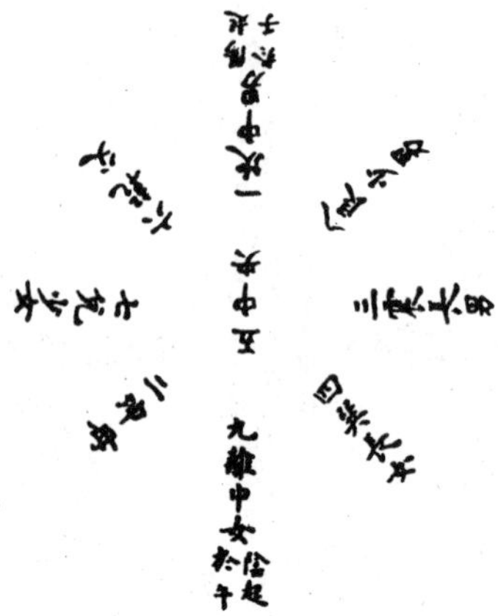

（二十、北辰左行图）

名。太一下行九宫。犹天子巡狩省方之事，每四乃还于中央。中央者，天地之所。太一以阳出，以阴入，阳起于子，阴起于午，是以太一下行九宫，从坎始，坎，中男也。自此而从于坤宫，坤，母也。又自此而从于震宫，震，长男也。又自此而从于巽宫，巽，长女也。所行半矣，还自息于中央。既又自此而从乾宫，乾，父也。自此而从兑宫，兑，少女也。又知此而从于艮宫，艮，少男也。又自此而从于离宫，离，中女也。行则周于上下，所由息于太一，天一之星，而紫宫始于坎，终于离，且出从中男，入从中女，亦因阴阳男女之偶为终始云。臣曰：所谓太一取其数，从行九宫者，七、九、六、八之数也。一与八为九，一与六为七，三与四为七，七与二为九，阳变七为九，阴变八为六，七与八为十五，九与六为十五，故曰：四正四维，皆于十五。

二十一、乾坤六位图

二十二、震坎艮六位图

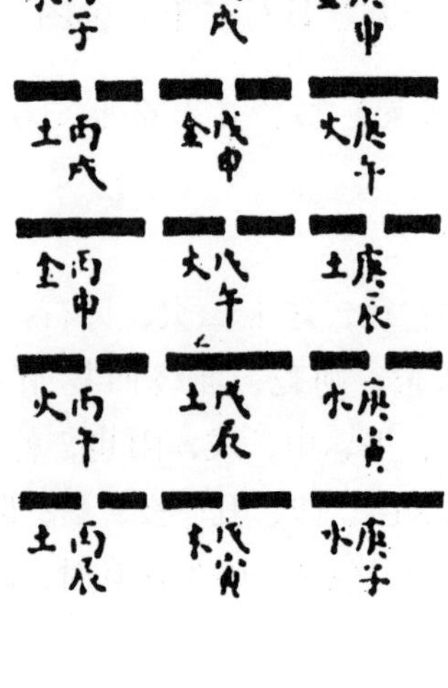

二十三、巽离兑六位图

解说 二十一至二十三诸图并说

上图京氏曰：降五行颁六位（陆绩曰：十二辰分六位，升降以时，消息吉凶）。又曰：天六、地六、气六，象六天。乾交坤而生震、坎、艮，故自子顺行。震自子至戌六位，长子代父也。坎自寅至子六位，中男也。艮自辰至寅六位，少男也。坤交乾而生巽、离、兑，故自丑逆行。巽自丑至卯六位，配长男也。离自卯至巳六位，配中男也。兑自巳至未六位，配少男也。女从人者也，故其位不起于未。易于乾卦，言大明终始，六位时成，则七卦可以类推。

二十四、消息卦图

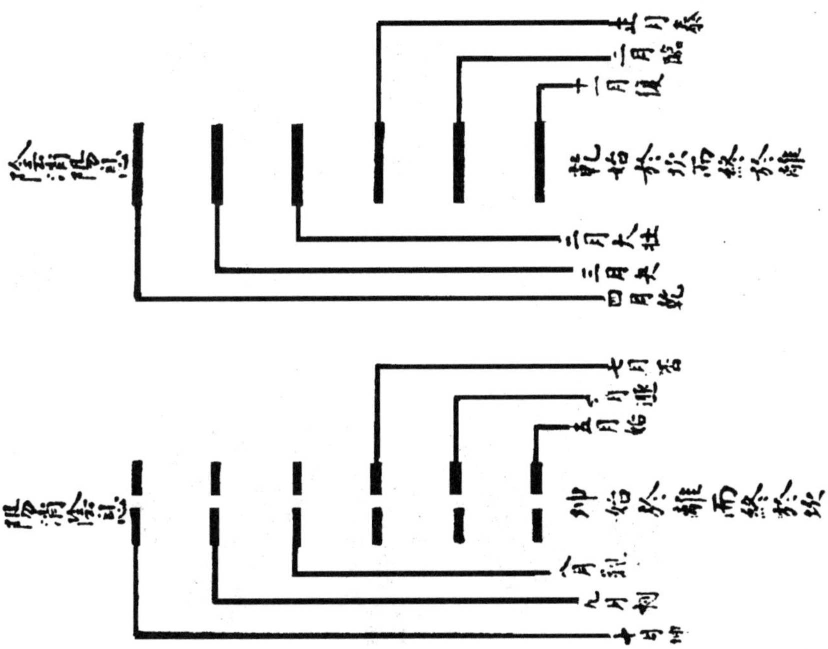

解说

剥之《象》曰：柔变刚也，纯乾之卦而柔变之。一变为姤，二变为遁，三变为否，四变为观，五变为剥，此变卦见于易者也，阴阳升降，变而为六十四。

二十五、纳甲图

纳甲何也？曰：举甲以该十日也。乾纳甲壬，坤纳乙癸，震、巽纳庚辛，坎、离纳戊己，艮、兑纳丙丁，皆自下生。圣人仰观日月之运，配之以坎、离之象，而八卦十日之义著矣。

解说

《系辞》曰：悬象著明，莫大于日月。虞曰：谓日月悬天，成八卦象。三日暮震象，月出庚，八日兑象，月见丁，十五日乾象，月盈甲壬，十六日旦巽象，月退辛，二十三日艮象，月消丙，三十日坤象，月灭乙。晦夕朔旦则坎，象水流戊，日中则离，离象火，就已土位，象见于中，日月相推而明生焉。坤《象》曰：西南得朋，东北丧朋。虞曰：阳丧灭神，坤终复生。此指说易道阴阳之大要也。又曰：消乙入坤，灭藏于癸。

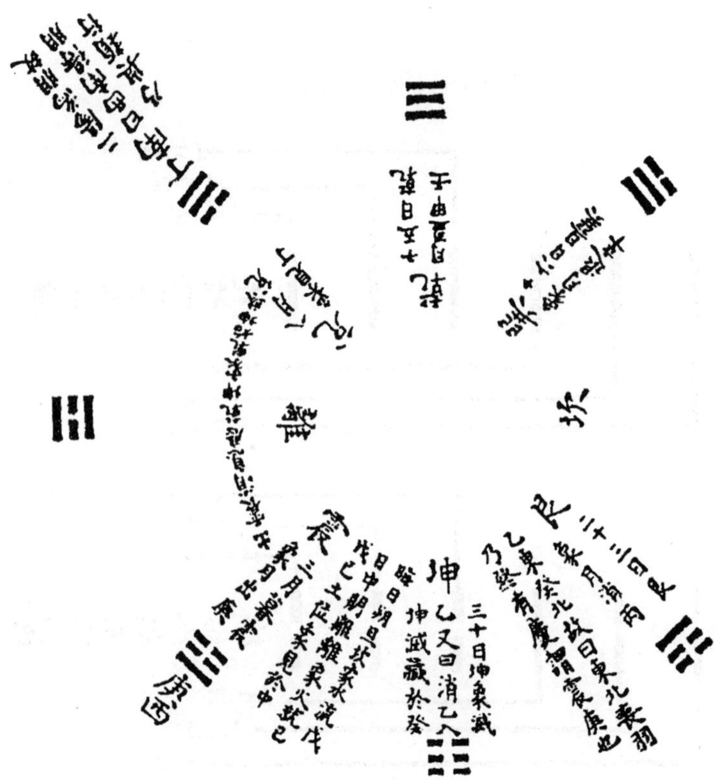

二十六、天壬地癸会于北方图

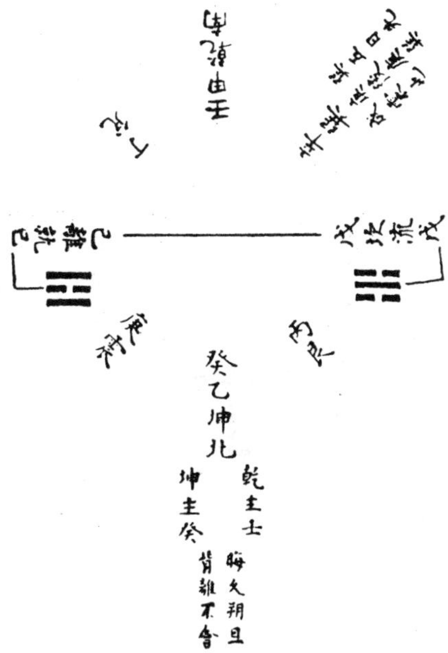

解说

上图坎坤体，离乾体。乾坤壬癸，会于北方。乾以阳交坤而成坎，所谓流戊也，坤也阴交乾而生离，所谓就己也。戊，阳土也，乾之中画也。己，阴土也，坤之中画也。阳为实，故月中有物；阴为虚而白，故自正中则成白昼。日月十二会，不会则光明息矣。

二十七、乾甲图

初变成乾，乾为甲。至二成离，离为日，贲时也。变三至四体离，至五成乾，无妄时也。

解说

右图蛊，《彖》曰：先甲三日，后甲三日，终则有始，天行也。虞曰：谓初变成乾，乾为甲，至二成离，离为日。乾三爻在前，故先甲三日。贲，时也，变三至四体离，至五成乾。乾三爻在后，故后甲三日。无妄，时也。易出震，消息历乾坤象。乾为始，坤为终，故终则有始。乾为天，震为行，故天行也。

二十八、震庚图

至三成震，震主庚，成风雷。益变初至二成离，离为日。

动四至五成离，终上成震。

解说

右图巽九五：贞吉，悔亡，无不利，无初有终。先庚三日，后庚三日，吉。虞曰：震，庚也，谓变初至二成离，至三成震。震主庚，离为日，震三爻在前，故先庚三日，谓益时也。动四至五成离，终上成震。震三爻在后，故后庚三日也。巽初失正，终变成震，得位，故无初有终，吉。震究为番，鲜白为巽也。巽究为躁，卦谓震也。又曰：乾成于甲，坤成于庚，阴阳天地之终始，故经举甲、庚于蛊《彖》、巽五也。

二十九、天之运行图

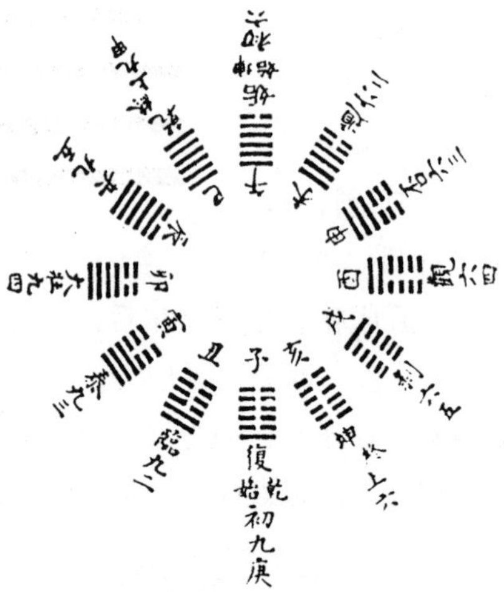

解说

此图始于乾，终于坤，乾纳甲、坤复生震，震纳庚。

三十、月之盈虚图

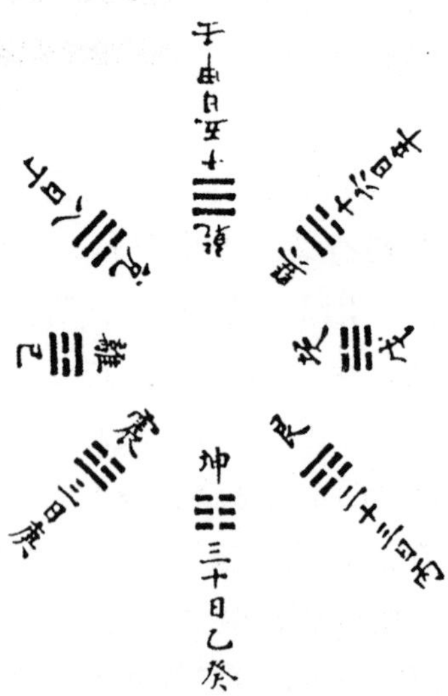

解说

月三日成震，震纳庚；十五日成乾，乾纳甲；三十日成坤，灭藏于癸，而复出震。

三十一、日之出入图

解说

春分旦出于甲，秋分暮入于庚。

三十二、虞氏易图

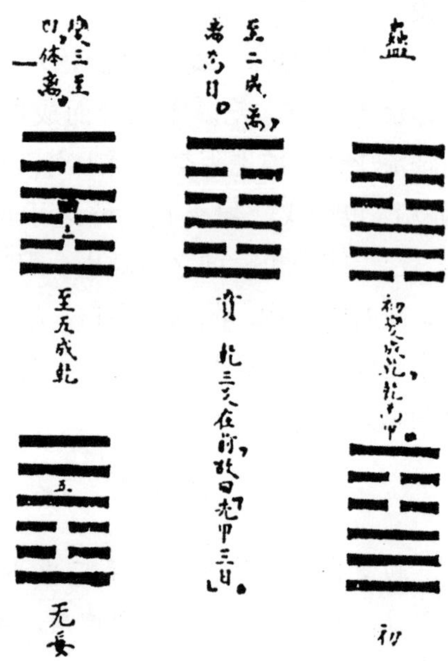

解说

虞氏易图说与“乾甲”图说同。

三十三、乾六爻图

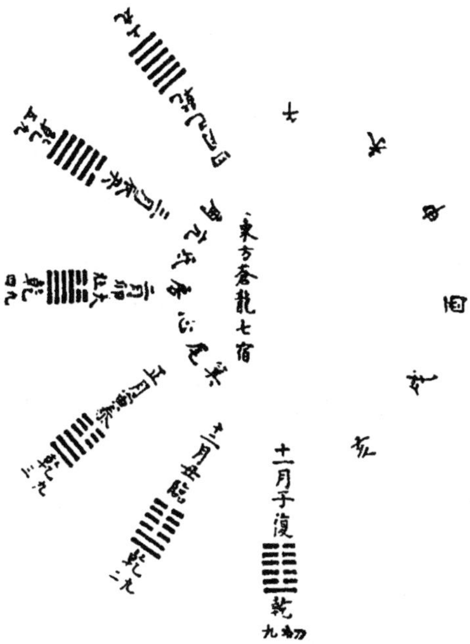

解说

乾六爻，震为龙，而乾之六爻为龙，何也？曰：奋乎重阴之下者，震之动也。潜升以时，其用不穷者，乾之健也。乾者，息震而成也。天文东方之宿，苍龙之象，其角在辰，其尾在寅。震者，卯也。乾始于子，成于巳，故阳复于十一月者，乾之初九也，亦震也。《说卦》震曰：其究为健。元之中，冬至之气，象中孚也。其次三木也、东方也。故曰：龙出于中。首尾信可以为庸。元文曰龙出乎中，何为也？曰：龙德始著者也，阴不极则阳不生，乱不极则德不形，所谓阴极生阳，则乾之初九也。

三十四、坤初六图

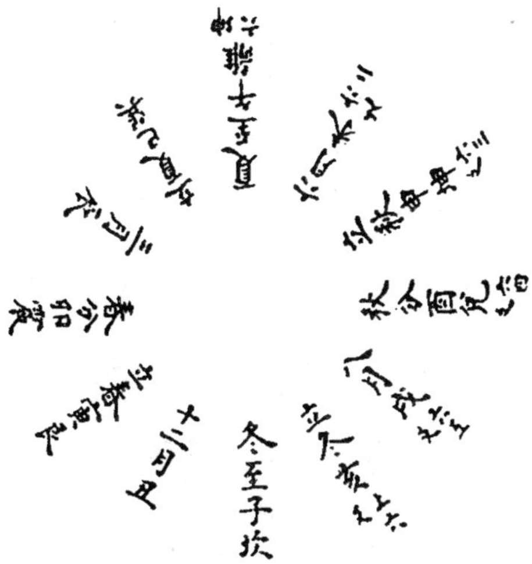

解说

坤初六，乾为寒，为冰，何也？曰：坤，坎之交乎乾也。露者，坤土之气也。至于九月，坤交乎乾，白露为霜，故霜降为九月之候。冰，寒水也，乾交乎坎也。乾位在亥，坎位在子。大雪者，十一月之节《玄》之难大雪也，其辞曰：阴气方难，水凝地坼，阳弱于渊。夫坤之初六，五月之气，姤卦也。是时岂唯无冰，而露亦未凝，何以言履霜，坚冰至？曰：一阴之生，始凝于下，验之于物，井中之泉已寒矣。积而不已，至于坤之上六，则露结为霜，水寒成冰。是以君子观其所履之微阴，而知冰霜之渐。乾为金也，故霜肃杀而冰坚强。

三十五、坤上六天地玄黄图

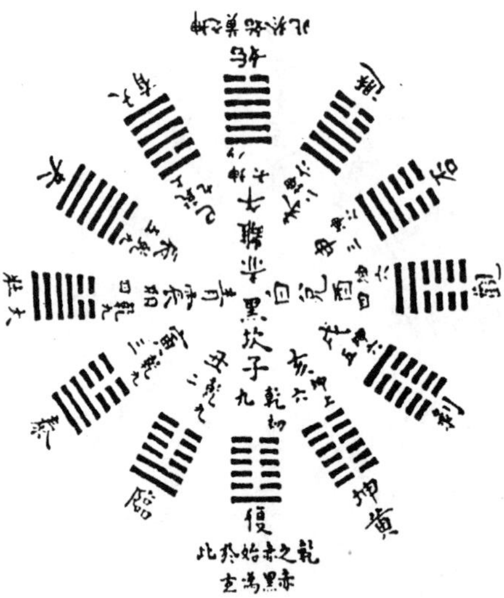

解说

消息之卦，坤始于亇，至亥而成阴之极也，道之穷也。乾西北方之卦也。乾坤合居，阴凝于阳，为其兼于阳也，故称龙焉。故《周易》曰：为兼于阳也。木刚则利，水凝则坚，阴凝于阳则必战。候果谓阴盛似龙，非也。震为玄黄，何也？曰：以坤灭乾，坤终生阳，震，阳也。

天地玄黄，何也？曰乾言其始，坤言其终也。坎为黑，乾之初九，始于坎，息而至巳午，为火大赤也。坎黑也，赤黑为玄，坤之初六始于离，离之中爻坤也，息而至亥成坤，故十一月阳气潜萌于黄宫。黄宫者，乾始于坤也。坤之上六，阴阳交战，坤终而乾始，故曰“玄黄”。震者，乾始也，《太玄》谓十月之气，曰深合黄纯，广含群生。又曰：冬至及夜半以后者，近玄之象也。冬至夜半，子也，坎也，乾之始也。青赤谓之文，乾坤相错也。赤白谓之章，坤终乾也。

三十六、乾用九坤用六图

解说

上九、六者，阴阳之变也。阳至九而变，阴至六而变。九变则六，六变则九，阴阳合德，九、六相用，乾坤未始离也。天之运行，自复九十日，至于泰之上六，自大壮九千日至于乾之上九，自姤九十日至于否之上九，自观九十日至于坤之上六，成三百六十日为阳候者。三十有六者，九也，为阴候者。三十有六者，六也，积十有二月而七十二候。九、六之变，循环无穷。是以乾用九，其策亦九，坤用六，其策亦六。《太玄》明乾坤之用者也。故天玄三曰“中羡从”，地玄三曰“更睟廓”，人玄三曰“减沈成”。首各有九，九九八十一，始于冬至，终于大雪，阴阳相合，周流九变。

三十七、坎离天地之中图

解说

右图坎、离天地之中。乾、坤，鬼神也。坎、离，日月水火也。艮、兑，山泽也。震、巽，风雷也。坎、离、震、兑，四时也。坎、离，天地

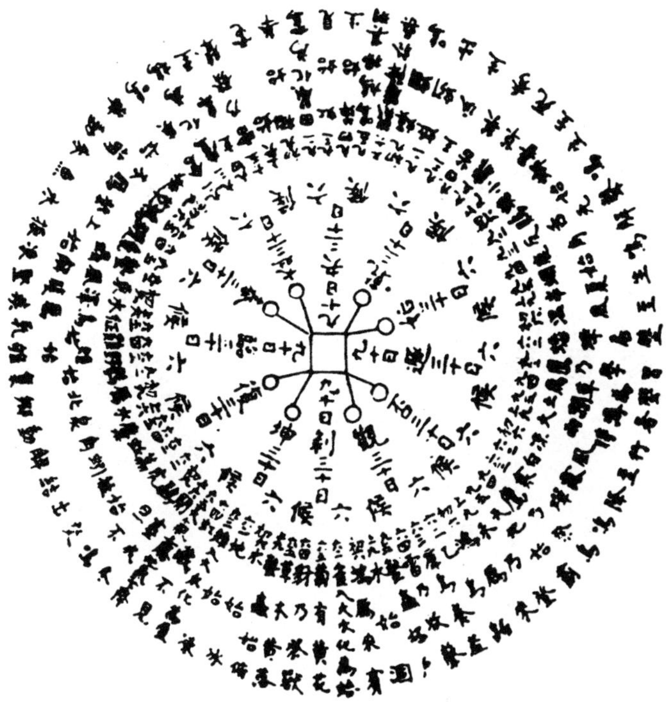

（三十六、乾用九坤用六图）

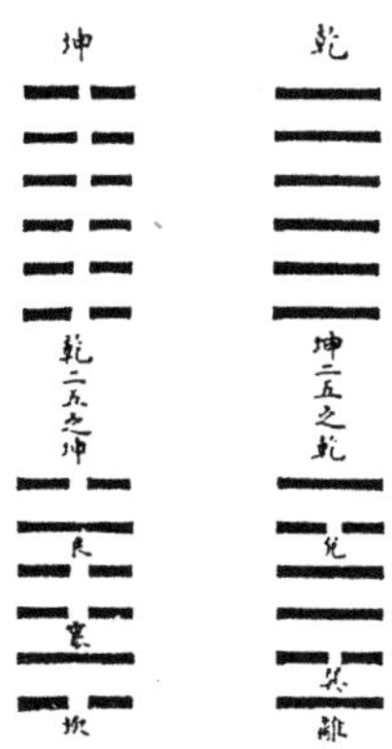

（三十七、坎离天地之中图）

之中也。圣人得天地之中，则能与天地日月四时鬼神合。先天而天弗违，圣人即天地也。后天而奉天时，天地即圣人也。圣人与天地为一，是以作而万物睹。同声相应，震、巽是也。同气相求，艮、兑是也。水流湿，火就燥，坎、离是也。云从龙，风从虎，有生有形，各从其类，自然而已。

三十八、临八月有凶图

解说

先儒论八月不同。孔颖达从建丑至建申，诸氏从建寅至建酉，何氏、王昭素、胡旦从建子至建未。考阴阳消息之理，二阳生则刚长，二阴生则柔长。刚长则君子之道息，小人之道削；柔长则君子之道消，小人之道

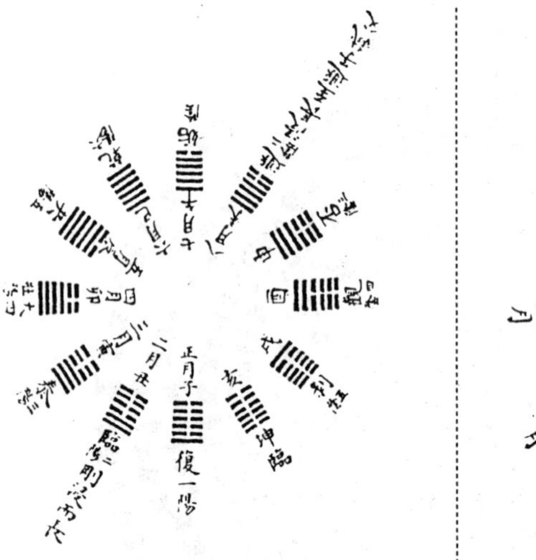

（三十八、临八月有凶图）

息。易举消息之理，以明吉凶之道，以建子至建未为正。

郑康成、虞翻以八月为遁，荀爽、蜀才以八月为否。当从郑、虞。文王系卦辞，周月始建子，临丑月卦也，自子数之为二月。至于未为八月，遁未月卦也。刘牧曰：遁之六二，消临之九二。又卦略曰：临刚长则柔微，柔长故遁。《易传》亦然。

三十九、复七日来复图

解说

七日来复。子夏曰：极六位而反于坤之复，其数七日，其物阳也。京房曰：六爻反复之称。陆绩曰：六阳涉六阴，又下七爻在初，故称七日。日亦阳也。虞翻曰：消乾六爻为六日，刚来反初，盖先儒旧传，自子夏、京房、陆绩、虞翻，皆以阳涉

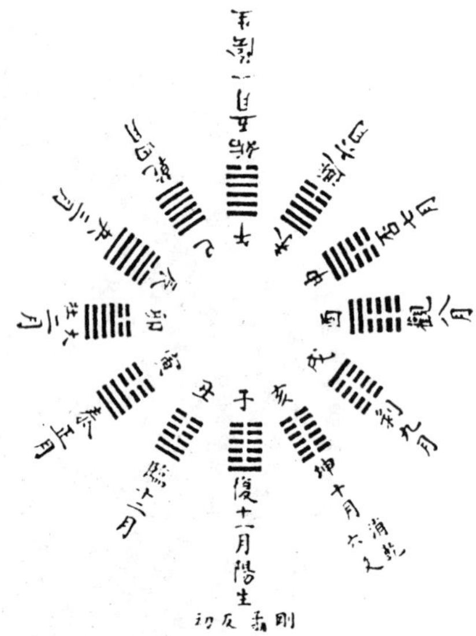

六，阴极而反初，为七日。至王昭素，乃始畅其说曰：乾有六阳、坤有六阴。一阴自五月而生属坤，阴道始进，阳道渐消。九月一阳在上，众阴剥物。至十月则六阴数极，十一月一阳复生。自剥至十二月，隔坤之六阴。阴数既六，过六而七，则位属阳。以此知过坤六位，即六日之象也。至于复为七日之象。是以安定曰：凡历七爻，以一爻为一日，故谓之七日。伊川四七变而为复，故云“七日”。苏子曰：坤与初九为七，其实皆源于子午。夫阳生于子，阴生于午，自午至子，七而必复，乾、坤消息之理也。故以一日言之，自午时至夜半，复得子时。以一年言之，自五月至十一月，复得子月，以一月言之，自午日凡七日，复得子日。以一纪言之，自午岁凡七岁，复得子岁。

天道运行，其数自尔。合之为一纪，分之为一岁。一月一日，莫不皆然。故六十卦当三百六十日，而两卦相去，皆以七日，且卦有以爻为岁者，有以爻为月者，有以爻为日者，以复言七日来复者，明卦气也。陆希声谓圣人言七日来复，为历数之微明是也。以消息言之，自立冬十月节至大雪十一月节，坤至复卦，凡历七爻。以卦气言之，自冬至十一月中气卦起中孚，至复卦凡历七日。圣人观天道之行，反复不过七日，故曰：七日来复。《彖》曰七日来复，天行也。王辅嗣曰：复不可远也，夫天道如是，复道岂可远乎？岂惟不可远，亦不能远矣。

四十、爻数图

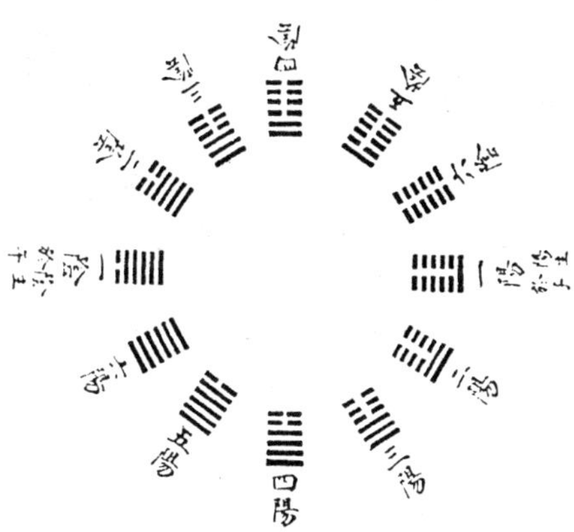

解说

图爻数，自初数之至上为六，或以一爻为一岁一年：同人三岁不兴，坎三岁不得凶，丰三岁不觌，既济三年克之，未济三年有赏于大国。或以一爻为一月：临至于八月有凶。或以一爻为一日：复七日来复。或以一爻为一人：需，不速之客，三人来损。三人行则损一人，一人行则得其友。或以一爻为一物：讼，鞶带三褫。晋，昼日三接。师，王三锡命。比，王用三驱。睽，载鬼一车。解，田获三狐。损，二簋可用亨。萃，一极为笑。革，言三就。旅，一矢亡。巽，田获三品。

四十一、卦数图

解说

八卦数者，“河图”数也。此郭璞所谓巽别数四、兑数七。又曰：坎为一年，《易鉴》所谓震三艮八也。

四十二、五行数图

解说

五行数者，“洛书”数也。此郭璞所谓水数六，木数三。又曰：坎数六也。

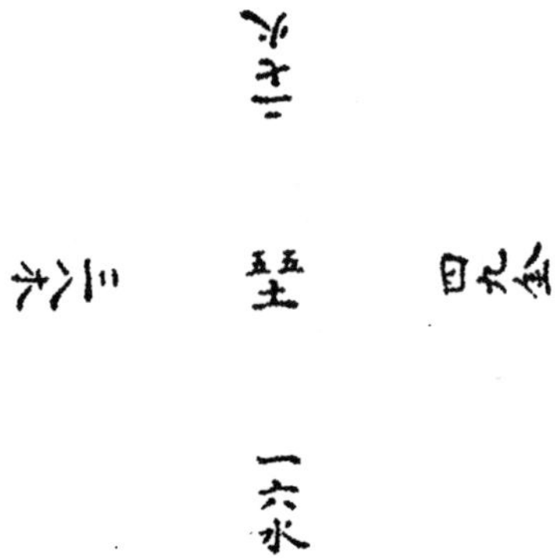

（四十二、五行数图）

四十三、十日数图

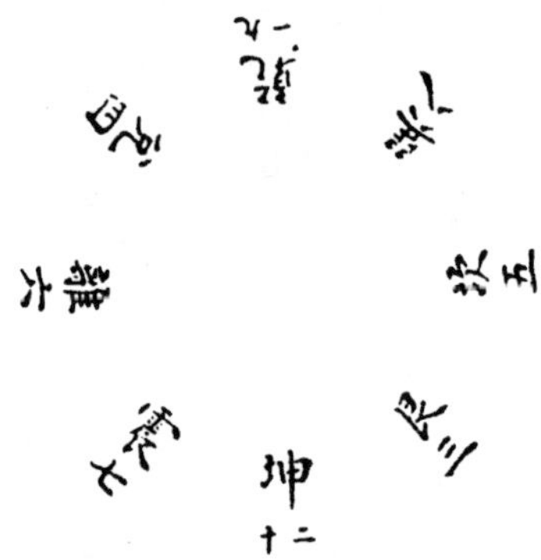

解说

十日数者，八卦五行，分天地五十五之数也。虞翻曰：甲乾乙坤，相得合木。丙艮、丁兑，相得合火。戊坎、己离，相得合土。庚震、辛巽，相得合金。天壬、地癸，相得合水。故五位相得，而各有合。崔憬曰：天三配艮，天五配坎，天七配震，天九配乾；地二配兑，地十配离，地八配巽，地六配坤。不取天一地四者，此数八卦之外。臣曰：以三配艮，五配坎，七配震，八配巽是也。余论非也。遁甲九天，九，地之数，乾纳甲壬，坤纳乙癸。自甲至壬，其数九，故曰九天。自乙至癸，其数九，故曰九地。甲一、乙二、丙三、丁四、戊五、己六、庚七、辛八、壬九、癸十，故乾纳甲壬配一九，坤纳乙癸配二十，震纳庚配七，巽纳辛配八，坎纳戊配五，离纳已配六，艮纳丙配三，兑纳丁配四，此天地五十五之数也。关子明曰：蓍不止法天地而已，必以五行运其中焉。

四十四、十二辰数图

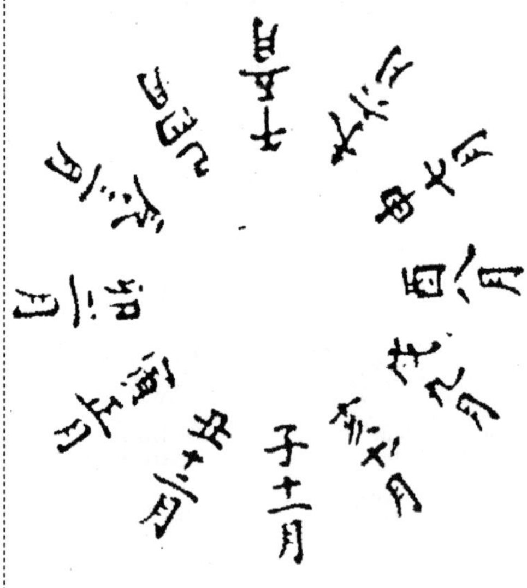

解说

十二辰数者，十二卦消息数也。阳生于子，阴生于午。子十一月，午五月。郭璞以卯爻变未，为未之月，此论十二辰也。十二辰即月数，月数即消息数。或用之为日数，则京房之积算也。

宋·林栗《周易经传集解》

一、河图洛书九畴八卦大衍总会图

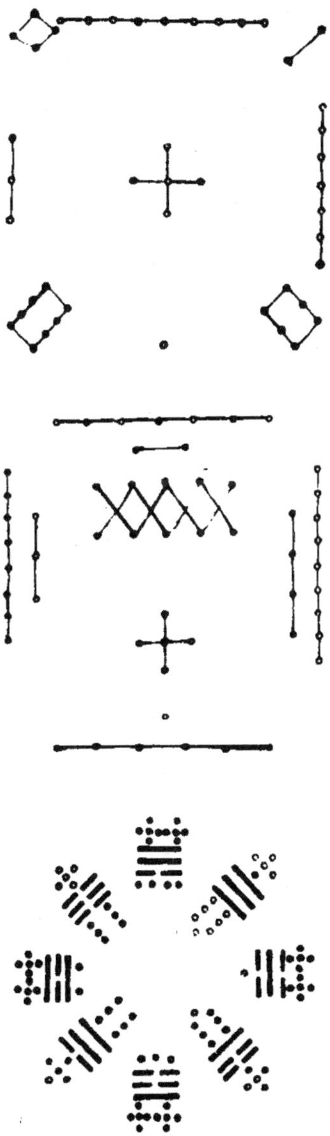

二、六十四卦立成图

解说　一、二两图并说

臣窃见古今言易为之图说者众矣，臣尝考之，唯“河图”“洛书”本于自然，至理彰灼不可诬也，其他皆后人旁缘穿凿，无所发明，徒使学者溺心于无用之地。故思有所易之，乃作“河图洛书九畴八卦大衍总会图”“六十四卦立成图”，附于图书本文之后。凡在天地之间，三才五行之理皆具于是，外是而为图者，异端之学也，于易则无见焉，于五经则无闻焉，于孔氏则无传焉，学者将焉取斯。臣谨图列如上。

“洛书”五十有五，而大衍之数五十；“河图”四十有五，而八卦之数四十。“洛书”综其凡，“河图”错其变，大衍实取则焉。是故“河图”有九而无十，“洛书”总十而居五。五者何？土之生数也。十者何？土之成数也。土与水、火、木、金先后而生，不与水、火、木、金先后而成，水、火、木、金一者成，而土在其中矣。是故一之成为六，而五与之俱，其数十有一；二之成为七，而五与之俱，其数十有二；三之成为八，而五与之俱，其数十有三；四之成为九，而五与之俱，其数十有四，总而言之，则五十也。以土之生数而合四者之成数，既为五十；以土之成数而合四者之生数，亦为五十也。天生神物，一根而百茎，生成之数备矣。是故大衍之数五十，而用四十有九，虚其一以象太极；八卦之数四十，而画三十有六，虚其四以存四象。四象者，八卦之所从生也。何谓四象？一、二、三、四是也。一为坎，二为离，三为震，四为兑，而象立矣。一之成为六，六为坤；二之成为七，七为艮；三之成为八，八为巽；四之成为九，九为乾，而八卦成矣。然而安在，其虚四以存之乎？曰：一、二、三、四生数也，六、七、八、九成数也。六、七、八、九成，而一、二、三、四隐矣。是以虚而存之，犹大衍之存太极也。或曰：坎水、离火、震木、兑金，四时之物也，各位其方宜也。巽从乎震，乾接乎兑，犹可说焉。六水也，而为坤；七火也，而为艮，何也？曰：坤、艮土也，土无专位，寄王于四季，其在东南也，畏于木；其在西北也，逊于金，故东南为巽，而西北为乾，金、木之成也。东北之七火也，土之所资生也；西南之六水也，土之所致用也，木位于此，将焉寄之哉！故夫土者，生于离而用于坎，畏于震而逊于兑，其在东北也，介于震、坎，盖火为之生，受制于震而能制坎者也，故万物终始焉。其在西南也，介于离、兑，盖水为之用，资生于离而能生兑者也，故万物致养焉。终始万物，故艮不见其所传；致养万物，故坤不见其所畏。诚非私智之所可议也，夫岂唯大衍八卦为然哉！箕子之叙“九畴”，其数亦犹是尔。自五行以至福极，其条目四十有九，而皇极建焉，则五十之数也。次二曰五事，次七曰稽疑，其数十有二也。次三曰八政，次八曰庶徵，其数十有三也。唯初与四土皆位焉，则致用于水，而施化于金。坤居西南而艮位东北也，六不言水，九不言金，则变化之所寓矣。六曰三德，水变而生木也；九曰六极，金变而生水也。岂唯六变而为三哉！五行、五纪，三德而皇极建焉，其数十有四。盖金者水之所资，而土者水之所畏也，岂唯九变而为六哉！合福与极其数十一，十以为稼穑之成，一以为润下之始。六反其本，九得其传，七、八定位，九、六互居，是以生生而不穷也。“河图”“洛书”尽在是矣。或曰：东北之七火也，土之所资生也，而“九畴”以金数言之，何哉？曰：金绝于此，而土生之位于次四适其宜矣。或曰：土方生而能化，何也？曰：土生于坤，而成于艮矣。艮者，万物之所终始也，以其资生于火，故寓焉，非至是而后生也，先圣、后圣而岂有异乎？或问“河图”“洛书”之所以异？曰：“洛书”，五行相生之数也；“河图”，五行相克之数也。相生，故其行也顺，而致养乎坤；相克，故其行也逆，而终始于艮。“洛书”有阴阳配合之形，“河图”有阳尊阴卑之象。配合，则坎北而离南；尊卑，则阳主而阴辅，此大易之所由造端也。是故“洛书”定五行之位而阙其四维，“河图”示八卦之形而错其方位，天之所以启圣人者，不其然乎？或曰：然则“河图”金、火易位而居何也？曰：水、火相逮，金、木相资，寒暑相推，昼夜相代，安得定居其所而已乎？是故方以类聚，“洛书”之文也；物以群分，“河图”之象矣。类聚群分以成变化，易之所为作也。或曰：观子之图则六十也，又越乎天地之数矣，敢问何义也？曰：岂惟六十哉！其中有四十焉。是天地之间，万物之数也。胡不观诸蓍乎？天生神物，一根而百茎，大衍用其半焉，则五十之数也。天一至地十生成乃具，大衍用其半焉，参天两地而倚数也。所以然者何哉？蓍之德圆而神，寻天之数也。胡不观诸天乎？天形正圆，北极居中，人徒见其半耳。此则圣人仰观于天，而取则者也。后之学者苟能潜心逊志，发挥先圣之所未言者，如仲尼之于文王、周公，斯亦足矣。而乃剽其肤壳，自立门庭，若扬雄之《太玄》，司马光之《潜虚》，邵雍之《先天》，是皆未明大易爻象之旨，而不原四圣人相为先后推衍发明无穷不尽之意，乃欲殊轨方驾，以并骛而争驱，不亦过甚矣哉！此则“大衍总会图”之所为作也。

宋·朱熹《周易本义》

一、河 图　　二、洛 书

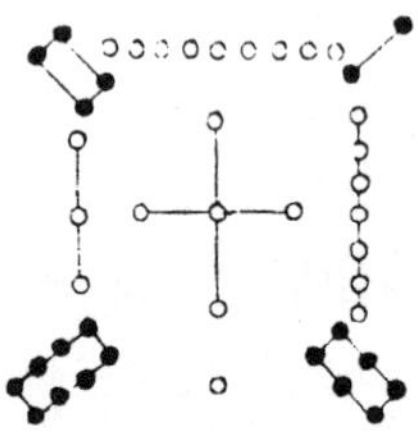

（一、河图）

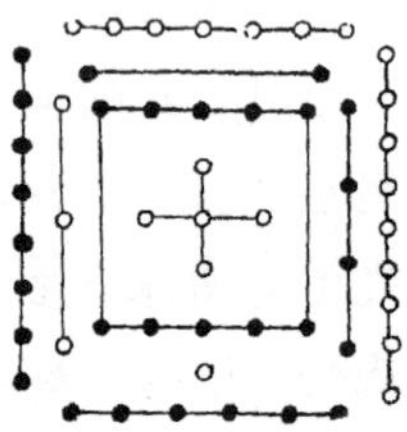

（二、洛书）

解说　一、二两图并说

《系辞传》曰：河出图，洛出书，圣人则之。又曰：天一、地二，天三、地四，天五、地六，天七、地八，天九、地十。天数五，地数五，五位相得而各有合。天数二十有五，地数三十，凡天地之数五十有五。此所以成变化，而行鬼神也。此“河图”之数也。“洛书”盖取龟象，故其数戴九履一，左三右七，二四为肩，六八为足。

蔡元定曰：图书之象，自汉孔安国、刘歆，魏关子明，有宋康节先生、邵雍尧夫，皆谓如此。至刘牧始两易其名，而诸家因之，故今复之，悉从其旧。

三、伏羲八卦次序

解说

《系辞传》曰：易有太极，是生两仪，两仪生四象，四象生八卦。邵子曰：一分为二，二分为四，四分为八也。《说卦传》曰：易，逆数也。邵子曰：乾一、兑二、离三、震四、巽五、坎六、艮七、坤八，自乾至坤，皆得未生之卦，若逆推四时之比也。后六十四卦次序仿此。

四、伏羲八卦方位

解说

《说卦传》曰：天地定位，山泽

通气，雷风相薄，水火不相射。八卦相错，数往者顺，知来者逆。邵子曰：乾南，坤北，离东，坎西，震东北，兑东南，巽西南，艮西北，自震至乾为顺，自巽至坤为逆。后六十四卦方位仿此。

五、伏羲六十四卦次序

解说

前“八卦次序图”即《系辞传》所谓“八卦成列”者。此图即其所谓“因而重之”者也。故下三画即前图之八卦，上三画则各以其序重之，而下卦因亦各衍而为八也。若逐爻渐生，则邵子所谓八分为十六，十六分为三十二，三十二分为六十四者，尤见法象自然之妙也。

六、伏羲六十四卦方位

解说

伏羲四图，其说皆出邵氏。盖邵氏得之李之才挺之，挺之得之穆修伯长，伯长得之华山希夷先生陈抟图南者。所谓先天之学也。此图圆布者，乾尽午中，坤尽子中，离尽卯中，坎尽酉中。阳生于子中，极于午中，阴生于午中，极于子中。其阳在南，其阴在北。方布者，乾始于西北，坤尽于东南，其阳在北，其阴在南，此二者，阴阳对待之数。圆于外者为阳，方于中者为阴；圆者动而为天，方者静而为地者也。

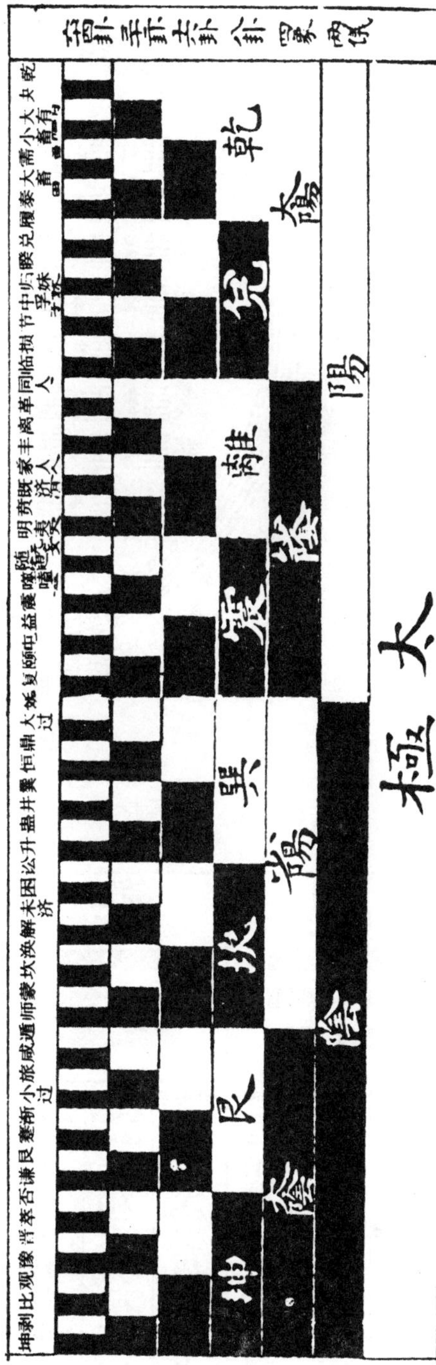

（五、伏羲六十四卦次序）

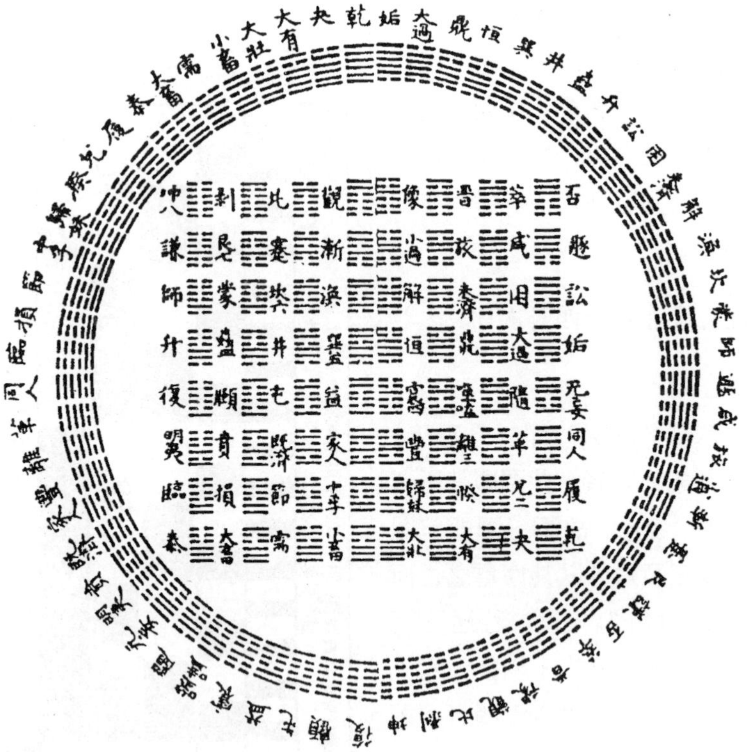

（六、伏羲六十四卦方位）

七、文王八卦次序

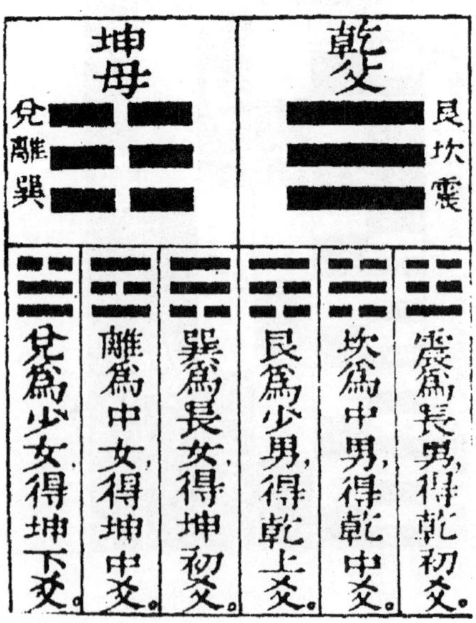

八、文王八卦方位

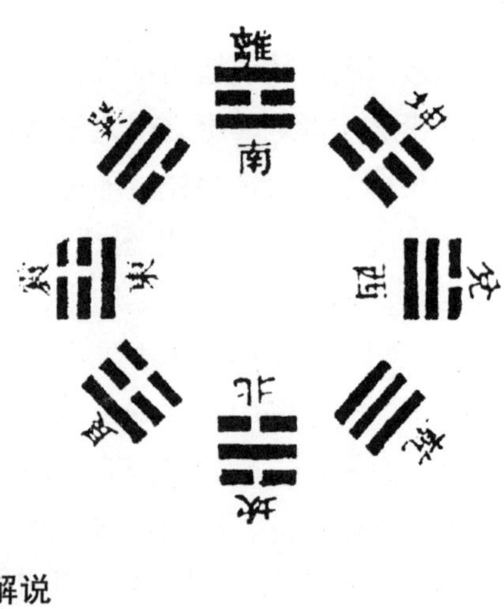

解说

见《说卦》。邵子曰：此文王八卦，乃入用之位，后天之学也。

九、卦变图

解说

《彖传》或以卦变为说，今作此图以明之。盖易中之一义，非画卦作易之本旨也。

解说 一至九图并说

易之图九，有天地自然之易，有伏羲之易，有文王、周公之易，有孔子之易。自伏羲以上，皆无文字，只有图画，最宜深玩，可见作易本原精微之意。文王以下，方有文字，即今之《周易》。然读者亦宜各就本文消息，不可便以孔子之说，为文王之说也。

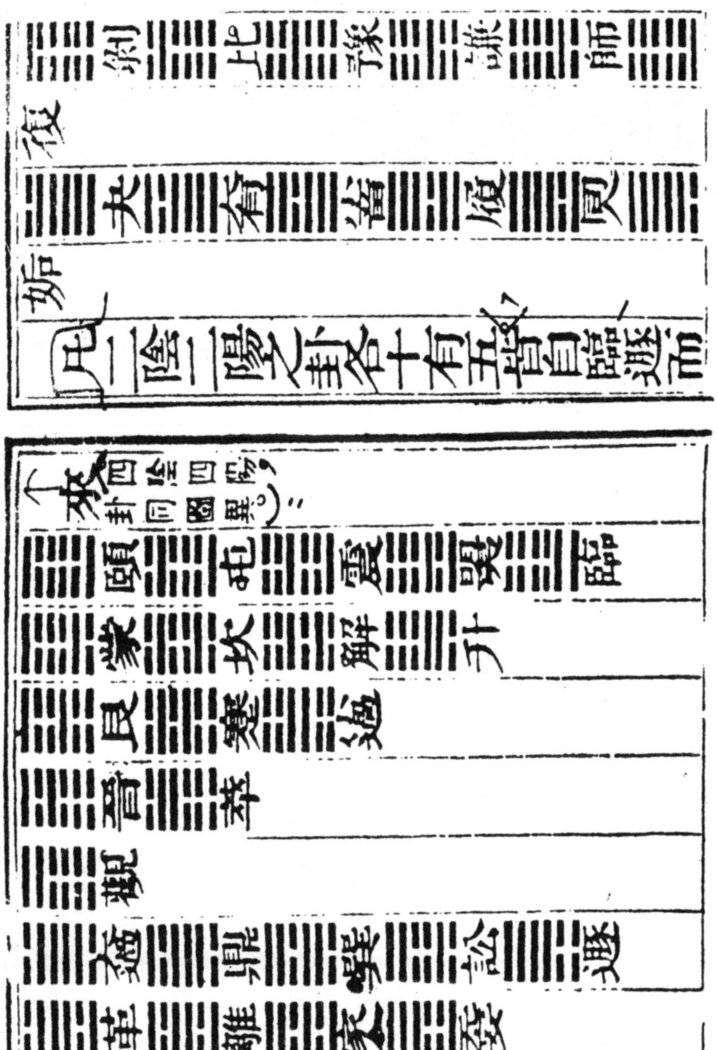

(九、卦变图)

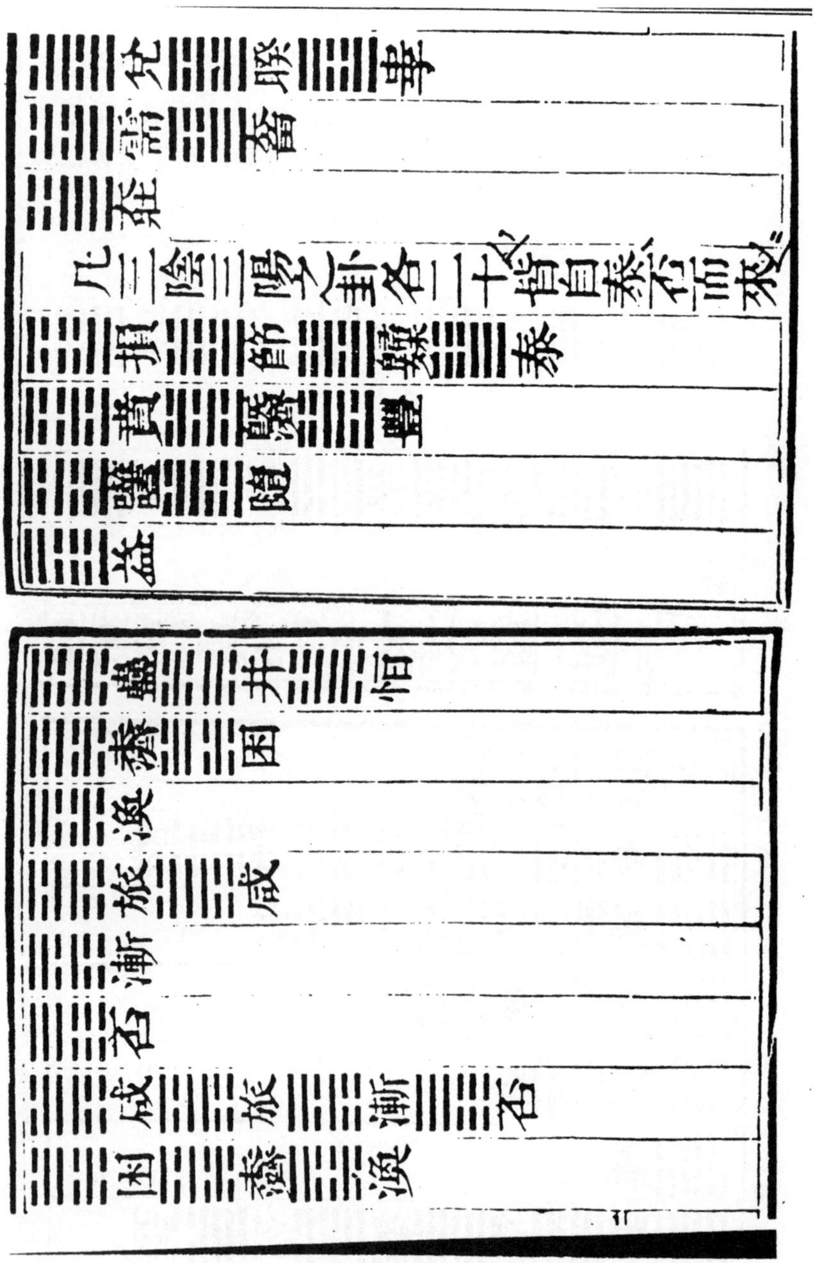
兑 睽 革
需 大畜
大壯
凡二陰二陽之卦各三十皆自泰否而來
損 節 歸妹 泰
賁 既濟 豐
噬嗑 隨
益
蠱 井 恒
未濟 困
渙
旅 咸
漸
否
咸 旅 漸 否
困 未濟 渙

（九、卦变图）

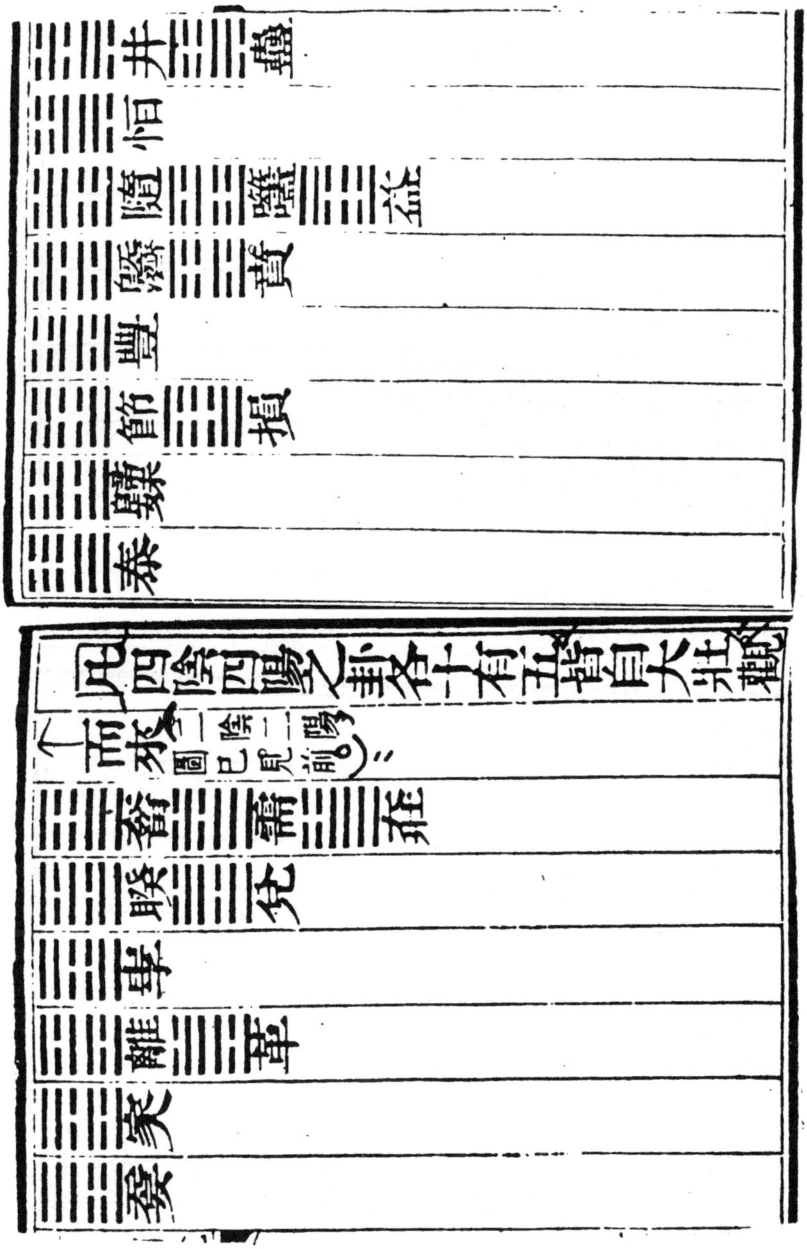
井 蠱
恒
隨 噬嗑 益
既濟 賁
豐
節 損
歸妹
泰
凡四陰四陽之卦各十有五皆自大壯觀
而來（陰二陽二圖已見前）
大畜 需 大壯
睽 兌
中孚
離 革
家人
无妄

（九、卦变图）

（九、卦变图）

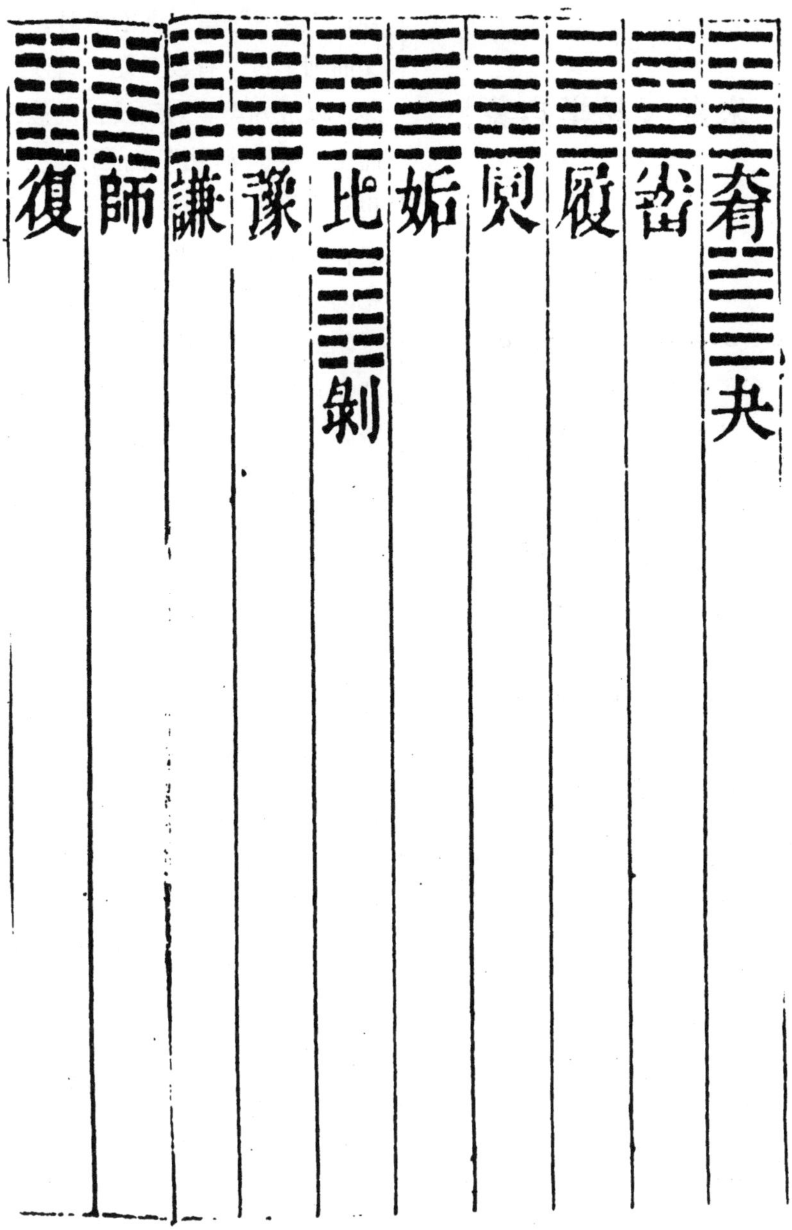

（九、卦变图）

宋·朱熹《易学启蒙》

一、河　图

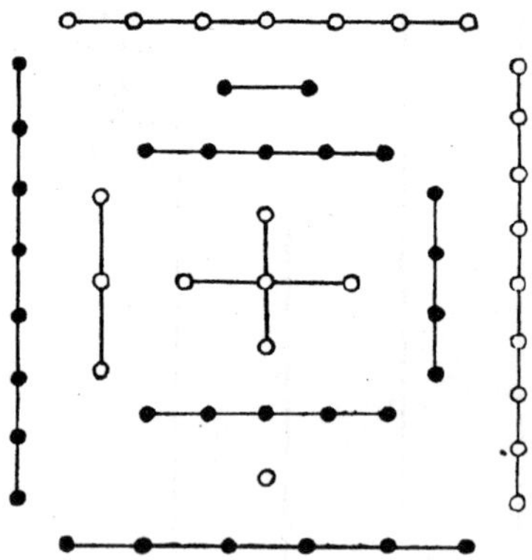

二、洛　书

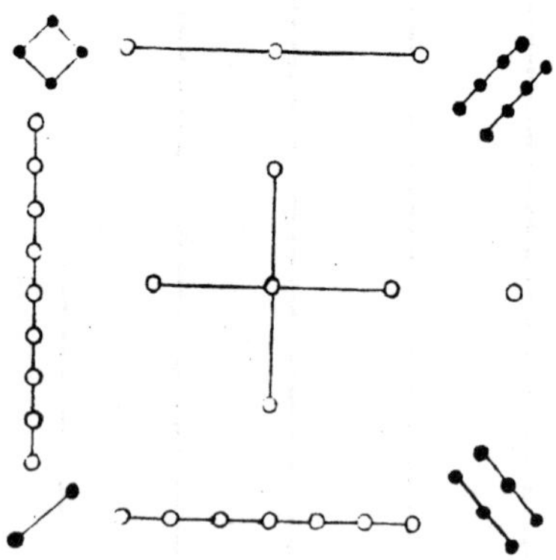

解说　一、二两图并说

《易大传》曰：河出图，洛出书，圣人则之。

孔安国云："河图"者，伏羲氏王天下，龙马出河，遂则其文以画八卦；"洛书"者，禹治水时，神龟负文而列于背，有数至九，禹遂因而第之，以成九类。刘歆云：伏羲氏继天而王，受"河图"而画之，八卦是也。禹治洪水，赐"洛书"，法而陈之，"九畴"是也。"河图""洛书"相为经纬，八卦、九章相为表里。关子明云："河图"之文，七前六后，八左九右。"洛书"之文，九前一后，三左七右，四前左，二前右，八后左，六后右。

邵子曰：圆者星也，历纪之数，其肇于此乎（历法合二始以定刚柔，二中以定律历，二终以纪闰余，是所谓历纪也）？方者土也，画州井地之法，其仿于此乎（州有九井九百亩，是所谓画州井地也）？盖圆者，"河图"之数；方者，"洛书"之文，故羲文因之而造《易》，禹箕叙之而作《范》也。蔡元定曰：古今传记自孔安国、刘向父子、班固皆以为"河图"授羲，"洛书"锡禹。关子明、邵康节皆以十为"河图"，九为"洛书"。盖《大传》既陈天地五十有五之数，《洪范》又明言天乃锡禹《洪范九畴》，而九宫之数，载九履一，左三右七，二、四为肩，六、八为足，正龟背之象也。惟刘牧意见以九为"河图"，十为"洛书"，托言出于希夷。既与诸儒旧说不合，又引《大传》以为二者皆出于伏羲之世。其易置"图""书"，并无明验，但谓伏羲兼取“图”“书”，则《易》《范》之数诚相表里，为可疑耳。其实天地之理一而已矣，虽时有古今先后之不同，而其理则不容于有二也。故伏羲但据“河图”以作《易》，则不必预见“洛书”，而已逆与之合矣。大禹但据“洛书”以作《范》，则亦不必追考“河图”，而已暗与之符矣。其所以然者何哉？诚以此理之外，无复他理故也。然不特此耳，律吕有五声十二律，而其相乘之数究于六十；日名有十干、十二支，而其相乘之数亦究于六十。二者皆出于《易》之后，其起数又各不同，然与《易》之阴阳策数多少自相配合，皆为六十者，无不若合符契也。下至运气、参同、太一之属，虽不足道，然亦无不相通，盖自然之理也。假令今世复有图书者出，其数亦必相符，可谓伏羲有取于今日而作《易》乎？《大传》所谓“河出图，洛出书，圣人则之”者，亦泛言圣人作《易》作《范》，其言皆出于天之意。如言以卜筮者尚其占，与莫大乎蓍龟之类，易之书，岂有龟与卜之法乎？亦言其理无二而已尔。

天一地二，天三地四，天五地六，天七地八，天九地十，天数五，地数五，五位相得而各有合。天数二十有五，地数三十，凡天地之数五十有五，此所以成变化，而行鬼神也。

此一节夫子所以发明“河图”之数也。天地之间，一气而已，分而为二，则为阴阳，而五行造化万物始终无不管于是焉。故“河图”之位，一与六共宗，而居乎北；二与七为朋，而居乎南；三与八同道，而居乎东；四与九为友，而居乎西；五与十相守，而居乎中。盖其所以为数者，不过一阴一阳，一奇一偶，以两其五行而已。所谓天者，阳之轻清而位乎上者也；所谓地者，阴之重浊而位乎下者也。阳数奇，故一、三、五、七、九皆属乎天，所谓天数五也；阴数偶，故二、四、六、八、十皆属乎地，所谓地数五也。天数、地数各以类相求，所谓五位之相得者然也。天以一生水，而地以六成之；地以二生火，而天以七成之；天以三生木，而地以八成之；地以四生金，而天以九成之；天以五生土，而地以十成之，此又其所谓各有合焉者也。积五奇而为二十五，积五偶而为三十，合是二者而为五十有五，此“河图”之全数，皆夫子之意而诸儒之说也。至于“洛书”则虽夫子之所未言，然其象其说已具于前，有以通之，则刘歆所谓经纬表里者，可见矣。或曰：“河图”“洛书”之位与数，其所以不同何也？曰：“河图”以五生数统五成数，而同处其方。盖揭其全以示人，而道其常数之体也。“洛书”以五奇数统四偶数，而各居其所，盖主于阳以统阴，而肇其变数之用也。曰：其皆以五居中者，何也？曰：凡数之始，一阴一阳而已矣。阳之象，圆圆者径一而围三；阴之象，方方者径一而围四。围三者，以一为一，故参其一阳而为三；围四者，以二为一，故两其一阴而为二，是所谓“参天两地”者也。三二之合，则为五矣，此“河图”“洛书”之数所以皆以五为中也。然“河图”以生数为主，故其中之所以为五者，亦具五生数之象焉。其下一点，天一之象也；其上一点，地二之象也；其左一点，天三之象也；其右一点，地四之象也；其中一点，天五之象也。“洛书”以奇数为主，故其中之所以为五者，亦具五奇数之象焉。其下一点，亦天一之象也；其左一点，亦天三之象也；其中一点，亦天五之象也；其右一点，则天七之象也；其上一点，则天九之象也，其数与位，皆三同而二异。盖阳不可易，而阴可易，成数虽阳，固亦生之阴也。曰：中央之五，既为五数之象矣，然其为数也，奈何？曰：以数言之，通乎一图，由内及外，固各有积实可纪之数矣。然“河图”之一、二、三、四各居其五象本方之外，而六、七、八、九、十者，又各因五而得数，以附于其生数之外。“洛书”之一、三、七、九亦各居其五象本方之外，而二、四、六、八者，又各因其类以附于奇数之侧。盖中者为主，而外者为客；正者为君，而侧者为臣，亦各有条而不紊也。曰：其多寡之不同，何也？曰：“河图”主全，故极于十，而奇偶之位均，论其积实，然后见其偶赢而奇乏也。“洛书”主变，故极于九，而其位与实皆奇赢而偶乏也。必皆虚其中也，然后阴阳之数均于二十而无偏耳。曰：其序之不同，何也？曰：“河图”以生出之次言之，则始下次上，次左次右，以复于中，而又始于下也。以运行之次言之，则始东，次南，次中，次西，次北，左旋一周，而又始于东也。其生数之在内者，则阳居下左，而阴居上右也。其成数之在外者，则阴居下左，而阳居上右也。“洛书”之次，其阳数则首北，次东，次中，次西，次南；其阴数则首西南，次东南，次西北，次东北也。合而言之，则首北，次西南，次东，次东南，次中，次西北，次西，次东北，而究于南也。其运行，则水克火，火克金，金克木，木克土，右旋一周，而土复克水也。是亦各有说矣。曰：其七、八、九、六之数不同，何也？曰：“河图”六、七、八、九既附于生数之外矣，此阴阳、老少、进退、饶乏之正也。其九者，生数一、三、五之积也，故自北而东，自东而西，以成于四之外。其六者，生数二、四之积也，故自南而西，自西而北，以成于一之外。七则九之自西而南者也，八则六之自北而东者也，此又阴阳、老少互藏其宅之变也。“洛书”之纵横十五，而七、八、九、六迭为消长，虚五分十，而一含九，二含八，三含七，四含六，则参五错综，无适而不遇其合焉，此变化无穷之所以为妙也。曰：然则圣人之则之也，奈何？曰：则“河图”者，虚其中；则“洛书”者，总其实也。“河图”之虚五与十者，太极也。奇数二十，偶数二十者，两仪也。以一、二、三、四为六、七、八、九者，四象也。析四方之合，以为乾、坤、离、坎，补四隅之空，以为兑、震、巽、艮者，八卦也。“洛书”之实，其一为五行，其二为五事，其三为八政，其四为五纪，其五为皇极，其六为三德，其七为稽疑，其八为庶徵，其九为福极，其位与数尤晓然矣。曰：“洛书”而虚其中，则亦太极也。奇偶各居二十，则亦两仪也。一、二、三、四而含九、八、七、六，纵横十五而互为七、八、九、六，则亦四象也。四方之正，以为乾、坤、离、坎，四隅之偏，以为兑、震、巽、艮，则亦八卦也。“河图”之一、六为水，二、七为火，三、八为木，四、九为金，五、十为土，则固《洪范》之五行，而五十有五者，又“九畴”之子目也。是则“洛书”固可以为《易》，而“河图”亦可以为《范》矣。且又安知图之不为书，书之不为图也耶？曰：是其时虽有先后，数虽有多寡，然其为理则一而已。但《易》乃伏羲之所先得乎？图而初无所待于书。《范》则大禹之所独得乎？书而未必追考于图耳。且以“河图”而虚十，则“洛书”四十有五之数也。虚五，则大衍五十之数也。积五与十，则“洛书”纵横十五之数也。以五乘十，以十乘五，则又皆大衍之数也。“洛书”之五又自含五而得十，而通为大衍之数矣。积五与十则得十五，而通为“河图”之数矣。苟明乎此，则横斜曲直无所不通，而“河图”“洛书”又岂有先后彼此之间哉！

三、太极图

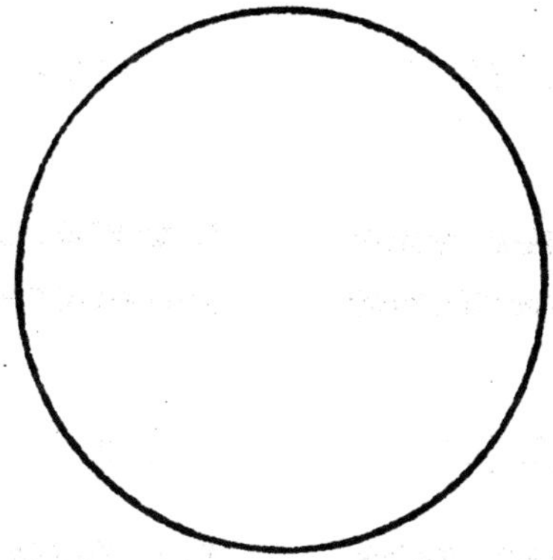

解说

太极者象数未形，而其理已具之称，形器已具，而其理无朕之目。在“河图”“洛书”，皆虚中之象也。周子曰：无极而太极。邵子曰：道为太极。又曰：心为太极。此之谓也。

四、两仪图

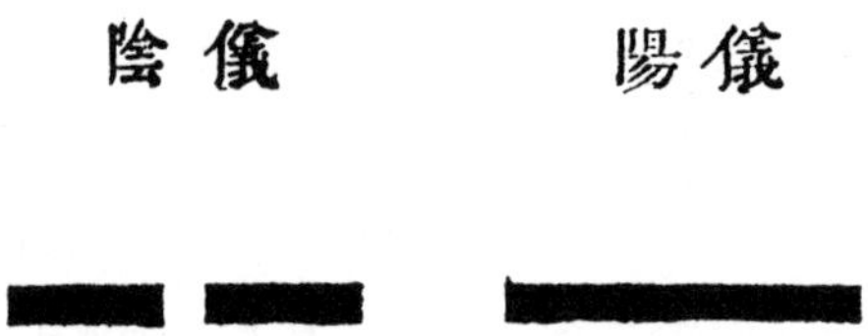

解说

太极之判，始生一奇一偶而为一画者二，是为两仪，其数则阳一而阴二，在“河图”“洛书”，则奇偶是也。周子所谓太极动而生阳，动极而静，静而生阴，静极复动。一动一静，互为其根，分阴分阳，两仪立焉；邵子所谓一分为二者，皆谓此也。

五、四象图

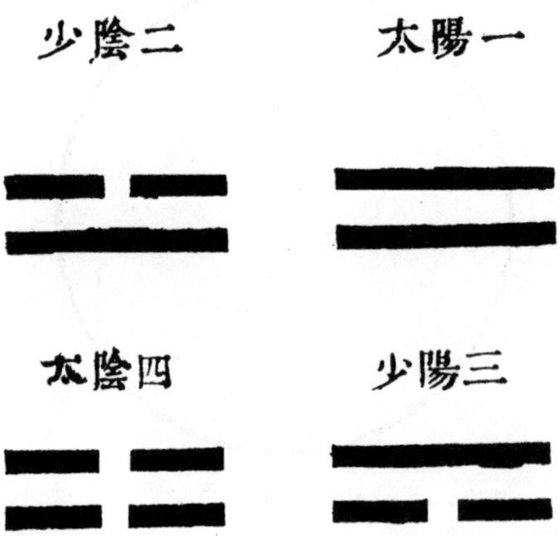

解说

两仪之上，各生一奇一偶而为二画者四，是谓四象。其位则太阳一，少阴二，少阳三，太阴四。其数则太阳九，少阴八，少阳七，太阴六。以“河图”言之，则六者，一而得于五者也；七者，二而得于五者也；八者，三而得于五者也；九者，四而得于五者也。以“洛书”言之，则九者，十分一之余也，八者，十分二之余也；七者，十分三之余也；六者，十分四之余也。周子所谓水、火、木、金，邵子所谓二分为四者，皆谓此也。

六、八卦图

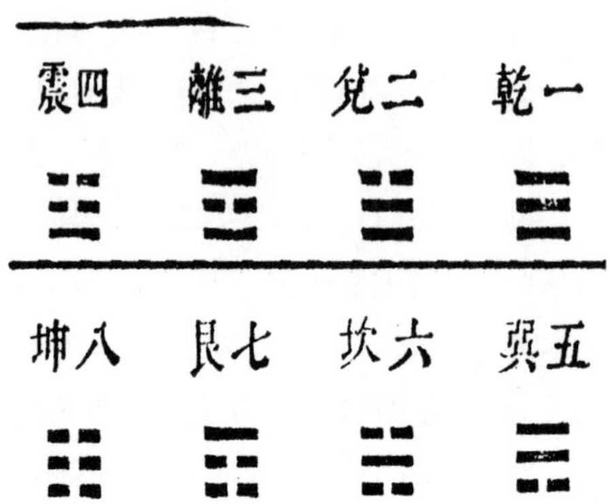

解说

四象之上，各生一奇一偶，而为三画者八，于是三才略具，而有八卦之名矣。其位则乾一、兑二、离三、震四、巽五、坎六、艮七、坤八。在“河图”则乾、坤、离、坎分居四实，兑、震、巽、艮分居四虚，在“洛书”则乾、坤、离、坎分居四方，兑、震、巽、艮分居四隅。《周礼》所谓“三易”经卦皆八，《大传》所谓八卦成列，邵子所谓四分为八者，皆指此而言也。

七、八卦之上各生一奇一偶图

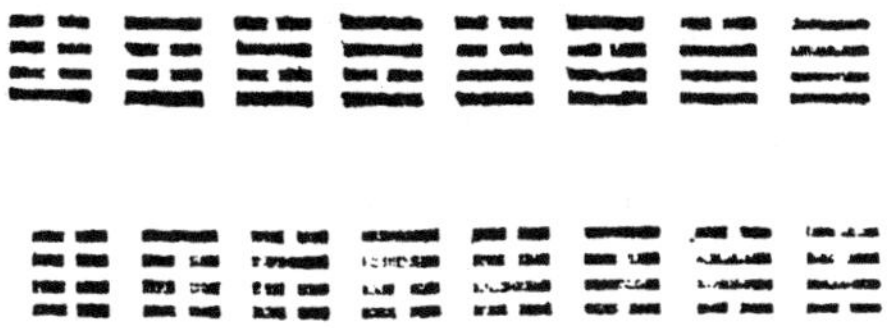

解说

八卦之上各生一奇一偶，而为四画者十六，于经无见，邵子所谓八分为十六者是也。又为两仪之上各加八卦，又为八卦之上各加两仪也。

八、四画之上各生一奇一偶图

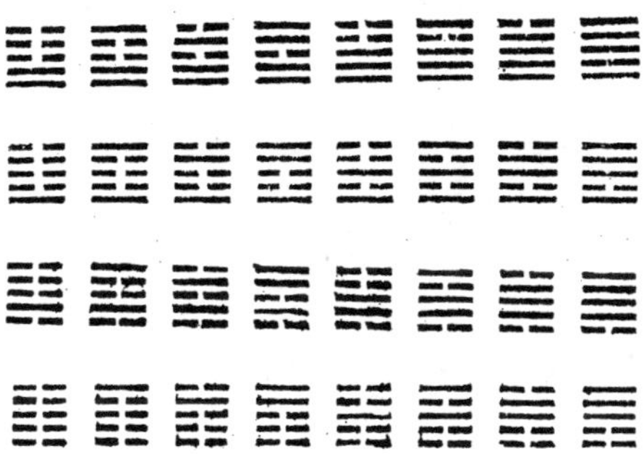

解说

四画之上各生一奇一偶，而为五画者三十二，邵子所谓十六分为三十二者是也。又为四象之上各加八卦，又为八卦之上各加四象也。

九、五画之上各生一奇一偶图

解说

五画之上，各生一奇一偶而为六画者六十四，则兼三才而两之，而八卦之乘八卦亦周，于是六十四卦之名立而易道大成矣。《周礼》所谓“三易”之别，皆六十有四；《大传》所谓因而重之，爻在其中矣；邵子所谓三十二分为六十四者，是也。若于其上各卦又各生一奇一偶，则为七画者百二十八矣。七画之上又各生一奇一偶，则为八画者二百五十六矣。八卦之上又各生一奇一偶，则为九画者五百十二矣。九画之上又各生一奇一偶，则为十画者千二十四矣。十画之上又各生一奇一偶，则为十一画者二千四十八矣。十一画之上又各生一奇一偶，则为十二画者四千九十六矣。此焦贡《易林》变卦之数，盖以六十四乘六十四也。今不复为图于此，而略见第四篇中。若自十二画上又各生一奇一偶，累至二十四画，则成千六百七十七万七千二百一十六变，以四千九十六自相乘，其数亦与此合。引而伸之，盖未知其所终极也。虽术见其用处，然亦足以见易道之无穷矣。

十、伏羲八卦图

十一、伏羲六十四卦图

解说 十、十一两图并说

天地定位，山泽通气，雷风相薄，水火不相射。八卦相错，数往者顺，知来者逆，是故易逆数也。

雷以动之，风以散之，雨以润之，日以晅之，艮以止之，兑以说之，乾以君之，坤以藏之。

邵子曰：此一节明伏羲八卦也。八卦相错者，明交相错而成六十四也。数往者顺，若顺天而行，是左旋也，皆已生之卦也，故云，“数往”也。知来者逆，若逆天而行，是右行也，皆未生之卦也，故云“知来”也。夫易之数，由逆而成矣。此一节直解图意，若逆知四时之谓也（以“横图”观之，有乾一而后有兑二，

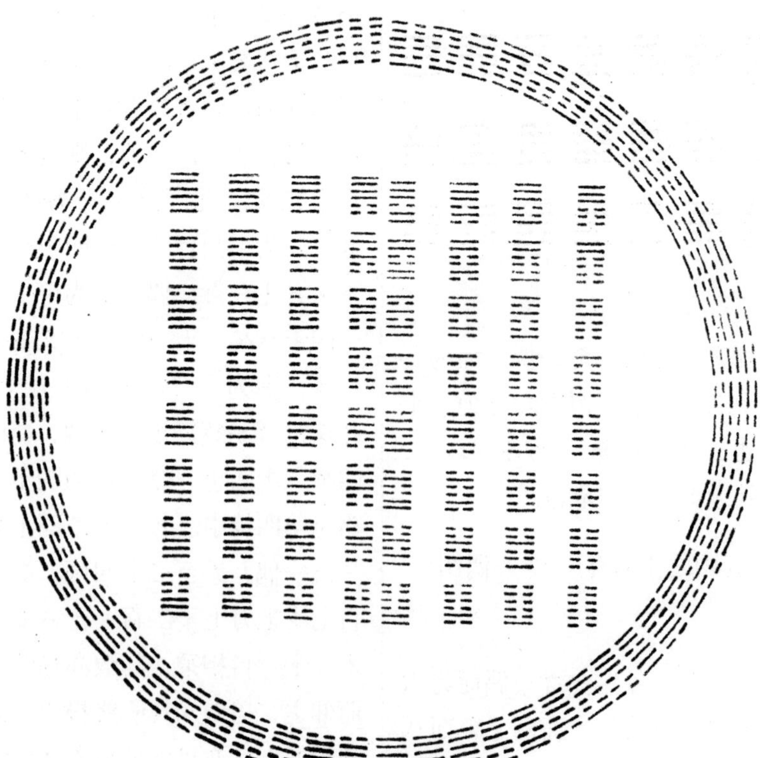

有兑二而后有离三，有离三而后有震四，有震四而巽五、坎六、艮七，坤八亦以次而生焉，此易之所以成也。而“圆图”之左方，自震之初为冬至，至离、兑之中有春分，以至于乾之末而交夏至焉。皆进而得其已生之卦，犹自今日而追数昨日也，故曰：数往者顺。其右方自巽之初为夏至，坎、艮之中为秋分，以至于坤之末而交冬至焉。皆进而得其未生之卦，犹自今日而逆计来日也，故曰：知来者逆。然本易之所以成，则其先后始终如“横图”及“圆图”右方之序而已，故曰：易逆数也）。

又曰：太极既分，两仪立矣。阳上交于阴，阴下交于阳，而四象生矣。阳交于阴，阴交于阳而生天之四象，刚交于柔，柔交于刚而生地之四象，八卦相错，而后万物生焉。故一分为二，二分为四，四分为八，八分为十六，十六分为三十二，三十二分为六十四。犹根之有干，干之有枝，愈大则愈小，愈细则愈繁。是故乾以分之，坤以翕之，震以长之，巽以消之，长则分，分则消，消则翕也。乾、坤定位也。震、巽一交也，兑、离、坎、艮再交也，故震阳少而阴尚多也，巽阴少而阳尚多也，兑、离阳浸多也，坎、艮阴浸多也。

又曰：无极之前，阴含阳也；有象之后，阳分阴也。阴为阳之母，阳为阴之父，故母孕长男而为复，父生长女而为姤，是以阳起于复，而阴起于姤也。

又曰：震始交阴而阳生，巽始消阳而阴生。兑阳长也，艮阴长也，震、兑在天之阴也，巽、艮在地之阳也，故震、兑上阴而下阳，巽、艮上阳而下阴。天以始生言之，故阴上而阳下，交泰之义也。地以既成言之，故阳上而阴下，尊卑之位也。乾、坤定上下之位，坎、离列左右之门，天地之所阖辟，日月之所出入，春夏秋冬，晦朔弦望，昼夜长短，行度盈缩，莫不由乎此矣。

又曰：乾四十八而四分之一分，为阴所克也；坤四十八而四分之一分，为所克之阳也，故乾得三十六，而坤得十二也（兑、离以下更思之。今按：兑、离二十八阳、二十阴，震二十阳、二十八阴，艮、坎二十八阴、二十阳，巽二十阴，二十八阳）。

又曰：乾坤纵而六子横，易之本也。又曰：阳在阴中，阳逆行；阴在阳中，阴逆行；阳在阳中，阴在阴中，则皆顺行，此真至之理，按图可见之矣。又曰：复至乾，凡百一十有二阳；姤至坤，凡八十阳；姤至坤，凡百一十有二阴；复至乾，凡八十阴。

又曰：坎、离者，阴阳之限也，故离当寅，坎当申，而数常踰之者，阴阳之溢也，然用数不过乎中也（此更宜思，离当卯，坎当酉，但以坤为子半可见矣。又曰：先天学，心法也，故图皆自中起，万化万事生于心也。又曰：图虽无文，吾终日言而未尝离乎是，盖天地万物之理，尽在其中矣)。

十二、文王八卦图

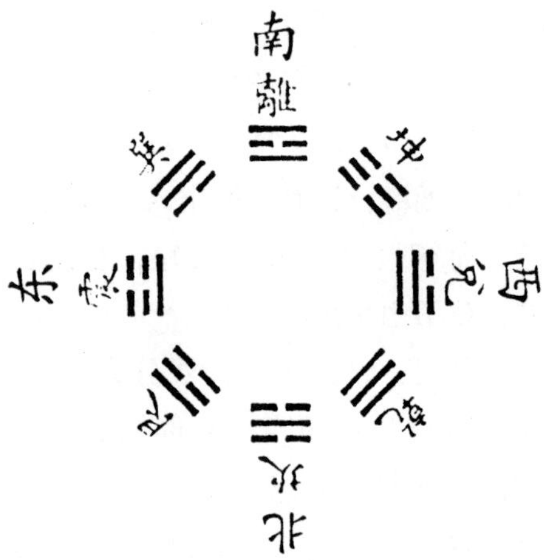

解说

帝出乎震，齐乎巽，相见乎离，致役乎坤，说言乎兑，战乎乾，劳乎坎，成言乎艮。万物出乎震，震，东方也。齐乎巽，巽，东南也。齐也者，言万物之洁齐也。离也者，明也，万物皆相见南方之卦也。圣人南面而听天下，响明而治，盖取诸此也。坤也者，地也，万物皆致养焉，故曰：致役乎坤。兑，正秋也，万物之所说也，故曰：说言乎兑。战乎乾，乾，西北之卦也，言阴阳相薄也。坎者，水也，正北方之卦也，劳卦也，万物之所归也，故曰：劳乎坎。艮，东北之卦也，万物之所成终而所成始也，故曰：成言乎艮。神也者，妙万物而为言者也。动万物者，莫疾乎雷，桡万物者，莫疾乎风，燥万物者，莫熯乎火；说万物者，莫说乎泽；润万物者，莫润乎水；终万物始万物者，莫盛乎艮，故水火相逮，雷风不相悖，山泽通气，然后能变化，既成万物也。

今按：坤求于乾，得其初九而为震，故曰，一索而得男。乾求于坤，得其初六而为巽，故曰，一索而得女。坤再求而得乾之九二以为坎，故曰“再索而得男”。乾再求而得坤之六二以为离，故曰“再索而得女”。坤三求而得乾之九三以为艮，故曰“三索而得男”。乾三求而得坤之六三以为兑，故曰“三索而得女”。

凡此数节，皆文王观于已成之卦，而推其未明之象以为说，邵子所谓后天之学，入用之位者也。

宋·王湜《易学》

一、无名图

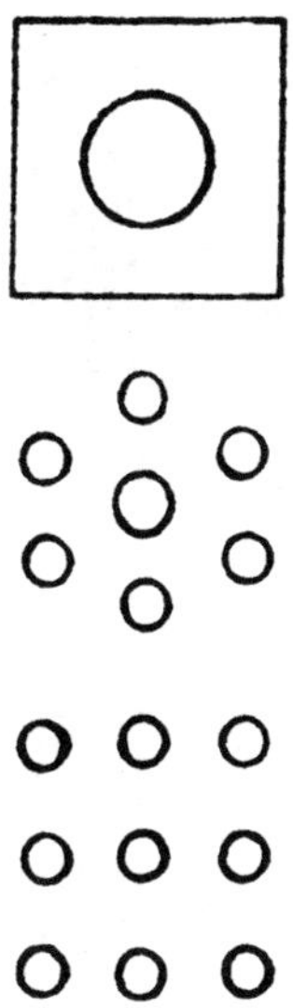

解说

上一图内圆外方，凡物之理，圆者径一而围三，方者径一而围四。剖方以为圆，必损其四而三之，变圆以为方，益其三而四之，其理可必也。中一图取圆圆之物六里一，明用数之必六也。下一图取方方之物八里一，明体数之必八也。其体用互相变易，而去取其数，与上方、圆一体者，亦无以异。明乎此，则以六卦而变八卦，以三十六卦变六十四卦，六者六之得三十六，八者八之得六十四，皆可得而推之矣。

二、六卦变八卦图

三、三十六卦变六十四卦图

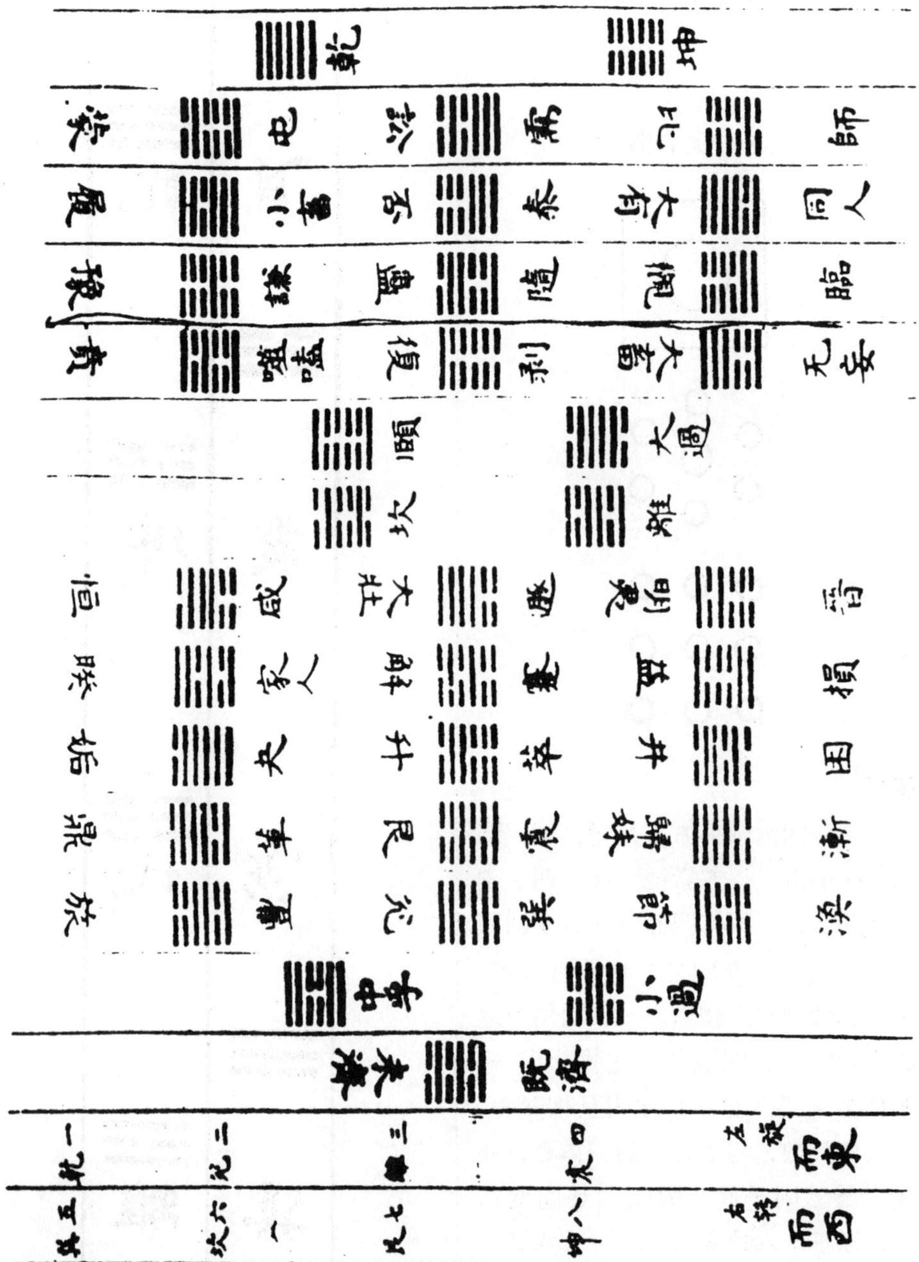

四、先天图

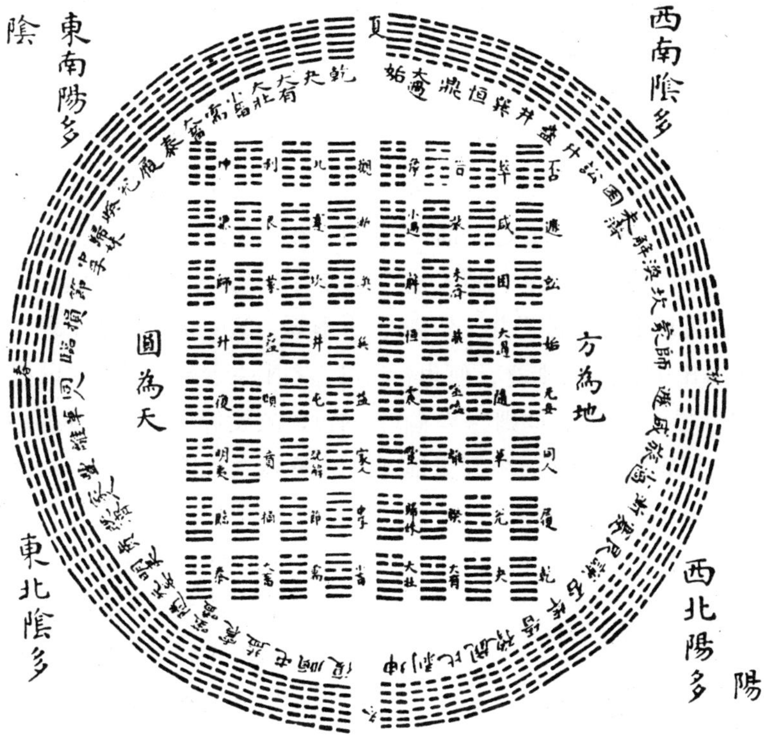

解说

此伏羲易，无文字语言，卦名亦后人添之，传自希夷而下，前此则莫知其所自来也。

五、八卦数图

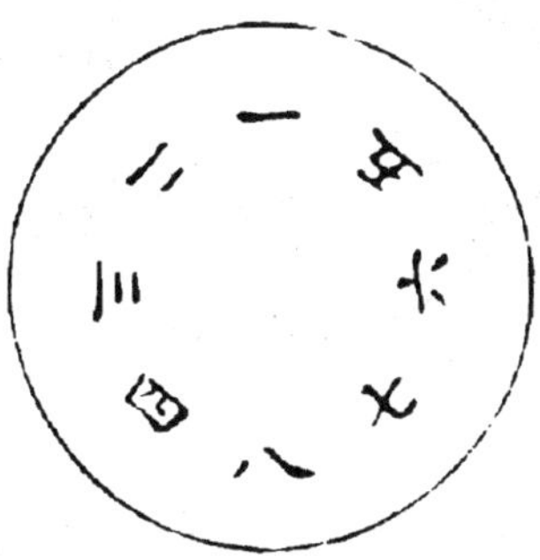

六、河图数图

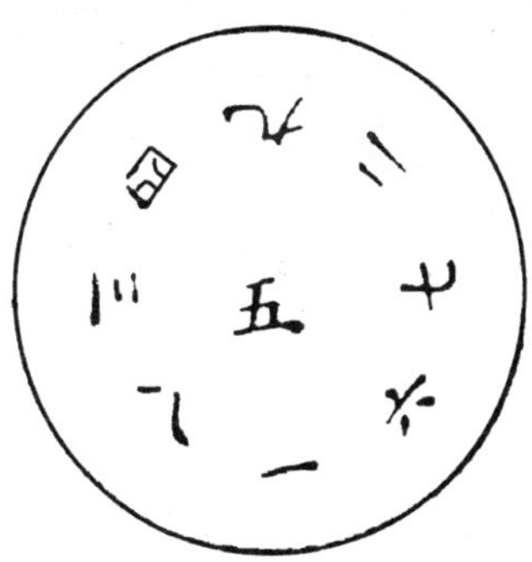

解说 五、六两图并说

八卦数，一、二、三、四以在阳位，故左旋而东；五、六、七、八以在阴位，故右转而西，各起于南而终于北，阴与阳适得半焉。其成则共为一体，此则是取八卦以制数，故起于一而极于八。“河图”数谓戴九履一，左三右七，二与四为肩，六与八为足，五为心腹，纵横数之，皆十五，所谓“参伍以变，错综其数”也。列子曰：九变者，究也。九复变而为一，自此以往，巧历不能计，皆不出于九而已，故起于一而极于九。然则河出图，洛出书，圣人则之，何也？曰：有数可推，圣人于是则之以画卦，非必拘其数而不变也。然则天地数增九以为十，卦数减九以为八，岂圣人之私智哉！皆自然之理而已。

七、伏羲八卦图

解说

太极之初，混然而已判，则阳毗于南而为乾，阴毗于北而为坤。乾、坤既分，则乾下交坤，而生三男，男皆在于坤之位，以其本体属坤，乾来交之，故变为男也。坤上交乾，而生三女，女皆在于乾之位，以其本体属乾，坤来交之，故变为女也。古者南正重司天，则乾位于南可知矣；北正黎司地，则坤位于北可知矣。震长男也，故在坤之左；艮少男也，故在坤之右；坎中男也，故在西方之阴中焉；巽长女也，故在乾之左；兑少女也，故在乾之右；离中女也，故在东方之阳中焉。至物理亦然，王者祀天于南郊，筮阳也；祭地于北郊，筮阴也。太阳生于寅，而术家以男行年起丙寅，故震位于东北。太阴生于申，而术家以女行年起壬申，故巽位于西南。日生于东，而离为日，故位于正东。月生于西，而坎为月，故位于正西。艮者，山也，而地形高于西北，则艮之象。兑者，泽也，而水潦归于东南，则兑之象。伏羲八卦，盖始生之序如此。

八、文王八卦图

解说

凡物有初生，有既长。伏羲始画

八卦，则乾、坤用事，而六子初生之象。文王变易其位，则乾、坤退归于无为，六子既长而用事之象。是故天地皆以一而变四，四者，体数也。阳主进，故自南而进四位，则归体于西北矣。西北隅谓之奥，而奥为尊者所居，法诸此也。阴主退，故自正北而退四位，则归体于西南矣。西南为受养之地，而万物于是致养焉取诸此也。离者，火也，生于东方，而旺于南方，故自正东而移于正南。坎者，水也，生于西方而旺于北方，故自正西而移于正北。乾坤老不用事，则主器，长子由少阳之地出而有为矣，故自东北而移于正东。在《易》“帝出乎震”，而二月雷乃发声，且皇储谓之东宫，法诸此也。兑之移于正西，则配震而已。震，长男也，起也；艮，少男也，止也。八卦起于震，顺行至艮，则止矣，故艮移于东北。巽之移于东南，则配艮而已。坎、离配之，至正者也，故居南北之中。震、兑配之，不正而不失其正者也，故居东西之中。巽、艮配之，不正者也，故居东方之偏焉。乾、坤功成退归于无为，故居西方之偏焉。举此四者，则天下配合之理尽矣。以人事合之，以长男而娶少女者多，若归妹为天地之大义是也。男女年适相若而作配者寡，若坎、离合而为既济是也。以长女而嫁少男者，则又寡焉，若渐女归待男行者是也。文王八卦盖三男各有所主而用事，三女各有所归而作配，故其序如此。

宋·林至《易裨传》

一、易有太极图

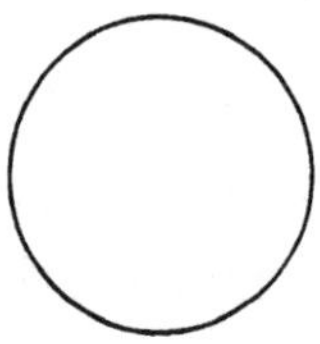

解说

太极者，万化之本也。阴阳动静之理，虽具于其中，而其肇未形焉，故曰“易有太极”。

二、太极生两仪图

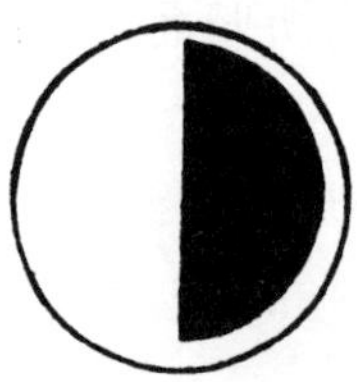

解说

太极动而生阳，静而生阴，分阴分阳，两仪立焉，则奇偶之画所自形也，故曰“太极生两仪”，此太极一变而得之者也。

三、两仪生四象图

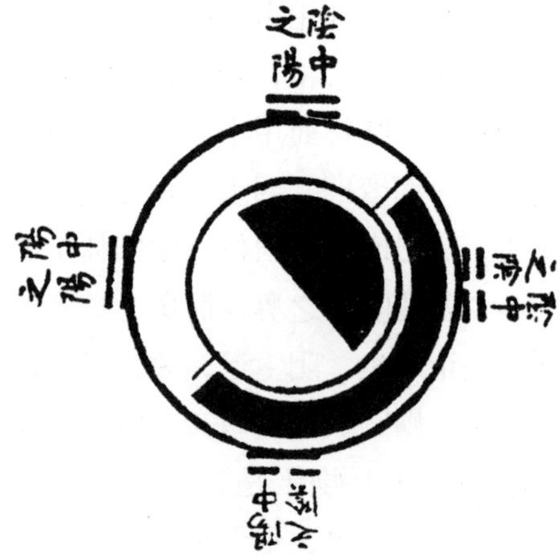

解说

阳分而为阴阳，曰阳中之阳，阳中之阴；阴分而为阴阳，曰阴中之阴，阴中之阳。阳中之阳，阴中之阴，是为老阳、老阴。阳中之阴，阴中之阳，是为少阳、少阴。此四象之画所自成也，故曰“两仪生四象”，此太极再变而得之也。

四、四象生八卦图

解说

四象之阴阳复分，而八卦成列，则三才之画具矣。乾与坤对，离与坎对，兑与艮对，震与巽对，故曰“四象生八卦”，此太极三变而得之者也。

五、八卦重而为六十四卦图

解说

《大传》曰：八卦成列，象在其中矣。因而重之，爻在其中矣。《说卦》曰：分阴分阳，迭用柔刚，故易六位而成章。此八卦重而为六十四卦，太极六变而得之者也。

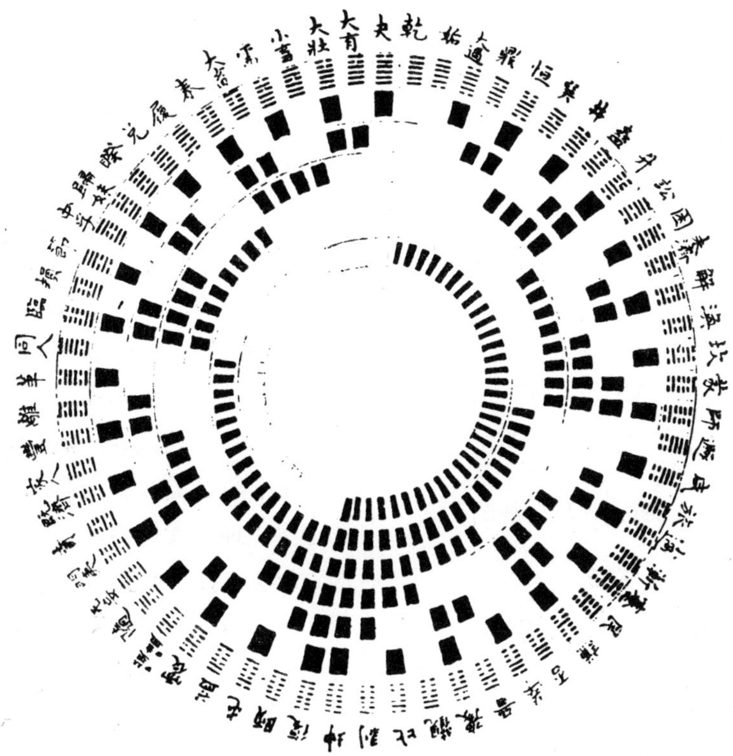

（五、八卦重而为六十四卦图）

解说 一至五诸图并说

易者，阴阳动静之总名也。体用一原，类微无间，以其浑然全体，肇朕未形，则曰太极。次第相生，自本而末，则有两仪、四象、八卦之分。极而六十四卦、三百八十四爻，其实皆一易也。方其为太极也，封画之理未尝不具。及其为卦画也，太极之体无乎不在，初非二物也。《大传》曰：易有太极，是生两仪，两仪生四象，四象生八卦。已得乾一兑二，离三震四，巽五坎六，艮七坤八，此八卦之小成也。又曰：因而重之，爻在其中矣。此八卦之生六十四卦也。太极六变而得之者也。六画既具，则八八还相重复。本卦为内，重卦为外，亦不外乎乾一兑二，离三震四，巽五坎六，艮七坤八之序也。邵康节曰：太极既分，两仪立矣。阳上交于阴，阴下交于阳，而四象生矣。阳交于阴，阴交于阳，而生天之四象。刚交于柔，柔交于刚，而生地之四象。八卦相错，而万物生焉。是故一分为二，二分为四，四分为八，八分为十六，十六分为三十二，三十二分为六十四，犹根之有干，干之有枝，愈大则愈小，愈细则愈繁。故自太极之一变，则始于一阴一阳之相交，再变则二阴二阳，三变则四阴四阳，四变则八阴八阳，五变则十六阴十六阳，六变则三十二阴三十二阳，而六十四卦备矣。此《大传》所谓“分阴分阳，迭用柔刚，故易六位而成章”者也。儒者论易，人奋其私智，往往巧为推排，而圣人画易之本原，益昧而不明。观此图之统体，则可以见自然之序，非私智之所能及也。康节曰：易有三百八十四爻，真天文也。又曰：图虽无文，吾终日言，而未尝离乎是，天地万物之理，尽在其中矣。

六、伏羲氏先天八卦图

七、文王后天八卦图

解说 六、七两图并说

《大传》曰：天地定位，山泽通气，雷风相薄，水火不相射。此包牺氏先天八卦也。帝出乎震，齐乎巽，相见乎离，致役乎坤，说言乎兑，战乎乾，劳乎坎，成言乎艮。此文王后天八卦也。是以康节曰：“天地定位”一节，明包牺八卦也。“起震终艮”一节，明文王八卦也。八卦相错，明交错而成六十四卦也。以造化之序论之，先天所以立体也。后天所以致用也。先天乾、坤定上下之位，而天尊地卑之体立矣。坎、离居左右之门，而日生乎东、月生乎西之象著矣。震、巽对峙，而雷始于东北，风起于西南矣。兑、艮角立，西北多山，东南多水之所钟矣。后天震居东方，万物出生之地。巽居东南，万物洁齐之地。坤西南，万物致养之地。兑正西，物之所说。乾西北，阴阳之相薄。坎正北，物之所归。艮东北，所以成终成始者也。以阴阳之体论之，巽、离、兑，本阳体也，而阴来交之。震、坎、艮，本阴体也，而阳来交之。包牺之卦，得阳多者属乎阳，得阴多者属乎阴。后天之卦，得一阴者为三女，得一阳者为三男。先天之位，三女附乎乾，三男附乎坤，阴附阳，阳附阴也。后天之位，三男附乎乾，三女附乎坤者，阴附阴，阳附阳也。

康节曰：至哉，文王之作易也！其得天地之用乎？故乾、坤交而为泰，坎、离交而为既济也。乾生于子，坤生于午，坎终于寅，离终于申，以应天之时也。置乾于西北，退坤于西南，长子用事，而长女代母，坎、离得位，兑、震为偶，应地之方。王者之法，其尽于是矣。

宋·税与权
《易学启蒙小传》

一、河　图

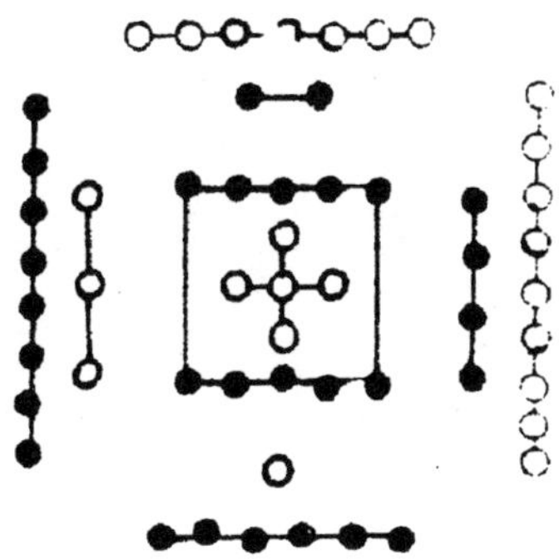

解说

“河图”之文，按扬子云所述，具天地五十有五，生成之数，中虚五与十而为九位焉。关子明则云：七前六后，八左九右。其意谓伏羲当太古洪荒之初，肇见“河图”四象，仰观俯察，订乾、坤奇偶之九画，以作先天之易卦。故经卦分左右而为画者，皆自九始。今见于邵子“先天初经图”，谓乾、坤纵而六子横者是也。

二、洛　书　注：此图原缺

解说

“洛书”之文按箕子所陈，备天地五十有五，隐显之数，中虚五而六极附九五福为九位焉。关子明云：九前一后，三左七右，四前左，二前右，八后左，六后右。意谓文王当中古忧患之余，谛玩“洛书”之八象，反覆参稽，取乾、坤奇偶之九画，而作后天之《周易》。故经卦分上下而为画者，亦自九始。今见于邵子“后天演经图”，谓震、兑横而六卦纵者是也。

三、上古初经八卦图

解说

此伏羲先天八卦位。邵子曰：乾、坤纵而六子横，易之体也。乾、坤两卦，上下相对为九，余六子左右相对为九。

四、中古演经八卦图

解说

此文王后天八卦位。邵子曰：震、兑横而六卦纵，易之用也。震、兑两卦，左右相对为九，余六卦皆上下对易为九。后天易以震、兑为用，故孔子谓归妹，天地之大义也。其实二老经于西北，二少从于东南而已。

（四、中古演经八卦图）

五、先天图

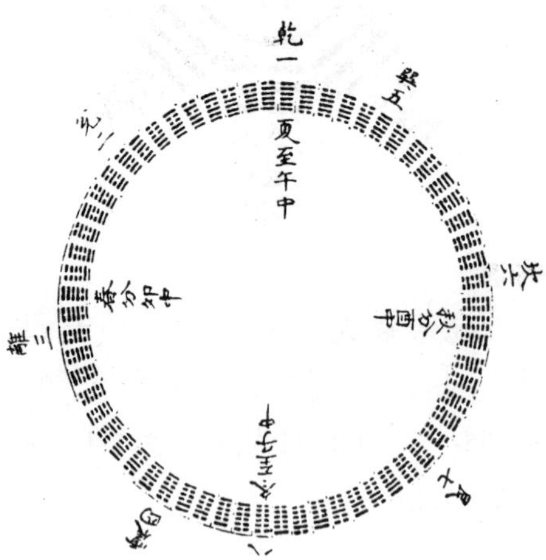

解说

伏羲六十四卦，乾、坤定上下之位，坎、离立左右之门，两卦相对，合为二、九之数，以八经卦各统重卦八，是二十六，而数为六十四也。

六、乾坤大父母图

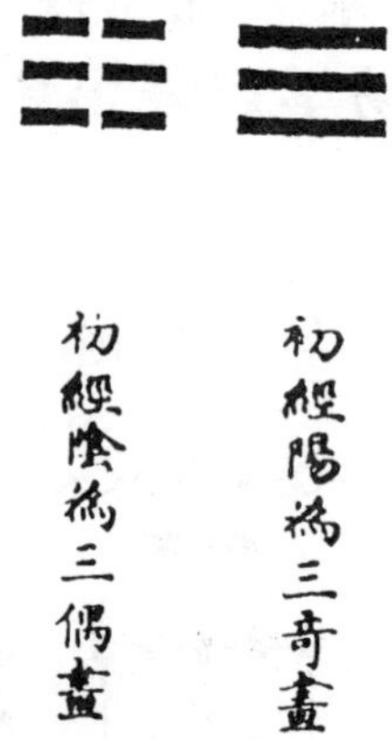

解说

按：乾一而含三，坤二而含六，厥初不过阴阳奇偶，共九画而已。天地生成之数，虽有十而穷于九。九可变而十不可变也，故“河图”“洛书”十无位。

七、乾坤交索图

解说

乾索坤，生三男；乾体奇数三，其三男各得五数，共十有八。

坤索乾，生三女；坤体偶数六，其三女各得四数，共十有八。

八、后天反对八卦实六卦图

解说

按：乾、坤、坎、离四卦，反覆视之，一卦各成一卦。震、巽两卦，反覆视之，一卦互成两八卦。虽曰八卦，其实止六卦。虽曰六卦，其实为乾之奇画者九；为坤之偶画者亦九，共成十八。

九、后天周易序卦图

解说

后天卦上下经，皆有十有八。文王总重卦六十四为三十六，反覆互观之也。上下经以八正卦为余，然阳三阴一，上经得六卦，下经得二卦，所包甚广耳。

邵子曰：八卦之象，不易者四，

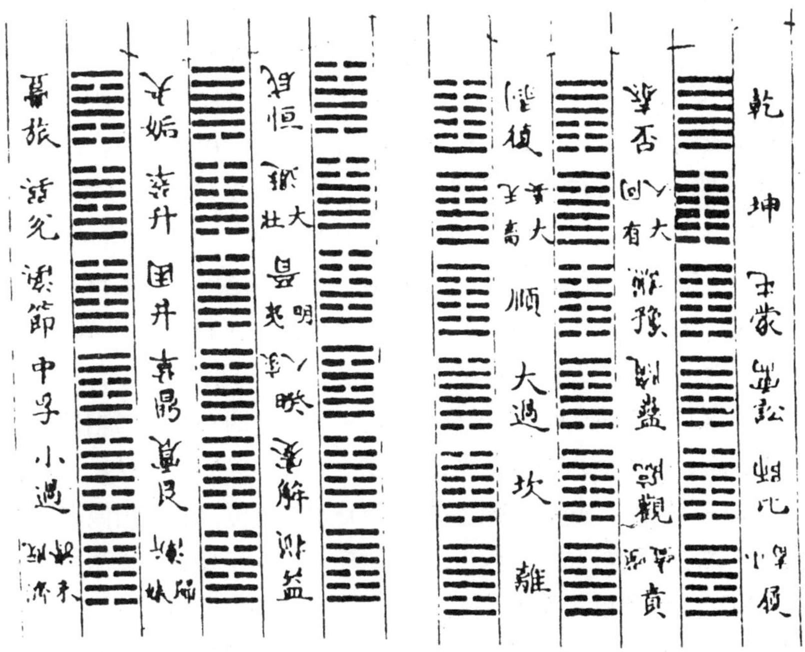

反易者二，以六卦变成八卦也。不易者四，谓乾、坤、坎、离也；反易者二，谓震、巽、艮、兑也。体有八而用则六，卦有八而爻则六，此造化之端倪，皆出自然耳。又曰：重卦之象，不易者八，反易者二十八，以三十六变而成六十四卦也。故爻止乎六，卦止乎八，策穷于三十六，而重于三百八十四也。又曰：天有二正，地有二正，而共有二变，以成八卦也。天有四正，地有四正，共用二十八变，以成六十四卦也。是以小成之卦，正者四，变者二，共六卦也，大成之卦，正者八，变者二十八，共三十六卦也。乾、坤、坎、离为三十六卦之祖，兑、震、巽、艮为二十八卦之祖也。天二正乾、离，地二正坤、坎，天四正兼颐、中孚，地四正兼大过、小过。

又曰：八八之卦六十四，而不变者八，可变者七八五十六。又曰：离肖乾，坎肖坤，中孚肖乾，颐肖离，小过肖坤，大过肖坎。是以乾、坤、坎、离、颐、中孚、大过、小过，皆不可易者也。又曰：六十四而用止乎三十六，爻有三百八十四而用止乎二百一十六。又曰：乾坤纵而六子横，易之体也，震、兑横而六卦纵，易之用也。又曰：易者，一阴一阳之谓也，震、兑始交者也，故当朝夕之位。坎、离交之极者也，故当子午之位。巽、艮虽不交，而阴阳犹杂也，故当用中之偏位。乾、坤纯阴阳也，故当不用之位。又曰："起震终艮"一节，明文王八卦也。"天地定位"一节，明伏羲八卦也。八卦相错者，明交错而成六十四也。又曰：乾坤生自奇偶，奇偶生自太极。又曰：乾坤交而为泰，变而为杂卦。

窃尝考之先天之易，有画无辞，而经卦、重卦已具。后天之易，有画有辞，而经卦、重卦不详。羲、文机轴皆不出"河图""洛书"之九位，与乾、坤奇偶之九画而已。自开辟以来，五十五为天地生成全数。然始于一，中于五，而极于九。故"河图"以十附五而居中，"洛书"以六极附九五福之畴，而十无位焉。大抵伏羲则"河图"九位，而定乾、坤奇偶之画，肇经卦而重为六十四。文王则"洛书"之九畴，亦本乾、坤奇偶之九画，总重卦而约为三十六。先天卦以对待观图，虽列左右，而画皆十有八。后天卦以反覆观，经虽分上下，而卦皆十有八。非邵子此图，孰知羲、文心画之出于天地自然，而明白简易哉？自汉扬子云，谓文王重易，爻爻互用，两卦十二爻。唐孔颖达谓：验六十四卦，二二相偶，非覆即变。则邵子盖知《周易》一书，六十四卦始终反覆，二二相偶者，文王以两卦十二爻互观阴阳之消长，祸福之倚伏。如乾之刚健，反则为坤之柔弱；晋之明出地上，反则为明夷之明入地中；履之蹈艰危，反则为小畜之安富；丰之丰盛，反则为旅之失次；既济之实受福，反则为未济之不知。节举一二，而学者可以类推焉。呜呼，后天易反对之义，孔子以《杂卦传》而发之于千载之前，邵子以“序卦图”而述之于千载之后。今取《观物篇》所叙为图，以补朱文公《启蒙》之所未及。

十、奇偶图

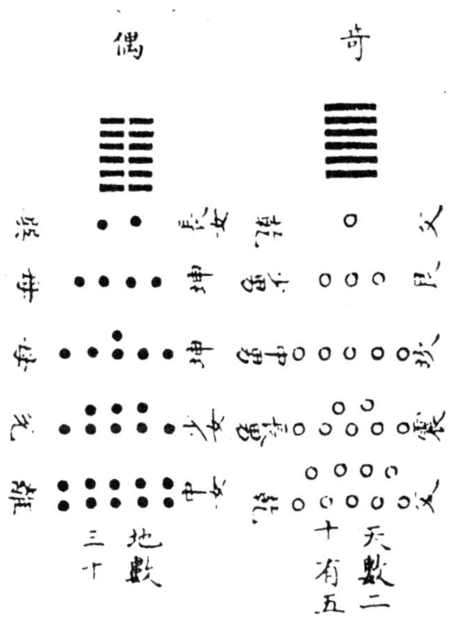

解说

天一、天三、天五、天七、天九，天数二十有五，奇也。地二、地四、地六、地八、地十，地数三十，偶也。凡天地之数五十有五，大衍用五十者，五至神也，非为用也。所以用五十者也，乾包三男，坤外三女也。

十一、生成图

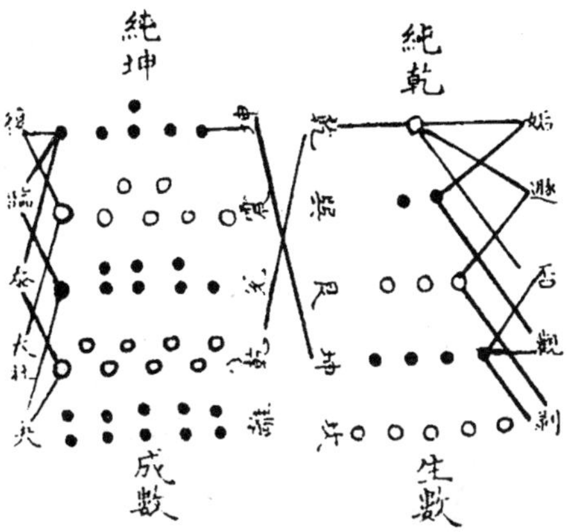

解说

天一、地二、天三、地四、天五，生数也，地六、天七、地八、天九、地十，成数也。乾内孤阴，坤中寡阳。是以乾一与巽二成姤，与艮三成遁，与坤四成否，惟五至神也。三数穷则变而上，巽二与坤四成观，艮三与坤四成剥，坤四极矣。上交六而纯坤，五月一阴生，至于十月无阳矣。坤六与震七成复，与兑八成临，与乾九成泰。惟十二五也，三数穷则变而上。震七与乾九成大壮，兑八与乾九成夬，乾九极矣。上交一而纯乾，十一月一阳生，至于四月无阴矣。

十二、上下篇互变造物生物卦图

解说

上篇之策，颐、大过而坎、离与；下篇之策，中孚、小过而既济、未济也。天地之间，惟雷风无定形，而变化莫测。故上下篇互变图，雷风易位，而孔子《说卦传》重叙六子之用，而以神者妙万物先之。

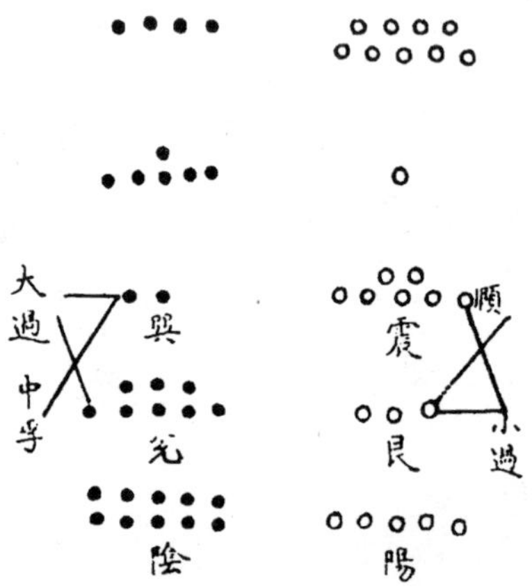

（十二、上下篇互变造物生物卦图）

十三、九为究数图

解说

九数分两而得五十，一、二、三、四、五，三天两地也；五、六、七、八、九，亦三天两地也。九数合一而得五十。一九成十（一之衍也），二八成十（二之衍也），三七成十（三之衍也），四六成十（四之衍也），五五成十（五之衍也）。奇数相合而得五十。一一、三三、五五、七七、九九，相合为五十。九数相得而为五十。一六、二七、三八、四九、五五，相得亦为五十。

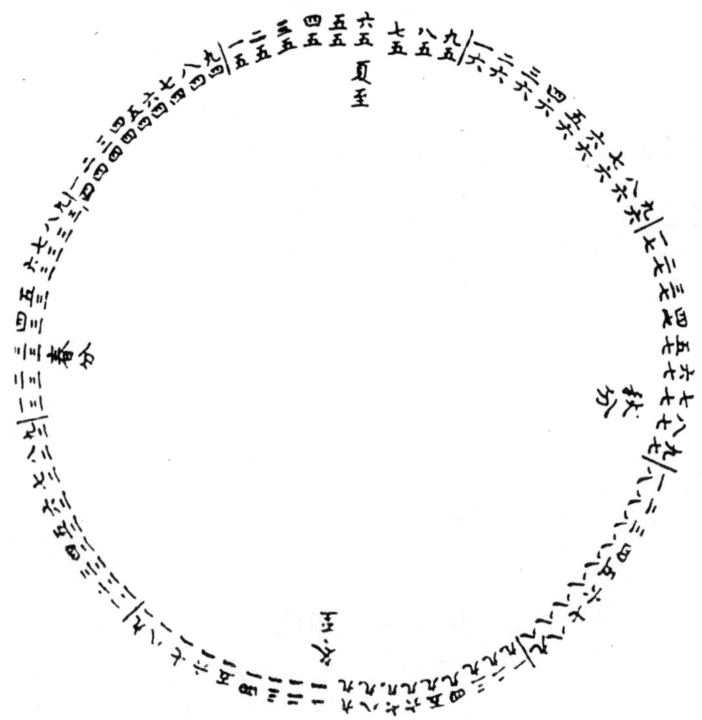

宋・胡方平
《易学启蒙通释》

一、伏羲则河图以作易图

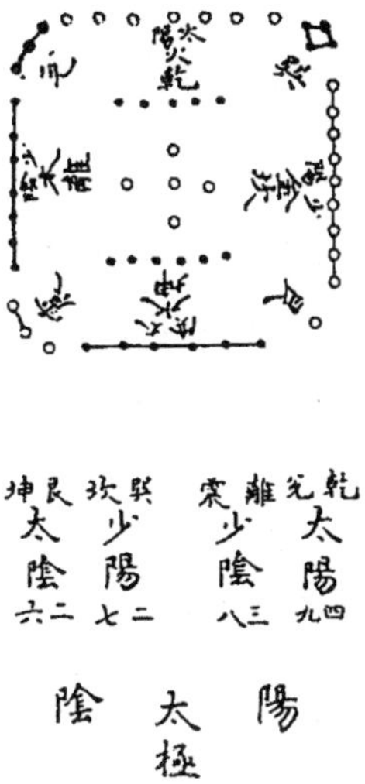

解说

“横图”者，卦画之成，“圆图”者，卦气之运。以卦配数，离、震、艮、坤同，而乾、兑、巽、坎异者，以阴之老少主静，而守其常；阳之老少主动，而通其变故也。

二、大禹则洛书以作范图

解说

书《洪范》天乃锡禹《洪范》“九畴”，彝伦攸叙，初一曰五行，次二曰敬用五事，次三曰农用八政，次四曰协用五纪，次五曰建用皇极，次六曰人用三德，次七曰明用稽疑，次

八曰念用庶证，次九曰向用五福，威用六极。《洪范》“九畴”配九宫之数，朱子之论备矣。详见“本图画篇”，上同。

三、先天八卦合洛书数图

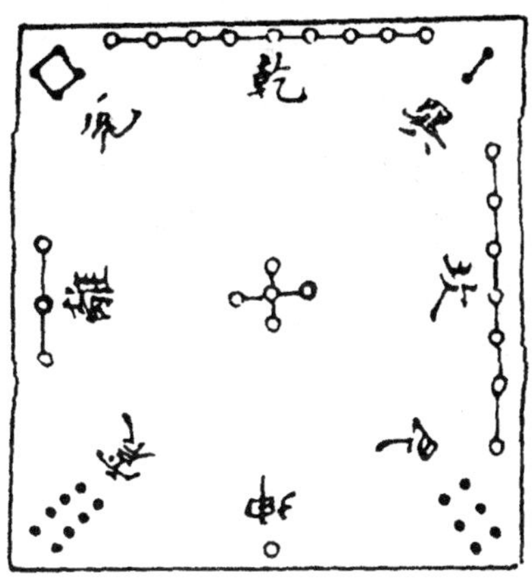

解说

先天八卦，乾、兑生于老阳之四、九，离、震生于少阴之三、八，巽、坎生于少阳之二、七，艮、坤生于老阴之一、六，其卦未尝不与“洛书”之位数合。详见“原卦画篇”末，下同。

四、后天八卦合河图数图

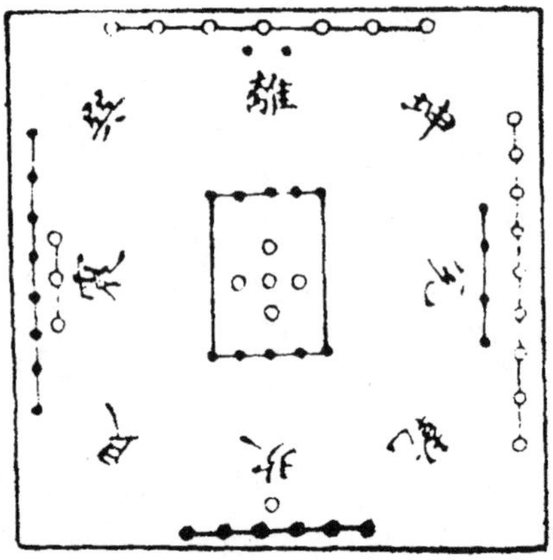

解说

后天八卦，坎一、六水，离二、七火，震、巽三、八木，乾、兑四、九金，坤、艮五、十土。其卦未尝不与“河图”之位数合。此图书所以相为经纬，而先后天亦有相为表里之妙也。

五、伏羲六十四卦节气图

解说

尝因邵子“冬至子半”之说推之，则六十四卦分配节气，二至、二

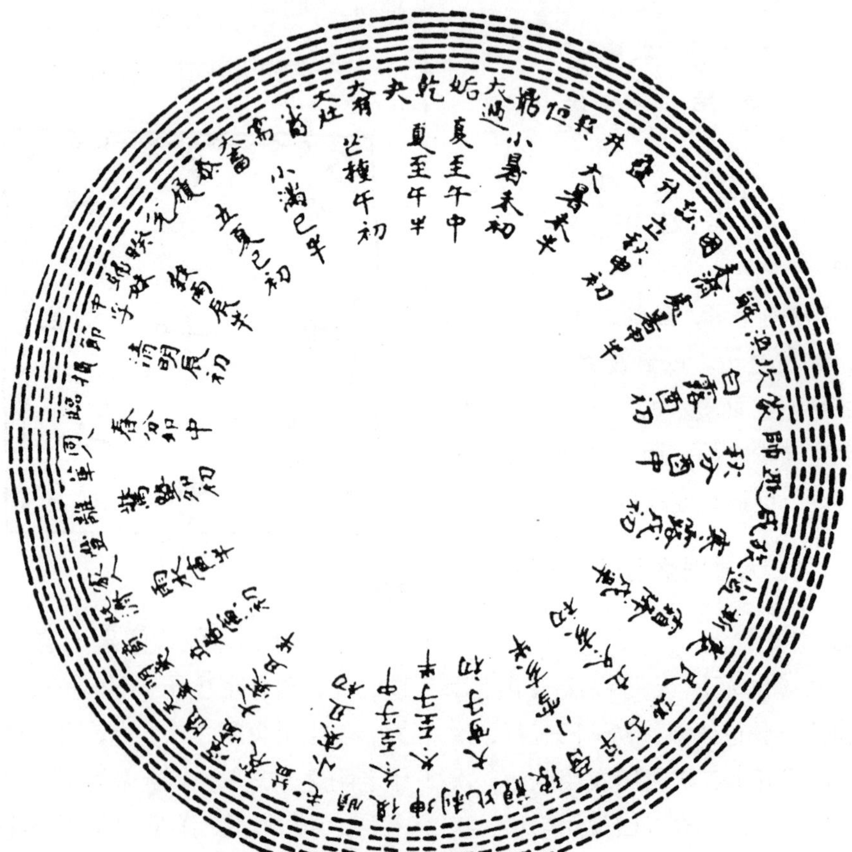

分、四立，总为八节，每节各两卦。外十六气，每气各三卦，合之为六十四卦也。详见“原卦画篇”。

六、伏羲六十四卦方图

解说

否、咸、损、既济、未济、恒、益，即乾、坤、艮、兑、坎、离、震、巽之交不交也。“圆图”乾居南，今转而居西北（内乾八卦居北，外乾八卦居西）。坤居北，今转而居东南（内坤八卦居南，外坤八卦居东）。而艮、兑、坎、离、震、巽皆易其位。于以见“方图”不特有一定之位，而有变动交易之义也。详见“原卦画篇”末。

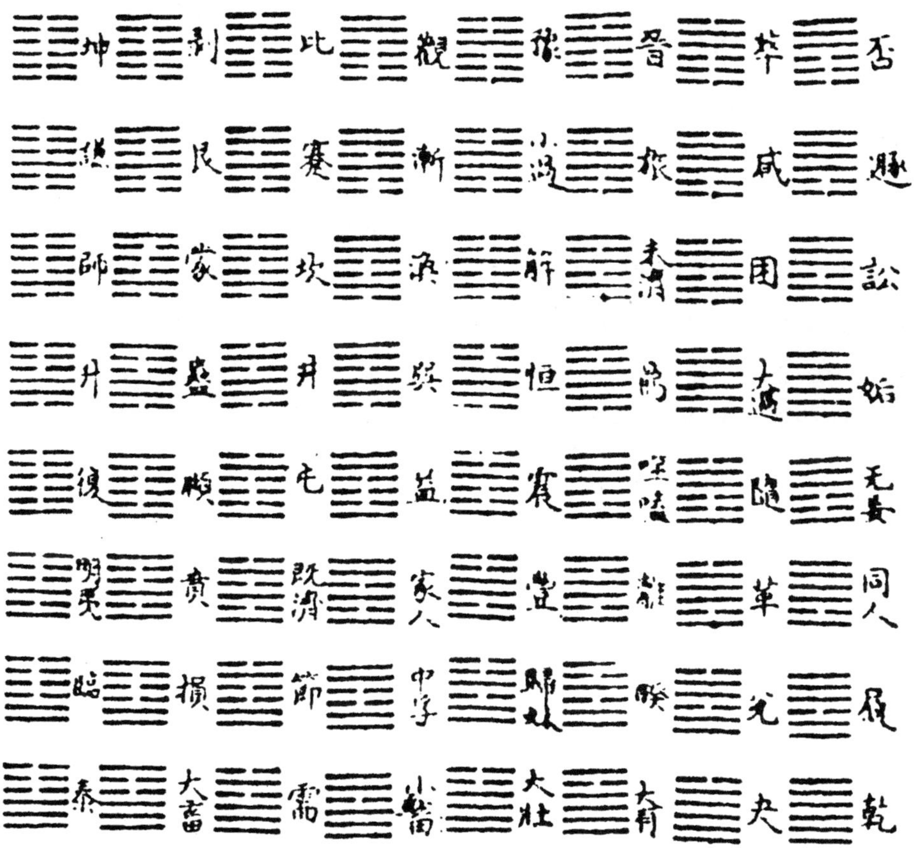

七、邵子天地四象图

解说

邵子“经世演易图”以太阳为乾，太阴为兑，少阳为离，少阴为震。此四卦自阳仪中来，故为天四象。少刚为巽，少柔为坎，太刚为艮，太柔为坤。此四卦自阴仪中来，故为地四象。详见“原卦画篇”，下同。

朱子释邵子说，以乾、兑、艮、坤生于二太，故为天。四象离、震、巽、坎生于二少，故为地。四象但以太阳为阳，太阴为阴，少阳为刚，少阴为柔，不复就八卦上分阴、阳、刚、柔，与邵子本意不同，自为一说也。

宋·丁易东《大衍索隐》

一、大衍之数五十其用四十有九图

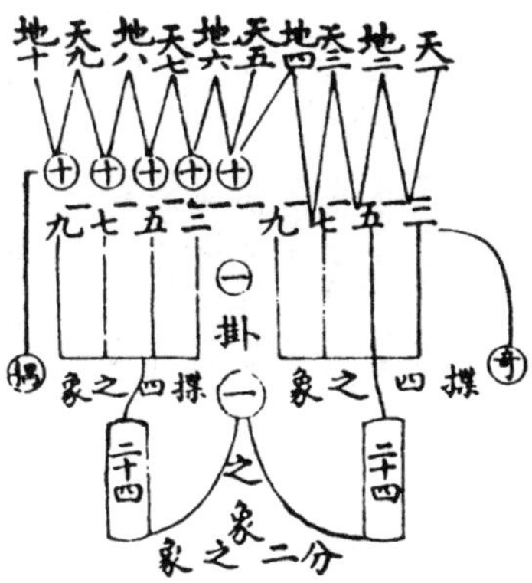

奇之多者，策之少者，皆至二十四数而止。

天数五，地数五，合而衍之，偶数五十，奇数四十有九，显诸仁。大衍之数五十，藏诸用。偶为大衍之体数，奇为大衍之用数，体静而用动也。

解说

天地之数各五，合而衍之，通得九位，一与二为三；二与三为五；三与四为七；四与五为九；五与六为十一；六与七为十三；七与八为十五；八与九为十七；九与十为十九。九位各有奇，而五位各有偶，置其五位之偶，是为五十，大衍之体数也，存其九位之奇，则得四十有九，大衍之用数也。一居其中，而左右之位各四，有挂一分二揲四之象焉。三与九合，五与七合皆成十二。四其十二，即以四揲之而合，奇与策通成十二之象也。左右各二十有四，二十有四者，奇与策之中数，奇止于二十四，而策起于二十四也。又二十四者，八卦之爻数也。二十四而又二十四，则八卦之上又生八卦，而上下之体具，六十四卦之象默寓于其中矣。虽然此大衍之数，未用以前所示之象也，故挂中位之一而中分之。若夫四象之奇，四象之策，其数之合者，已用之后也。下图详之。或曰：四十九之下为五十，故先儒以虚一言之。今如此图，则是四十九之外，自有五十矣。四十九之外有五十，是以九十九之数强分之也，毋乃非自然乎？曰：此图奇数得四十九，而偶数得五十，以奇偶而分，则固自然之理，而非人为矣。凡以数而言，得五十者，但见其为五十，而不见其为四十九；得四十九者，但见其为四十九，而不见其为五十。今奇偶各分，而两数俱存，以偶形奇，则见其四十九之下，虚其五十之一数矣。岂四十九外之五十，果有异于四十九下之五十耶！

朱子曰：大衍之数五十，而蓍一根百茎，可当大衍之数者二，故揲蓍之法取五十茎为一握，而置其一不用，以象太极。又庐陵罗长源曰：以奇数自倍倍之为五十，而一无倍为四十九。按：此二说虽非余本说，而理有近者。盖百茎之蓍，置其一不用，则九十九也；除其用四十有九，则一握之外，尚余五十茎焉。若夫以奇数自倍，而一无倍质之，余图则三、五、七、九、十一、十三、十五、十七、十九，除五位偶数之十，其三、五、七、九，皆有倍，独一无倍耳。或问：偶数五位之十，起于天五、地六之后，而天一、地二、天三、地四不与焉。何以谓之体数？曰：生成之数终于十，十者，生成之全数也。且大衍之数，非十不能衍，故谓之体也。惟其体也，故遇十则藏焉。用藏于十，此十之所以为体也。且生成之数于此乎止焉，止非静乎？静非体乎？

二、大衍合数生四象图

此图但以天一挂其中，而四象之奇，四象之策，无不具焉。而前所去五位之十，亦行其中矣。

前图以中位十一去其十，而挂其一，左右皆得二十四。盖中分也，止示其象耳，而一非真一也。

解说

或问：四象之奇，四象之策数，合于已用之后者，何哉？曰：夫前数之合者，曰三，曰五，曰七，曰九，曰十一，曰十三，曰十五，曰十七，曰十九是也。若以十九合十七，则三十六，老阳之策也；十七合十五，则

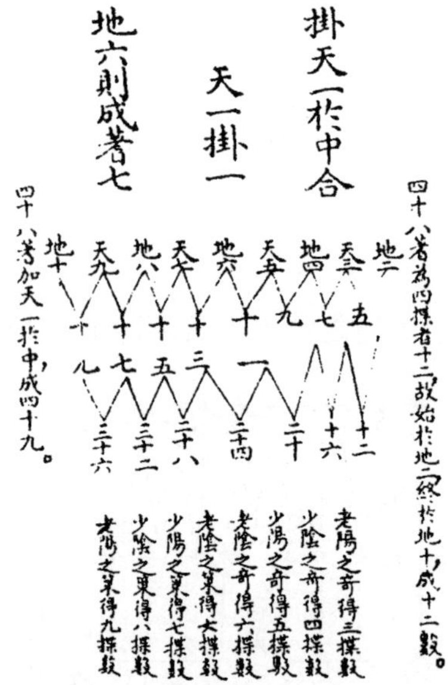

三十二，少阴之策也；十五合十三，则二十八，少阳之策也；十三合十一，则二十四，老阴之策、老阴之奇也。又以十一合九，则二十，少阳之奇也；九合七，则十六，少阴之奇也；七合五，则十二，老阳之奇也；故此图自五而七，以至自十七而十九。七位之中，四象之奇之策，其吻合神妙，盖如是焉。若夫五与三合，则为八者，卦之数耳；而不用者，挂天一也。曰：前图所挂者，十下之一，今图所挂者，正为天一何也？曰：前图中分而挂一，故取其两旁之等而一，非真一未用之前所示之象也。此图所挂，乃为真一实数之祖，达诸用而无定在耳。

五与三合为八，又为偶扐；三与一合为四，实为奇扐。乘数具之，而此但取八为卦数者，盖“乘图”乘一

为一，故一见于用。“合图”一即合二为三，而一已隐。则一但合二而不合三，故不容取四为奇扐，所以八但为卦数，而不以为偶扐，且天一已挂，则八亦不见于用耳。

三、大衍合数得乘数图

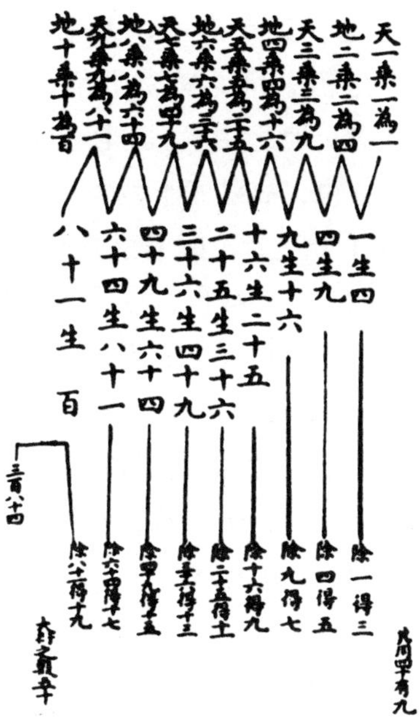

乘数自廉隅而生
合数即廉隅之本

四、大衍乘数生爻复得合数之图

以此图观，则未有五十与四十九之数，而先有三百八十四爻。程子曰：冲漠无朕，万象森然。已且信矣。

前图由合数而得乘数，自本而末；此图先乘数而后合数，自末而本者也。

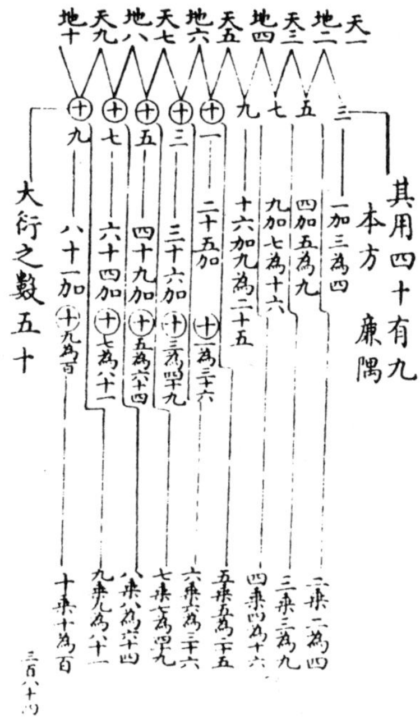

解说 三、四两图并说

或问：一与二为三，以至九，与十为十九，其偶数之得五十，而奇数得四十九，则固然矣。然以其数之相继者比而合之，得非人力乎？曰：此岂人力之所为哉！盖见之于用，相乘数之所自生也。夫一一为一，不可变也。由一一之一，生二二之四，是自一而加其三也。由二二之四，生三三之九，是自四而加其五也。由三三之九，生四四之十六，是自九而加其七也。由四四之十六，生五五之二十五，是自十六而加其九也。由五五之二十五，生六六之三十六，是二五而加其十一也。由六六之三十六，生七七之四十九，是自三十六而加其十三也。由七七之四十九，生八八之六十四，是自四十九而加其十五也。由八八之六十四，生九九之八十一，是自六十四而加其十七也。由九九之八十一，生十十之百，是自八十一而加其十九也。夫自一而加其三者，一其本方，而三其廉隅也。自四而加其五者，四其本方，而五其廉隅也。以至自六十四而加其十七者，六十四其本方，而十七其廉隅也。自八十一而加其十九者，八十一其本方，而十九其廉隅也。则其合数之中，已寓乘数之妙矣。夫一一之一，既不可变，若由二二之四，至十十之百，其为数也，通得三百八十有四，则易之爻数具焉，岂人力之所为哉！张文饶曰：十十者，一百也，去其十九，则九九也。九九者，八十一也，去其十七，则八八也。八八者，六十四也，去其十五，则七七也。七七者，四十九也，去其十三，则六六也。六六者，三十六也，去其十一，则五五也。五五者，二十五也，去其九，则四四也。四四者，十六也，去其七，则三三也。三三者，九也，去其五则二二也。二二者，四也，去其三，则一也。二二为四者，天地之体数也，故以一为本，三为用也（天地各以一变四用者三，不用者一）。三三为九者，老阳之数也，故以四为本五为用也（四者，体也。五者，冲气也。冲气托天地以生物）。四四十六者，地体之析数也，故以九为本，七为用也（地之全体析一为四者，生物之体也。九为阳之极用，七为天之余分，故《皇极经世》十六位之数不同者九，外更有七也）。五五二十五者，天数也，故以十六为本（以地为体），九为用也（以阳为用）。六六三十六者，老阳之策数也，故以二十五为本，十一为用也（二十五者，天也。十一者，天之五，地之六。五者，天之中；六者，地之中也）。七七四十九者，蓍数也，故以三十六为本，十三为用也（十三者，闰月之数也）。八八六十四者，卦数也，故以四十九为本，十五为用也（十五者，三五之中数也。老阴六，少阴八，成十四不及也。老阳九，少阳七，成十六太过也。阴阳相交，七与八，九与六，皆成十五也）。九九八十一者，元范之数也，故以六十四为本，以十七为用也（先天运数，自乾至同人，九十有七卦）。十十为百者，真数三变之极也，故以八十一为本，十九为用也（九九者，生物之极变，又十九者，闰余也，故《太玄》八十一家。又九之为七百二十九赞，而天度犹未尽，乃以踦赢足之。九者，天之终；十者，地之终。十九年七闰，无余分，余以为一章者，天地之数一小终也。康节云：五以四为本，六以五为本。又曰：天以三用致用，地以四为立体，亦是此意）。又曰：自一一至十十，通虚包数三百八十五，去其一一，则爻数三百八十四也。又曰：自一一至十十，衍为百位，衍之极也。愚按：张文饶三说正与“乘图”合，但彼不知大衍之数五十，其用四十有九者，正以此数奇偶分之耳。

五、大衍乘数生四象图

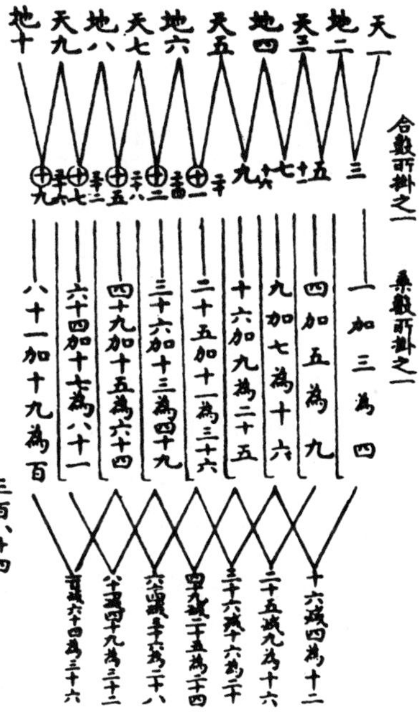

合数之生奇策，挂天一耳。乘数之生奇策，则天一实为数之始焉。

以奇除奇，以偶除偶，则生四象。

六、大衍合数得乘数生四象图

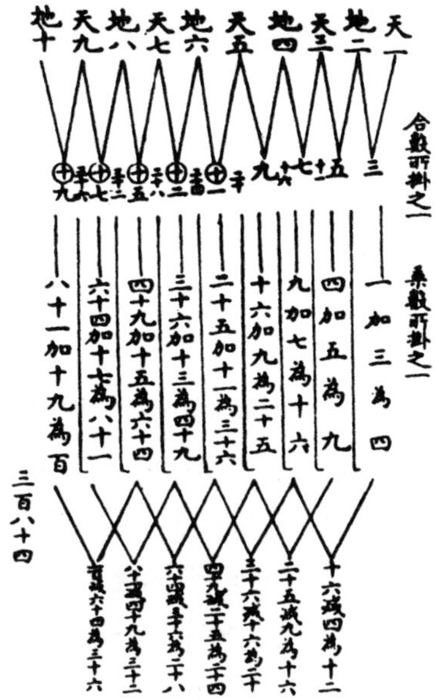

此图又以合数为乘数之本原，故刊之前图但就乘数而见四象奇策。

解说 五、六两图并说

合数之生奇策，前图见矣。若乘数之生奇策，尤有可得而言者焉。夫一生四，四生九，九生十六，十六生二十五，二十五生三十六，三十六生四十九，四十九生六十四，六十四生八十一，八十一生百，此乘数之相生者也。若以奇数减奇，偶数减偶，隔位而除之，则四象之奇，四象之策，有不期而合者焉。夫一一无乘也，二二则为四矣，三三则为九矣。是以乘数之偶，始于四；乘数之奇，始于九。四而十六，十六而三十六，三十六而六十四，六十四而后百者，其偶也；九而二十五，二十五而四十九，四十九而八十一者，其奇也。故以四而减十六，则为十二，十二者，老阳之奇也。以九而减二十五，则为十六，十六者，少阴之奇也。又以十六而减三十六，则为二十，二十者，少阳之奇也；以二十五而减四十九，则为二十四，二十四者，老阴之奇、老阴之策也。以三十六而减六十四，则为二十八，二十八者，少阳之策也；以四十九而减八十一，则为三十二，三十二者，少阴之策也；以六十四而减百，则为三十六，三十六者，老阳之奇也。虽然所减者，中之积也；所存者，外之周也。是故老阳之策三十六者，十十之周也；少阴之策三十二者，九九之周也；少阳之策二十八者，八八之周也；老阴之策与奇二十四者，七七之周也；少阳之奇二十者，六六之周也；少阴之奇十六者，五五之周也；老阳之策十二者，四四之周也。夫三三、五五、七七、九九，皆阳也，而周为阴；二二、四四、六六、八八、十十，皆阴也，而周为阳，此则动静互根之妙也，又岂人力之所能为哉！下图详之。

八为偶扐，则三三之周中止虚一；四为奇，则二二之周而中本虚，故不列于图也（八亦为卦数，四亦为象数）。

七、大衍挂一生二篇策数图

四象之策，通一百有二十。平分而四，则策数三十。以三十乘三百八十四爻，亦万有一千五百二十。

四象之奇，通七十二。平分而四，则奇数十八。以十八乘三百八十四爻，亦六千九百一十二。

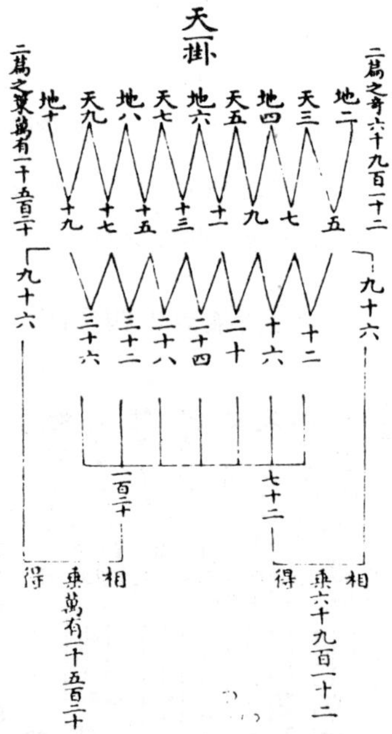

解说

二篇之策，万有一千五百二十。先儒以为三百八十四爻之中，一百九十二为老阳，一百九十二为老阴。老阳每策三十有六，老阴每策二十有四，合而言之，则万有一千五百二十也。然此但以动爻言之耳，而未及其静者。又以静者言之，则一百九十二为少阳，一百九十二为少阴。少阳每策二十有八，少阴每策三十有二，合而言之，亦得万有一千五百二十也。然此又专以静者言之，而未及其动者。吾当合动静而观，盖二篇之爻共三百八十有四，若以四象分之，则九十六为老阳，九十六为老阴，九十六为少阳，九十六为少阴。老阳三十六乘九十六，得三千四百五十六；老阴二十四乘九十六，得二千三百四；少阳二十八乘九十六，得二千六百八十八；少阴三十二乘九十六，得三千七十二，亦得万有一千五百二十。要其原本，固亦自前图中来也。盖九十九之数，若挂其一，则但成九十有六故耳。若夫奇数六千九百一十二，亦仿是推之（以九十六乘四象之策，百二十为策数，以九十六乘四象之奇，七十二为奇数）。

张文饶以《序卦》乾变坤，坤变屯，屯变蒙，以至离变咸，未济复变为乾之类，必老少阴阳之策各九十六。又以《杂卦》乾变坤，坤变比，比变师，以至归妹变未济，未济变夬，夬复变乾，亦老少阴阳之策各九十六，与此数同。

以上诸图，乃大衍之原本；以下诸图，皆前图之注脚耳。

八、大衍用数得策本体数图

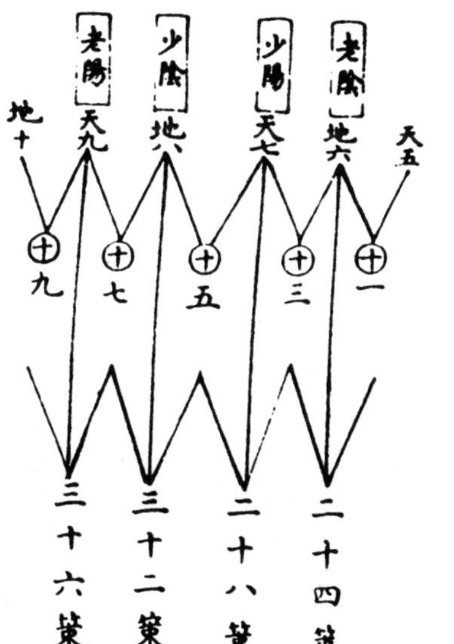

然则大衍之数，止用四十九而不用五十，岂五十真不用乎？四十九之用显诸仁，而五十之体用裁诸用也。

六、七、八、九之数，介乎五与十之间，而合数一、三、五、七、九之上又各有十数，是四象之策，实具于五、十之体数也。

九、大衍参天两地得老阴老阳互变图

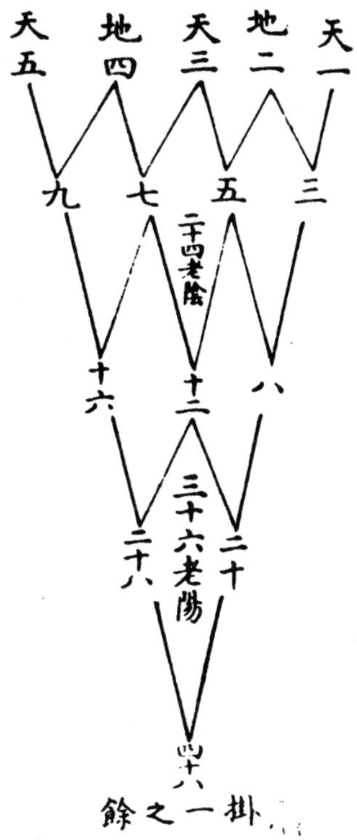

又再合而挂一之余，四十八策见矣。老阴老阳，数虽不同，而实相生。四十八亦得老阴之二，此老阳、老阴之所以互变也。

天一、天三、天五之合，人知其为老阳之九；地二、地四之合，人知其为老阴之六，而不知五数，再合则为老阴之策，又再合则得老阳之策。

十、大衍生成合卦数图 注：此图原缺

二十四之说非一端，奇之进数也，策之退数也，八卦之爻也，六爻之四揲也，皆所以生六十四卦也。八卦而小成，引而伸之，触类而长之，天下之能事毕矣。

解说 八至十诸图并说

右三图皆自前图而生，上图可以见四象策数，生于五十偶数之下，而次图又见二老之策，挂一之余，亦以具于参天两地之中，此图则见合数生成暗合八卦之爻，六十四卦之数。或自前图中来，或为前图之变，故但附见于后。

以上诸图，止总其数而未表得数之实，此下诸图复以圆圈表之。

十一、大衍合数之图

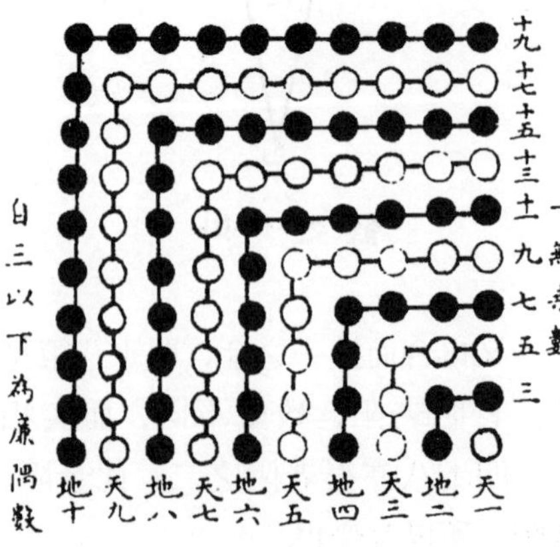

十二、大衍生乘数平方图

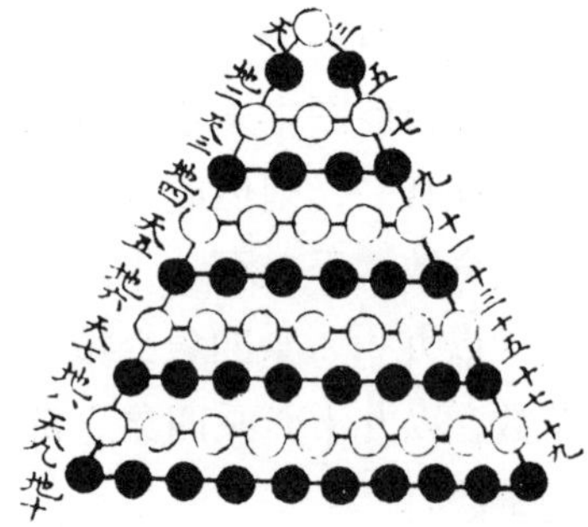

十三、大衍生乘数圭方图

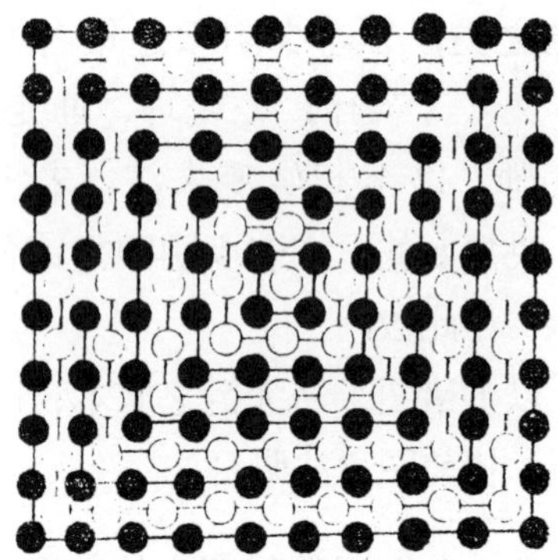

既为圭方，则地二至地十，本数藏矣。即前生乘数，图变为圭方。

十四、大衍乘数开方总图

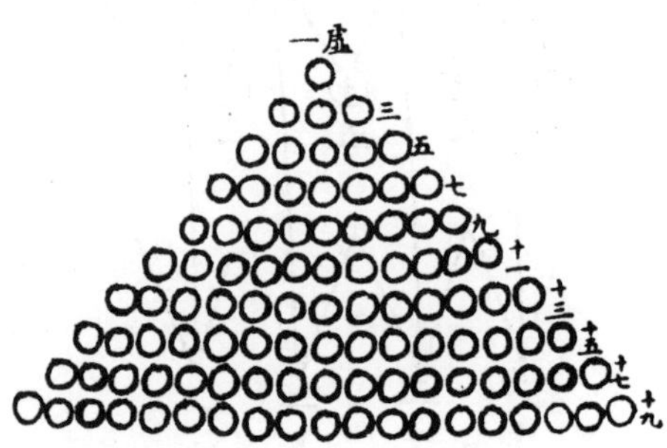

十位乘数，总为一图，分之则为十图。

十五、大衍廉隅周数总图

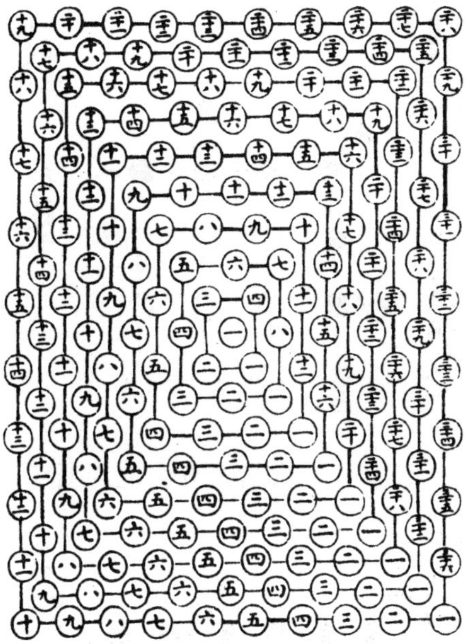

三为一生二之数，五为二生三之数，七为三生四之数，九为四生五之数，十一为五生六之数，十三为六生七之数，十五为七生八之数，十七为八生九之数，十九为九生十之数。奇三、五、七、九，一、三、五、七、九通得四十九；偶十、十、十、十、十通得五十。

上九位廉隅数。

四为奇扐，八为偶扐。十二为老阳之奇，十六为少阴之奇，二十为少阳之奇。二十四为老阴之策（老阴之奇同），三十二为少阴之策，三十六为老阳之策。

上九位周围数。

十位自乘并之，得三百八十五，虚中之一，则三百八十四爻数。

十六、大衍乘数四方各得合数之图

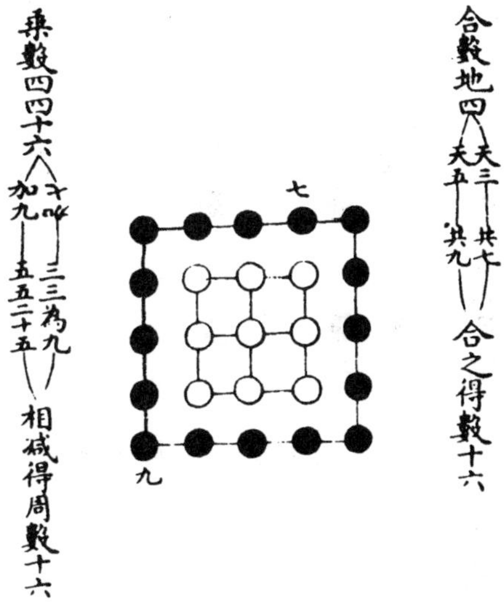

此图即圭方图之二合也

解说 十一至十六诸图并说

前六图内第一图明合数；第二图明合数之生乘数；第三图即第二图变第四图，专明乘数；第五图明周数，而其东南之位，则廉隅数也；第六图又见大衍之数，四方皆合焉，其精密之蕴于此已尽，但恐学者未易遽晓，故再列以后数图焉。

自“合数图”以下至“生闰图”，皆用圆圈以表得数之实，凡二十六图。

十七、大衍天一生地二图

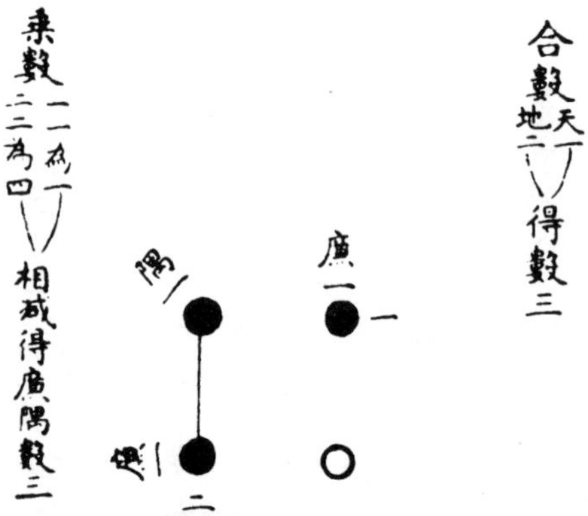

十八、大衍地二生天三图

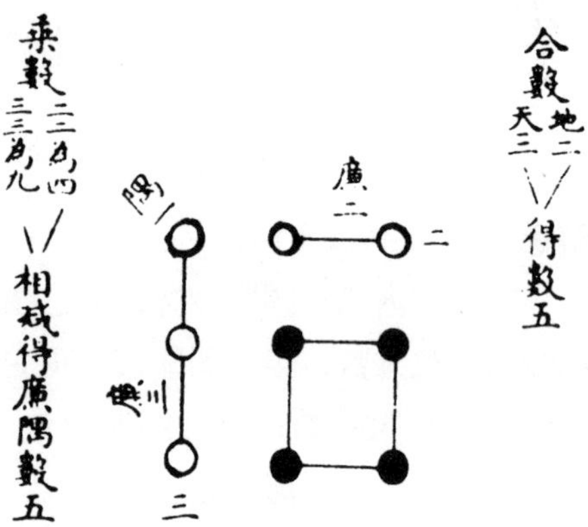

十九、大衍天三生地四图

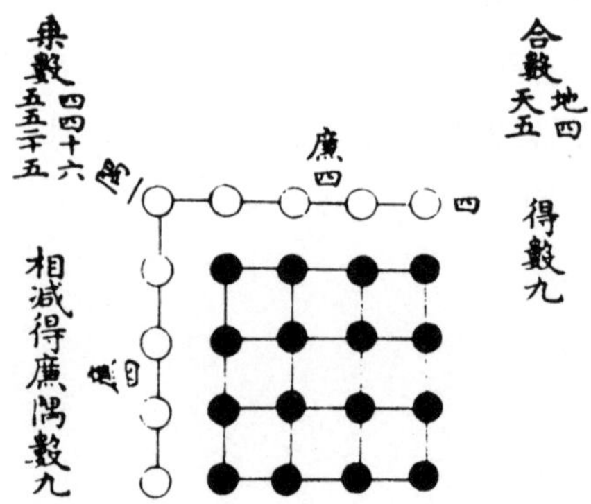

二十、大衍地四生天五图

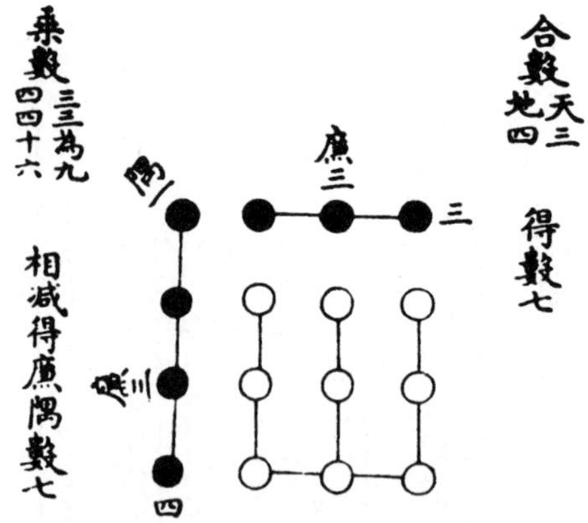

二十一、大衍天五生地六图

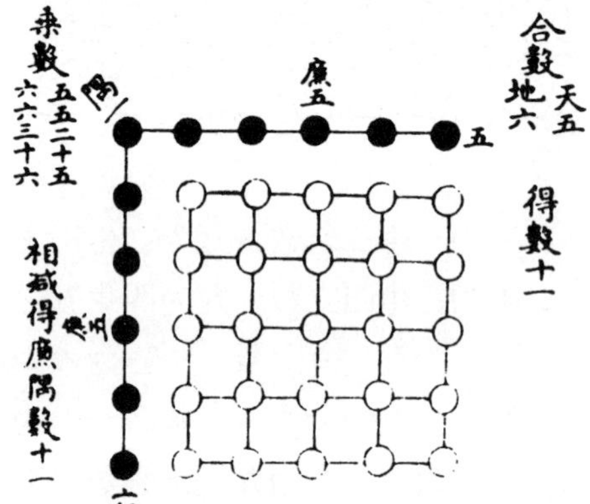

二十二、大衍地六生天七图

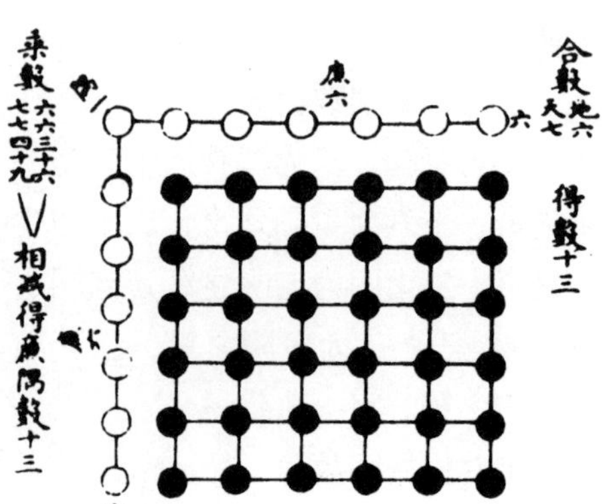

二十三、大衍天七生地八图

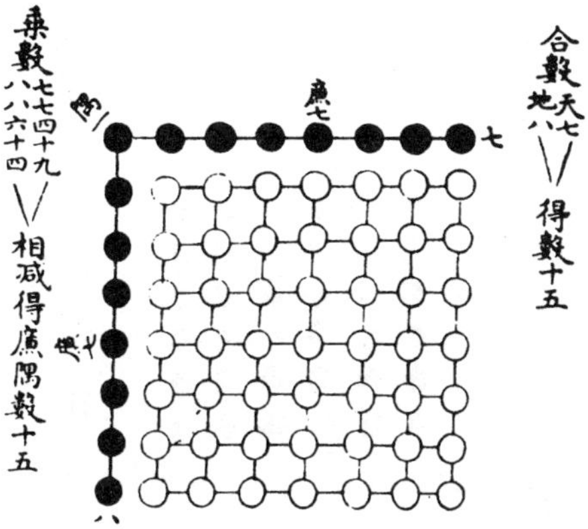

二十四、大衍地八生天九图

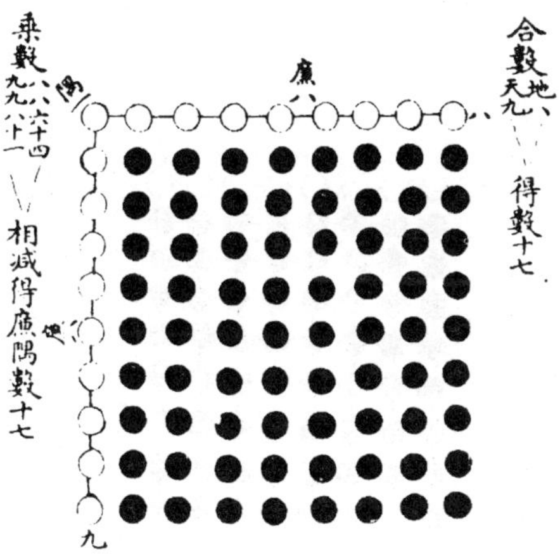

二十五、大衍天九生地十图

解说 十七至二十五诸图并说

前九图分列，所以见合数为乘数之所由生，而廉隅之数，即合数也。凡开平方者，正方之外，必增两廉而加一隅，然后成方，盖两廉皆傍本方，而隅者所以补其不足也。

以上九图，总名“阴阳相生之图”。

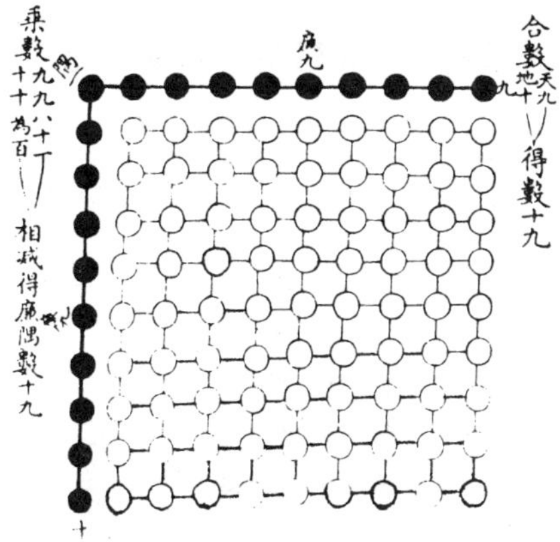

（二十五、大衍天九生地十图）

二十六、大衍生老阳奇数图

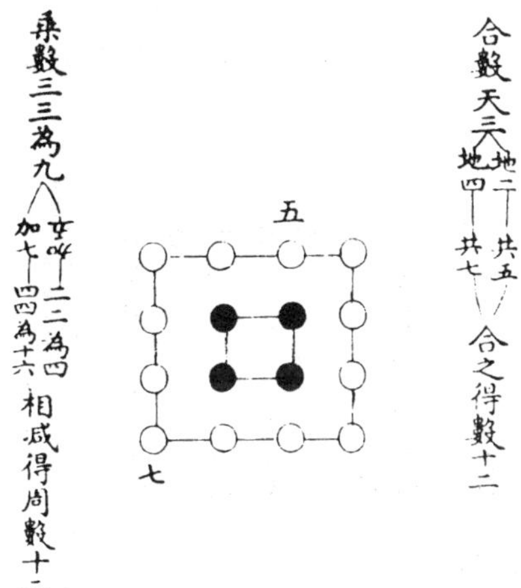

二十七、大衍生少阴奇数图

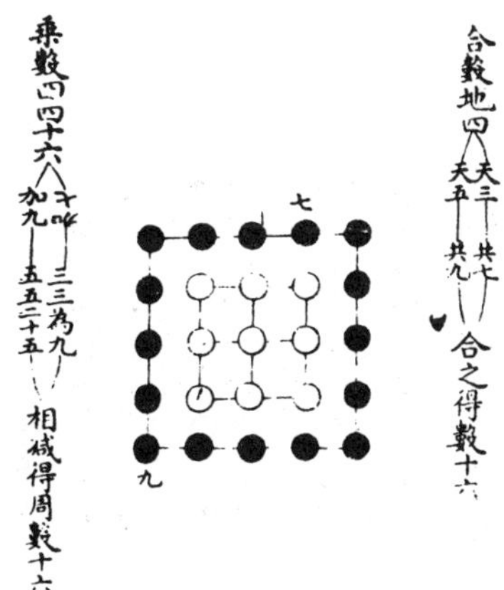

二十八、大衍生少阳奇数图

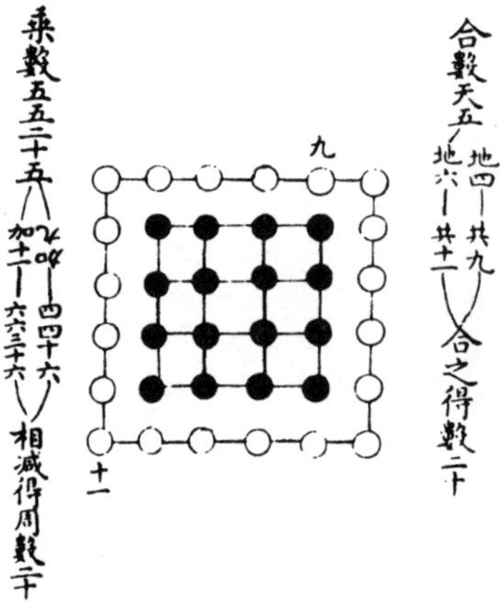

二十九、大衍生老阴奇数策数图

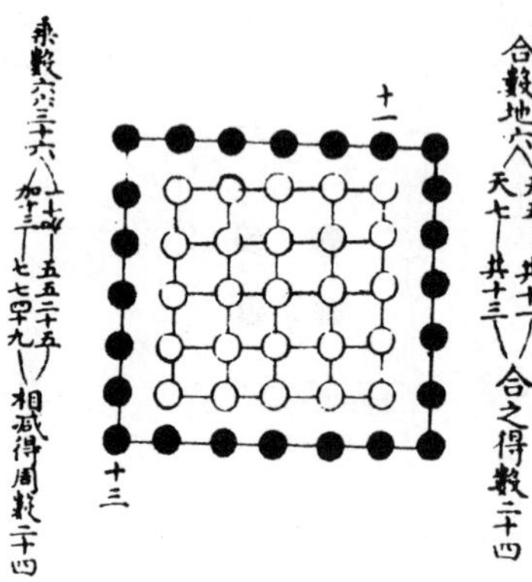

三十、大衍生少阳策数图

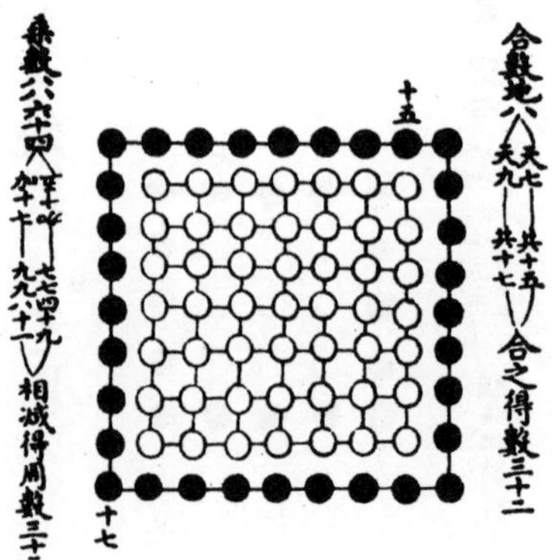

三十一、大衍生少阴策数图

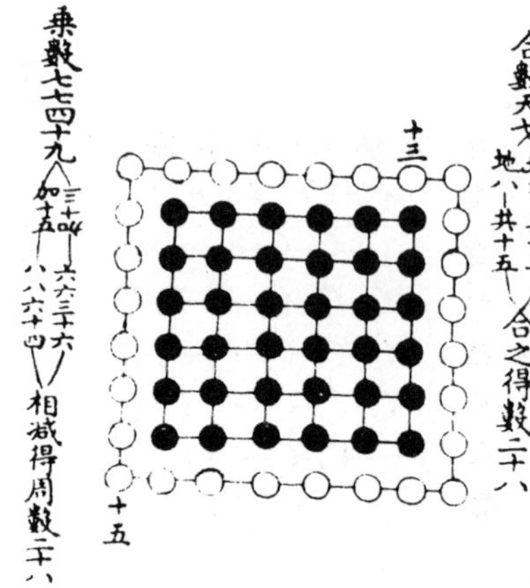

三十二、大衍生老阳策数图

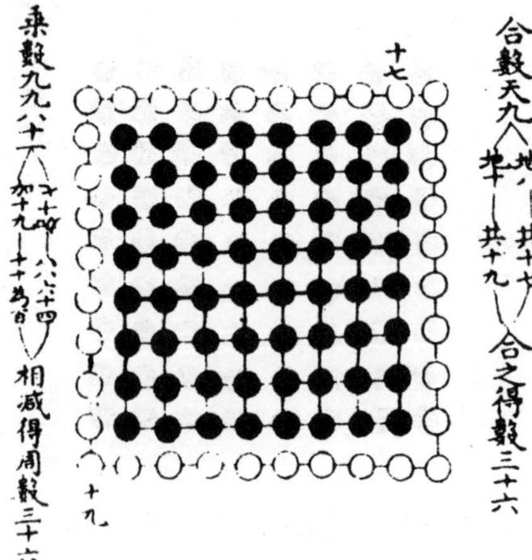

解说 二十六至三十二诸图并说

前七图分列，所以见四象之奇之策所由生，盖皆由除隔位之奇偶而成也。以上七图总名“阴阳互根之图”。

前阴阳相生，计九图，此互根但七图者，第一图十位而列九数，第二图九位而列七数耳。

三十三、大衍虚中得四象奇数图

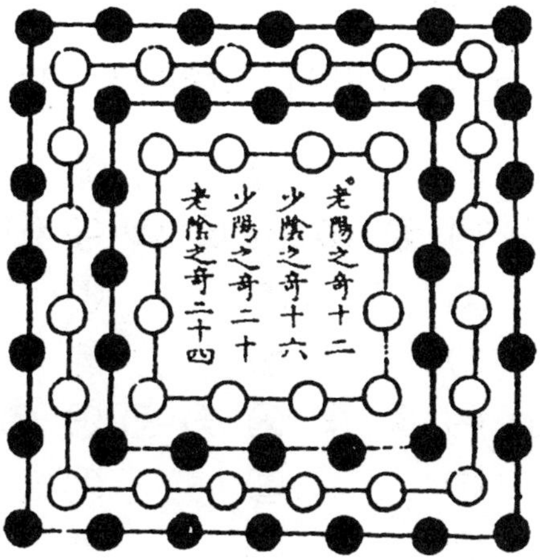

三十四、大衍虚中得四象策数图

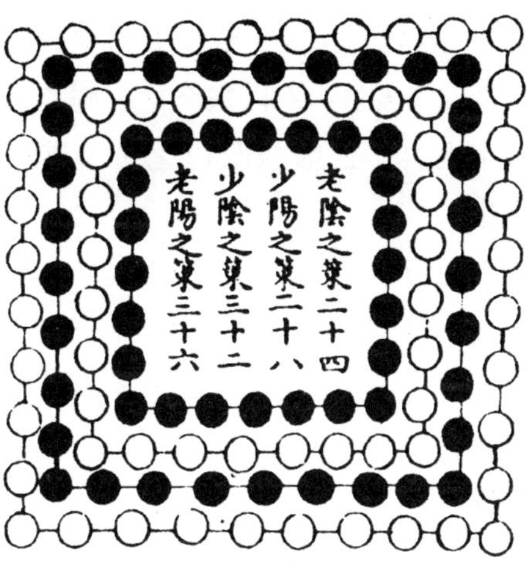

解说 三十三、三十四两图并说

前二图专以虚中而成，但以奇策分而为二，而各以四象合为一图耳。

三十五、大衍一百八十一数得三百八十五数图

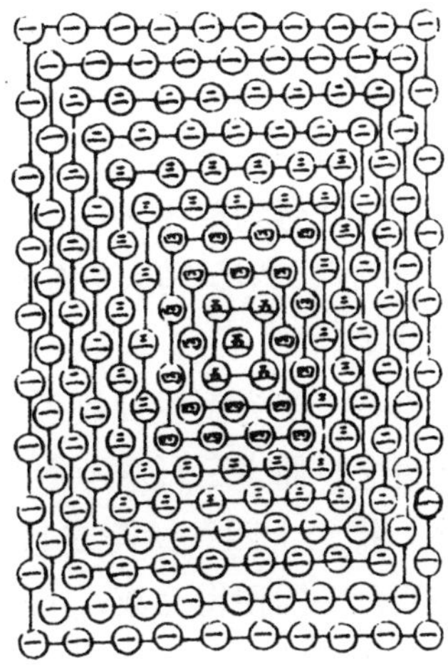

三十六、大衍生章数图

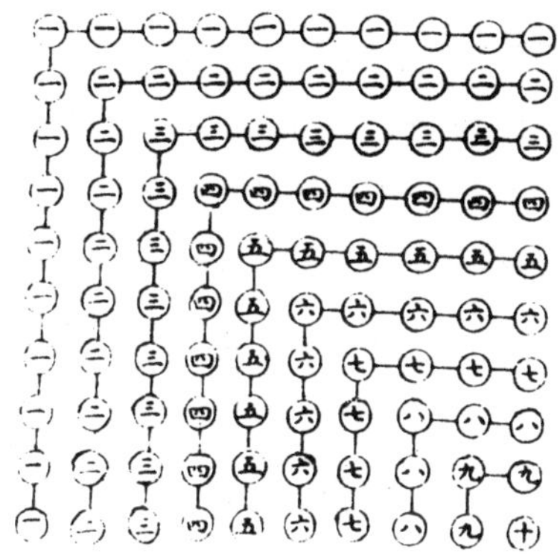

三百六十六合《尧典》期数，十九合章数。

前图用一百八十一位分十重，此图用一百位分十重。大衍乘数二百八十五，再用至十用者三百六十六，单用者十九。

解说 三十五、三十六两图并说

前二图以乘数三百八十五并而积

之。前图以奇望奇，以偶望偶，得一百八十一位；后图奇偶相并，止得一百位，故其位数不同如此，然皆不越于三百八十五数而已。三百八十五者，虚其中之一数，则为爻数为闰岁之日故也。后图则三百六十六为重用之位，而十九者为单用之位，又足以应期之日与章之岁，则大衍象闰之理已寓于此矣。

三百八十四为闰岁日数者，指十三月所得之日而言三百六十六为期岁日数者，指二十四气所跨之日而言。前图三百八十四便得爻数，不待虚一者，盖止用乘数而一无乘故也。此图则并原本之一计之耳（按前文云：自“合数图”至“生闰图”皆用圆圈以表得数之实，凡二十六图，原本乃割生少阳策数，以下七图冠于翼衍之前，则二十六图止有十九图矣。今改附前卷）。

三十七、河图五十五数衍成五十位图

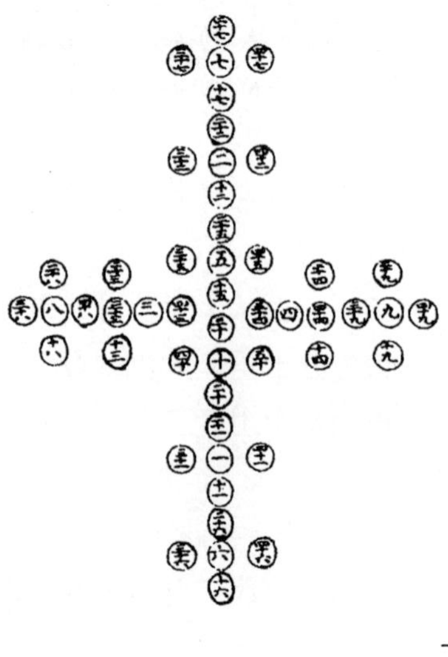

“河图”十位生成之数，通五十五，似与五十之数不同，若因其十位生成之数，以五衍之，亦得五十位。

三十八、洛书四十五数衍四十九用图

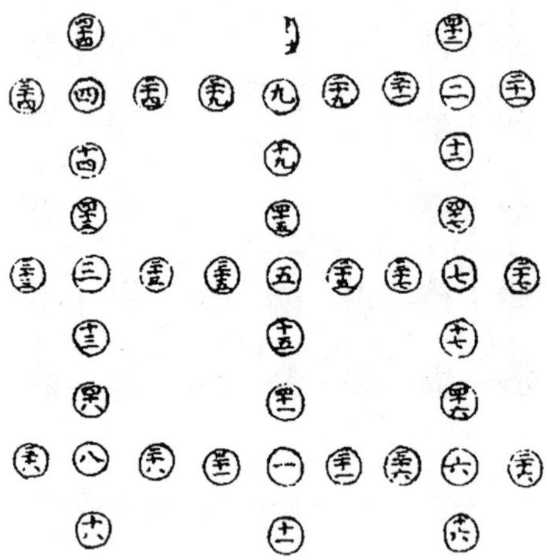

“洛书”九位之数以五衍之，虽止得四十五位，然以数合之，则实成四十有九，盖虚包四位之十于其中故也。

九与十一之间包十，十九与二十一之间包二十，二十九与三十一之间包三十，三十九与四十一之间包四十。

解说　三十七、三十八两图并说

“河图”之数五十五，“洛书”之数四十五，何以衍之成五十与四十九也？曰：“河图”之数虽五十五，实则十位；“洛书”之数虽四十五，实则九位。若各以五衍之，则其十位之数至五十而止，九位之数至四十九位而止矣。先儒但以其数五十五与四十

五者衍之，每牵强而不合。若以位衍之，则其数自然配合，非一毫人力之所能为矣。盖先儒所衍者，天数二十五，地数三十之五十五者也。此所衍者，天数五，地数五之十位者也。曰："河图"之数十位，以五衍之，则得五十，信矣；"洛书"九位，以五衍之，亦止得四十有五，谓之四十九，何哉？曰："洛书"虚十而不用，故十无所附，而所谓一十、二十、三十、四十者，特虚包于数中而已。故九与十一之间即十也，十九与二十一之间即二十也，二十九与三十一之间即三十也，三十九与四十一之间即四十也。四位之十，隐然于其间，则其为数自然四十九矣。曰：四十九之后，安知其不虚包五十乎？曰：所谓虚包者，盖前有数引，后有数从，今四十九之外无五十一，则安能包五十哉？此其所以止于四十九也。曰：以五衍之之说，元非经见，安知非臆说乎？曰：《说卦》不云乎："参天两地而倚数？"参，三也；两，二也，合之非五乎？倚者，各倚于本数相为依附之义，故以一倚一，以二倚二，以三倚三，以四倚四，以五倚五，以六倚六，以七倚七，以八倚八，以九倚九，以十倚十，夫是之谓倚数。然而倚之之法，若十衍之至百可也，而止于五衍者，即前所谓"参天两地"者也。由是言之，则"河图"又为"洛书"之体，"洛书"又为"河图"之用，而大衍之数所以合夫"河图"，而大衍之用所以合诸"洛书"也。《易》曰：河出图，洛出书，圣人则之。吾于大衍之数与用知之矣。

三十九、洛书四十五数衍四十九位图

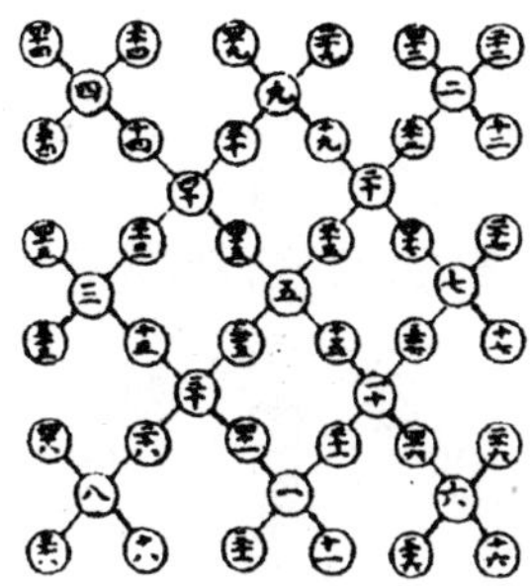

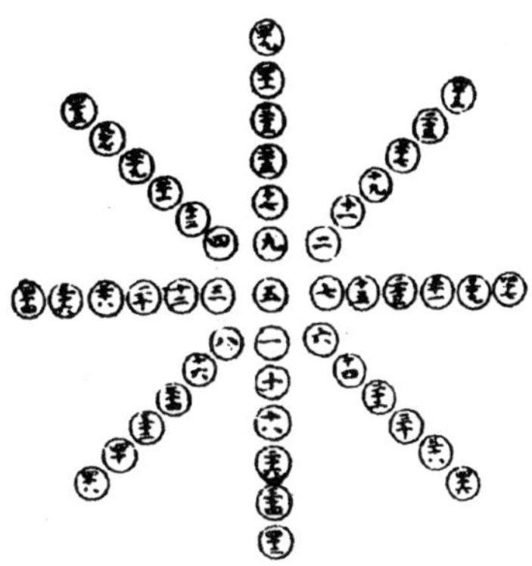

十一百三横纵

"洛书"九位，衍而五之，虽四十五位，然其数则已至四十九矣。盖虚包四位于中也，若以四位分之四维，则成四十九位而不复加也。

周围对待，数未相等。

六、七、八、九，阳得阳数，阴得阴数。一、二、三、四，阳得阴数，阴得阳数。

前图依"河图"法衍已成四十九

位，此图又以九位居中而再以五周其八位者，亦四十九。

四十、洛书四十九位得大衍五十数图

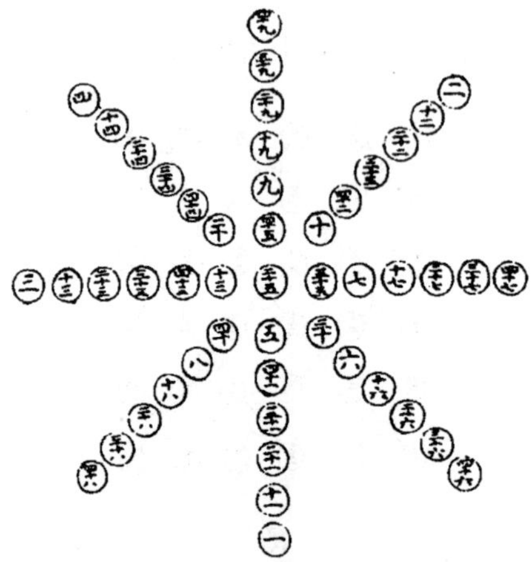

五有十二百三横纵

对位各五十，对位各中位七十五。

周围各二百，周围各中位二百二十五。

前图虽得四十九位，参数尚参差，且与“河图”五十未合，今以“洛书”之法纵横等布，遂成此图，其位虽四十有九，而对位之数，各成五十。

解说 三十九、四十两图并说

“洛书”以五而衍，已见前图，此复列为三图，何也？曰：前图但见数之四十九，未见位之四十九，此后三图之所以作也，是三图中前之一图，止是前图倚数之变，添其四位云耳。后之二图，上图止以四十九数旁环旧图而布，不免参差；次图乃以旧图九位列而为九，各以本数从而倚之，以见五十之不可不用也。曰：以数相倚，元无十数，今乃列之中宫，毋乃传会乎？曰：中宫之位，以五为一，故一为五，二为十，三为十五，四为二十，五为二十五，六为三十，七为三十五，八为四十，九为四十五，各随“洛书”戴履、左右、肩足之位布之，则知十之未尝无可附矣。曰：然则八宫之数，或自内而外，或自外而内者，何也？曰：一于自内，一于自外，则数或不齐，必如是而后数可等也。此亦“洛书”以一对九，以三对七之余意耳。一、二、三、四，先于五者也，故由外而内，所以敛而归五也；六、十、八、九，后于五者也，故由内而外，盖由五散之也。此皆天理之自然，非人之所能为也。曰：“洛书”纵横之数，面面皆等，此图纵横之与周围有未等焉，何也？“洛书”三三而比，故可以合。此图周围止八，而纵横之位则十三焉，故不可强同也。若以其对待者论之，则固皆五十矣；以其周围者论之，固皆二百矣；以其纵横者论之，固皆三百二十五矣，亦无非自然而然者也，盖四十九位之积，通得一千二百二十五；以四十九除之，则各得二十五。其得五十者二，其二十五也；其得二百者八，其二十五也；其得三百二十五者十三，其二十五也。此二十五者，四十九数之中数也。吾大衍数图所以必挂二十五于中者，亦此图之余意也。曰：然则此图之数，其于易卦也何居？曰：中二十五，天数也，以中统外，其纵横之数，每位各统其六，则六爻之象也。其周围之数，每重各统其八，则八卦之象也。然始画八卦止三爻耳，八卦而有六爻焉，则六十四卦在其中矣。以中之一统外十二，又有“贞悔”之象焉。则四千九十六卦之变，皆自此出矣。此圣人作易，所以本诸“洛书”者，神妙盖如此欤。若夫引而伸，触类而长，其变犹有不止于是者。

宋·朱元昇《三易备遗》

一、河　图

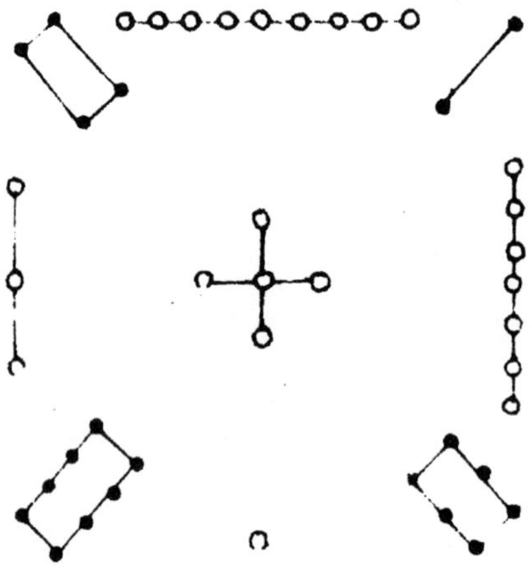

解说

“河图”之数四十有五，一居北，而六居西北，其位为水；二居西南，而七居西，其位为金；三居东，而八居东北，其位为木；四居东南，而九居南，其位为火；五居中，其为土。圣人则之，其设卦之所由始乎？《大传》曰：参伍以变，错综其数。考之“河图”纵而数之，一、五、九，是为十五；八、三、四，亦十五也；六、七、二，亦十五也。衡而数之，八、一、六，是为十五；三、五、七，亦十五也；四、九、二，亦十五也。交互数之，四、五、六，是为十五；二、五、八，亦十五也，此所谓“参伍以变，错综其数”者也。

二、洛　书

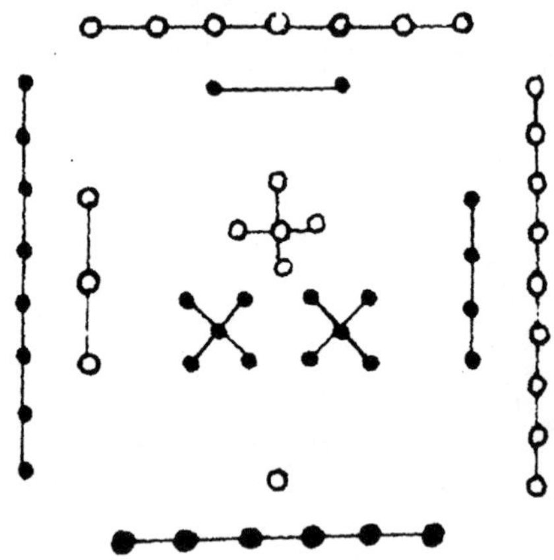

解说

“洛书”之数，五十有五，天一生水成之者地六，地二生火成之者天七，天三生木成之者地八，地四生金成之者天九，天五生土成之者地十。圣人则之，其设卦之所由备乎？《大传》曰：天一、地二，天三、地四，天五、地六，天七、地八，天九、地十。又曰：天数五，地数五，五位相得而各有合。考之“洛书”，天数五，一、三、五、七、九是也；地数五，二、四、六、八、十是也。一与六合于北，二与七合于南，三与八合于东，四与九合于西，五与十合于中，五位相得而各有合也。此所以成变化而行鬼神也。

三、河图交九数之图

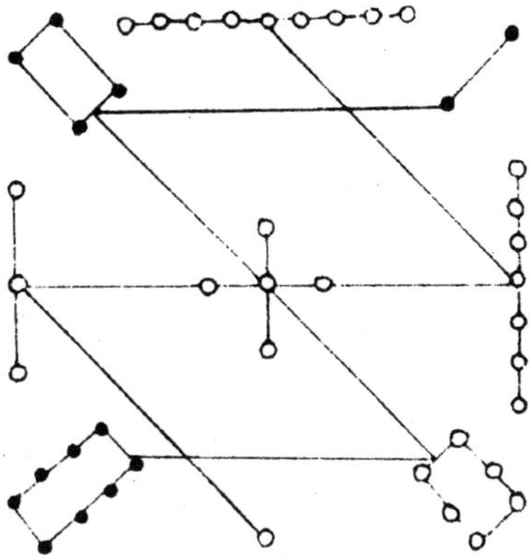

解说

易，变易也。《大传》曰：刚柔相推，变在其中矣。“河图”之交，其变之始乎？今以“河图”奇偶之数案之“先天之图”，盖可见矣。其为数也，奇数自一左旋，至三、至五、至七，复右旋，以至于九；偶数自二右旋，至四、至六，复左旋，以至于八。其为卦也，左位之卦自乾一右旋，至兑二、离三、震四；右位之卦自巽五左旋，至坎六、艮七、坤八。大抵数以逆来，则卦以顺往；数以顺往，则卦以逆来。以数之交错，为卦之逆顺。刚柔相摩，八卦相荡，变化无穷矣。斯易之所以神欤？

四、洛书联十数之图

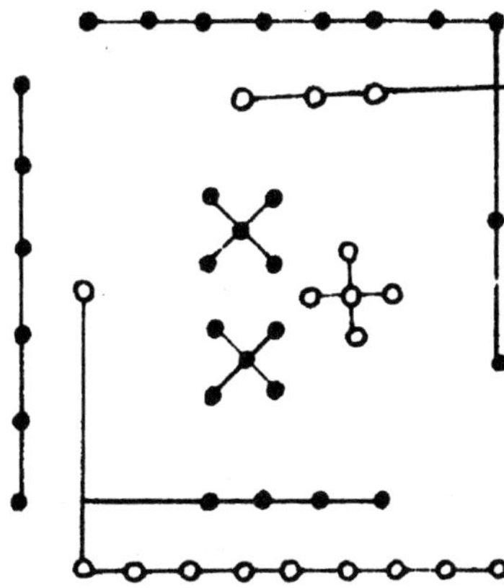

解说

十数者，天地之全数也，“河图”中虚十数，四方四维皆具十数。“洛书”中实十数，四方亦具十数。自今观之，“河图”一对九为十也，而“洛书”生数之一，联成数之九，交于西北，非十而何？“河图”三对七为十也，而“洛书”生数之三，联成数之七，交于东南，非十而何？“河图”四对六为十，二对八为十也。而“洛书”生数之四，联成数之六，交于西北；生数之二，联成数之八，交于东南，非十而何？交于东南者，不混于西北；交于西北者，不混于东南，岂无其故，盖一与四，生数也，合而为五位于西北，金水相生也。二与三，生数也，合而为五位于东南，木火相生也。一与四合五，数处于内；而六与九合十五，数周于外；二与三合五，数处于内；而七与八合十五，数周于外，并乎其不相混也，不特此也。中宫之土，寄位于艮、坤，分位于东北、西南，东之木、南之火，遇坤土而成也。西之金、北之水，遇艮土而成也。会而归之，则中宫之土，实管摄焉。故以东南之数二十，涵中宫之五数，则与天数之二十五合；涵中宫之十数，则与地数之三十合。以西北数二十，涵中宫之五数，则与天数之二十五合，涵中宫之十数，则与地数之三十合。此数至十而成，所以为自造化之全功也。

五、伏羲则河图之数定卦位图

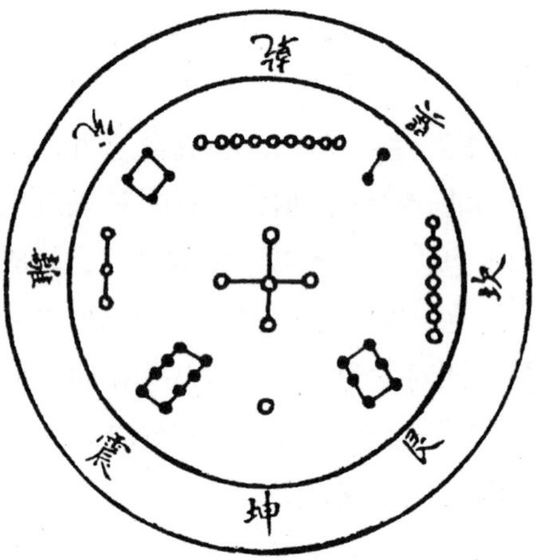

解说

按：“河图”乾居九数，兑居四数，厥数惟金，厥卦惟金；震居八数，厥数惟木，厥卦惟木，数与卦相合也。至于他数与卦若不相似焉者，何也？此当于纳音求之。金自能成音故兑，乾之金从本数，居四与九；木自能成音，故震之木从本数，居八。若夫水一、六数，纳土成音，水遂从土数五，故坤土、艮土，往居水之一、六位。火二、七数纳水成音，火遂从水数一、六，故坎水往居火之七位。土纳火成音，曷为火不居土五之位？土分旺寄位者也，故离火遂与巽木交互其位。离火居木三之位，子依母也。巽木居火二之位，母从子也。此八卦之象，合“河图”之数然也。

六、伏羲则洛书之数定卦位图

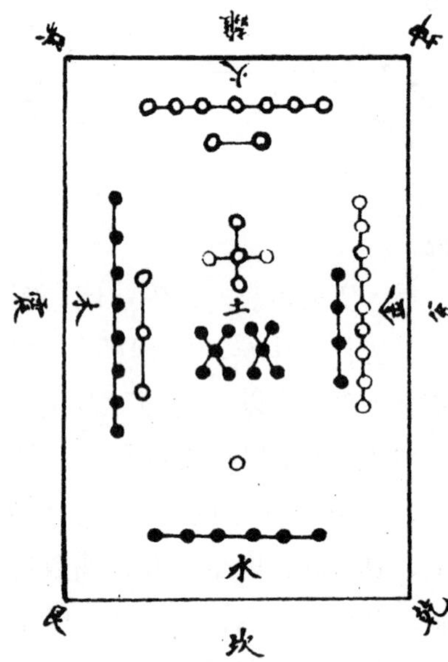

解说

按：“洛书”一、六水数，厥卦惟坎，厥方惟北。二、七火数，厥卦惟离，厥方惟南。三、八木数，居东，卦则震、巽隶之。四、九金数，居西，卦则乾、兑隶之。五与十居中，土数也，卦则坤、艮隶之。寄位东北与西南，数与卦相合，卦与方相应，五行以之而序，八卦以之而定，四方以之而奠，此八卦之象合“洛书”之数然也。

七、河图交八卦之图

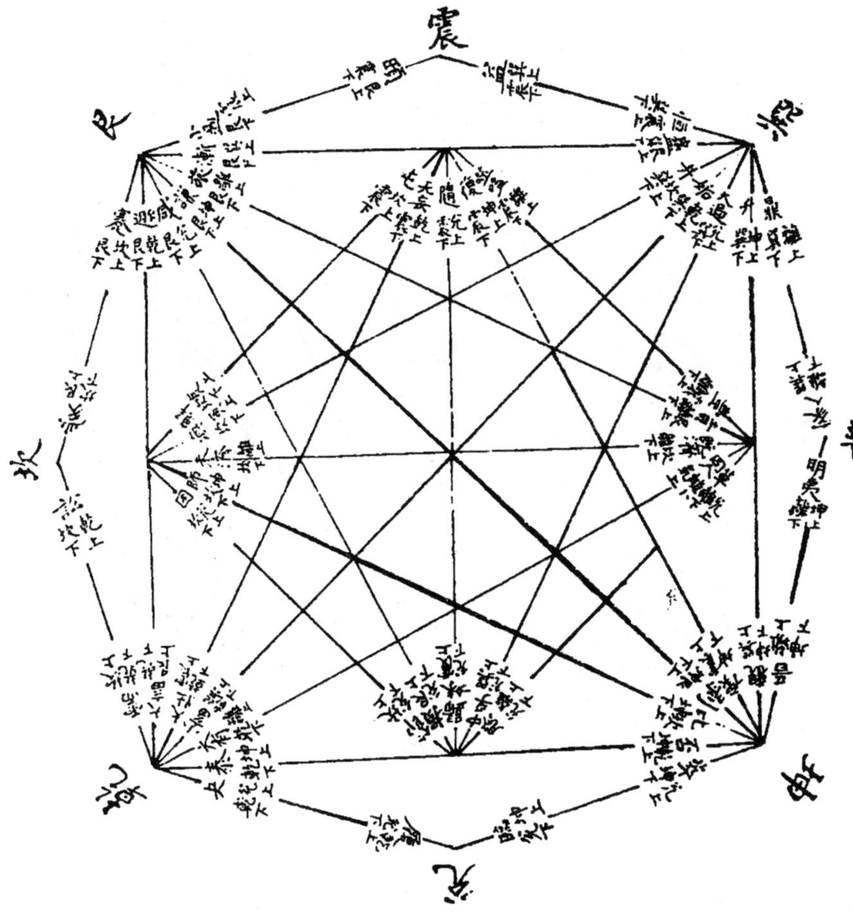

八、洛书交八卦之图

解说 七、八二图并说

夫子言易有圣人之道，曰：非天下之至精，其孰能与于此；曰：非天下之至变，其孰能与于此；曰：非天下之至神，其孰能与于此。观此二图，交以“河图”，则六十四卦之序皆乾一、兑二、离三、震四、巽五、坎六、艮七、坤八，往者顺，来者逆也；交以“洛书”，则六十四卦之序，皆出震齐巽，见离役坤，说兑战乾，劳坎成艮也。呜呼！天出图、书，以示圣人，圣人画卦以法天，非至精、至变、至神，其孰能与于此？九为“河图”，十为“洛书”，端可证矣。

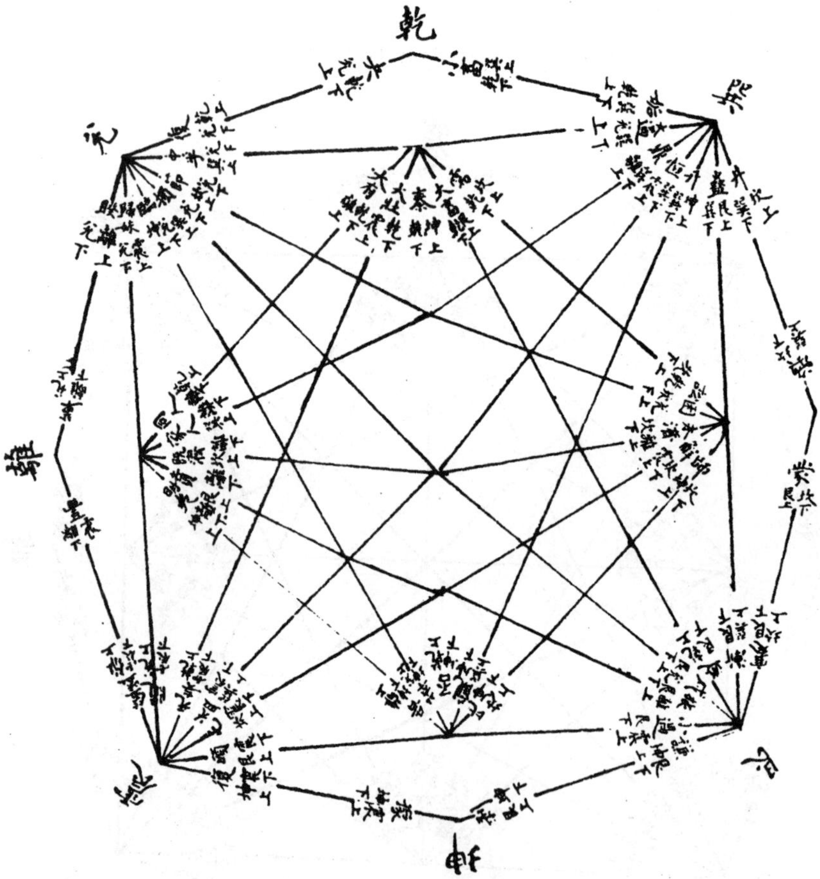

（八、洛书交八卦之图）

九、河图序乾父坤母六子之图

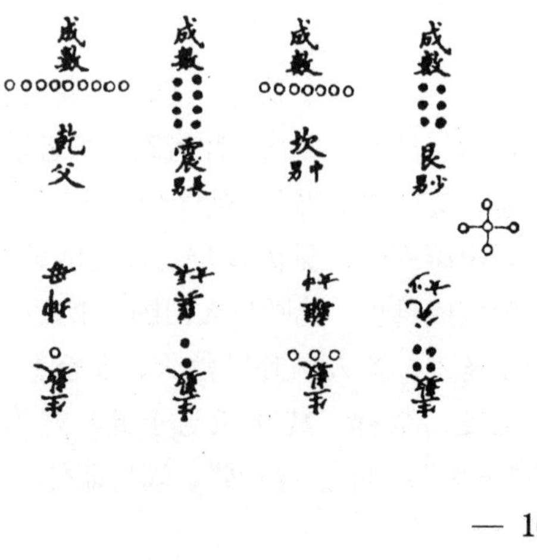

解说

图之数有九，卦之位有八，乾称父，位成数之九；坤称母，位生数之一，一涵九也。震为长男，位成数之八；巽为长女，位生数之二，二涵八也。坎为中男，位成数之七；离为中女，位生数之三，三涵七也。艮为少男，位成数之六；兑为少女，位生数之四，四涵六也。五数居中，又所以总诸数也。是故乾统三男，居成数之位；坤统三女，居生数之位。独阳不成，独阴不生，所以配道也。长幼有序，男女有别，所以明伦也。男女正而家道正，正家而天下定，所以致用也。噫！易岂虚玄云乎哉！

十、洛书序乾父坤母六子之图

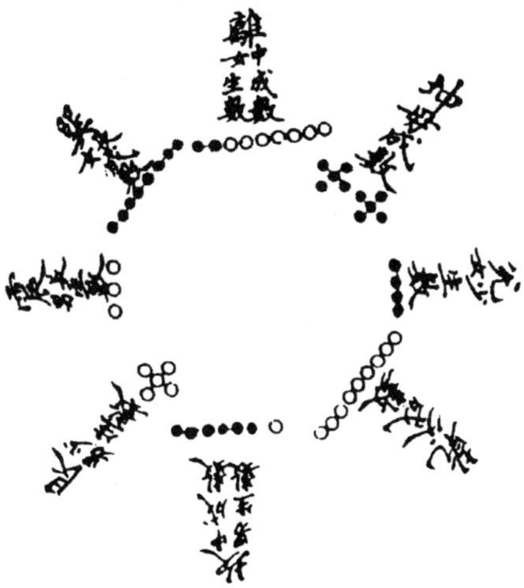

解说

“河图”置坤母、巽、离、兑三女于生数之一、二、三、四，置乾父、震、坎、艮三男于成数之九、八、七、六，是以数之生成别男女者也。“洛书”乾统三男，居东北；坤统三女，居西南，是以位之左右别男女者也。即“洛书”而方之“河图”，金、木、土之隶乾兑、震巽、坤艮也；象分生成之数为二，水火之隶坎离也；象合生成之数为一，数同而位不同者，乾，兑也。数与位俱不同者，坤艮、震巽、坎离也。然则图书象数果不同欤？圣人设象以配数，因数以定象，其别男女之序同一旨耳。

十一、伏羲始画六十四卦之图

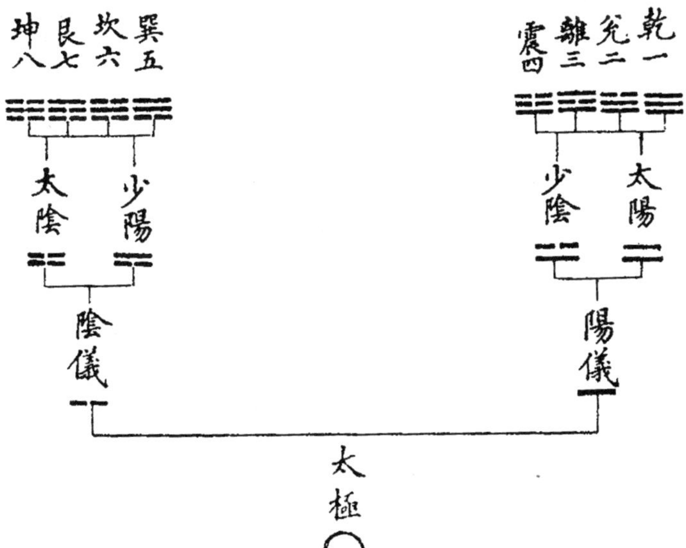

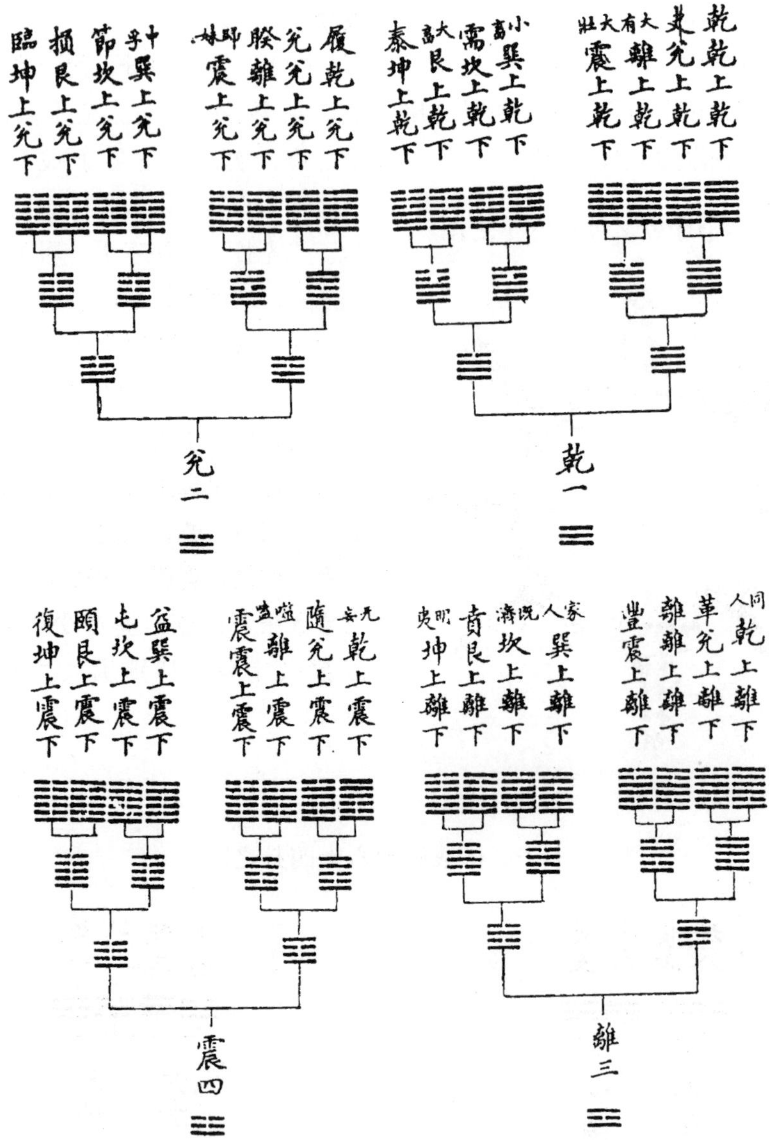

（十一、伏羲始画六十四卦之图）

解说

《系辞》曰：易有太极，是生两仪，两仪生四象，四象生八卦。

此一章夫子所以明伏羲画卦之例，此一图所以写夫子此一章之旨。夫太极是此易本有底道理仪象，八卦是此极自然生出底道理，非别有太极在易之外生仪象、八卦，故太极既判，奇偶始生。━者，是为阳仪；╍者，是为阴仪。阳仪之上，生一阳为

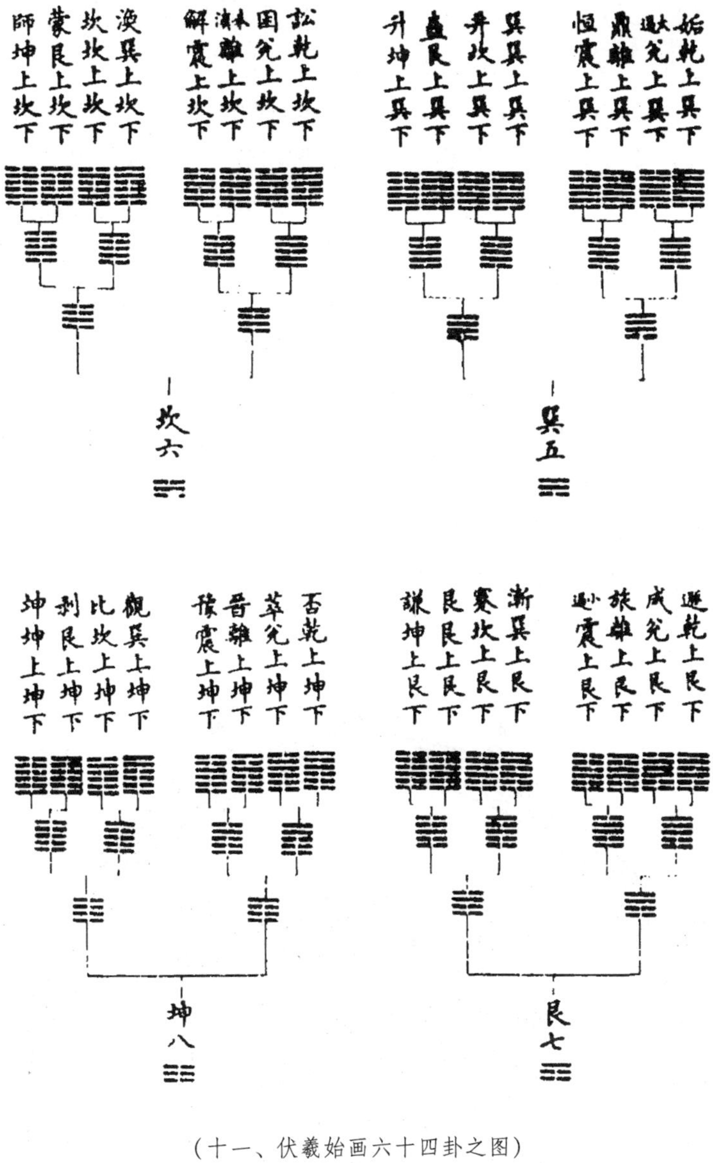

（十一、伏羲始画六十四卦之图）

奇者，太阳也；又生一阴为偶者，少阴也。阴仪之上，生一阳为奇者，少阳也；也生一阴为偶者，太阴也，是谓“四象”。太阳之上复生一奇一偶，即乾一、兑二也；少阴之上复生一奇一偶，即离三震四也；少阳之上复生一奇一偶，即巽五坎六也；太阴之上复生一奇一偶，即艮七坤八也，是谓“八卦”。夫以一加倍为两，两加倍为四，四加倍为八，而小成之卦备矣。八卦之上复用奇偶加之，则以八加倍为十六，十六加倍为三十二，三十二加倍为六十四，而大成之卦备矣。此文公朱子所谓“方圆”，只是据见在底画者是也。又谓此图本于自然，流出不假安排，乃易学纲领，开卷第一义者是也。

十二、邵子传授先天图

解说

文公朱子与门人言“先天图”曰：“圆图”是有些子造作模样，“方图”只是据见在底画。“圆图”便是就这中间拗做两截，恁底转来底是奇，恁底转去底是偶，便有些不甚依他当初画底。然伏羲当初也只见这太极下面有个阴阳，便知是一生二，二又生四，四又生八，恁底推将去做成这事物。愚谓“先天圆图”就中间拗做两截，非是伏羲出己意见拗做两截。是天出“河图”如此，伏羲则之耳。“河图”九居南，四居东南，三居东，八居东北，伏羲因“河图”如此置数于南于东也，故以乾配九，以兑配四，以离配三，以震配八。自乾一、兑二、离三、震四，恁底转来底自然是奇。又“河图”一居北，六居西北，七居西，二居西南，伏羲因“河图”如此置数于北于西也，故以巽配二，以坎配七，以艮配六，以坤

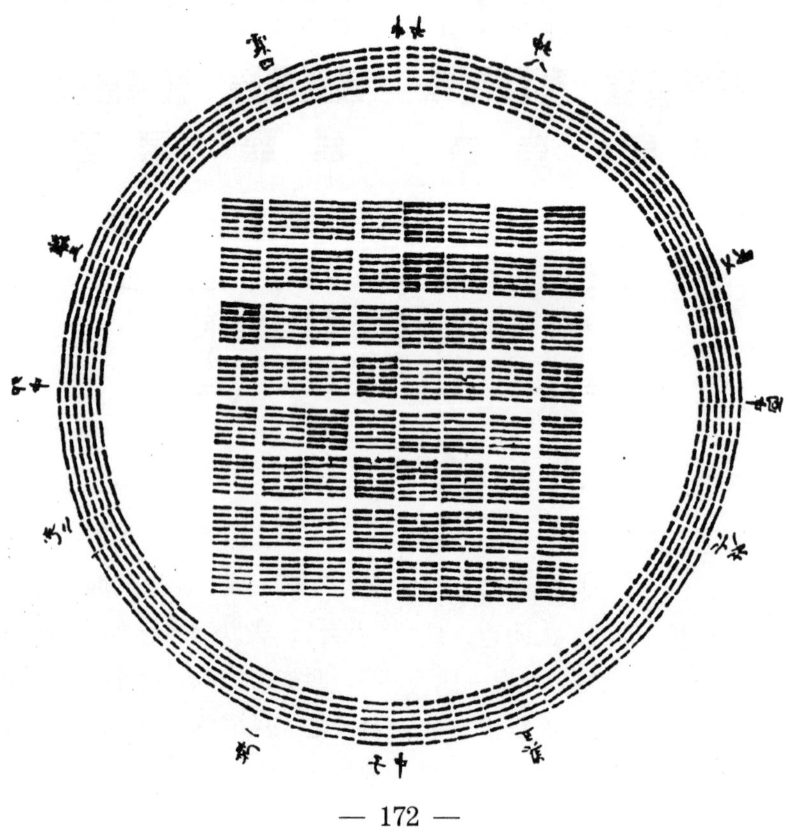

配一，自巽五、坎六、艮七、坤八惩的转去的自然是偶。是故夫子于《系辞下》述“太极生两仪，两仪生四象”一章，明伏羲画卦之序：于《说卦》“述数往者顺，知来者逆”一章，明伏羲设卦之方。倘二图不传，则夫子二章之词不几于空言乎？噫！邵子所以有功于作易之圣人。虽然，微朱子，孰明其蕴，是亦有功于作易之圣人也欤！

十三、河图用九各拱太极之图

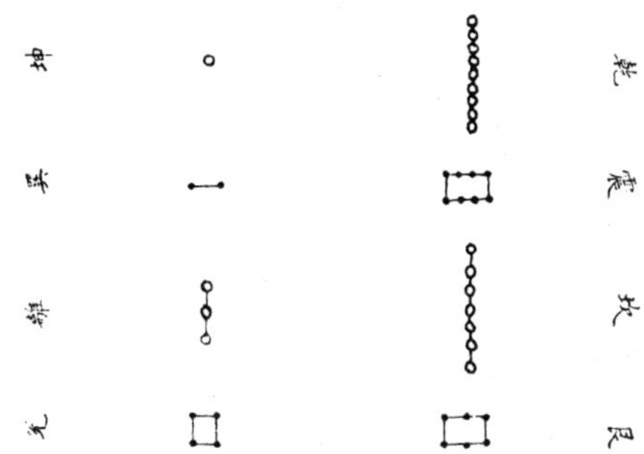

十四、洛书用十各拱太极之图

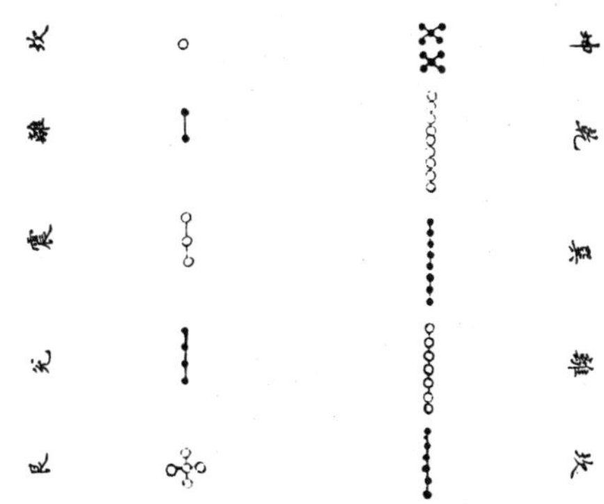

十五、六十四卦各拱太极之图

解说　十三、十四、十五三图并说

“易有太极”，是“易”之中元有此极，实为造化根本，非“易”之外别更有一个太极也。太极之理具于“河图”“洛书”，而显于两仪、四象、八卦。由今观之，“河图”之数用九也，然乾九坤一相对为十，自巽二震八而下，相对皆十，何也？九者，“河图”之数也；一者，太极也，此太极在“河图”也。“洛书”之数用十也，然坎一坤十相对为十一，自离二乾九而下，相对皆十一，何也？十者，“洛书”之数也；一者，太极也，此太极在“洛书”也。“先天八宫”之卦六十四也。然乾一对坤，六十四其数为六十五；夬二对剥，六十三其数亦六十五，自此以下两两相对，其数皆六十五，何也？六十四者，卦之数也；一者，太极也，此太极在卦象也。太极无乎不在，即“河图”而在“河图”，即“洛书”而在“洛书”，即卦象而在卦象，潜藏密拱，未尝间断。有个天地，便有个太极在这里流转，不假安排，靡有亏欠，此一之流行于图书、卦象。虽未尝显其名，图书卦象之默涵乎？此一则未尝离其体。太极，其此一之谓欤！

十六、连山易卦位合河图

解说

《说卦》曰：天地定位，山泽通气，雷风相薄，水火不相射。八卦相错，数往者顺，知来者逆，是故易逆数也。

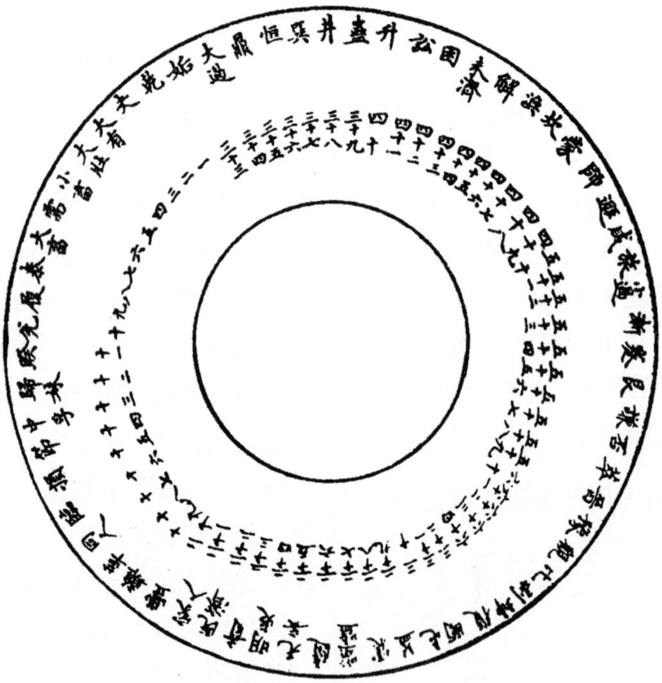

（十五、六十四卦各拱太极之图）

（十六、连山易卦位合河图）

此伏羲则“河图”以定八卦之位然也。先儒以此一节明伏羲八卦，是矣。然自其指十为“河图”，九为“洛书”，则是《说卦》此章先述伏羲则“洛书”以定八卦之位，而后章始及则“河图”以定八卦之位，与《系辞上》曰“河出图，洛出书，圣人则之”之辞先后为不同矣。况先儒又指《说卦》后章“出震齐巽，见离役坤，说兑战乾，劳坎成艮”一节为明文王八卦，若然，伏羲八卦，取则“洛书”者也；文王八卦，取则“河图”者也。似不其然。刘长民谓“河图”“洛书”俱出于伏羲之世，九为“河图”，十为“洛书”，而蔡季通疑其非是，援关子明之说，指十为“河图”，九为“洛书”，未免数自数，象自象矣。惟即夫子《说卦》二章之辞，循八卦之象，契“图”九“书”十之数，然后数与象合，象与数合，而《说卦》二章之辞悉与象数合。信长民之说，为不诬云。

十七、连山易卦位合洛书

解说

《说卦》曰：万物出乎震，震，东方也；齐乎巽，巽，东南也；齐也者，言万物之洁齐也；离也者，明

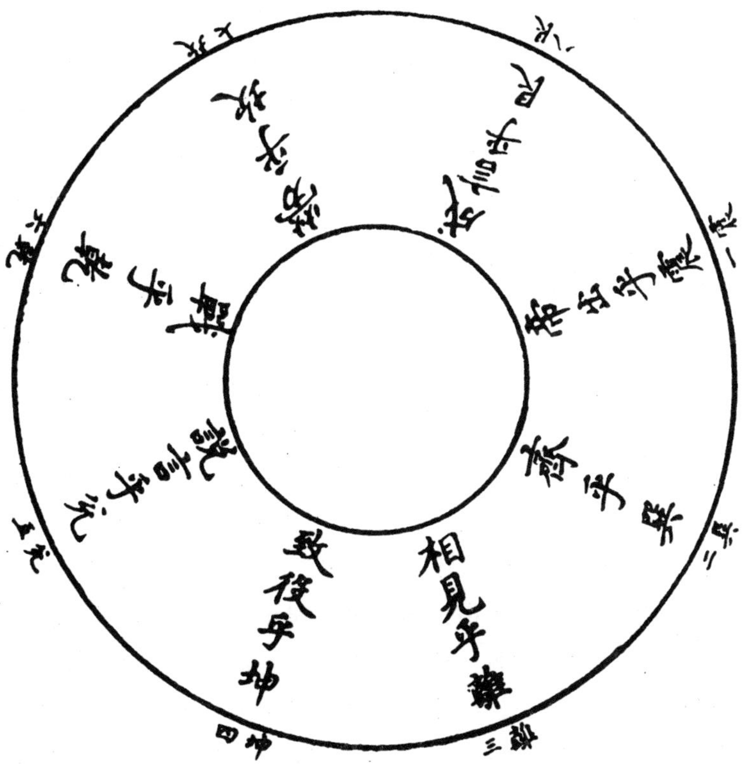

也，万物皆相见南方之卦也。圣人南面而听，天下向明而治，盖取诸此也。坤也者，地也，万物皆致养焉，故曰“致役乎坤”。兑，正秋也，万物之所说也，故曰“说言乎兑”。战乎乾，乾西北之卦也，言阴阳相薄也。坎者，水也，正北方之卦也，劳卦也，万物之所归也，故曰“劳乎坎”。艮，东北之卦也，万物之所成终而所成始也，故曰“成言乎艮”。

此伏羲则“洛书”以定八卦之位然也，先儒以此一节明文王八卦然也。即夫子《说卦》之辞证夏时之候，立春在艮，实应“连山”首艮之说，故夫子于兑之方表而出之曰：兑，正秋也，于艮之方表而出之曰：万物之所成终而所成始也，若夫文王作《周易》，建子正，而谓行夏之时。然欤？否欤？夫子《系辞》言包牺氏之王天下，必冠以“古者”之词；于《说卦》亦两言以表之曰“昔者圣人之作易”，则其指包牺氏明矣。故愚谓“河图”“洛书”并出于伏羲之世，长民之说为信然。

十八、连山易图书卦位合一之图

解说

《说卦》曰：神也者，妙万物而为言者也。动万物者，莫疾乎雷；桡万物者，莫疾乎风；燥万物者，莫熯乎火；说万物者，莫说乎泽；润万物者，莫润乎水；终万物、始万物者，莫盛乎艮，故水火相逮，雷风不相悖，山泽通气，然后能变化，既成万物也。

连山易之作，昔者圣人既则之“河图”，又则之“洛书”，《说卦》上章别而言之深切著明矣。于此一章复总而言之，其述“洛书”卦位，止曰雷风火泽水艮，不曰乾坤；其述“河图”卦位，止曰水火雷风山泽，不曰乾坤。此图探夫子此章之辞，合“图”与“书”总而一之。“书”所以应乎地，“图”所以应乎天，天包地者也。内卦循“洛书”震、巽、离、兑、坎、艮之序以为之经，外卦循“河图”兑、离、震、巽、坎、艮之序以为之纬，外卦所以纬内卦者也。自内卦秩而言之动万物、桡万物、燥万物、说万物、润万物，终始万物，此图与此章之词实相吻合。自外卦对而观之，水必与火相逮，雷必与风不相悖，山必与泽通气，此图与此章之辞无一象不相似然者。夫子不言乾坤，而曰神也者，妙万物而为言者也。乾坤其神矣乎？噫！非此一章，无以明乾坤神六子之用；非此一图，无以明此一章例连山之义。然则谓昔者圣人之作连山易也，兼取则于“图”“书”，讵不信然。虽然，所以神乾坤于不用者，何谓也？今夫制律历者之言数也，必究夫数之始，数之中，数之终，故然后能通律历之妙，有如乾在“河图”，其数九；坤在

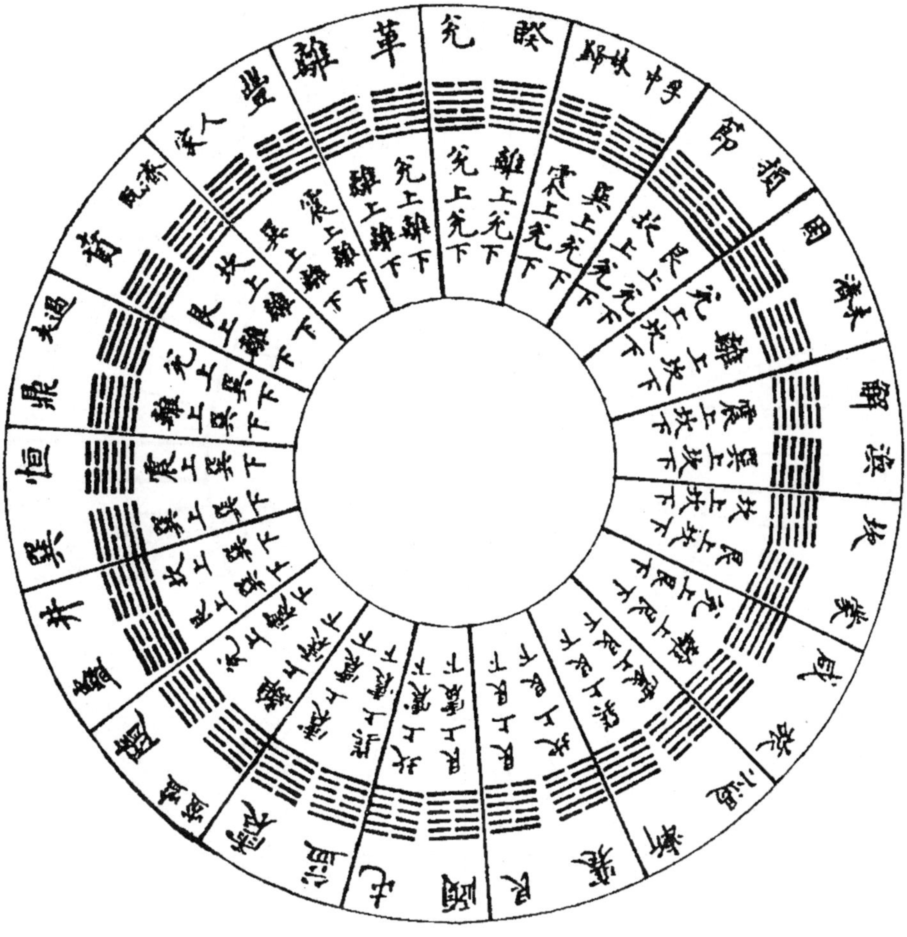

（十八、连山易图书卦位合一之图）

“河图”，其数一，此乾坤占夫“河图”之数之始终者也。乾在八卦，位居一；坤在八卦，位居八，此又乾坤占夫八卦之数之始终者也。《汉律历志》曰：并终数为十九，易穷则变，此又指乾坤在“洛书”，占夫“洛书”之数之始终者也。由是言之，《说卦》此章述昔者圣人作易之意，不言乾坤，是殆神夫数之始终，以妙其用也。夫道可受而不可传，此章之旨微矣，其可以言言乎哉？

十九、乾坤司八节之图

解说

一岁之内，二至、二分、四立，是之谓八节，乃一岁之纲领也。然纲领一岁者，八节也；而所以纲领八节者，乾坤也。纯坤与复上之坤，隶冬至也；无妄上之乾，与明夷上之坤，隶立春也；同人上之乾，与临上之

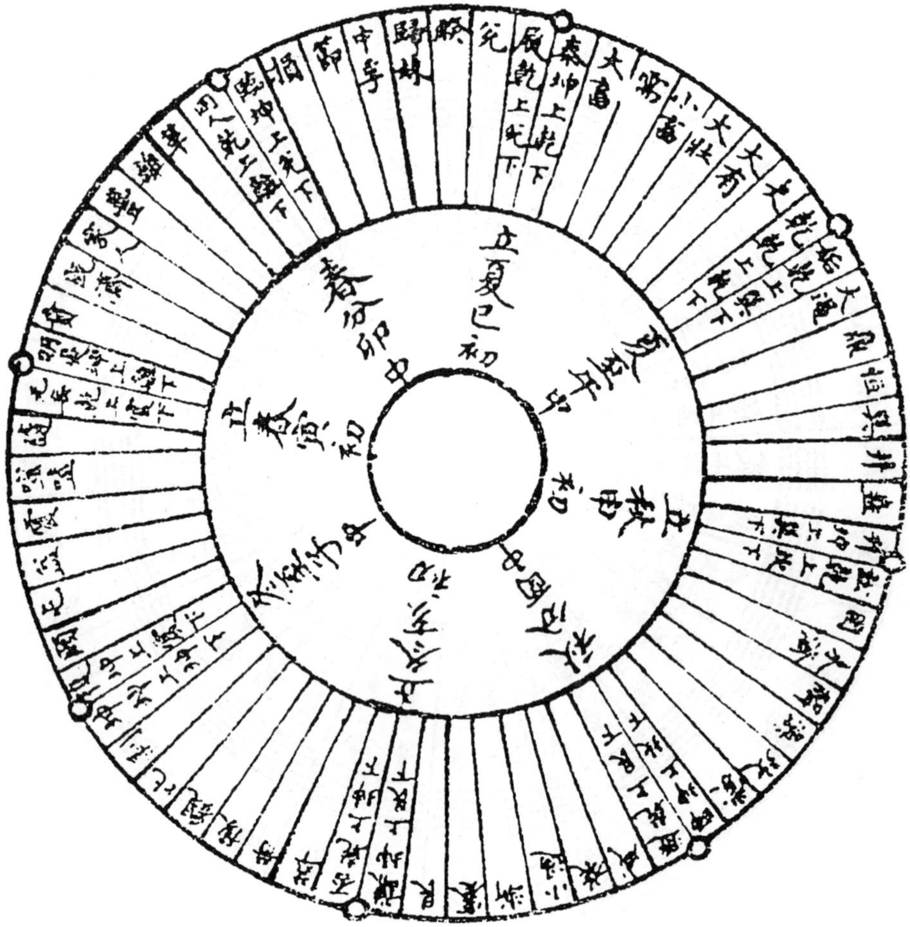

（十九、乾坤司八节之图）

坤，隶春分也；履上之乾，与泰上之坤，隶立夏也；纯乾与姤上之乾，隶夏至也；升上之坤与讼上之乾，隶立秋也；师上之坤与遁上之乾，隶秋分也；谦上之坤与否上之乾，隶立冬也。此非人为安排之巧，皆出于象数自然而然。夫子《说卦》以妙万物之神为言，而不言乾坤，此图与出乾坤不离于八节之交，正以分八节育万物、成岁功，固六子迭运之力，实乾父坤母纲领之造，然则乾坤不其神乎？

二十、夏时首纯艮之图

解说

按：《周礼疏》贾公彦释“连山”之义曰：此连山易，其卦以纯艮为首。艮为山，山上山下，是名“连山”。即贾氏之疏，稽之《说卦》之辞，夏时之候，夏建寅正，纯艮，实

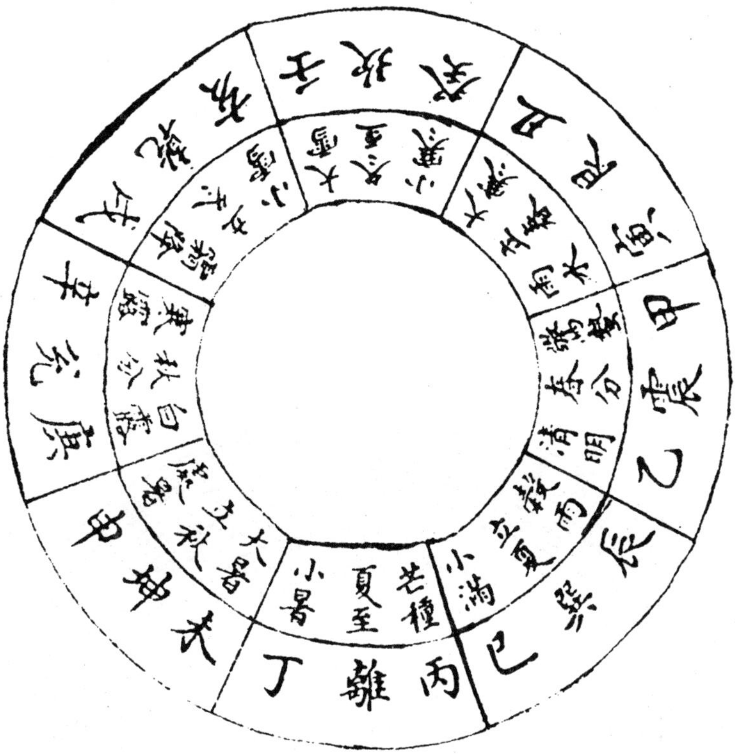

（二十、夏时首纯艮之图）

元立春。春为时之首，艮所以为连山易之首乎？考之《汉律历志》述三统，谓人统寅木也，太簇律长八寸，象八卦，伏羲氏之所以顺天地，通神明，类万物也。以是知伏羲氏已用寅正，夏后氏因之而已。故贾公彦谓连山作于伏羲，因于夏后氏，此之谓也。连山易亡已久矣，因《周礼》得存其名，因《说卦》得存其义，因夏时得存其用。自汉太初改正朔，复行夏之时，民到于今受其赐，其夫子之杞之功欤？

二十一、连山应中星之图

解说

“连山易”，夏时之取则也，而《尧典》一书，分命羲和，亦夏时之取则也。以书考易，其义一也。书曰：日中星鸟，以殷仲春；日永星火，以正仲夏；宵中星虚，以殷仲秋；日短星昴，以正仲冬，盖取中星，以定四时者也。今即“连山易”而布以二十八宿：冬至，其卦也复，其宿也虚；夏至，其卦也姤，其宿也星；春分，其卦也临，其宿也氐、房；秋分，其卦也遁，其宿也昴。四时之二至、二分，以卦准宿，即《尧典》之“中星”。不特此也，自汉太初元年改正朔，行夏时，至今千三百七十余年，历法之沿革虽不同，而大概则可考。立春之候日躔虚，立夏之候日躔昴，立秋之候日躔星，立冬之候日躔氐，四时之四立，以历准宿，即“连山”之“中星”。呜呼！自夏时之革而为丑正、子正也，夫子居春秋之世而欲行夏之时，虽书其事于经，不得行其志于时，自太初之革亥正而为寅正也，愚也居今之世得述其志，得见其事，岂不为“连山易”之幸欤！

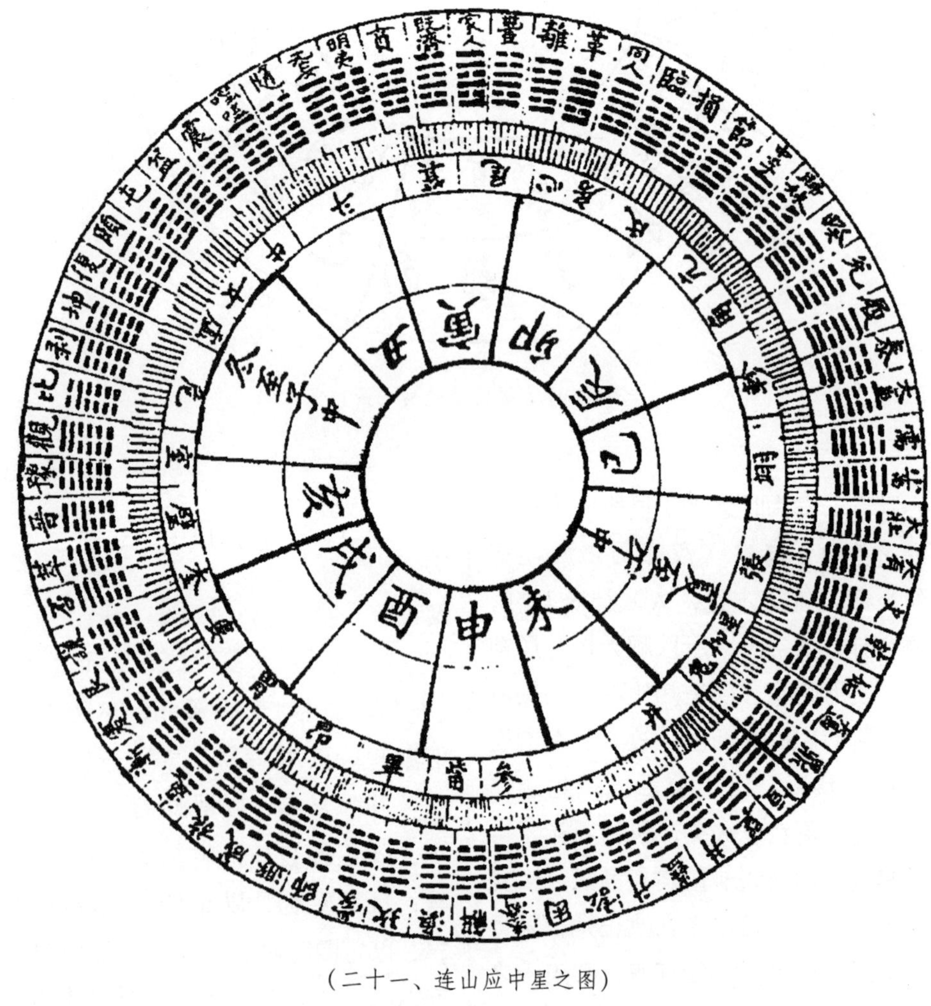

（二十一、连山应中星之图）

宋·雷思齐《易图通变》

一、河图四十徵误之图

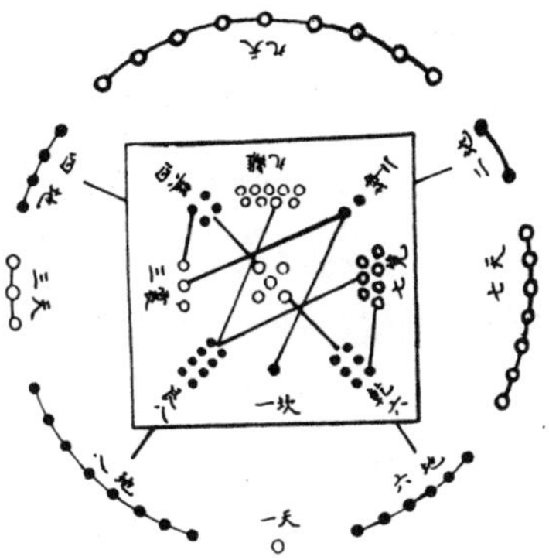

“河图”本数兼四方四维，共四十，员布为体，以天五地十虚用以行其四十，故合天地之数五十有五。旧图改作方体，且实以天五于中，故不可推用。今首出圆体，先徵无误，览者详审，后图则自可见也。

二、参天两地倚数之图

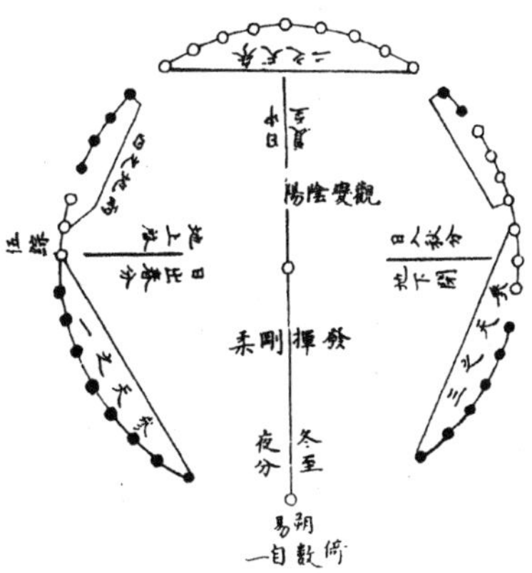

三、参伍以变错综数图

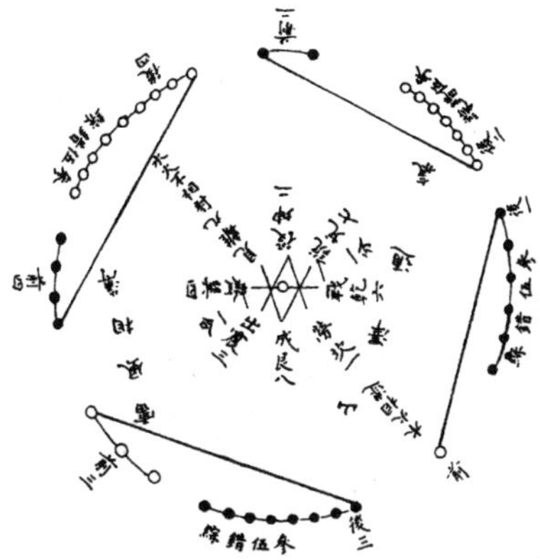

四、参两错综会变总图

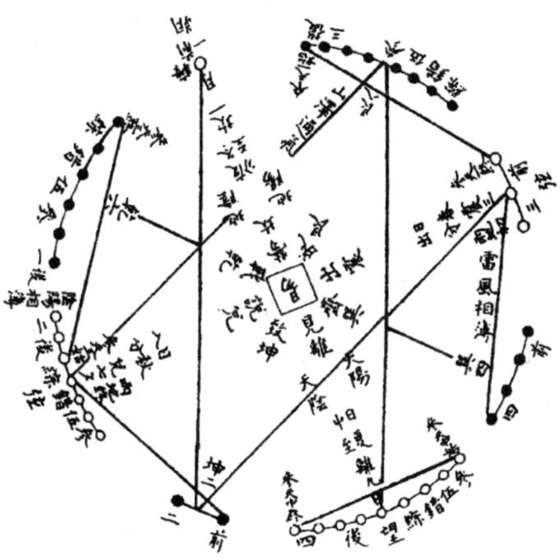

解说 一至四诸图并说并总论“河图”

则“河图”以作易，其数之所由起乎？数不起，不过一阴一阳之道而已；易道之所以一阴一阳者，不过以奇偶之数互为分且合以生且成而已；阳奇阴偶，变而通之，绳绳兮杂而不乱者，不过《大传》所谓天一、地二，以至天五且地十而已。

易为太极，极，中也，一也，中

自一也，是生两仪，仪匹也，二也。匹而二也，两仪生四象。一、二、三、四分之以为四生数，四象生八卦，则六、七、八、九合之以为四成数也。四奇为阳，阳虽有生成之异，而各列于四方之正；四偶为阴，阴亦有生成之异，而同均于四维之偏。由正生偏，由偏成正也。一与三为奇，为阳之生数，而必待于六与八之阴数以为成。二与四为偶，为阴之生数，亦必赖于七与九之阳数以为成也。

自北而东，一而三，乃阳生之进数，而其自八而六，东而北，阴成之退数者，固已寓乎其中。自西而南，二而四，乃阴生之进数，而其自九而七，南而西，阳成之退数者，亦兼具乎其中矣。

四方者，各以其阳奇居于正；四维者，各以其阴偶附于偏。然天数之有五，地数之有十，均合于阴阳之奇偶，而同谓之生成，乃独无所见于四方之位何也？四象无五，八卦无十故也。然易之所以范围不过，曲成不遗者，正由假此天五地十之虚数，以行其实用，于四象、八卦而成“河图”者，特不当效世习置五虚点于图中心，而附以十点，谬云五十，而不知其用也。

坎以一始于正北，而一五为乾六于西北；坤以二分于西南，而二五为兑七于西；震以三出于东，而三五为艮八于东北；巽以四附于东南，而四五为离九于正南。故阳得五而阴，偶得五而奇，阴得五而阳，奇得五而偶，是生数之所以成，成数之所以生者也。生数少于五，无所待以制中也，故阳数之一与三，自为中于乾六艮八成数之阴之外。阴众而阳孤，坎故谓陷也。成数多于五，不能自适于中也，故阴数之二与四，取五于离九兑七成数之阳之内。阳正而阴偏，离故谓丽也。陷必止而求动，故“帝出乎震”。动所以取合，由分而合也。丽必顺而相说，故“说言乎兑”。说所以致分，由合而分也。

阳之进数坎，独为生数之始，由北顺行，东交于巽四；阴之进数坤，亦为生数之次，由西南逆行，东合于震三，是阴阳之生数三、四俱前而合。考于时，今四月为乾月，卦六阳之交；坤月，卦六阳之承，故有巽无乾，帝出震，而齐乎巽也。

阳之退数离，独得成数之中，由南顺行，西终于兑七；阴之退数艮，实始之由东北逆行，既北而西，究于乾六，是阴阳之成数六、七，俱后而分。考于时，今十月为坤月，卦六阴之终；乾月，卦六阳载始，故有乾而无巽，说言乎兑，战乎乾也。

天数始于一，则太极之全也，阳之正也；一析而二，则太极之分也，阴之偏也。一二参而三，则阳既唱而奇；一三转而四，则阴遂随而偶。由一与四唱于前，交对而为五，而其二与三随于后，亦交对而为五，是两其五。两五相伍，则十也。参以天五，是参伍也。古文之五×，古今文之十皆十，是其象也。变而通之，生数之所以成，成数之所以生也。

坎一巽四而五，故乾六离九而十五也，合之而二十。坤二震三而五，故兑七艮八而十五也，合之亦二十。是一、二、三、四之十成六、七、八、九之三十。故“河图”之数止于四十，而虚用天五与地十，而为天地之数五十有五也。

生数之二五而十，虽分阴分阳，而俱以生数之阳，载成数之阴，以维北若东，而中由以立。两其十五而三十，遂互阴互阳而又以成数之阴，奉生数之阳，以维南若西，而中所以行也。立者，寄于虚以体其实；行者，布其实以用其虚也。

一、二、三、四，交罗四象，而四互其虚。五以为十，而为生数之体，六、七、八、九并包八卦，而四分其实。五以为二十，而为成数之用，两五之合十，固已旁正而交为二十之分体。二十之分五，乃离合而统为天五之全用，十交五体，五周十用也。

坎一离九而十，坤二艮八而十，震三兑七而十，巽四乾六而十，皆一生一成也。一必九，三必七者，四方四奇之十阳十也。二必八，四必六者，四偶四维之十阴十也。是四五本二十，今则四十四。伍而什，皆所以分中于成数之实十四；什而伍，又所以合中于生数之虚五也。是五伍而十、十什而五，参伍错综，其数从横斜正倒之颠之，无不十五者也。

伍之而十，均十也。一与九之十，维坎维离，坎一居阴，北阳之始生，阴中之阳，阴极而生阳也。阳之一初而独立于中。离九居阳，南阳之终极，阳中之阳，阳极生阴，丽于巽四、坤二生数之阴。阴不专立，而当九阳之盛际，阳群合而制中者也。《说卦》谓“水火相逮”而“不相射”者，冬、夏之至也。冬至坎之自中，夏至阳极而阴中也。

二与八之十，维坤维艮；三与七之十，维震维兑。阳自下而升，由北东而极于南；阴自上而降，由南西而极于北。此其交进交退，以适于中者，阴阳东西之所纬，往复启闭之所涂，否泰通塞之期而出震致坤，说言成言，而山泽通气以为春秋之分，所以曲而畅旁而通之也。至于四与六之十，维巽维乾，此又阴阳之始终。终始，天地之穷变，变通莫不由此制用，何以明之？阳自乾、坎，而艮、震自后而前，以合于东南之巽。阴自巽、离，而坤、兑自前而后，而分于西北之乾。

阳之生数一而三，总而四，而巽兼之；阴之生数二而四，总而六，而乾兼之。四而倍分之，则八节，与经卦所以序者，类而长之也。六而倍分之，则六阴六阳，十有二月，与重卦之所以列者，引而伸之也。况乾之六虽二与四合而成，然以一合五亦成也。由五外交乎一而六，五犹生数，六已成数矣。乃自有生成之道焉。况合乎坎之一即中，故乾特以老阴而变九也。若巽特以一与三之生数而限之，以四阳气不足于数无以自达于中，故借数于离九之中五，乃始得中而与坎对中。以四合五，乃至于阳之极位，极而必反是巽离兼数，所以九为老阳而变六也。

是特以乾、巽对十，而九六之变为然。至于乾、巽之互为分合、始终，则有不止此。震三巽四合而雷风相薄，见于恒卦，巽当四月，则已如前说。若兑七乾六分而西北，乾当十月，则又未易以乾、巽对十为说而止者。乾阳也，数乃阴六，而位于坎前。兑阴也，数乃阳七，而位于坤后。故于乾、兑六、七之中，各借五为之乘除，而变乾之六而于参伍之前，有一乾在坎前，是乾之一出而为坎之一。兑之七而参伍之后，有二兑在坤后，是坤之二入为兑之二也。乾、兑虽以成数之六、七互分，而坎、坤乃以生数之一、二互起于中矣。然而兑不名二，而坤名二；坎名一，而乾不名一。乾之所以不自名其一者，盖以寓其不入于数，而并包入卦之五与十，生成之用而为太极之全也。此以数言，则天一、地二，地设位以气言，则分阴分阳。阴阳相薄，而易所以行乎其中者，始由于是，则阳生之进数，所以为阴成之退数，阴生之进数，所以为阳成之退数，乃互进互退，迭生迭成，此其生生之易，一阴一阳之道，无所终穷也。岂不至精、至变，而至神者欤？

又况易以一其三画，因得析而生八卦；二其三画，遂得错而成八八之卦。若其卦之成画，则止于六矣。乃复于乾独三，其三以至谓之九何也？凡卦画如图，以五为中，必有九而后中，乃在五既中五之后。六为上爻者，盖其卦气之余也。生数既终，成数攸始，此九、六虚实之所以寄也。坤起于成数之六而实，乾极于成数之九而虚。六乃坤数成始，附于图位，则以寄其乾九。九乃乾数成终，附于卦位，则以同于坤六。其六居退数之极，而进居乎坎中之前；九居进数之极，而退附乎离丽之后。故六于卦，犹有位；九于卦，已无位而并寄位于六，而迭为九六者，九虚六实，因兼著其体用也。

且乾老阳也，坤老阴也，父母之谓也。少阴、少阳，则六子男女之谓也。少阴、少阳之数，则七、八也。乾元用九，坤元用六，合六十四卦无有七、八，而唯有九、六，是男女者，亦由父母之所变随以变者也。凡物之产，莫不由于母，而莫名其父之德之在，故坤犹见于六画之体，而乾之九有其九用，而莫究其体之由，是所以“神无方而易无体”者。

天一兼天五而六，地二合地四而六，五与六当十数生成互中之地，纳甲以戊己为中，纳戊以中乎坎，纳己以中乎离，戊、己即五、六也。置于坎、离之中，所以见其互中也。六合二、四为地数之成始，见于卦之坤曰：“龙战于野”，即“战乎乾”，疑于阳而嫌于无阳，见阴之有待于阳也，故其道穷。而坤之用六，不过曰“利永贞”。天数之一、五、九，是所谓始中终九为天数之成终。见于卦之乾曰“亢龙有悔”，盈不可久而不可为首，而乾之用九，则天下治而见天，则是见其行健，无所待于阴也。

一于九合为乾，则其数十，而十乃寄于天九之外，无所致其用矣。地道无成，而代有终，又有在于是，是概论九、六之大凡可以意讨也。“河图”之列只为经卦设，今而并及于重卦之体用也。经卦、重卦无往而不一阴一阳，由奇偶之分合，以生始成终者也。一、二、三、四而五同为生数。一至四其实体，五其虚用也。六、七、八、九而十，同为成数。六至九其实体，十其虚用也。四象无五，八卦无十，坦然明白矣。

四方各具十数，总而四十四隅，各包五数，共为二十。二十则四其五，而虚用者各居其半。四十者八其五，而实体者兼会其全。故四象合八卦，而总之则四十也。五为立中之体，而生十为行中之用而成也。且五分于成数六、七、八、九之内，皆阴数少而阳数多。阴固偏，阳固正，五不得中，而寄于四隅之偏。十合于生数一、二、三、四之外，皆阳数少，而阴数多，阴亦偏而阳亦正，十各成中而居四方之正。然则正则中，中则正也。五始既所以正位于虚用之中，十中又所以中立于实用之外，皆所以为一阴一阳之中道也。由阴阳中既复有阴阳，此体用中，所以复有体用虚实，实虚始终，终始变化，生成相与为无所终穷者也。

又况五其五，而二十有五，亦天数也。六其五，五其六，三其十，十其三而三十，亦地数也。一且九，二且八，三且七，而四且六之。各十与本数虚用之。十以之伍其什，什其伍，斯则大衍之数五十矣。而其兆始之一，寄中之五，藏其用于无形之天，则又出乎五十、十五之外，大衍所不得而用也，又恶知不用之用，乃所以用大衍者，以是见一阴一阳之谓道，参伍而错综之。凡天地之数五十有五，所以成变化而行鬼神，有以见天下之赜，见天下之动而知神之所为者，斯羲皇所以则“河图”而作易者也，孔子赞易，谓其至精、至变，以至于至神，吁！斯其至神者矣。

元·胡一桂《周易启蒙翼传》

一、河　图

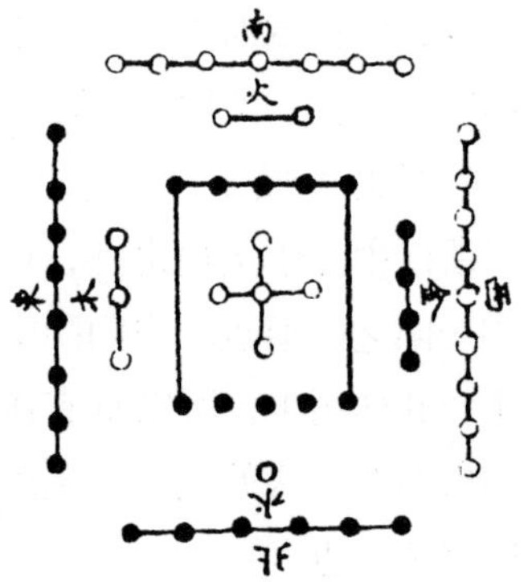

二、洛　书

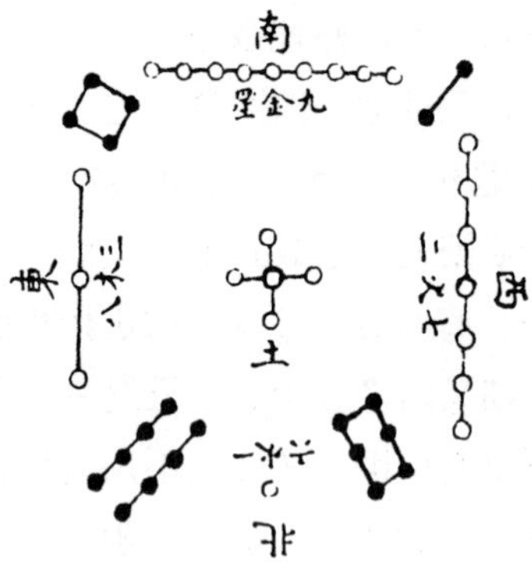

解说 一至二两图并说

《易大传》曰：河出图，洛出书，圣人则之。易有四象，所以示也，系辞焉，所以告也，定之以吉凶，所以断也。此统论“河图”“洛书”也。

又曰：天一、地二，天三、地四，天五、地六，天七、地八，天九、地十。天数五，地数五，五位相得而各有合。天数二十有五，地数三十，凡天地之数五十有五，此所以成变化而行鬼神也。

此专明“河图”之数也。古今言数学者，盖始于此。天地间，只有一、十数，衍而为百、千、万、亿之无算者，此十之积也。十数又只始于一数，自二至十，皆此一之积也。一之上更有何物？理而已矣。此所谓易有太极是也。太极之理，虽超乎数之外，而实行乎数之中也。自天一至地十，细积之，已自具天地五十有五之数（一与二为三，三与三为六，六与四为十，十与五为十五，十五与六为二十一，二十一与七为二十八，二十八与八为三十六，三十六与九为四十五，四十五与十为五十五，数备矣）。其下文不过申明此十数而已（其义先人启蒙通释备矣）。天地人物，古往今来，万事万变，与夫鬼神之情状，皆在此数包罗中矣。今以图观之，天一生水，地六成之；地二生火，天七成之；天三生木，地八成之；地四生金，天九成之；天五生土，地十成之。然天一生水，必待地六而后成，以至天五生土，必待地十而后成者，以五行之生，皆不能离乎中五之土，以成形质。天一生水矣，水非土则原泉从何出？故一得五则成六，是地六成之也。地二生火矣，火非土则归宿于何所？故二得五则成七，是天七成之也。天三生木矣，木非土亦无所培植，故三得五则成八，是地八成之也。地四生金矣，金固土之所滋长，故四得五则成九，是天九成之也。天五生土矣，生而必成则积之深厚，故五得五则成十，是地十成之也。一、二、三、四、五者，生之序也，六、七、八、九、十者，皆因五而后得，非真藉六、七、八、九、十之数以成之也。春属木居东方，而三八生成，木在东，在十干则为甲乙，十二支则为寅卯，在人则为五脏之肝。夏属火居南方，而二七生成，火在南，在十干则为丙丁，十二支则为巳午，在人则为五脏之心。秋属金居西方，而四九生成，金在西，在十干则为庚辛，十二支则为申酉，在人则为五脏之肺。冬属水居北方，而一六生成，水在北，在十干则为壬癸，十二支则为亥子，在人则为五脏之肾。四季属土居中宫，而五十生成，土在中，在十干则为戊己，十二支则为辰戌丑未，在人则为五脏之脾。若配以五常，则东属仁，南属礼，西属义，北属智。中宫属信，而贯乎四者。五行质具于地，气行于天，以质言则曰水、火、木、金、土，取天地生成之序也；以气言，则曰木、火、土、金、水，取春夏秋冬运行之序也。故图之左旋自东而南，南而中，中而西，西而北，合四时之序焉。此图不过龙马负之出于河尔。而数之所具，包括如此，岂可以人力强为也哉。

《易大传》虽以“河图”与“洛书”并言，却未尝明言“洛书”之数，如所论“河图”之详者。今以“洛书”观之，其为数也，一居北，六居西北，三居东，八居东北，五居中，与“河图”之位数合。至于九自居南，四自居东南，七居西，二自居西南。二方之数，视“河图”实相易置焉。何哉？朱子谓阳不可易而阴可易，其义精矣。愚又自其粗者观之，盖图书之数，虽不相袭，然而天地间东、西、南、北、中，不过一水、火、木、金、土之位，一、二、三、四、五、六、七、八、九、十，不过一水、火、木、金、土之数。自二图并观，“河图”五行之数，各协五方之位。“洛书”之数，三同而二异焉，其居中者不可易矣。纵使东北二方之数相易，亦不过有相生而无相克。至西南二方之数相易，则金乘火位，火入金乡，有相克制之义焉。此造化所以必易二方之数者，正以成其相克之象也。自二方既易之后，书皆右转相克，北方一、六水克南方二、七火，南方二、七火克西方四、九金，西方四、九金克东方三、八木，东方三、八木克中央五土，五土复克北方水焉。若使东北二方之数亦易，非但无相克之象，又且于右转之序紊其位次，而无复自然之法象矣。此造化之所以巧妙也。“河图”主左旋相生，“洛书”主右转相克，造化不可无生，亦不可无克。不生则或几乎熄，不克则亦无以为之成就也。五行相克，子必为母报仇。如土克水，水之子木又克土；水克火，火之子土又克水；火克金，金之子水又克火；金克木，木之子火又克金；木克土，土之子金又克木；其循环相克亦无已焉。今有人忘父母之大仇而不报者，可以观诸此矣。或曰：克必有报，而生未之酬何也？盖生者，理之常，数之顺，如天之生物，本无求于报，而受生者，固亦不屑以报为事，其“河图”之谓乎？克者，理之变，数之逆，为受克之子者，岂容坐视而不报哉？其“洛书”之谓乎？体常尽变，则子必为母报仇，乃造化自然之象，人事当然之理，而不可易者也。至于中央，视“河图”惟有五而无十，然一九、二八、三七、四六之合，环而向之，未尝无十焉。正造化之妙处，合图书之数，悉计之为数者百，如犬牙之相制，牝牡之相衔，其巧又有如此者。

盖当论之，“河图”虽授羲以画八卦，窃意伏羲见是图奇偶之数，卦便可画，初非规规然模仿其方位与数也。卦画既成，隐然自与图之位数合。“洛书”虽云授禹以叙“九畴”，然“九畴”自初一五行之外，次二五事以下，与“洛书”之位数初不相关。今合二图，以观先后天之易，且以伏羲先天八卦，乾、兑生于老阳之四九，离、震生于少阴之三、八，巽、坎生于少阳之二、七，坤、艮生于老阴之一、六，其卦未尝不与“洛书”之位数合。文王后天八卦，坎一、六水，离二、七火，震巽三、八木，乾兑四、九金，坤艮五、十土，其卦未尝不与“河图”之位数合（先人之说，出《启蒙通释》上卷末）。所以然者，岂伏羲之时，图书既皆并出？《礼纬》亦曰：伏羲德合上下，天应以鸟兽文章，地应以“河图”“洛书”，伏羲则以画卦其后，在复以锡禹邪“九畴”，盖亦本“洛书”九数也。二图精奥，朱子备见《启蒙》，先人《通释》详矣。今姑就其粗者，与夫一二未发之要者讲之，然后进于《启蒙》，亦易易也。

三、伏羲始作八卦图

解说

《易大传》曰：古者伏羲氏之王天下也，仰则观象于天，俯则观法于地，观鸟兽之文与地之宜，近取诸身，远取诸物，于是始作八卦，以通神之德，以类万物之情。又曰：易有太极，是生两仪，两仪生四象，四象生八卦。又曰：八卦成列，象在其中矣。

此明伏羲始画八卦也。八卦为小成之卦（三画之卦），乾一、兑二、离三、震四、巽五、坎六、艮七、坤

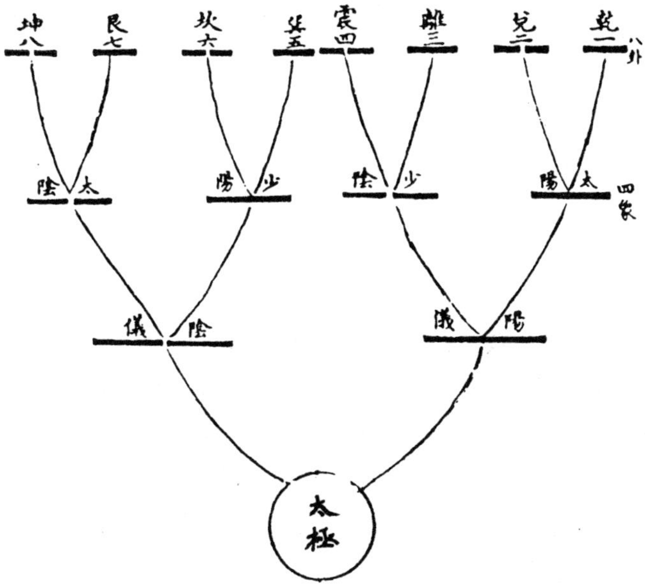

（三、伏羲始作八卦图）

八。伏羲不是逐卦如此画，只是自太极（理也）生两仪，为第一画者二(阳仪━阴仪二╍)。两仪生四象为第二画者四（四象者，阳仪之上生一阳为太阳一⚌，生一阴为少阴二⚍。阴仪之上生一阳为少阳三⚎，生一阴为太阴四⚏。太阳、少阴、少阳、太阴，即所谓四象也）。四象生八卦为第三画者八（太阳之上生一阳为乾☰，生一阴为兑☱。少阴之上生一阳为离☲，生一阴为震☳。少阳之上生一阳为巽☴，生一阴为坎☵。太阴之上生一阳为艮☶，生一阴为坤☷）。所谓始画八卦者此也。朱子曰：爻之所以有奇偶，卦之所以三画而成者，皆是自然流出，不假安排。此易学之纲领，开卷第一义。然古今未见有识者。至康节先生始传先天之学而得其说，且以为伏羲氏之易也。蔡西山《要旨》曰：自太极判而为阴阳，阴阳之中又自有阴阳，出于自然，不待智营力索也。愚观“河图”“洛书”皆木数居东方，伏羲画卦自下而上，即木之自根而干，干而枝也。其画三，木之生数也，其卦八，木之成数也。重卦则亦两其三，八其八尔。三、八木数大备，而后六十四卦大成。一、六水、二、七火，四、九金，五、十土，皆在包罗中矣。吁！木行春也，春贯四时；木德仁也，仁包四端。大哉易也，斯其至矣。

四、伏羲重卦图

解说

《易大传》曰：八卦成列，象在其中矣，因而重之，爻在其中矣。此明伏羲于前八卦上，因而重之为六十四卦，大成之易也。伏羲重卦，亦不是连将三画安顿在上，只是因八卦既成，又自八卦上，逐卦各生一阳一阴，则八分为十六卦；十六卦上，又各生一阳一阴，则十六分为三十二卦；三十二卦上，又各生一阳一阴，则三十二分为六十四卦，而六画卦成矣。以“六十四卦横图”观之，其卦亦首乾终坤。重乾居一，重兑居二，重离居三，重震居四，重巽居五，重坎居六，重艮居七，重坤居八。乾一坤八之序，亦不易焉。且前三十二卦一画阳，便对后三十二卦一画阴；前三十二卦一画阴，便对后三十二卦一画阳。阴阳两边，各各相对，莫非自然之序。此伏羲先天之易，邵子谓一分为二，二分为四，四分为八，八分为十六，十六分为三十二，三十二分为六十四是也。朱子曰：某看康节易了，都看别人底，不得他说个太极生两仪，两仪生四象，又都无甚玄妙，只是从来更无人识。又答林黄中曰：邵子之前论重卦者，多只是说并累三阳以为乾，连叠三阴以为坤，然后以意交错而成六子；又先画八卦于内，复画八卦于外，以旋相加而后得为六

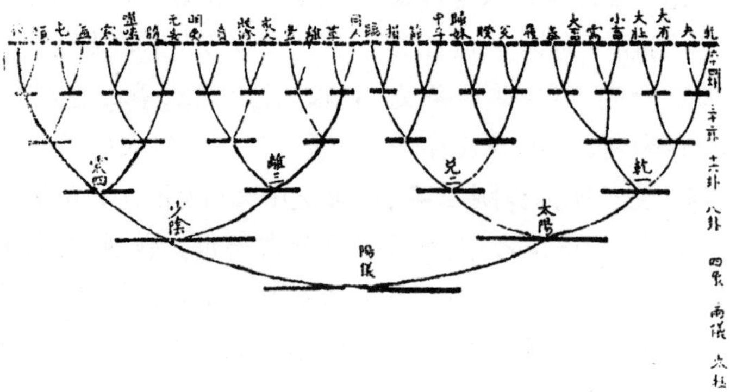

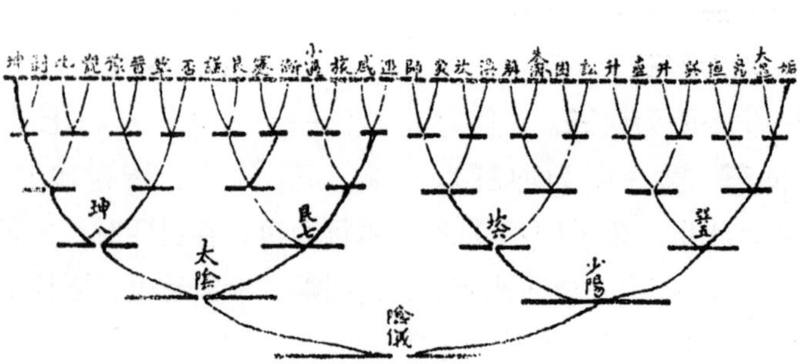

十四卦，其出于天理之自然，与人为之造作，盖不同矣。

五、伏羲八卦方位图

解说

《说卦》曰：天地定位，山泽通气，雷风相薄，水火不相射，八卦相错。

右“伏羲八卦方位圆图”，不过以前八卦横图，揭阳仪中乾、兑、离、震居东、南，揭阴仪中巽、坎、艮、坤居西、北。图既成后，乾南、坤北、离东、坎西，以四正卦（乾、坤、离、坎反覆只是一卦，八卦中以此四卦为四正卦）居四方之正位；震东北，巽西南，艮西北，兑东南，以二反卦（震反为艮，巽反为兑，本只震、巽二卦反而成四卦，八卦中以此四卦为震、巽之变卦）居四隅不正之位。合而言之，天位乎上，地位乎下，日生于东，月生于西，山镇西北，泽注东南，风起西南，雷动东北，自然与天地大造化合，先天八卦对待以立体，如此其位，则乾一、坤八，兑二、艮七，离三、坎六，震四、巽五，各各相对而合成九数。其画则乾三、坤六，兑四、艮五，离四、坎五，巽四、震五，亦各各相对而合成九数。九，老阳之数，乾之象而无所不包也。造化隐然，遵乾之意可见。方八卦之在“横图”也，则首乾，次兑，次离，次震，次巽，次坎，次艮，终坤，是为生出之序。及八卦之在“圆图”也，则首震一阳，次离、兑二阳，次乾三阳，接巽一阴，次坎、艮二阴，终坤三阴，是为运行之序。生者卦画之成，而行者卦气之运也。乾、坤，父母也；震、巽，长男女也；坎、离，中男女也；艮、兑，少男女也。乾统三女，坤统三男，本其所由生也。

六、伏羲六十四卦方圆图

解说

右“伏羲六十四卦圆图”，亦就前“六十四卦横图”中，揭阳仪中前三十二卦，自乾至复居图左方（东边）。乾在南之半，复在北之半。揭阴仪中后三十二卦，自姤至坤居右方（西边）。姤在南之半接乾，坤在北之半接复。先自震、复而却行，以至于乾，乃自巽、姤而顺行，以至于坤。图既成后，坤、复之间为冬至子中，同人、临间为春分卯中，乾姤间为夏至午中，师、遁间为秋分酉中，自合

（六、伏羲六十四卦方圆图）

四时运行之序。朱子曰：此图若不从中起以向两端，而但从头至尾，则此等类皆不可通矣。但阴阳消长，较之文王十二月卦疏密不同。复隔十六卦为临，临隔八卦为泰，泰隔四卦为大壮，大壮隔一卦为夬，为乾、姤、遁、否、观、剥，坤亦然。若依阴阳消长之次分节候，未免疏密不齐。要之，伏羲卦气自是一样，坤、复、乾、姤，与文王十二月卦适同外，余皆不同。文王自是一样，不可混而观也。天道左旋，其运行之序，自北而东，东而南，南而西，西而北，北而复东也。

《说卦传》曰：雷以动之，风以散之，雨以润之，日以晅之，艮以止之，兑以说之，乾以君之，坤以藏之。

友人程（直方）道大引邵子曰：先天学，心法也，故图皆从中起，万化万事生于心也。以为“皆”字是指《说卦》“天地定位”及“雷以动之”两节而言。“天地定位”一节则圆图，乾坤从南北之中起，“山泽通气”则艮居坤之右，兑居乾之左；“雷风相薄”则震居坤之左，巽居乾之右。“水火不相射”则坎居正西，离居正东，是起南北之中而分于东西也。“雷以动之”“风以散之”一节，则“方图”，震、巽自图之中起；“雨以润之”则坎次巽；“日以晅之”则离次震；“艮以止之”，则艮次坎；“兑以说之”，则兑次离；“乾以君之”，则乾次兑；“坤以藏之”，则坤次艮；亦起图之中而达乎西北东南也。故曰：皆从中起，万化万事生于心也。其论最为的当。且使《说卦》此一节亦有归著，实发《启蒙》之所未发。然而此图，不过以前“大横图”分为八节，自下叠上而成。第一层即“横图”自乾至泰八卦；第二层即“横图”自履至临八卦；以至第八层，即“横图”自否至坤八卦。图既成后，乾本在“圆图”之南，今转而居西北（内乾八卦居北，外乾八卦居南）。坤本在“圆图”之北，今转而居东南（内坤八卦居南，外坤八卦居东）。艮、兑、坎、离、震、巽，皆易其位。子至亥十二辰，正月至十二月，四时卦气，皆右转以应地之方（泰在寅为正月，乾在亥为四月，否在申为七月，坤在巳为十月）。盖圆地外者为天，方于内者为地。地道右转，自东北至西南，卦画自然配合夫造化。而震、巽与恒、益四卦，亦适自中央而起。乾、坤则位乎西北、东南，泰、否则位乎东北、西南，又有万化万事生乎心之象也。

七、老少挂扐过揲进退图

解说

右案五十之蓍虚一，用四十九，四营之后，又除初挂一，只以四十八策，分挂扐过揲而为此图。挂扐过揲，进退各以四。由老阳挂扐十二进一，四为少阴，挂扐十六；少阴挂扐十六进一，四为少阳，挂扐二十；少阳挂扐二十进一，四为老阴，挂扐二十；四其进也，至四十八策之中焉止矣。又由老阳过揲三十六退一，四为少阴，过揲三十二；少阴过揲三十二退一，四为少阳，过揲二十八；少阳过揲二十八退一，四为老阴，过揲二十四；其退也，亦至四十八策之中焉止矣。进退皆不过乎其中也。旧说多用过揲，以定九八七六之爻。弃挂扐不用，朱子非之；用挂扐而不用过揲，辩之详矣。若如旧说，则四揲之后，弃所余策足矣，何必一挂两扐之多端哉？朱子谓用挂扐而不用过揲，盖以简御繁，以寡制众，最为得之。

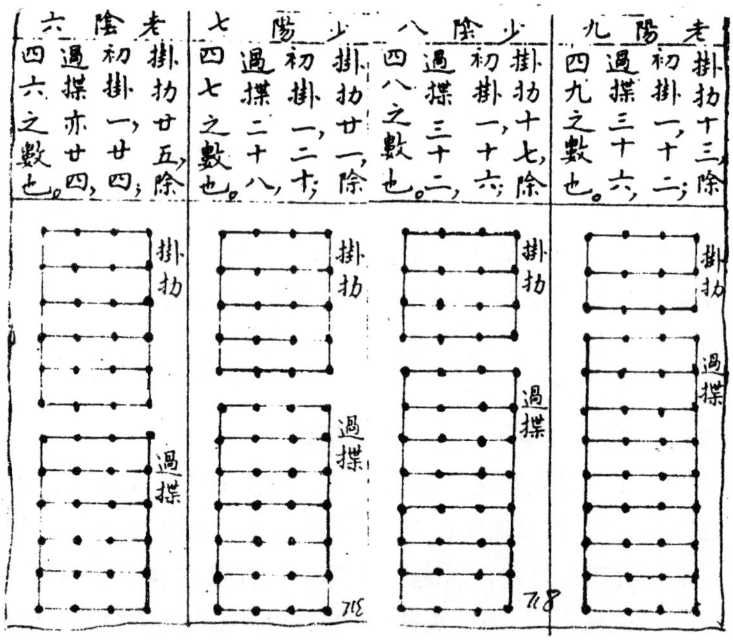

（七、老少挂扐过揲进退图）

八、二老过揲计三百八十四爻数

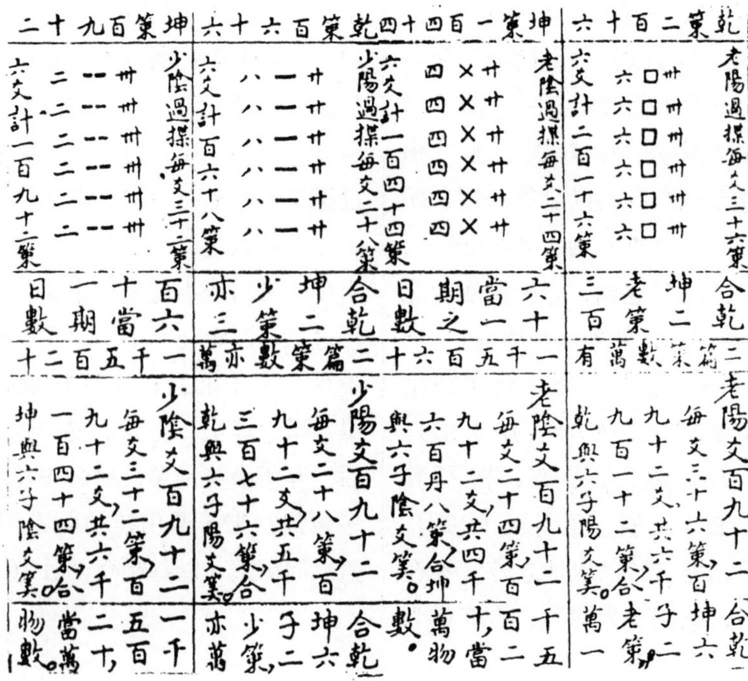

九、文王八卦方位图

解说

朱子曰：北图若以卦画言之，震一阳居下，兑一阴居上，故相对。坎一阳居中，离一阴居中，故相对。巽一阴居下，艮一阳在上，故相对。乾纯阳坤纯阴，故相对。亦是一说。

《说卦传》曰：帝出乎震，齐出乎巽，相见乎离，致役乎坤，说言乎兑，战乎乾，劳乎坎，成言乎艮。万物出乎震，震，东方也。齐出乎巽，巽，东南也。齐也者，言万物之洁齐也。离也者，明也，万物皆相见，南方之卦也。圣人南面而听，天下向明而治，盖取诸此也。坤也者，地也，万物皆致养焉，故曰：致役乎坤。兑正，秋也，万物之所说也，故曰：说言乎兑，战乎乾。乾，西北之卦也，言阴阳相薄也。坎者水也，正北方之卦也，劳卦也，万物之所归也，故曰劳乎坎。艮，东北之卦也，万物之所成终而所成始也，故曰成言乎艮。

右文王八卦，又自取东南西北四方之位及春夏秋冬四时运行之序。震东为春，巽东南，春夏之交，离南为夏，坤西南，夏秋之交，兑西为秋，乾西北，秋冬之交，坎北为冬，艮东北，冬春之交。震巽为木，离为火，坤艮为土，兑乾为金，坎为水。春夏秋冬，木火金水，与四方俱协焉。后天八卦，流行以致用又如此。天地之间，有对待之体，不可无流行之用。有伏羲易，不可无文王之易。所以知得此为文王者，文王彖坤有曰：西南得朋，东北丧朋。正合此图之方位也。陈氏友文曰：离为日大明，生于东，故在先天居东。日正照于午，日中时也，故在后天居南。坎为月，月生于西，故在先天居西，月正照于子夜分时也，故在后天居北。在先天则居生之地，在后天则居旺之地，不特坎、离，后天卦位皆以生旺为序。正南，午位，离火旺焉；正北，子位，坎水旺焉。震木旺于卯，故震居东；兑金旺于酉，故兑居西。土旺中央，故坤位金、火之间，艮位水、木之间。兑阴金，乾阳金，故乾次兑居西北。震阳木，巽阴木，故巽次震居东南。皆以五行生旺为序，此所谓易之用也。若夫乾统三男于东北，坤统三女于西南，是入用之际，男皆从父，女皆从母，各从其类也。愚于《说卦》论之详矣。

十、文王改易先天为后天图

解说

内图文王后天八卦，外图伏羲先天八卦。案图而观，则知文王本伏羲卦位，以成后天卦位者，其变易之意，厥有攸在矣。

右文王改易伏羲卦图之意，邵子发明之，朱子释之已详见《启蒙》，可谓得王者之心矣。盘涧董先生又曰：天地以中相易为坎、离、水、火，以上下相易为震、兑、泽、雷，以上下相易为巽、艮、风、山，以上下交相易为乾、坤、六子，并以一爻变，惟乾、坤变其二爻，阴阳之纯故也。故震、兑横而六卦纵，有自然之象矣。愚按：后天四隅之卦，先生盖取先天艮、巽、震、兑，以纵相易为乾、坤、艮、巽，若皆就对宫取，亦有说。先天兑与艮对，以兑下二阳，易艮下二阴，则为后天西北角乾矣。故先天艮初、三两爻，复往易兑初爻为阴，三爻为阳，则成后天东南角巽矣，先天震与巽对，以震上二爻阴，易巽上二爻阳，则成后天西南角坤矣。故先天巽初、三两爻，复往易震初爻为阴，三爻为阳，则成后天东北角艮矣。亦未为不可。若又以先天乾、坤为变之主，推之以定后天八卦，又有可言者。先天乾中爻既变坤中爻为坎，故天气下降，而乾位西北；坤中爻既变乾中爻为离，故地气上腾而坤位西南。乾既当先天艮位，故艮进位东北，当先天震位，艮亦震之反也，坤既当先天巽位，故巽退位东南，当先天兑位，巽亦兑之反也。若后天东南二方，震兑二卦，亦因离既往居乾位，当后天南方之卦。离性炎上，故先天离三爻变，则为后天震矣。坎既往居坤位，当后天北方之卦。坎性润下，故先天坎初爻变，则为兑矣，亦未为不可。太抵易，变易也，横斜曲直无往不通，由人是取。但未知文王初意果如何耳？只恐愈巧则愈失其真也。盘涧先生此段不见梓本。愚元贞乙未，往先生家，见其曾孙柄扁新斋首蒙，以遗稿此段见教，因得推广师说云。

十一、文王六十四卦反对图

解说

文王序六十四卦，皆以反对而成

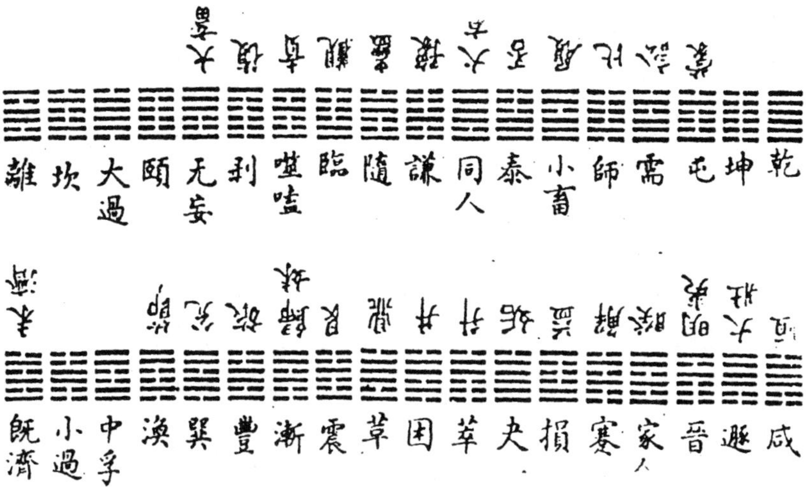

（十一、文王六十四卦反对图）

次第，何谓对？如上经乾与坤对、颐与大过对，坎与离对；下经中孚与小过对，阴阳爻各各相对也。何谓反？如屯反为蒙，既济反为未济，一卦反为两卦也。对者八卦，反者二十八卦，而六十四卦次序成矣。试尝细考之，上经三十卦，一百八十爻，阳爻八十六，阴爻九十四；下经三十四卦，二百二十四爻，阳爻一百二十六，阴爻九十八。卦爻阴阳，多寡参差不齐，亦甚矣。今以反对计之，则上经以十八卦成三十卦，下经亦以十八卦成三十四卦。上经五十二阳爻，五十六阴爻，下经五十六阳爻，五十二阴爻，共用三十六卦成六十四卦。而卦爻阴阳，均平齐整，条理精密，又未有如此之甚者，于不齐之中而有至齐者。存是，亦可乐而玩之也，案图可见矣。然此特姑见其反对之巧妙，若夫经分上下，与卦先后次第之所以然者，详见后六十四卦全图。

十二、文王九卦处忧患图

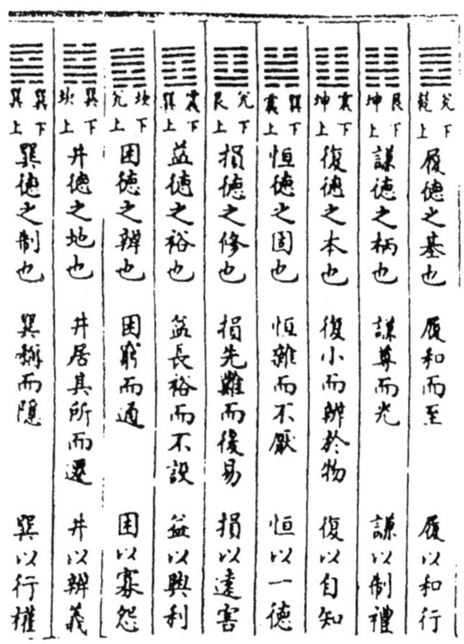

解说

《易·系辞传》曰：易之兴也，

其于中古乎？作易者，其有忧患乎？是故履德之基也（止）巽以行权。

此夫子发明文王处忧患，不假卜筮用易之事。岂所谓以动者，尚其变之义乎？一陈卦德，二陈卦材，三陈圣人用卦，皆有次第。然易岂止此九卦可处忧患？如屯、否、蹇、剥，皆可也。盖道理只在圣人口头偶然在九卦上说，文义亦足，初未尝留意。若更添几卦，更减几卦，皆可。旧看九卦，于三画八卦内，七卦有取，独无取于离，以为圣人晦明之意。然有互体，离在焉，实未尝不明也。又以太巧不入之《本义纂注》后，今姑记于此。

十三、文王十二月卦气图

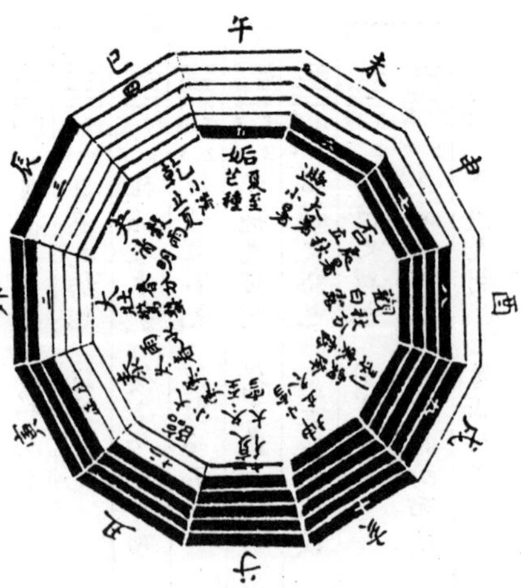

解说

文王十二月卦，自复卦一阳生，为冬至子中，属十一月中。临卦二阳生，为大寒丑中，属十二月中。泰卦三阳生，为雨水寅中，属正月中。大壮四阳生，为春分卯中，属二月中。夬卦五阳生，为谷雨辰中，属三月中。乾卦六阳生，为小满巳中，属四月中，为纯阳之卦。阳极则阴生，故姤卦一阴生，为夏至午中，属五月中。遁卦二阴生，为大暑未中，属六月中。否卦三阴生，为处暑申中，属七月中。观卦四阴生，为秋分酉中，属八月中。剥卦五阴生，为霜降戌中，属九月中。坤卦六阴生，为小雪亥中，属十月中。为纯阴之卦。阴极则阳生，又继以十一月之复焉。阴阳消长，如环无端，不特见之卦画之生如此，而卦气之运亦如此，自然与月之阴阳消长相为配合。《大传》所谓易与天地准，故能弥纶天地之道，于此亦可见其一端。所以知得十二月卦属文王者，以文王卦下之辞复卦“七日来复”，临卦“八月有凶”之类可见。此图既成，以四时之气配四方之位，虽与文王序卦先后不协，实自然与“伏羲六十四卦圆图”之位次合。卦气流行之接，卦画对待之妙，阴阳盛衰消长，相为倚伏之机，备于此图十二月卦中矣。按朱子《本义》“伏羲六十四卦横图”，用黑白以别阴阳爻。答袁枢曰：黑白之位，亦非古法，但今欲易晓，且为此以写之耳。今愚本文公法，作为此图，白者为阳，黑者为阴，了然在目矣。

元·吴澄《易纂言外翼》

一、卦数之横图

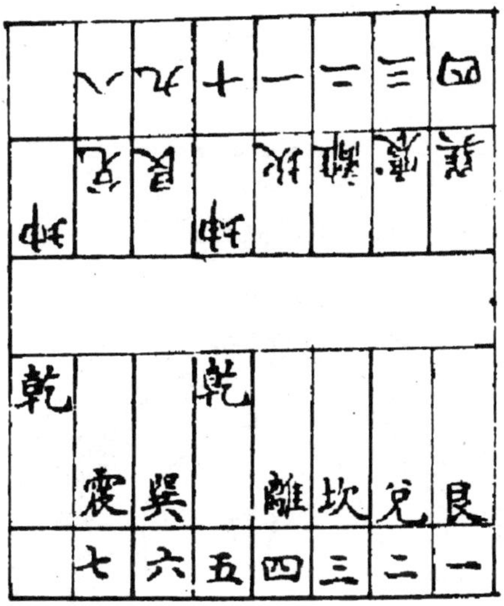

解说

“横图”阳顺布，基于一，稚于三，中于五，剧于七，究于九；阴逆布，基于四，稚于二，中于十，剧于八，究于六。五、十数之中，九、六数之究。故专属一卦，其余数皆分属两卦。

二、卦数之纵图

解说

“纵图”阳顺行，自左一而上，逾七趋右而究于九。始二少，次二仲、二长，复终于二少。阴逆行，自

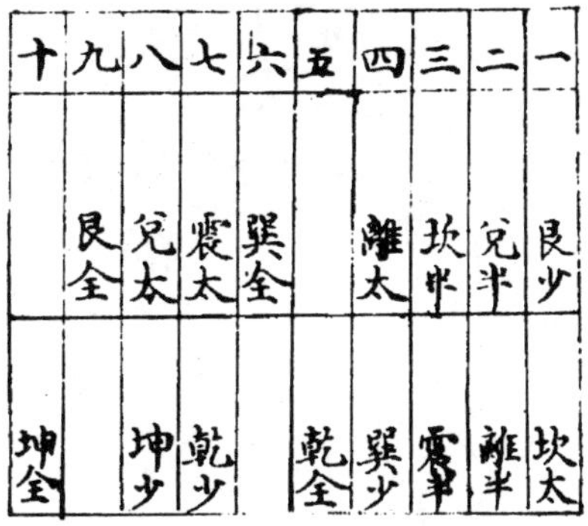

右四而上，逾八趋左而究于六。始二长，次二仲、二少，复终于二长。

三、卦数之方图

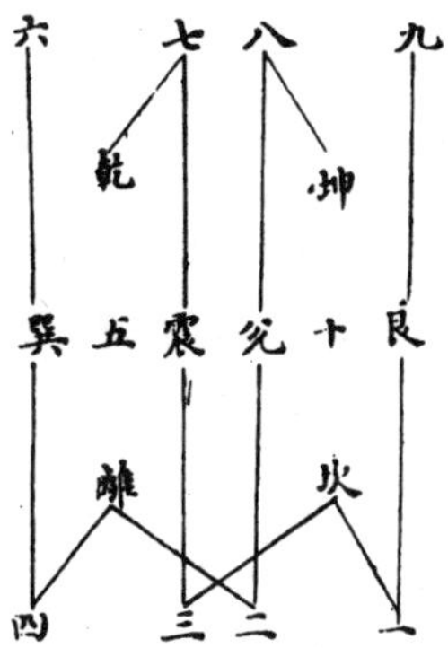

解说

“方图”如“横图”阳右阴左，中五左、中十右者，互藏其宅也。

四、卦数之圆图

解说

“圆图”如“纵图”，阳左阴右。乾，天气也。震雷、巽风，皆天之气，故上附于天。离、坎在天为日、月象也。象者气之已著，故上附雷风之气。坤，地形也。兑泽、艮山，皆

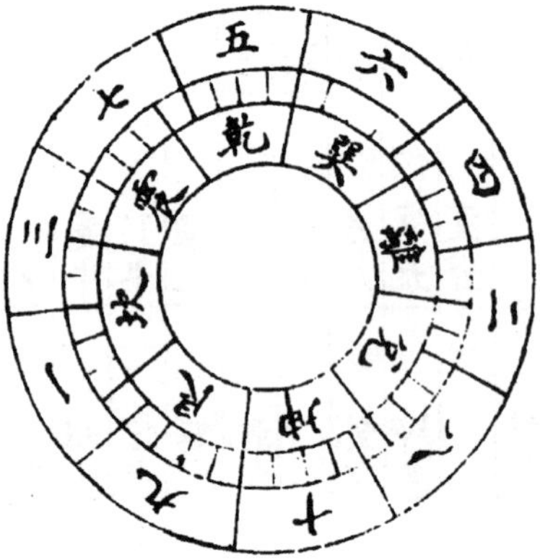

（四、卦数之圆图）

地之形，故下附于地。坎、离在地为水、火质也。质者形之未凝，故下附泽山之形。天与雷风之气在上，地与泽山之形在下。坎、离之象之质，介乎气形之间，故在中。地形之重浊者山，自左而升，以渐融释为水之质，为月之象，为雷之气。至上则轻清之极为天，天气之轻清者风，自右而降以渐显见，为日之气，为火之质，为泽之形。至下则重浊之极，为地。此“圆图”之顺行者也。阳气自左降，则起中五而究于九，阴形自右升，则起中十而究于六，此“圆图”之逆行者也。

一数析为四分，十数凡四十分，每卦占五分。乾得五之全、七之少，震得七之太、三之半，坎得三之半、一之太，艮得一之少、九之全，坤得十之全、八之少，兑得八之太、二之半，离得二之半、四之太，巽得四之少、六之全。

五、河 图

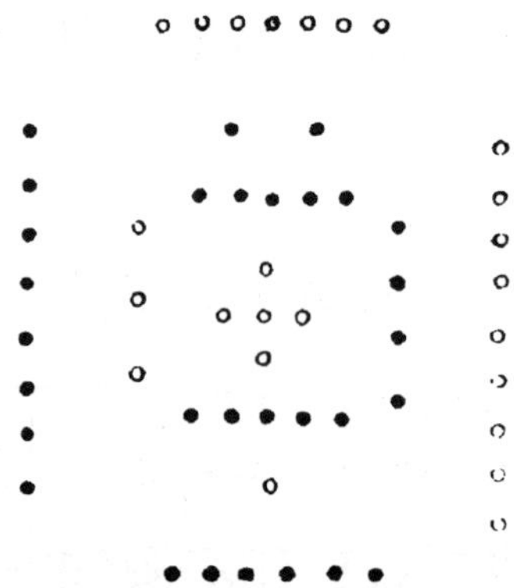

六、星之五宫圆河图

解说 五、六两图并说

“河图”者，羲皇画卦之前，河有龙马出，而马背之旋毛有此数也。其数后一、六，前二、七，左三、八，右四、九，中五、十，五奇五偶相配。羲皇平日观于天地人物，无非阳奇阴偶，两相对待。见“河图”之数而有契焉。于是作一奇画以象阳，作一偶画以象阴。加而倍之以成八卦，又加而倍之以成六十四卦。所谓伏羲因“河图”而画八卦者，此也。以背毛之旋文，如图星者之圆圈，故名之曰“图”。

《易·系辞传》曰：天一、地二，天三、地四，天五、地六，天七、地八，天九、地十。天数五，地数五，天数二十有五，地数三十。凡天地之数，五十有五。此夫子以“河图”之数而言也。《周书·顾命》曰：“天球”“河图”在东序。“河图”天所降之嘉瑞，故传写其图，入于天府，与国之宝器同藏，贵重之也。

《礼记·礼运篇》曰：天不爱道，故河出马图。此记盖孔门七十子之徒所作，亦以“河图”为盛世文明之祥。

《论语》曰：河不出图，吾已矣夫。夫子伤不遇时，而叹道之不行也。

七、洛　书

八、土之九区方洛书

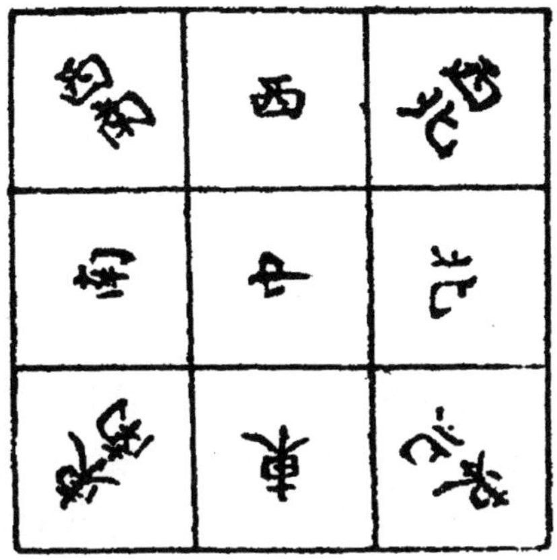

解说　七、八两图并说

“洛书”者，大禹治水之时，洛有神龟出，而龟甲之拆文有此数也。其数后一前九，左三右七，右前二，左前四，右后六，左后八，中五。四方、四隅、中央，其位有九。禹平日默计，天道人事之大要其类有九，见“洛书”之数而有契焉，于是以天道人事分为九类，品其缓急先后之次以配龟甲一、二、三、四、五、六、七、八、九之文，是为《洪范》“九畴”，所谓大禹因“洛书”而叙“九畴”者此也。以背甲之拆文如书字者之横画，故名之曰“书”。

《周书·洪范》曰：天乃锡禹洪范九畴。初一、次二、次三、次四、次五、次六、次七、次八、次九。此箕子以“洛书”之数而言也。《庄子·外篇》曰：天有六极五常，帝王顺之则治，逆之则凶，九洛之事治成德备。盖言禹因“洛书”叙九畴终于六极，始于五行。五常即五行也。九洛者谓九畴。因“洛书”之九数也。治成德备者，谓九畴所该，载于国家之治，无不完成，人身之德，无不具备也。

《大戴礼记·明堂篇》曰：二九、四七、五、三六、一八。注云：九室法龟文，故取此数。按：《戴记·明堂篇》，秦以前之书也。《隋·经籍志》以为安南太守刘熙注，注之人在郑玄、王肃、郭象之后。自秦亡汉兴以来，河洛图书不传于世，盖人所罕见，而注云：法龟文其言，盖有所传受也。

汉许慎《说文解字》一、二、三、亖、×、⁝⁝⁝ ·˙·˙·˙· ⁚⁚⁚⁚ ·⁖·⁖·昔黄帝之史苍颉制字，文始于数，一、二、三、亖，皆积其画之数而为文。至×则变其文，然中央交处，四隅尽处，其数亦五也。六、七、八、九之字，乃秦李斯小篆，义莫可通，今不复得见，故文之为何如？龟书之文，一为一，二为二，⚎为三，⚏为四，×为五，⁝⁝⁝为六，·˙·˙·˙·为七，⁚⁚⁚⁚为八，·⁖·⁖·为九，并如仓颉一、二、三、⚏之积画，五六文亦同。

邵子曰：圆者星也。历纪之数，其肇于此乎？方者土也，画州井地之法，其仿于此乎？盖圆者，“河图”之数，方者，“洛书”之文。故羲文因之而造易，禹箕叙之而作范也。圆者星也，历纪之数，其肇于此乎，何谓也？曰：天之星有五宫：东宫苍龙，北宫玄武，西宫白虎，南宫朱鸟，中宫紫微垣是也。五者有中央、四边，而无四角；无四角故圆。历纪之数，皆以五起。五者五行之一周也。五日为一候，二其五者十干之一周也。十日为一旬，三其五为一气。六其五为一月。九其五为一节。十二其五者，干支相乘之一周也。十八其五为一时。七十二其五为一岁。每岁木、火、土、金、水，各王七十二日，是为五辰。凡此历纪之数，皆起于天星五宫之五，故曰：其肇于此乎。方者土也，画州井地之法，其仿于此乎，何谓也？曰：地之土有九区，正东、正南、正西、正北、西北、东北、东南、西南及中区是也。九者，有中央、四边，而又有四角。有四角故方。画州井地之法皆分为九。以中国方圆三千里分为九州，此画州之九也。以农田九百亩之地，沟之作井字，分为九，夫此井地之九也。凡此所画所井之法，皆仿效地域九区之九，故曰：其仿于此乎。圆者“河图”之数，方者“洛书”之文，何谓也？曰：“河图”“洛书”者，天地所呈自然之瑞。“河图”之数亦是五位，合于天星五宫之图，一六居北者，玄武之星也；二七居南者，朱鸟之星也；三八居东者，苍龙之星也；四九居西者，白虎之星也；五十居中者，紫微垣之星也。“洛书”之文亦是九位，合于地土九区之方；前戴九者，正南之土也；后履一者，正北之土也；左身三者，正东之土也；右身七者，正西之土也；右肩二者，西南之土也；左肩四者，东南之土也；右足六者，西北之土也；左足八者，东北之土也；中脊五者，中区之土也。羲文因之而造易，禹箕叙之而作范，何谓也？曰：“河图”之位五，每位各有一奇一偶，数虽十而位止五。故羲皇则其奇偶之数，画奇偶之画，一其奇偶而为初画，倍而二之则为二画，又倍而四之则为三画，又倍而八之则为四画，又倍而十六之则为五画，又倍而三十二之则为六画，而卦成矣。此则其一奇一偶之数者然也。初、三、四、上，象东南西北，二、五象中央，此则其中央四旁之位者然也。东西南北各一而中有二者，旁位之奇偶，合中位之奇偶，分象北极见，南极不见，而皆为中宫之星也。“洛书”之位九，每位或一奇，或一偶，数有九而位亦九。故大禹则其一、二、三、四、五、六、七、八、九之位数，而定五行、五事、八政、五纪、皇极、三德、稽疑、庶徵、五福、六极之次第也。造易者羲，而并言文作范者禹；而并言箕文之易，即羲之易，箕之范，即禹之范也。

元·保巴《易源奥义》

一、河　图

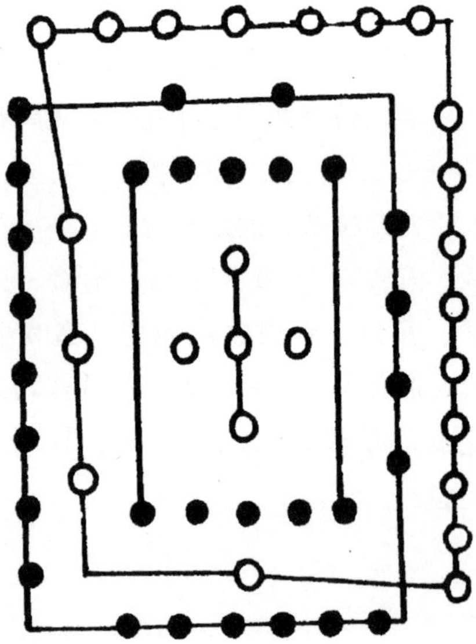

解说

天一、地二，天三、地四，天五、地六，天七、地八，天九、地十，中五见皇极，观物之理，变化感应，脉络贯通。皇极之数，本末源流，以天地阴阳刚柔之气，必交合而后生物，必进退而后运。其初本于天中为五阳，地中为六阴。盖“河图”之数载于《周易》，分阴分阳，以为天数二十有五，地数三十，合得五十有五。而去阳中之五，为大衍之数五十，去阴中之六，为大衍之用四十有九。故前“河图”之阴阳点数，计五十有五，以其阴阳未分，根、干、支、末混淆之时，所谓先天故位数自一而起，今列位数于后。

位

乾一	兑二
离三	震四
巽五	坎六
艮七	坤八

数

甲乙丙丁戊	
子丑寅卯辰巳	三即乾封故乾一
九八七六五四	　二　一
己庚辛壬癸	
午未申酉戌亥	可谓天下之大本也
己庚辛壬癸	

右先天数者，无极而太极，先天数取纯一不杂之意。以九数为则，故数起于一。一即三，三即九，九即一，故起于一而极于九，为老阳。老阳数老，可致神极，神极必变，故曰“易”。易者，变易不穷冒天下而言也。可为天地准，所谓参天两地。而倚数者，一、三、五也。考其端，一、三成四，四、五成九。校其实，即张子所谓乾称父，坤称母，予兹藐焉，混然中处天地人三才无间。其义虽殊，其神气即一也。所以成言乎一，一复为九，效诸文王。元而亨，亨而利，利而贞，贞而复元，法诸伏羲。乾三连也，所谓三者，岂非天下之大本乎？无极而太极者，乾、坤之

元也。故先天譬为根，其位皇极以之。

二、中天图

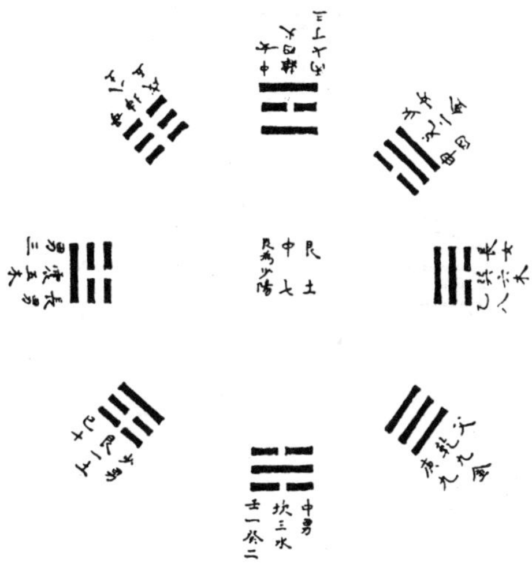

解说

大概谓一阴一阳之谓道。乾称父，坤称母，乾坤生六子，然后人伦序。所以君君、臣臣、父父、子子、夫夫、妇妇，人道立。今列中天位数如后：

位

乾一　　兑二

坎三　　离四

震五　　巽六

艮七　　坤八

数

甲三　　乙八

丙七　　丁二

戊五　　己十

庚九　　辛四

壬一　　癸六

谓人道，故曰立人之道曰仁与义。以其乾道成男，坤道成女，故有父母男女。

右中天数者，太极之运化也。中天数取以奇数为阳，偶数为阴。据一、二之数为则，是故一生二，即是画卦之象二，此一奇一偶成三，即地天泰也。然中天八卦位数内，惟艮居一、七之数，何也？盖起于艮而止于艮。《说卦》云：艮，东北之卦也，万物之所成终而所成始也。即元而亨，亨而利，利而贞，贞而元。故周子所谓中正仁义而主静，立人极焉。艮与静周，起于静而止于静也。所谓太极之运化者，自元而亨也。故以中天譬为干，其位范图以之。

三、后天图

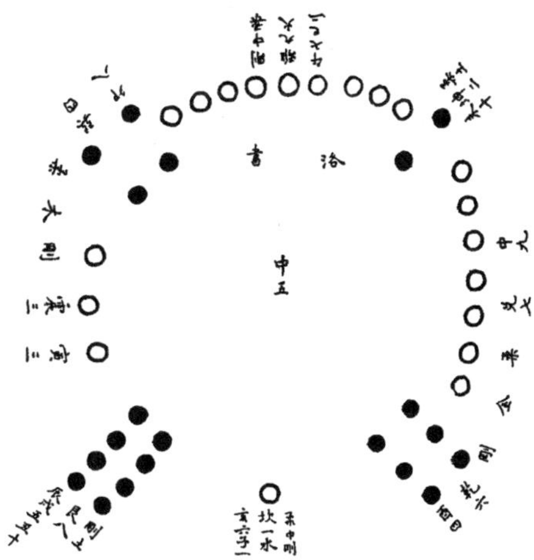

解说

在概谓根、干、支、末之理，于五行内刚中有柔，柔中有刚，即阴中有阳，阳中有阴，地道立矣。今列后天位数如后：

谓地道，故曰立地之道曰柔与刚，以其地道当偶，故“洛书”点数四十。

位

坎一　坤二　震三　巽四

中五　乾六　兑七　艮八

离九

数

子一　亥六　寅三　卯八

巳二　午七　酉四　申九

辰五　丑十　戌五　未十

上后天数者，三极之妙用也。后天数取一动一静，互为其根之理。退乾、坤，却进坎、离，为上下宗体，以五行为妙用。五行中而又分刚柔，使致充廓万物，万物各得其宜。故放之则弥满六合，敛之退藏于密。所谓三极之妙用者，自亨而利贞也，故以后天譬为支，其位大定以之。

四、大定支、范围干、皇极根图

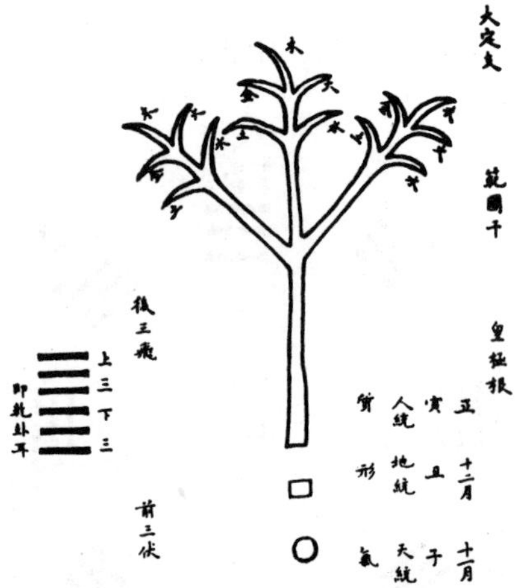

解说

上言不能尽其理，则图之。概谓书不尽言，言不尽意，以心会心，故以图明之耳。

上自根而干，自干而支，三才五行具矣。所谓纵横十五，即此生生无穷之道也。本乎天者亲上，本乎地者亲下，则各从其类。故曰：物有本末，事有终始。知所先后则近道矣。

元·张理《易象图说内篇》

一、龙图天地未合之数

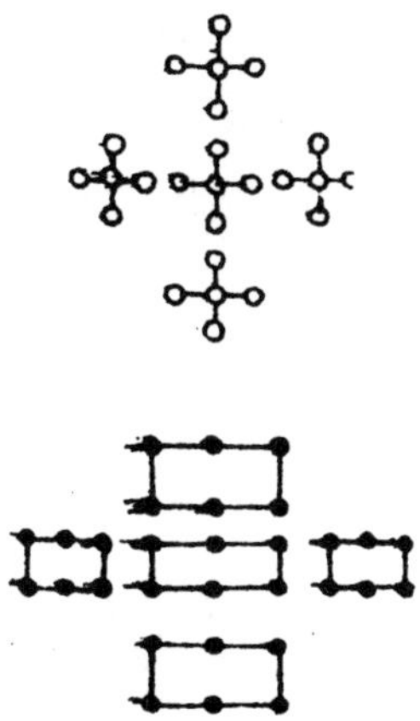

解说

上位天数也，天数中于五，分为五位，五五二十有五，积一、三、五、七、九，亦得二十五焉。五位纵横见三，纵横见五，三位纵横见九，纵横见十五。序言中贯三、五、九，外包之十五者，此也。下位地数也，地数中于六，亦分为五位，五六凡三十，积二、四、六、八、十，亦得三十焉。序言十分而为六，形地之象者，此也。

二、龙图天地已合之位

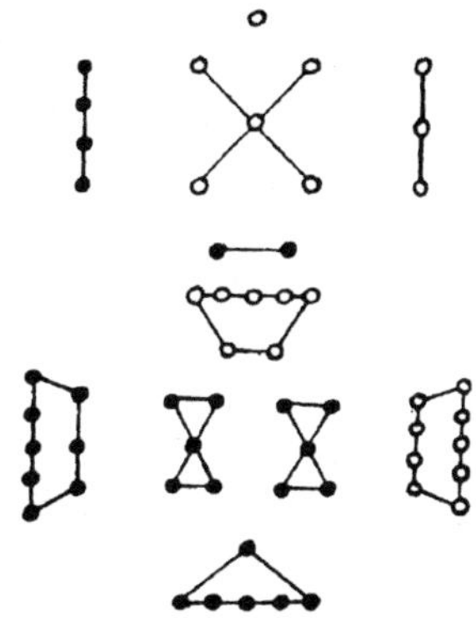

解说

上位象也，合一、三、五为“参天”，偶二、四为“两地”，积之凡十五，五行之生数也。即前象上五位上五去四得一，下五去三得二，右五去二得三，左五去一得四，惟中×不动。序言天一居上，为道之宗者，此也。按《律历志》云：合二始以定刚柔。一者，阳之始；二者，阴之始。今则此图，其上天 o 者，－之象也；其下地··者，－－之象也；其中天 ooooo 者，四象五行也；左上一 o，太阳为火之象；右上一 o，少阴为金之象；左下一 o，少阳为木之象；右下一 o，太阴为水之象。土者，冲气居中，以运四方，畅始施生，亦阴亦阳。右旁三 ooo，三才之象，卦之所以画三；左旁四 ····，四时之象，蓍之所以揲四，是故上象一、二、三、四者，蓍数卦爻之体也，下位形也。九、八、七、六，金、木、火、水之成数，中见地十，土之成数也。即前象下五位以中央六分开，置一在上，六而成七；置二在左，六而成八；置三在右，六而成九；惟下六不配而自为六。序言六分而成四象，地六不配者，此也。按：七者，蓍之圆，七七而四十有九；八者，卦之方，八八而六十有四；九者，阳之用，阳爻百九十二；六者阴之用，阴爻亦百九十二；十者，大衍之数，以五乘十，以十乘五，而亦皆得五十焉。是故下形六、七、八、九者，蓍数卦爻之用也。上体而下用，上象而下形，象动形静，体立用行，而造化不可胜既矣。

按：一、二、三、四，天之象，象变于上；六、七、八、九，地之形，形成于下。上下相重，而为五行，则左右、前后，生成之位是也；上下相交，而为八卦，则四正、四隅，九宫之位是也。今以前后图参考，当如“太乙遁甲阴阳二局图”。一、二、三、四，犹“遁甲”天盘在上，随时运转；六、七、八、九，犹“遁甲”地盘在下，布定不易，法明天地动静之义，而前此诸儒未有能发其旨，是故一在南，起法天象，动而右转，初交一居东南，二居西北，三居西南，四居东北，四阳班布，居上右；四阴班布，居下左，分阴分阳，而天地设位。再交一居东北，二居西南，三居东南，四居西北，则牝牡相御，而六子卦生，合是二变而成先天八卦自然之象也。然后重为生成之位，则一六、二七、三八、四九，阴阳各相配合，即邵子、朱子所述之图也。三交一居西北，二居东南，三居东北，四居西南，则刚柔相错，而为坎、离、震、兑。四交一居西南，二居东北，三居西北，四居东南，则右阳左阴，而乾坤成列，合是二变，而成后天八卦裁成之位也。再转则一复于南矣。《大传》所谓“参伍以变，错综其数”，刘歆云：“河图”“洛书”相为经纬，八卦、九章，相为表里，此其义也。

鹤田蒋师文曰：谓“河图”成数在下象地而不动，生数象天运行而成卦，以先天八卦为自然之象，后天八卦为财成之位。观其初交而两仪立，再交而六子生，三交震、兑相望，而坎、离互宅，四交乾、坤成列，而艮、巽居隅，圣人升、离于南，降、坎于北，而四方之位正。置乾于西北，退坤于西南，而长女代母之义彰。则先天见自然之象，后天见财成之位者，至明著矣。虽其说不本先儒，然象数既陈，而义理昭著，不害自为一家之言也。朱子尝曰：无事时好看“河图”“洛书”数，且得自家流转得动。今观仲纯此说而尤信。

三、龙图天地生成之数

解说

此即前图一、二、三、四，天之象也，动而右旋；六、七、八、九，地之形也，静而正位。是故一转居

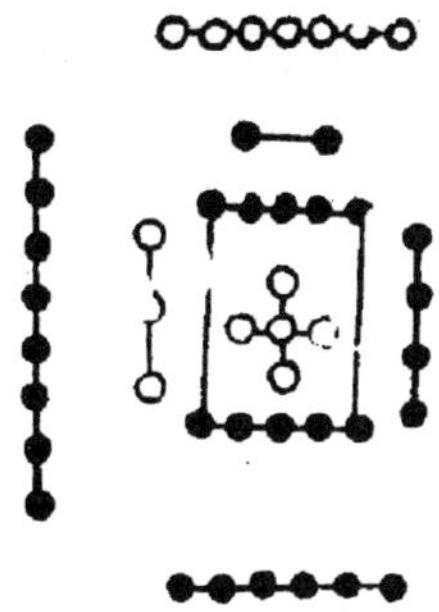

（三、龙图天地生成之数）

北，而与六合；二转居南，而与七合；三转居东，而与八合；四转居西，而与九合；五十居中，而为天地运行之枢纽。《大传》言“错综其数”者，盖指此而言。错者，交而互之，一左一右、三四往来是也。综者，综而挈之，一低一昂、一二上下是也。分作二层看之，则天动地静，上下之义昭然矣。

四、洛书天地交午之数

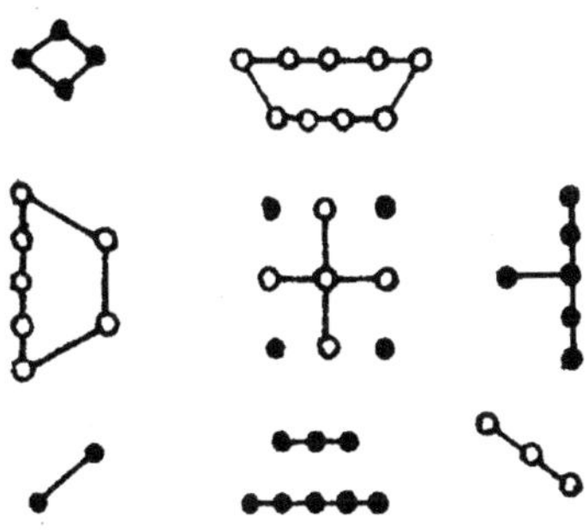

解说

杨子云曰：一与六共宗，二与七为朋，三与八为友，四与九同道，×与×相守，正指此图而言。朱子谓析六、七、八、九之合以为乾、坤、坎、离，而居四正之位；依一、二、三、四之次以为艮、兑、震、巽，而补四隅之空者，与此数合。稽之生成之象，察其分、合、进、退、交、重、动、静灼然，信其为交午之象。而所谓大衍之数五十，其用四十有九，蓍策分卦揲归四象，七、八、九、六，皆仿于此矣。

五、洛书纵横十五之象

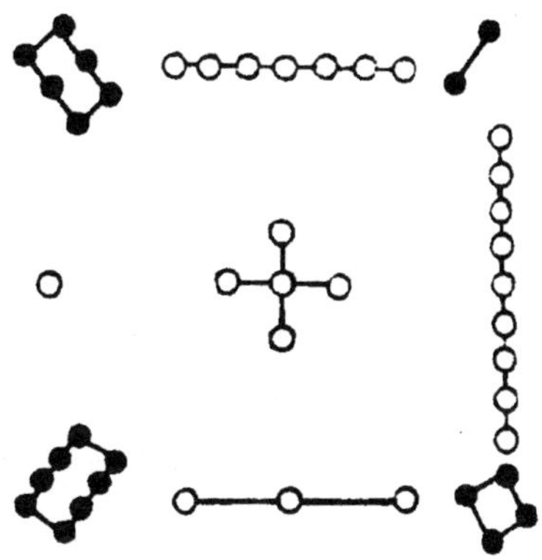

解说 一至五诸图并说

《洪范》初一曰五行，次二曰敬用五事，次三曰农用八政，次四曰协用五纪，次五曰建用皇极，次六曰义用三德，次七曰明用稽疑，次八曰念用庶徵，次九曰向用五福，威用六极。汉儒以此六十五字为“洛书”本文，而希夷所传，则以此为“龙图”三变，以生成图为“洛书”本文，盖疑传写之误。而启“图”九“书”十之辨。今以二象两易其名，则龙图龟书不烦拟议，而自明矣。

《易·大传》曰：河出图，洛出书，圣人则之。

孔安国云："河图"者，伏羲氏王天下，龙马出河，遂则其文以画八卦。"洛书"者，禹治水时，神龟负文而列于背，有数至九，禹遂因而第之，以成九类。刘歆云：伏羲氏继天而王，受"河图"而画之，八卦是也。禹治洪水，赐"洛书"，法而陈之，九畴是也。"河图""洛书"相为经纬，八卦、九章，相为表里。

关子明云："河图"之文，七前六后，八左九右；"洛书"之文，九前一后，三左七右，四前左二，前右八后，左六后右。

邵子曰：圆者，星也。历纪之数，其肇于此乎（历法合二始以定刚柔，二中以定律历，二终以纪闰余，是所谓历纪也）？方者，土也，画州井地之法，其仿于此乎（州有九井九百亩，是所谓州井地也）？盖圆者，"河图"之数；方者，"洛书"之文，故羲文因之而造易，禹箕叙之而作范也。

天一地二，天三地四，天五地六，天七地八，天九地十。天数五，地数五，五位相得而各有合。天数二十有五，地数三十，凡天地之数五十有五，此所以成变化，而行鬼神也。

此一节盖以发明"图""书"之数，凡奇为阳，阳者，天之数；凡偶为阴，阴者，地之数。天数一、三、五、七、九，积之为二十五；地数二、四、六、八、十，积之为三十。合是二者，为五十有五，而天地变化，阴阳屈伸，举不出乎此数。是数也，两之为二仪，参之为三才，伍之为五行，分之为八卦，究之为九宫，此其大要也。朱子曰：天地之间，一气而已，分而为二，则为阴阳，而五行造化万物终始无不管于是焉。《内经》曰：阴阳者，数之可十，推之可百，数之可千，推之可万，万之大，不可胜数，范之以易，则不过不遗而无不通矣。

参伍以变，错综其数，通其变，遂成天地之文，极其数，遂定天下之象。非天下之至变，其孰能与于此？

此一节又以发明图书之变。参谓参于两间，如《记》云离坐离立，毋往参焉之参。考之图变，如一、二、三、四，参居六、七、八、九之间者是也。伍谓伍于五位，如什伍部伍之伍，考之图变，如一、二、三、四，伍于六、七、八、九之土者是也。错者，交而互之，一左一右之谓。考之图变，则三四左右互居是也。综者，综而契之，一低一昂之谓。考之图变，则一二上下低昂是也。既参以变，又伍以变，错而互之，综而交之，而天地之文成，天下之象定，然则"河图""洛书"，其肇天下之至变者欤？

昔者圣人之作易也，幽赞于神明而生蓍，参天两地而倚数，观变于阴阳而立卦，发挥于刚柔而生爻，和顺于道德而理于义，穷理尽性以至于命。

此章乃圣人作易之大旨，而蓍数卦爻之本原也。幽赞于神明，言圣人斋戒洗心，退藏于密，而神明阴相默佑。四十九蓍用以分褂揲归而生阴阳刚柔之策，天数地数参两相倚，以明九、八、七、六之象，故观变于天之阴阳而卦象立；发挥于地之刚柔而爻义生；和顺于道德，而条理各适其宜；穷天地阴阳刚柔之理，尽己之性，以尽人物之性，则可以赞天地之化育，而与造化之流行者无间，此则圣人至诚之极功也。

昔者圣人之作易也，将以顺性命之理，是以立天之道曰阴与阳，立地之道曰柔与刚，立人之道曰仁与义，兼三才而两之，故易六画而成卦，分阴分阳，迭用柔刚，故易六位而成章。

圣人作易，将以顺性命之理，大抵为斯人而作也。故观于阴阳，而立天之道。天之道，寒、暑、昼、夜而已矣。察于刚柔，而立地之道。地之道，流峙生植而已矣。本于仁义，而立人之道。人之道，孝、悌、忠、信而已矣。盖人禀阴阳之气，以有生赋刚柔之质，以有形具仁义之理，以成性气形，质具性成，而三才之道备矣。故以八卦言，则初为地，中为人，上为天，而有奇偶之异。兼三才而两之。以重卦言，则初二为地，三、四为人，五、上为天。分而言之，初、三、五为位之阳，二、四、上为位之阴。阳为刚，阴为柔，迭用于一卦六爻之间，相错而成文章也。

易之为书也，广大悉备，有天道焉，有人道焉，有地道焉，兼三才而两之，故六六者非他也，三才之道也。道有变动，故曰爻；爻有等，故曰物；物相杂，故曰文；文不当，故吉凶生焉。

道者，天、地、人之道，天之一阴一阳交，而成×；地之一柔一刚交，而成+；×、+重而成爻，变动之谓也。爻也者，效此者也；爻也者，效天下之动者也，等差等也（等字从竹，算筹也。从十从一，数之终始也。以不持而算之，指事义也。旧说等从等，于义无取，今正之）。爻之动静，有初、二、三、四、五、上之等，七、八、九、六之差，故曰物物时物也。七、九为奇，而凡物之阳者，质之刚者，皆为乾之物；六、八为偶，而凡物之阴者，质之柔者，为坤之物（分而言之，九阳而六阴，七刚而八柔，阴阳象也，刚柔形也，故九六变而七八不变。爻用九、六，主变而言也。又曰：蓍数七，卦数八，刚柔之体，所以立乾爻用九坤，爻用六，阴阳之用所以行）。阴阳合德，刚柔有体，相错杂而成文，文，文章也（文字从㐅，阴阳相交之象）。文而当则吉，居得其正。动而适中，则合乎物宜，而吉生矣（吉字从＋，阴变阳者也。从口，阳变阴者也。一字谐声，居变动中，变而克正，故为吉，会意。《书》曰：德惟一，动罔不吉。《传》曰：天下之动，贞夫一者也。金华王鲁斋，以吉字为老阳出土之象）。文不当，则凶。居夫其中，动而匪正，则入于坎陷而凶生矣（凶字从㐅，变动者也。动而陷于凶中，则失其中正而凶之。凵，陷坑也，会意。金华王鲁斋，以凶字为老阴入地之象）。故曰：吉、凶、悔、吝，生乎动。

六、太极生两仪之象

易本无乾坤，止有此━ ╍

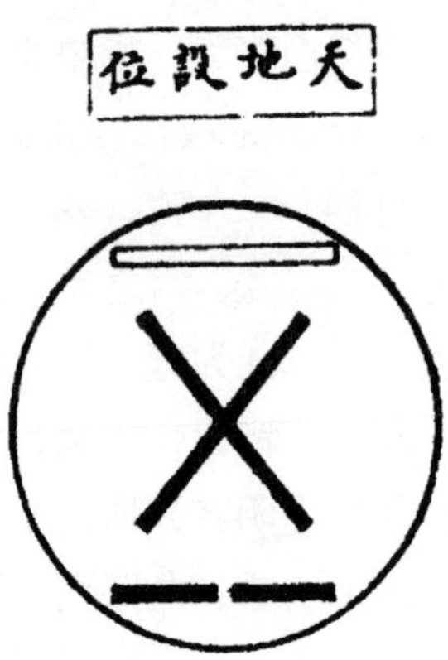

解说

太极判，而气之轻清者，上浮为天；气之重浊者，下凝为地。圣人仰观俯察，受“河图”，则而画卦，则天○以画━，则地··以画╍；名━曰奇，为阳；名╍曰偶，为阴。此上奇下偶者，天地之定位；中×者，天地气交四象、八卦、万物化生之本。《乐记》所谓一动一静者，天地之间也。周子曰：太极动而生阳，动极而静，静而生阴，静极复动。一动一静，互为其根，分阴分阳，两仪立焉。

七、两仪生四象之象

易本无八卦，止有此乾坤

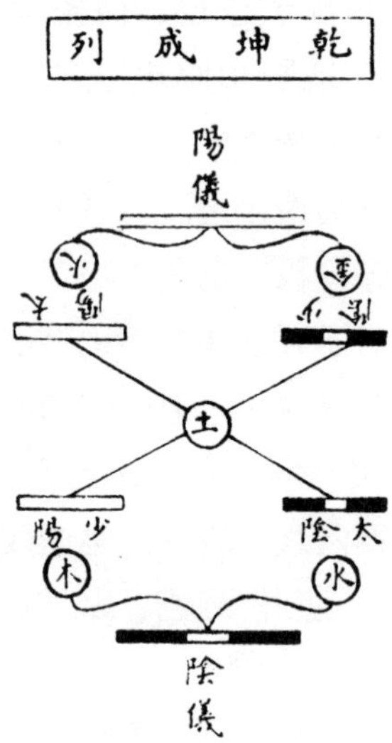

解说

朱子曰：阳仪生奇，为太阳；生偶，为少阴。阴仪生奇，为少阳；生偶，为太阴。旧图四象平布，生生不息，今图阳仪下生一奇一偶，为阴阳；阴仪上生一奇一偶，为刚柔。四象圜转，循环不穷，刚交于阴，阴交于刚，阳交于柔，柔交于阳，上下左右相交，而万物生焉。周子曰：阳变阴合，而生水、火、木、金、土，五气顺布，四时行焉。《传》曰：立天之道曰阴与阳，立地之道曰柔与刚，此之谓也。

右两仪生四象，阴仪上生一奇，为少阳，少阳者，阴中之阳。东方阳气生物于时，为春。春，蠢也。物蠢生乃能运动，故中规。在天为风，在地为木，上为岁星，在德为元。元者，善之长也。在体为筋，在藏为肝，通于目。在志为怒，其声呼，其色苍，其味酸，其音角，其畜鸡，其谷麦，其数三（木之生数）。

阳仪下生一奇，为太阳。太阳者，阳中之阳。南方阳气养物于时，为夏。夏，假也。物假大乃宣平，故中衡。在天为热，在地为火，上为荧惑星。在德为亨。亨者，嘉之会也。在体为脉，在藏为心，通于舌。在志为喜，其声笑，其色赤，其味苦，其音徵，其畜羊，其谷黍，其数七（火之成数）。

阳仪下生一偶，为少阴。少阴者，阳中之阴。西方阴气敛物于时，为秋。秋，就也。物愁（读揫敛）乃能成熟，故中矩。在天为燥，在地为金，上为太白星。在德为利，利者，义之和也。在体为皮毛，在藏为肺，通于鼻。在志为忧，其声哭，其色白，其味辛，其音商，其畜马，其谷稻，其数四（金之生数）。

阴仪上生一偶，为太阴，太阴者，阴中之阴。北方阴气藏物于时，为冬。冬，终也。物终藏乃可称，故中权。在天为寒，在地为水，上为辰星。在德为贞，贞者，事之干也。在体为骨，在藏为肾，通于耳。在志为恐，其声呻，其色黑，其味咸，其音羽，其畜豕，其谷豆，其数六（水之成数）。

中央者，阴阳之中，四方之内，经纬交通，乃能端直，故中绳。于时为四季。在天为湿，在地为土，上为镇星。在德为诚（周子曰：元亨，诚之通；利贞，诚之复），在体为肉，在藏为脾，通于口。在志为思，其声歌，其色黄，其味甘，其音宫，其畜牛，其谷稷，其数五（土之生数）。

八、四象生八卦之象

易本无六十四卦，止有此八卦

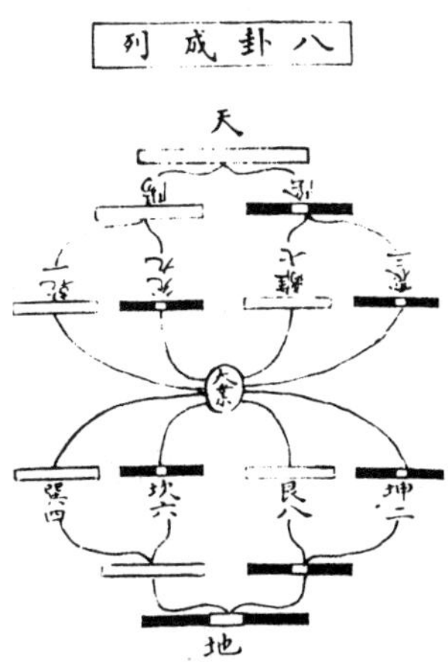

解说

右四象阳下交于柔，柔上交于

阳，而成乾坤、（天地定位）、艮兑（山泽通气）。刚上交于阴，阴下交于刚，而成震巽（雷风相薄）、坎离（水火不相射）。天秉阳，垂日星（离为日，兑为星）。在天者仰而反观，故乾、兑、离、震，天之四象，自上而下生。地秉阴，窍山川（艮为山，坎为川）。在地者俯而顺察，故坤、艮、坎、巽，地之四象，自下而上生。八卦相错，上者交左，下者交右，则乾南、坤北、离东、坎西，而“先天八卦圆图”之象著矣。震艮互观，反震为艮，反艮为震，则乾、坤、艮、巽居隅，坎、离、震、兑居中，而“后天八卦方图”之象著矣。由是动静相资，先后互体，圆方变用，而天地造化之义不可胜既矣。邵子曰：乾、坤为大父母（见四象图）。复、姤为小父母（见八卦图）。夫易根于乾坤，而生于姤、复，盖刚交柔而为复，柔交刚而为姤，自兹而无穷矣。

又曰：八卦之象，不易之四（乾、坤、坎、离），反易者二（震反为艮，兑反为巽）。以六变而成八也。

九、先天八卦对待之图

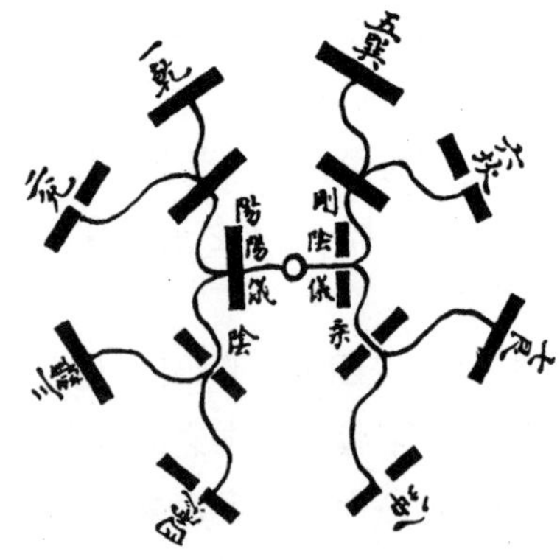

解说

右本前“四象生八卦图”。阳仪上者，交于左；阴仪下者，交于右，而成此图。康节先生云：坤北、乾南、离东、坎西、震东北、兑东南、巽西南、艮西北者，指此而言。其中O者，太极也；二者，二仪也。前象奇偶定上下之位，由天地四象八卦总之，而会于中，所谓敛之不盈一握，万殊而一本也。此图阴阳列左右之门，由动静四时八方推之，而达于外，所谓放之则弥六合，一本而万殊也。

《汤诰》曰：惟皇上帝降衷于下民，若有恒性。刘子曰：民受天地之中以生。孔子曰：天地之性，人为贵。子思子曰：天命之谓性中也。性也，天之所以与我者。稽之“生成图”，则见天地、四象、八卦，万物皆备于我，程子所谓天然自有之中，孟子所谓万物皆备于我，曾子所谓忠，夫子所谓一，其理不外乎是矣。“先天图”由一而一，由二而四，由四而八，推而至于百千万亿之无穷。先儒所谓心为太极，具众理而应万事，孟子所谓强恕而行，曾子所谓恕，夫子所谓贯，其道亦不外乎是矣。学者于此虚心以玩之，反身而体之，实见是理，实得是道。默而成之，则道德性命之蕴，礼乐刑政之原，举不越乎此矣。

十、后天八卦流行之图

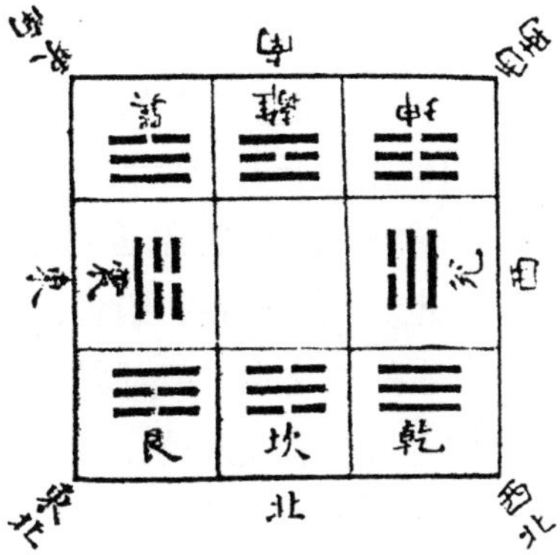

解说

右本前“四象生八卦图”。中四卦反观之，则为震、兑、坎、离；旁四卦正观之，则为乾、坤、艮、巽，故此象坎、离、震、兑，居四方之正；乾、坤、艮、巽，居四隅之偏。稽之“河图”，一、六居北，为水，而坎当之。坎者，水也。二、七居南，为火，而离当之。离者，火也。三、八居东，为木，而震当之。震，为雷，动于春也。四、九居西，为金，而兑当之。兑为泽，正秋也。乾为寒，为冰，位于西北，附兑而为金；巽为扬，为风，位于东南，附震而为木。五十居中为土，而坤地、艮山分隶之。坤，阴也，故稽类而退居西南。艮，阳也，亦稽类而奠居东北。此后天八卦方位之所由定也。是故协之天时，验之地利，稽之人事，而四气运行之序可知矣。《说卦》曰：艮者，万物之所成终，所成始也。物不可以无主，故帝出乎震，震，东方也，日之所出也。主器者，莫若长子，长子用事，而长女配之，故次之以巽，有宗子世妇之象。家齐而后国治，由家以及国，故次之以离，离也者，明也。圣人南面而听，天下大明，中天之象也。日中则昃，故次之以坤，坤者，顺也。致役乎坤，休工之义也，故次之以兑。兑，西方也，日之所入也。向晦入宴息，故曰“说言乎兑”。又次之以乾，乾，阳也；西北，阴方也。阴阳相薄，故曰“战乎乾”。次之以坎，坎者，水也，正北方之卦，夜半之时，幽阴之象，故曰“劳乎坎”。劳然后有成，故曰“成言乎艮”。而次之以艮终焉。

十一、先后天八卦德合之图

解说

右本前“四象生八卦图”而左右

四卦易位。乾、离、坎、坤居中，头目心腹之象；震、艮、巽、兑居左、右，手足股肱之象。希夷先生以为形类合，盖人者，天地之合气也。惟皇降衷，若有恒性，故凡言道学者，皆原于此。《杂卦》云：乾刚坤柔，离上坎下，兑见巽伏，震起艮止，稽此而言。《参同契》云：乾坤者，易之门户，众卦之父母。坎离匡郭，运毂正轴，牝牡四卦，以为橐籥，亦为有得于此，今故表而传焉。

十二、六十四卦循环之图

解说

《说卦》曰：天地定位，山泽通气，雷风相薄，水火不相射，八卦相错，数往者顺，知来者逆，是故易逆数也。

右明“先天六十四卦圆图”之象。天地定位，乾南坤北，天尊乎上，地卑乎下。山泽通气，山镇西北，泽注东南。雷风相薄，雷出东北，风盛西南。水火不相射，离降而东（大明日生于东），坎升而西（小明月生于西），此以内象言主乎静，而镇位者也。八卦相错，错者，交而互之，一左一右之谓。乾互巽，而巽互乾；坎互兑，而兑互坎；离互艮，而艮互离；坤互震，而震互坤（乾、兑、离、震，阳义之卦，本在左方，今互居右方阴义之上。坤、艮、坎、巽，阴仪之卦，本应右方，今互居左

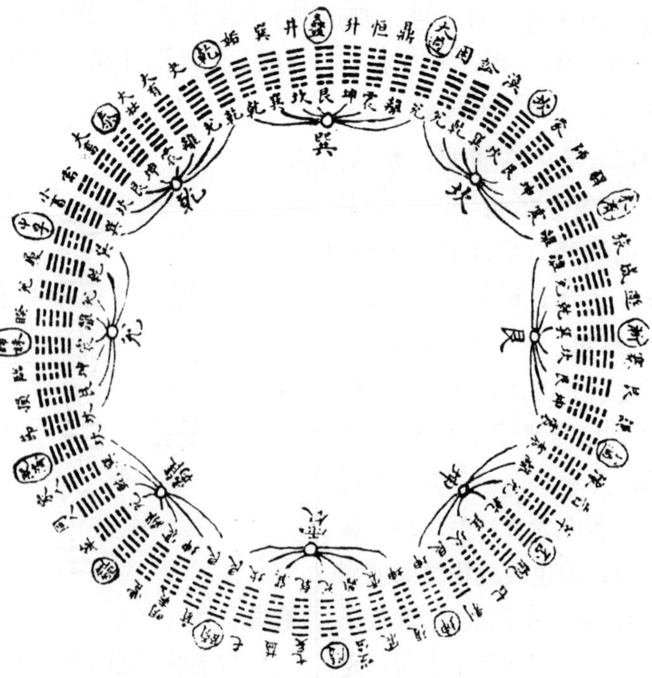

方阳仪之上。由是刚柔相摩，八卦相荡，而变化无穷焉，申说详见下文）。此以外象言主乎动，而趣时者也。圜转推荡，而成六十四卦。环周于八方，亦如二十八宿，分布于十二辰，是故右行而数之，则乾、兑、离、震、坤、艮、坎、巽，八卦由内若外，如环之无端也。数往者顺，往，谓已往过后之卦；顺者，顺其八卦之叙，如自今日而追数前日，自冬至而数回立冬、秋分，则自坤而艮，而坎，而巽、乾，皆顺其叙而数之也。知来者逆，来，谓方来在前之卦；逆者，逆其八卦之叙，如自今日而逆计来日，自冬至而数向立春、春分，则自坤而震，而离，而兑、乾，皆逆其叙而知之也。然凡易之数，皆由逆而推，生爻自下而上，数卦自右而左，故曰“易，逆数也”。

按此图以“先天图”一仰一覆，下体八卦静而守位，上体八卦动而右转，由是刚柔相摩，八卦相荡，一贞而八悔。八八六十四卦，左右相交。震宫八卦，震交于坤，起于复，次震，次噬嗑，次随、无妄、益、屯，至颐而得贞悔反对之象（震下艮上，二象反对）。离宫八卦，离交于艮，起于贲，次明夷，次丰，次离、革、同人、家人，至既济而得阴阳交中之卦（离下坎上，三阳三阴，昼夜平分）。兑宫八卦，兑交于坎，起于节，次损，次临，次归妹、睽、兑、履，至中孚而得贞悔反对之象（兑下巽上，二象反对）。乾宫八卦，乾交于巽，起于小畜，次需，次大畜，次泰、大壮、大有、夬，至乾而得六阳纯体之卦极焉。此图之左方也。巽宫八卦，巽交于乾，起于姤，次巽，次井，次蛊、升、恒、鼎，至大过而得贞悔反对之象（巽下兑上，二象反对）。坎宫八卦，坎交于兑，起于困，次讼，次涣，次坎、蒙、师、解，至未济而得刚柔中分之卦（坎下离上，三刚三柔，昼夜平均）。艮宫八卦，艮交于离，起于旅，次咸，次遁，次渐、蹇、艮、谦，至小过而得贞悔反对之象（艮下震上，二象反对）。坤宫八卦，坤交于震，起于豫，次晋，次萃，次否、观、比、剥，至坤而得六阴纯体之卦周焉。此图之右方也。环而观之，则乾、坤、泰、否、坎、离、既济、未济、随、蛊、渐、归妹、颐、大过、中孚、小过，凡一十六卦，交易反对，三位相间，累累若贯珠，若网在纲，有条而不紊。察其自然之妙，非人力之所能为也。是故以一岁之节论之，震始交坤，一阳生冬至之卦。变坤为复，是以乾起于复之初九，而尽于午中。巽始消乾，一阴生夏至之卦。变乾为姤，是以坤起于姤之初六，尽于子中。乾、坤定上下之位，冬至变坤，阴多，多寒，昼极短，而夜极长。夏至变乾，阳多，多热，昼极长，而夜极短。冬、夏二至，阴阳合也。乾、坤交中而为坎、离，坎、离交而为既济、未济。既济、未济交南北两间之中，春分变既济而为节，是以坎起于节之九二，而尽于酉中。秋分变未济而为旅，是以离起于旅之六二，而尽于卯中。三阳、三阴温凉适宜，昼夜平等，春秋二分，阴阳离也。立春变颐而为贲，颐卦二阳外而四阴内；立夏变中孚而为小畜，中孚四阳外而三阴内，此春夏阳在外，而阴在内，圣人春夏养阳之时。立秋变大过而为困，大过二阴外而四阳内；立冬变小过而为豫，小过四阴外而二阳内，此秋冬阳在内，而阴在外，圣人秋冬养阴之时。是则一岁周天之节备于图，而邵子所谓春、夏、秋、冬，昼、夜、长、短，由乎此者也。又以一月之度推之，则重坤之时，乃晦朔之间，以次而生明。小过之震（反对二震），三日昏时出庚之西也；大过之兑（反对二兑），八日上弦在丁之南也。至十五，则乾体就望而盛满，出于东方，甲地以渐而生魄。中孚之巽（反对二巽），十八日平明见辛之西也；颐卦之艮（反对二艮），二十三日下弦直丙之南也。此一月太阴之行度备于图，而邵子所谓晦、朔、弦、望，行、度、盈、缩，由乎此者也。至若艮东北之卦，万物之所成终，所成始，故冬至之卦尽于艮（山雷颐卦），而立春之节起于艮（山火贲卦）。自然之数也，故曰：易与天地准。

邵子曰：图虽无文，吾终日言而未尝离乎是，盖天地万物之理，尽在其中矣。朱子曰："先天图"，今以一岁之运言之，若大，而古今十二万九千六百年亦只是这圈子；小，而一日十二时亦只是这圈子，都从复上推起去。

《传》曰：天尊地卑，乾坤定矣。卑高以陈，贵贱位矣。动静有常，刚柔断矣。方以类聚，物以群分，吉凶生矣。在天成象，在地成形，变化见矣。是故刚柔相摩，八卦相荡，鼓之以雷霆，润之以风雨，日月运行，一寒一暑，乾道成男，坤道成女。

右上系首章，盖发明"先天六十四卦圆图"之义。天尊地卑，乾坤定矣。天清而居上，地浊而居下，上尊而下卑，乾坤之位以之而定也。卑高以陈，贵贱位矣。阳尊而阴卑，君尊而臣卑，各陈其位，贵贱之等以之而分也。动静有常，刚柔断矣。外动而内静，阳动而阴静，各守其常，刚柔之义以之而判也。上者亲乎天，下者亲乎地，乾、兑、离、震之卦，类聚于东南，坤、艮、坎、巽之卦，类聚于西北，而八卦之物，亦皆随卦而群分，如马、牛、羊、豕，各自为群，方以类聚，物以群分也。（合沙郑氏曰：动物属阳，植物属阴。动者不能植，偏于阳也。植者不能动，偏于阴也。阴阳之物，以是而群分。唯人为能动而植，植而动，所以得阴阳之全，固能灵于物也。乾为阳之阳，为飞走之群。艮、坎、震，为阳之阴，为虫鱼之群。坤为阴之阴，为土石之群。巽、离、兑，为阴之阳，为草木之群)。阴阳刚柔，善恶聚分，而吉凶生矣。吉凶者，失得之象也。雨、旸、燠、寒、风五者来备，各以其时，吉之象也。一极备一极，无凶之象也。事物之有得失，而休咎征，吉凶生，亦犹是也。在天成象，日、月、星、辰也；在地成形，水、火、木、金也。象见于天，形成于地，而变化之迹著矣。刚柔相摩，一、七、三、九为刚；二、六、四、八为柔；摩，研摩也，知摩之研转相摩而成八卦也。八卦相荡，荡，摇动也，以水涤器，荡转而摇动之谓，乾、坤、坎、离、震、艮、巽、兑相荡而成六十四卦也。鼓之以雷霆，震、艮之象也。润之以风雨，巽、兑之象也。日月运行，坎、离之象也。一寒一暑，日行南去极远而寒，日行北去极近而暑，此变化之成象者也。乾道成男，坤道成女，此变化之成形者也。按图而观，思过半矣。

十三、六十四卦因重之图

解说

《说卦》曰：雷以动之，风以散之，雨以润之，日以晅之，艮以止之，兑以说之，乾以君之，坤以藏之。

后明“先天六十四卦方图”之象。邵子曰：图皆从中起。今按：雷以动之，风以散之，正居此图中央，及四维之中。雨以润之，日以晅之，则坎次巽，离次震。艮以止之，兑以说之，则艮次坎，兑次离。乾以君之，坤以藏之，则乾次兑，坤次艮。皆由乎中，而达乎外，是故左右上下纵横相因，六十四卦方位所由定矣。东南阳方，而乾居之，乾四月之卦也，故位乎巳。西北阴方，而坤居之，坤十月之卦也，故位乎亥。泰正月之卦，而位乎寅。否七月之卦，而位乎申。此寅、申、巳、亥四隅之位也。冬至子中一阳生，而复卦直之，复，十一月之卦也。夏至午中一阴生，而姤卦直之，姤，五月之卦也。春分卯中，而大壮应二月之卦也。秋分酉中，而观卦应八月之卦也。此子、午、卯、酉四正之位也。辰戌丑未之月，卦偏居而附于四隅，临（十二月卦）与泰伍，故后天丑寅纳艮，而位乎东北。夬（三月卦）与乾亲，故后天辰巳纳巽，而位乎东南。遁（六月卦）与否近，故后天未申纳坤，而位乎西南。剥（九月卦）与坤邻，故后天戌亥纳乾，而位乎西北，以应地之方也。又若以乾上坤下观之，则八卦为经，而五十六卦左右为纬，《传》所谓天地设位，而易行乎其中者也。若以否上泰下观之，则八卦成列，而五十六卦上下相交，《传》所谓乾坤成列，而易立乎其中者也。周维二十八卦，上应天之二十八宿。自乾至大畜，凡七卦，上应东方苍龙七宿。角起于乾，则辰当亢金龙，而卯当房日免。自泰至谦，凡七卦，应北方玄武七宿。丑当牛金牛，而子当虚日鼠。自坤至萃，凡七卦，应西方白虎七宿。戌当娄金狗，而酉当昴日鸡。自否至履，凡七卦，应南方朱鸟七宿。未当鬼金羊，而午当星日马。故曰：在天成象，在地成形；而贲之《彖》曰：观乎天文，以察时变，观乎人文，以化成天下者也。

《周易参同契》曰：朔旦为䷗复，阳气始通，出入无疾，立表微刚。黄钟建子，兆乃滋彰，播施柔暖，黎蒸得常。䷒临炉施条，开路正光，光耀浸进，日以益长。丑之大吕，结正低昂，仰以成䷊泰，刚柔并隆。阴阳交接，小往大来，辐凑于寅，运而趋时。渐历䷡大壮，侠列卯门，榆荚堕落，还归本根。刑德相负，昼夜始分。䷪夬阴以退，阳升而前，洗濯羽翮，振索宿尘。䷀乾建盛明，广被四邻，阳终于巳，终而相干。䷫姤始纪绪，履霜最先，井底寒泉，午为蕤宾。宾服于阴，阴为主人。䷠遁去世位，收敛其精，怀德竢时，栖迟昧冥。䷋否闭不通，萌者不生，阴伸阳诎，没阳姓名。䷓观其耀景，察仲秋情，任蓄微稚，老枯复荣。荠麦芽蘖，同胃以生。䷖剥烂支体，消灭其形，化气既竭，亡失至神，道穷则

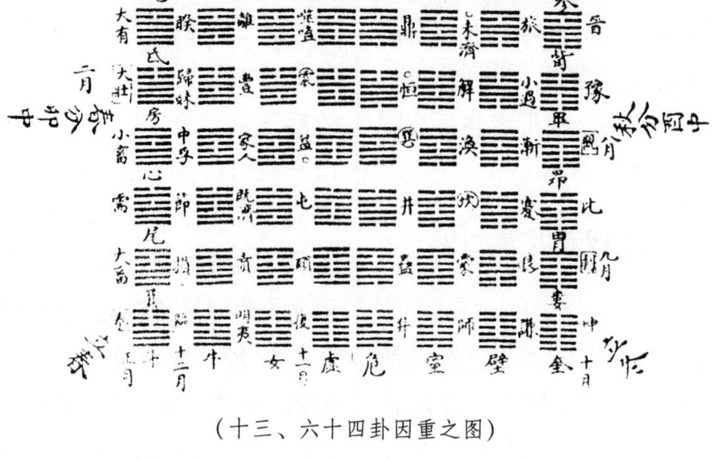

（十三、六十四卦因重之图）

反，归乎☷坤元。恒顺地理，承天布宣，玄幽远眇，隔阂相连。应度育种，阴阳之原，寥廓恍惚，莫知其端。先迷失轨，后为主君，无平不陂，道之自然。变易更盛，消息相因，终坤始复，如循连环。帝王承御，千秋常存。邵子《大易吟》曰：天地定位，否、泰反类；山泽通气，损、咸见义；雷风相薄，恒、益起意；水火相射，既济、未济。四象相交，成十六事。八卦相重，为六十四。朱子谓此释方图两交股底卦，东南角乾，便对西北角坤，（旧作东南角坤，便对西北角乾）。天地定位也。西南角否，对东北角泰，否、泰反类也。不知怎么恁地巧。新安程氏（直方）曰：邵子云先天学，心法也，图皆从中起，万化万事生于心也。曰“皆”者，兼方、圆图而言也。天地定位，圆图从中起也。雷动风散，方图从中起也。圆者动以定位，为本；方者静以动散，为用。动而无动，静而无静，固先天之心法欤。

《传》曰：八卦成列，象在其中矣。因而重之，爻在其中矣。刚柔相推，变在其中矣。繁辞焉。而命之，动在其中矣。吉凶悔吝，生乎动者也。

右下系首节，盖发明“先天六十四卦方图”之义。八卦成列者，乾、兑、离、震、巽、坎、艮、坤成行列也。此自上而数向下，自左而数向右也。若自中而数向外，则震、离、兑、乾、巽、坎、艮、坤亦成列也。以至横斜、曲直、左右、前后，莫不皆然，而天、地、水、火、雷、风、山、泽之象在其中矣。因而重之者，八卦之上各加八卦，分阴分阳，迭用柔刚，而初、二、三、四、五、上之六爻在其中矣。刚柔相推者，刚生于复之初，九自一而二、三、四、五，以次推上，而至于乾之六。柔生于姤之初六，自一而二、三、四、五，以次推下，而至于坤之六，则卦爻之变在其中矣。圣人因卦爻之变，系之以吉凶悔吝之辞，则举天下之动在其中矣。

十四、六十四卦变通之图

解说

《传》曰：刚柔者，立本者也。变通者，趋时者也。吉凶者，贞胜者也。天地之道，贞观者也。日月之道，贞明者也。天下之动，贞夫一者也。

右《传》盖发明后天六十四卦变通之义。刚柔者，变通之本体。变通者，刚柔之时用。以图推之，乾刚坤柔，位乎上下，乃不易之定体。故曰：刚柔者，立本者也。坤初爻柔变而趋于刚，为复，为临，为泰，为大壮，为夬，进之极，而为乾，自冬而夏也。乾初爻刚化而趋于柔，为姤，为遁，为否，为观，为剥，退之极，

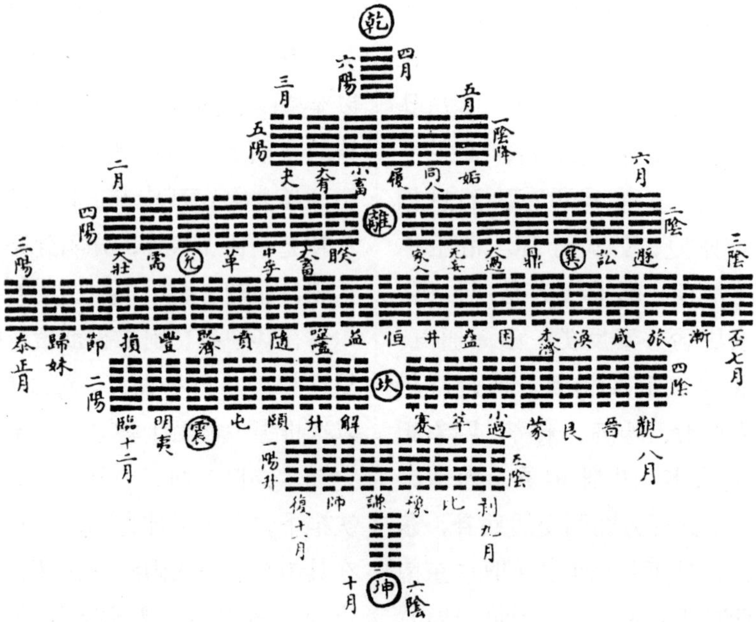

（十四、六十四卦变通之图）

而为坤，自夏而冬也。故曰：变通者，趋时者也。故夫乾、坤以初爻变，而一阴一阳之卦各六，皆自复、姤而推之。二爻变，而二阴二阳之卦各十有五，皆自临、遁而推之。三爻变，而三阴三阳之卦各二十，皆自泰、否而推之。四爻变，而四阴四阳之卦各十有五，皆自大壮、观而推之。五爻变，而五阴五阳之卦各六，皆自夬、剥而推之。纵横上下，反复相推，无所不可。在识其通变，则无所拘泥，而无不通。《传》所谓变动不居，周流六虚；上下无常，刚柔相易；不可为典要，唯变所适。然阳主进，自复而左升；阴主退，自姤而右降。泰、否则阴阳中分，自寅至申皆昼也。而乾实冒之，自酉至丑皆夜也。而坤实承之，故上系言变化者，进退之象；刚柔者，昼夜之象也。或刚或柔，有失有得，而吉凶之理常相胜也。乾上坤下，定体不易，天地之道，贞观者也。离南坎北，日丽乎昼，月显乎夜，日月之道，贞明者也。天下之动，其变无穷，顺理则吉，逆理则凶，则其所正而常者，有恒以一之，是亦一理而已矣。

按：朱子谓《参同契》以乾、坤为鼎器，坎、离为药物，余六十卦为火候。今以此图推之，盖以人身形合之，天地阴阳者也。乾为首而居上，坤为腹而居下，离为心，坎为肾。心，火也；肾，水也，故离上而坎下。阳起于复，自左而升，由人之督脉（阳脉也）起，自尻循脊背而上走于首；阴起于姤，自右而降，由人之任脉（阴脉也）至自咽循膺胸而下起于腹也。上二十卦，法天天者，阳之轻清，故皆四阳、五阳之卦；下二十卦，法地地者，阴之重浊，故皆四阴、五阴之卦；中二十卦，象人，人者，天地之德，阴阳之交，故皆三阴、三阳之卦，亦如人之经脉手足，各有三阴三阳也。又人上部法天，中部法人，下部法地，亦其义也。由是言之，则《参同契》之义不诬矣。若夫恒卦居中，则《书》所谓若有恒性，《传》所谓恒以一德，《孟子》所谓恒心而恒之。《彖》曰：日月得天。而能久照，四时变化，而能久成。圣人久于其道，而天下化成。观其所恒，而天地万物之情可见矣。

十五、六十四卦致用之图

解说

《说卦》曰：帝出乎震，齐乎巽，相见乎离，致役乎坤，说言乎兑，战乎乾，劳乎坎，成言乎艮。

后明“后天六十四卦用图”之象。其卦位所由定，朱子盖尝置疑，以为然且当阙之，不必强通。而后需以卦爻交易，五行次序为说者，不过因其见在之位，以意附会臆度，非有所根据也。今按“河图”象数变合，复推先天卦位，及世俗所传卜筮诸书，更为之图而绎其说曰：（编者按：此下原缺）乾起于西北者，天倾西北之义也。乾既位西北，则坤当位东南，以地不满东南，故巽长女代居其位，巽亦先天兑之反也。是以坤退居西南，三爻皆变而之乾，乾三爻皆变而之坤，互相反对，而乾、坤之位纵矣。离火炎上而居南；坎水润下而居北。坎三爻皆变而之离，离三爻皆变而之坎，亦互相反对，而坎、离之位纵矣。艮反先天震，而位乎东北；巽反先天兑，而位乎东南。艮三爻皆变而之兑，反而观之，则为巽；巽三爻皆变而之震，反而观之，则为艮，亦互相反对，而艮、巽之位纵矣。电激而雷，故震居正东先天离位（离火炎上，故以上爻变震）。三爻皆变而之巽，反而观之，则为兑。水潴为泽，故兑居正西先天坎位（坎水润下，故以下爻变兑）。三爻皆变而之艮，反而观之，则为震，故震、兑左右相反对，而其位横矣。邵子曰：震、兑横而六卦纵，易之用也。至哉言乎！惟其如此，故今时所传卜筮宫卦，亦乾、坤相反，坎、离相反，震、兑相反，艮、巽相反。乾宫之姤，自坤而反观之，则为夬。乾之遁，反坤之大壮；乾之否，反坤之泰；乾之观，反坤之临；乾之剥，反坤之复也。坎宫之节，自离而反观之，则为涣。坎之屯，反离之蒙；坎之既济，反离之未济；坎之革，反离之鼎；坎之丰，反

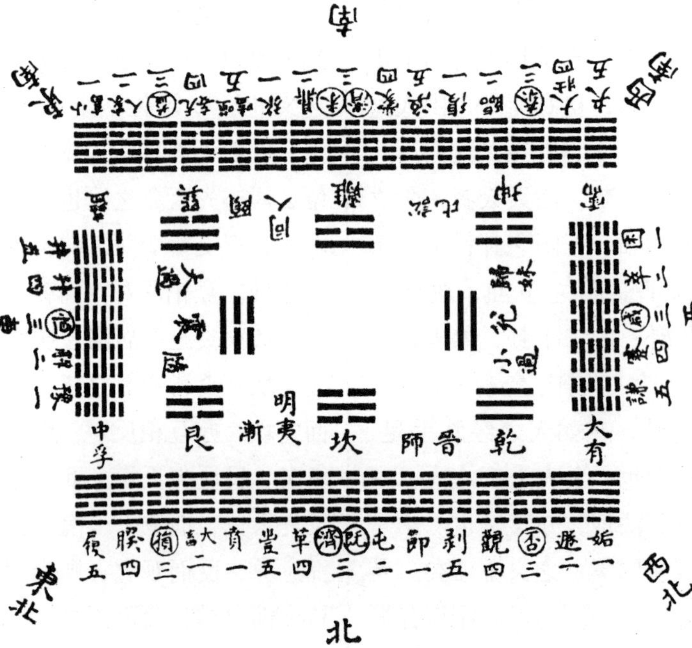

（十五、六十四卦致用之图）

离之旅也。艮宫之贲，自巽而反观之，则为噬嗑。艮之大畜，反巽之无妄；艮之损，反巽之益；艮之睽，反巽之家人；艮之履，反巽之小畜也。震宫之豫，自兑而反观之，则为谦。震之解，反兑之蹇，震之恒，反兑之咸；震之升，反兑之萃；震之井，反兑之困也。其游魂、归魂二卦，谓其不在八宫正变之列。以本宫第五爻变而得外体之卦，内三爻皆变，则为游魂。曰游者，自内而之外也。第五爻变而内三爻不变，则为归魂。曰归者，自外而反内也。周旋左右，升降上下，王者之礼法，尽于是矣。

十六、明蓍策八图

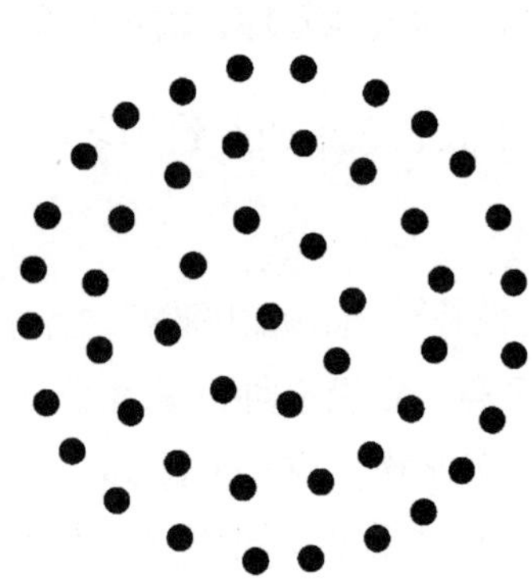

图一

图一

《传》曰：大衍之数五十，其用四十有九。朱子曰：大衍之数，盖取“河图”中宫天乘地十而得之。以五乘十，以十乘五，而亦皆得五十焉。至用以筮，则又止用四十有九，皆出于理势之自然，非人之智力所能损益也。

解说 图一

右蓍四十九策，绦作一束，法太极全体之象。其数之所以然，盖总八卦生爻之实也。阳仪之画七，（仪一画，象二画，卦四画）。阴仪之画七，（仪一画，象二画，卦四画）。因而七之，七七而四十有九。《传》曰：蓍之德圆而神。圆者，其数奇，以七圆聚而簇之，则有自然之圆矣。卦之德方以知。方者，其数偶，以八方比而叠之，则有自然之方矣。神者，妙用不测；知者，变通不拘。蓍阳卦阴，蓍动卦静，大易之体用至矣。

图二 注：此图原缺

《传》曰：分而为二以象两，卦一以象三。两者，天地也；三者，人也；挂者，悬置也，《韵会》曰"置而不用"是也。旧说挂于小指、次指间，故训"再扐而后挂"不通，而以为明第二变不可不挂。一字之训不明，而有不胜其支离矣。

解说 图二

右蓍四十有九策，分而为二以象两仪，而卦置一策于中以象人，左右策四十有八，盖总卦爻之实也。八卦经画二十有四，重之则为四十有八。又每卦各八变，其爻亦四十有八也。其揲法先以左手取左半之策握之，而以右手取右半一策挂置于中，而不复动，以象人居天地之中，其阴阳、寒暑、昼夜、变化一听于天，而无与焉。一虽无与，而常与四十有八者并用，参为三才者也。次以右手四揲左手之策而归其奇，或一或二，或三或四，于小指、次指之间，谓之扐，象三年一闰。又以右手取右半之策，取三余三，取一余二，取六余四，取四归于次指、中指之间，谓之再扐，象五年再闰。而后挂者，谓总所归二奇置于挂一之所，如挂一法，《韵会》曰"合而置之"是也。其归奇之数，不四则八（无所谓不五则九）。得四为奇（一个四也）。得八为偶（两个四也）。于是复合过揲之策，或四十四，或四十，分揲归挂如前法，为第二变。又合所余过揲之策，或四十，或三十六，或三十二，分揲归挂，亦如前法，为第三变。三变之后，然后视其所挂之策，得三奇为老阳，三偶为老阴。两偶一奇，以奇为主，为少阳；两奇一偶，以偶为主，为少阴。每三变而成一爻，十有八变而成一卦，一卦可变而为六十四卦，而四千九十六卦在其中矣。

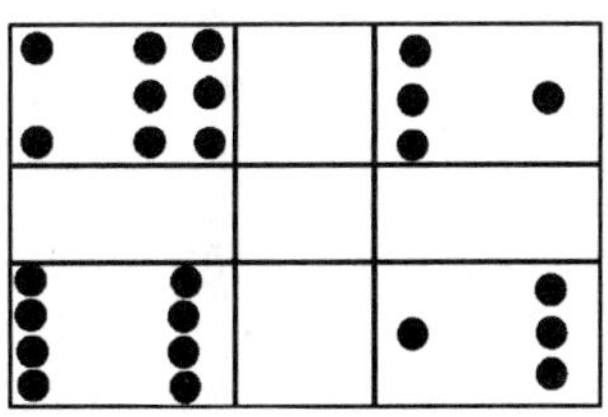

图三

图三

《传》曰：揲之以四以象四时，归奇于扐以象闰。五岁再闰，故再扐而后挂。此图四揲之余，左余一，则右余三，左余三，则右余一，则两仪归奇之阳数也。左余二，则右取余六，左余四，则右亦余四，两仪归奇之阴数也。

解说 图三

朱子曰：奇之象圆，圆者，径一而围三阳，用其全。老阳三奇，三三为九，过揲之数，亦四九三十有六。偶之象方，方者，径一而围四阴，用其半。老阴三偶，三二为六，过揲之数，亦四六二十有四。少阳一奇二偶，一奇三，二偶二，积一、三、二、二为八，过揲之数，亦四七二十有八。少阴一偶二奇，一偶二、二奇三，积一、二、二、三、为八，过揲之数，亦四八三十有二。此蓍数卦画自然之妙也。

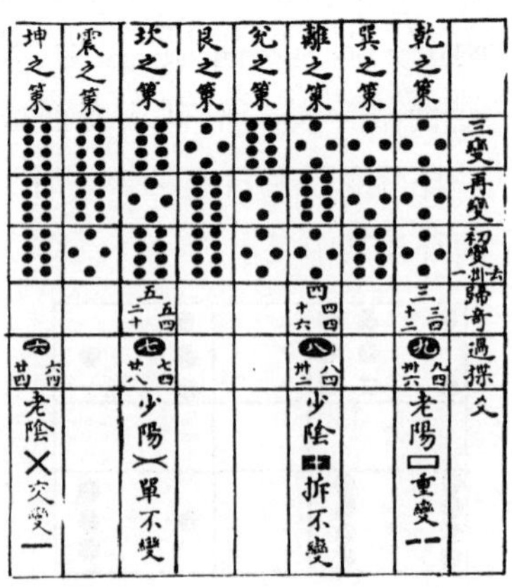

图四

解说 图四

上每三变而成一爻，三变皆得奇，有类于乾，其画为（编者注：原文脱字），识其以阳变阴也。三变皆得偶，有类于坤，其画为×，识其以阴变阳也。三变得两奇一偶，以偶为主，即其偶之在初，在二，在三，有类于巽、离、兑，其画为 - -，而不变。三变得两偶一奇，以奇为主，即其奇之在初，在二，在三，有类于震、坎、艮，其画为（编者注：原文脱字）而不变。凡有是八体，亦八卦之象也为（编者注：原文脱字）者，二十四体。为 - - 者，亦二十四体。为（编者注：原文脱字）者，八体。为×者，八体。共六十有四，图说如后。

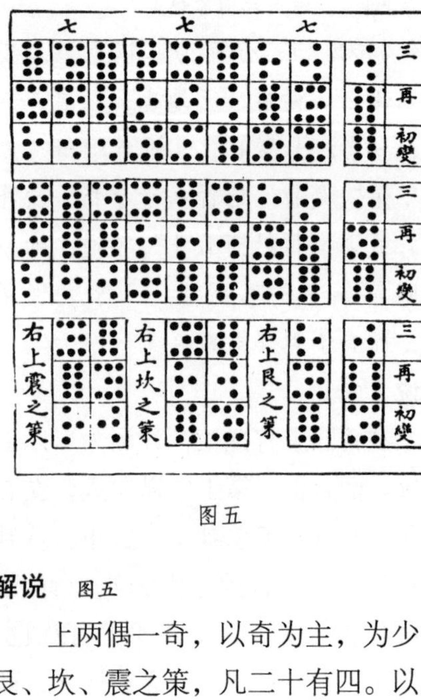

图五

解说 图五

上两偶一奇，以奇为主，为少阳艮、坎、震之策，凡二十有四。以三变，方得奇，为艮之策八。再变，得奇为坎之策八。初变，得奇为震之策八。归扐得二十策，过揲得二十八策，以四约之，归扐得五（五个五）。过揲得七（七个四）。为阳之正而不变。

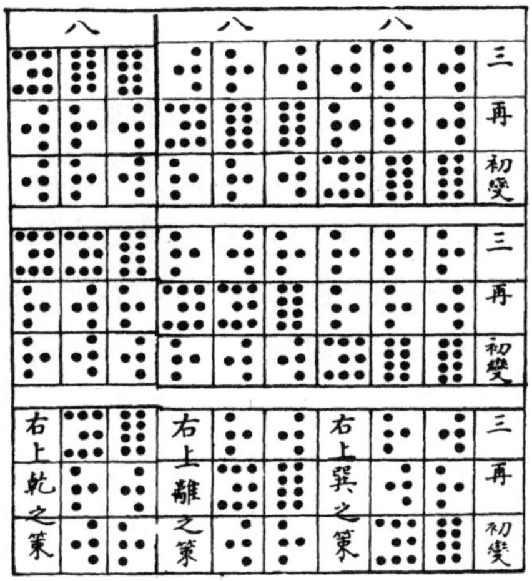

图六

解说 图六

上两奇一偶，以偶为主，为少阴巽、离、兑之策，凡二十有四。以初变，即得偶为巽之策八。再变，得偶为离之策八。三变，得偶，为兑之策八。归扐得十六策，过揲得三十二策，以四约之，归扐得四（四个四）。过揲得八（八个四）。为阴之正而不变。

解说 图七

上三变皆奇，为老阳，乾之策者八。归扐得十二策，过揲得三十六策。以四约之，归扐得三（三个四）。过揲得九（九个四）。九者，阳之极，变而为阴。易以变为占，凡阳爻之变者，通谓之九。

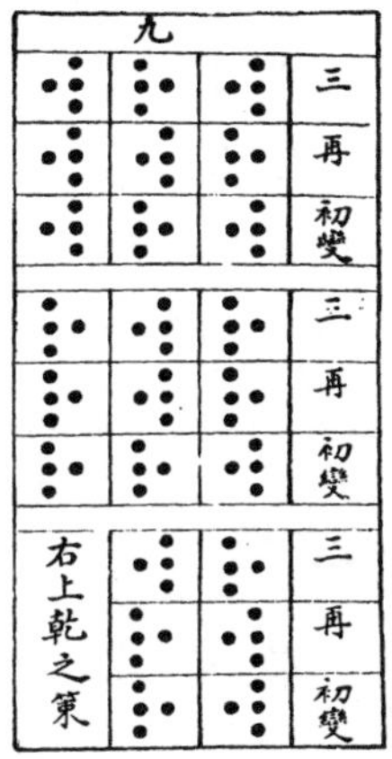

图七

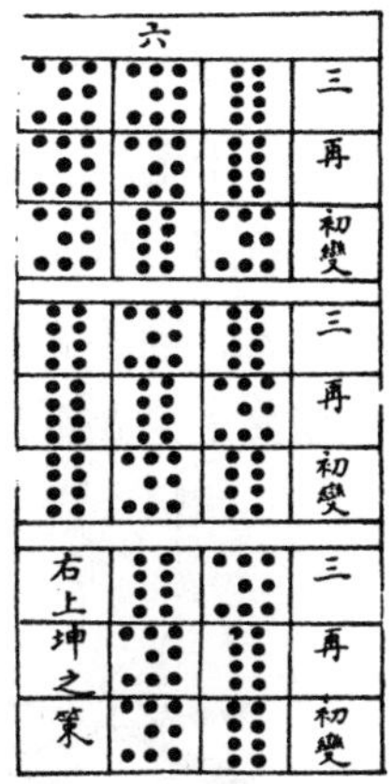

图八

解说 图八

右三变皆偶，为老阴坤之策者八。归扐得二十四策，过揲亦得二十四策。以四约之，归扐得六（六个四）。过揲亦得六（六个四）。六者，阴之极，变而为阳。易以变为占，凡阴爻之变者，通谓之六。

右八卦之体各八，合而为六十四卦之象焉。其揲法从程子。张子云：再变、三变不挂而得之。盖初变。既挂一以象人，置而不用，后二变乃蒙上不复挂者为是也。揲左不揲右，从唐张辕、庄绰二家。盖天动地静，阳变阴合，地承天而行，于义为当。左余一而右承之，以三余三，而承之以一者，成其为奇之阳也。左余二而右承之，以六余四，而承之以四者，成其为偶之阴也。阴、阳、太、少均齐平正，若如近世三变皆挂，左右并揲之法，则为老阳者十二，少阴二十八，少阳二十，老阴四，参差多寡不齐。如前一变挂，后二变不挂，而亦左右并揲之法，则为太阳者二十七，少阴二十七，少阳九，太阴一，虽皆六十有四，然太阴之体极少。盖有终岁揲蓍，而不得遇纯坤之变乾者矣。明变之士，幸研几焉。

十七、考变占图

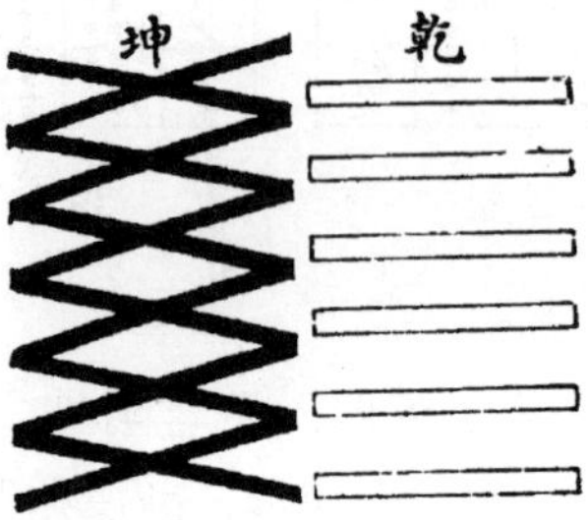

乾之策二百一十有六，坤之策百四十有四，凡三百有六十，当期之日。二篇之策万有一千五百二十，当万物之数也。是故四营而成易，十有八变而成卦，八卦而小成，引而伸之，触类而长之，天下之能事毕矣。

解说

乾之策，以老阳之数三十六，乘以六爻之数，则为二百一十有六。坤之策，以老阴之数二十四，乘以六爻之数，则为百四十有四。合之，凡三百有六十。当期之日者，周十二月为一期，以朔言之，则三百五十有四日；以气言之，则三百六十五日四分日之一；举气盈朔虚之中数言之，故曰三百有六十也。然少阳之策二十有八，积乾六爻之策，则百六十有八。少阴之策三十有二，积坤六爻之策，则百九十有二。合之，亦三百有六十。而《大传》不言者，以易用九、六而不用七、八也。二篇者，上下经六十四卦也。阳爻百九十二，以老阳三十六乘之，积六千九百十有二。阴爻百九十二，以老阴二十四乘之，积四千六百有八。合之，则为万有一千五百二十，当万物之数。然以少阳二十八，乘阳爻百九十二，积五千三百七十有六。少阴三十二，乘阴爻百九十二，积六千一百四十有四。合之，亦万有一千五百二十。是知少阴、少阳之数隐于老阴、老阳之中。七、九皆为阳而奇；六、八皆为阴而偶，此乾、坤、九、六之旨如是也。

乾卦用九：见群龙无首，吉。坤卦用六：利永贞。右明六十四卦九、六变占之通例。朱子曰：凡卦六爻皆不变，则占本卦《彖辞》，而以内卦为贞，外卦为悔。按《左氏传》孔成子筮立衡公子元，遇屯䷂（震下坎上），曰：利建侯。秦伯伐晋，筮之遇蛊䷑（巽下艮上）曰：蛊之贞风也，其悔山也。此卦六爻不变，占本卦《彖辞》卦象之例也。

䷖一爻变，则以本卦变爻辞占。晋毕万遇屯䷂（震下坎上）之比䷇（坤下坎上）初爻九也。蔡墨遇乾䷀（乾下乾上）之同人䷌（离下乾上）

二爻九也。晋文公遇大有䷍（乾下离上）之睽䷥（兑下离上）三爻九也。陈敬仲遇观䷓（坤下巽上）之否䷋（坤下乾上），四爻六也。南蒯遇坤䷁（坤下坤上）之比䷇（坤下坎上），上爻六也。晋献公遇归妹䷵（兑下震上）之睽䷥（兑下离上），上爻六也。此一爻变占本卦爻辞之例也。

二爻变，则以本卦二变爻辞占，仍以上爻为主，《传》无例。

三爻变，则占本卦及之卦《彖辞》，而以本卦为贞，之卦为悔。公子重耳筮得国遇贞屯䷂（震下坎上），悔豫䷏（坤下震上）皆八。盖初、五爻得九，四爻得六，凡三爻变。二爻、三爻、上爻在两卦八，而司空季子占之曰：皆利建侯。此三爻变例也。又变在前十卦主贞，后十卦主悔，见《启蒙》六十四卦变图。

四爻变则以之卦二不变爻占，仍以下爻为主，《传》无例。

五爻变，则以之卦不变爻占，穆姜往东宫，遇艮之八䷳（艮下艮上），史曰：是谓艮之随䷐（震下兑上）。盖初、四、五三爻得六，三、上爻得九，凡五爻皆变。惟二爻得八，不变。法宜用随卦六二“系小子，失丈夫”为占，而史乃妄引随之《彖辞》以为对，非也。

六爻变，惟乾、坤占。二用余卦占之卦《彖辞》。蔡墨曰：乾之坤，曰：“见群龙无首，吉。”此其例也。于是一卦可变六十四卦，而四千九十六卦在其中矣。引而伸之，触类而长之，天下之能事毕矣。

元·张理《易象图说外篇》

一、太极之图

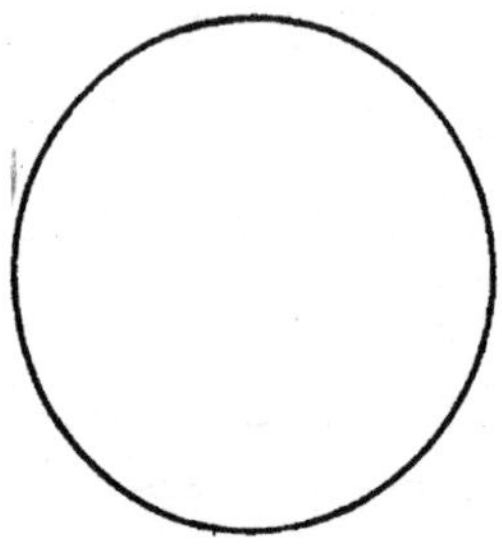

解说

《传》曰：易有太极。朱子曰：易者，阴阳之变；太极者，其理也。谓之太极者，至极之义，兼有标准之名，实造化之枢纽，品汇之根柢也。本无形体声臭之可指，至宋濂溪先生始画一圈，而今图因之。《说文》曰：惟初太极，道立于一，造分天地，化成万物。一者，数之始也。

二、三才之图

解说

右象天、地、人三才各一太极。邵康节曰：天开于子，地辟于丑，人生于寅。夏以建寅之月为正月（谓斗柄初昏，建寅之月也），谓之人统。《易》曰：《连山》以艮为首，艮者，人也（《周易》艮卦六爻，亦以人身取处）。商以建丑之月为正月，谓之地统。《易》曰：《归藏》以坤为首，坤者，地也。周以建子之月为正月，谓之天统。《易》曰：《周易》以乾为首，乾者，天也。注疏家以山能出内云气，地能归藏万物，天能周帀六合，其言乾、坤之义然矣，于艮之义则未尽。艮者，万物之所以成终，而成始也。人为万物之灵，故主人而言，是知夏尚忠人之义也，商尚质地之理也，周尚文天之象也。三代迭兴，三统异尚，而圣人答颜子为邦之问，则曰：行夏之时，乘殷之辂，服周之冕。法天道，行地利，用人纪之义彰矣。斯所谓百王不易之大法也。故曰：仲尼祖述尧、舜，宪章文、武，上律天时，下袭水土，此之谓也。

韩子曰：形于上者谓之天，形于下者谓之地，命于其两间者谓之人。形于上日、月、星、辰，皆天也；形于下草、木、山、川，皆地也；命于其两间夷狄禽兽，皆人也。

程子曰：天地交，而万物生于中，然后三才备。人为最灵，故为万物之首。凡生天地之中者，皆人道也。

三、×气之图

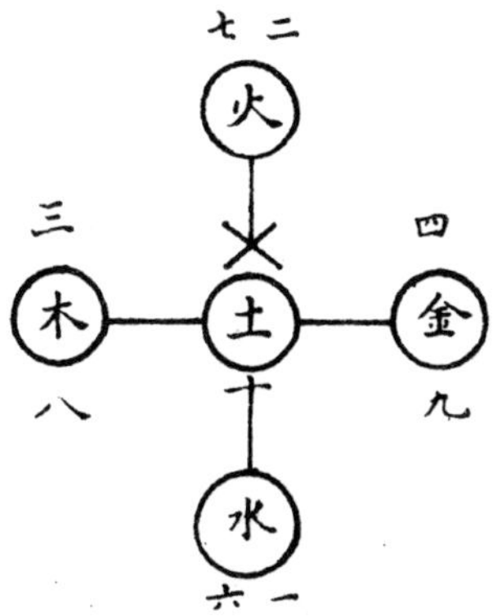

解说

天地之数，中乎×；图书之象，著乎×；皇极之位，建乎×，×者，中也；中也者，四方之交会也。东木、西金、南火、北水，其行之序则曰：木、火、土、金、水。木、火为阳，金、水为阴，土居中央，亦阴亦阳。其生之序则曰：水、火、木、金、土。水、木为阳，火、金为阴。天以一生水，而地以六成之，故“河图”一、六居北，而为水。地以二生火，而天以七成之，故“河图”二、七居南，而为火。天以三生木，而地以八成之，故“河图”三、八居东，而为木。地以四生金，而天以九成之，故“河图”四、九居西，而为金。天以×生土，而地以十成之，故“河图”×十居中，而为土，交贯四气，而作其枢纽也。是故五行之象，见乎天；五行之质，具乎地；人肖天地以有生，具五气以成形，禀五性以成德，故语性道者，无一不本于是。得其气之正且通者，为圣，为贤；得其气之偏且窒者，为愚，为不肖。然五方之习俗，又各随其所见而局于一偏，其嗜欲好尚，亦有所不同者矣。东方生地，日之所出，故习见其生，而老氏有长生之说。西方收地，日之所入，故习见其死，而佛氏有寂灭之说。南方明盛阳之伸，而神灵著焉。北方幽翳阴之屈，而鬼怪见焉。惟圣人中天下而立，定四海之民，向明而治。无思也，无为也，寂然不动，感而遂通天下之故，天下之至神也。周子曰：圣人定之以中正仁义而主静，立人极焉。

四、七始之图

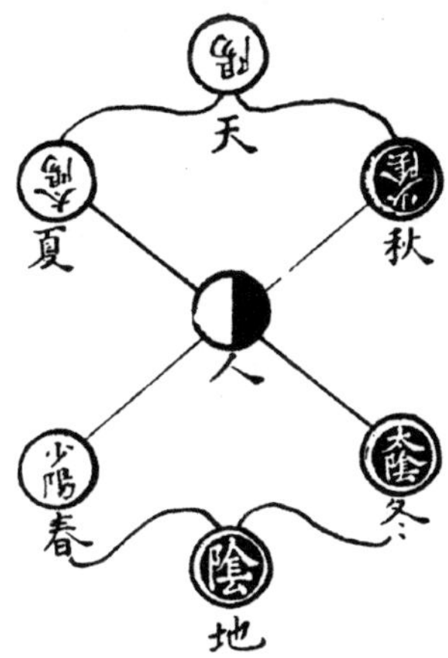

解说

周子曰：阳变阴合，而生水、火、木、金、土，五气顺布，四时行焉。五行，一阴阳也；阴阳，一太极也；太极，本无极也。无极之真，

二、五之精，妙合而凝。乾道成男，坤道成女。二气交感，化生万物。万物生生，而变化无穷焉。唯人也，得其秀而最灵。形既生矣，神发知矣，五性感动而善恶分，万事出矣。圣人定之以中正仁义而主静，立人极焉。君子修之，吉；小人悖之，凶。大哉易也，斯其至矣。

五、九宫之图

解说

右×十中交九宫之叙，即“洛书”之数也。一、三、九、七，天数也。天数奇，奇之象圆，参于三，其数左旋，始于一，居于正北。一三如三，故三次于正东；三三如九，故九次于正南；三九二十七，故七次于正西；三七二十一而复于一。二、四、八、六，地数也。地数偶，偶之象方，两于二，其数右转，起于西南。二二如四，故四次于东南；二四如八，故八次于东北；二八十六，故六次于西北；二六十二而归于二。此阴阳左右运行自然之妙。而二七、四九易位，与“河图”不同者也。《内经》曰：天数始于一，终于九焉。一者天，二者地，三者人。三而成天，三而成地，三而成人。三而三之合，则为九，九分为九野，正北曰冀州（今大都、燕南、河间、平阳等路），正东曰青州（今益都、沂、密、登、莱等州），正南曰扬州（今两淮、两浙、江东、江西、瓯闽等处）。正西曰梁州（今川蜀、灵姚等处），正中曰豫州（今河南、襄阳等处），东北曰兑州（今济南、东平、东昌、济宁等处），东南曰徐州（今徐、邳、宿、亳等州），西南曰荆州（今荆潭、湖广等处），西北曰雍州（今陕西、甘肃等处）。是故神禹别之而作《贡》，箕子演之而叙《畴》。他如运气太乙阴阳医家者流，虽纯驳不同要，皆不出乎此九宫之数也。

右图一、三、五、七、九，而两仪、四象、八卦其中矣。阳倡而阴和，阳实而阴虚，仪虽两而实三，象虽四而实五，卦虽八而实九，于以见天地间非阳不生，非阴不成，造化自然之本原也。

六、河洛＋×生成之象

解说

《传》曰：河出图，洛出书，圣人则之。则者，法其象与数也。数始于一，小衍之而成×；大衍之而成

（六、河洛＋×生成之象）

＋。×、＋者，数之结括，而图书者，倚数之大原，卦画之准则也。此象纵横＋有×数，正则“河图”中宫天×乘地＋之象。其中⊙者，易也，即图书中×之中，动而阳上，同乎天，其象为○；静而阴下，同乎地，其象为●。天○下生◦◦，为阴阳；地●上生◦◦，为柔刚，即图书中×之上下左右。其数则阳一阴四，刚三柔二，衍而一六、二七、三八、四九，即图书四维之东、西、南、北。分为八卦，合为五行。五行之生也，各一其性。此图之象原其生，而“河图”之位据其旺，“洛书”之位总其变，大衍之周揭其实也（“河图”木东、火南、金西、水北，正也）（“洛书”金火易位，金南、火西，变也）。夫以始生之序言之，坎、巽生于地之刚，朱子所谓少阳。少阳之位寅，于时为春，其数三，小衍成×，则有二；大衍成＋则有七。二、七为火，故火生在寅，旺于午。稽之“河图”，则二、七居南，而乾、兑得其位（乾居七，兑居二），乾、兑生于天之阳，朱子所谓太阳。太阳之位巳（巳为六阳之极），于时为夏，其数一，小衍成×则有四；大衍成＋则有九；四、九为金，故金生在巳，旺于酉。稽之“河图”，则四、九居西，而巽、坎得其位（巽居四，坎居九）。乾交坎，而坎交乾；巽易兑，而兑易巽也。离、震生于天之阴，朱子所谓少阴。少阴之位申，于时为秋，其数四，小衍成×则有一；大衍成十则有六。一、六为水，故水生在申，旺于子。稽之“河图”，则一、六居北，而坤、艮得其位（艮居一，坤居六）。坤、艮生于地之柔，朱子所谓太阴。太阴之位亥（亥为六、阴之极），于时为冬，其数二，小衍成×则有三；大衍成十则有八。三、八为木，故木生在亥，旺于卯。稽之“河图”则三、八居东，而离、震得其位（震居三，离居八）。坤交离，而离交坤；震易艮而艮易震也。是知先天之象，本之图。乾七兑二，位乎刚；离八震三，位乎柔；天之四象，交乎地也。坤六艮一，位乎阴；坎九巽四，位乎阳；地之四象，交乎天也。后天之象，本之图乾、兑生于天之阳，乾一兑九而成十（乾居一，兑居九）。离、艮生于天之阴（震反为艮），离七艮三而成十（离居七，艮居三）。坤、震生于地之柔（艮反为震），坤二震八而成十（坤居二，震居八）。坎、巽生于地之刚，坎六巽四而成十（坎居六，巽居四）。今图后天巽二而坤四者，邵子所谓长女代母者也。先后二天象数吻合，则图画卦厥有旨哉。

七、四象八卦六位之图

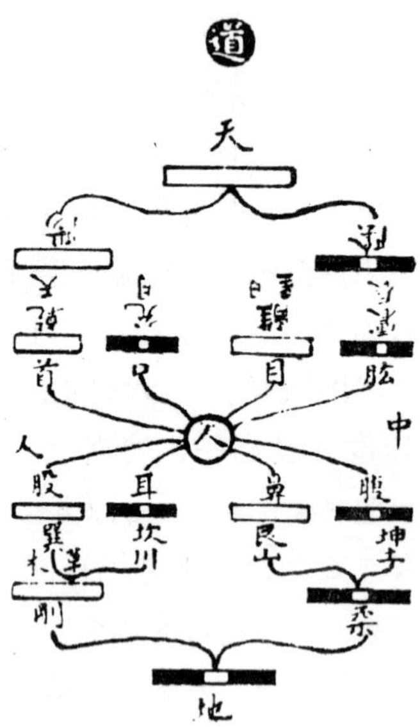

解说

《传》曰：昔者圣人之作易也，将以顺性命之理，是以立天之道曰阴与阳，立地之道曰柔与刚，立人之道曰仁与义，兼三才而两之，故易六画而成卦。分阴分阳，迭用柔刚。故易六位而成章。右图天之阴阳，分而为乾、兑、离、震；地之柔刚，分而为坤、艮、坎、巽；合两仪、四象、八卦为六位。上下左右相交，乾下交坤，巽上交震，离下交坎，艮上交兑，而人当其气交之中，禀天地、四象、八卦之气以成形，而理亦赋焉。头圆居上得之乾，腹虚有容得之坤，股肱动作得之震、巽。离目主视，坎耳善德，兑口能言，艮鼻处嘿（目口阳也，得天之气，故动。耳鼻阴也，得地之气，故静），所谓得是气而为是形也。知效天之阳，于卦为坎（水主知），仁效天之阴，于卦为艮（山主仁）；礼法地之柔，于卦为离（火主礼）；义法地之刚，于卦为兑（金主义），所谓得是理而为是性也。夫既有是形，具是理，亦不能无是欲。目之于色，耳之于声，口之于味，鼻之于臭，四肢之于安佚，欲动情胜，爱恶相攻，而吉凶生于是。圣人顺性命之理，作易教人以崇其德，以广其业。仰观日、月、星、辰之象，寒、暑、昼、夜之变，俯察山、川、草、木之形，水、火、土、石之化，雨露风霆，游气纷扰，肖翘飞走，庶物流形，上下往来，升降否泰，由是协之以五纪，正之以五事，若《易》《书》《诗》《春秋》《礼》《乐》者，圣人之所以弥纶天地之道，而参赞化育者也。

八、四象八卦六节之图

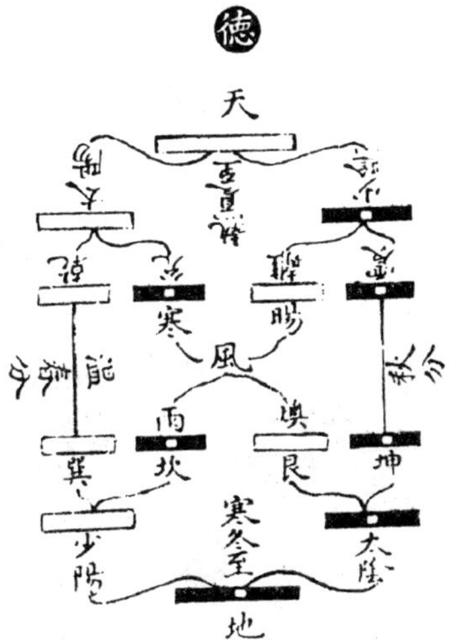

解说

夫四时之气，由乾、坤阖辟，动静、阴阳、升降、消息使之然也。冬至阴极生阳，夏至阳极生阴，乾坤、阴阳之合也。秋分阴之中，坤之阖；春分阳之中，乾之辟。冬、夏二至，阴、阳合也。春、秋二分，阴、阳离也。按图而观，义斯可见。是故揲之卦画，验之天时，以冬至前后各三十日为一节（小雪至大寒），春分前六十日为一节（大寒至春分），后六十日为一节（春分至小满）。夏至前后各三十日为一节（小满至大暑），秋分前六十日为一节（大暑至秋分），后六十日为一节（秋分至小雪），六六凡三百有六十日。外卦巽温，乾热，震凉，坤寒，天地四时之正气也。中央坎、离、艮、兑四卦，配为雨、旸、燠、寒、风，天地四时之游气也。游气纷扰，参差不齐，五者来备，各以其时，则百谷用成，庶草蕃庑，休征类应。极错极无，则百谷用不成，咎征变见。唯圣人在位，致中和以成其化育之功，则五事修，而天人应，感之几征矣。

《内经》曰：应天之气，动而不息。寒暑、燥湿、风火，天之阴、阳也，人以三阴三阳上奉之。应地之气，静而守位，人以五脏六腑下应之。五运流行，则有大过不及之差；六气升降，则有逆从胜复之变。所谓静而守位者，常为每岁之主气，一曰地气，又曰本气。凡一气所管，六十日八十七刻半。大寒至春分，厥阴，风木为初之气。风气流行，万物发生。春分至小满，少阴，君火为二之气云云。

九、四象八卦六体之图

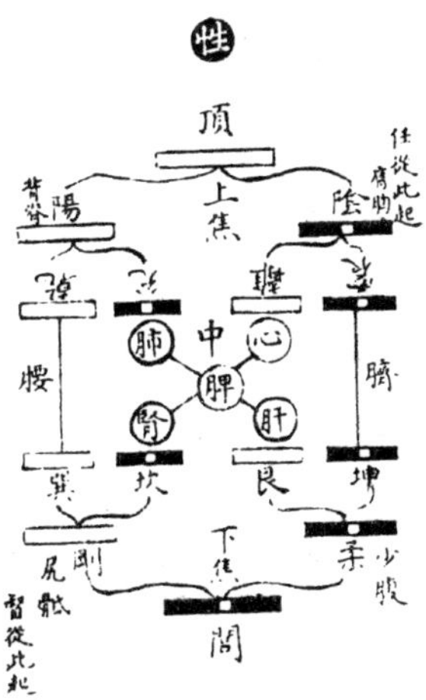

解说

《易》曰：乾坤成列，而易立乎

其中。斯理也，成之在人，故人受天地、阴阳、五行之气以成形。大抵一身同乎天地。此图背阳腹阴，头圆象奇，窍阴象偶，身半以上同乎天，身半以下同乎地。督脉，阳脉也，起于下极之俞，并于脊里，上至风府，入属于脑。冲脉，阴脉也，起于气冲，并少阴之经，侠齐上行，至脑中而散，故右象自巽中爻至乾上爻，象尻至顶，督脉之行也。自震中爻至坤下爻，象胸至少腹，衡脉之道也。《内经》言背为阳，阳中之阳，心也（离为心火），背为阳，阳中之阴，肺也（兑为肺金）。心肺居上，其位高，离、兑之象也。腹为阴，阴中之阴，肾也（坎为肾水）；腹为阴，阴中之阳，肝也（艮反震为肝木）。肾肝居下，其位卑，坎、艮之象也。脾者，中州阴中之至阴，故其位居中。此皆阴阳表里内外相输应，故以应天之阴阳也。三焦有名无形，谒道诸气。《灵枢经》云：上焦如雾，溉灌诸经。中焦如沤，腐熟水谷。下焦如渎，膀胱潴水。夫人能顺五气以摄生，和五味以养身，明五性以全德，循五常以行道，则能参赞而成化育之功。夫然谓之践形，故曰人也者，天地之德，阴阳之交，鬼神之会，五行之秀气也。子程子曰：世之人，务穷天地万象之理，不知反之一身，五脏、六腑、毛发、筋骨之所存，鲜或知之。善学者取诸身而已。自一身以观天地，此其义也。

十、四象八卦六脉之图

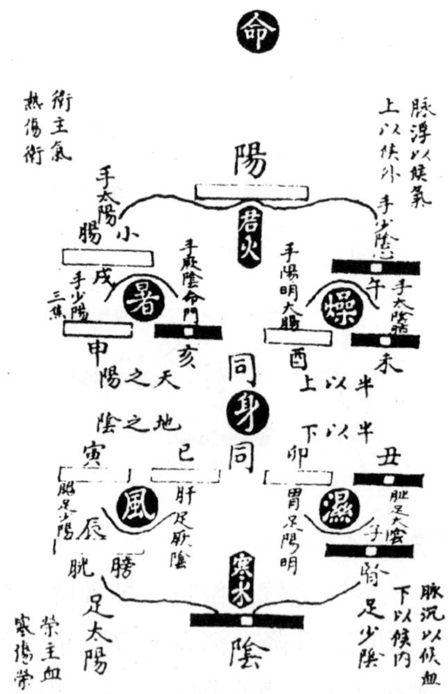

解说

右图暑、热、燥三气，通乎天，从火也；湿、寒、风三气，通乎地，从水也。暑者，阳之盛，乾也（乾为大赤，火之色也）；热者，火之化，离也；燥者，阳之变，震也（震为决燥，燥之为也）；湿者，阴之盛，坤也；寒者，水之化，坎也；风者，阴之变，巽也。心、肺包络在上，属手经，自午至亥，六阴生于上，从上而走下。肝、脾、肾在下，属足经，自子至巳，六阳生于下，从下而走上。上以候外，浮以候气，下以候内，沉以候血，而诊法大要可知矣。夫寒、暑、燥、湿、风、火，天之六气也。辛、甘、咸、淡、酸、苦，地之六味也。手足三阴三阳，人之六脉也。人禀天地冲和之气，受五行生化之形，阴阳刚柔萃于一身，通上下而为三才。生气根于中，命曰“神机”。六气和于外，六味养于内，起居有时，食饮有节，然后能致其和，而宅神气以为机发之主，故身安而无病。由夫利害，牵乎外情，欲耗其中，然后六气、六味始得以挠之，而病生焉。寒湿，阴也，寒伤荣病于下，足经先受之。热火，阳也，热伤气病于上，手经先受之。风为阴之阳，善行而数变。风胜肝，肝主筋，故拳挛而抽掣者，风之为也。燥为阳之阴，善敛而收缩。燥胜肺，肺主皮毛，故枯涩而皴裂者，燥之为也。气皆以味胜，治之之法，上者涌之，下者泄之，中者和解之，虚者补之，实者泻之，不实不虚以经取之，此其大法也。其详则黄帝之书备矣。今录此者，以见易之无不通也。

十一、四象八卦六经之图

解说

汉翼奉闻之师曰：天地设位，悬日月，布星辰，分阴阳，定四时，列五行，以视圣人，名之曰道。圣人见道，然后知王治之象，故画州土，建君臣，立律历，陈成败，以视贤者，名之曰经。贤者见经，然后知人道知

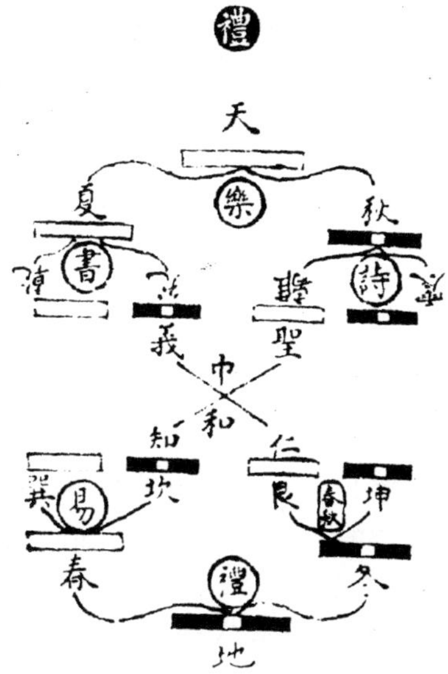

务，则《诗》《书》《易》《春秋》《礼》《乐》是也。是故圣人作乐以象天，制礼以配地。乐由阳来，礼由阴作。《礼》《乐》者，天之阴、阳也。《易》《书》《诗》《春秋》，四时也。四时和于上，四教行于国，而礼乐兴矣（邵子《易》起三皇，春也；《书》起五帝，夏也；《诗》起三王，秋也；《春秋》五伯，冬也）。予闻之清碧杜先生曰：《易》著礼、乐之原，《书》记礼、乐之盛，《诗》通礼、乐之变，《春秋》救礼、乐之坏，六经之道明，而天人之道备矣。是故《易》以道阴阳，《书》以明政事，《诗》以咏性情，《春秋》以谨善恶。律历、卜筮、考验、推测，《易》之余也。词赋、颂赞、歌谣、讽刺，《诗》之流也。诏诰、表章、论议、志疏，《书》之裔也。传述、

纪载、表志、书题，《春秋》之末也。虽五运迭兴，复有善作，岂有能越是四者哉！故夫崇礼尚乐，居仁由义者，先王之数也。反常易道，索隐行怪者，异端之害也。是故六经之教行，则异端之害息。三代盛世圣王之道明，当是时，岂有异端之害。由夫经学晦而邪说诡行，乃得骎骎乎其间。呜呼！学者其可不务其本，而肆为纷纷之辩。学之弗明，为可叹也。

十二、四象八卦六律之图

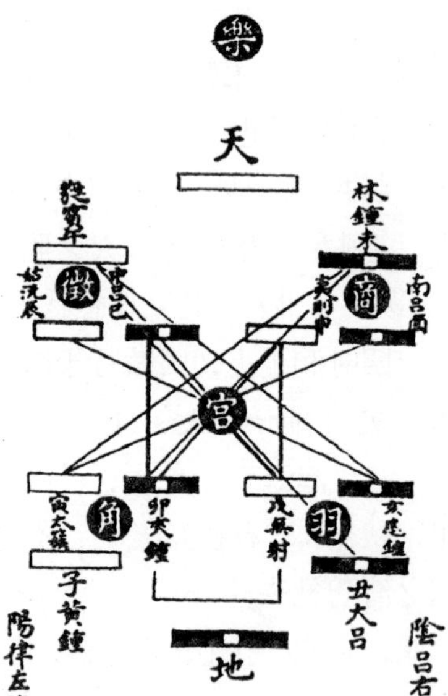

解说

豫之《象》曰：雷出地奋，豫。先王以作乐崇德，殷荐之上帝，以配祖考。王者功成，治定三纲，正九畴叙，百姓和洽，乃作乐以宣八风之气，以类万物之情。天地之气，感而太和，气至之应，不爽时刻，故造律之法，先定中声，以立其本，以次递互，损益相生，终于十二，而得三统之义焉。天开于子，子为天统，积阳为天。阳数始于一，究于九，九者，阳之用，故黄钟之律管长九寸三分。损一下生林钟未。未者，丑之冲也。地辟于丑，丑为地统，积阴为地。阴数始于二，中于六，六者，阴之用，故林钟之律管长六寸三分。益一上生太簇寅。人生于寅，寅为人统，人者，阴阳之交，参于三，合于八，故太簇之律管长八寸。八者，伏羲氏之所以画八卦，顺天地，通神明者也。三统相通，三正迭用，阳律娶妻，阴律生子，六律六同，历辰十二，还相为宫，而其义为无穷矣。阳道常饶，自子至巳，阳之道也，其管皆长。阴道常乏，子午至亥，阴之行也。其管皆短。由是节之以五声，长者声下，短者声高；下者重浊而舒迟，高者轻清而剽疾。宫为君，君者，主也，居中以畅四方。唱始施生，为四声纲，故声中于宫，触于角，祉于徵，章于商，宇于羽。宫为君，商为臣，角为民，徵为事，羽为物。本之以五行（金、木、水、火、土），揆之以五则（规、矩、权、衡、绳），正之以五事（貌、言、视、聪、思），播之以八音（金、石、丝、竹、匏、土、革、木），经之以八卦，而天施地化，人事之纪备矣。故夫黄钟之长，十分为寸，十寸为尺，十尺为丈，十丈为引。分、寸、尺、丈、引，五度审而长短定。以之审量，则黄钟之管九寸，其中容秬黍千二百粒以为龠。合龠为合，十合为升，十升为斗，十斗为斛。龠、合、升、斗、斛，五量审而多少均，以之平衡，则黄钟所容千二百黍，其重十二铢，两则二十四铢(八卦二十四爻)。为一两。十六两为一斤（三百八十四铢，六十四卦、三百八十四爻），三十斤为一钧（万有一千五百二十铢。二篇之策，万有一千五百二十），四钧为石。铢、两、斤、钧、石，五权谨而轻重平矣。故律者顺乎天地，本乎阴阳，应乎人伦，原乎情性，风之以德，感之以乐，故民莫不同一而天下化成矣。

十三、四象八卦六典之图

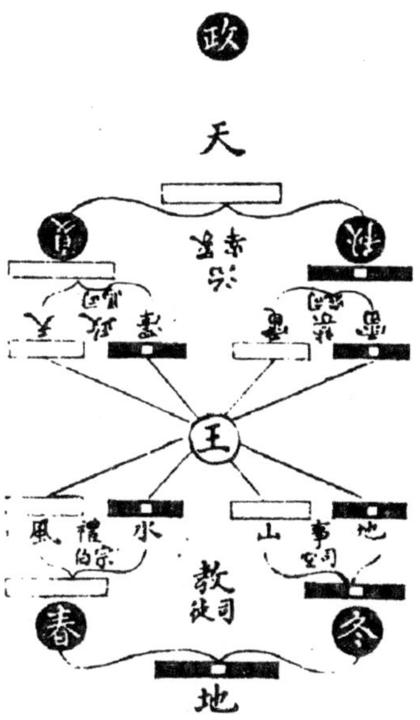

解说

上《周礼》六官，象天地四时，其属三百六十当期之日，以应周天三百六十度。《书》曰：唐虞稽古，建官惟百。内有百揆四岳，外有州牧侯伯。盖自颛顼以来，命南正重司天，北正黎司地，号曰“羲和”。唐尧受之，命羲和钦若昊天，敬授民时，使复旧职，而掌天地之事。又分命羲仲、羲叔、和仲、和叔使主四时，为六卿之任。舜摄百揆，改地官为司徒，秋官为士，冬官为司空，春官为秩宗。而殷制天子之五官，则又有司马、司寇之名。至周成王参考殷制作《周礼》，分天地四时之职。天官冢宰掌邦治，统百官，均四海。地官司徒掌邦教，敷五典，扰乖民。春官宗伯掌邦礼，治神人，和上下。夏官司马掌邦政，统六师，平邦国。秋官司寇掌邦禁，诘奸慝，刑暴孔。冬官司空掌邦土，居四民，时地利。六卿分职，各率其属，阜成乖民，周于百事。立太师、太傅、太保，兹惟三公，论道经邦，燮理阴阳。少师、少傅、少保曰三孤。二公弘化寅亮天地，不以一职名官。盖以象天地之阴阳运行四时。周衰官失，百度废弛。战国兵争，各有变易。逮至强秦，不师古，始罢侯置守，立丞相、御史、大尉之名。自汉以来，因仍不革，官制紊乱，政出多门，事无统纪。夫天地之有四时，百官之有六职，天下万事备尽于此，若网之在纲，裘之挈领，虽百世不可易矣。后之人君，稽古正名，舍周官何以哉！

十四、四象八卦六师之图

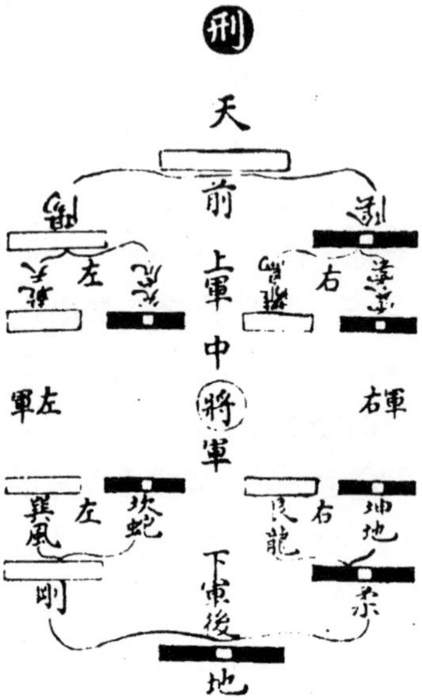

解说

《传》曰：师，众也，众必有所比。比而伍两，卒、旅、师、军之名立焉。天子六师，大国三军，其奇正变合，率皆本乎易象。至汉相诸葛武侯得之，演而为八阵。天、地、风、云，则后天四维之象也；龙、虎、鸟、蛇，则后天四正之象也。正以立经，奇以合变。奇正相生，首尾相应。圆若辐凑，方若棋布，藏于九地之下，静而翕也；动于九天之上，动而辟也。周流无滞，同乎水；安重不挠，类乎山。强毅刚果，则兑金之义；威断严明，则离火之情。迅若雷，奋发之神也；猋若风，飞运之速也。凡是八者，将所宜闻。握奇文曰：四为正，四为奇，余奇为握机（阵数有九，中心零者，大将握之，四面八向皆取准焉。阵间容阵，队间容队，以前为后，以后为前。进无速奔，退无遽走。四头八尾，触处为首。敌冲其中，两头皆救）。五人为伍，五伍为队（数起于五，终于八，盖五者，伍法而八，则阵法也）。小成八队，中成六十四队，大成五百一十二队。所握之机，各当其八之一（机中权也，如户之枢密，运于中而不见其迹）。故八而实九，大将中居，八方环列。九经九纬，以大包小，止为营行。为阵鸟南、蛇北、龙东、虎西，天地风云列于四维，四方为正，四隅为奇，奇正相生，而变化不穷矣。

十五、周天历象气节之图

解说

革之《象》曰：泽中有火，革。君子以治历明时。四时变化，革之大者，治历数者，推日月星辰之迁易，以明四时之序，而于“泽中有火”言之何也？《说卦》离为火，为日；兑为泽，为水，而邵子《经世书》以兑为月，离为星（星者，日之余也）。由是言之，则离、兑二卦有日、月、星三辰之象焉。故《象》曰：水火相息。水为月，火为日，日月相推而明

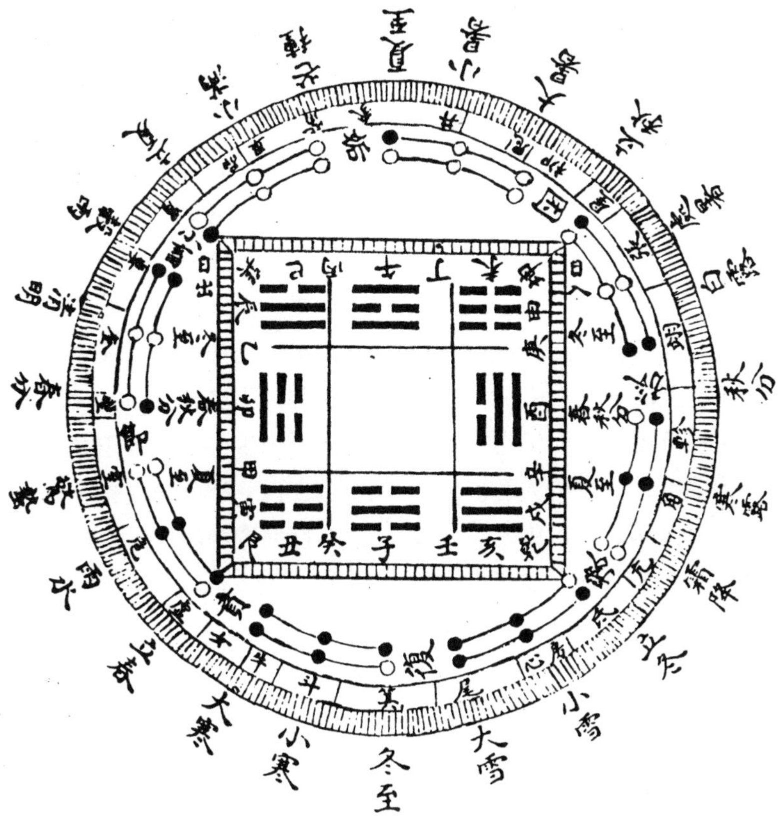

（十五、周天历象气节之图）

生焉。水为寒，火为暑，寒暑相推而岁成焉。夫悬象著明，莫大乎日月。天垂象，而圣人象之。观周岁日月之行，所会为辰，辰十有二。所次为舍，舍二十有八。所历为度，度三百六十有五度四分度之一。由是叙之，为四时正之为八节，建之为十二月，分之为二十四气，定之为七十二候，期之为三百六十五日四分日之一，而一岁周矣。夫易者，范围天地之化而不过者也。易有四象，以应四时；易有八卦，以应八节；卦有十二辟，以应十二辰。八卦二十四爻，以应二十四气；辟卦七十二爻，以应七十二候；反易之卦二十有八，以应二十八舍；六十四卦三百八十四爻当期之日，以应周天三百六十五度。是故履端于始，表正于中，归余于终，合气朔虚盈而闰生焉。

《传》曰：日月运行，一寒一暑。《洪范》曰：日月之行，则有冬，有夏，冬至，日行北陆而寒；夏至，日行南陆而暑。春行西陆，秋行东陆，而昼夜平温凉均，是故冯相氏冬夏致日，春秋致月，以辨四时之叙。致日之法，树八尺之杙于地，四维四中，引八绳以正之。夏至景长一尺五寸，而日极长；冬至景长一丈三尺，而日极短。极长极短之间，相距一丈一尺五寸。冬至后日渐长，至春分则景减五尺七寸半，而昼夜等。减至夏至，而景正一尺五寸。夏至后日渐短，至秋分则景比夏至而长五尺七寸半，而昼夜平。又长至冬至，而仍得一丈三尺，其晷为如度，而岁美人和。晷不如度者，岁恶人伪。晷进则水，晷退则旱。进尺二寸则月食，退尺二寸则日食。日行出黄道外，则晷长，长则阴胜，故水。日行入黄道内，则晷短，短则阳胜，故旱。进尺二寸则月食者，月以十二为数，以势言之，宜为月食。退尺二寸，则为日食者，日之数备于十。晷进为盈，退为缩，故为日食。致月之法，按《天文志》月有九行，黑道二出黄道北，赤道二出黄道南，白道二出黄道西，青道二出黄道东，赤青出阳道，白黑出阴道，月失节度。行出阳道，则旱；风出阴道，则雨。云九行者，通黄道而数之也。夏时月在黄道南，谓之赤道。进入黄道北，谓之黑道。春时月行黄道东，谓之青道，进入黄道西，谓之白道。冬时月行黄道北，谓之黑道。进入黄道南，谓之赤道。秋时月行黄道西，谓之白道。进入黄道东，谓之青道，此皆不得其正，故曰出阳道，则旱；出阴道，则雨。若行黄道，则是其正也。郑康成云：春分日在娄，秋分日在角。而月弦于牵牛、东井，亦以其景知气，至不通卦验云。夫八卦气验常不在望，以入月八日（上弦）不尽八日（下弦）候诸卦气，阴气得正而平。以此而言，则致月景，亦用此日矣。谓如春分日在娄，则月上弦于东井，下弦于牵牛。秋分日在角，上弦于牵牛，下弦于东井。盖春分娄星昏在西，秋分角星昏在西。以是推之，而月令中星皆可知矣。今春分日在壁，秋分日在轸，则月弦于参、井、箕、斗之间，为不同者，岁差然也。

天地之气，周流六合，日往则月来，寒往则暑来，前“图圆”方二象中建八卦。八卦左右相错（一顺一逆），阴阳相推（一往一来）。阳为昼，为温，为热；阴为夜，为凉，为寒。昼夜相感，而万物生；寒暑相代，而四时成。是故五日谓之候，三候谓之气，六气谓之时，四时谓之岁。一岁二十四气，故八卦二十四爻，爻直一气。下体八卦为贞，上体八卦为悔，其爻初与四为应，二与五为应，三与上为应。冬至始于复之初九䷗（震下坤上），一阳动于重阴之下，阴盛而阳微，以前后十分约之，一阳而九阴。故夜长昼短，天气至是而极寒。六二、六三，爻应皆阴，小寒大寒，阴沍重极而春气应。立春始于贲之初九䷕（离下艮上），以前后十分约之，三阳而七阴，故气渐温。六二、九三，雨水、惊蛰。春分中于节之初九䷻（兑下坎上），阴阳均齐，以前后十分约之，五阳而五阴，天气至是而和煦，昼夜平分。九二、六三，清明、谷雨。积温生热，而夏气应。立夏起于小畜之初九䷈（乾下巽上）以前后十分约之，七阳而三阴，气候向暑。九二、九三，小满、芒种，天气盛热。夏至至于姤之初六䷫（巽下乾上），一阴生于重阳之下，阳多阴少，以前后十分约之，一阴而九阳，故昼长夜短，天气至是而大热。九二、九三，爻应皆刚，小暑、大暑，热盛郁变而秋气应。立秋起于困之初六䷮（坎下兑上），以前后十分约之，三阴而七阳，天气渐凉。九二、六三，处暑、白露。秋分中于旅之初六䷷（艮下离上），刚柔中分，以前后十分约之，五阴而五阳，天气至是而清凉，昼夜平均。六二、九三，寒露、霜降，清极为寒而冬气应。立冬起于豫之初六䷏（坤下震上），以前后十分约之，七阴而三阳，天气向寒。六二、六三，小雪、大雪，阴气盛极而一阳复生于下。如环无端，周而复始，由是八卦相荡，一贞而八悔，八八六十四卦环转周流，而天度毕矣（六十四卦圆图见内篇）。

按复、姤、节、旅、贲、小畜、困、豫，在八卦宫变皆为一世之卦。复、姤当二至，乾、坤以初爻变也。节、旅当二分，坎、离以初爻变也。贲当立春，艮以初爻变也。小畜当立夏，巽以初爻变也。困当立秋，兑以初爻变也。豫当立冬，震以初爻变也。二至二分，以乾、坤、坎、离变者，四正不易之卦也。四立以艮、巽、兑、震变者，四隅反易之卦也。又易中惟此八卦，初、四阴阳相应，而二、五、三、六爻皆不应，是以岁有二十四气，而节仅止于八也。

元·张理
《大易象数钩深图》

一、太极涵三自然奇偶之图

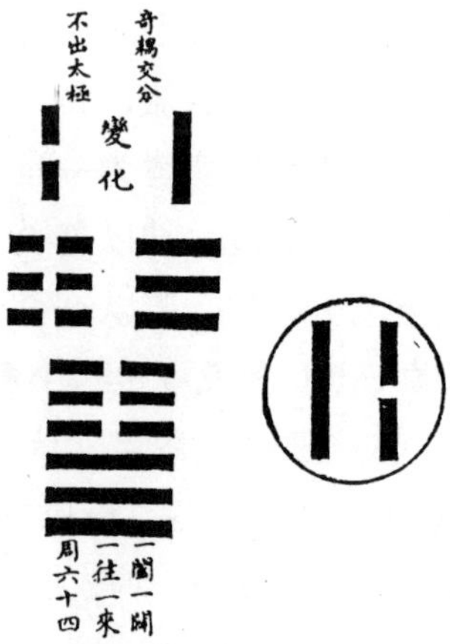

二、德事相因皆本奇偶之图

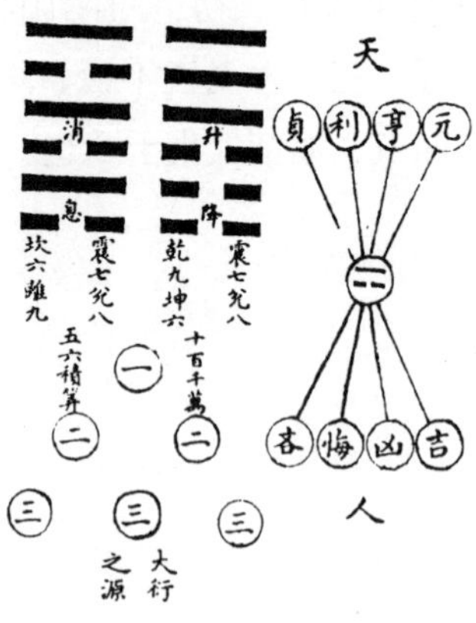

三、说卦八方之图

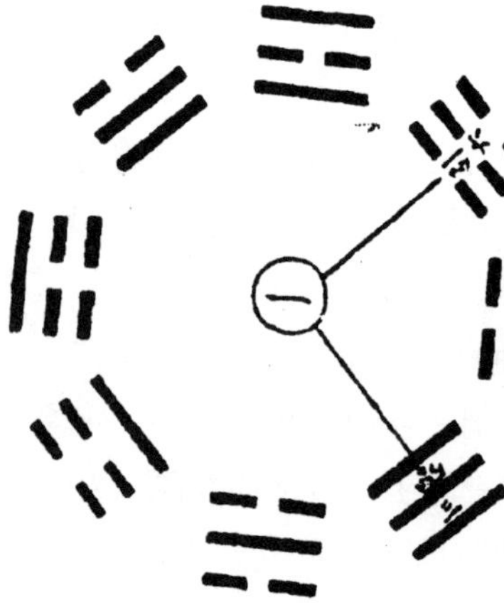

解说 一至三图并说

乾三画而为天者，以一含三也；坤六画而为地者，偶三而为六也。天一地二之本数，天奇地偶之本画，不待较而可知。然妙理在乎一含三，二含六耳。乾一含三，故索为三男而皆奇；坤二含六，故索为三女而皆偶，此天地生成之理，岂不妙哉。震为雷，雷出于地下，故一阳在下。坎为水，水蓄于地中，故一阳在中。艮为山，山形于地上，故一阳在上。然阳动阴静，以动为基者，故动震是也，以静为基者，故止艮是也。动者在中，非内非外，故或流或止或动或静焉。此坎所以为水，巽为木。木发生于地下，故一阴亦在下。离为火，火出于木中，故一阴在中。兑为泽，泽钟于地上，故一阴在上。然阴柔而阳刚，故木也始弱而终强，阳在末也。阳明而阴晦，故火也外明而内晦，阳在外也。阳燥而阴润，故泽也外润而内燥，阳在内也。或问泽内燥何也？愚曰：内燥则能生金，外润则能钟水。金所以能生水，土所以能生金者，即泽而知之也。圣人岂苟之哉！

四、乾知太始图

解说

一阳生于子，二阳在丑，三阳在寅，四阳在卯，五阳在辰，六阳在巳，而乾位在西北，居子之前，故曰：乾知太始。言乾以父道始天地也。

五、坤作成物图

解说

一阴生于午，二阴在未，三阴在申，四阴在酉，五阴在戌，六阴在亥，而坤位在西南，盖西南方，申也；物成于正秋，酉也。坤作于申，成于酉，故曰作成物。

六、天尊地卑图

解说

自一至十，天尊于上，地卑于下。尊者乾之位，故乾为君，为父，为夫；卑者坤之位，故坤为臣，为母，为妇，皆出于天尊地卑之义也。故曰：天尊地卑，乾坤定矣。

七、参天两地图

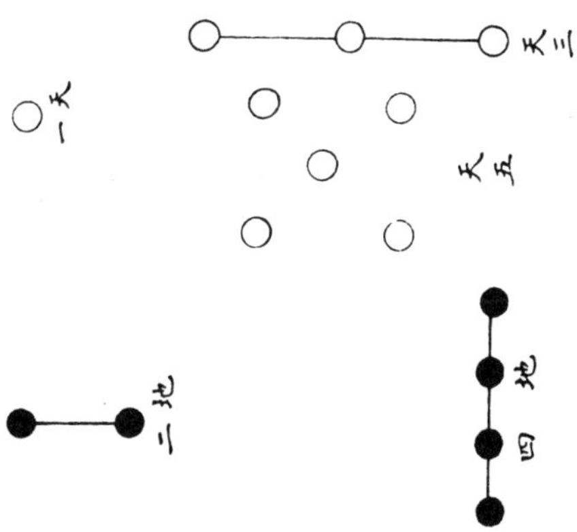

解说

乾元用九，参天也；坤元用六，

两地也，故曰参天两地而倚数。九、六者，止用生数也。

八、日月为易图

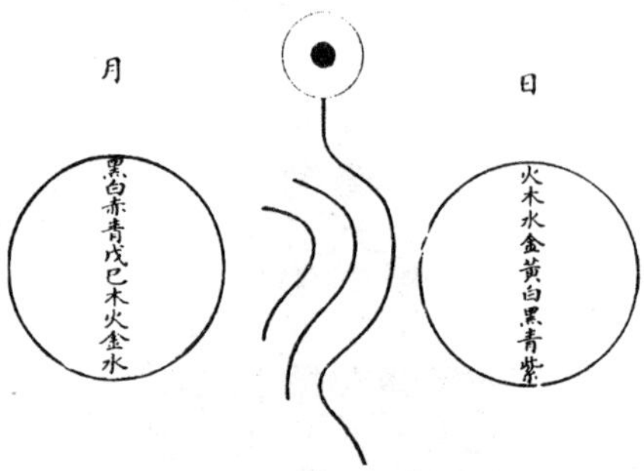

解说

取日月二字交配而成，如篆文日下从月，是“日往月来”之义，故曰：阴阳之义配日月。

九、河图数图

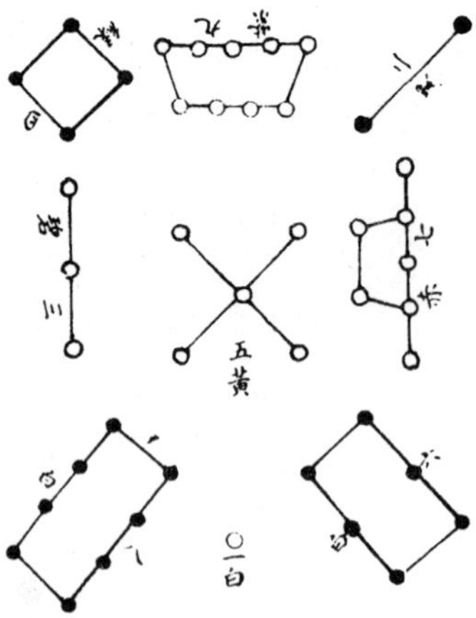

解说

戴九履一，左三右七，二四为肩，六八为足，五为腹心；总四十五，纵横数之，皆十五也。天五居中央，圣人观之，遂定八卦之象。

十、洛书数图

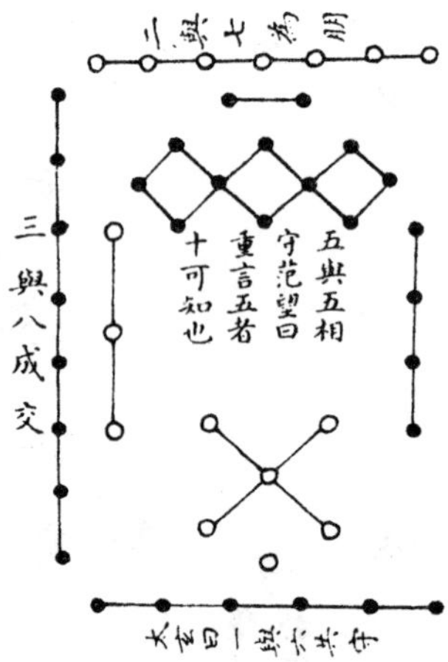

解说

“河图”之数四十五，盖圣人损去天一、地二，天三、地四凡十数。独天五居中而主乎土，至“洛书”则有土十之成数，故水火金木成形矣。

十一、河图四象之图

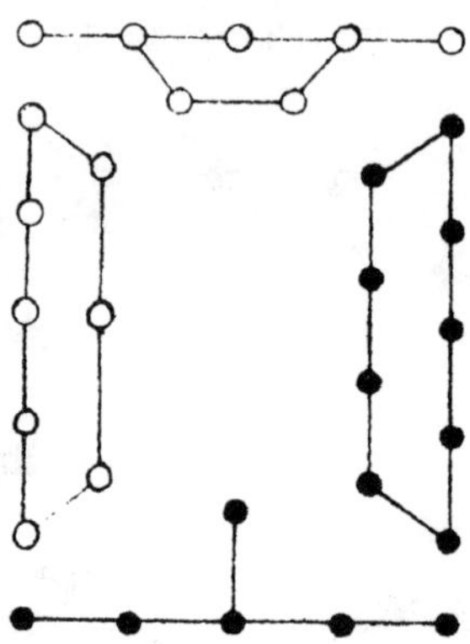

解说

《系辞》曰：易有太极，是生两仪，两仪生四象，四象生八卦。其四象在乎天一、地二，天三、地四，天五。天一居北方坎位，为水；地二居南方离位，为火；天三居东方震位，为木；地四居西方兑位，为金，此在四正之位，而为生数也；天五居中央，则是五土数也。土无宅位，然后分王四正之方，能生万物，故北方水一得土五而成六，南方火二得土五而成七，东方木三得土五而成八，西方金四得土五而成九，此谓之四象也。

十二、河图始数益洛书成数图

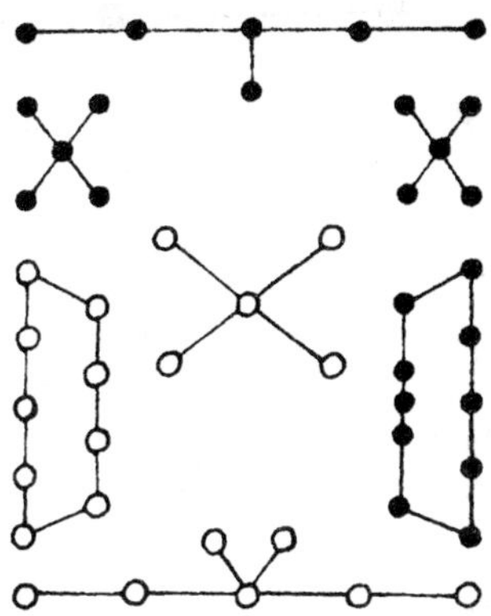

解说

“河图”有天一、地二，天三、地四为象之始。至于天五，则居中而主乎土变化，但未能成形，谓之四象矣。至于“洛书”，有土十之成数，故水、火、金、木皆相奇偶而成形矣。故“河图”合四象之数，可以定八方之位；“洛书”有五行之数，可以备八卦之象也。是象生其卦，必俟天之变，而备于“洛书”土十之成数，而后成八卦矣。二者相胥，方能成卦。

十三、河图八卦图

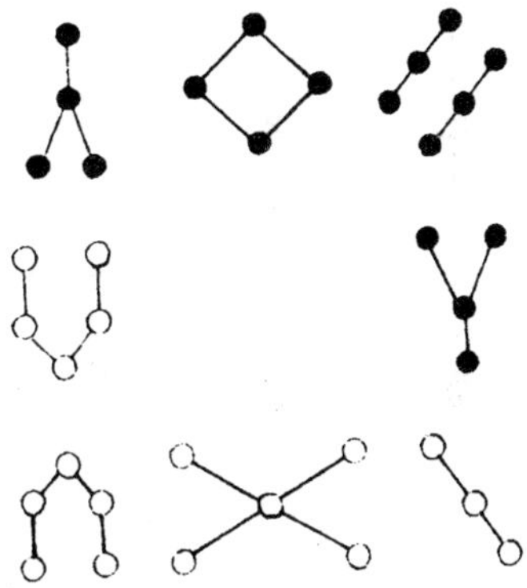

解说

此八象者，始由四象所生也。伏羲氏先按“河图”有八方，将以八卦位焉。次取“洛书”土十之成数，将以八卦象焉。乃观阴阳而设奇偶二画，观天地人而设上中下三位，以三画纯阳则为乾，以六画纯阴则为坤。以一阳处二阴之下，不能屈于柔，以动出而为震；以一阴处二阳之下，不能犯于刚，乃复入为巽；以一阳处二阴之间，上下皆弱，罔能相济，以险难而为坎；以一阴处二阳之中，上下皆强，足以自记，乃丽而为离；以一阳处二阴之上，刚以驰下，则止为艮；以一阴处二阳之上，柔能抚下，则说而兑。

十四、乾元用九坤元用六图

解说

乾阳之位，共十二画，谓乾三爻，震、坎、艮各一爻，巽、离、兑

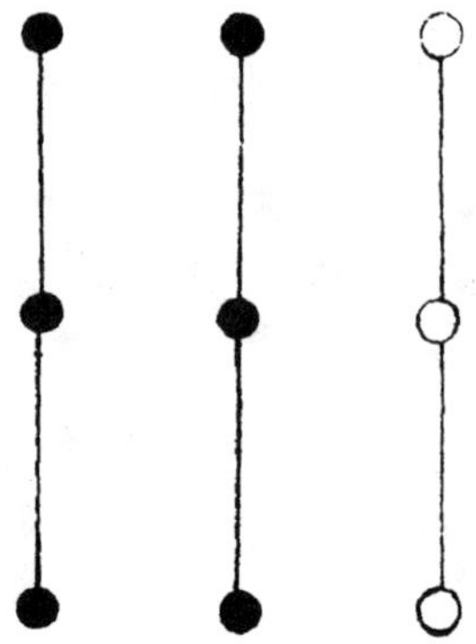

（十四、乾元用九坤元用六图）

各二爻，共十二画也。坤阴之位，共二十四画，谓坤六画，巽、离、兑各一画，震、坎、艮各二画，计二十四画也。阳爻，君道也，故得兼之，计有三十六画，所以四九三十六画，阳爻则称九也。坤，臣道也，不得僭上，故四六二十四画，所以阴爻则称六也。故乾三画兼坤之六画，成阳之九也。阳进而“乾元用九”矣，阴退而“坤元用六”矣。合此余九六者，盖天地刚柔之性也。

十五、天地之数图

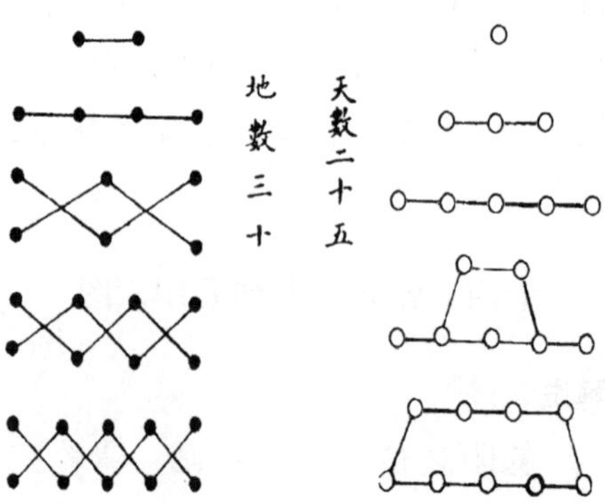

十六、乾坤之策图

十七、河图天地十五数图

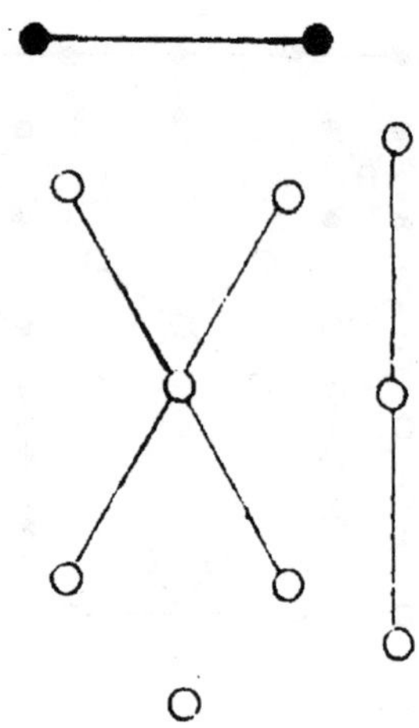

解说

此天地之数，十有五也，或统而取之，其旨有六，盖合自然之数也。且其一者，始就“河图”纵横之，皆十五数也。其二者，盖天一、地二，天三、地四，天五，凡十五数也。其三者，以其太极分混而为一，即是一也。一气判而为仪，见三也；二仪分而为象，见七也；四象言而生八卦，见十五数也。其四者，谓五行之生数是一水、二火、三木、四金、五土，见十五数也。其五者，将五行之数中分为之以象阴阳，则七为少阳，八为少阴，亦见其十五数也。其六者，以少阴、少阳不动，则不能变，亦且入为少阴。阴动而退，故此少阴而为盛阴，所以称六也。七为少阳，阳动而进，故少阳动而为盛阳，所以进称九也。六与九合，亦见其十五也。斯盖一、三、五阳位，为二、四间而五居中，然配王四方也。如六、七、八、九合，而周以为四象也。

十八、其用四十有九图

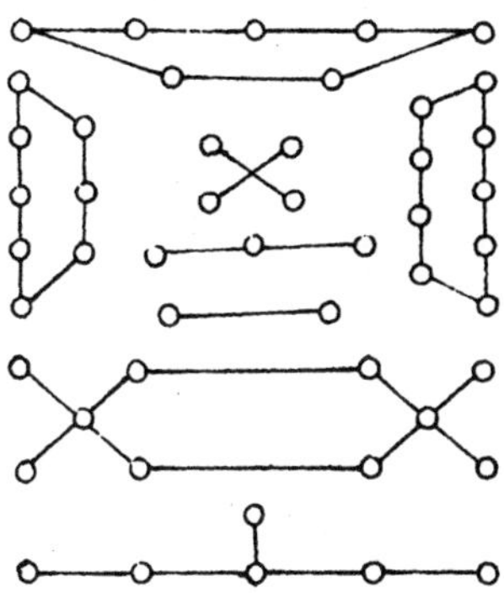

解说

天一下降，与地六合而生水于北；地二上驾，与天七合而生火于南；天三左旋，与地八合生木于东；地四右转，与天九合而生金于西；天五冥运，与地十合而生土于中。以奇生者，成而偶；以偶生者，成而奇。天，阳也，故其数奇；地，阴也，故其数偶。奇偶相合，而五十有五之数备。大衍之数减其五者，五行之用也；虚其一者，元气之本也。盖天五为变化之始，散在五行之位，故中无定象。天始生一，肇其有数也，而后生四象、五行之数。今焉虚而不用，是明元气为造化之宗，居尊不动也。

十九、伏羲先天图

解说

后“伏羲八卦图”。王豫传于邵康节，而郑夫得之。“归藏”初经者，伏羲初画八卦，因而重之者也。其经初乾初奭（坤），初艮初兑，初荦（坎）初离，初厘（震）初巽，卦皆六画，即此八卦也。八卦既重，爻在其中。

二十、方圆相生图

解说

郑氏云：“古先天图”，扬雄《太玄经》、关子明《洞极》、魏伯阳《参同契》、邵尧夫《皇极经世》而已。惜乎！雄之《太玄》、子明之《洞极》仿易为书，泥于文字，后世忽之，以为屋上架屋，颈上安头也。伯阳之《参同契》意在于锻炼，而入于术，于圣人之道又为异端也。尧夫摆去文字小术而著书，天下又不愿之，但以为律历之用，难矣哉。四家之学，皆先于“古先天图”。“先天图”，其易之源乎？复无文字解注，而世亦以为无用之物也。今予作“方图”，注脚比之四家为最简易。而四家之意，不出于吾图之中，于易之学为最要。

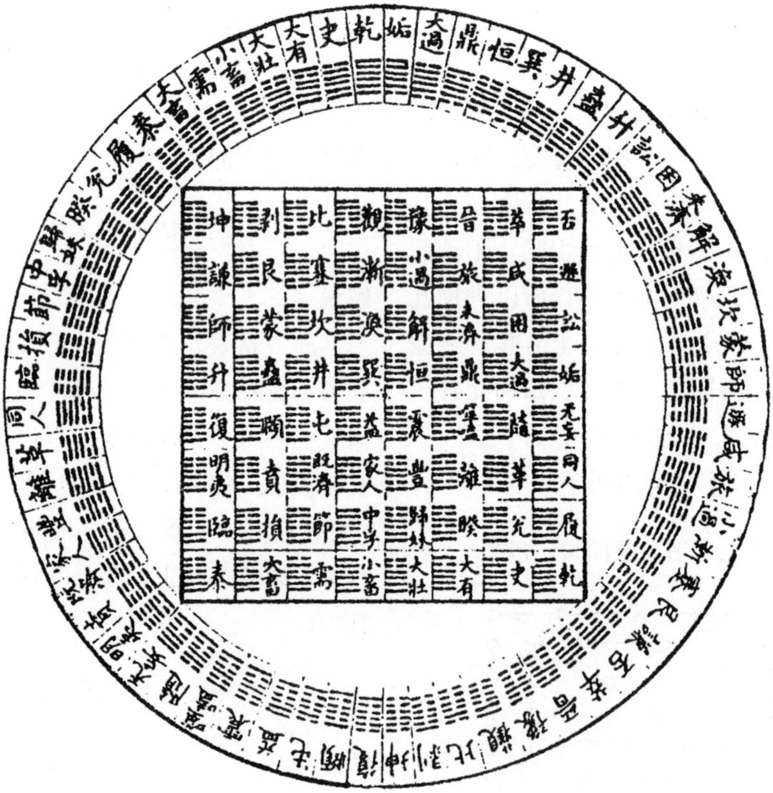

（十九、伏羲先天图）

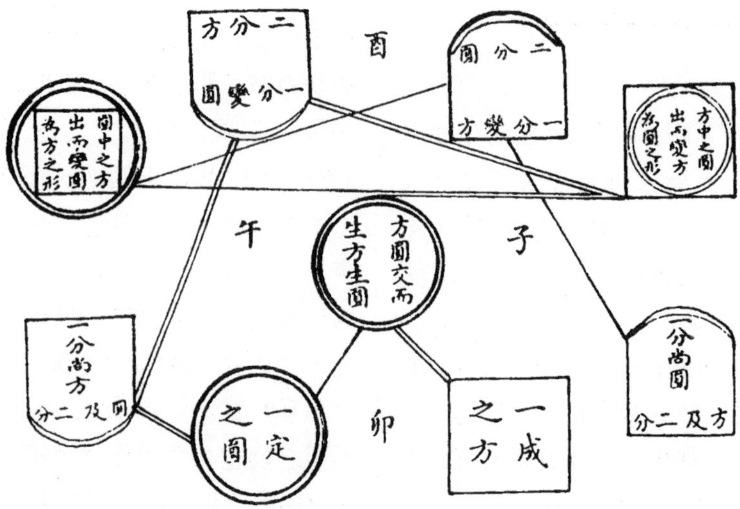

（二十、方圆相生图）

二十一、仰观天文图

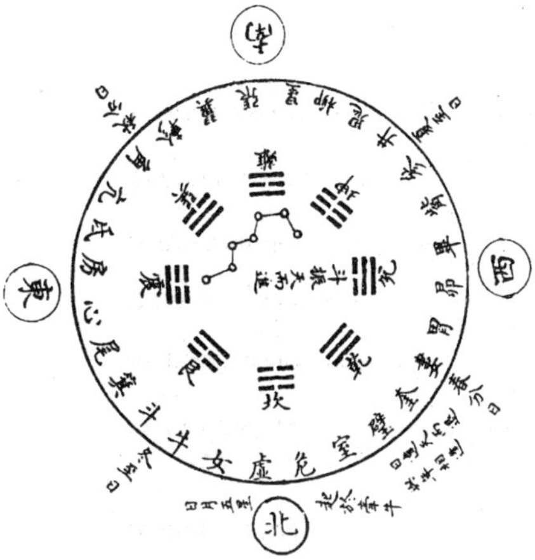

解说

伏羲观天文，以画八卦，故日月星辰之行度运数，十日四时之属，凡丽于天之文者，八卦无不统之。

二十二、俯察地理图

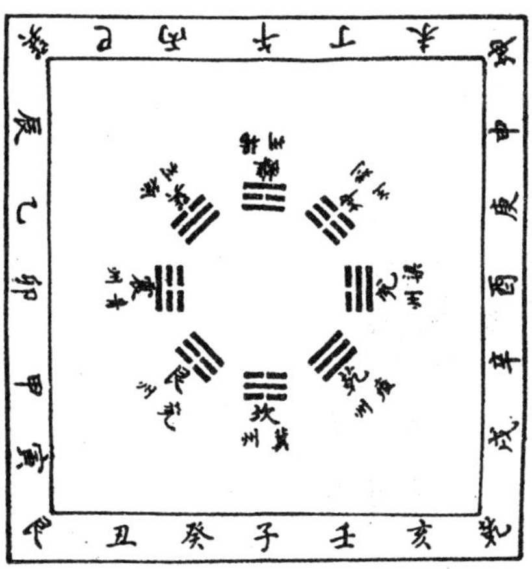

解说

伏羲俯察地理，以画八卦，故四方九州鸟兽草木十二支之属，凡丽于地之理者，八卦无不统之。

二十三、伏羲八卦图

二十四、八卦取象图

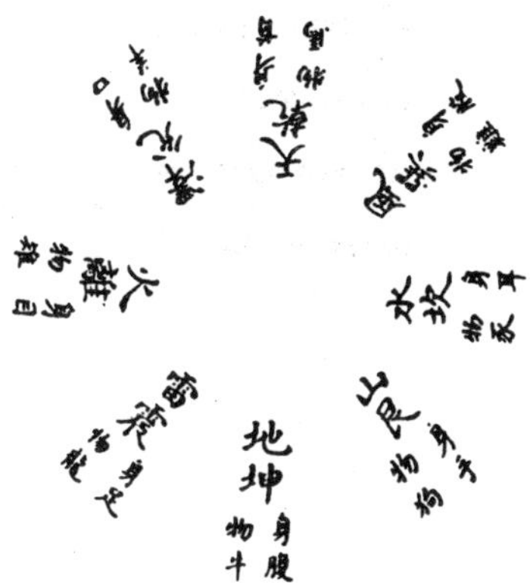

二十五、文王八卦图

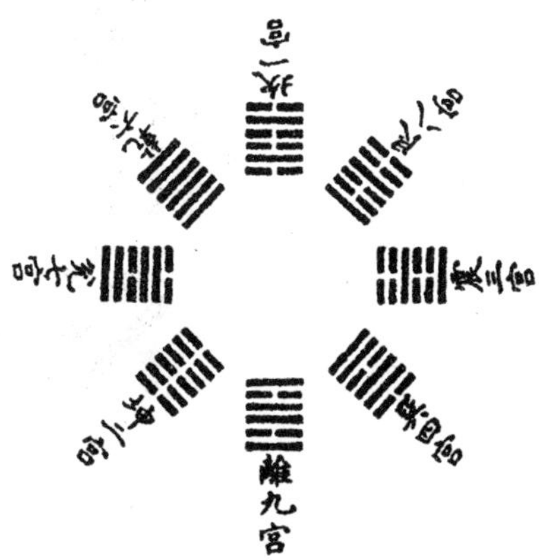

二十六、八卦象数图

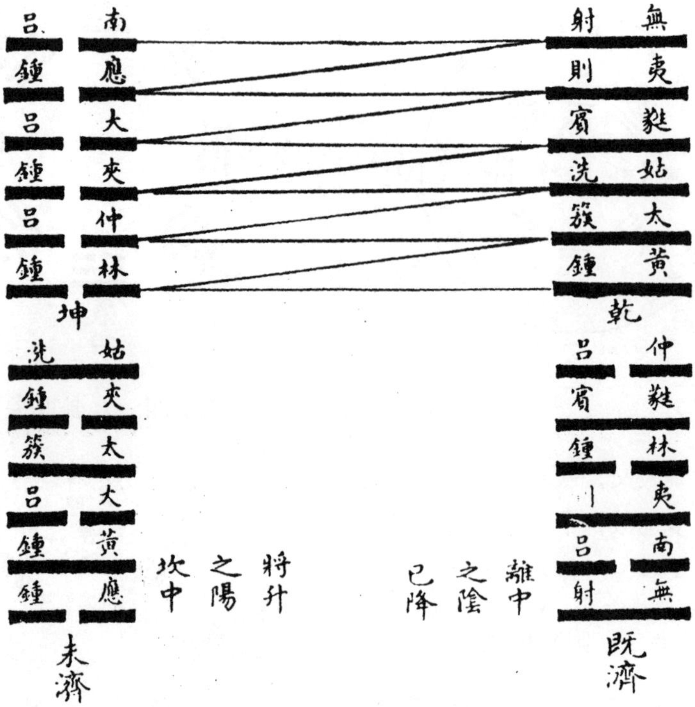

二十七、八卦纳甲图

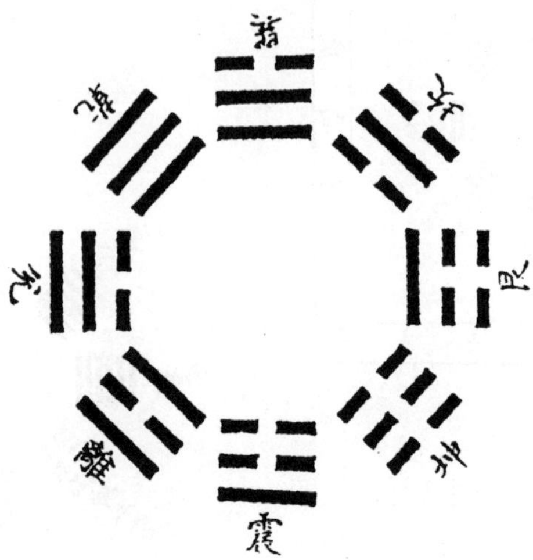

二十八、刚柔相摩图

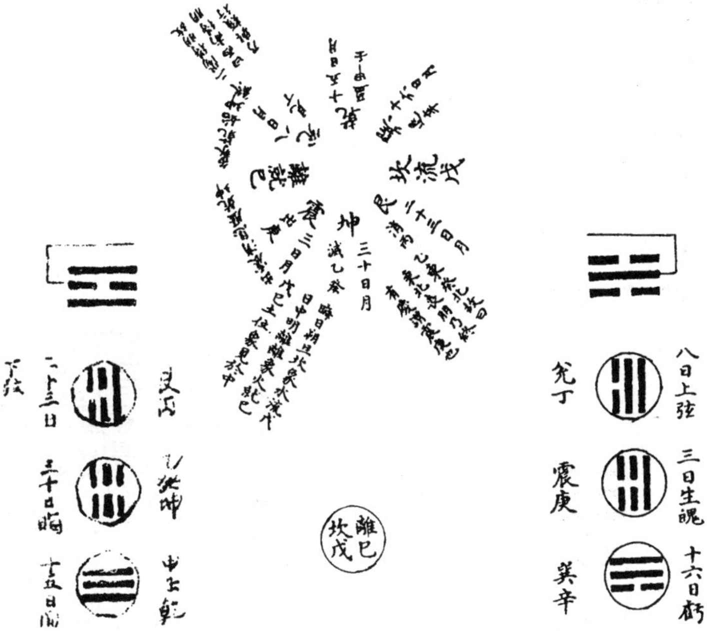

解说

乾阳居上，坤阴居下，乾自震而左行，坤自巽而右行，天左地右，故曰刚柔相摩。

二十九、八卦相荡图

解说

震荡艮，兑荡坤，离荡巽，坎荡乾，八卦往来，迭相推荡。京房曰：荡阴入阳，荡阳入阴。

三十、六爻三极图

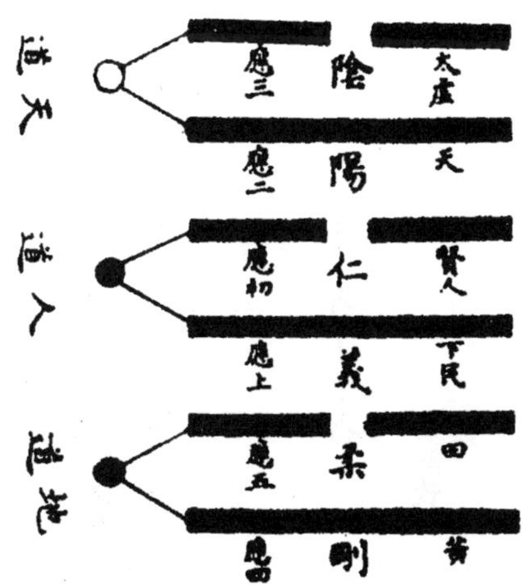

三十一、五位相合图

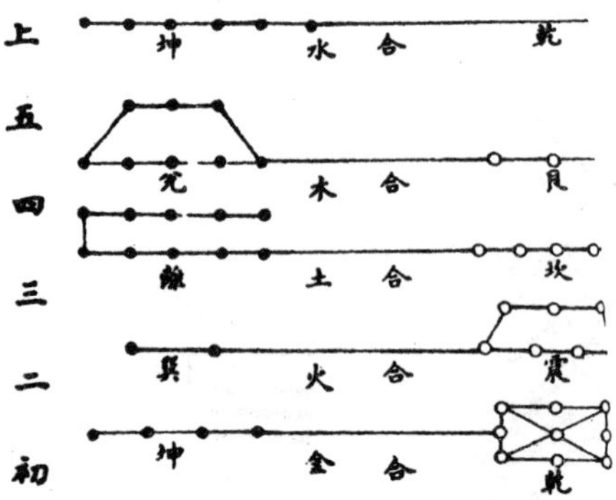

三十二、帝出震图

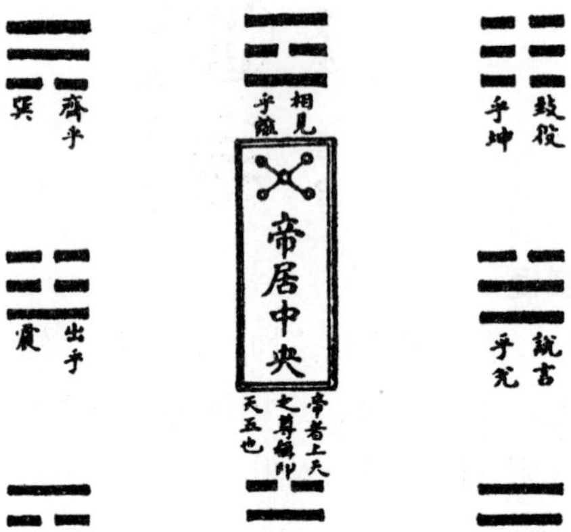

三十三、蓍卦之德图

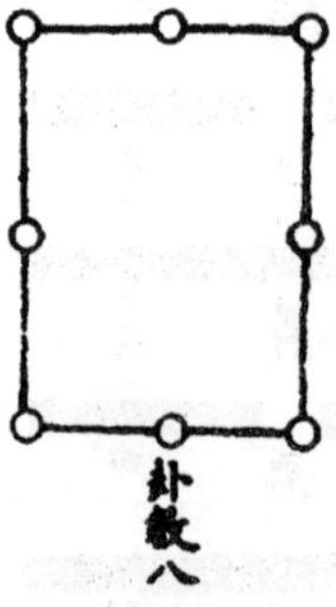

八八六十四

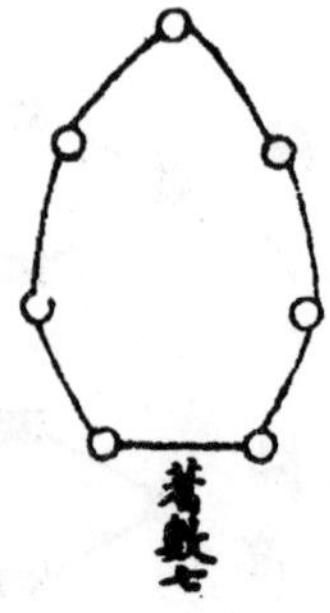

七七四十九

解说

蓍之数七也，七而七之，共用四十九，故其德圆。卦之数八也，八而八之，为别六十四，故其德方。圆者运而不穷，可以逆知来物；方者其体有定，可以识乎既往，故圆象神，方象知。

三十四、序上下经图

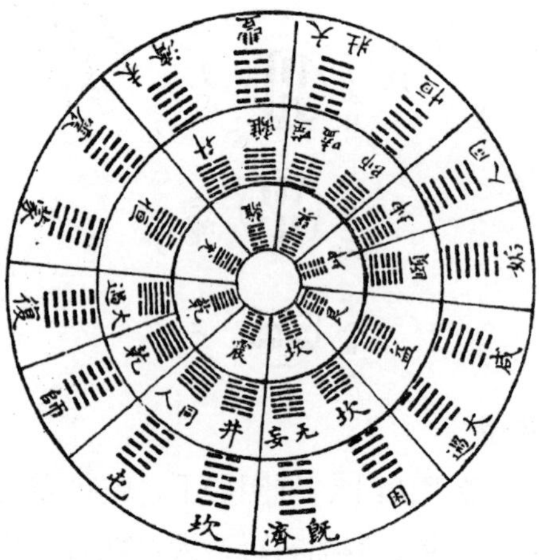

解说

本乾九二爻变成同人，次变无妄，次变益，次变颐，终其变至离而止。本坤六二爻变成师，次变升，次变恒，次变大过，终其变至坎而止。故上经始于乾、坤，终于坎、离焉。本咸六二爻变成大过，次变困，次变坎，次变师，次变蒙，而终于未济。本恒初六爻变成大壮，次变丰，次变震，次变复，次变屯，而入既济。故下经始于咸、恒，终于既济焉。

三十五、重易六爻图

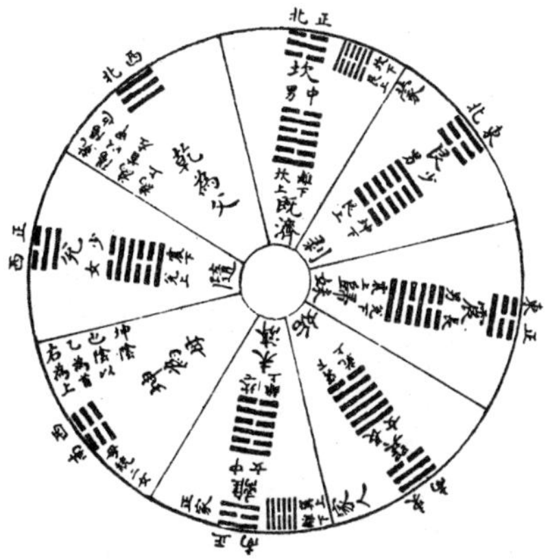

三十六、六十四卦天地数图

三十七、六十四卦万物数图

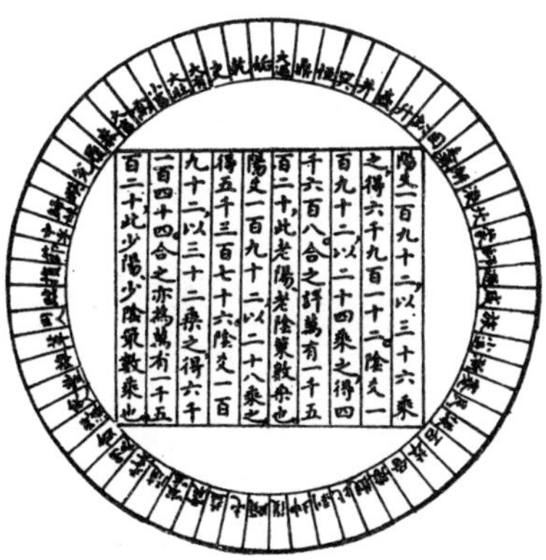

三十八、卦爻律吕图

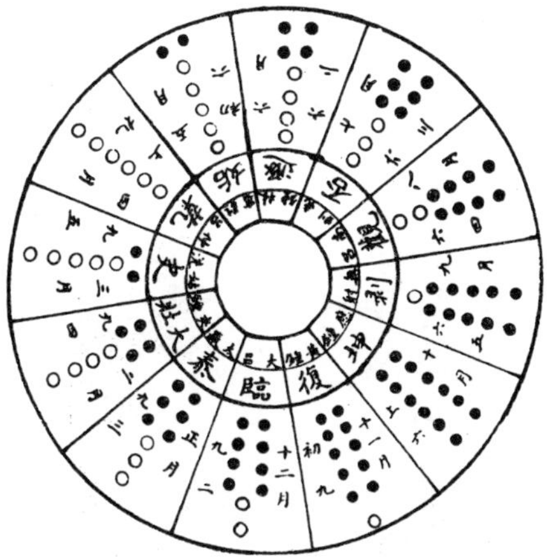

解说

十一月复一阳生，黄钟气应，至四月六阳为乾，故辟户谓之乾。五月姤一阴生，蕤宾气应至十月六阴为坤，故阖户谓之坤。

三十九、运会历数图

解说

复十二世，临二十四世，泰三十六世，大壮四十八世，夬六十世，乾七十二世，姤八十四世，遁九十六世，否一百八世，观一百二十世，剥一百三十二世，坤一百四十四世。

四十、八卦生六十四卦图

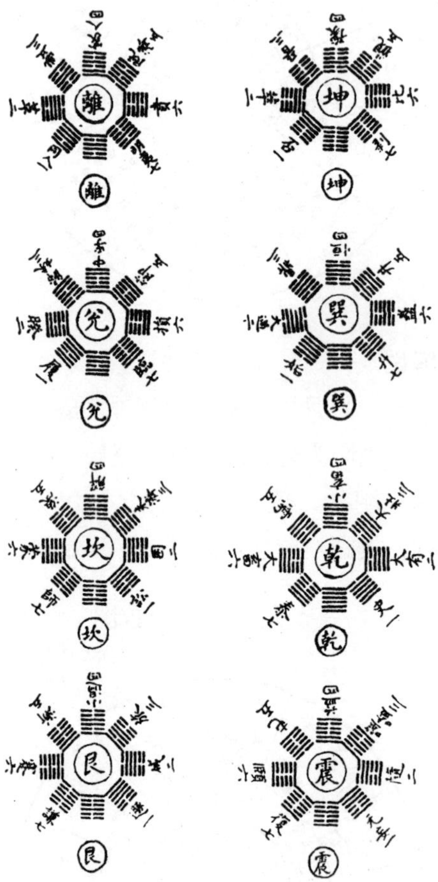

四十一、八卦变六十四卦图

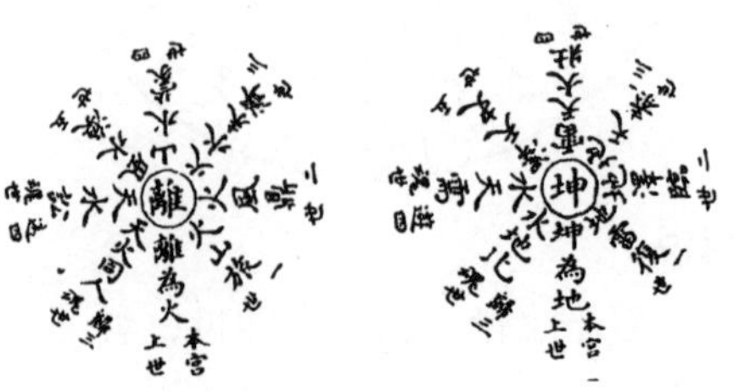

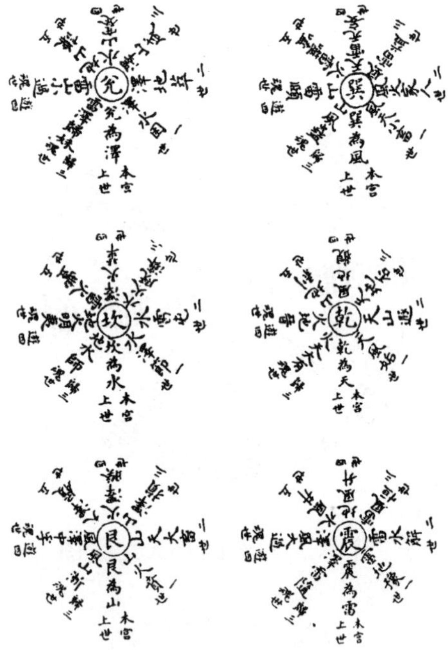

四十二、阳卦顺生图

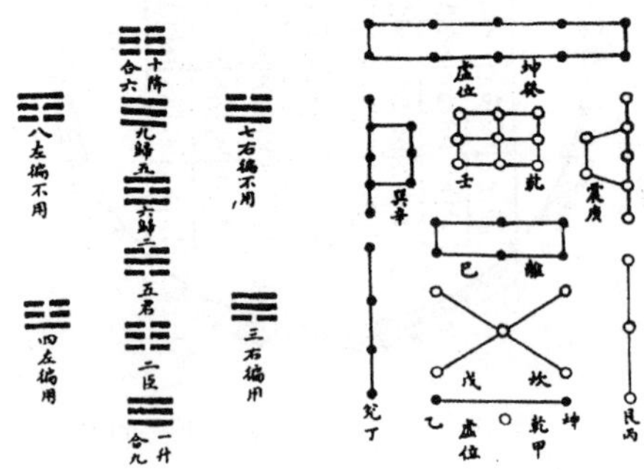

解说

一升而合九，归五为君；十降而合六，归二为臣，此之谓阳卦顺生也。

四十三、阴卦逆生图

解说

一降而合九，归五为君；十升而合六，归二为臣，此之谓阴卦逆生也。

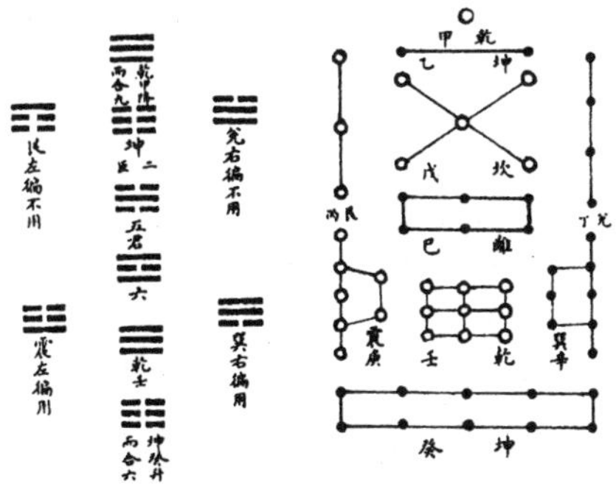

（四十三、阴卦逆生图）

四十四、六十四卦反对变图

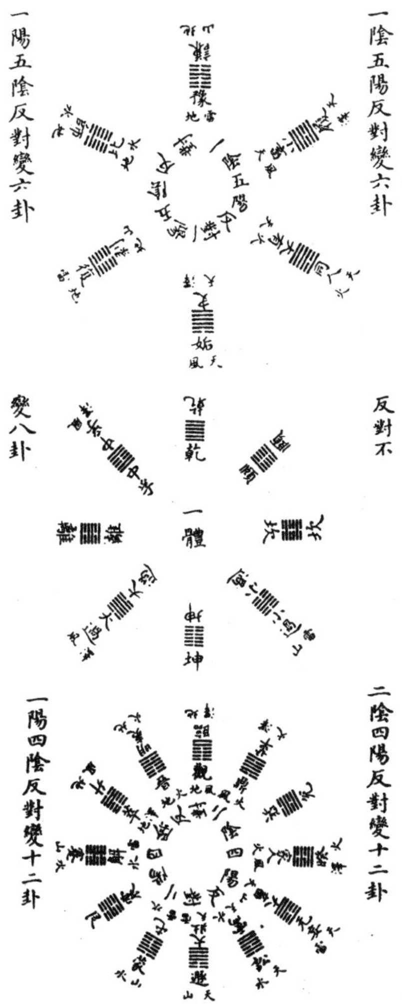

四十五、六十四卦卦气图

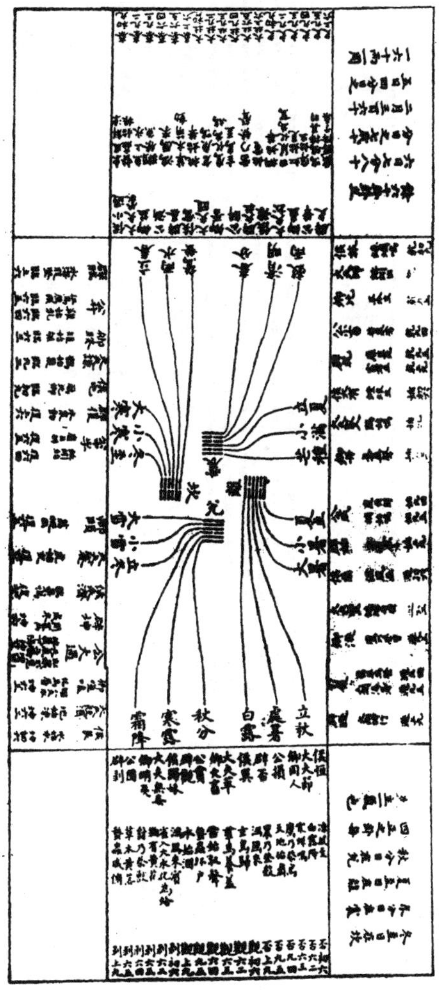

四十六、十三卦取象图

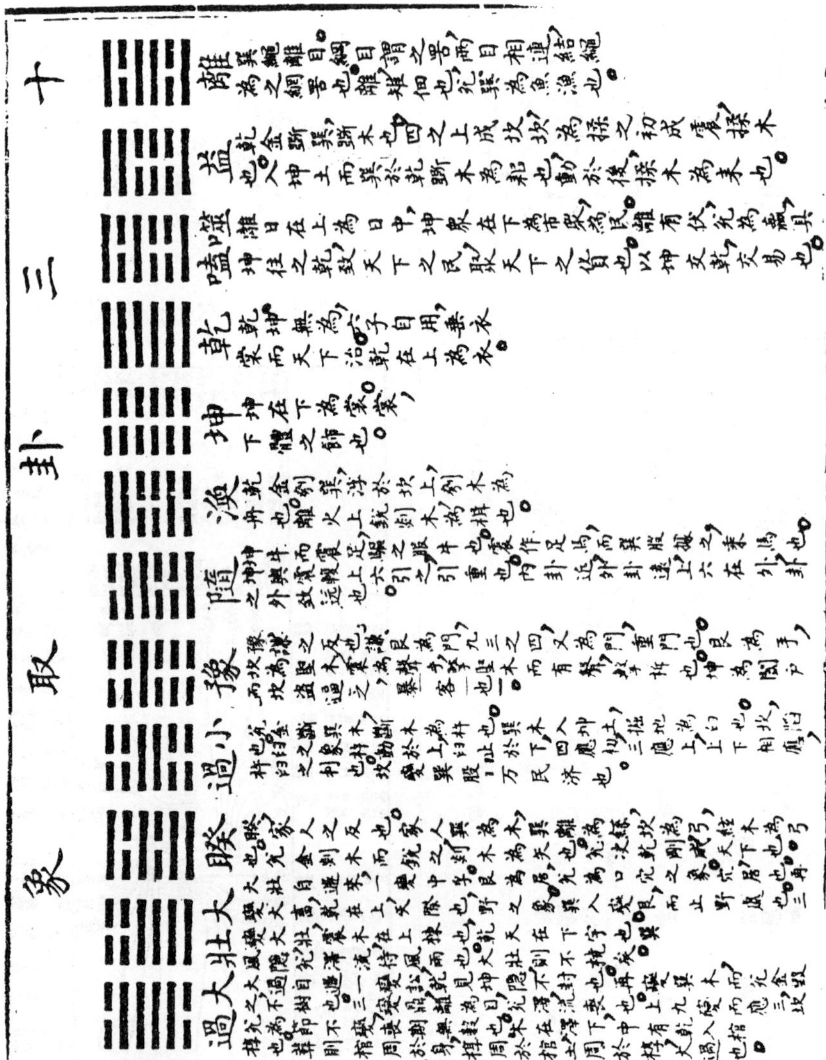

四十七、三陈九卦之图

解说

上经卦三，三叙而九，下经卦六，三叙而十八。履十，谦十五，复二十四，恒二损十一，益十二。困十七，井十八，巽二十七，九卦之数，总一百三十有六。凡三求之，四百有

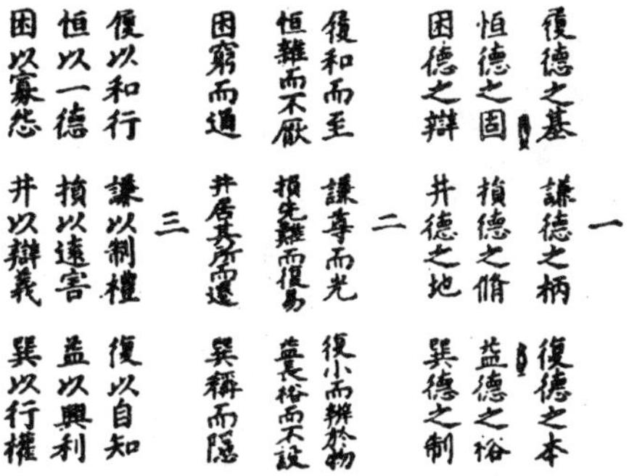

（四十七、三陈九卦之图）

八也。周天三百六十，成数也。余四十八，阴阳所以进退也。阳进于乾，六月各四十八，复至乾也。阴退于坤，六月亦四十八，姤至坤也。此九卦数之用也。

四十八、参伍以变图

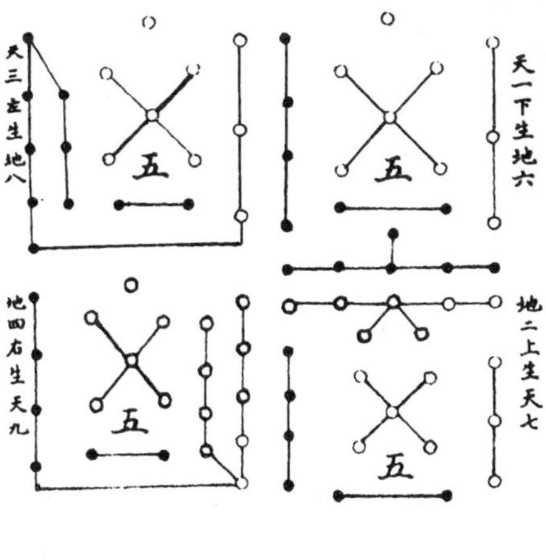

解说

参，合也，配偶也。天地之数各相参配，错综往来而相生，故生成之数大备，而天地之文生焉。《系辞》曰：参伍以变，错综其数，通其变，遂成天地之文。此之谓也。

四十九、十有八变图

解说

男女合者，上下经惟十二位。正位乾、坤、坎、离、咸、恒、损、益八卦，分为十八位。乾、坤变颐、大过；颐、大过变坎、离；坎、离变中孚、小过；中孚、小过变咸、恒，成人伦也。

五十、一阴一阳图

解说

六十四卦，一阴一阳，始乾终坤。先自乾、坤一阳、一阴，排六十四；次自乾二阳、二阴，次四阳、四阴，次十六阳、十六阴，次三十二阳、三十二阴，即成六十四卦也。故曰：一阴一阳之谓道。

五十一、先甲后甲图

解说

生甲午至癸亥三十日，先甲，黑晕起申至巳。自甲子至癸巳三十日，后甲，白晕起寅至亥。

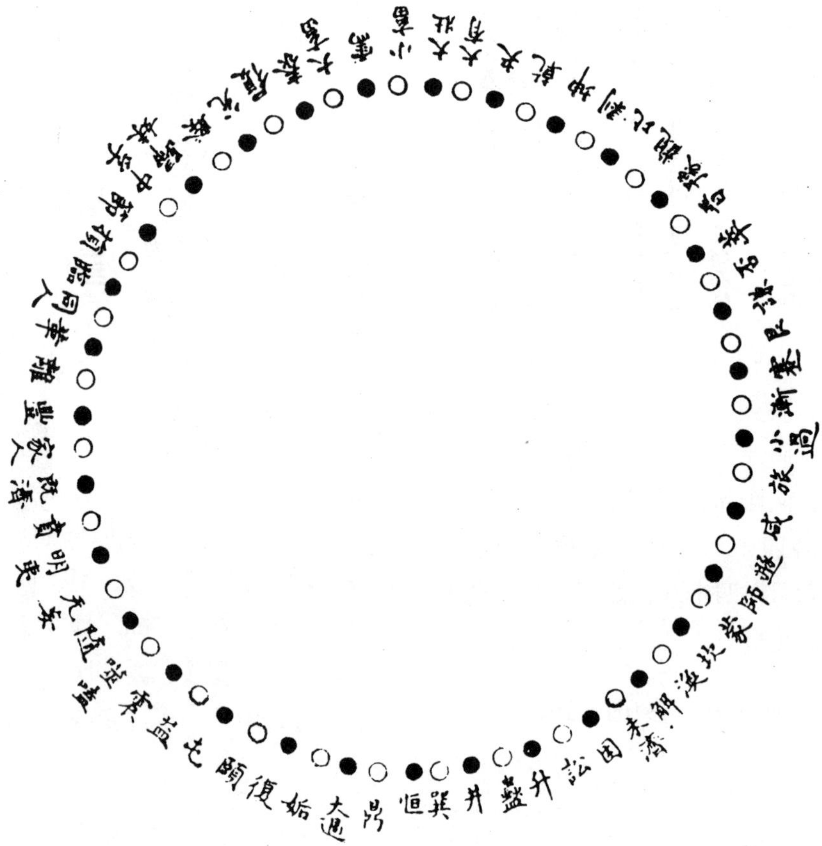

（五十、一阴一阳图）

（五十一、先甲后甲图）

五十二、阴阳君民图

解说

阳卦以奇为君，故一阳而二阴，阳为君，阴为民也。阴卦以偶为君，故二阳而一阴，阴为君，阳为民也。阳一画为君，二画为民，其理顺，故曰“君子之道”。阴二画为君，一画为民，其理逆，故曰“小人之道”。

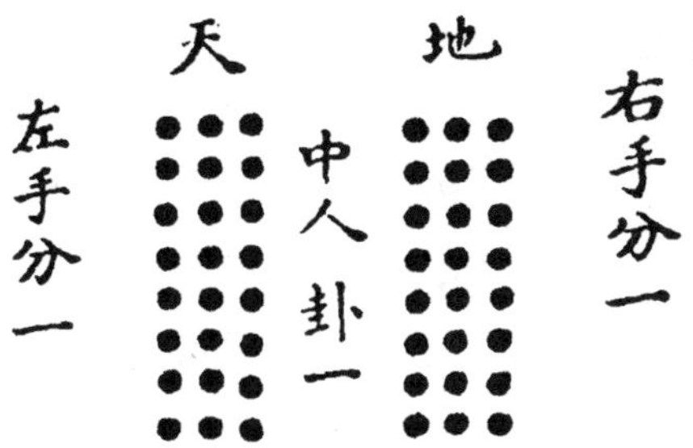

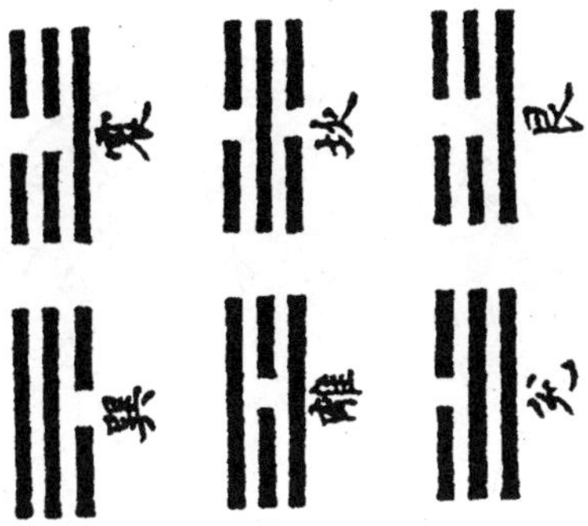

（五十二、阴阳君民图）

五十三、阴阳奇偶图

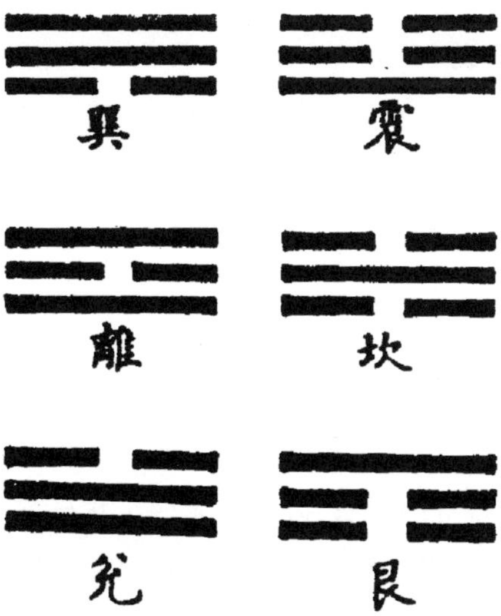

解说

震、坎、艮，阳卦也，曷为而多阴？自坤而索也。其卦皆一阳二阴，凡五也，故曰阳卦奇。巽、离、兑，阴卦也，曷为而多阳？自乾而来也。其卦皆一阴二阳，凡四也，故曰阴卦偶。

五十四、二仪得十变化图

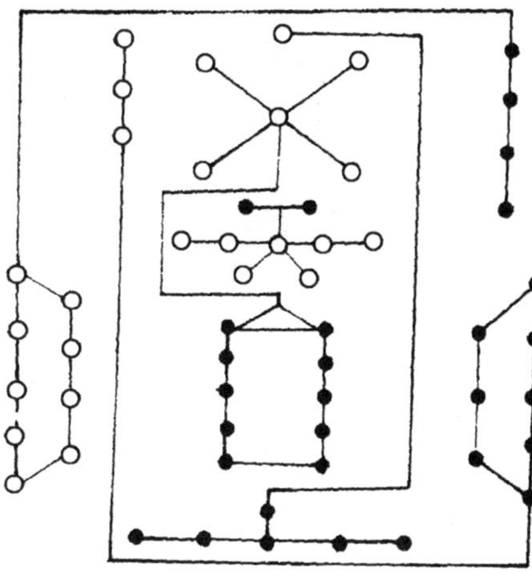

五十五、十日五行相生图

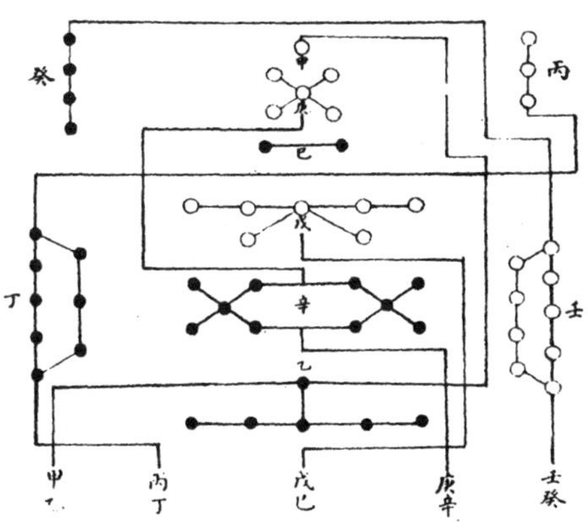

五十六、大衍数图

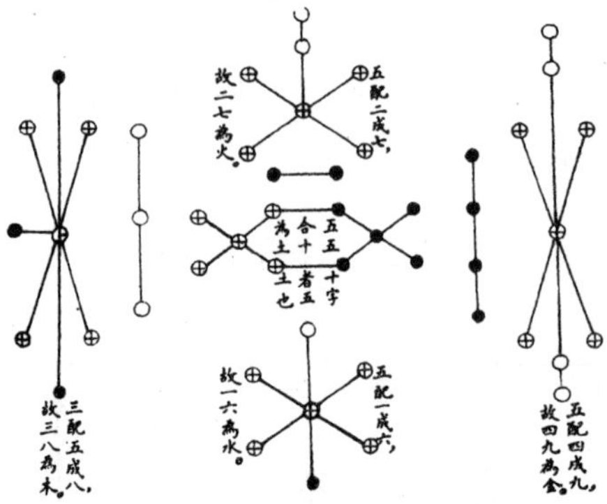

五十七、揲蓍之法图

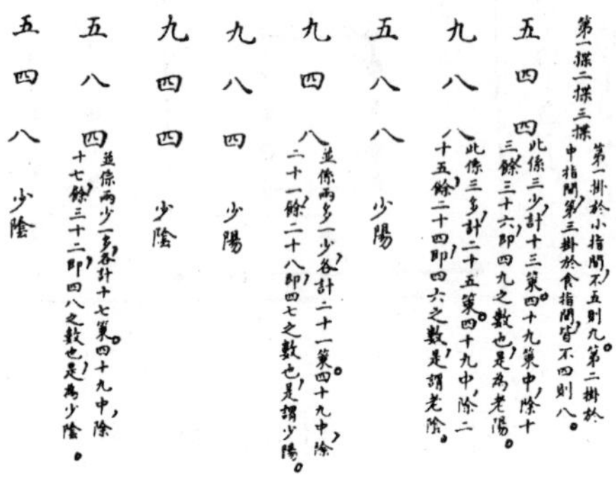

五十八、河图百六数图

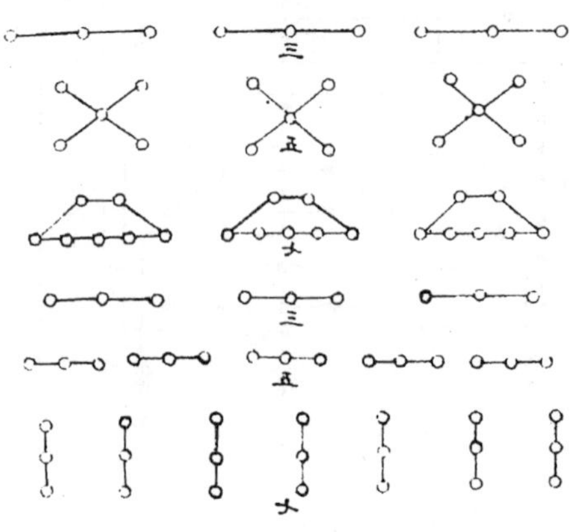

解说

以三因天地十五数，得四十五。以五因天地十五数，得七十五。以七因天地十五数，得一百五。“九宫”数止一百五，故百六为极数。用三、五、七者，取阳数中者用之。

五十九、八卦司化图

解说

乾职生覆。坎司寒化，艮司湿化，震司动化，巽司风化，离司暑化，坤职形载，兑司燥化。

六十、类聚群众图

解说

坎北、震东，乾西北、艮东北，四卦皆阳也；离南、兑西，巽东南、坤西南，四卦皆阴也。故曰“方以类聚”。一聚于六而分乾、坎，四聚于九而分坤兑，二聚于七而分离、巽，三聚于八而分震、艮，故曰“物以群分”。得朋则吉，乖类则凶，此吉凶所以生也。

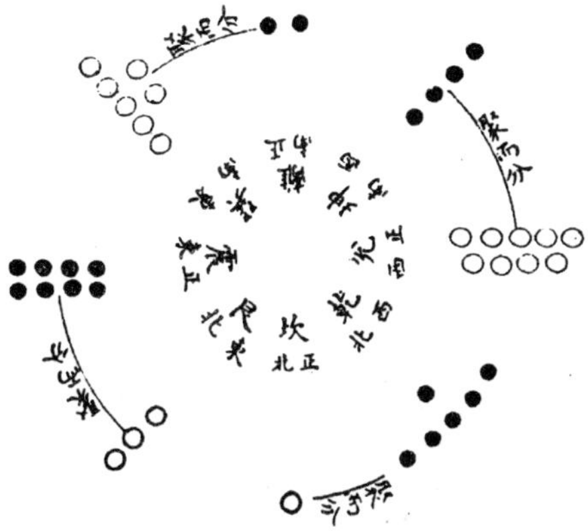

（六十、类聚群众图）

六十一、通乎昼夜图

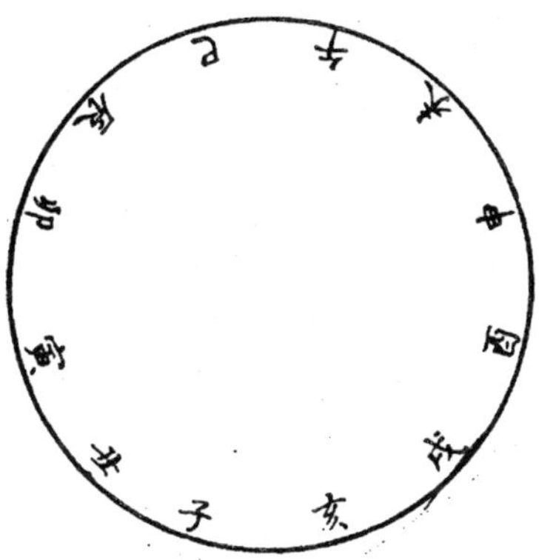

解说

子者，乾之始，而终于巳。午者，坤之始，而终于亥。阳爻二百九十二，昼数也，其数一千七百二十八。阴爻一百九十二，夜数也，其数一千一百五十二。总而言之，二千八百八十九，四永之合，万有一千五百二十，故曰：通乎昼夜之道而始。

六十二、阳中阳图

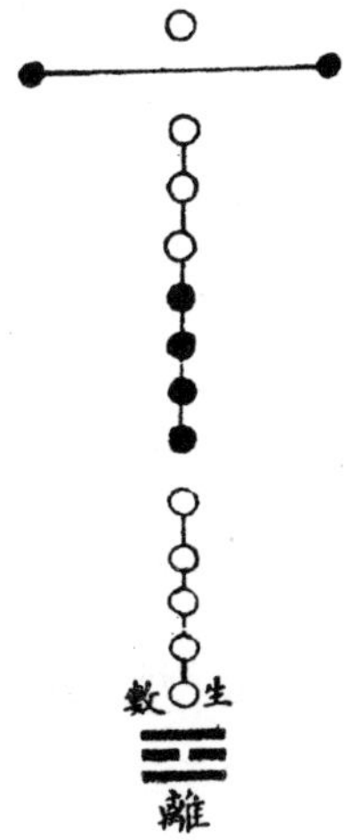

六十三、阴中阴图

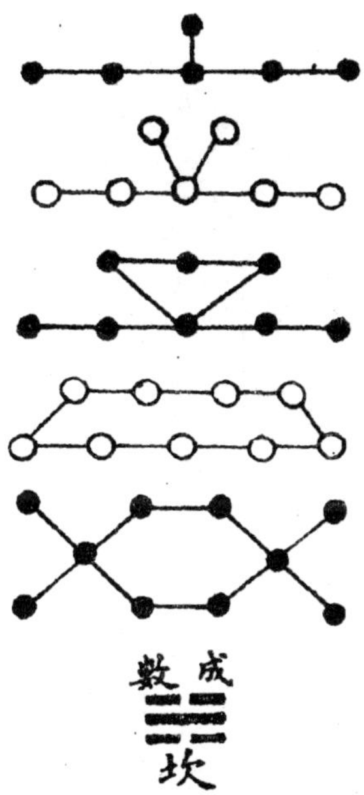

六十四、杂卦图

解说

《杂卦》者，杂糅众卦，错综其

（六十四、杂卦图）

义，以畅无穷之用。故其义专以刚柔、升降反复取义，与《序卦》不同。故韩康伯云：或以同相类，或以异相明，杂六十四卦以为义是也。

六十五、太玄准易卦名图

解说

一玄生三方，用三乘一；三方生九州，用三乘三；九州生二十七部，用三乘九；二十七部生八十一家，用三乘二十七；八十一家生二百四十三表，用三乘八十一；二百四十三表生

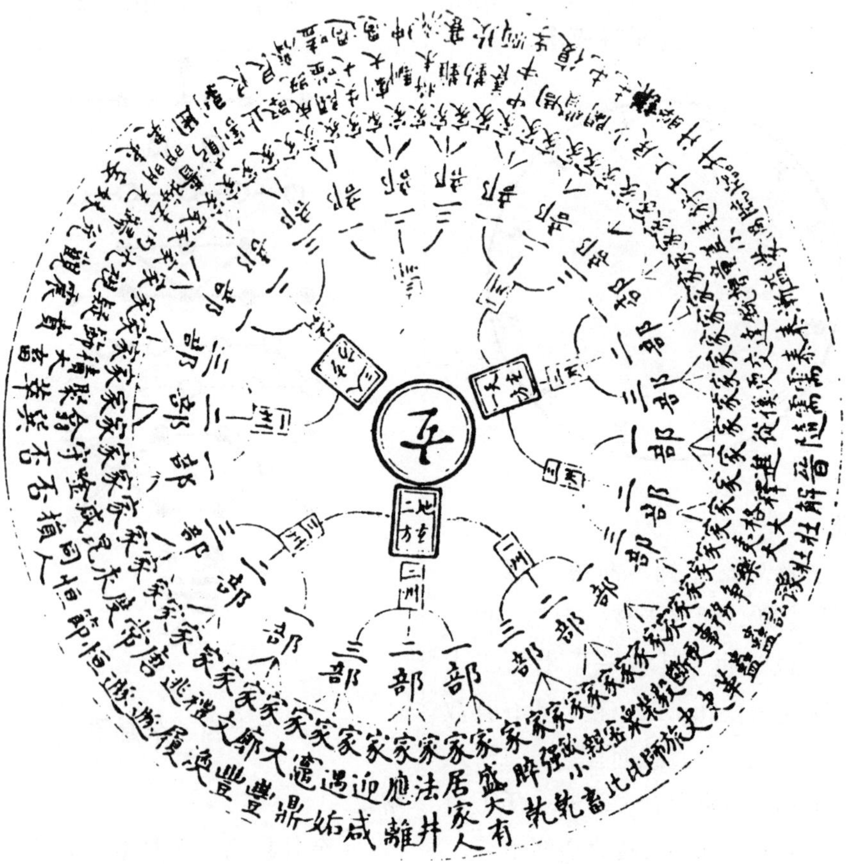

七百二十九赞，用三乘二百四十三；七百二十九赞生二万六千二百四十四策，用三十六乘七百二十九。凡一玄为一岁，七十二策为一日，起十一月。

六十六、太玄准易卦气图

解说

右律历之元，始于冬至，卦气起于中孚。

六十七、皇极经世全数图

一一 元之元日之日乾之乾一。
一二 會之元月之日兌之乾十二。
二一 元之會日之月乾之兌十二。
二二 會之會月之月兌之兌一百四十四。
三一 元之運日之星乾之離三百六十。
三二 會之運月之星兌之離四千三百二十。
四一 元之世日之辰乾之震四千三百二十。
四二 會之世月之辰兌之震五萬一千八百四十。
五一 元之歲日之石乾之巽一十一萬九千六百。
五二 會之歲月之石兌之巽一百五十五萬五千二
百。
六一 元之月日之土乾之坎一百五十五萬五千二
百。
六二 會之月月之土兌之坎一千八百六十六萬二
千四百。
七一 元之日日之火乾之艮四千六百六十五萬六

千。
七二 會之日月之火兌之艮五萬五千九百八十七
萬二千。
八一 元之辰日之水乾之坤五萬五千九百八十七
萬二千。
八二 會之辰月之水兌之坤六十七萬一千八百四
十六萬四千。
一三 運之元星之日離之乾三百六十。
一四 世之元辰之日震之乾四千三百二十。
二三 運之會星之月離之兌四千三百二十。
二四 世之會辰之月震之兌五萬一千八百四十。
三三 運之運星之星離之離一十二萬九千六百。
三四 世之運辰之星震之離一百五十五萬五千二
百。
四三 運之世星之辰離之震一百五十五萬五千二
百。

四四 世之世辰之辰震之震一千八百六十六萬二
千四百。
五三 運之歲星之石離之巽四千六百六十五萬六
千。
五四 世之歲辰之石震之巽五萬五千九百八十七
萬二千。
六三 運之月星之土離之坎五萬五千九百八十七
萬二千。
六四 世之月辰之土震之坎六十七萬一千八百四
十六萬四千。
七三 運之日星之火離之艮一百六十七萬九千六
百一十六萬。
七四 世之日辰之火震之艮二千一十五萬五千三
百九十二萬。
八三 運之辰星之水離之坤二千一十五萬五千三
百九十二萬。

八四 世之辰辰之水震之坤二萬四千一百八十六
萬四千七百四萬。
一五 歲之元石之日巽之乾一十二萬九千六百。
一六 月之元土之日坎之乾一百五十五萬五千二
百。
二五 歲之會石之月巽之兌一百五十五萬五千二
百。
二六 月之會土之月坎之兌一千八百六十六萬二
千四百。
三五 歲之運石之星巽之離四千六百六十五萬六
千。
三六 月之運土之星坎之離五萬五千九百八十七
萬二千。
四五 歲之世石之辰巽之震五萬五千九百八十七
萬二千。
四六 月之世土之辰坎之震六十七萬一千八百四

十六萬四千。
五五 歲之歲石之石巽之巽一百六十七萬九千六
百一十六萬。
五六 月之歲土之石坎之巽二千一十五萬五千三
百九十二萬。
六五 歲之月石之土巽之坎二千一十五萬五千三
百九十二萬。
六六 月之月土之土坎之坎二萬四千一百八十六
萬四千七百四萬。
七五 歲之日石之火巽之艮六萬四百六十六萬一
千七百六十萬。
七六 月之日土之火坎之艮七十二萬五千五百九
十四萬一千一百二十萬。
八五 歲之辰石之水巽之坤七十二萬五千五百九
十四萬一千一百二十萬。
八六 月之辰土之水坎之坤八百七十萬七千一百

二十九萬三千四百四十萬。
一七 日之元火之日艮之乾四千六百六十五萬六
千。
一八 辰之元水之日坤之乾五萬五千九百八十七
萬二千。
二七 日之會火之月艮之兌五萬五千九百八十七
萬二千。
二八 辰之會水之月坤之兌六十七萬一千八百四
十六萬四千。
三七 日之運火之星艮之離一百六十七萬九千六
百一十六萬。
三八 辰之運水之星坤之離二千一十五萬五千三
百九十二萬。
四七 日之世火之辰艮之震二千一十五萬五千三
百九十二萬。
四八 辰之世水之辰坤之震二萬四千一百八十六

萬四千七百四萬。
五七 日之歲火之石艮之巽六萬四百六十六萬一
千七百六十萬。
五八 辰之歲水之石坤之巽七十二萬五千五百九
十四萬一千一百二十萬。
六七 日之月火之土艮之坎七十二萬五千五百九
十四萬一千一百二十萬。
六八 辰之月水之土坤之坎八百七十萬七千一百
二十九萬三千四百四十萬。
七七 日之日火之火艮之艮二百一十七萬六千七
百八十二萬三千五百。
七八 辰之日水之火坤之艮二千六百一十二萬一
千三百八十八萬二千。
八七 日之辰火之水艮之坤二千六百一十二萬一
千三百八十八萬二千。
八八 辰之辰水之水坤之坤三萬一千三百四十五
萬六千六百五十八萬四十。
圖

六十八、邵氏皇极经世图

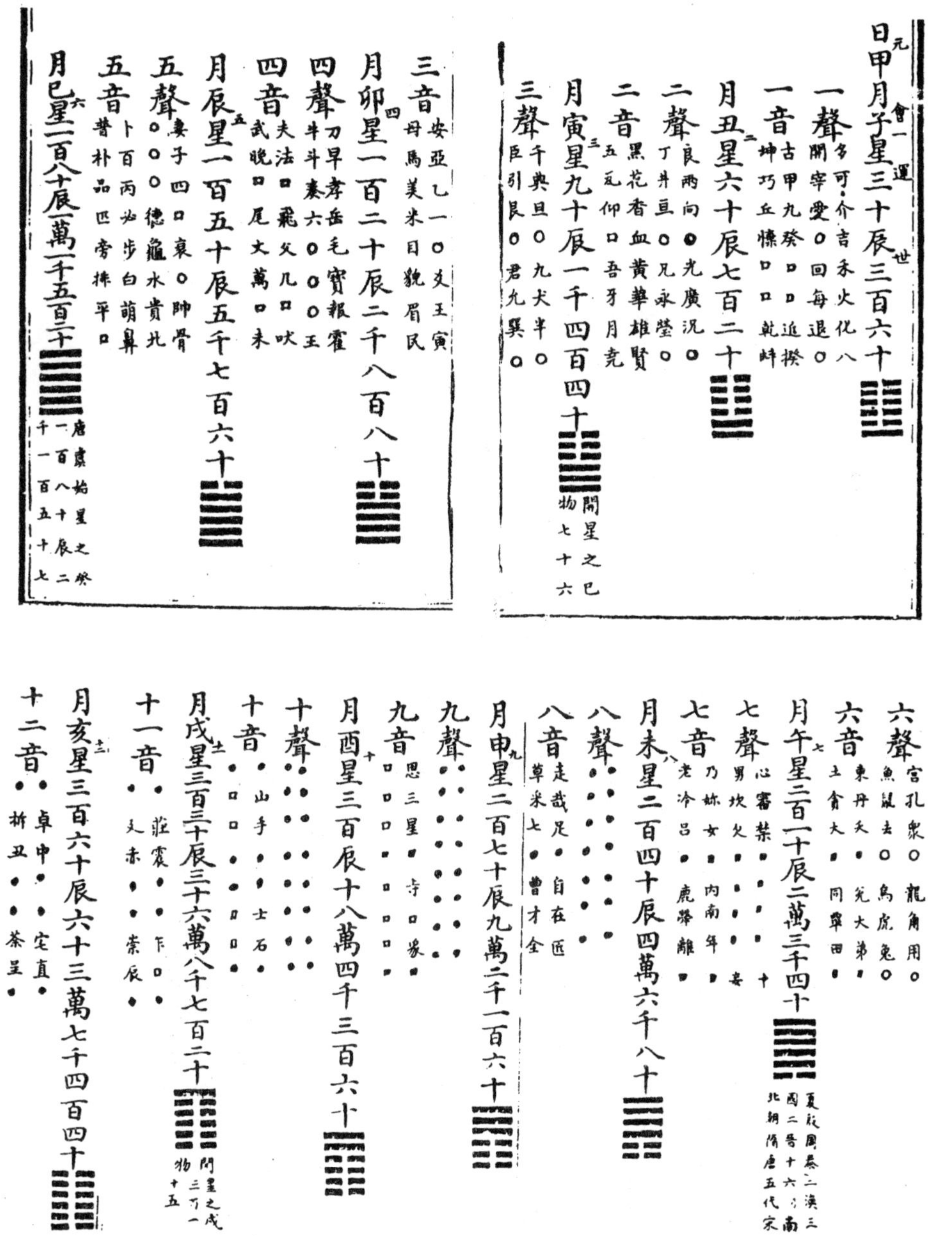
日甲月子星三十辰三百六十
一聲
一音
月丑星六十辰七百二十
二聲
二音
月寅星九十辰一千四百四十
開星之巳
物七十六
三聲
三音
月卯星一百二十辰二千八百八十
四聲
四音
月辰星一百五十辰五千七百六十
五聲
五音
月巳星一百八十辰一萬一千五百二十
唐虞始星之癸
一百八十辰二千一百五十七
六聲
六音
月午星二百一十辰二萬三千四十
夏殷周秦二漢三國二晉十六國南北朝隋唐五代宋
七聲
七音
月未星二百四十辰四萬六千八十
八聲
八音
月申星二百七十辰九萬二千一百六十
九聲
九音
月酉星三百辰十八萬四千三百六十
十聲
十音
月戌星三百三十辰三十六萬八千七百二十
閉星之戌
物三百一十五
十一音
月亥星三百六十辰六十三萬七千四百四十
十二音

六十九、温公潜虚拟玄图

圖氣

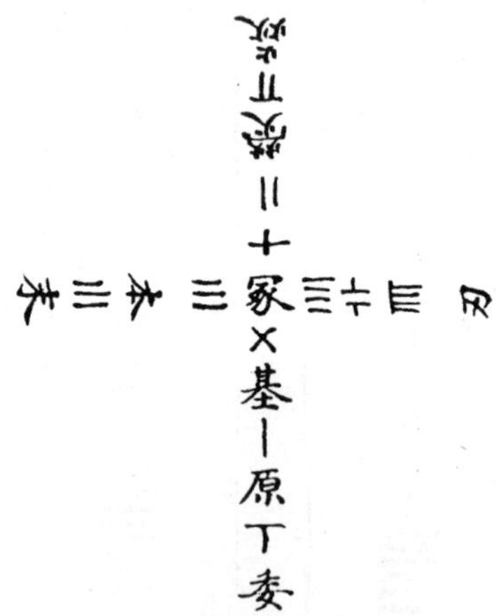

圖名

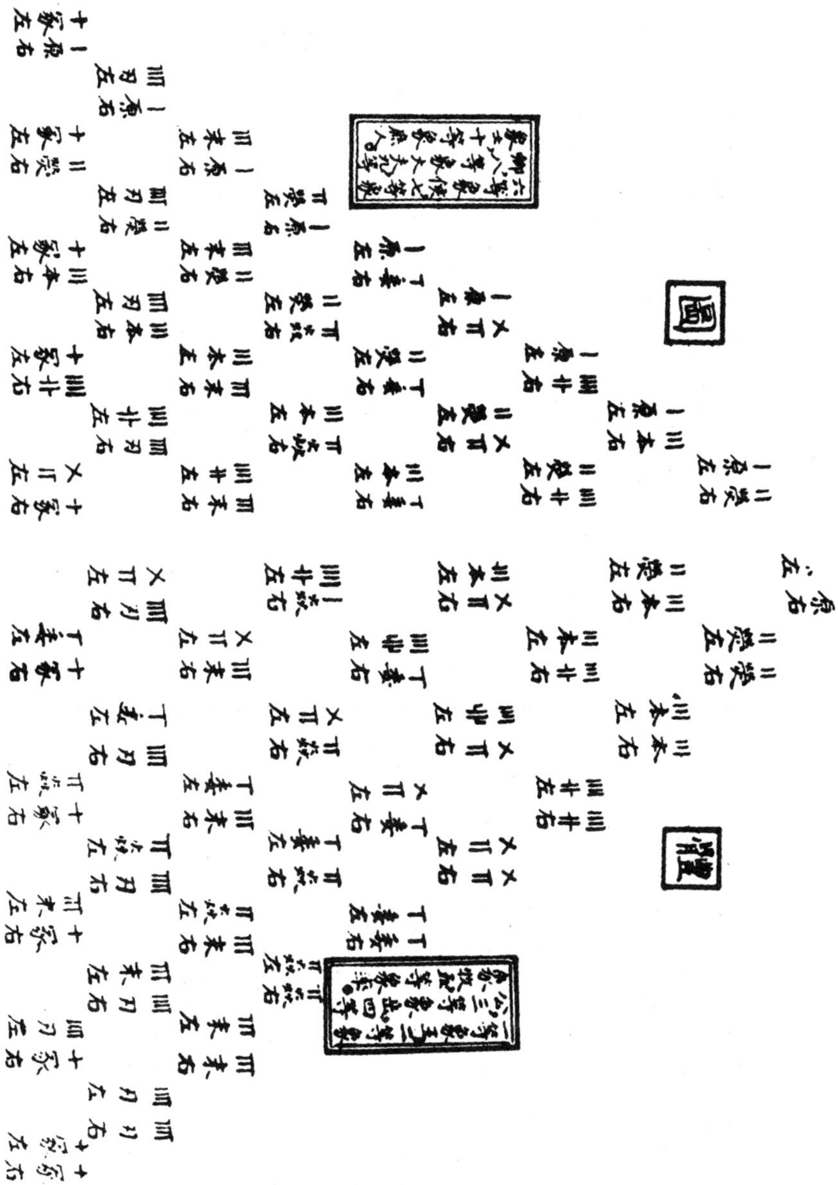

（六十九、温公潜虚拟玄图）

七十、潜虚性图　注：此图原缺

解说

凡性之序，先列十纯。十纯既浃，其次降一，其次降二，其次降三，其次降四，最后五配而性备矣。始于纯，终于配，天地之道也。

七十一、古今易学传授图

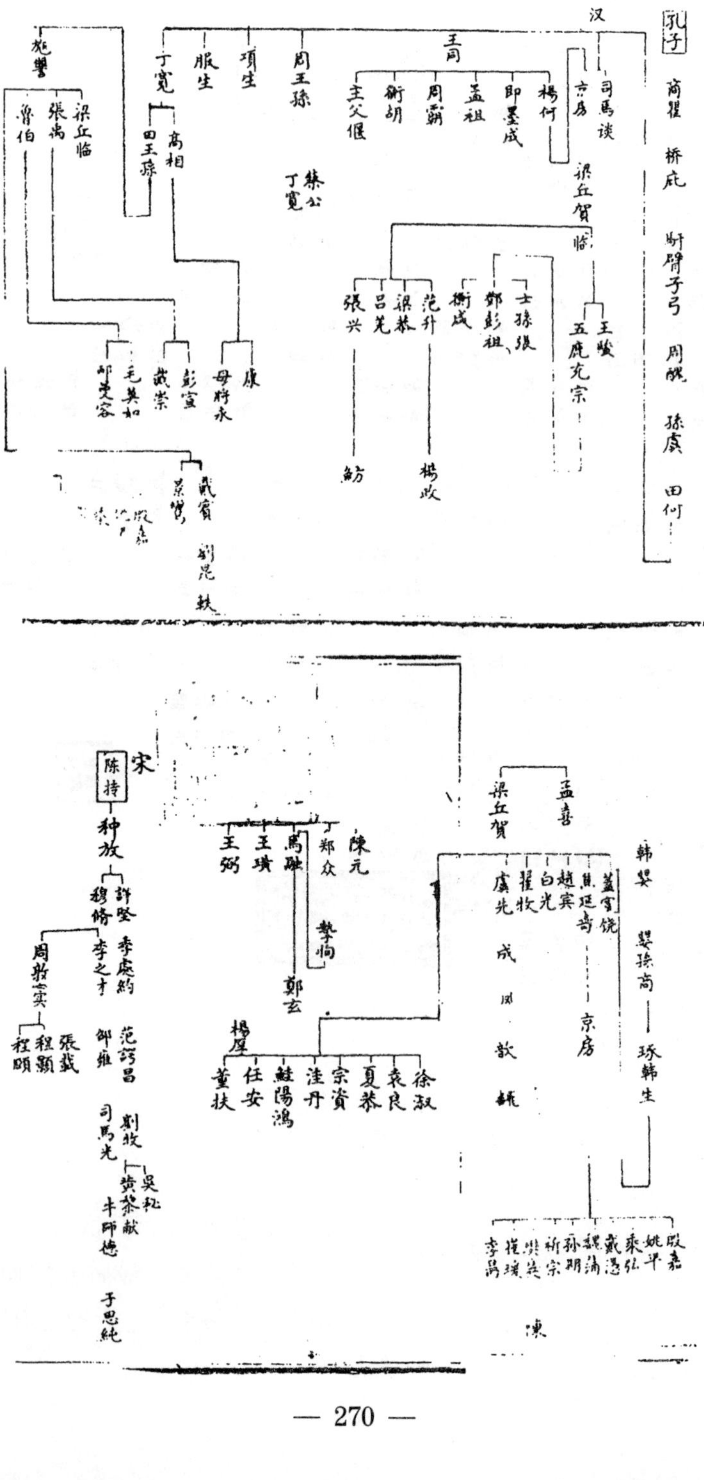

明·来知德
《易经来注图解》

一、来瞿唐先生圆图

解说

此圣人作易之原也。理、气、象、数，阴、阳、老、少，往、来、进、退、常、变、吉、凶，皆寓乎中。孔子系《易》首章，至“易简而天下之理得”，及“一阴一阳之谓道”，“易有太极”，“形上形下”数篇，以至“幽赞于神明”一章，卒归于义命，皆不外此图神而明之。一部《易经》不在四圣，而在我矣。或曰：伏羲、文王有图矣，而复有此图，何耶？德曰：不然。伏羲有图，而文王之图不同于伏羲，岂伏羲之图差耶？盖伏羲之图，易之对待；文王之图，易之流行；而德之图，不立文字，以天地间理、气、象、数不过如此，此则兼对待、流行、主宰之理而图之也，故图于伏羲、文王之前。

二、伏羲六十四卦圆图

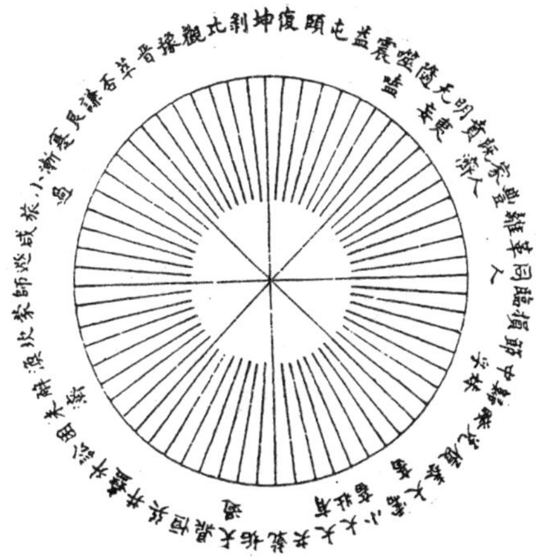

三、伏羲八卦方位之图

解说 二、三两图并说

此伏羲之易也。易之数也，对待不移者也，故伏羲圆图皆相错，以其对待也。所以上经首乾、坤。乾、坤之两列者，对待也。孔子《系辞》“天尊地卑”一条，盖本诸此。

四、文王八卦方位之图

解说

此文王之易也。易之气也，流行

（四、文王八卦方位之图）

不已者也。自震而离，而兑，而坎，春夏秋冬，一气而已。故文王序卦，一上一下相综者，以其流行而不已也。所以下经首咸、恒。咸、恒之交感者，流行也。孔子《系辞》“刚柔相摩”一条，盖本诸此。盖有对待，其气运必流行而不已；有流行，其象数必对待而不移，故男女相对待，其气必相摩荡。若不相摩荡，则男女皆死物矣。此处安得有先后？故不可分先天、后天。

五、伏羲、文王错综图

解说

右文王序卦。六十四卦除乾、坤、坎、离、大过、颐、小过、中孚八个卦相错，其余五十六卦皆相综。虽四正之卦如否、泰、既济、未济四卦，四隅之卦如归妹、渐、随、蛊四卦，此八卦可错可综，然文王皆以为

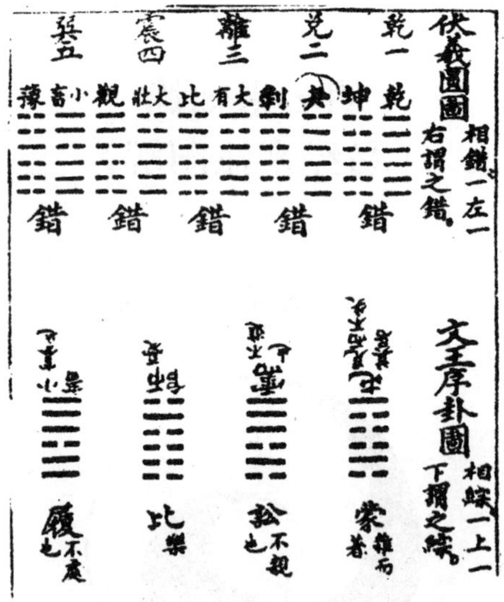

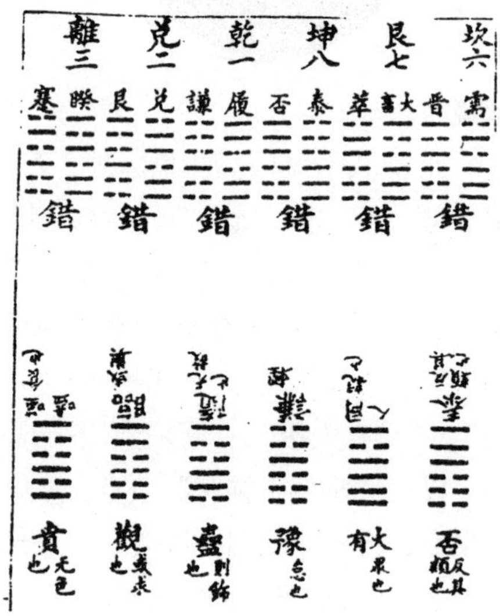

综也。故五十六卦止有二十八卦，向上成一卦，向下成一卦，共相错之卦，三十六卦。所以上经分十八卦，下经分十八卦。其相综自然而然之妙，亦如伏羲圆图相错自然而然之妙，皆不假安排穿凿，所以孔子赞其为天下之至变者。以此汉儒至宋儒，

止以为上下篇之次序，不知紧要与圆图同，诸象皆藏于二图错综之中。其中不知序卦紧要之妙，则易不得其门而入矣，因此将二图并列之。

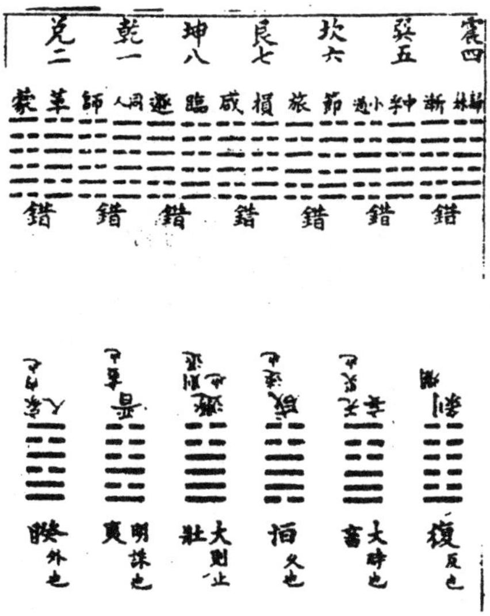

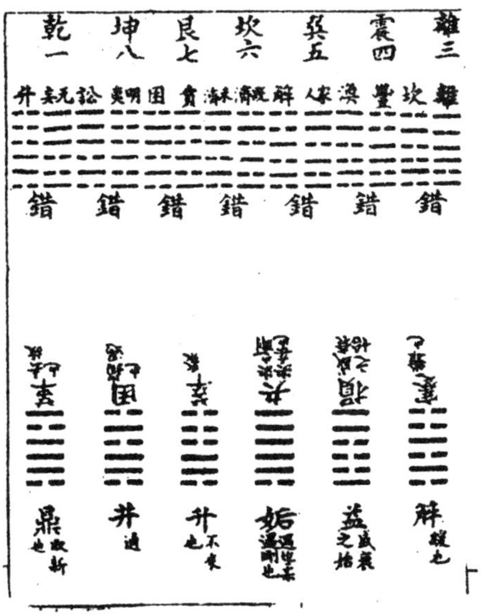

（五、伏羲、文王错综图）

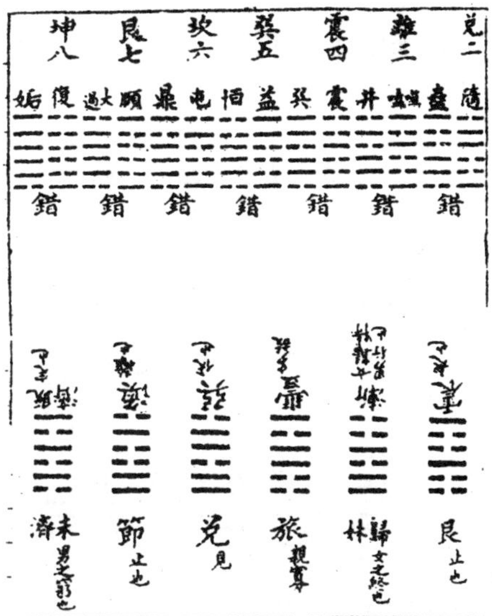

（五、伏羲、文王错综图）

六、孔子太极生两仪、四象、八卦图

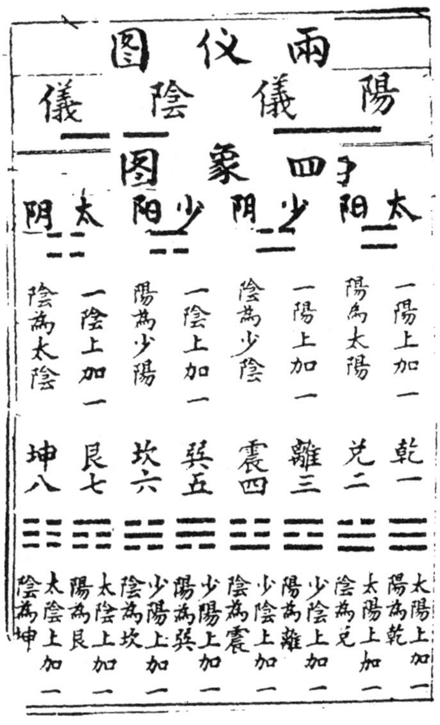

七、来瞿唐先生八卦变六十四卦图

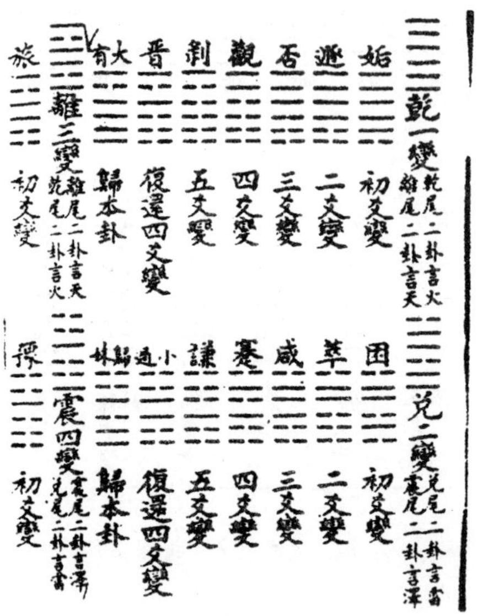

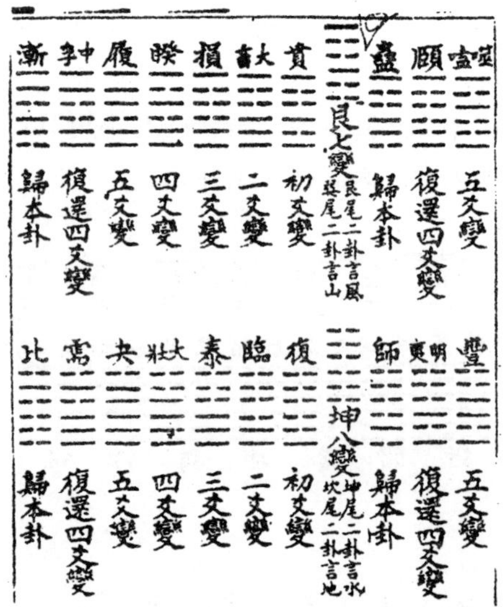

解说 六、七两图并说：

卦皆自然之数，右八卦不过加太极、两仪、四象八卦是也。六十四卦，不过变节，《系辞》所谓八卦成列，象在其中矣。因而重之，爻在其中矣。刚柔相推，变在其中矣。变在其中者，如乾为阳刚，乾下变，一阴之巽，二阴之艮，三阴之坤；坤为阴柔，坤下变，一阳之震，二阳之兑，三阳之乾，是刚柔相推也。盖三画卦，若不重成六画，则不能变六十四，惟六画则即变六十四矣。所以每一卦，六变即归本卦。下爻画变为七变，连本卦成八卦。以八加八，即成六十四卦。古之圣人，见天地阴阳变化之妙，原是如此，所以以易名之。若依宋儒之说，一分二，二分四，四分八，八分十六，十六分三十二，三十二分六十四，是一直数，何以为易？且通不成卦，惟以八加八，方见阴阳自然造化之妙。

八、来瞿唐先生八卦正位图

解说

正位不可移动。乾属阳，其位在五，惟坎可以同之，盖坎中一画乃乾也。若艮、震之五皆阳矣，故居三、居初，此阳卦正位不可移也。坤属阴，其位在二，惟离可以同之，盖离中一画乃坤也。若巽、兑之二，皆阳矣，故居四、居六，此阴卦正位不可移也。然易惟时而已，不可为典要。如观卦下六二，乃坤之正位也。因本卦利近不利远，故六二止于窥观。知此，庶可以识玩易之法。

九、来瞿唐先生八卦所属自相错图

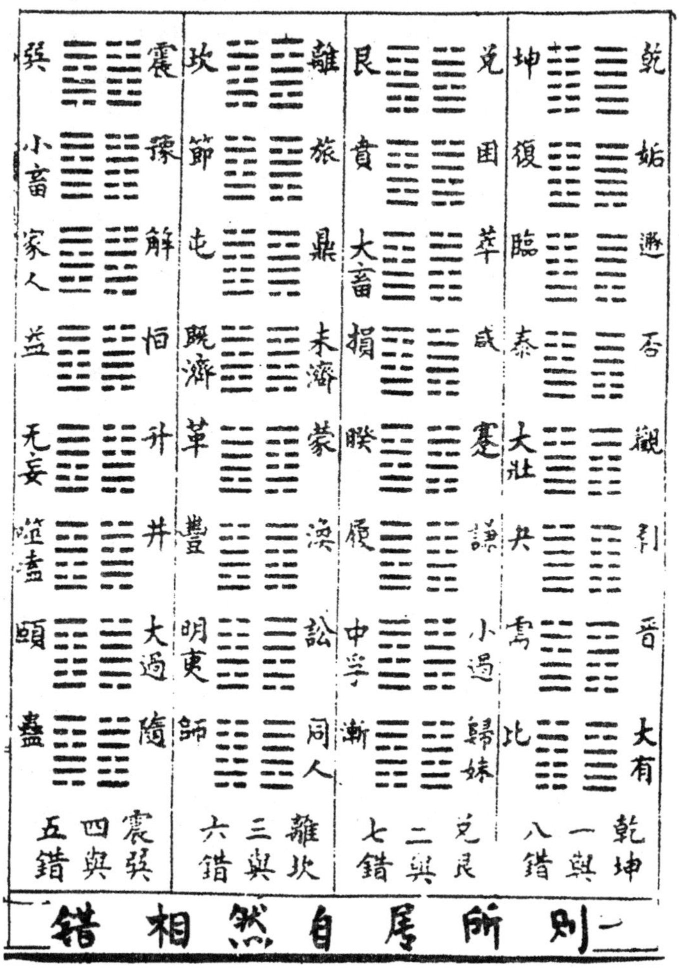

十、来瞿唐先生六爻变自相错图

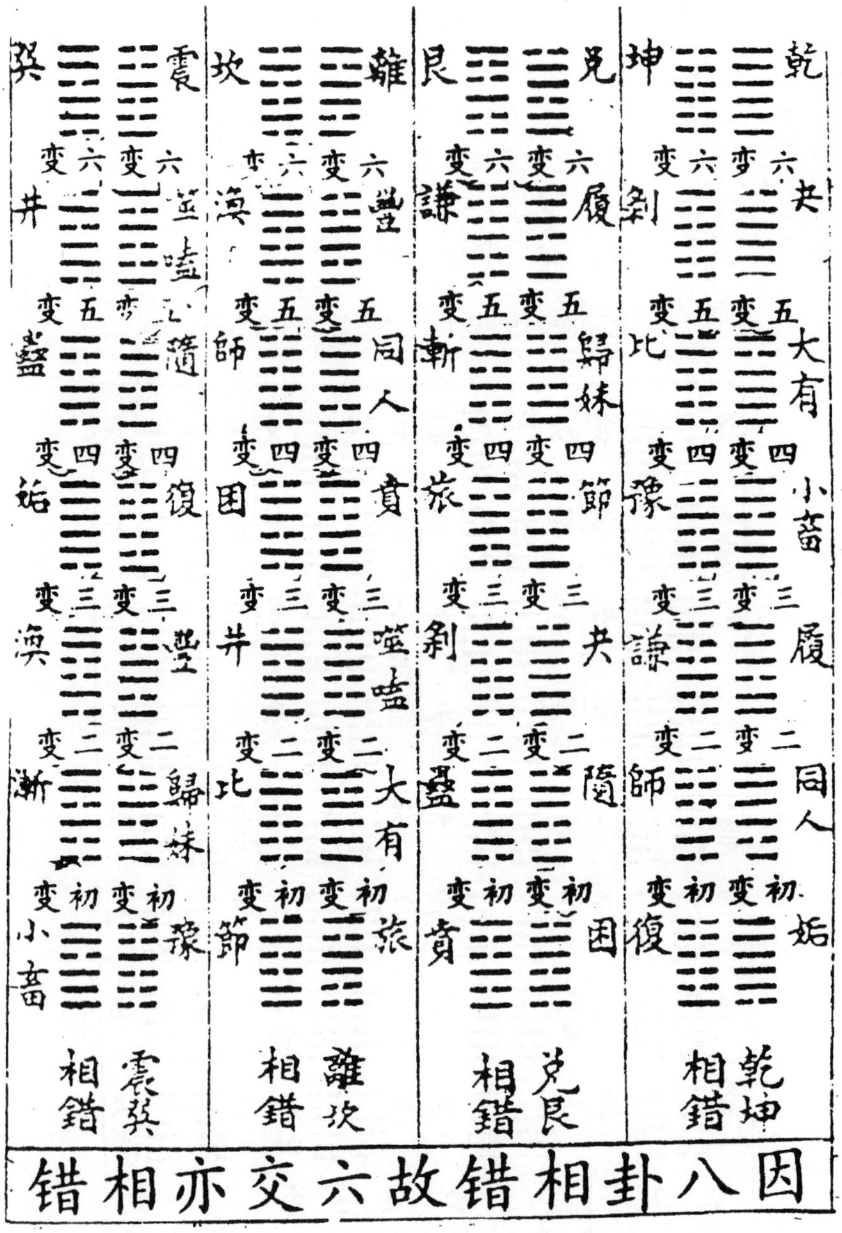

十一、来瞿唐先生八卦所属相综图

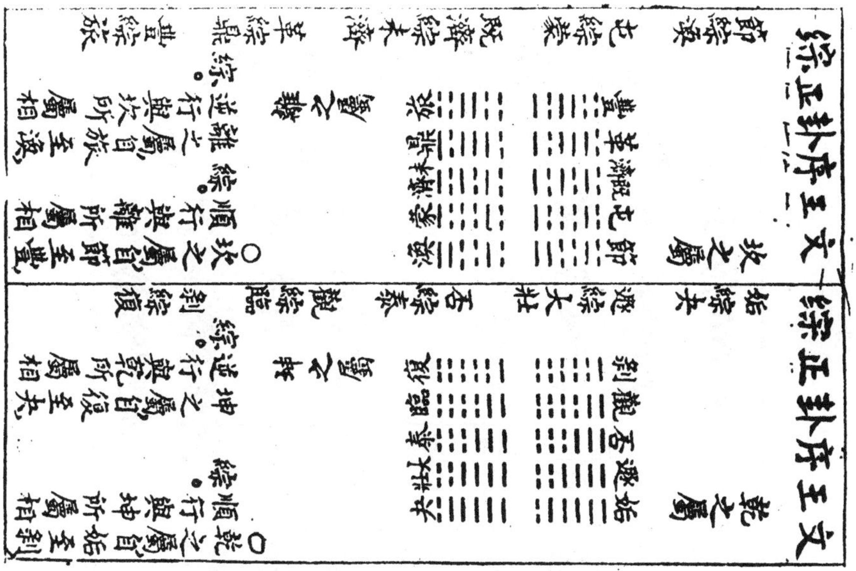

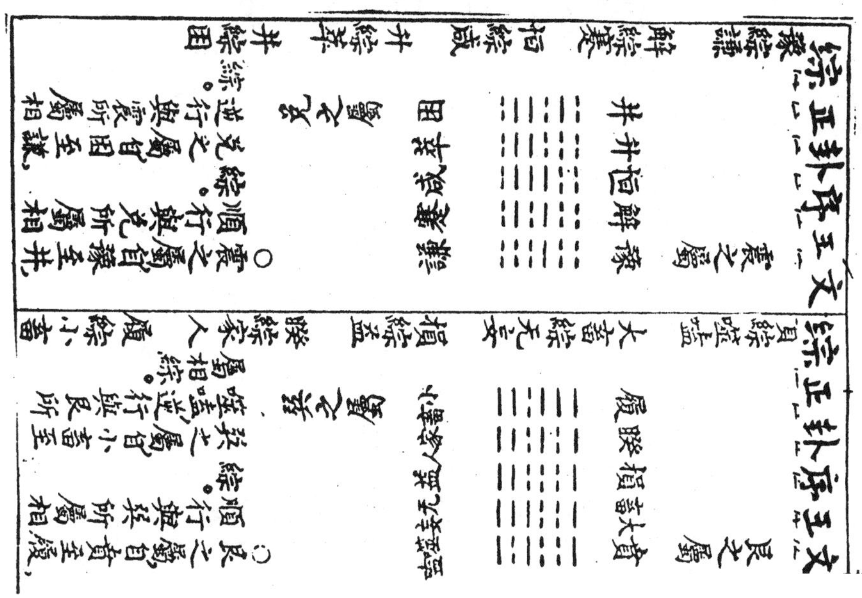

十二、来瞿唐先生八卦正隅相综临尾二卦图

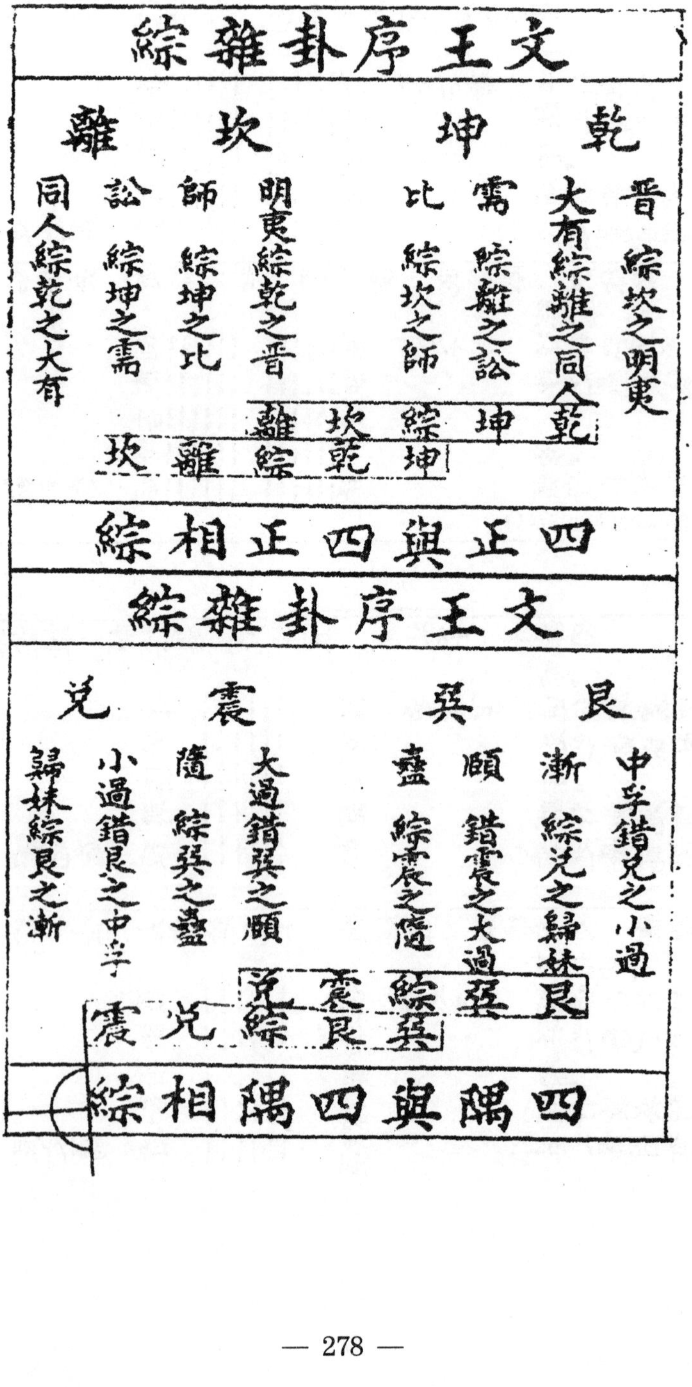

十三、来瞿唐先生八卦次序自相综图

兌四隅之卦			
乾一	澤天夬	綜	天風姤
兌二	兌		
離三	澤火革	綜	火風鼎
震四	澤雷隨	綜	山風蠱
巽五	澤風大過	錯	山雷頤
坎六	澤水困	綜	水風井
艮七	澤山咸	綜	雷風恆
坤八	澤地萃	綜	地風升

震四隅之卦			
乾一	雷天大壯	綜	天山遯
兌二	雷澤歸妹	綜	風山漸
離三	雷火豐	綜	火山旅
震四	震		
巽五	雷風恆	綜	澤山咸
坎六	雷水解	綜	水山蹇
艮七	雷山小過	錯	風澤中孚
坤八	雷地豫	綜	地山謙

艮四隅之卦			
乾一	山天大畜	綜	天雷无妄
兌二	山澤損	綜	風雷益
離三	山火賁	綜	火雷噬嗑
震四	山雷頤	錯	澤風大過
巽五	山風蠱	綜	澤雷隨
坎六	山水蒙	綜	水雷屯
艮七	艮		
坤八	山地剝	綜	地雷復

巽四隅之卦			
乾一	風天小畜	綜	天澤履
兌二	風澤中孚	錯	雷山小過
離三	風火家人	綜	火澤睽
震四	風雷益	綜	山澤損
巽五	巽		
坎六	風水渙	綜	水澤節
艮七	風山漸	綜	雷澤歸妹
坤八	風地觀	綜	地澤臨

乾四正之卦			
乾一	乾		
兌二	天澤履	綜	風天小畜
離三	天火同人	綜	火天大有
震四	天雷无妄	綜	山天大畜
巽五	天風姤	綜	澤天夬
坎六	天水訟	綜	水天需
艮七	天山遯	綜	雷天大壯
坤八	天地否	綜	地天泰

離四正之卦			
乾一	火天大有	綜	天火同人
兌二	火澤睽	綜	風火家人
離三	離		
震四	火雷噬嗑	綜	山火賁
巽五	火風鼎	綜	澤火革
坎六	火水未濟	綜	水火既濟
艮七	火山旅	綜	雷火豐
坤八	火地晉	綜	地火明夷

坤四正之卦			
乾一	地天泰	綜	天地否
兌二	地澤臨	綜	風地觀
離三	地火明夷	綜	火地晉
震四	地雷復	綜	山地剝
巽五	地風升	綜	澤地萃
坎六	地水師	綜	水地比
艮七	地山謙	綜	雷地豫
坤八	坤		

坎四正之卦			
乾一	水天需	綜	天水訟
兌二	水澤節	綜	風水渙
離三	水火既濟	綜	火水未濟
震四	水雷屯	綜	山水蒙
巽五	水風井	綜	澤水困
坎六	坎		
艮七	水山蹇	綜	雷水解
坤八	水地比	綜	地水師

解说

右乾、坤、水、火四正之卦，故天在上，则天在下，如天泽履，综风天小畜是也。地在上，则地在下，如地天泰综天地否是也。水火亦然，其相综皆自然也。山、泽、雷、风，四隅之卦，一阳在上，一阳在下，则山与雷综，如山天大畜，综天雷无妄是也。一阴在上，一阴在下，则风与泽综，如风天小畜，综天泽履是也。故山在上，则雷在下，风在上，则泽在下。雷上山下，泽上风下，亦然。其相综皆自然也。

解说 九至十三诸图并说

错者，阴与阳相对也。父与母错，长男与长女错，中男与中女错，少男与少女错，八卦相错，六十卦，皆不外此错也。天地造化之理，独阴独阳不能生成，故有刚必有柔，有男必有女，所以八卦相错。八卦既相错，所以象即寓于错之中。如乾错坤，乾为马，坤即“利牝马之贞”。履卦兑错艮，艮为虎，文王即以虎言之。革卦上体乃兑，周公九五爻亦以虎言之。又睽卦上九纯用错卦，师卦“王三锡命”，纯用天火同人之错，皆其证也。又有以中爻之错言者，如小畜言云，因中爻离错坎故也。六四言血者，坎为血也。言惕者，坎为加忧也。又如艮卦九三中爻坎，《爻辞》曰“薰心”，坎水安得薰心？以错离有火烟也。

综字之义，即织布帛之综，或上或下，颠之倒之者也。如乾、坤、坎、离四正之卦，则或上或下。巽、兑、艮、震四隅之卦，则巽即为兑，艮即为震，其卦名则不同。如屯、蒙相综，在屯则为雷，在蒙则为山是也；如履、小畜相综，在履则为泽，在小畜则为风是也；如损、益相综，损之六五，即益之六二，特倒转耳，故其象皆“十朋之龟”；夬、姤相综，夬之九四，即姤之九三，故其象皆“臀无肤”。综卦之妙如此，非山中研究三十年，安能知之。宜乎诸儒以象失其传也。然文王序卦有正综，有杂综。如乾初爻变姤，坤逆行，五爻变夬，与姤相综，所以姤综夬，遁综大壮，否综泰，观综临，剥综复，所谓乾、坤之正综也。八卦通是初与五综，二与四综，三与三综。虽一定之数，不容安排，然阳顺行而阴逆行，与之相综，造化之玄妙可见矣。文王之序卦，不其神哉！即阳本顺行，生亥死午；阴本逆行，生午死亥之意。若乾、坤所属尾二卦。晋、大有、需、比之卦。巫术家所谓游魂、归魂，出于乾，坤之外者，非乾、坤五爻之正变，故谓之杂综。然乾、坤、水、火四正之卦，四正与四正相综；艮、巽、震、兑四隅之卦，四隅与四隅相综，虽杂亦不杂也。八卦既相综，所以象即寓于综之中。如噬嗑“利用狱”，贲乃相综之卦，亦以狱言之。旅、丰二卦，亦以狱言者，皆以其相综也。有以上六下初而综者，则自外来而为主于内是也，有以二五而综者，柔得中而上行是也。盖易以道阴阳，阴阳之理流行不常，原非死物胶固一定者，故颠之倒之，可上可下者，以其流行不常耳。故读易者不能悟文王序卦之妙，则易不得其门而入。即不入门，而宫墙外望。则“改邑不改井”之玄辞，“其人天且劓”之险语，不知何自而来也。噫！文王不其继伏羲而神哉。

变者，阳变阴，阴变阳也，如乾卦初变即为姤，是就于本卦变之。宋儒不知文王序卦，如屯、蒙相综之卦，本是一卦，向上成一卦，向下成一卦，详见前“伏羲、文王错综图”。如讼之刚来而得中，乃卦综也，非卦变也，以为自遁卦变来非矣。如姤方是变，卦变玄之又玄，妙之又妙。盖爻一动即变，如渐卦九三以三为夫，以坎中满为妇孕，及三爻一变，则阳死成坤，离绝夫位，故有“夫征不复”之象。即成坤，则并坎中满通不见矣。故有“妇孕不育”之象。又如归妹九四中爻，坎月离日，期之象也。四一变，则纯坤而日月不见矣，故“愆期”。岂不玄妙。

十四、太极图

解说

白者阳仪也，黑者阴仪也，黑白

二路者，阳极生阴，阴极生阳，其气机未尝息也，即太极也，非中间一圈，乃太极之本体也。

弄圆歌：我有一丸，黑白相和。虽是两分，还是一个。大之莫载，小之莫破。无始无终，无右无左。八卦九畴，纵横交错。今古无前，乾坤在坐。尧舜周孔，约为一堂。我弄其中，琴瑟铿锵。孔曰太极，惟阴惟阳。是定吉凶，大业斯张，形即五行，神即五常。惟其能圆，是以能方。孟曰如此，有事勿忘。名为浩然，至大至刚。充塞天地，长揖羲皇。

此图与周子之图少异者，非求异于周子也。周子之图为开画，使人易晓。此图总画，解周子之图者，以中间一图，散太极之本体者非也。图说，周子已说尽了，故不必赘。

易以道阴阳，其理尽此矣。

世道之治乱，国家之因革，山川之兴废，王伯之诚伪，风俗之厚薄，学术之邪正，理学之晦明，文章之淳漓，士子之贵贱，贤不肖之进退，华夷之强弱，百姓之劳逸，财赋之盈虚，户口之增减，年岁之丰凶，举辟之详略，以至一草一木之贱，一饮一食之微，皆不外此图。

程子曰：天地万物之理，无独必有对，皆自然而然，非有安排也，于此图见之矣。

画此图时，因读《易》“七日一复”，见得道理原不断绝，往来代谢是如此，因推而广之，作《理学辨疑》。

七日来复，诸儒辨之者多，然譬喻亲切者少。来复就譬如炼铁扯风箱相似，将手推去，又扯转来。来复者，是扯转来也，皆一气也。

十五、伏羲卦图

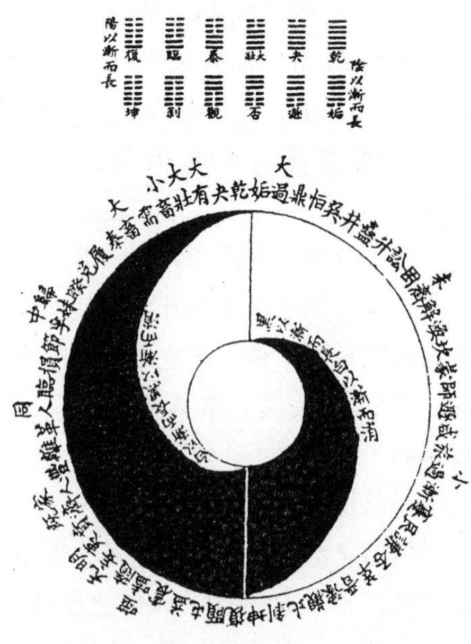

解说

白路者，一阳复也。自复而临，而泰，而壮，而夬，即为乾之纯阳。

黑路者，一阴姤也。自姤而遁，而否，而观，而剥，即为坤之纯阴。

复者，天地之生子也，未几而成乾健之体，健极则必生女矣，是火中之一点水也。姤者，天地之生女也，未几而成坤顺之功，顺极则必生男矣，是水中之一点火也。故乾道成男，未必不成女；坤道成女，未必不成男。

坤而复焉，一念之醒也，而渐至于夬，故君子一篑之土，可以成山。

乾而姤焉，一念之差也，而渐至于剥，故小人一爝之火，可以燎原。

学者只将此图黑白消长玩味，就有长进，然非深于道者，不足以知之。观此图者，且莫言知造化性命之学，且将黑白消长，玩安、危、进、退四个字气象，亦已足矣。了得此手，便就知进知退，知存知亡，便即与天地合其德，日月合其明，四时合其序，鬼神合其吉凶。故修德凝道之君子，以居上不骄，为下不倍，国有道，其言足以兴；国无道，其默足以容。

十六、伏羲八卦方位

解说

阳一阴二，天地自然之形，天地自然之数。伏羲只在一奇一偶上，生

（十六、伏羲八卦方位）

出六十四卦，又生出后圣许多爻象，如一阳上加一阳为太阳，阳自然老之象；加一阴为少阴，阴自然少之象；一阴上加一阳为少阳，阳自然少之象；加一阴为太阴，阴自然老之象。太阳上加一阳为乾，加一阴为兑，少阴上加一阳为离，加一阴为震，少阳上加一阳为巽，加一阴为坎，太阴上加一阳为艮，加一阴为坤，皆阴阳自然生八之卦。

二分四，四分八，自然而然，不假安排，则所谓象者，卦者，皆仪也。故天地间万事万物，但有仪形者，即有定数存乎其中，而人之一饮一啄，一穷一通，一夭一寿，皆毫厘不可逃者。故圣人唯教人以贞，以成大业。

八卦已成之谓往，以卦之已成而言，自一而二、三、四、五、六、七、八，因所加之画，顺先后之序而去，故曰“数往者顺”。

八卦未成之谓来，以卦之初生而言，一阳上添一画为太阳，太阳上添一画则为纯阳，必知其为乾矣。八卦皆然。其所加之画，皆自下而行上，谓之逆，故曰“知来者逆”（与邵子、朱子所说略不同）。

以一年之卦气论之，自子而丑、寅、卯、辰、巳、午者，顺也。今伏羲之卦，将乾安于午位，逆行至于子，是乾、兑、离、震，其数逆也。

以卦之次序论之，自乾而兑，而离，而震，而巽，坎、艮、坤，乃顺也。今伏羲之卦，乃不以巽次于震之后，而乃以巽次于乾之左，渐至于坤焉。是巽、坎、艮、坤，其数逆也。故曰：易逆数也（数色主反）。

伏羲八卦方位，自然之妙。以横图论，乾一、兑二、离三、震四、巽五、坎六、艮七、坤八，不假安排，皆自然而然，可谓妙矣。伏羲乃颠之倒之，错之纵之，安其方位，疑若涉于安排，然亦自然而然也。今以自然之妙，图画于后。以相对论：

此三阳对三阴也，故曰“天地定位”。

此一阳对一阴于下，少阳对少阴于上也，故曰“水火不相射”。

䷨

此太阳对太阴于下，一阳对一阴于上也，故曰“山泽通气”。

一如标竿，故有专有直。一实故主乎施，一奇为阳之仪。

一偶为阴之仪。一虚故主乎承。一如门扇，故有翕有辟。

此一阳对一阴于下，太阳对太阴于上也，故曰“雷风相薄”。以乾、坤所居论：

乾位乎上，君也。左则二阳居乎巽之上焉，一阳居乎坎之中焉；右则二阳居乎兑之下焉，二阳居乎离之上下焉，宛然三公九卿、百官之侍列也。坤居于下，后也。左则二阴居乎震之上焉，一阴居乎离之中焉；右则二阴居乎艮之下焉，二阴居乎坎之上下焉，宛然三妃、九嫔、百媵之侍列也。以男女相配论：乾对坤者，父配乎母也。震对巽者，长男配长女也。坎对离者，中男配中女也。艮对兑者，少男配少女也。以乾、坤橐籥相交换论：乾取下一画，换于坤，则为震；坤取下一画，换于乾，则为巽，此长男、长女橐籥之气相交换也，故彼此“相薄”。乾取中一画，换于坤，则为坎；坤取中一画，换于乾，则为离，此中男、中女橐籥之气相交换也，故彼此“不相射”。乾取上一画，换于坤，则为艮；取上一画，换于乾，则为兑，此少男、少女橐籥之气相交换也，故彼此“通气”。

十七、八卦通皆乾坤之数图

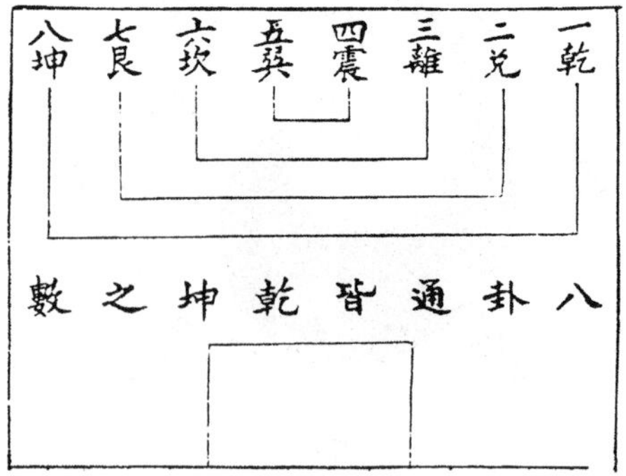

解说

天一、地八，乃天地自然之数也。乾始于一，坤终于八，今兑二、艮七，亦一、八也；震四、巽五，亦一、八也。八卦皆本于乾、坤；于此可见，故曰：乾、坤其易之门耶？乾、坤毁则无见易，一部《易经》乾、坤二字尽之矣。

读《易》且莫看《爻辞》并《系辞》并《程传》《本义》，且将图玩，玩之既久，读易自有长进。

伏羲之卦起于画，故其前数条皆以画论之。若宋儒谓天位乎上，地位乎下，日生于东，月生于西，山镇西北，泽注东南，风起西南，雷动东北，则谓其合天地之造化，不以数论也。

十八、阳直图、阴直图

解说

天地阴阳之理，不过消、息、盈、虚而已，故孔子有曰：君子尚消、息、盈、虚。

坤与复之时，阳气通是一样微，但坤者，虚之终而微也；复者，息之始而微也。乾与姤之时，阳气通是一样盛，但乾者，盈之终而盛也，姤者，消之始而盛也。乾与姤之时，阴气通是一样微，但乾者，虚之终而微也；姤者，息之始而微也。坤与复之时，阴气通是一样盛，但坤者，盈之终而盛也；复者，消之始而盛也。

息者，喘息也，呼吸之气也，生长也，故人之子谓之息，以其所生也。因气微，故谓之息。消者，减也，退也，盈者，中间充满也。虚者，中间空也。

十九、天上月轮图

解说

月缺于三十日半夜止，月盈于十五日半夜止。

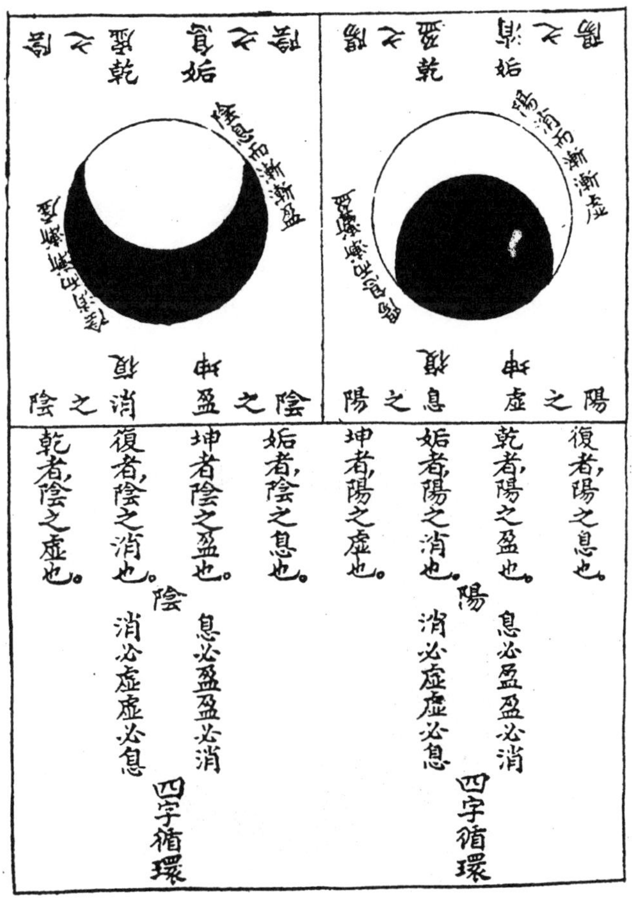

（十八、阳直图、阴直图）

初一日子时，息之始，息至十五日而盈。十六日子时，消之始，消至三十日而虚。初一日，与二十九日，月同是缺。但初一日之缺，乃息之始；二十九日之缺，乃消之终。十六日与十四日，月同是盈。但十四日之盈，乃息之终，十六日之盈，乃消之始。

天地阴阳之气，即如人呼吸之气，四时通是一样，但到冬月寒之极，气之内就生一点温厚起来，所谓息也。温厚渐渐至四月，发散充满，所谓盈也，盈又消了。到五月热之极，气之内就生一点严凝起来，所谓息也。严凝渐渐至十月，翕聚充满，所谓盈也。盈又消了。一阴阳之气，如一个环，动静无端，阴阳无始，未曾断绝，特有消息盈虚耳。朱子说阳无骤至之理，又说一阳分作三十分云云；双峰饶氏说，坤字介乎剥、复二卦之间云云，通说零碎了。似把阴阳之气，作断绝了又生起来，殊不知阴阳剥复，就是月一般，月原不会断绝，止有盈缺耳。

周公硕果不食，譬喻极亲切。果长不至硕，则尚有气，长养至于硕果，气候已完，将朽烂了，外面气尽，中间就生起核之仁来，可见气未曾绝。

二十、文王八卦方位图

解说

诸儒因邵子解文王之卦，皆依邵子之说，通说穿凿了。文王之方位本明，而解之者反晦也。殊不知文王之卦，孔子已解明矣，“帝出乎震”一

（十九、天上月轮图）

（二十、文王八卦方位图）

节是也，又何必别解哉！朱子乃以文王八卦不可晓处甚多，不知何说也。盖文王以伏羲之卦，恐人难晓，难以致用，故就一年春、夏、秋、冬方位，卦所属木、火、土、金、水相生之序而列之。今以孔子《说卦》解之于后。

帝者，天也。一年之气始于春，故“出乎震”。震，动也，故以出言之。“齐乎巽”，巽者，入也，时当入乎夏矣，故曰巽。巽，东南也，言万物之洁齐也。盖震、巽皆属木之卦也。离者，丽也，故“相见乎离”。坤者，地也，土也。南方之火生土方能生金，故坤、艮之土，界木、火于东南，界金、水于西北。土居乎中，寄旺于四季，万物之所以致养也，所以成终成始也。坤，顺也，安得“不致役”故言“致役乎坤”。兑，说也，万物于此而成，所以“说”也。乾，健也，刚健之物，必多争战，故阴阳相薄而战。坎，陷也。凡物升于上者必安逸，陷于下者必劳苦，故劳乎坎。艮，止也，一年之气于冬终止，而又交春矣。盖孔子释卦多从理上说，役字生于坤顺，战字生于乾刚，劳字生于坎陷，诸儒皆以辞害意，故愈辨愈穿凿矣。八卦所属：

坎　一者，水之生数也；六者，水之成数也。坎居于子，当水生成之数，故坎属水（《月令》春，其数八；夏，其数七；秋，其数九；冬，其数六，皆以成数言）。

离　二者，火之生数也；七者，火之成数也。离居于午，当火生成之数，故离属火。

震巽　三者，木之生数也；八者，木之成数也。震居东，巽居东南之间，当天三地八之数，故震、巽属木。

兑乾　四者，金之生数也；九者，金之成数也。兑居西，乾居西北之间，当地四天九之数，故兑、乾属金。

艮坤　五者，土之生数也；十者，土之成数也。艮、坤居东北西南四方之间，当天地五十之中数，故艮、坤属土。

何以天一生水，地二生火，天三生木，地四生金，此皆从卦上来。天地二字，即阴阳二字。盖一阳一阴，皆生于子午坎离之中。阳则明，阴则浊。试以照物验之，阳明居坎之中，阴浊在外，故水能照物于内，而不能照物于外。阳明在离之外，阴浊在内，故火能照物于外，而不能照物于内。观此，则阴阳生于坎、离端的矣。坎卦一阳居其中，即一阳生于子也，故为天一生水。及水之盛，必生木矣，故天三又生木。离卦一阴居其中，即一阴生于午也，故为地二生火。及火之盛，必生土而生金矣，故地四又生金。从坎至艮，至震、巽，乃自北而东，子、丑、寅、卯、辰、巳也，属阳，皆天之生。至巳，则天之阳极矣，故至午而生阴。从离至坤，至兑、乾，乃自南而西，午、未、申、酉、戌、亥也，属阴，皆地之生。至亥，则地之阴极矣，故至子而生阳。艮居东北之间，故属天生；坤居西南之间，故属地生。

二十一、一年气象图

解说

万古之人事，一年之气象也。春作夏长，秋收冬藏，一年不过如此。自盘古至尧舜，风俗人事，以渐而长，盖春作夏长也，自尧舜以后，风俗人事，以渐而消，盖秋收冬藏也，此之谓大混沌。然其中有小混沌，以人身血气譬之，盘古至尧舜如初生时到四十岁，自尧舜以后，如四十到百年。此已前乃总论也。若以消息论之，大消中，其中又有小息；大息中，其中又有小消；小息中又有小消；小消中，又有小息，故以大、小混沌言之。

何以大消中又有小息，且以生圣人论。尧舜以后，乃大消矣。至周末，又生孔子，乃小息也。所以禄位名寿，通不如尧舜。

二十二、一日气象图（大混沌）

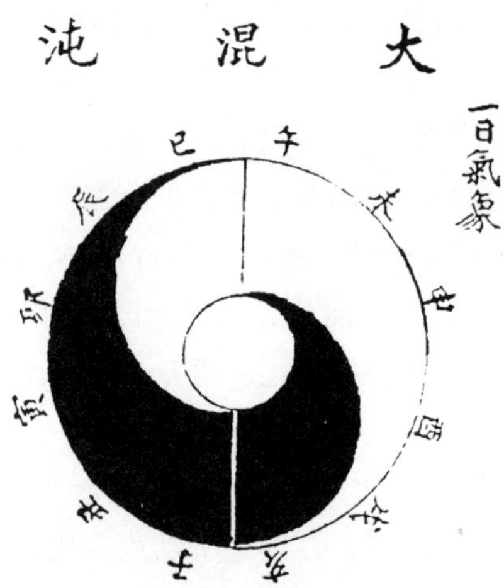

解说

万古之始终者，一日之气象也。一日有昼，有夜，有明，有暗。万古天地，即如昼夜。做大丈夫，把万古看做昼夜，此襟怀就海阔天空，只想做圣贤出世，而功名富贵，即以尘视之矣。

二十三、天地形象图

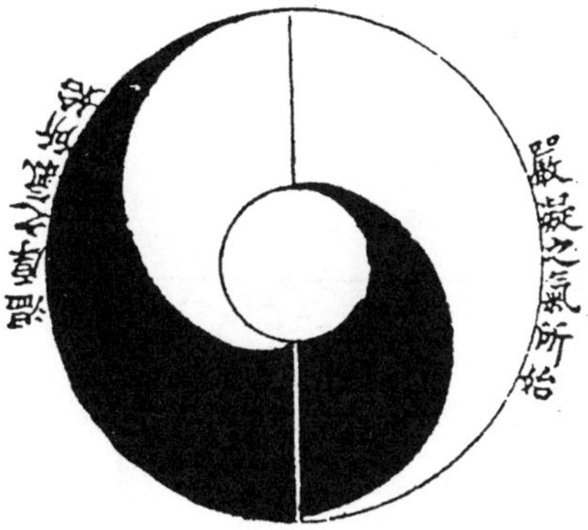

解说

天地形象，虽非如此，然西北山高，东南多水，亦有此意。天地戌亥之交，其形体未曾败坏。在此图看出，以气机未尝息也。

二十四、大小混沌诸图

解说

天地唯西北高，东南低。以风水论，是右边白虎，太极盛矣。是以历代帝王，长子不传天下，通是二房子孙传之。以人材论，圣贤通生在西北一边，以山高耸秀，出于天外故也。以财赋论，通在东南，以水聚湖海故也。以中原独论，泰山在中原独高，所以生孔子。旧时去游岱岳，一日路上，见一山耸秀，问路边人，答曰：此王府陵也。次日行到孟庙在其下，

帝王圖
大混沌

歷代文章
大混沌

以周家論
小混沌

歷代人材
大混沌

一日混沌

天下混沌
三教

始知生孟子者，此山也。以炎凉论，天地严凝之气，始于西南，盛于西北；天地温厚之气，始于东北，而盛于东南。严凝之气，其气凉，故多生圣贤。温厚之气，其气炎，故多生富贵。以情性论，西北人多直实，多刚多蠢，下得死心，所以圣贤多也。东南人多尖秀，多柔多巧，下不得死心，所以圣贤少也。

人事与天地炎凉气候相同，冬寒之极者，春生必盛；夏热之极者，秋风必凄；雨之久者，必有久晴；晴之久者，必有久雨，故有大权者，必有大祸；多藏者，必有厚亡。知此，则就可以居易俟命，不怨天尤人。

二十五、马图、龟书图

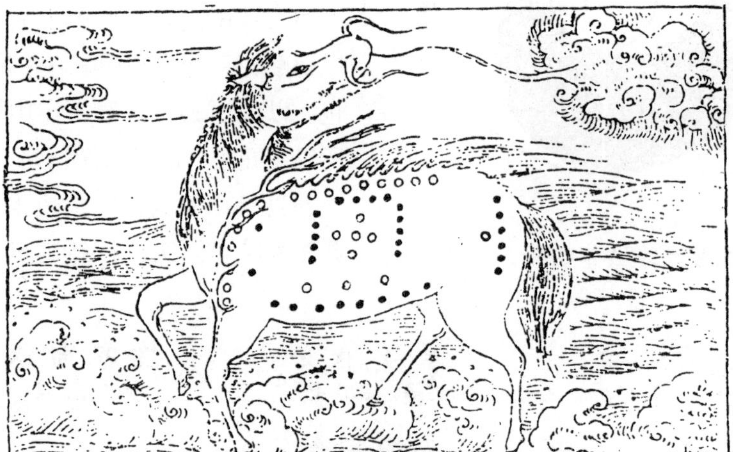

二十六、太极河图

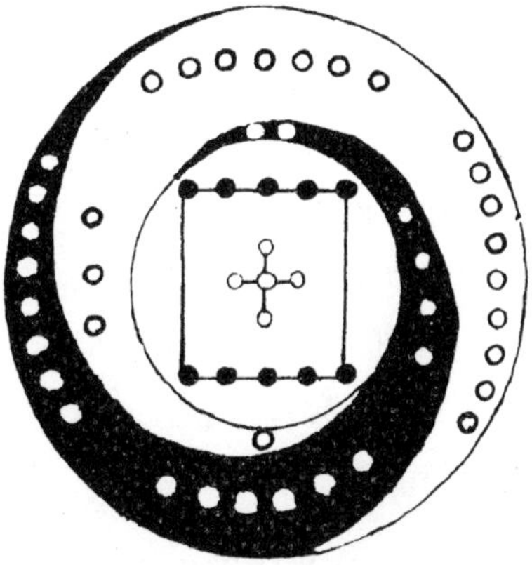

解说

虽曰一、六在下，二、七在上，其实皆阳上而阴下；虽曰三、八在左，四、九在右，其实皆阴左而阳右；虽曰以五生数统五成数，其实皆生数在内，而成数在外；虽曰阴阳皆自内达外，其实阳奇一、三、七、九，阴偶二、四、六、八，皆自微而渐盛，彼欲分裂某几点置之某处，而更乱之，盖即此“太极河图”观之哉！但阴阳左右，虽旋转无定在也。而拘拘执“河图”虚中，五、十无位之说，是又不知阴阳合于中心，而土本天地之中气也。

二十七、太极六十四卦图

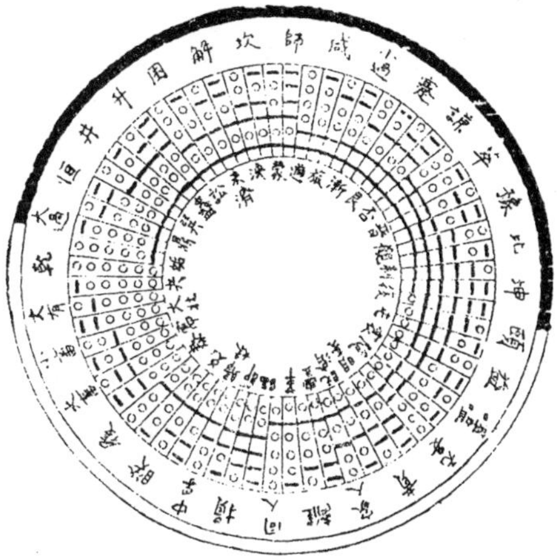

解说

此图即“先天圆图”，次序六十四卦，三百八十四爻，秩然于一图之中。阳在左，而上下皆阳包乎阴；阴在右，而上下皆阴包乎阳。虽卦位稍参差不齐，实于卦爻未尝与之以己意。陈剩夫曾以此图上之。宪宗朝，原图下有一心字，以圈当中心一点，未免视图与心为二也，今止存其图云。夫卦止六爻，六爻即六位也。此图参差错综。虽曰连其虚位，不免七其数矣。似与旧图不合。然以“七日来复”之义揆之，亦与易道不相妨也。是故乾，纯阳也；坤，纯阴也，而阴阳皆以微至著，其机实始于姤、复之间。自一阳以渐至纯阳，自一阴以渐至纯阴，非一朝一夕之故也。试自阳仪观之，复本一阳在下，颐则二阳，而阳尚上，屯之二阳进而在五。盖虽三阳，五、上相连，震则阳进而在四矣。由此渐进为大壮，为夬，为纯阳之乾。而阴仪由姤渐进至坤，亦如之。是造化固不由积累而成，而详玩此图，谓其无渐次不可也。

二十八、河图天地交图、洛书日月交图

解说

天地交则泰矣，易即严“艰贞”于九三；日月交则既济矣，易即谨“衣袽”于六四。君子因图书而致慎于交也，深矣哉。若夫统观“河图”除中五十，则外数三十，径一围三故圆，谓图为天之象可也。统观“洛书”，除中五数，则外数四十，径一围四故方，谓书为地之象亦可也。“图”之数五十有五，其数奇而盈也，非日之象乎？“书”之数四十有五，其数偶而乏也，非月之象乎？潜神“图”“书”者，可无反身之功哉！盖天、地、日、月之交，即吾人性命之理，姤、复之机也。果能以此洗心退藏于密，天地交而一阳含于六阴之中，日月交而一贞完其纯阳之体，则天地合德，日月合明，化生克之神妙，不在“图”“书”而在我矣。否则，“图”“书”固不当互相牵扯，而“图”自“图”，“书”自“书”，亦方圆奇偶之象数耳。于穷理尽性致命之学何与哉！

二十九、河洛阴阳生成纯杂图

解说

二太位于西北、东南生成金、水，故金、水之精华潜于内而生生无穷，纯阳纯阴故也。

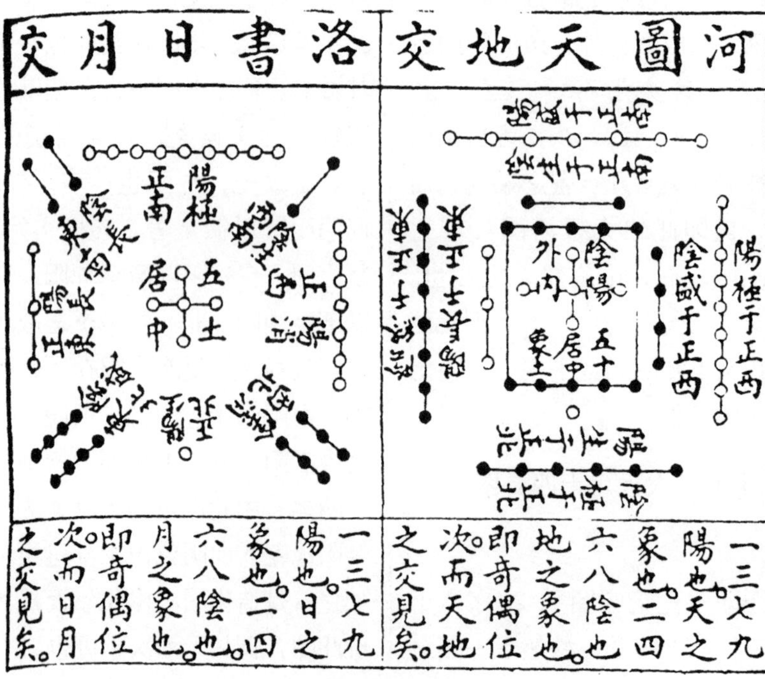

（二十八、河图天地交图、洛书日月交图）

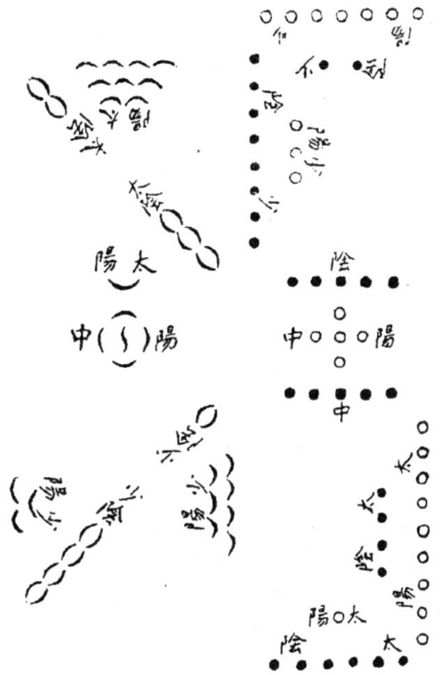

（二十九、河洛阴阳生成纯杂图）

二少位于东南而生成木、火，故木、火之精华露于外而有息，阴阳之杂故也。

二太位于西北而生成金、水，故金、水之精华潜于内而生生无穷，纯阳纯阴故也。

二少位于东北、西南生成木、火，故木、火之精华露于外而有息，阴阳之杂故也。

“河图”阴阳二太居西北，二少居东南，则潜于内，露于外；“洛书”阴阳二太居东南、西北，二少居东北、西南，则亦潜内露外不同。

三十、河　图

解说

二、四入而为主，七、九环于外

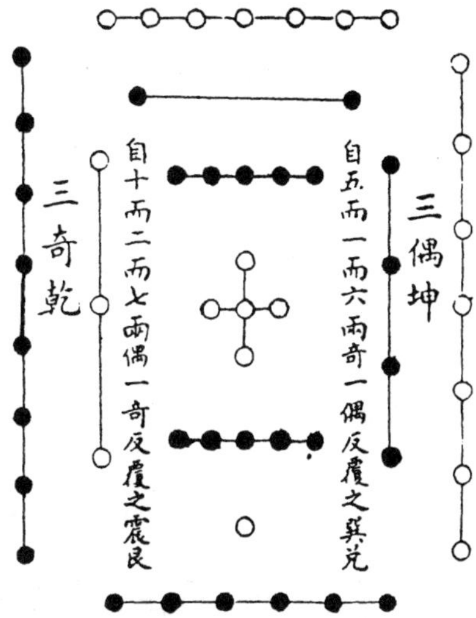

而从之；一、三入而为主，六、八环于外而从之。

七、九自前而生，来后为逆，阳中阴；六、八自后而生，往前为顺，阴中阳。

二在五与七之间，离；一在六与十之间，坎。

三十一、洛　书

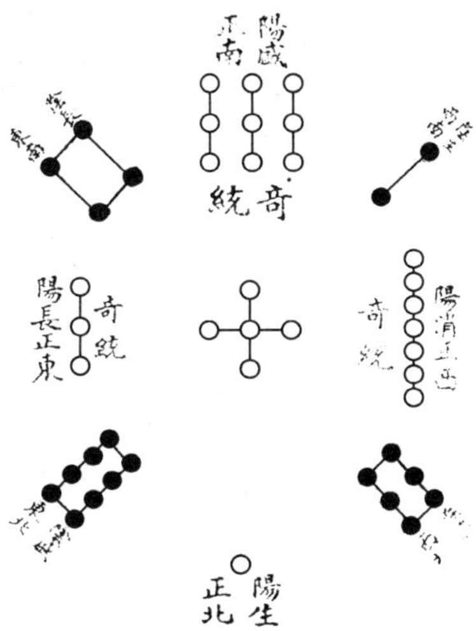

解说

纵横右斜左斜同“河图”之十，又同十五。水一火九，水始于一，火究于九。九退为七，八退为六。火金易位为相克。以南九分为二、七，以西二、七合为九。

一而三为进数，为发散，为木；九而七为退数，为收敛，为金。一得五成六而合九，四得五成九而合六，三得五成八而合七，二得五成七而合八。二四成六，而九居中；一八成九，而六在旁；二六成八，而七处内；三四成七，而八在下。三其九，为廿七；三其六，为十八，以成四十有五，而乾九、坤六本此。

三十二、乾坤生六卦、六卦生六十四卦总图

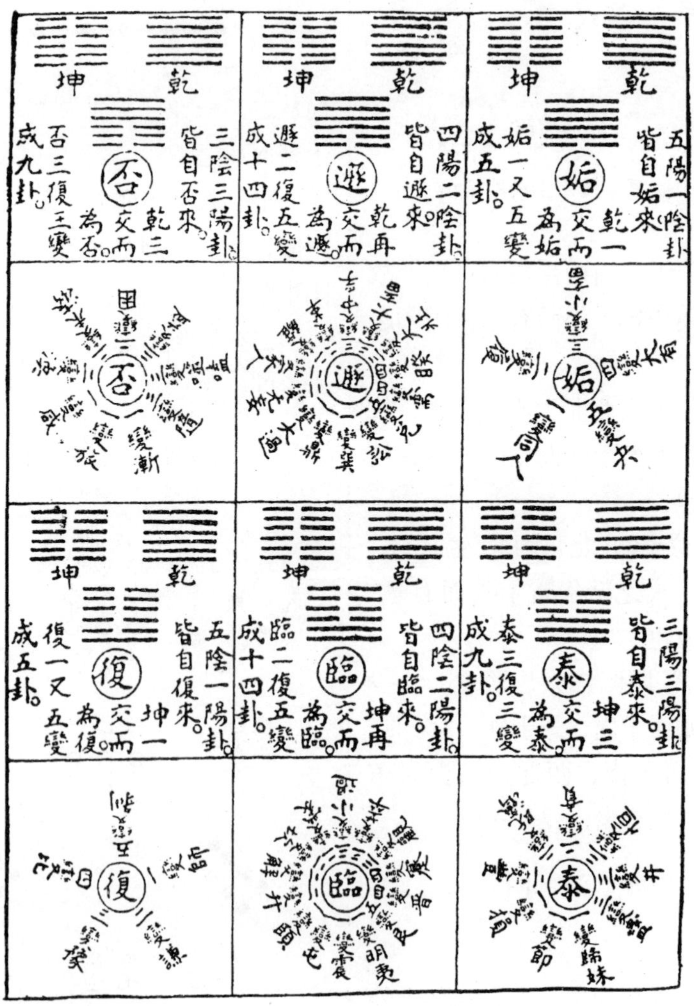

三十三、体用一源卦图

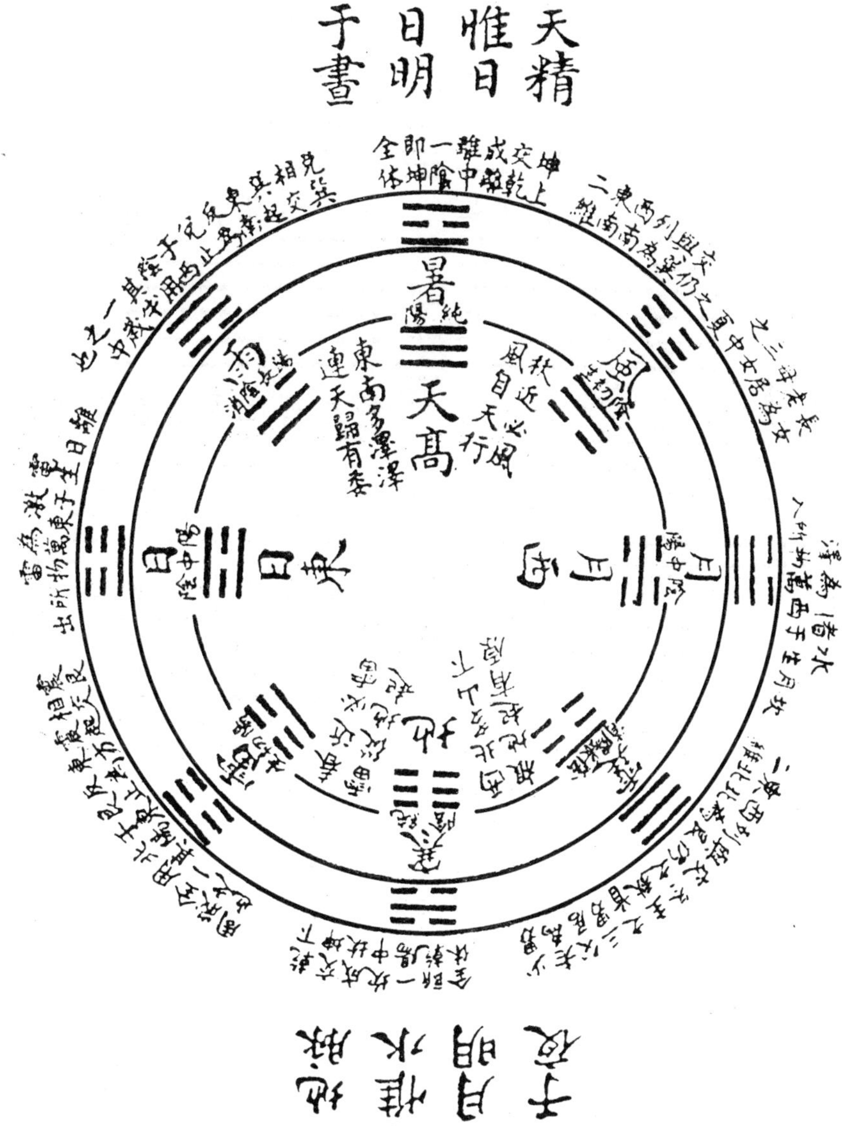

三十四、阳生自下阴消自上全图

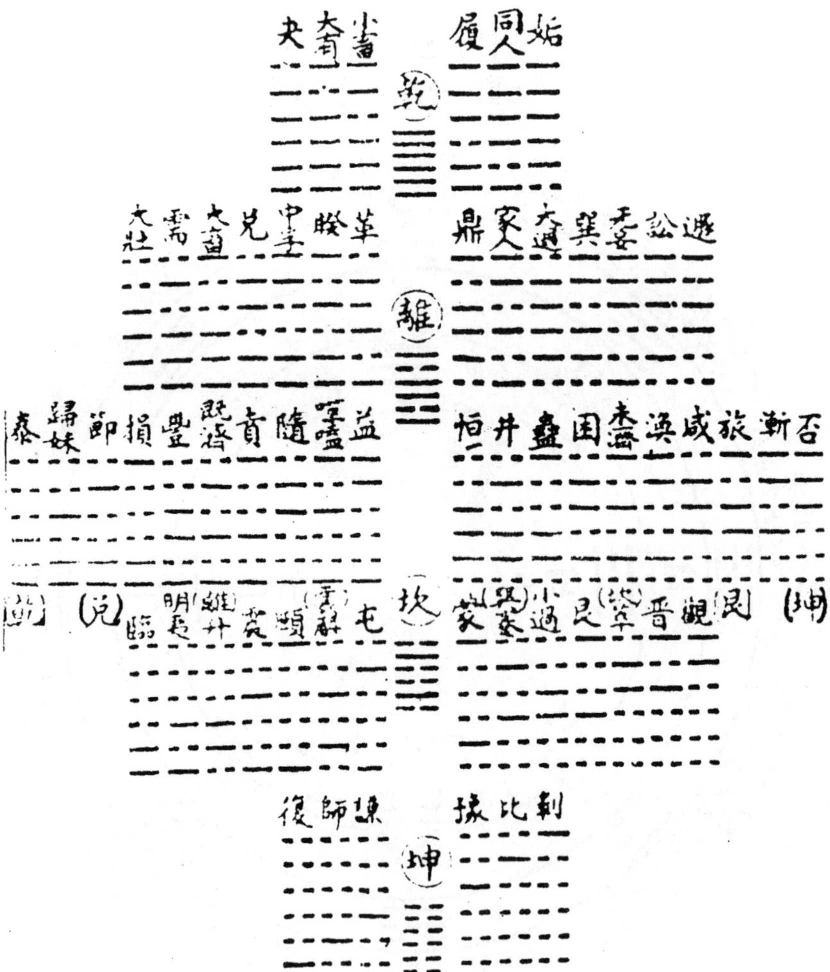

解说

乾施即消，中虚为离，消尽成坤，而坎即息于坤中；坤受即息，中盈为坎，息极成乾，而离即消于坤中。

三十五、一中分造化伏羲圆图（共二图）

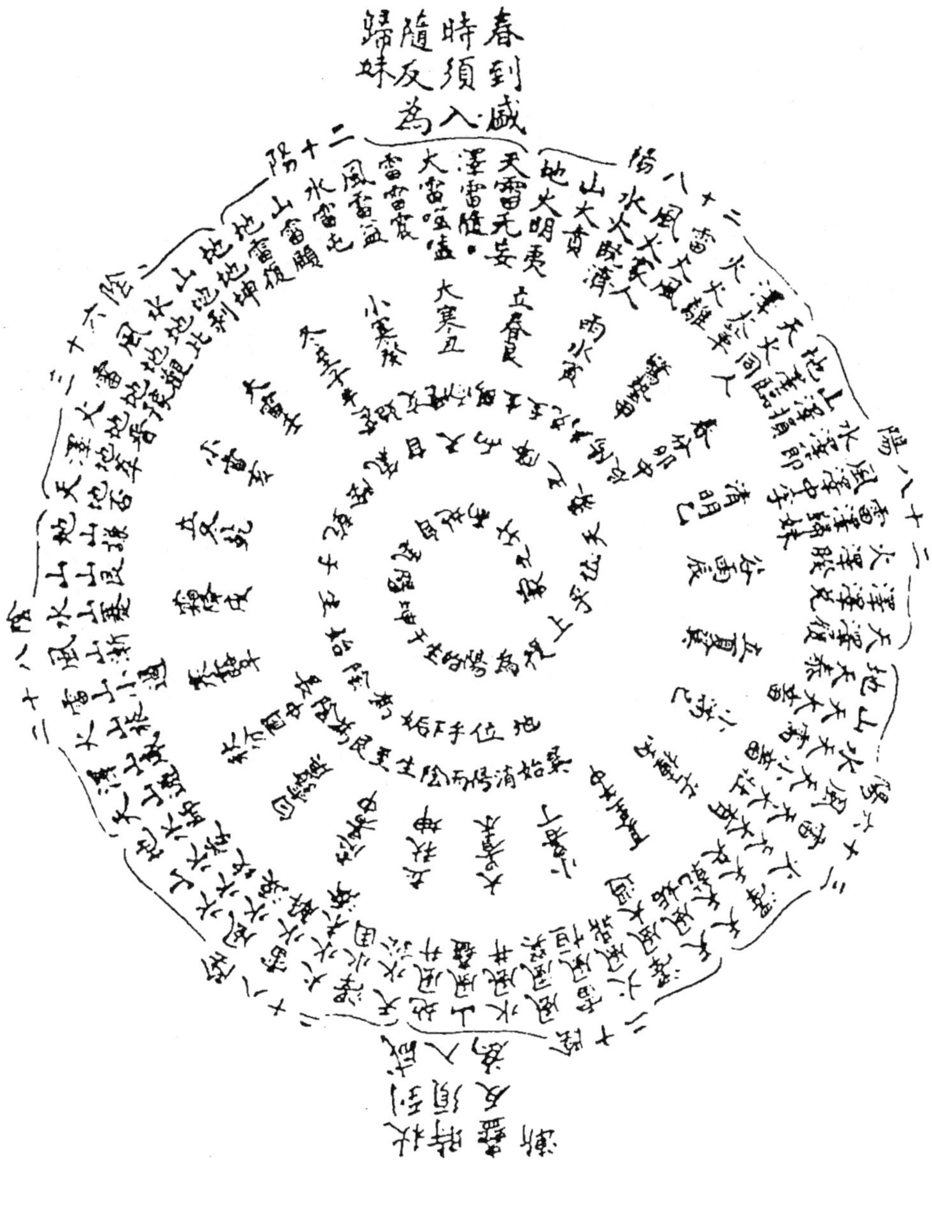

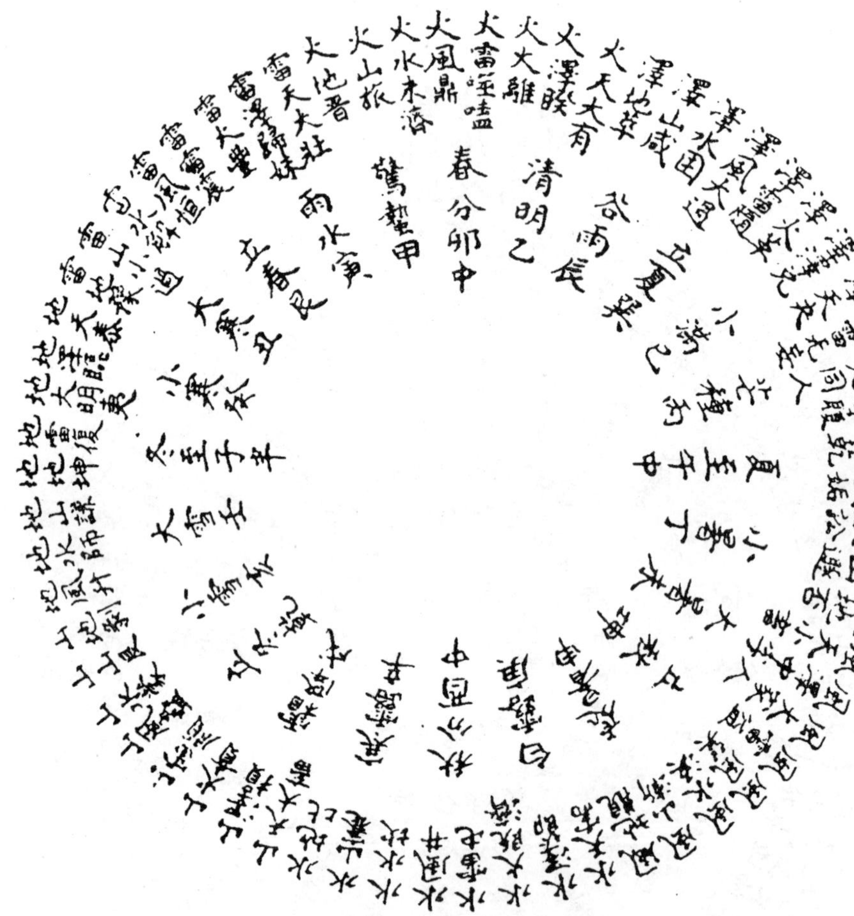

（三十五、一中分造化伏羲圆图）

三十六、一中分造化文王圆图

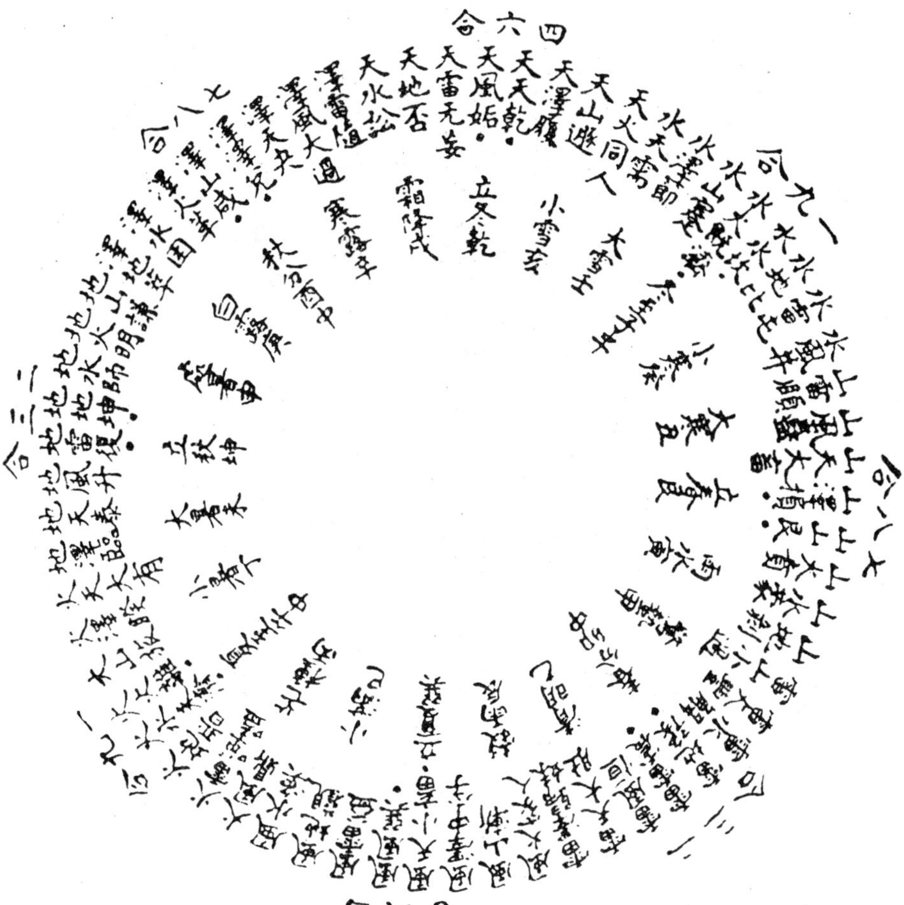

三十七、竖　图

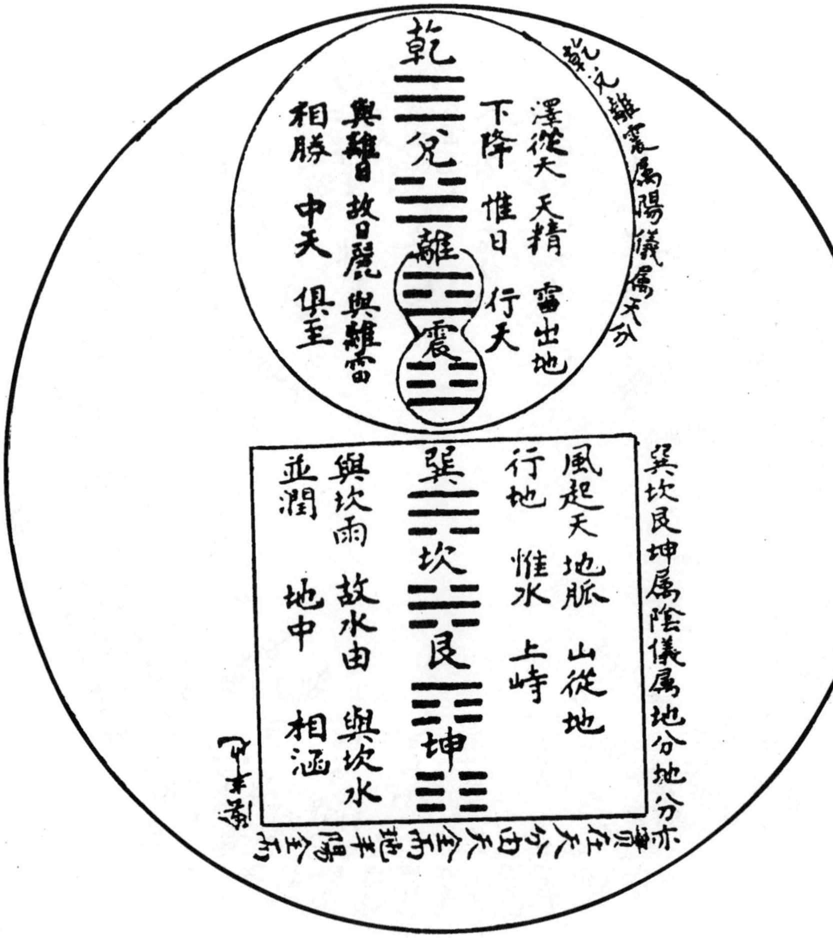

乾
兑
離
震
巽
坎
艮
坤
澤從天下降
天精惟日行天
雷出地
與離日故日麗與離雷
相勝中天俱至
風起天行地
地脈惟水上峙
山從地
與坎雨故水由與坎水
並潤地中相涵
乾兑離震屬陽儀屬天分
巽坎艮坤屬陰儀屬地分

三十八、方圆相生图

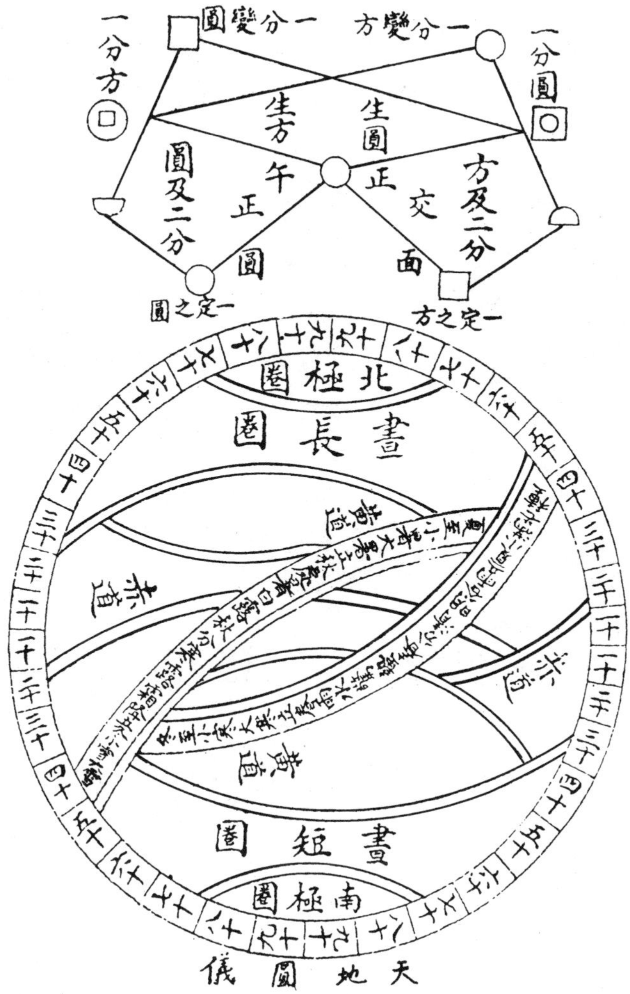

解说

此古图，自陈抟时有之。方圆相生相变，本于天圆地方，在天成象，在地成形，变化见矣。变方为圆之形，方中之圆出而一分尚圆；变圆为方之形，圆中之方出而一分尚方。

三十九、羲文图

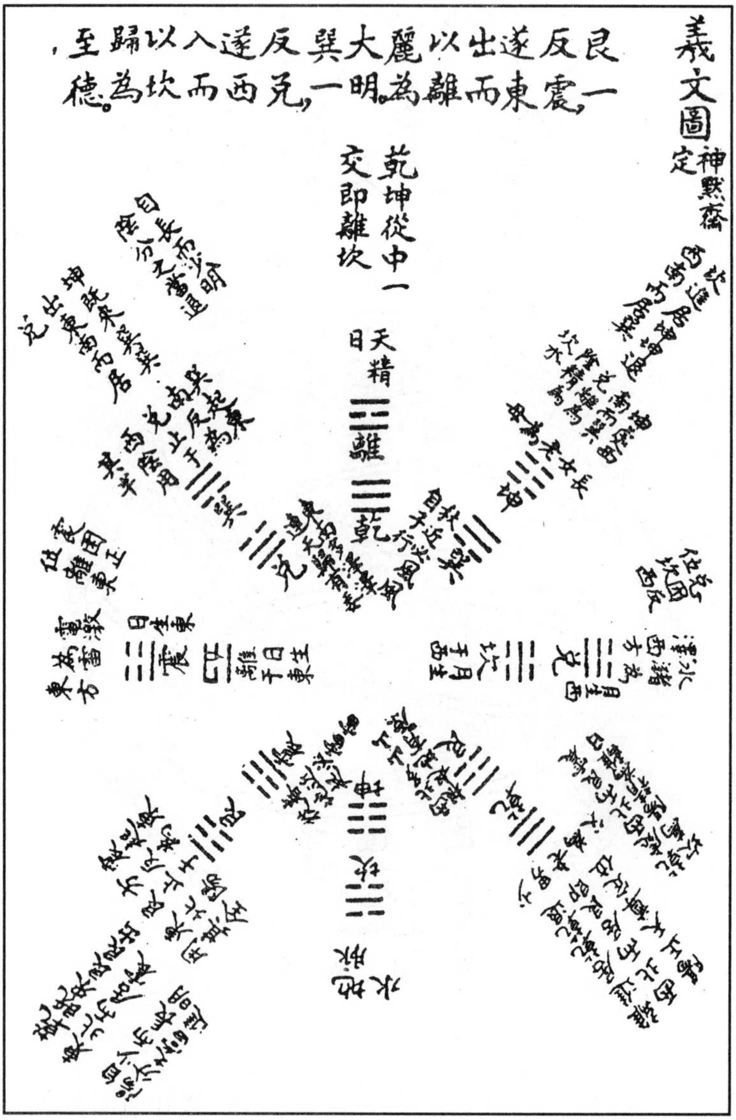
羲文圖
神默齋定
艮一反震，遂東出而以離麗為大明；巽一反兌，遂西入而以坎歸為至德。
乾坤從中一交即離坎
天精日
離
乾
坤
兌
震
坎
巽
艮

四十、文序先后一原图

解说

外圆乾，内方坤。离、坎、乾、坤交之中，是为四正。震、艮、巽、兑、乾、坤交之偏，四偏皆以辅四正。就四正言，坎、离辅乾、坤者也，故乾为首正。离又辅坎者也，故坎无正中。文序六十四，以屯、蒙、需、讼、师、比始，以涣、节、中孚、小过、既济、未济终，粲然指掌矣。

四十一、通知昼夜之图

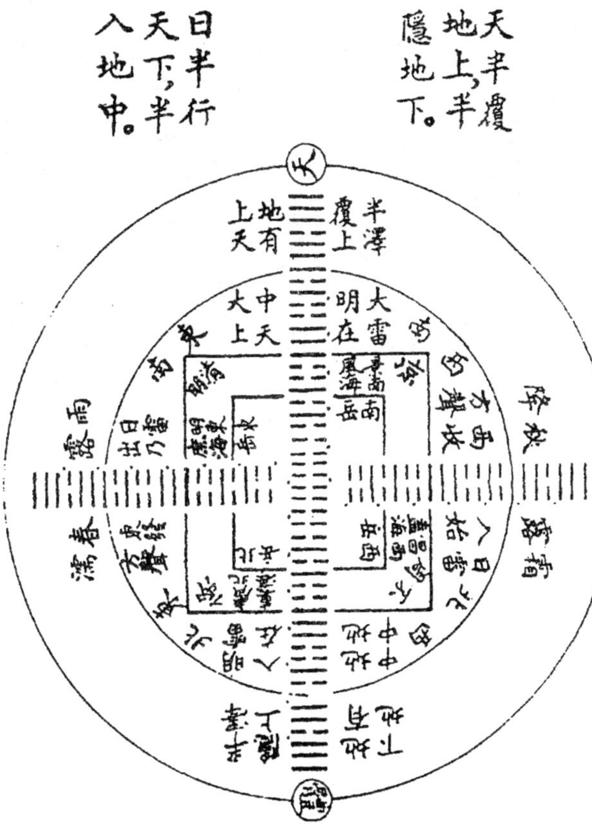

四十二、八纯卦宫图

四十三、卦司化图

四十四、六十四卦方圆象数图

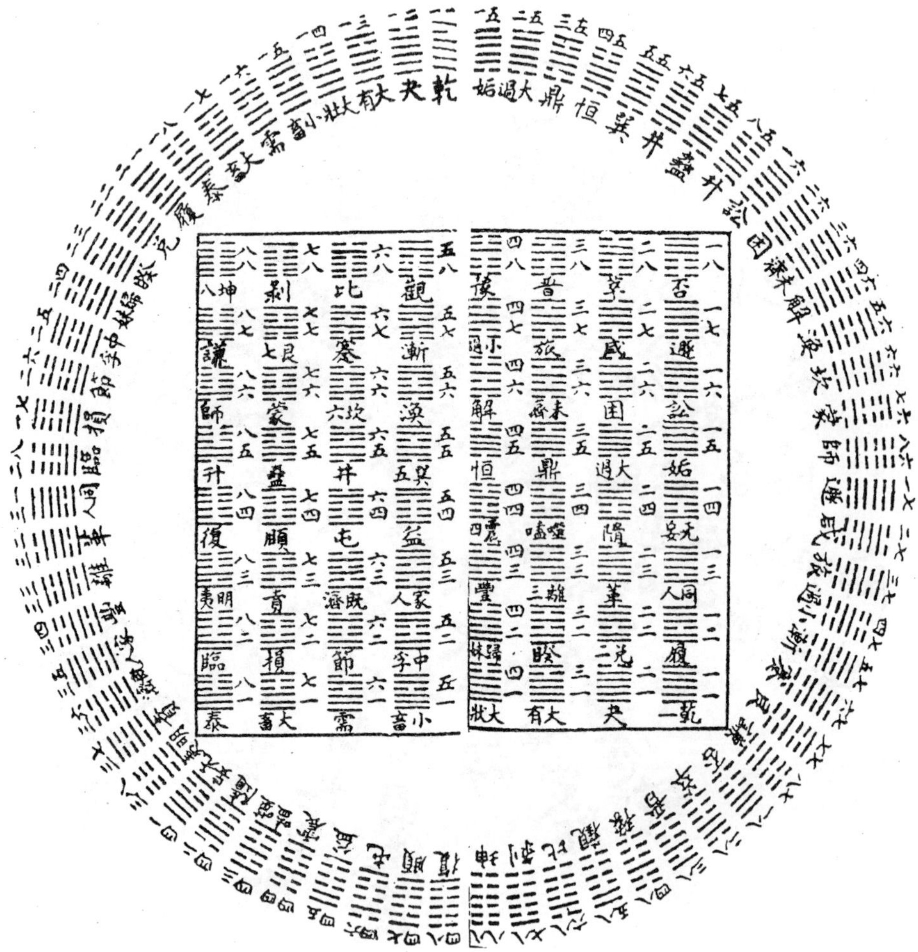

四十五、十二卦气图

四十六、大父母图、小父母图

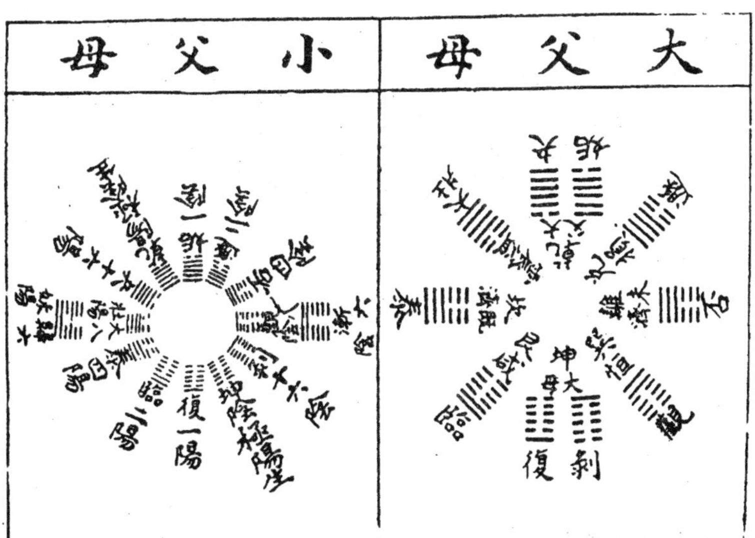

四十七、循环内变通图

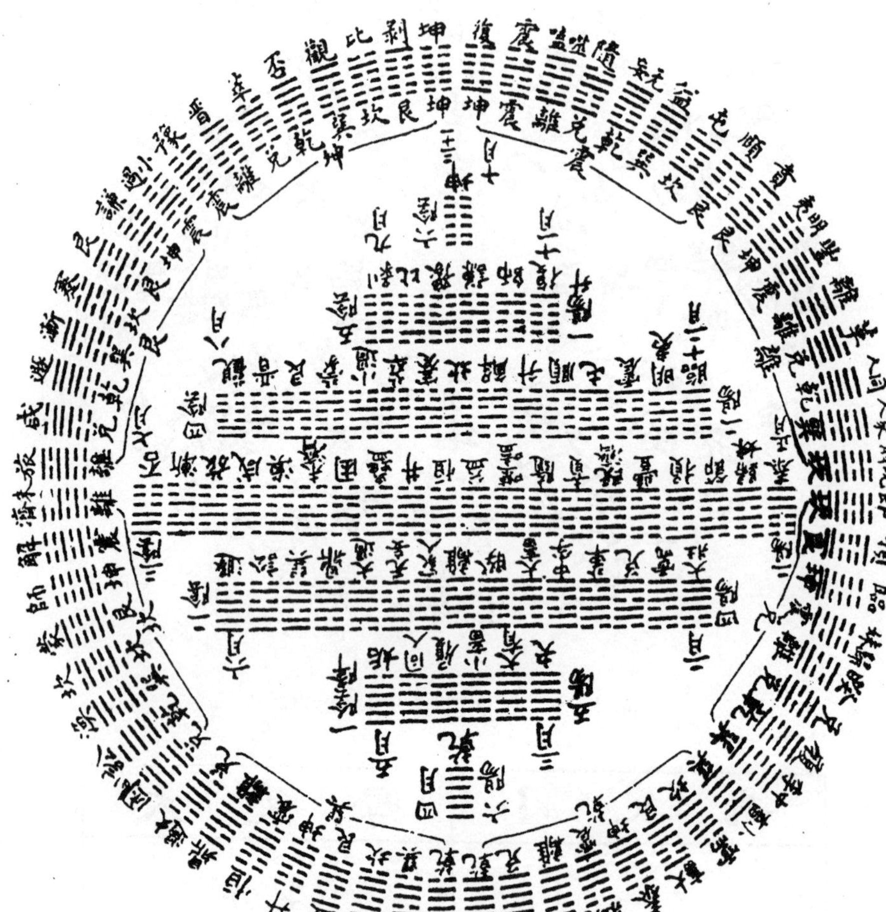

四十八、十二卦运世图

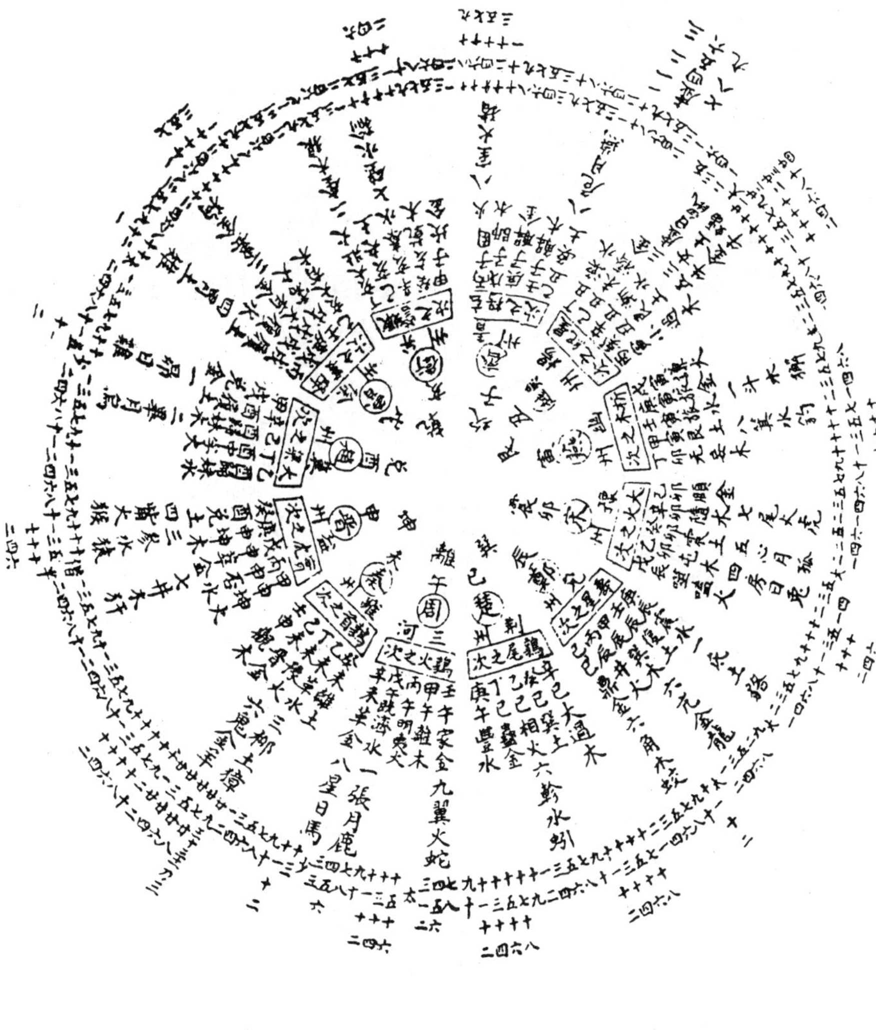

四十九、卦配方图

五十、八卦分野图

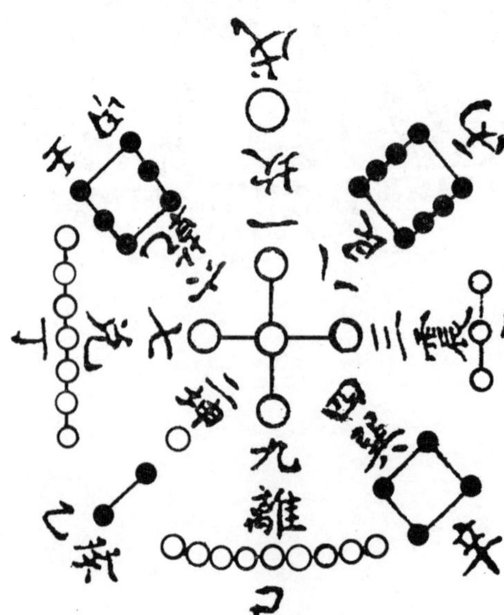

五十一、圆倍乘方因重图

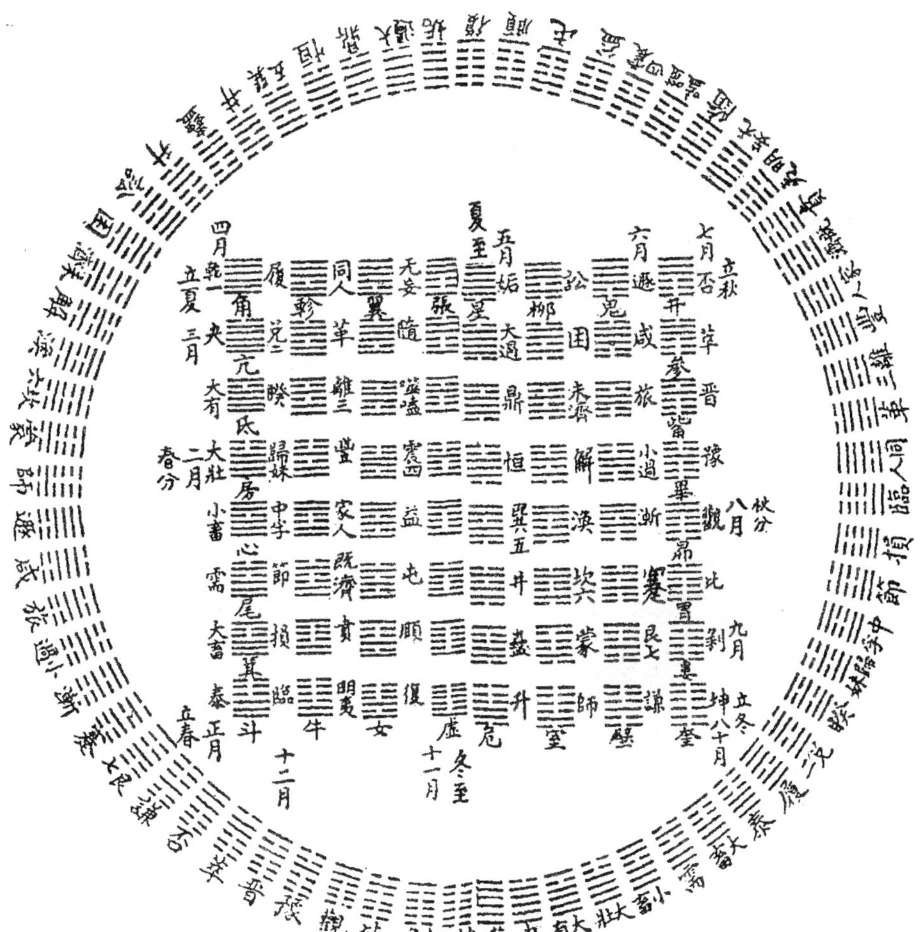

五十二、卦纳甲图

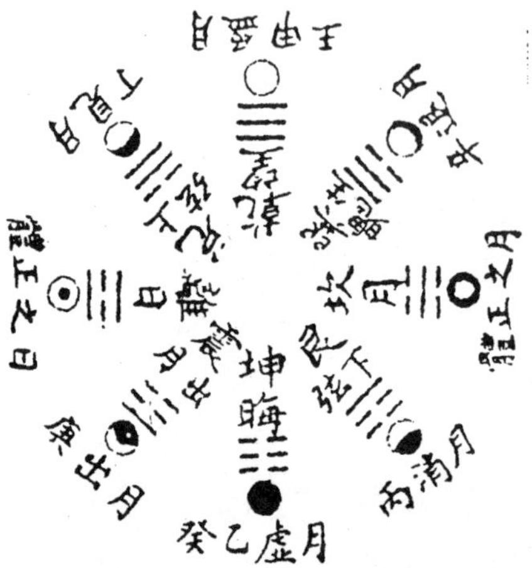

五十三、心易发微伏羲太极之图

解说

正南，纯阳方也，故画为乾。正北，纯阴方也，故画为坤。画离于东，象阳中有阴也。画坎于西，象阴中有阳也。东北阳生阴下，于是乎画震。西南阴生阳下，于是乎画巽。观阳长阴消，是以画兑于东南。观阴盛阳微，是以画艮于西北也。

此图乃伏羲氏所作也，世不显传。或谓希夷所作，虽周子亦未之见焉，乃自作“太极图”，观任道逊之诗可见矣。诗云：太极中分一气旋，两仪四象五行全。先天八卦浑沦具，万物何尝出此图。又云：造化根源文字祖，图成太极自天然。当时早见周夫子，不费钻研作正传。夫既谓八卦浑沦文字祖，则知此图为伏羲所作，而非希夷明矣。其外一圈者太极也，中外黑白者阴阳也，黑中含一点白者阴中阳也，白中含一点黑者阳中阴也。阴阳交互，动静相倚，周详活泼，妙趣自然。其圈外左方自震，一阳驯至乾之三阳，所谓起震而历离、兑，以至于乾是巳。右方自巽，一阴驯至坤之三阴，所谓自巽而历坎、艮，以至于坤是巳。其间四正、四隅、阴阳、纯杂，随方布位，自有太极含阴阳，阴阳含八卦之妙，不假安排也。岂浅见近识者所能及哉！伏羲不过模写出来以示人耳。予尝究观此图，阴阳浑沦，盖有不外乎太极，而亦不附乎太极者，本先天之易也。观周子“太极图”，则阴阳显著，盖皆太极之所为，而非太极之所倚者，实后天之易也。然而先天所以包括后天之理，后天所以发明先天之妙，明乎道之浑沦，则先天天弗违，太极体立也；煌乎道之显著，则后天奉天时，太极用行矣。使徒玩诸画象，谈诸空玄，羲、周作图之意荒矣。故周子有诗云：兀坐书房万机休，日暖风和草色幽。谁道二十季远事，而今只在眼睛头。岂非以孔子所论太极者之旨，容有外于一举目之间哉！是可默识其妙，而见于性理，指要可考也。

天地间形上形下，道器攸分，非道自道，器自器也。器即道之显诸有，道即器之泯于无。虽欲二之，不可得也。是图也，将以为沦于无邪？两仪、四象、八卦，与夫万象森罗者已具在矣。抑以为滞于有邪？凡仪象卦画，与夫群分类聚，森然不可纪者，曾何形迹之可拘乎？是故天一也，无声无臭，何其隐也；成象成形，何其显也。然四时行，百物生，莫非其于穆之精神无方，易无体，不离乎象形之外。自一而万，自万而一，即此图是也。默识此图，而太极生生之妙，完具胸中，则天地之化机，圣神之治教，不事他求，而三才一贯，万物一体备是矣。可见执中，执此也；慎独，慎此也；千古之心传，传此也，可以图象忽之哉。

附：古太极图说

道必至善，而万善皆从此出，则其出为不穷。物本天然，而万物皆由此生，则其生为不测。包罗主宰者，天载也，泯然声臭之俱无。纤巧悉备者，化工也，浑乎雕刻之不作。赤子未尝学，虑言知能之良必归之。圣人绝无思为言，仁义之至必归之。盖凡有一毫人力，安排布置，皆不可以语至道，语至物也。况谓之太极，则盘天地，亘古今，瞬息微尘，悉统括于兹矣，何所庸其智力哉！是故天地之造化，其消、息、盈、虚本无方体，无穷尽，不可得而图也。不可得而图者，从而图之，将以形容造化生生之机耳。若以人为矫强分析于其间，则天地之自然者，反因之而晦矣。惟是图也，不知画于何人，起于何代，因其传流之久，名为“古太极图”焉。尝读《易·系辞》首章，若与此图相发明，《说卦》“天地定位”数章，即阐明此图者也。何也？总图即太极也，黑白即阴阳、两仪、天地、卑高、贵贱、动静、刚柔之定位也。黑白多寡，即阴阳之消长，太极、太阳、少阴、少阳，群分类聚，成象成形，寒暑往来，乾男坤女，悉于此乎见也。以卦象观之，乾、坤定位上下，坎、离并列东西，震、巽、艮、兑随阴阳之升降，而布于四隅，八卦不其毕具矣乎？然太极、两仪、四象、八卦吉凶大业，虽毕见于图中，其所以生生者，莫之见焉。其实阴阳由微至著，循环无端，即其生生之机也。太极不过阴阳之浑沦者耳。原非先有太极，而后两仪生，既有两仪而后四象、八卦生也。又岂两仪生而太极遁，四象生而两仪亡，八卦生而四象隐。两仪、四象、八卦各为一物，而别有太极宰其中，统其外哉！惟于此图潜神玩味，则造化之盈、虚、消、息、隐然成象，效法皆可意会，何必别立图以生之，又何必别立名象以分析之也。此之谓至道而不可离，此之谓至物而物格知至也。若云孔子以前无“太极图”，而“先天图”画于伏羲，“后天图”改于文王，考之易皆无据。今尽阙之可矣。虽然，乾坤之易简，久大之德业，即于此乎在。而虞廷执中，孔门一贯，此外无余蕴也。但按图索骥，则又非古人画象垂训之意矣。故曰：神而明之，存乎其人。默而成之，不言而信，存乎德行。

“古太极图”，圣人发泄造化之秘，示人反身以完全，此太极也。是极也，在天地匪巨，人身匪细，古今匪遥，呼吸匪暂也。本无象形，本无声臭，圣人不得已而画之图焉。阴、阳、刚、柔、翕、辟、摩、荡，凡两仪、四象、八卦，皆于此乎具，而吉凶之大业生焉，即所谓一阴一阳之道，生生之易，阴阳不测之神也。惟于此图反求之身，而洞彻无疑焉。则知吾身即天地，而上下同流，万物一体，皆吾身所固有，而非由外铄我者。然而有根源焉，培其根则枝叶自茂，浚其源则流派自长。细玩图象，由微至著，浑然无穷，即易所谓“乾元资始，乃统天”是也。何也？分阴分阳，而阴即阳之翕也。纯阴纯阳，而纯阳即一阳之积也。一阳起于下者虽甚微，而天地生生变通莫测，悉由此以根源之耳。况以此观之“河”“洛”则知“河图”一、六居下，“洛书”戴九履一，其位数生克不齐，而一之起于下者，盖有二哉！以此观之，易六十四卦始于乾。而乾初九“潜龙勿用”，谓阳在下也。“先天圆图”起于复者此也。“横图”复起于中者此也，“方图”震起于中者此也，“后天图”帝出乎震者亦此也。诸卦爻图象不同，莫非其变化，特其要，在反身以握乎统天之元于以完全造化，与天地同悠久也。是故天地之所以为天者此也，故曰“乾以易知”。地之所以为地者此也，故曰“坤以简能”。人之所为人者此也，故曰“易简理得”，而“成位乎其中”。否则天地几乎毁矣，况于人乎。信乎人一小天地，而天、地、人统同一太极也。以语其博，则尽乎造化之运；以语其约，则握乎造化之枢，惟“太极图”为然。故揭此以冠之图书编云。

五十四、先天画卦图

解说

按图有太极，两仪、四象、八卦，合而为一，分而为二。阳仪在左，阴仪在右。二分为四，左上太阳，下少阴，右上少阳，下太阴。四分于八，乾南、坤北、离东、坎西，震、巽、兑、艮居于四隅，皆自然而然，不假一毫人力者也。

（五十四、先天画卦图）

五十五、先天八卦次序图

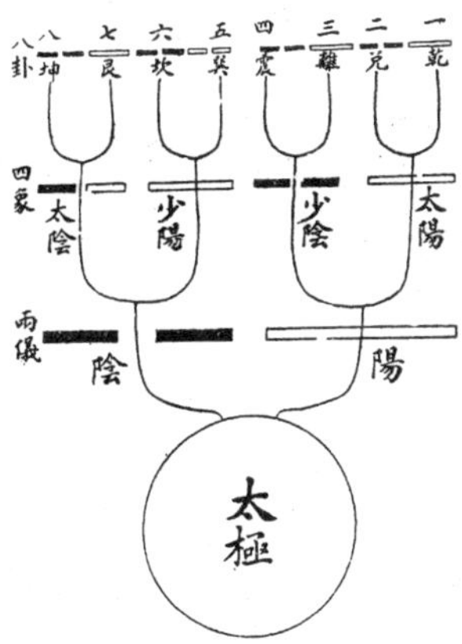

五十六、先天六十四卦方位之图

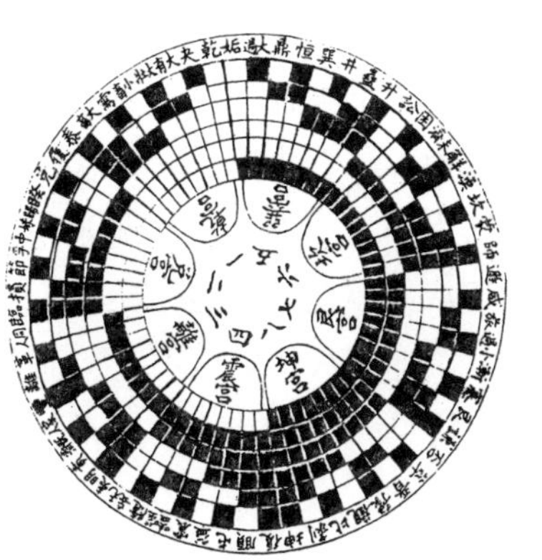

五十七、先天六十四卦圆图

解说 诸图并说

或问：易有先天，何也？曰：先天不可说也，有说非先天也。然则伏羲何以有图？曰：凡图皆后天也。伏羲之图何以称先天？曰：先天不可图也，不可图而不图。伏羲惧无以示天下，故以其不可图者寓于图，以示之意，使天下即图而求其所以然之故，则是不可图者，庶乎缘图而并传。图之所画，阴、阳而已矣。由震历兑，至乾为阳；由巽历艮，至坤为阴。震之初，阳画也，渐长而纯乎乾。巽之初，阴画也，渐反而纯乎坤。一动一静，一顺一逆，昭然阴阳之象，是可得而图者也。至乎坤，则静之极，逆之至，气机敛于无，而造化几乎息矣。一阳之气又来复，而为震，是孰使之然哉？是不可得图，而假图示之意者也。生生之谓易，先天者，生生之本也。阳不胎于阴则强，强则竭；动不根于静则妄，妄则凶，故无者有之原，反者道之柄。乾反乎坤，则至阴之际，实至阳之精凝焉。造化之根底天地之大始，而易于是乎不穷矣。故圣人示之，欲人于此观象有默契焉，而先天有可睹也。然则先天之学奈何？曰：其在人也，为未发之中。世之人荡于耳目思虑之发，而不知反也久矣。必也敛耳目之华，而省于志；洗神知之原，而藏于密；研未形

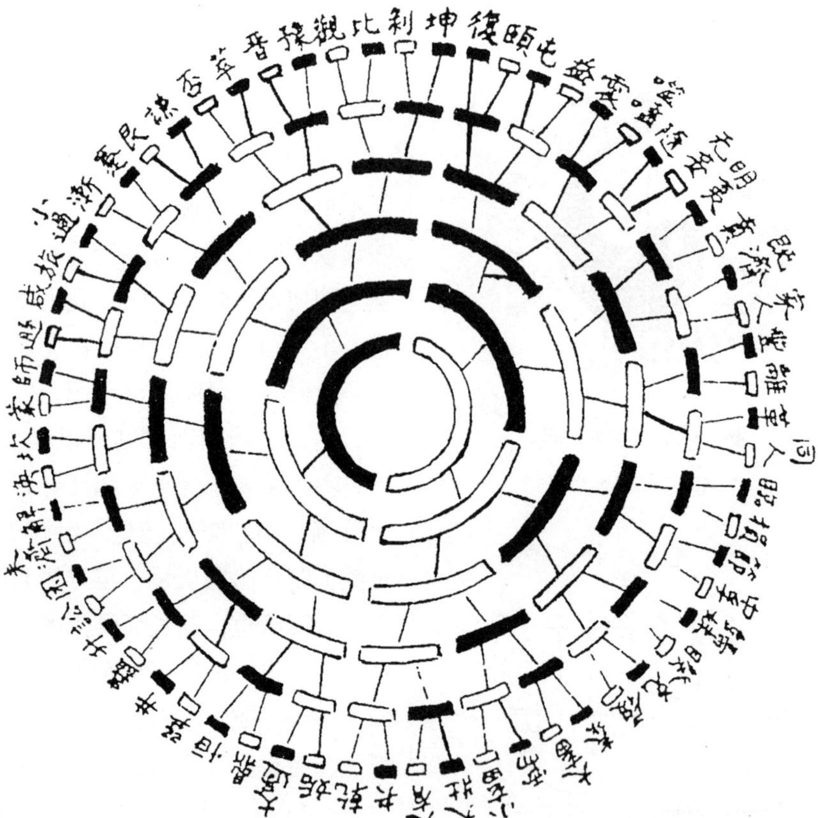

（五十七、先天六十四卦圆图）

之几，而极其深，庶其虚凝气静，渊然存未发之中，浩浩肫肫，天下之大本立矣。此之谓几先之吉。夫强阳非用也，妄动非常也，天地日月四时且不能远，而况于人乎？是以君子战战兢兢，戒慎恐惧，必先之乎大本易焉。呜乎！图所示之意深矣。

五十八、八卦加八卦方圆图

解说

是图也，八卦之上各加八卦，而成六十四卦，即前之“横图”是也。但乾一兑二，离三震四，巽五坎六，艮七坤八，卦之与数岂安排而强合之哉？一为乾，固于本卦一位上见之；二为兑，即于本卦二位上见之；三为离，四为震，五为巽，六为坎，七为艮，八为坤，莫不然也，况即乾之一宫，其八卦次序，固依二、三、四、五、六、七、八、整然不乱，而各宫皆然，可见六十四卦，圣人无一毫增损于其间矣。

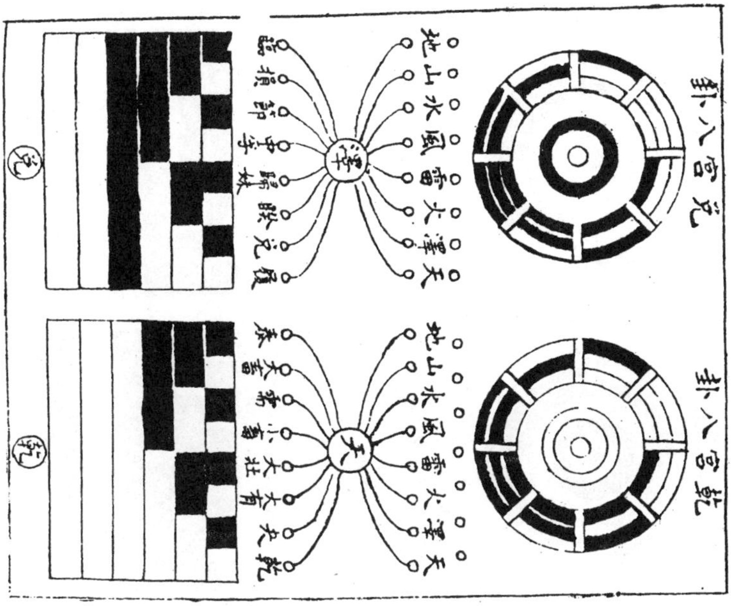

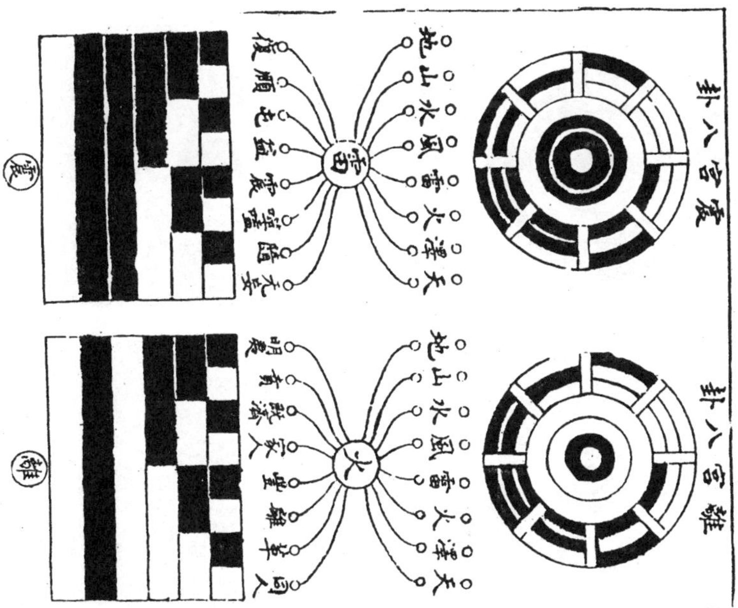

（五十八、八卦加八卦方圆图）

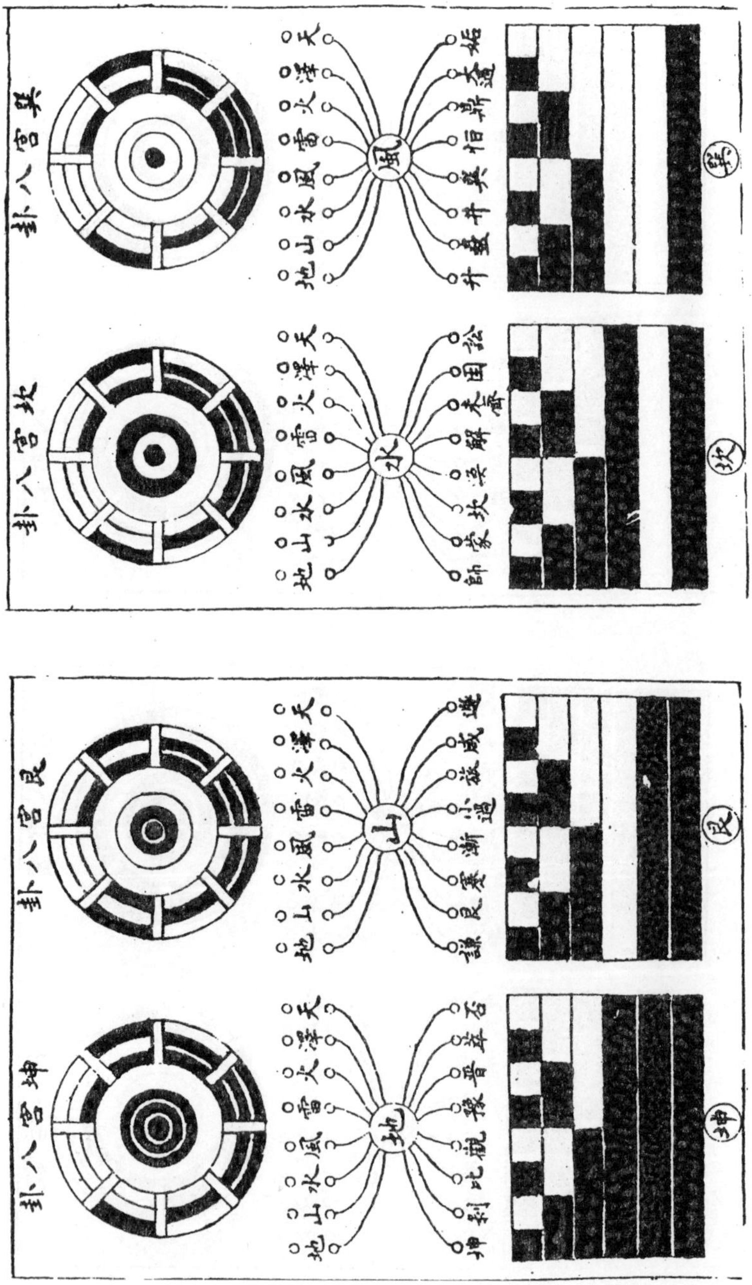

（五十八、八卦加八卦方圆图）

五十九、六十四卦生自两仪图

解说

是图也，六十四卦始乾终坤，其实只是阴阳迭为消长，循环无端。虽爻至三百八十四，亦只是阴阳二者而已。故曰：一阴一阳之谓道。

六十、六十四卦阴阳倍乘之图

解说

是图也，乾一兑二，离三震四，巽五坎六，艮七坤八，一皆自然而然，况自复至乾，皆上生；自姤至坤，皆下生，要亦阴阳倍乘焉耳，观象自见。

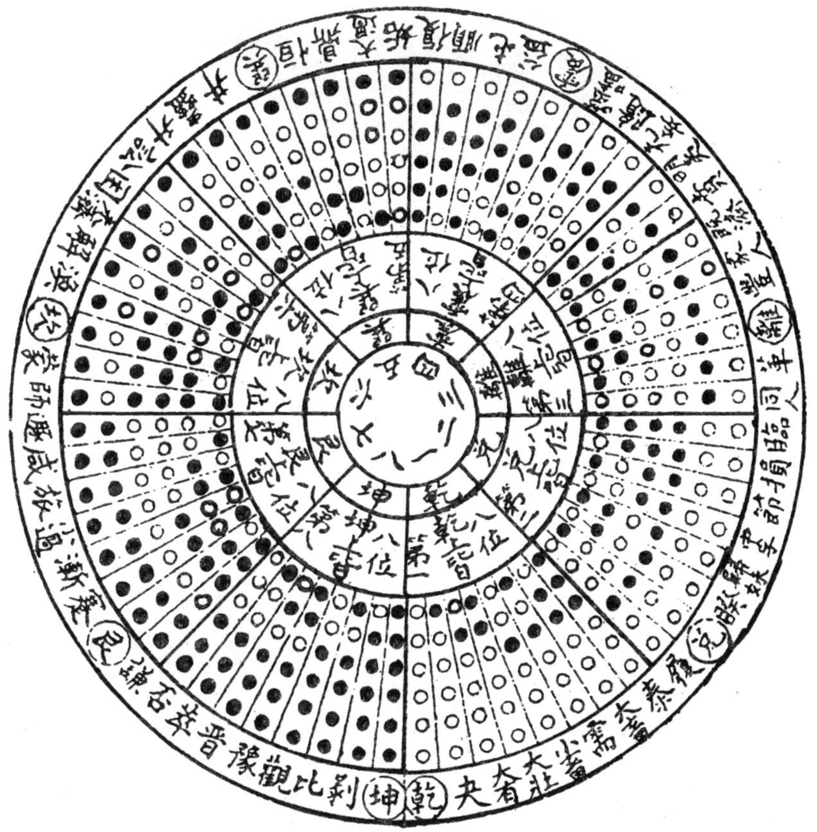

六十一、造化象数体用之图

解说

物之初生也，气之至也，既生而象具焉，是数为象先也。象既有矣，而数复因象而行焉，是象又为数之先也。故数之生象者，先天也，象之生数者，后天也。先天者，生物之原也；后天者，成物之始也。大矣哉，数乎万物之宗、万有之本也。

六十二、帝出震图

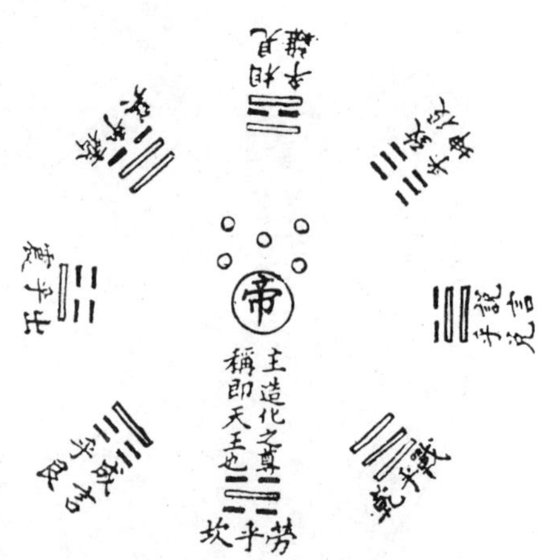

解说

希夷曰：正位称方，故震东离南，兑西坎北；四维言位，故艮东北，巽东南，乾西北，坤独称地者，盖八方皆统于地也。兑言正秋，亦不言方位者。举正秋则四方之主时为四正，类可见矣。离称“相见”，以万物皆见于此也，兑称“说”者，以正秋非万物所说之时，惟以兑体为泽。泽者，物之所说，而不取其时焉。艮称成言者，以艮之体，终止万物无生成之义。今以生成为言者，以艮连于寅也。故特言之。坤加“致”字者，以其致用于乾也。触类皆然。

“帝出乎震”，此“帝”字合下“成言乎艮”而统言之。盖谓八者，乃帝之所主也。出乎震者，帝以震出万物耳。故下文曰：万物出乎震。若以帝自出为义，则齐乎巽，亦帝自齐相见乎离，亦帝自相见乎。可见分之为八，固有震、巽、离、坤、兑、乾、坎、艮之不同，而合之为一，孰非帝之所为乎？

六十三、河图阴阳旋文图例

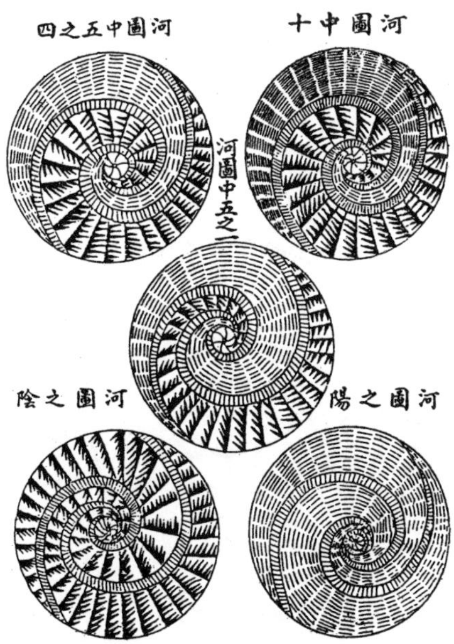

解说

此五图画数阴阳旋文各异，列之于前，发明后之全图（编者按：指下列“古河图”），以便阅者。

六十四、古河图

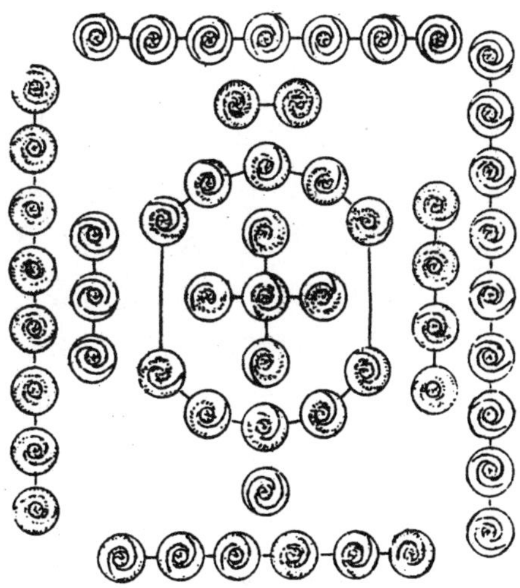

解说

古“河图”，下一、六，上二、七，左三、八，右四、九，以五、十为中。则马身之旋文，为阴阳之气数，其象圆，其道合以方。无分开肩隅五行生成之说，故中五、中十及中五之四，与夫阳白阴黑具体而微。即一旋文，无非包括万物太极之理，相得而各有合者，皆自然之数，岂必成之待生而后有五行之位哉！勉齐黄氏之言，诚得旨矣。

元气滋化，而湿、暖生一泡也。滋生湿、暖焉，于是一六、二七殊而水火生。水、火者，同源异用者也。

火性蒸上，蒸上者，兦以逵，兦极必降，降下者寒以坚。于是三八、四九列，而木金成。木根于水，华于火，金液于火。凝于水，水从火，火从水也。金、木者，水、火之交也。一、六合为水，首尾去一则中存五；二、七合为火，首尾去二亦中存五，金木亦然。水、火、金、木皆五也。五，土也，生生之始终也。然一泡之中，五者顿具，岂相待有哉。元气滋煴，水之火也，暖蒸湿随，火之水也，水之火，其气即木，是以木成而火复丽。火之水，其精即金，是以金凝而水复胎。金、木，一水火也，火也、水也一也，顿具者也。分为两仪，列为四象，荡为八卦，离为三百八十四爻，皆此矣。或曰：五既称土，中奚曰虚？曰：岂惟中五，即其在水、火、木、金者，盖复有哉！天一阳也，得五以成水；地二阴也，得五以成火。夫阴不可为阳，火不可为水，各一其性故也。今为阳为阴，为水为火，五其有定性乎？无定性，则生此五，成此五，在中此五，在水、火、木、金此五，知五行之相生而不知其所以生者五耳。故五岂块然有邪虚而已矣。昔人有言，抟空为块，见块而不见空；土在天地后也，粉块为空，见空而不见块；土在天地先也，亦善言五也。虽然犹二也，块与空一也，何事抟且粉哉！故阴阳一息也，天地一泡也，图泡之影，卦图之影也，而泡亦影也。是以君子贵洞虚焉，则未发是已。

六十五、古洛书

解说

灵龟出于洛，龟身甲坼具四十五数，戴九履一，左三右七，二、四为肩，六、八为足，而五居中。圣人则龟身之坼文，画为“洛书”，然各点皆直如字书者，亦取其象而画之，故名为“书”也。若点数亦圈而圆，则非“书”之义矣。此“书”与世所传之“书”异，故名为“古洛书”。

六十六、河图数起一六

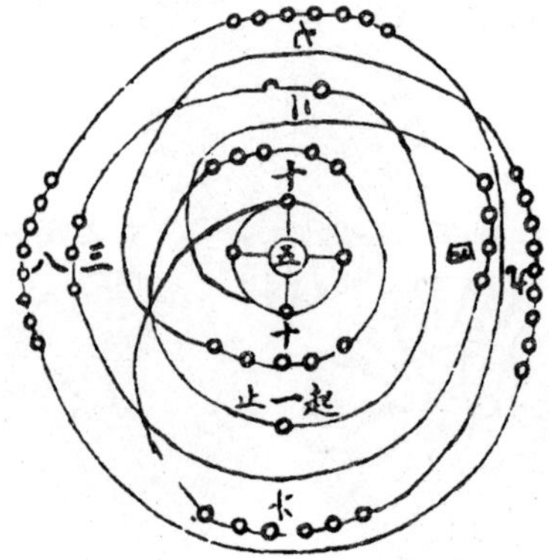

解说

图之体在中，而用在北，故数起于北。一之自北而南以生二，自南而东以生三，自东而西以生四，自西而入于中以生五，随气机之动，极而变也。自中而出于北以生六，自北而南以生七，自南而东以生八，自东而西以生九，自西而入于中以生十，入必复出，随气机之静，极而变也。入乘静机，出乘动机，静有常，而流行不息。西北者，数所出入之门乎。阴阳相求，而数生焉。数始于一，而极于九，化于二而通于十。自北至西则阳数极，极则益深，不得不入而归诸十。自二至十，则阴数极，阴极必返，不得不出而复于一，一以始之，九以极之，二以化之，十以通之，数之圆而神也，如是夫。

六十七、河图奇与偶合

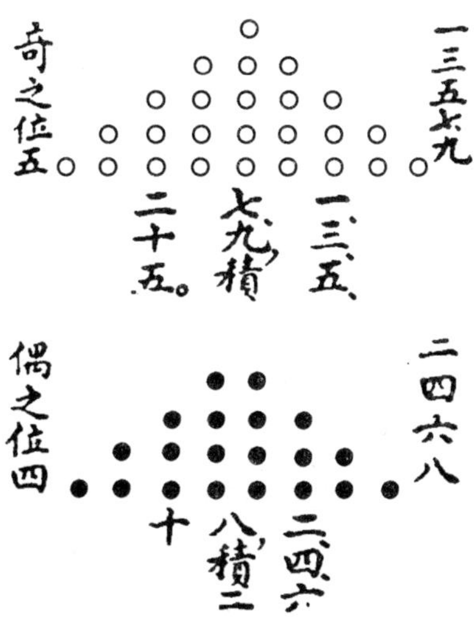

六十八、洛书奇多偶少

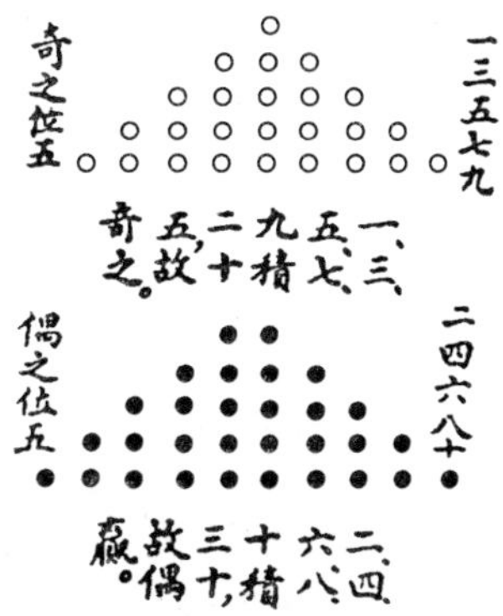

解说 六十七、六十八两图并说

“河”“洛”二图，奇偶位数不同者何哉？盖一、三、五、七、九，积二十五，故奇之；二、四、六、八、十，积三十，故偶赢。而奇之位五，偶之位五，此“河图”所以奇与偶位合也。“洛书”一、三、五、七、九，积二十五，则奇数多矣，二、四、六、八，积二十，而偶则少焉。且奇之位五，偶之位四，奇多乎偶者如此，然皆位与数之一定不可易也，真悟其生克之理。则“图”“书”不同者迹，未始不同者理，彼又欲于“河图”减其五数，于“洛书”增其五数，以合夫大衍之数者，不亦缪之甚哉！然以前皆“图”“书”定位定数，以后分而言之，正以见分阴分阳之所以然，而循环无端，又不可徒泥其一定之位数也。噫！分乎其所不得不分，合乎其所不得不合，造化自然之妙，不可得而图也。神而明之，不存其人哉。

清·陈梦雷《周易浅述》

一、河　图

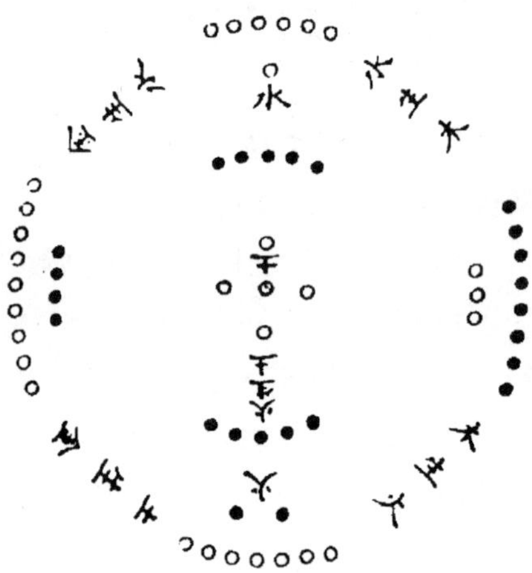

解说

按《易·系辞传》曰：天一地二，天三地四，天五地六，天七地八，天九地十。此即所谓“河图”理数之大原也。天以一生水，地以六成之；地以二生火，天以七成之；天以三生木，地以八成之；地以四生金，天以九成之；天以五生土，地以十成之，此“河图”五行生成之数也。一为太阳居北，二为少阴居南，三为少阳居东，四为老阴居西。东、北阳方，故一、三皆位阳；西、南阴方，故二、四皆位阴。东、南物之始生，故二少位于东、南；西北物之收成，故二老位于西、北，此“河图”四象之位也。一、六为水居北，左旋而东，则水生木，又旋而南，则木生火，又旋而中，则火生土，又旋而西，则土生金，此以其运行之序言之，左旋而相生也。北方一、六之水，冠南方二、十之火；西方四、九之金，又克东方三、八之木，此以其对待之位言之，又未尝不相克也。要而论之，理数之原，一而已矣。一者，太极也，二之则为两仪，四之则为四象，四象变化而庶类繁生，数至四而备矣。一合四即为五，为五行，故五者，数之中也。自五以后，生数皆合五以为成数，一合五为六，二合五为七，三合五为八，四合五为九，成数至九而备矣。而五备五则为十，小衍之为十，大衍之为五十，即为蓍策之数所起。故十者，数之终也。五为数之中，故于成数之中，减其生数，皆得五十，为数之终，故以生数合成数，又皆得十。盖太阳居一而连九，太阴居四而连六，少阴居二而连八，少阳居三而连七。就其三居之位言之，则生数太阳，成数配以太阴；生数太阴，成数配以太阳；生数少阳，成数配以少阴；生数少阴，成数配以少阳。而就阴阳老少各分计之，皆得十焉，此皆天地之自然，非人力所能损益也。万物统乎天数，始乎一，乃以一二三四分属于天地，何也？天地之大，不外乎阴阳，阳奇阴偶，分之自各有所属也。五行皆生于天地，乃或天生而地成之，或地生而天成之，何也？万物皆阴阳，合而有生，而所以又各自有阴阳，皆由得气之初，阴阳或先或后。水先天阳而后天阴，故体阳而用阴；火先天阴而后天阳，故体阴而用阳；木由滋润而后焦枯，先天同水而后天同火也；金由煅炼而后融液，先天同火而后天同水也。以至人道有男女，飞走之有雌性、牝牡，其先后天皆可类推也。五行之生有先后，数有多寡，何也？凡物之生皆自微而著，由清而浊，数之生皆自少而多，五行水最轻清，而火次之，故一、六水而二、七火也。木则形坚，金则质重，土则最大而最浊矣。故三、八木，四、九金，而五、十土也。太阳以一为生数，最少以九为成数，则最多太阴以四为生数，最多而以六为成数，又最少少阳以三为生数，多以七为成数。数次少少阴以二为生数，次少以八为成数，又次多，何也？盖生数主气，成数主形，生数先天而成数后天，论气则太阳清轻而太阴重浊，故太阳一，而太阴四；论形则太阳有余而太阴不足，故太阴六而太阳九也；论先天则少阳强而少阴弱，故少阳三而少阴二；论后天则少阳主泄而少阴主收，故少阳七而少阴八也。老少阴阳之位，从一、二、三、四而不论六、七、八、九，何也？由太极生两仪，由两仪生四象，皆先天之事也，故当从生数也。揲筮老少阴阳之数，取六、七、八、九而不取一、二、三、四，又何也？由二二而卦一，而揲四皆后天之事也，故当从成数也。揲筮老阳取九而不取七，而老阴则取六不取八，又何也？即太阳有余太阴不足之说也。不止此也，凡阳属天，天形圆，圆者径一而围三；凡阴属地，地方方，方者径一而围四，揲筮以四为数，所扐之数以四为奇，以象天，以“八为偶，以象地，如三扐皆奇，取径一围三之义，则三三为九，为天矣。天用其全，故不用七而用九也。如三扐皆偶，取径一围三之义，则三三为九，为天矣。天用其作，故不用七而用九也。如三扐皆偶，取径一围四之义，则三四为十二，为地矣。地用其半，故不用八而用六也。且所扐者九，而过揲之数亦为四九三十六，所扐者六，而过揲之数亦为四六二十四，是揲筮老阳，老阳不必皆因“河图”而自与“河图”暗合，此所以为理数之自然也。至若“河图”言五行，而伏羲因之以画八卦，“河图”五方而先、后天八卦分为八方，皆与“河图”各有所合，又当即“横图”“圆图”“方图”详析分疏，其义始见，故姑总其大略如此，而诸圆仍即杨子道声图卦阐义所分，备列子后云。

二、洛 书

解说

杨子道声《洛书别论》曰："洛书"之数起于一，中于五，穷于九，五建极于中，为众数所取，法以五，以下皆为生数，为一、为二、为三、为四。自五以上，皆为成数，为九、为八、为七、为六。生数与成数相间而立，以成右转之形。夫数始于一，一合中五而生六，六合一而生七。七合中五去十而生二，二合七而生九，九合中五去十而生四。四合九去十而生三，三合中五而生八，八合三去十而复生一，运行无穷焉。而其相合相生之法，凡奇数则合中五以生下数，偶则合前位之奇以生下数。偶从奇，奇不从偶也。奇必生偶，偶必生奇，阴阳互根也。中五建极，奇偶相生，而自右至左，法自然之运，此不同于"河图"之不奇偶，皆合中五而为数也。至其对待之法，更有大与于"河图"者。"河图"奇偶重列以相对，"洛书"则单列以相对，奇对必奇，偶对必偶，以中五为之纲，而余数相伍以列，及计其对待之共数，莫不各倍中五以成十。而十已默寓于众数之中矣。杨子道声之论如此。今按《易·系辞传》曰：河出图，洛出书，圣人则之。是图书相为表里。夫子之言可据。后人以"洛书"至禹始出，其讹固不俟辨。至若天一、地二章所言，皆"河图"而不及"洛书"，盖缘蓍数取于五十，故独引"河图"为言。至由两仪、四象而生八卦，则图书皆其根本。而先后天八卦之位配之"洛书"，尤其易见者也。"洛书"自北之西，一六之水克二七之火。火南行克四九之金，金东行克三八之木。木转中，克中央之土。土北行，又克一六之水。此"洛书"之右转相克，异于"河图"之左旋相生者也。至以其相对待言之，则东南四九之金，生西北一六之水，而东北三八之木，生西南二七之火，是"洛书"对待相生，又异于"河图"之对待相克者也。要之，生之中有克，克之中有生，十之数不外九之用。九之用，已备十之体，四正已备乎四隅，四隅不外乎四正。四正四隅皆本于中宫，两仪、四象皆根于太极，此则"河图""洛书"之所同而实未尝异者。要之，言乎理则一，言乎气则二，言乎象则四，言乎行则五。由是即一奇一偶，以生八卦、六十四卦。而先天后天，为方为圆，皆从此起焉。是又当即诸图分析求之，以详其义者也。

三、八卦小成图

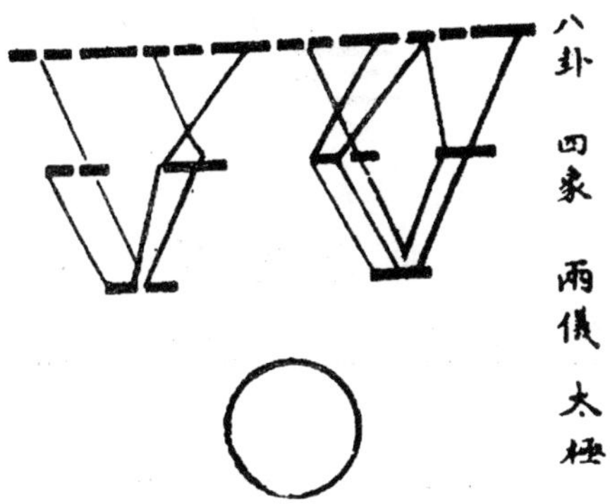

解说

“河图”以十为数，“洛书”以九为数。“河图”列四正而五、十居中，“洛书”列四正四隅而五居中，于八卦似各异。要之，本太极而为阴阳、奇偶，则一而已矣。阳大阴小，则阳先阴后。故伏羲先画一奇以象阳，画一偶以象阴，而两仪具。两仪各生一阳一阴，而四象形。四象又各生一阳一阴，而八卦列。卦既成，见其具天地人三才之象，非有取于三才强画之也。卦既列而乾一、兑二至坤八，有自然之序，非有意于先后强分之也。卦备于八，是谓小成。

四、六十四卦大成衡图

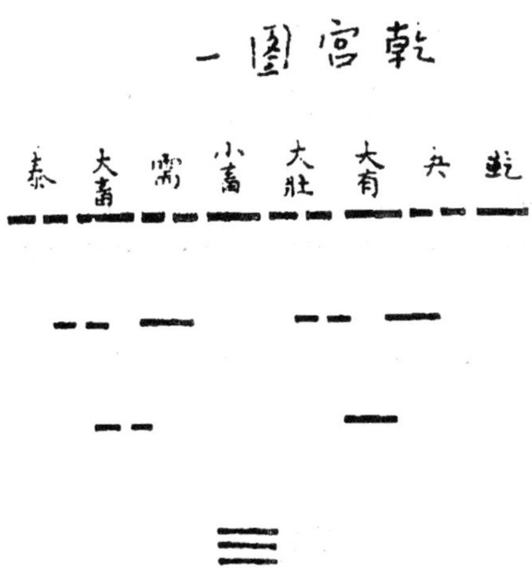

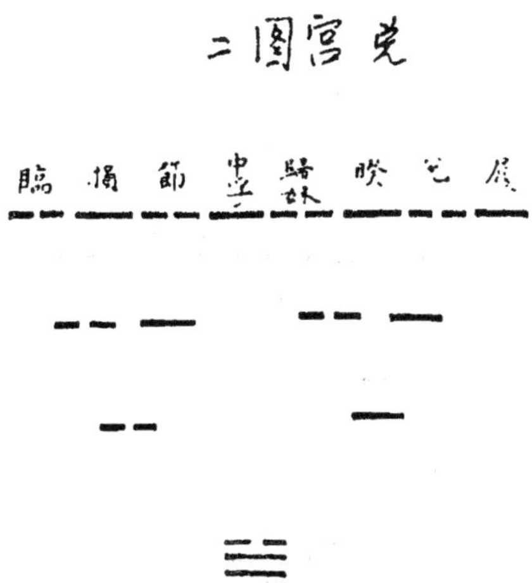

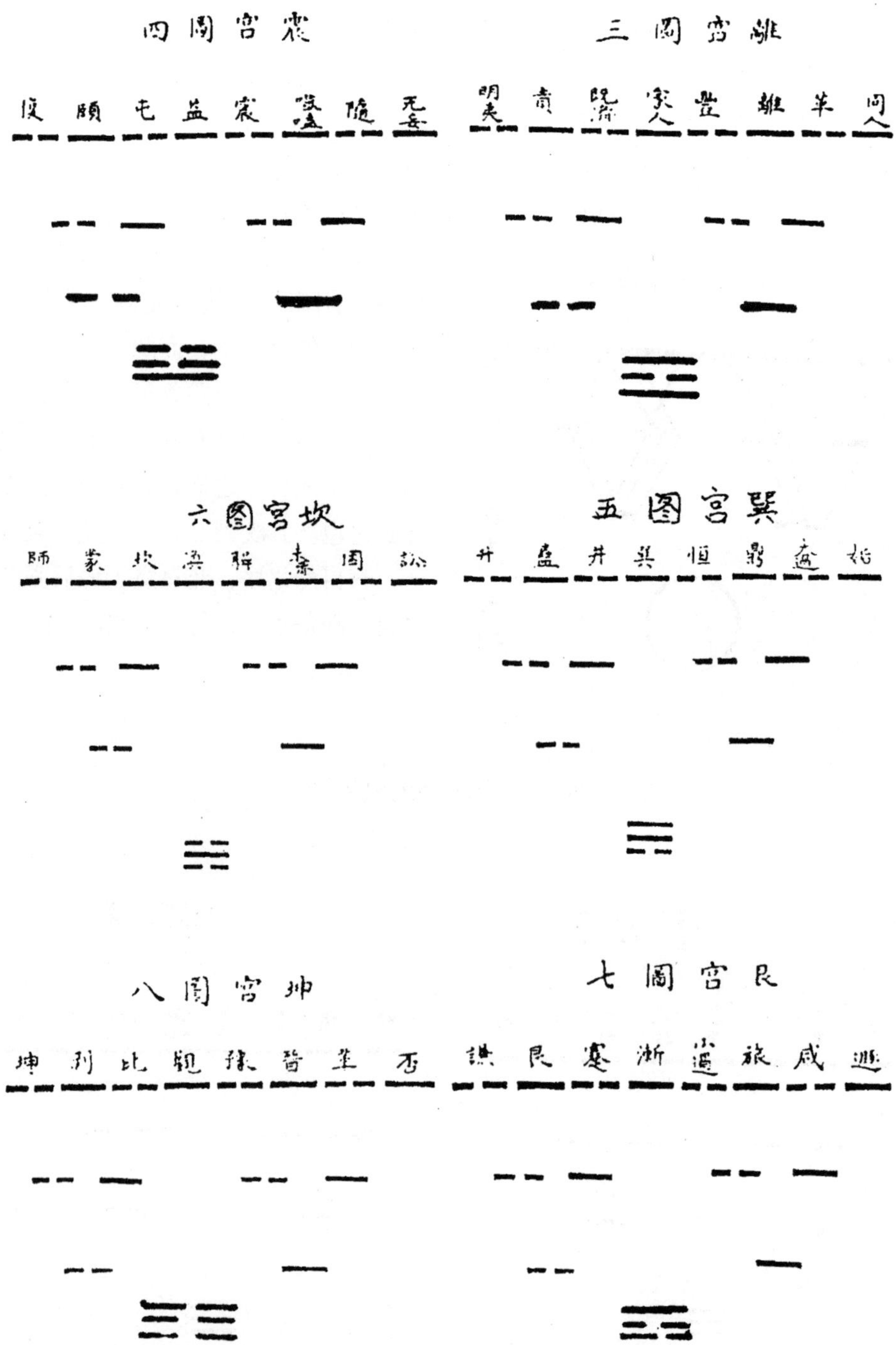

（四、六十四卦大成衡图）

解说

八卦未画之先，则太极生八卦，八卦既画之后，则八卦皆可以为太极，所谓物物各具一太极者，此也。由是而两仪得十有六，由是而四象得三十有二，由是而八卦得六十有四。六画之上无可加，六十四卦之外亦无可益，此理数之自然也。六十四卦之中，八卦各居其本位。乾一、兑二、离三、震四、巽五、坎六、艮七、坤八，分阴分阳，万变毕具。阳生于复，而极于乾，阴生于姤，而极于坤。论卦体之相生，则自乾而复为顺，自姤而坤为逆。论阴阳之升降，则自姤而坤为顺，自乾而复为逆。奇偶顺逆循环，而圆图方图皆自此出矣。

五、先天卦配河图图

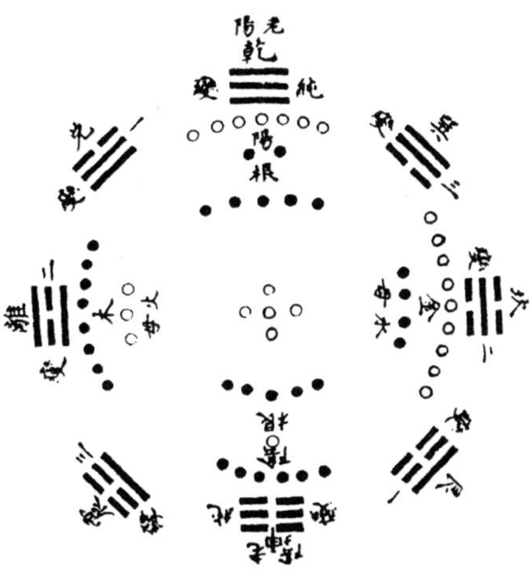

解说

理一而已矣。一而二则为乾、坤，二而四，则乾得离而坤得坎，四而八则乾得兑、离、震，坤得艮、坎、巽。乾、坤动乎一者也，离、坎继乾坤而代之者也，兑、震、艮、巽，妙坎、离之用者也。乾坤之位正而离坎正矣，离坎之位正而八卦正矣。坤之居北而配一、六者何？一为数始，而生物之始六，所以成之也，则所重在一，一，阳也。乾象而非坤象，然坤不能自生，而生于乾，是以居北。乾之居南而配二、七者何？二为一之匹，而亦生物之数，则所重在二，二，阴也。坤象而非乾象，然亦不能自生，而生于坤，是以居南。乾南坤北，亦所以法天。天，阳南而阴北也。离居东而配三、八者何？天二生木，地八成之，火生于木也。坎居西而配四、九者何？地四生金，天九成之，水生于金也。四卦正位，一经一纬，不居其位而位乎其所自生，故曰先天也。震、兑、艮、巽之居四维者何？以乾、坤、离、坎之定位，位之也。阳之运自南而北，阴之运自北而南。南为老阳，乾居之。乾之上爻变而为兑，居东南，中爻变而为离，居东，两爻俱变而为震，居东北。以极于北，则乾爻尽变矣。北为老阴，坤居之。坤之上爻变而为艮，居西北，中爻变而为坎，居西，两爻俱变而为巽，居西南。以极于南，则坤卦尽变矣。阴阳相摩，迭为终始，八卦正位，万象森列，故曰乾、坤、离、坎而八卦正矣。

六、后天卦配河图图

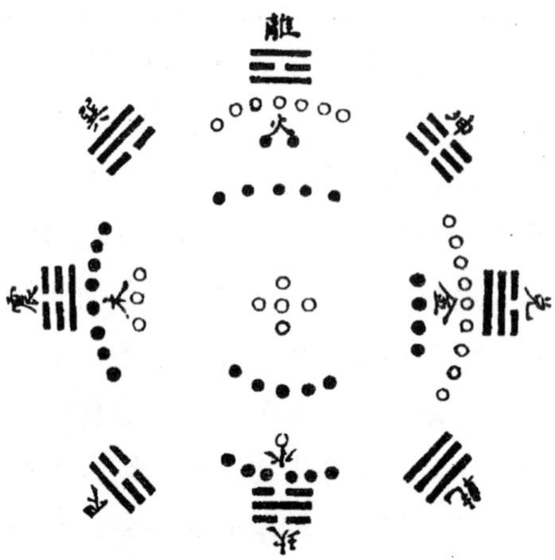

解说

易，逆数也，而顺以行之，圣人所以善法天也。《说卦》“帝出乎震，成言乎艮”，后天之卦位也。先天乾、坤为经，离、坎为纬。今则离、坎进而为经，震、兑继而为纬。一、六为水，故坎在北，二、七为火，故离在南，三、八为木，四、九为金，故震东而兑西。水、火、金、木各正其位，经正则纬正，纬正则八卦亦靡不正。夫震为木为春，离为火为夏，帝出乎震，岁之始也。春夏之交，百物畅茂，巽为木为风，振动而长养之，以“相见乎离”继之。兑为金为秋，方受夏制，伏而不起，交中央土。土以生金，坤卦当之，厥象为母，逮入北坎。西北之野，龙以战焉，此天地之尊严气也。乾卦当之，为君为父。冬之卦坎，百物告成。贞以起元，冬之季也。故艮以成之，艮，止也。岁聿云，暮功用止矣。正离、坎以正发敛，正离、坎、震、兑，以正四时，正震、巽、离、坤、兑、乾、坎、艮，以正八节。天时以行，人事以遂。王者治平之道，以弘弥纶天地，各正性命，所谓后天而奉天时者乎。

七、先天卦配洛书图

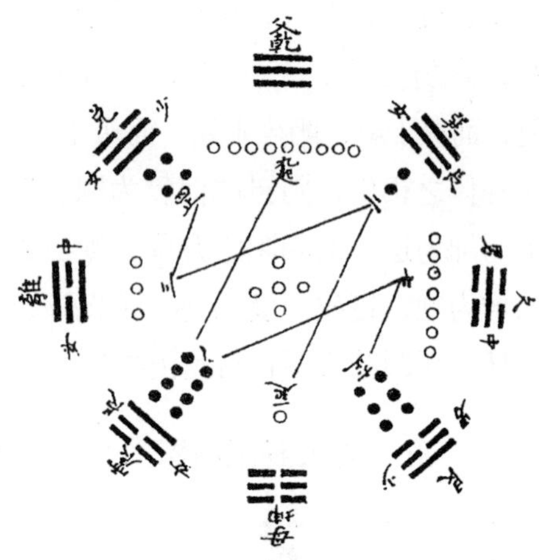

解说

“洛书”之数，奇者居正，偶者居隅，尊阳也。卦以配之，各从其类。乾为纯阳而配九，九，阳之极也。于“河图”之位为二七，二合七非九乎？故乾称用九。坤四乾为纯阴，厥配为一，阳饶而阴乏也。亦“河图”天一之本位也。以九一截数之终始，以乾坤定卦之阴阳，则六子均可计焉。乾一交于坤得震，故次乾曰震，次九曰八。再交于坤得坎，故次震曰坎，次八曰七。三交于坤得艮，故次坎曰艮，次七曰六，而三男之位定矣。坤一交于乾得巽，故次坤曰巽，次一曰二。再交于乾得离，故次巽曰离，次二曰三。三交于乾得兑，故次离曰兑，次三曰四，而三女之位亦定矣。是以论其位，则乾一、兑二、离三、震四、巽五、坎六、艮七、坤八。论其数，则乾九、震八、坎七、艮六、坤一、巽二、离三、兑四。以卦之生得其数，以数之位，序其卦云尔。

八、后天卦配洛书图

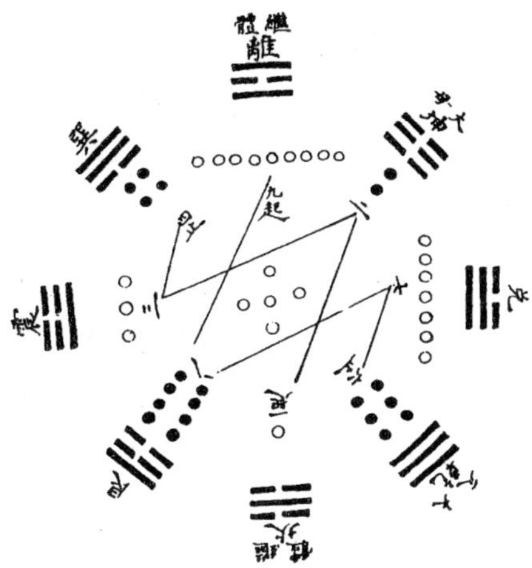

解说

先天乾坤为父母，以生八子之用，后天坎离为继体，共生四子，以还归乎大父母，用此卦位之所以异也。乾坤之体，体纯阴纯阳，相交而生，生之用已弘。离坎之体，杂阳杂阴，必互异而生，生之用乃显。此尤卦位之所以异也。夫离阳仪所生继乾，故居南而当九，坎阴仪所生继坤，故居北而当一。离坎即父母也。坎之初爻易乎离，则中女生男，故离之坎。艮九之次八，即以离之初爻易乎坎，则中男生女，故艮之次兑。八之次七，及坎之中爻易乎离，则中女之用，还归乎大父，故兑之次乾。七之次六，而乾、兑、艮之位定矣。即以离之中爻易乎坎，则中男之用还归乎大母，故坤之次坤，一之次二。坎之上爻易乎离，则中女又生男，故坤之次震。二之次三，即以离之上爻易乎坎，则中男更生女，故震之次巽。三之次四，而坤震，巽之位定矣。先天正乾坤，而八卦正后天，正离坎而八卦亦正。至八卦正乎离坎，而乾坤垂拱，无为以董厥成，则又乾、坤之妙其用，而离、坎之神其能也。学后天者，亦正其离、坎而已。

九、先天主生图

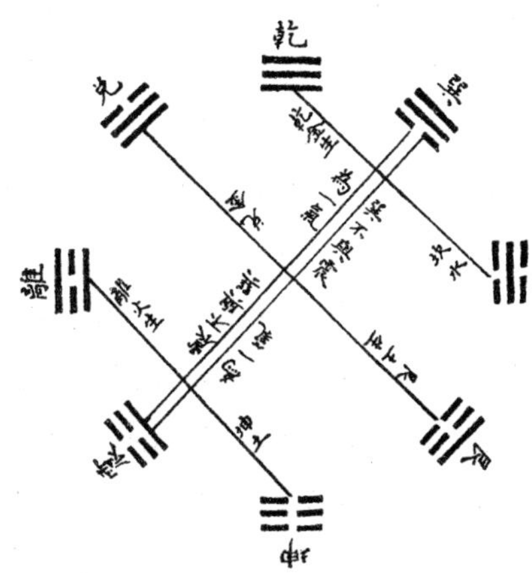

先天之位本对待，未尝不流行。

十、后天主克图

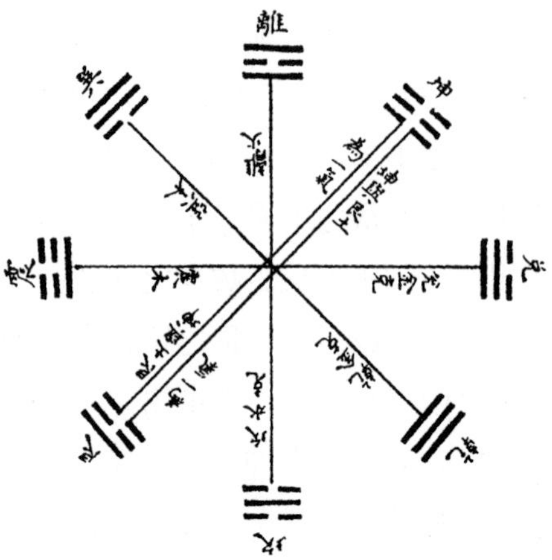

后天之位本流行，未尝不对待。

解说 九、十两图并说

南北为经，东西为纬，夫人而知之矣。而八卦之经纬，更有异焉。先天以震、巽为经，后天以坤、艮为经，而诸卦皆为纬。先天者，天地之生气也，后天者，天地之成气也。夫巽为木，为春，为发生，一气互于东北、西南，而凡纬于其间皆主生。于是乾生坎，艮生兑，离生坤，以成先天之位。坤、艮为土，为季气，为收藏，一气互于东北、西南，而凡纬乎其间者皆主克。于是坎克离、兑克震、乾克巽，以成后天之位。先天主生，故人之饮食、衣服、医药之属，咸取法焉。后天主克，故人的祭祀、棺椁之属，咸取法焉。有后天而无先天，则无本，有先天而无后天，则不成。至生之中，未尝无克，克之中未尝无生。触类而长之可耳。

十一、圆图左旋配节气图

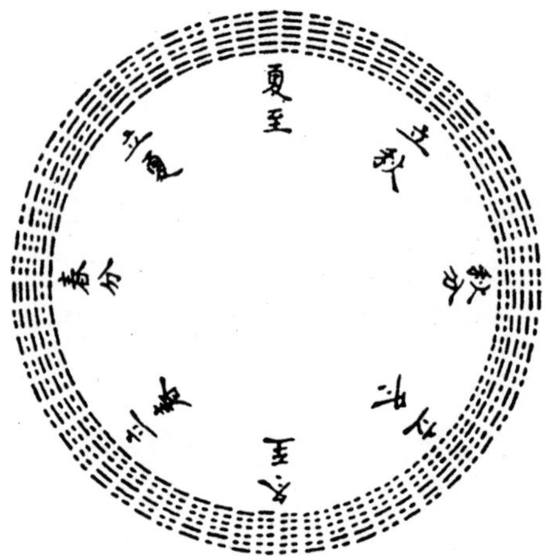

解说

圜，天象也。卦之有圜图，法天也。天之可见者，莫如阴阳。阴阳之可见者，莫如四时。天之阴极于冬，阴极阳生为冬至。天之阳极于夏，阳极阴生为夏至。故二至为阴阳之枢纽。卦之阳极于乾，阳极阴生而为姤卦之阴，极于坤。阴极阳生而为复。故乾、坤、姤、复，亦为阴阳之枢纽。知此可与言圜图矣。岁，一而已。二之为冬夏，四之为春夏秋冬而已。倍之十六，再倍之三十二，又倍之六十四者，阴阳迭运，以成其负悔也。夫天道流行始乎阳，而阳之初生又始之始也。阳则生于极阴，坤爰生复为阳始，冬至配焉，尽震宫八卦。至明夷、离为贞卦，一阳又生，于二爻配焉，尽离宫八卦。至于临、兑为贞卦，一阳又生，于二爻春分配焉，尽兑宫八卦。至于泰、贞卦，三阳立夏配焉，尽乾宫八卦。至于乾贞悔，皆阳，阳极阴生得姤卦，夏至配焉，尽巽宫八卦。至于讼、坎为贞卦，一阴又生，于三爻立秋配焉，尽坎宫八卦。至于遁、艮为贞卦，一阴又生，于二爻秋分配焉，尽艮宫八卦。至于否贞卦，三阴立冬配焉，尽坤宫八卦。至于坤贞悔，皆阴极阳生，又得复卦，配冬至。卦气相配，循环无端。盖天道左旋而卦则之，以阴阳之升降言，则复至乾，姤至坤，皆顺；以卦体之初生言，则复至乾，姤至坤，皆逆。以衡图相配言，则姤至坤为顺，复至乾为逆，运行无穷，而乾南、坤北、离东、坎西之位，不失先天之八卦，得此益彰矣。

十二、圆图右转生诸卦图

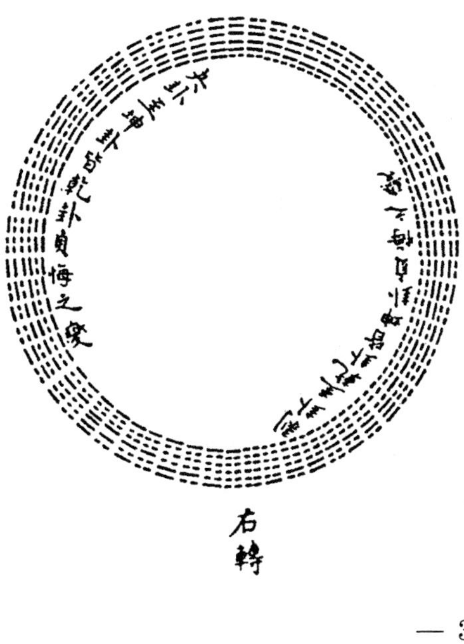

解说

天左旋，日月星辰右转，一顺一逆，变化见矣。圜图，阴阳之升降，则左旋以法天。六十四卦之相生，则右转以法七政。乾卦生兑、离、震，坤卦生巽、坎、艮。六子之所生，皆乾坤之所生也。故生卦之本惟乾坤，云乾坤，而六十四卦之位以正，三百八十四爻之变以章焉。夬至坤皆生于乾，剥至乾皆生于坤。贞卦以宰之，悔卦以动之。悔卦之变一周而贞卦一变，贞悔之变一周而乾坤一变。六十四卦所以全乾坤之用也。贞悔六阳为乾。其变也，自悔始。上九变则得夬，九五变得大有，五与上变得大壮，九四变则得小畜，四与上变则得需，四与五变得大畜，以及乎泰，则悔卦之变一周矣。悔卦之变一周，则贞卦。九三变而得履，乃乾退而兑进矣。兑之变一周而离退，离之变一周而震进，震之变一周而坤进。然后贞悔之变一周，而消息视之。贞悔六阴为坤，其变也，亦自悔始。上六变则得剥，六五变得比，五与上变得观，六四变则得豫，四与上变得晋，四与五变得萃以及否，则悔卦之变一周矣。悔卦之变一周，则贞卦。六三变而得谦，乃坤退而艮进矣。艮之变一周而坎退，坎之变一周而巽进，巽之变一周而乾进。然后贞悔之变又一周，而消息亦视之。阴阳相易，贞悔相济，六爻感应，若日月之往来而靡间也。若五纬之各得其道而不紊也，此其包括宇宙而无遗也。

十三、圆图阴阳对待图

解说

一阴一阳之谓道。阴无阳，不成其为阴；阳无阴，不成其为阳。阴阳相须，故圜图有对待之象焉。乾生兑、离、震，为阳卦。凡乾、兑、离、震之所生，皆阳卦也。乾至复三十二卦，是以居左。坤生艮、坎、巽，为阴卦。凡坤、艮、坎、巽之所生，皆阴卦也。坤至姤三十二卦，是以居右。阳左阳右，两仪对待也。然阳卦之中亦有阴，阴卦之中亦有阳，又莫不自相对待。如一阳五阴之复、剥、比、豫、师。师则对一阴五阳之姤、夬、大有、小畜、履、同人也。二阴四阳之无妄、家人、离、革、睽、中孚、兑、大畜、需、大壮、大过、鼎、讼、遁，则对二阳四阴之升、解、坎、蒙、小过、蹇、艮、萃、晋、观、颐、屯、震、明夷、临也。若泰、归妹、节、损、丰、既济、贲、随、噬嗑、益之对否、渐、姤、咸、涣、未济、困、蛊、井、恒，则阴阳半焉者也。乾之与坤，则以纯阳而对纯阴也。多寡相配，上下相求，东西成列，一阴一阳，而开物成务之事毕矣。

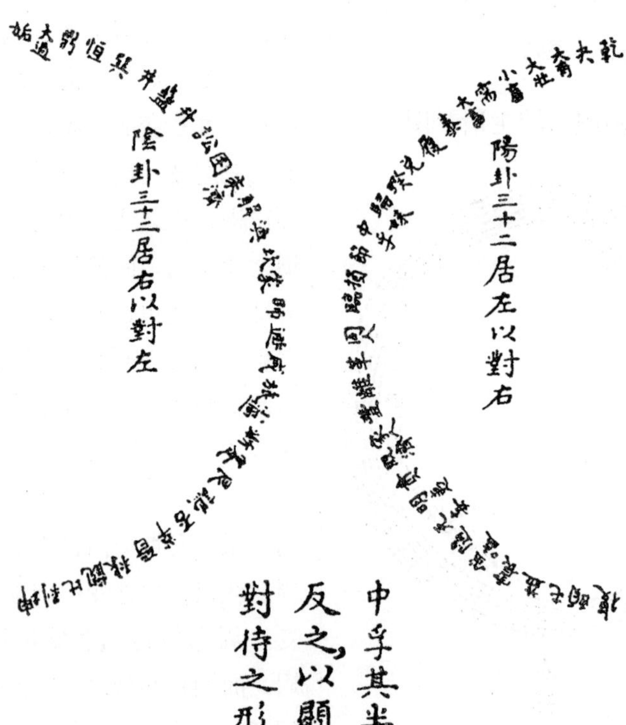

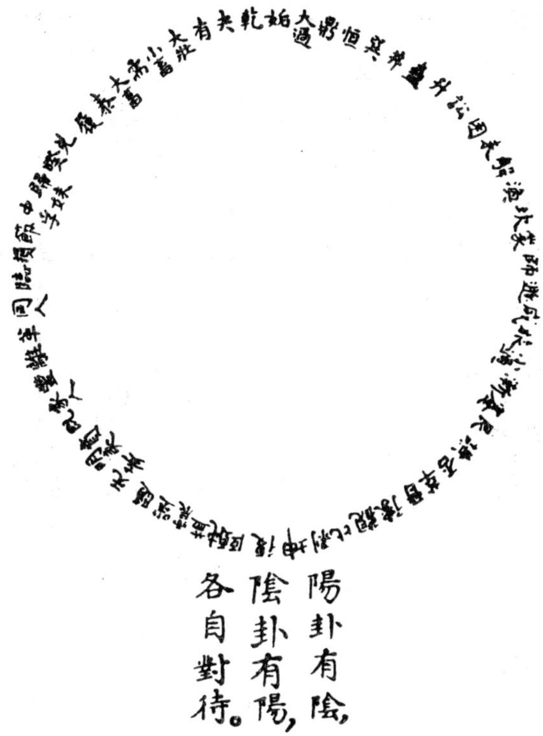

（十三、圆图阴阳对待图）

十四、圆图卦坎图

解说

孔子之《说卦》也，则曰八卦成列，因而重之。邵子之《说卦》也，则曰一分为二，二分为四，四分为八，八分为十六，十六分为三十二，三十二分为六十四。二说盖不类云及详。夫圜图，而知邵子固已掺孔子之左券也。卦次运行，以中为界。乾、姤为首，坤、复为尾，六十四卦若翼之垂，左右分行，起首而止乎尾。故贞卦兑二，次乾一，继而离三，继而震四，左行及尾止焉。巽五亦次乾一，继而坎六，继而艮七，继而坤八，右行极尾止焉。悔则八卦一周当贞之一卦，亦起首而止乎尾。左起乾一，次二三，向左叠行，终而复始，乾至复是也。右起乾一，次二三，向右叠行，终而复始，姤至坤是也。孔子所谓因而重之者，此卦。邵子所谓递而者，即此卦也。邵子则言其相生之渐，孔子言其已成之象。非邵子则孔之言不明，非孔子则邵子之言不全，后之人执一而失之，亦重可慨夫。

十五、圆图初爻图

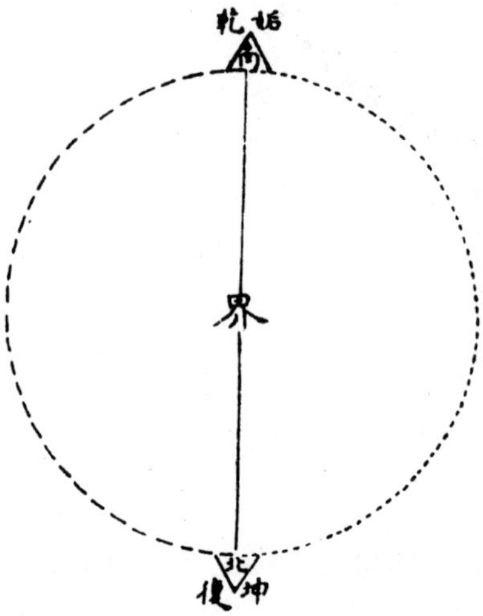

南北各一阴一阳，即上爻之数。

解说

两仪既判，极天下之至变，莫非两仪之妙也。则极天下之至变，莫不有两仪之象也。圜图初爻三十二阳居左，三十二阴居右，合而则一阴一阳也。乾至复、坤至姤之卦，备而两仪立矣。

十六、圆图二爻图

解说

两仪生四象，则极天下之至变，

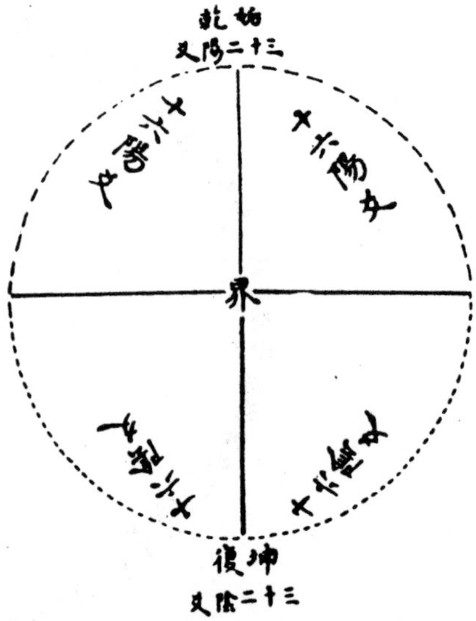

南北阴阳各合为三十二，即初爻之数。

莫非四象之妙也。极天下之至变，莫不有四象之象也。圜图二爻，乾至临十六阳，而间同人，至复十六阴，坤至遁十六阴，而间师，至姤十六阳。合之则二阳二阴，四象之象也。又合南三十二皆阳，北三十二皆阴，非即两仪哉。

十七、圆图三爻图

解说

四象生八卦，则天下之至变，莫非八卦之妙也。极天下之至变，莫非有八卦之象也。圜图三爻，乾至泰八阳，而间履；至临八阴，坤至否八阴，而间谦；至遁八阳，姤至升，复至无妄，而间讼；至师、明夷，至同人，八卦之象也。合之则四阳四阴，八卦而即四象也。

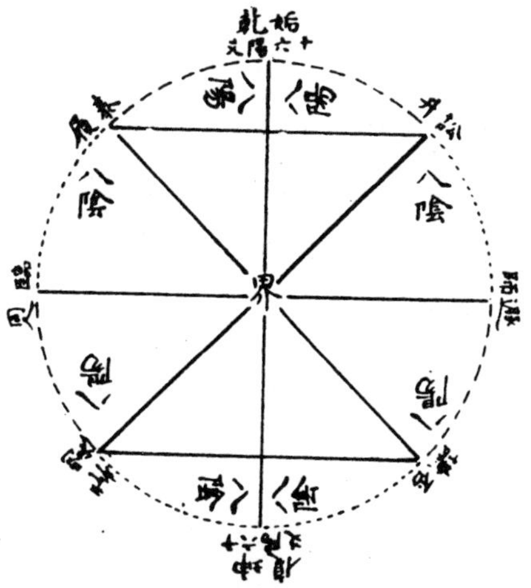

（十七、圆图三爻图）

十八、圆图四爻图　注：此图原缺

每以四爻相间，而南北阴阳各合为八节三爻之数。

解说

八而倍之，十六所自起也。极天下之至变，莫不有八卦之象，则亦莫不有十六之象也。圜图四爻，乾至大壮四阳也，而间小畜，至泰四阴，履至归妹，同人至丰，无妄至震之间，中孚至临，家人至明夷，益至复，法皆同矣。坤至观四阴也，而间豫，至否四阳，谦至渐，师至涣，升至巽之间，小过至遁，解至讼，恒至讼，法皆同矣。合之则八阴八阳，十六之象，即八卦之象也。而以四相间，又非四象乎？

十九、圆图五爻图

每以二爻相间，而南北阴阳各合

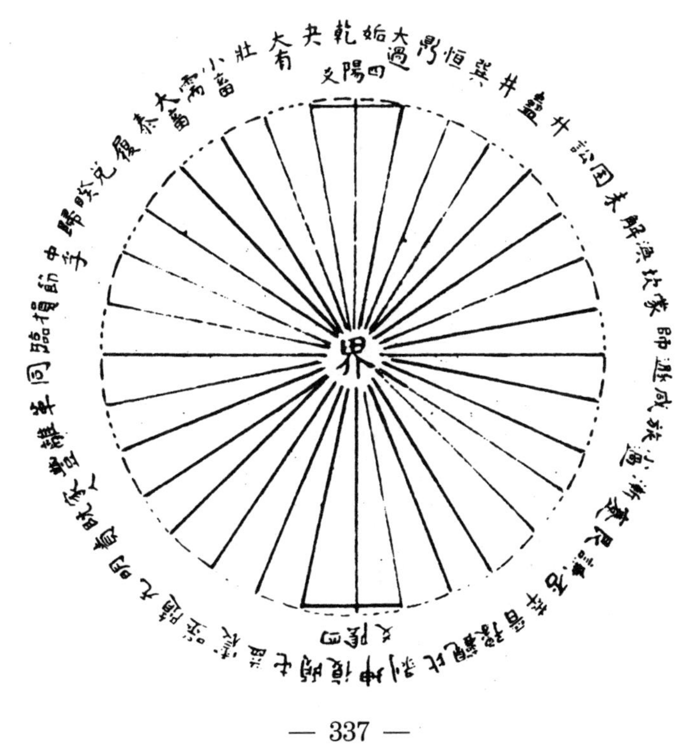

为四，即四爻之数。

解说

十六又倍之，三十二所自起也，则有十六之象，莫不有三十二之象也。圜图五爻，履、兑二阳，而间二阴之睽、归妹、谦、艮二阴而间二阳之蹇、渐，余五十六卦之相间，莫不皆然。合之则十六阳、十六阴、十六之象即三十二之象也。而相间以二，亦即两仪之象也。

二十、圆图上爻图

每以一爻相间，而南北阴阳各合为二，即为五爻之数。

解说

卦之有六十四，生于三十二也，推而上之，生于一。一与二，三十二与六十四，卦之终始也。圜图上爻，一阴一阳相间而列合之，则三十二阳，三十二阴，六十四之象即三十二之象也。而阴阳相间，以一为率，两仪之象即太极之象也。

二十一、圆图杂撰图

解说

《周易》始于乾、坤，终于既济、未济，一经之终始也。上经始于乾、坤，终于坎、离，下经始于咸、恒，终于既济、未济。一分为二，而各有终始也。始于乾、坤，中于泰、否，终于坎、离，为上经。始于咸、恒，中于损、益，终于既济、未济，为下

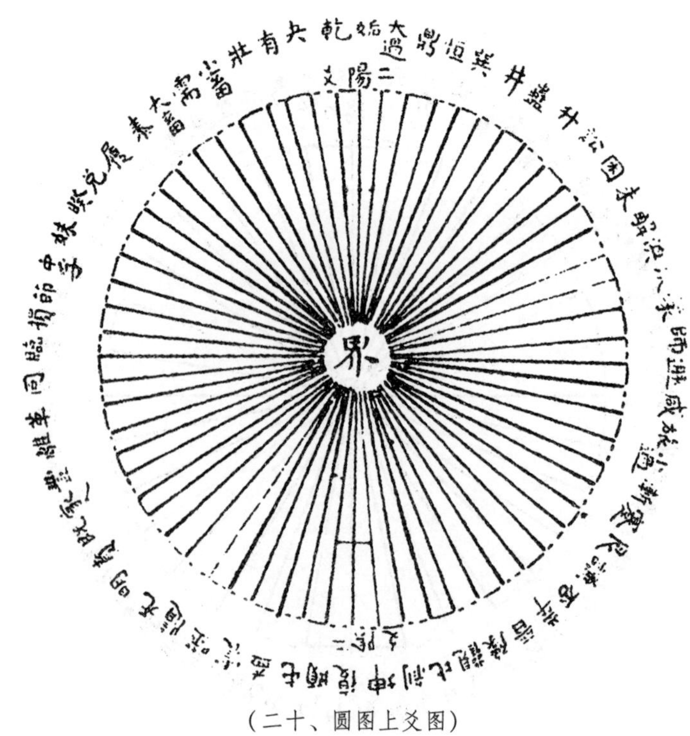

（二十、圆图上爻图）

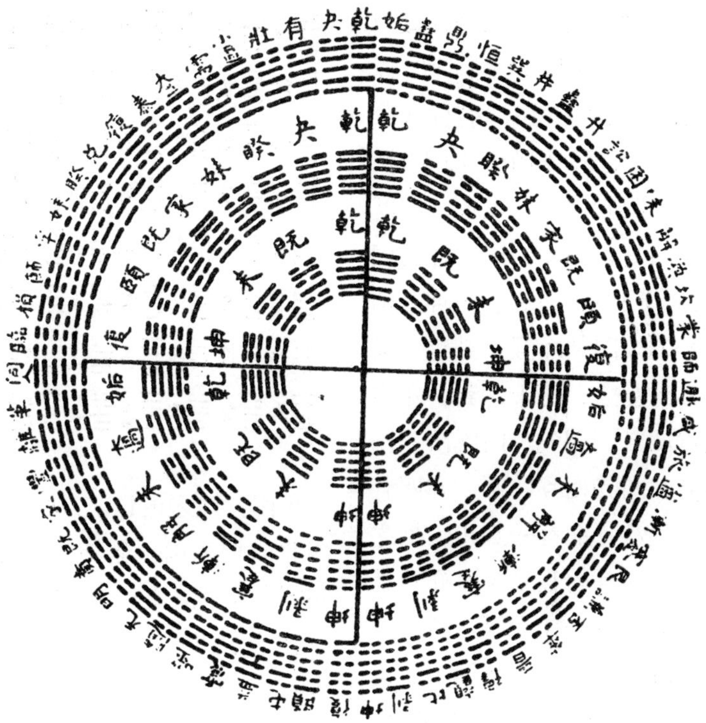

（二十一、圆图杂撰图）

经。上下经之各有始，各有中，各有终，所以成一经之始于乾坤，终于既济、未济也。而始于乾、坤，终于既济、未济者，何也？上经言乾、坤、坎、离，实则乾为主，坎用事，宗阳也。下经言震、巽、艮、兑，实则坤为主，离用事，宗阴也。乾、坤、坎、离，万象之枢也。故始于乾、坤而终于既济、未济，即始于乾、坤而终于坎、离也。然不终于坎、离，而终于既济、未济，何也？乾、坤立坎离之体，坎、离妙乾、坤之用。因乾、坤之交不交，以生坎、离之用，因坎、离之交不交，以章乾、坤之体。坎、离一乾坤也。乾坤得坎、离，则每于不交者，正其位。坎离继乾坤，则必于交其呈其能，未言离坎。坎离乾坤，曰乾、曰坤、曰坎、曰离，乾坤坎离之不交者也。乾坤之不交，即坎离之不交也。既言泰、否，终言既济、未济，曰泰、曰否、曰既济、曰未济，乾坤坎离之交者也。坎、离之交，即乾、坤之交也。《周易》虽分上下经，虽各有终始，实则始于乾坤，中于坎离，终于既济、未济。坎离不交即乾坤，而交即既济、未济。凡震、巽、艮、兑，错行于其间，以成乾、坤、既济、未济之终始。乾、坤、既济、未济，诚万象之枢也，盍观乎圜图之互卦乎。以六十四卦互得三十二卦。左右八分列，实得一十六卦，曰乾、曰大过、曰夬、曰睽、曰归妹、曰家人、曰既济、曰颐、曰复、曰姤、曰大过、曰未济、曰渐、曰蹇、曰剥、曰坤。两卦而互一卦，亦四卦而互一卦也。又以其三十二卦互之，得十六卦，左右重列，实得四卦，曰乾、曰既济、曰未济、曰坤，两卦而互一卦，亦四卦而互一卦。且八卦而互一卦也。推之六十四卦，则四卦而互一卦，亦八卦而互一卦，且一十六卦而互一卦也。互至于乾、坤、既济、未济而穷。盖互之而仍得乾、坤、既济、未济也。以四卦而画六十四卦，故乾、坤、既济、未济，为万象之枢也。故《周易》始于乾、坤，终于既济、未济也。既济、未济，一坎离也。坎离，一乾坤也。《周易》之始于乾、坤，终于既济、未济，即始于乾坤，终于乾坤也。至卦云者，即孔子之所谓杂物撰德也。

二十二、六十四卦方图

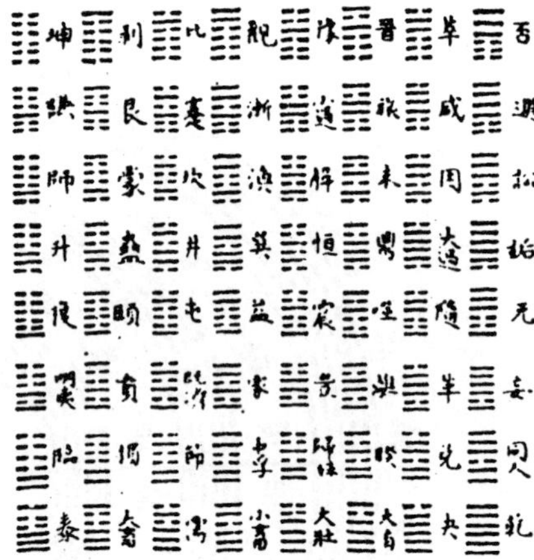

解说

乾坤大父母也，乾坤正而八卦正矣，六十四卦俱正矣。阳生于北而极于南，阴生于南而极于北，天之道也。圜图法天，故乾南而坤北。阳始于东北而盛于西北，阴始于西南而盛于东南，地之道也。方图法地，故乾西北而坤东南。乾坤运卦体于无穷，圜图之义也。乾、坤交卦体以变化，方图之义也。此其所异也。由是次乾、坤而艮、兑，次兑、艮而离、坎，次离、坎而震、巽，八卦之位不既正乎？由八八其八而六十四卦之位，不俱正乎？

二十三、方图纵横八卦图

解说

六十四卦成列，相交变化，而八卦各居其本位，以为卦主。从计之则乾一、兑二、离三、震四、巽五、坎

六、艮七、坤八，不少紊也。衡计之，则亦乾一、兑二、离三、震四、巽五、坎六、艮七、坤八，不少紊也。以从衡之间斜计之，仍为乾一、兑二、离三、震四、巽五、坎六、艮七、坤八，不少紊也。此其为卦之正，以统夫众卦也。

二十四、方图经纬图

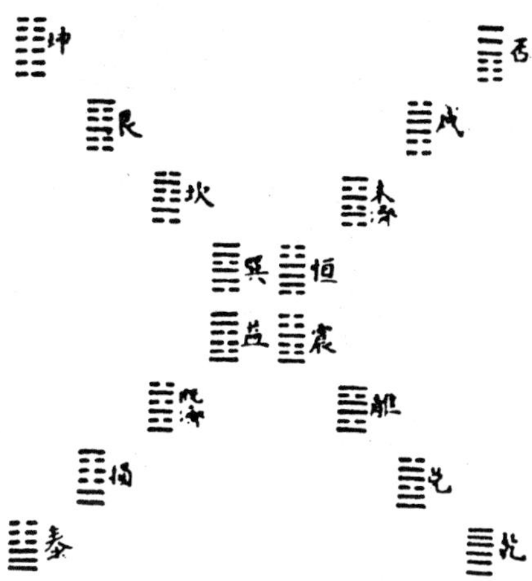

解说

卦有经，必有纬。经正则纬正，纬正则经纬之间无弗正。圜图以南北为经，则东西为纬；方图以西北、东南为经，则东北、西南为纬。乾、坤交得否、泰继，而兑、艮交得咸、损，故次否、泰继，而离、坎交得未济、既济，故又次咸、损继，而震、巽交得恒、益，故又次未济、既济，皆为纬。纬合经而一十六。邵子所谓四象相交成十六事也。而各卦之交，咸取诸此矣。

二十五、方图八卦相交图

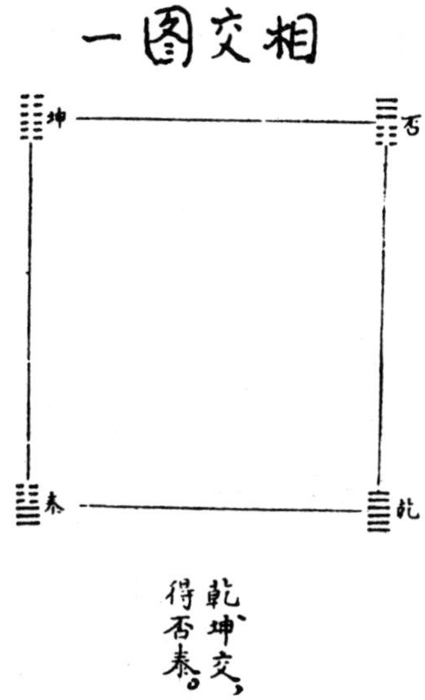

解说

六十四卦生于八卦之相交，而八卦之相交，其法有七：有隔六交者，有比肩交者，乃至隔一、隔二、隔三、四、五交者。其隔六，则乾、坤相交是也。隔五，则乾、艮、坤、兑相交是也。其隔四，则乾、坎、艮、离、兑、艮相交是也。乾、巽、兑、坎相交，坤、震、艮、离相交，则隔三也。乾、震、兑、巽相交，坤、巽、艮、震相交，则隔二也。交以离、乾、兑、震，交以离、巽、震、坎，交以巽、艮、坎、坤，非隔一乎？交以乾、兑、兑、离，交以离、震、震、巽，交以巽、坎、坎、艮，及艮、坤，非比肩乎？刚柔往来，贞悔变易，尽之矣。

二图交相

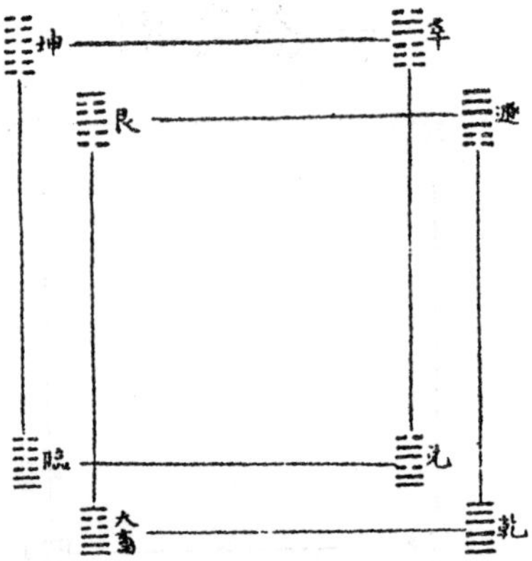

乾、艮交得大畜、遯；坤、兑交得萃、臨。

三圖交相

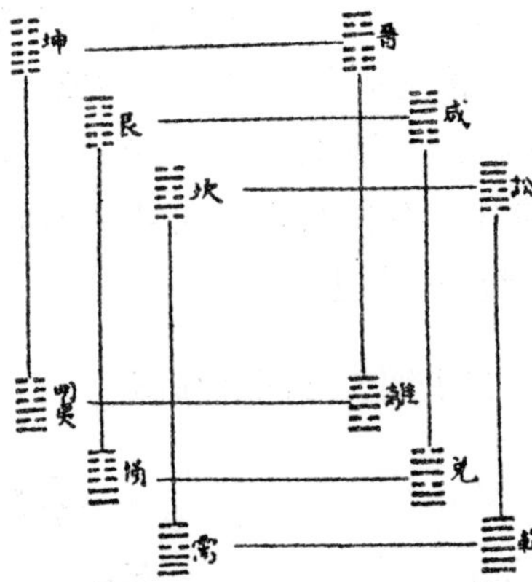

乾、坎交得需、訟；兑、艮交得咸、損；離、坤交得晉、明夷。

四圖交相

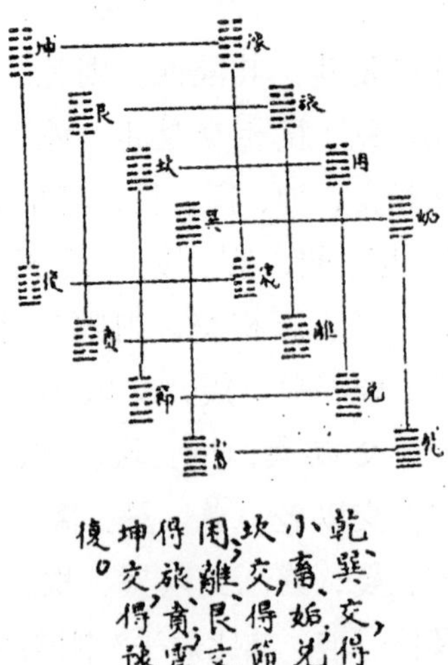

乾、巽交得小畜、姤；兑、坎交得節、困；離、艮交得旅、賁；震、坤交得豫、復。

五圖交相

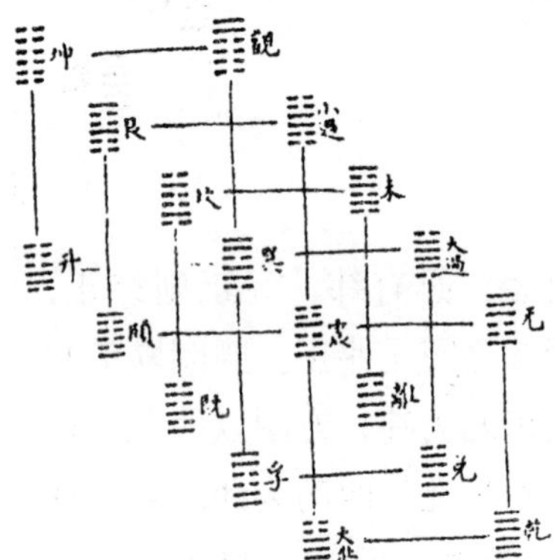

乾、震交得无妄、大壯；兑、巽交得大過、中孚；坎、離交得未濟、濟；震、艮交得頤、小過；坤、巽交得升、觀。

(二十五、方图八卦相交图)

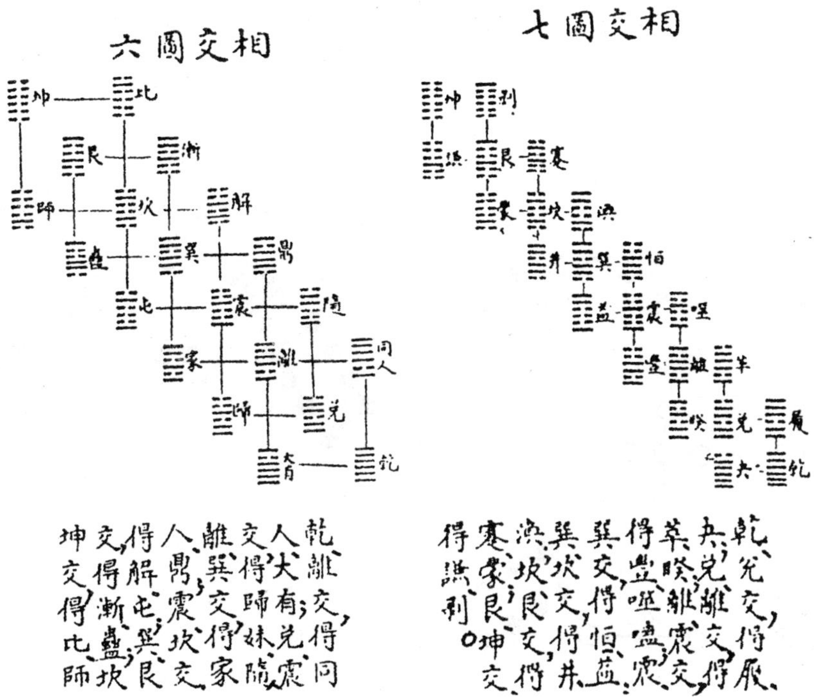

（二十五、方图八卦相交图）

清·钱澄之《田间易学》

一、后天纳卦图

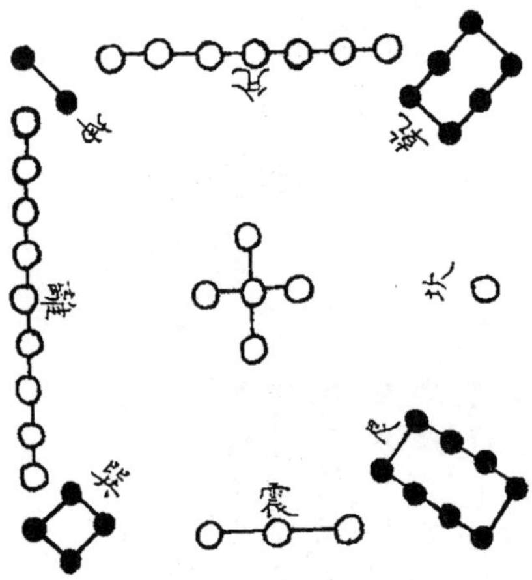

解说

今术士家皆用此图，以后天八卦纳入“洛书”九宫。坎居一宫，坤居二宫，震居三宫，巽居四宫，惟虚中五不纳。乾居六宫，兑居七宫，艮居八宫，离居九宫，谓之九宫。八卦奇门则乾、坎、艮三宫为吉。中五则八神不敢临，所谓游三避五也。其曰一宫、二宫，就龟书点画多少而称，硬纳后天八卦于中。

今按：诸儒欲以先天八卦配“河图”之数，析四方之合为乾、坤、坎、离，补四隅之空为兑、震、巽、艮，即仿此图为之也。术士穿凿，岂古圣人之学乎？

二、奇门遁甲用后天图

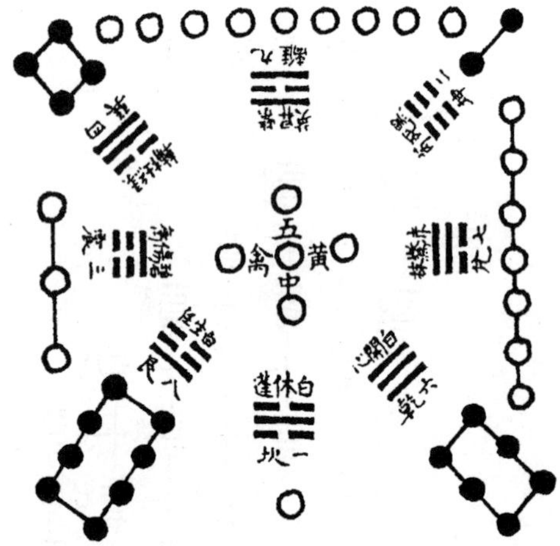

解说

《大传》曰：吾观奇门遁甲之说，而知后天卦位，圣人之好生而恶杀也。木居东震，为生八卦，皆以护生。庚居西说，为杀八卦，皆以制杀。故遁甲本“河图”而用“洛书”，一依文王之卦位也。夫甲为干首，何以云遁，畏庚而遁也。“河图”以一、六为水，二、七为火，三、八为木，四、九为金，五、十为土也。“洛书”除十不用于北一之水，东三之木，皆仍其旧，而移西九之金于南，移南七之火于西，金、火易位，使金伏火地，火入金乡，所以柔庚之刚锐而护甲也。文王画卦，离南而兑西，则直以九金予火，以七火予金矣。于是以二居西南为坤土，二犹火也，庚藉坤土以生，当其生之，即以制之。以六居西北为乾金，六本水也，庚赖乾金为辅，阳为辅之，阴以泄之。是其泄制之法，早用之于父母胎性之内矣。北一之坎水，甲之恩地也。东北之八，本震宫也，艮土居之，以兵冲弟，妨其市恩于仇也。东南之四，本兑宫也，巽木居之，以妹嫁仇伺其阴谋于室也。于是离火得位于正南，而甲始安居东，三以称帝，斯庚无能为矣。《阴符》曰：甲以乙妹妻庚，以丙男丁女御庚，称为三奇。今由后天卦位按之，则卦卦皆奇也。奇门以离为景门，甲所仰也。坎为休门，甲所养也。乾方为甲木之生地，而曰“开门”。巽方为庚金之生地，而曰“杜门”。易称亥巳为天门、地户，开天门，塞地户，义严矣哉！艮方为甲木之得禄，而曰“生门”。坤方为庚金之得禄，而曰“死门”。凡所以奉甲而备庚者，详且尽矣。兑曰“惊门”，惊防已者之众也。震曰“伤门”，盖甲以伤害之虑终其身也。故甲始终遁也，即以九色星征之，三碧四绿，震、巽之本色也。兑七为赤，则非金之色而火之色矣。金固白色也，其星最吉，不以予兑，而以予乾、坎、艮三宫。然犹以乾、艮两宫者为白奸，以乾宫暗藏有戌之金，艮宫暗藏有丑之金。盖畏庚如虎，防之不遗余力耳。吾因《阴符》之说合诸后天之卦位，而知其道可以养生，可以修身，可以治国，可以行兵，而区区传为握奇阵法，犹其一端者耳。

三、蓍变奇偶图

初变奇偶(左图)、二变三变奇偶(右图)

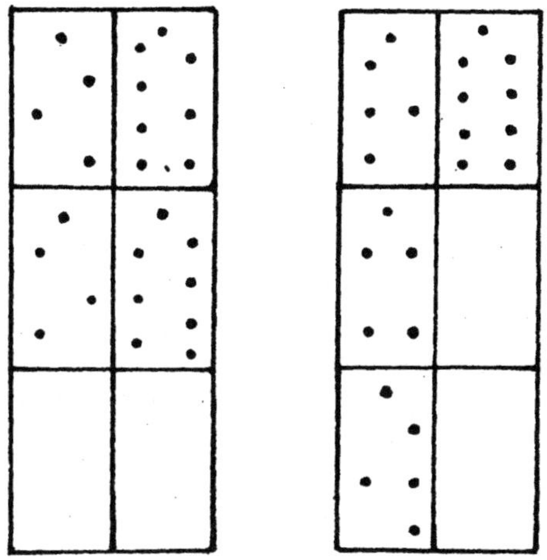

（左图）初变不去挂一，得五者三，得九者一。若去挂一，则五者为四，九者为八。

（右图）再变，三变不去挂一，得四者二，得八者二。

四、文王卦序反对圆图

解说 三、四两图并说

今按《杂卦》乾至困当上篇三十卦，杂下经十二卦于其中。咸至夬当下篇三十四卦，亦杂上经十二卦于其中。杂义已著，不必更取大过以下八卦，不反对而后为杂也。

《大传》曰：此“文王六十四卦图”也。非六十四，以六十四尽之三十六也。上篇正对六，反对十有二，下篇正对二，反对十有六，各十有八对。宋儒胡庭芳列为“横图”，其义尚隐而未章，此规而圆之，以配羲图。取上篇乾至离卦，环之于左，下篇咸至未济卦，环之于右，正因其正，反注其反，井而不偏，森而不紊，自然而然也。

五、三互图

解说

朱子谓《大传》曰：若夫杂物撰德，辨是与非，则非其中爻不备。又曰：二与四同功而异位，三与五同功而异位，中爻即中四爻。自二至四，自三至五，《春秋传》所谓互体也。朱子谓自二至五，互两卦，两卦又伏两卦。林黄中推成四卦，四卦又伏四卦。王弼破互，然其注睽六二曰：始虽受困，终获则助。自初至五，互为困。亦言互也。钟会排互，而荀觊难之。洪迈、吴澄皆言互易。

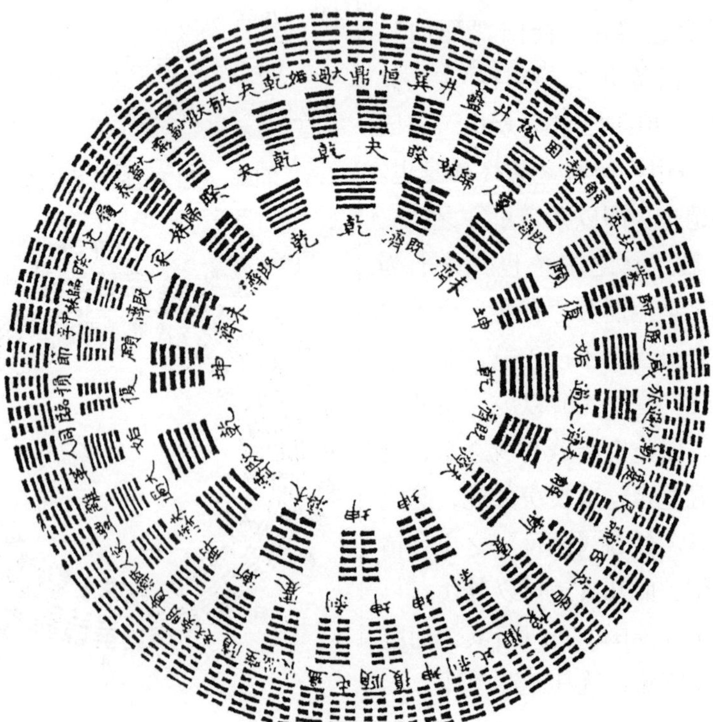

郝仲舆曰：正卦六位，初至三为下，阳包阴也。四至六为上，阴含阳也。互卦二、四互为下，阴含阳也。三、五互为上，阳包阴也。在二卦三、四为上下之际，在互卦三、四为往来之枢，故多凶惧，惟二、五逸而有成。正卦内外二卦各有正德，互卦杂撰别为卦德，不撰德则象辞不备也。以“三互图”观之，初互三十二卦，实得十六卦。再互十六卦，实得四卦。其十六卦下体以乾一坤八之序，而两比之；上体以乾一坤八之序，而四周之，左右适均也。其为四卦者，复以所互之卦而再互之，皆缩四而得一，只成乾、坤、既济、未济。下体则乾、离、坎、坤为序，上体则乾、坎、离、坤为序，《周易》所以首乾、坤而终既济、未济也。夬、姤、大过也，互皆二乾；剥、复、颐也，互皆二坤。二乾之卦皆南，二坤之卦皆北，此乾、坤独异于六子也。照“伏羲圆图”依序互之，一互再互，即见所得之卦。

《见易》曰：吾尝习邵子观梅数，即皇极数捷法，亦用互卦。其法以静为体，以动为用，而以五行生克之法断之。凡用生体克用则吉，反是则凶。最重者变而参之，以互有正卦吉，变卦凶，互得吉卦，即凶为之减等。其正卦凶，变卦吉者，亦防互卦之有凶也。以占小事颇验，乃知阴阳之理，无往不在，卦画之神，随人所用也。

六、十二辟卦图

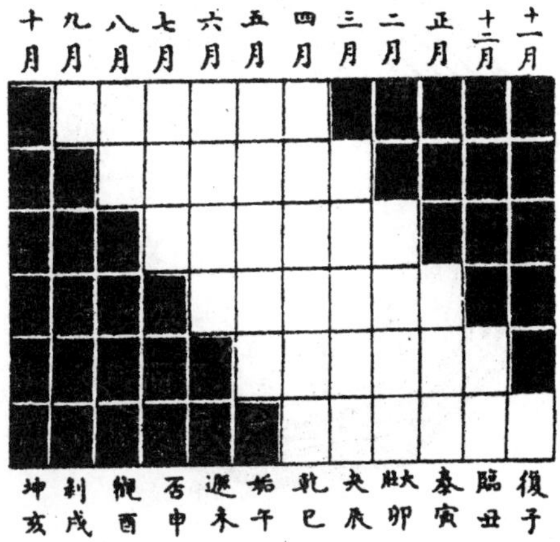

解说

邵子以一岁之月，一日之辰，配一元之会，一运之世，皆十二也。十二月、三十六旬，分之则七十二候。十二卦、三十六阳，分之则七十二画。纵而数之，阳与阳皆自一而六；横而数之，阳六其六。又阳一而阴二，三十六阳，贯乎三十六阴之中。天地间无非一阳气之运而已，息于复，盈于乾，消于姤，虚于坤，天行也。

《大传》曰：论阴阳之大分，天包乎地，阳包乎阴，而天实贯乎地之中，阳实贯乎阴之中。盖既包之而又贯之也。故阳一而阴二，阳内而阴外，阳实而阴虚，阳为主而阴为辅，二则在外为辅，一则在内为主，观兹图益了然矣。

七、文王十二卦气图

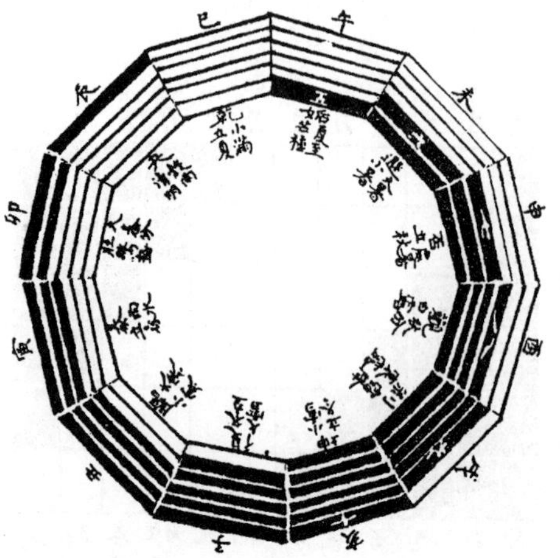

解说

胡庭芳曰：阴阳消长，如环无端，不特见之卦画之生如此，而卦气之运亦如此，自然与月之阴阳消长，相为配合，《大传》所谓易与天地准，故能弥纶天地之道，于此亦可见其一端。所以知十二月卦属文王者，以文王卦下之辞复卦“七日来复”，临卦“八月有凶”之类见之。此图以四时之气配四方之位，虽与文王序卦先后不协，实自然与伏羲六十四卦之“圆图”位次相合。至于卦气之流行，卦画之对待，阴阳盛衰消长相为倚伏之机，皆备于此图矣。

《见易》曰：京房“卦气图”去坎、离、震、兑四正卦，以六十卦分公、辟、侯、大夫、卿，而所谓十二卦者，皆属于辟，斯辟卦之说，所由来乎？宋人谓之文王十二月卦，盖以复卦下有“七日来复”之辞，临卦下有“八月有凶”之辞证之。今以十二卦规而图之，则一岁十二月之中气也，十二律吕之本卦也。阴阳消长，如环无端，自然与“六十四卦圆图”之位次合也。横而列之，前六卦始复终乾，后六卦始姤终坤，阳合阴分，三十六阳贯乎三十六阴之中，乃知阳之实以为阴主也。孔子释辟卦，《彖辞》于复曰：刚反，犹《春秋》书季子之来归也。于姤曰：遇也，犹《秦风》志寺人之始见也。临曰：浸而长，遁亦曰浸而长。阴阳之气必以浸，浸者，阳之所难，阴之所易也。临之辞，戒辞也；遁之辞，危辞也，为阳危也。泰之大来，自复之反而来。然刚必与柔交而后为泰，则刚反不可恃也。否之小来，自姤之遇而来。然柔终不与刚交斯以成否，则柔遇不可测也。于四阳曰：大者，壮也。盖大不可以用壮，所以儆阳也。于四阴曰：大观在上，非大不能以观，所以诫阴也。夬，刚决柔，而扬于庭。剥，柔变刚而剥于床。庭则小人易为备，床则君子不及防，是以夬之牵羊，不敌剥之贯鱼也。然而夬之五不食苋陆，剥之上亦不食硕果。乾、坤二老迭相为主，阳虽不能尽阴，阴亦不能灭阳也。

《大传》曰：十二辟卦阴阳以次渐生，至纯卦而止，其序与“先天圆图”正合。六了之卦惟除坎、离，即“先天图”中坎、离亦不在相生之序。

盖离为二阳，以中有少阴间之，不能当二阳之卦。坎为二阴，以中有少阳间之，不能当二阴之卦。故十二辟卦坎、离不用也。元包八宫卦，其乾、坤两宫皆依辟卦次序，特设游、归二卦，补出坎、离，以坎、离为乾、坤之大用也。

今按：朱子《本义》于“伏羲六十四卦横图”，用黑白以别阴阳爻画。其答袁枢有云：黑白之位，亦非古法，但今欲易晓，且为此以寓之耳。盖黑白能别阴阳，不能分奇偶也。夫阴阳之象，尽于奇偶二画矣。然吾尝于“辟卦图”试以奇偶为之，终不灿然，固不若黑白之了了心目间也。

八、阴阳二气如环图

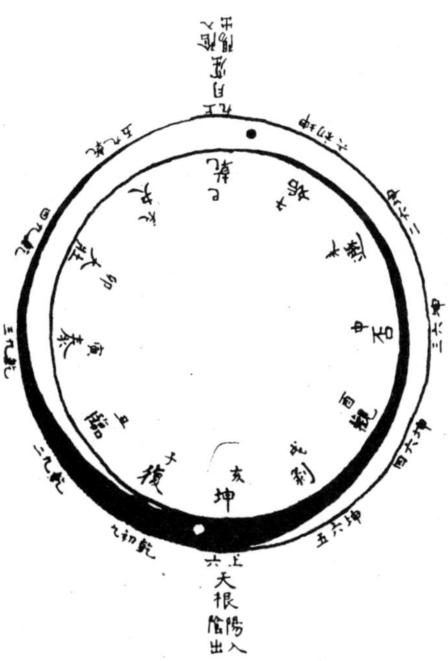

解说

朱子谓阴阳只是一气，阳之退便是阴之生。又曰：天地间只是一个阳气，下截便是阴，阳全阴半。又曰：阳气便是六层，只管上去，上尽后下面空缺处便是阴。此卦之所以有六画也。

今按：朱子谓阴阳只是一气之流行，此溯源之论。若云只是一个阳气，阳气上尽后下面空处是阴，此说可议。阴阳自是二气，二气平分，不能相无，亦不容有紊。其数皆至六而极，是故乾六阳，坤六阴，统为十二阴阳，而造化之事毕矣。今一年有十二月，一日有十二时，乐有十二律吕，易之有十二辟卦，皆阳六阴六，自子至巳为阳，自午至亥为阴，未有遇于六者。治律者以十二律管按月令布灰候气。其月之气到，则其月之律管灰飞，气不至，则灰不飞。斗按月而建十二辰，此阴阳各六，而尽于十二之大证也。是故自子至巳为阳律、阳吕，自午至亥为阴律、阴吕。巳方之律谓之中吕，言阴阳至此而中也。而午方之律谓之蕤宾，盖阳本为主，阴本为蕤宾。宾者，阳至此而反为宾，《易》所谓“内阴而外阳”也。然即六律之间复自有阴阳，如黄钟属阳，大吕属阴，十二律吕一阴一阳，相对复相间也。中而分之为大阴阳，比而析之为小阴阳，是故子、寅、辰、午、申、戌又为阳，而丑、卯、巳、未、酉、亥又为阴也。夫乾六阳矣，二、四、上又阳中之阴。坤六阴矣，初、三、五又阴中之阳。阴阳亦相间也。阴阳固未有相离者，特因其时而有内外之辨耳。吾尝谓阴阳二气，如环无端。所谓如环者，非二气相接之为环，乃二气相交之为环也。正如黄道与赤道相交，其交处自南入北，曰内道口，自北入南，曰外道口，时二道相距有近有远，二气则紧相并耳。是故巳亥者，姤、复之关，阴阳内外相交之限也。亥子之交，阳由外而入内，阳内则阴外矣。巳午之交，阴由外而入内，阴内则阳外矣。阳在内，非无阴也阳，为主而阴佐之。阴在内，非无阳也，阴用事而阳任之。是故春夏者，阳之事；秋冬者，阴之事。元亨之后，利贞之前，阳事方终，阴事方始，圣人释乾，《彖辞》于“元亨利贞”之间曰：大明终始。盖极赞乾德之大，以言终始者，皆乾为之，谓乾能兼乎坤也。然阴阳之数，各极其六阳、六阴，六各以其时。自子至巳，阳之时也，乾曰“时乘六龙”。自午至亥，阴之时也，故坤曰“承天时行”。然则乾、坤两卦合作一卦看可也。又曰：阳进阴退说者以为阳顺行故进，坤逆行故退，所谓进退非向前向后之说，乃一嘘一吸之义也。嘘主发舒，阳之进也。吸主收敛，阴之退也。昼夜一日之嘘吸，春夏秋冬一年之嘘吸，嘘吸循环，无有停时，以鼻息验之，而屈伸往来之理具见，即进退之义可知矣。十二辟卦即乾坤之十二画也，辟者主也，辟卦者，谓其为之主也，主者在内故也，于辟卦而益明乾、坤之理。

九、邵子卦气图

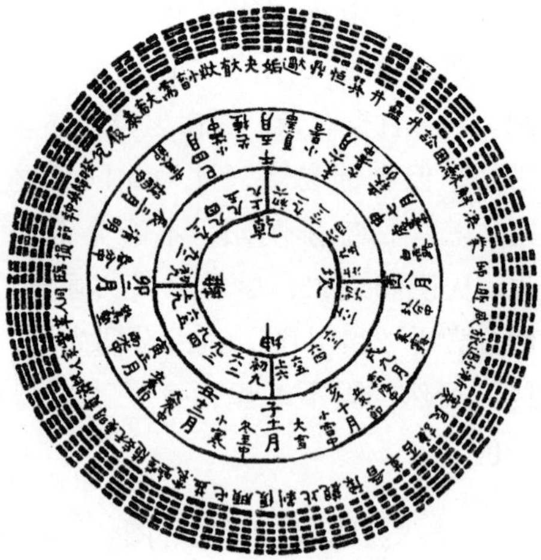

解说

按“邵子卦气图”卦主六日七分，亦京房日法也，而用“先天图”六十四卦以分布气候，去乾、坤、坎、离四正卦以主二至二分，与京房、扬雄法同而用异。杨龟山疑之，谓以爻当期，其原出于《系辞》，而以星日气候分布诸爻，易未有也。其流详于纬书，扬子以作《太玄》。卦气起于中孚，冬至卦也，《太玄》以中准之，其次复卦，《太玄》以周准之，升大寒气也，《太玄》以干准之，今之历书皆然，则自汉迄今，同用此说也。而康节以复为冬至，噬嗑为大寒，又谓八卦与文王异，若此类皆莫能晓。龟山不知康节所本者，先天卦图也。

今按：朱子谓康节之学似扬子云，康节谓扬雄知历法，又知历理。又曰：扬子作《太玄》，可谓见天地之心者也。然扬雄《太玄》每事分作三节，配天、地、人，康节只是加倍之法，每事看作四破，故惟以四象为主。且《太玄》有气而无朔，有日星而无月，固不如邵子之精密耳。

十、纳甲图

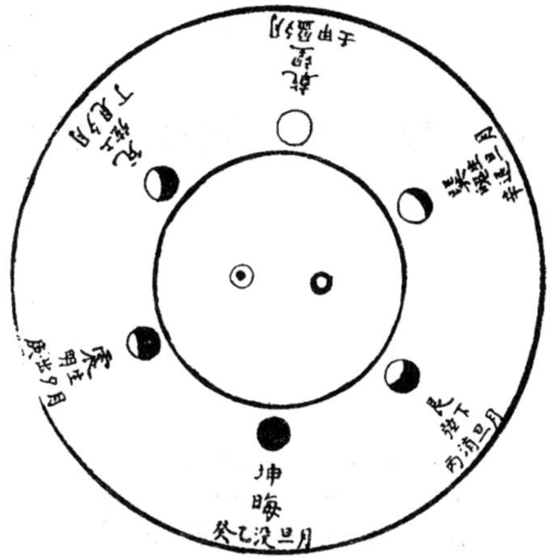

解说

朱子《参同契》注云：三日，月生明之时也。盖始受一阳之光，昏见于西方庚地。八日，月上弦之时。受二阳之光，昏见于南方丁地。十五日，既望之时。全受日光，昏见于东方甲地。是为乾体。十六日始受下一阴为巽而成魄，以平旦没于西方辛地。二十三日复生，中一阴为艮，而下弦以平旦没于南方丙地。三十日全变三阳而光尽，体伏于西北。一月六节既尽，而禅于后月，复生震卦云。

真西山释之曰：震一、兑二、乾三、巽四、艮五、坤六，每五日为一节。又曰：朔旦震始用事，为日月阴阳交感之初。八卦用六卦者，以月之魄即日之光，故不直离，犹之不直坎也。坎、离阴阳居中，非以渐生者，故不用而始于复。

清·黄宗炎《图学辨惑》

一、河　图

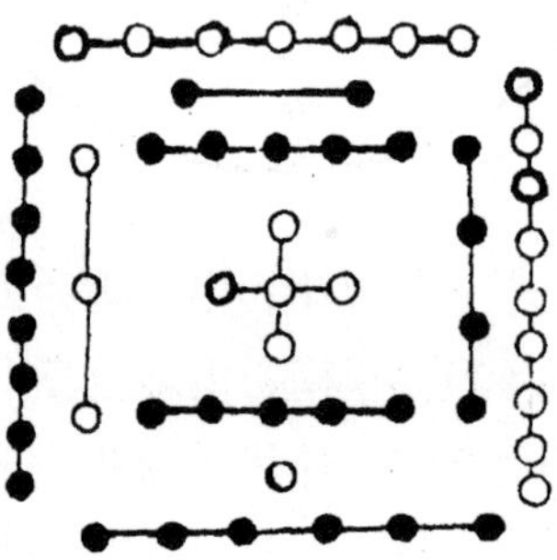

二、洛　书

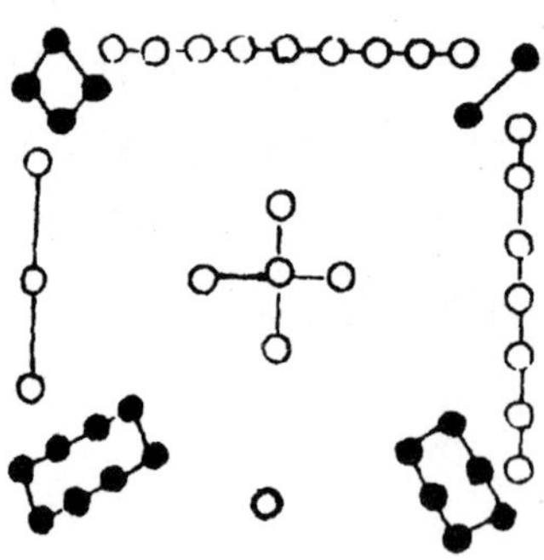

解说　一、二图并说

辩曰：《大传》曰天一地二、天三地四，天五地六、天七地八，天九地十，不过言奇偶之数，未尝有上、下、左、右，中之位置也。曰天数五，地数五，不过言一、三、五、七、九为奇，二、四、六、八、十为偶，未尝有一六、二七、三八、四九、五十之配合也。曰五位相得而各有合，不过言奇与奇相得，合之而成二十有五；偶与偶相得，合之而成三十，未尝有生数、成数及五行之所属也。以此为“河图”，绝无证据，况又因之而为龙马旋毛之说乎？假或然矣，龙马之旋毛如此，羲画之八卦如彼，何曾略可？似是，于天地、雷风、水火、山泽毫无关涉，于近身远物迥乎难通。便不问“河图”，竟列八卦，稍有知识之士，历历如指掌，苟必欲奇耦出诸旋毛，阴阳分乎黑白，生吞活剥，附会而成，虽极聪明才辩之士，其不可通者终难强解。又复杂以“洛书”，谓是神龟献禹之文，禹得之而陈《洪范》。《洪范》篇中序列九事，造为九宫以奉之。夫洪者，大也，范者，法也，犹言治天下之大经、大法也。盖治天下之大法有此九条，安取乎戴九履一、左三右七、二四为肩、六八为足也？禹之治水，迹遍九州，疏瀹决排既毕，辨其壤赋，今九州之土地可耕可艺，皆得画为井田，以锡天下之人民也。箕子曰“天不锡洪范九畴”，谓鲧治水弗成，天下之田畴汩没，无能施其治术云尔。曰“帝锡禹洪范九畴”，是地平天成，烝民乃粒，方能展布其治天下之大法云尔。名之曰畴者，即尽力乎沟洫之谓也。名之曰九畴者，即井田九百之意也。“河图”“洛书”并举而言者，以河、洛为天地之中，东西南北风土不齐，人物异宜，禹之则壤定赋，俱因中土而递推之，故云“成赋中邦”也。《顾命》“天球”“河图”在东序，吾未审此图也者，尚是伏羲之故物与？或为周家再见之符瑞与？或为天闲之羁靮与？或为已蜕之皮毛与？《论语》凤鸟不至，河不出图，夫子仅云：天无祯祥，凤鸟不至矣。王室东迁，天下之版籍，不隶于职方，河不出图矣。“河图”“洛书”乃地理方册载山川之险夷，壤赋之高下，与五等六等班爵授禄之制度，若《禹贡》《王制》之类，特因儒者好为神奇，愈作怪妄，愈失真实矣。细绎图绪，俱两相比附，天一生水，水润下必得土，而后有所归著。土数五，以一加五则成六，故一、六居下。地二生火，火炎上必得土，而后有所托宿。以土数之五加二则成七，故二、七居上。天三生木，木属东方，必植根于土，以土数之五加三则成八，三、八居左。地四生金，金属西方，必生产于土。以土数之五加四则成九，故四、九居右。天五生土，土位中央，无所不该，必博厚无疆，乃能为五行之主宰。以五益五，则成十，故五、十居中，此老氏守中之义，即所谓黄庭也，金丹也，与易仅假借之而已，非有卦画理数，实可指证者。阴阳医卜之家，甲与己合而化土，乙与庚合而化金，丙与辛合而化水，丁与壬合而化木，戊与癸合而化火，皆此意也。即土王四季之说，即人身以脾胃为主之说，即心为土藏之说。然执其道而求之，往往有验与不验，盖亦小道可观者也。若夫“洛书”，则显然九宫为地理相宅之用，即一白、二黑、三碧、四绿、五黄、六白、七赤、八白、九紫也。以奇当正位，偶当四隅，奇为主，偶为用，阴从阳也。履一者，一乃子位，阳生于子，自下而上也。戴九者，阳莫盛于午，九乃阳之盈数，至上而极也。左三者，东为生方，三生万物也。右七者，西为金，为秋，万物成实也。二、四为肩，六、八为足者，人之耳目视听属阳，手足持行属阴。二、四校六、八稍轻，所以为肩，而在上；六、八校二、四尤重，所以为足，而在下也。大约耳目左多聪明，手足右多便利，所以二与六居右隅，四与八居左隅也。其中五则空而不著，此老氏虚中之义，即所谓玄牝也，众妙之门也，与《范》有何仿佛？但取九之一字而发挥之。后世筹策之文，多有上、中、下三者，或卜得十矣。几利几害，岂亦有先兆而定之与？日者以“九宫”变动最忌五黄之位，指为飞土，指为龟甲，空亡神煞所住之处，则从此而转辗失真者，与图书虽同为中五，而义则不同。“图”象圆，圆者流行，其外动，动必内有至静者。存其五，取黄中正位，居其所而不迁者也。“书”形方，方者一定，其外静，静必内有运动者存。其五，取“皇极”思兼貌、言、视、听者也。图、书也者，守中与虚中也。老子之中，非虚不能守，非守不能虚，是以图、书可以经纬表里，是以图、书可以互易也。然则何以谓之龙马？何以谓之神龟乎？易者，乾，乾六爻皆龙，又乾象为马，故云“龙马负图”。九畴稽疑，龟从，著从，卿士从，庶民从，斯谓之大同，故云“神龟负书”。其立论则荒诞而不可执，其取义则恍忽而无当大道。儒者纷纷聚讼，强赘易、范，真捏目生花，辨别青红者也。要皆陈氏借端汉儒，阐发增益，藏其吐纳烧炼之微意，实非画卦锡畴之正义。士君子果能观象玩辞，观变玩占，则图、书之星罗棋布者，真可屏诸稗谐之林，于易、范奚取焉！互见《上系》第十二章注。

三、先天八卦方位图

解说

辩曰：邵尧夫引“天地定位”一章，造为“先天八卦方位图”，其说云：天地定位，乾南坤北也。水火不相射，离东坎西也。雷风相薄，震东北，巽西南也。山泽通气，艮西北，兑东南也。夫圣人所谓“定位”，即如首章“天尊地卑，乾坤定矣”之义，未可赘以南北也。天地之间，山泽最著，故次及之。言山峻水深，形体隔绝，其气则通，山能灌泽成川，泽能蒸山作云，未可指为西北东南也。雷以宣阳，风以荡阴，两相逼薄，其势尤盛，未可许为东北西南也。水寒火热，水温火燥，物性违背，非克必争，然相遇必有和合之用，不相射害，未可诬以东西也。八象既出，或联或间，何莫非消息往来之运行，岂必取于对峙乎？故总言八卦相错，谓不止于天地之交，山泽之遇，风雷之合，水火之重也。八卦递加，转辗变动，则成二篇之易矣。明白斩截，毫无藤蔓，容我装凑者。其云“乾南坤北”也，实养生家之大旨，谓人身本具天地，但因水润火炎，阴阳交易，变其本体，故令☰乾之中画，损而成☲离；☷坤之中画，塞而成☵坎，是后天使然。今有取坎填离之法，扡坎水一画之奇，归离火一画之偶，如炼精化气，炼气化神之类。益其所不足，离得故有也。如凿窍丧魄，五色五声之类。损其所有余，坎去本无也。离复返为乾，坎复返为坤，乃天地之南北也。养生所重，专在水火，比之为天地，既以南北置乾、坤，坎、离不得不就东西。坎，月也，水也，生于西方。离，日也，火也，出自东方。丹家沙火能伏澒木，铅水结成金液，所谓火中木，水中金，混合结聚。此之先后，即承上文之变易而言，已不若乾、坤之确矣。兑居东南，艮居西北，巽居西南，震居东北，直是无可差排，勉强塞责，竟无义理可寻。缘此四卦，不过为丹鼎备员，非要道也。又水、火、木、金已尽现伏于四正位，止云兑、泽连接于正南之乾天，两金相倚，艮山根种于正北之坤地。两土相附，雷发于地，风起于天云尔。安见其必然而欲以此夺三圣之大道与？

谓先天方位者，反疑夫子震东、兑西为少、长相合于正方，巽东南、艮东北为少、长相合于偏方。少、长之合，非其偶，必若伏羲八卦以长合长、少合少为得其偶，岂直以卦画为男女耶？父、母、长、中、少亦象尔，合与偶亦象尔，如必曰男女也，则震、坎、艮不宜重，巽、离、兑不宜错，乾坤乌可加诸六子邪？固哉！其为易也。

四、先天六十四卦横图

解说

辩曰：夫子明训八卦既立，因而

重之；又曰：八卦相荡；又曰：八卦相错。自有乾、坤六子以一卦为主，各以八卦加之，得三画，即成六画，得八卦，即有六十四卦，何曾有所谓四画、五画之象，十六、三十二之次第也。四画、五画成何法象？难谓阴阳刚柔，不可拟为三才，十六、三十二，何者在先？何者在后？其于天地、雷风、水火、山泽，贞卦不全其八，悔卦无可指名，视之若枯枝败骸，无理无义，以遂其递生一奇一偶之说，纵其所如成乾一、兑二、离三、震四、巽五、坎六、艮七、坤八之位置，初无成见于胸中，绝无关辖于象数。有疑之者，则大言以震撼之，辞色俱厉以拒绝之，使天下尽出于诐滛邪遁之一途，以反攻其父母甚矣。儒者之好怪也！苟掩卷而思之，学易者何不以三乘三，以八加八，一举而得六爻，再举而得六十四卦，明白且简易，直捷且神速乎？恶用是牵缠羁绊，挽之不来，却之不去者为哉！圣人作易，仰观俯察，近身远物，无不勘破其情状，体悉其至理，若巨若细，尽备于胸臆，然后宣发于文字，岂有漫无成见，随手画去，如小儿之搬棋砌瓦，原非心思所主宰，又非外缘可感触，待其自成何物，然后从而名之，夫子所云拟议以成其变化，岂欺我哉！夫焦氏易学传数而不传理，向应于一时，声施于后世者，自有变通之妙用。分为四千九十六卦、实统诸六十四，是以卦具六十四卦之占，乾、坤还其为乾、坤，六子还其为六子，列卦仍还其列卦也。非层累而上，有七画、八卦以至十二画之卦也。《易林》一卦中错综杂出，变动不拘，岂一画止生一奇一偶，历百千而不改？如是其顽冥不灵者，与两间气化自有盈缩，或阴盛阳衰，或阳多阴少，恶得均分齐一，无轻重、大小、往来、消长之异同乎？若然，则天无气盈朔虚，无昼夜寒燠，人无仁暴，地无险夷矣；若然，则人皆一男一女，鸟皆一雌一雄，兽皆一牝一牡矣；若然，则续凫断鹤，黔鹄浴乌，五行运气，无偏重之性矣。夫物之不齐，物之情也。造物之参差，理义之所由以立也。听一奇一偶之自为盘旋于教化乎何有？于裁成辅相乎何有？于易不可为典要乎何有？是一定也，非易也。吾直曰：邵氏之易，欲求为京、焦，而力有弗逮也。

一奇一偶，层累叠加，是作易圣人不因天地高厚而定乾、坤，无取雷动风入而成震、巽。坎陷离丽，未有水火之象；艮止兑说，不见山泽之形，俱信手堆砌，然后相度揣摹，赠以名号。自乾至复三十二卦为无母，自坤至姤三十二卦为无父，山泽未尝通，雷风未尝薄，水火未尝济。父与少女、中女、长男同时而产，母与少男、中男、长女同时而育，无三画为卦之限，无内外贞悔之序，足重半天，下首偏锐，一隅三十二物，联挛合体，上下、大小殊绝，牵缠桎梏，天地不能自有其身，雷风、水火、山泽不能自完其性。第一画贯三十二爻，可云广矣。奇遗姤至坤之半，偶遗复至乾之半，则挂漏之极也。第二画贯十六爻，第三画贯八爻，始有八象。吾不知天何私于泽、火、雷而独与之同气，何恶于风、水、山而杳不相蒙也；地何亲于山、水、风，何疏于雷、火、泽，亲者胶固而无彼此，疏者隔塞而不相应求也。古今事理，惟简能御繁，一可役万，故卦止八象，爻止六位，变变化化，运用无穷。如必物物皆备，始称大观，则七画以至十一画，乃魑魅现形，无有人道。及成十二画，则头上安头，床上安床，徒觉状貌之臃肿，取义之赘疣。若彼所云日月、星辰、水火、土石、寒暑、昼夜、雷露、风雨，性情形体，草木、飞走、耳目、口鼻、色声、气味，元会运世，岁月、日辰、皇帝、王霸、《易》、《诗》、《书》、《春秋》，似校《说卦》为详密，而其偏僻疏罔特甚。何天无霜雪、电雹、虹霾也，地无城隍、田井、海岳、都鄙也，时无温和、旱潦也，人无脏腑、手足、发肤也，无盗贼、夷狄也，经无礼、乐也，物无虫、鱼也，形体之与耳目、口鼻，又何其重出也。即万举万，当于神明化裁，引伸触类之谓，何使吾夫子《十翼》退舍而却行者，其宗陈、邵之流与？

即以生而言，如天之生雷、风、云、雨，地之生草、木，人物之生男女、牝牡。天轻清属气，雷、风、云、雨气多而质少，然亦雷自成雷，风自成风，云雨自成云雨，不必再扰于水，始成雷、风、云、雨之象也。地重浊属质，草木质多而气少，既已勾萌甲坼，则草具草之形，木具木之形，何必混合于地，始成一草一木之形也。人物处天地之中，气质参半，既分气质而生男女、牝牡，则父母自为父母，男女自为男女，牝牡自牝牡，未见有父母子孙牵连一体者。以两仪之上，各加一奇一偶，而命为老阳、少阴、少阳、老阴，是父母、男女并归一身，不可判别，岂得谓之生乎？至八卦、十六卦、三十二卦、六十四卦，则合七世高、曾、祖、祢、曾、玄于首腹四肢之内，形象理数一切荒唐而不可问矣。易之变化，穷通上下，往来屈伸进退，悉可废业而不讲矣，《系辞》《说卦》皆迷途矣，以此学易，未见其为善变也。

朱子言据现行《周易》，缘文生义，穿凿破碎，有不胜其杜撰者。但杜撰出夫子，其文义昭昭，易简可从，创陈、邵之说，其文义安在？如果有会心，何不直示学者？乾之后，何故当为兑？兑之后，何故当为离？离之后，何故当为震、巽、坎、艮而及坤也？其所以中分旋转，又何故而当然也？必于卦义有功，八象有理，乃为可信。如徒赞高美，格格不吐，岂亦释氏之公案，仅可意会，不可言传与？又云：玩之久熟，天地变化，阴阳消长，自将了然于心目之间。吾恐为此说者，已先昏昏而使人昭昭也。陈氏用于丹灶尽矫诬之术，乃出自然。学易者趁其自然，无不娇诬，反以夫子为穿凿破碎，则吾岂敢。天地自然，只有天地、雷风、水火、山泽，人为造作，始有乾、坤、震、巽、坎、离、艮、兑，故夫子每章之首，一则曰作易者，再则曰作易者，一则曰夫易，再则曰夫易，一则曰圣人之作易也，再则曰圣人之作易也，俱赞易之神化，更不言天地之神化也。盖羲、文已将天地之神化，布在方册中，夫子学易，从方册中穷理尽性，以至于命，而与天地参，不欲从虚空浩渺自出头地，以补羲、文所不及也。陈、邵竟舍易之为书，自寻神化，自求性命，宣其贵无贱，有抹杀千古之语言文字，去文明而就混沌，以归自然。究竟其自然者安在哉？太极、两仪、四象、八卦，注见《系辞》。

五、先天六十四卦方圆图

解说

辩曰：邵氏以震历离、兑、乾为顺，以巽历坎、艮、坤为逆，顺为数往，逆为知来，则震、离、兑、乾，仅能数往，不能知来；巽、坎、艮、坤，职在知来，无烦数往。夫乾知大始，乃统天，于知来乎何有？岂可但局之数往。坤以藏之，承天顺天，成物代终，于数往乎何有？岂可反以为知来，亦不类矣。数往顺天左旋，乾一、兑二、离三、震四，为已生之卦；知来逆天右旋，巽五、坎六、艮七、坤八，为未生之卦，已属凿空。又云：易数由逆而成，若逆知四时之谓。岂震、离、兑、乾，无当于易数，而漫列冗员者与？即其文义，亦乖舛而不可通，遑问其理乎？圣人知来数往，万理万物，无不兼该，非专为四时而设。四时节候，有治历之法，千岁日至可坐而定，绝无取于卦气也。今屈“横图”而圆之，云乾生子中，尽午中；坤生午中，尽子中；离尽卯中，坎尽酉中，皆缘冬至一阳为复，遂充类至义之尽。以六十四卦分配二十四节候，然亦须一候得二卦有奇，乃为恰合，何以倏多倏少，远不相谋？或是卦有强弱乎？或是气有盈缩乎？俱含糊而不言其故。复之至日闭关，夫子特举象之一节。若姤为夏至，未见明训，未敢信为必然。临、泰、大壮、夬、乾与遁、否、观、剥、坤之配，岁周不免，按图索骥，近于颛愚，矧可牵引六十四卦，如斯之鲁莽乎？即使种种巧中犹为小慧，况矫揉诬罔一切不符乎？今云冬至复卦一阳生子半，阅颐、屯、益、震、噬嗑、随、无妄、明夷、贲、既济、家人、丰、离、革、同人、临，凡十七卦，始得二阳，为十二月，已是卯半，为春分矣；损、节、中孚、归妹、睽、兑、履、泰，凡八卦，乃得三阳，为正月，已是巳初，为立夏矣；大畜、需、小畜、大壮，凡四卦，乃得四阳，为二月，已是巳半，为小满矣；大有、夬止二卦，即得五阳，为三月，已是午初，为芒种矣；至乾止一卦，即得纯阳，为四月，已是午半，为夏至矣；至姤亦止一卦，一阴生午半，颐、大过、鼎、恒、巽、井、蛊、升、讼、困、未济、解、涣、坎、蒙、师、遁，凡十七卦，始得二阴，为六月，已是酉半，为秋分矣；咸、旅、小过、蹇、渐、艮、谦、否，凡八卦，乃得三阴，为七月，已是亥初，为立冬矣；萃、晋、豫、观，凡四卦，乃得四阴，为八月，已是亥半，为小雪矣；比、剥，止二卦，即得五阴，为九月，已是子初，为大雪矣；至坤止一卦，即得纯阴，为十月，已是子半，为冬至矣。将六十四卦破碎割裂，苦死支吾，犹然背畔，若此胡见自然哉！若卦画名义，毫无统属，则精微之正论，反可姑置者也。伏羲之世，二十四气未必尽备，备亦未必如此序次。观《礼传·月令》与《吕氏春秋》同出周、秦，微有不同，则数千年已

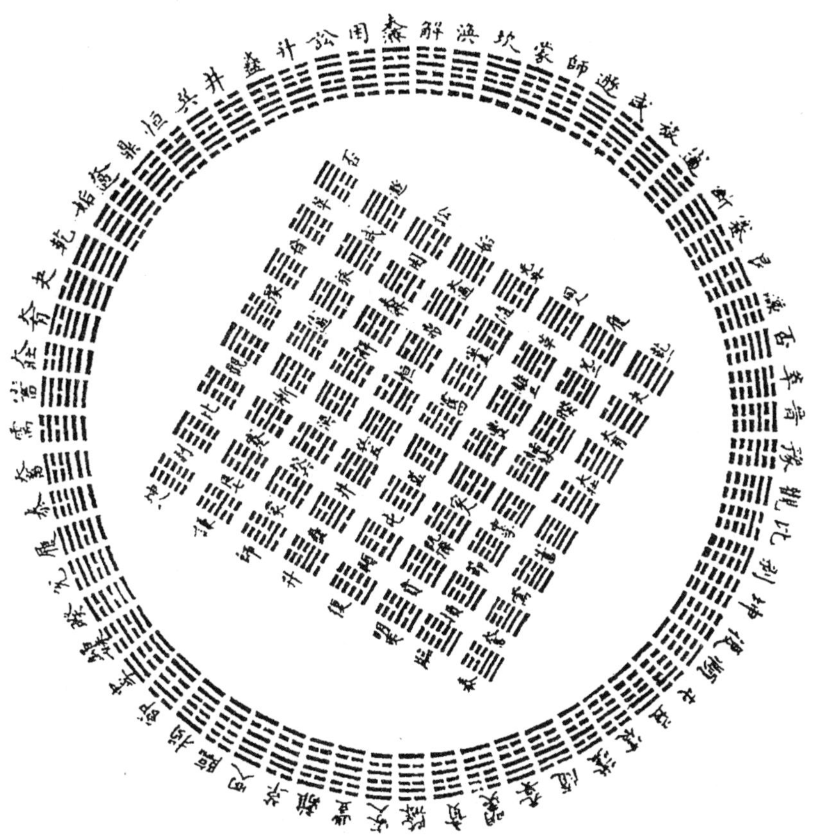

（五、先天六十四卦方圆图）

往之节候，何能测其同于后世也。

周谟问朱子先天卦气，阴阳始生，各历十六卦而后一月，又历八卦再得一月，至阴阳将尽处，只历四卦为一月，又历一卦，遂一并三卦相接，其初如此之疏，其末如此之密，此阴阳盈缩当然之理，与复、姤为二至子午之中，固无可疑者。临卦书春分卯中，临本十二月之卦，春分合在泰卦之下。遁卦书秋分酉中，遁本六月之卦，秋分合在否卦之下。是固有不可解者。答曰：伏羲易自是伏羲说话，文王易自是文王说话，固不可交互求合，信斯言也。倘有说浑敦易者，听其可。臣令君行，子坐父立矣。夫时有今古，理无不同，岂得因羲、文异代，而竟以天道付杳冥哉！何《月令》节候偏欲交互求合于卦画也，先入为主，奈之何哉！

何谓已生、未生？八卦如此分属，尚有全用乎？既有乾一、兑二、离三、震四、巽五、坎六、艮七、坤八之序，则皆已生矣。就彼而言，震、巽居中，有长男代父、长女代母为政之象。震顺天左行，自复、颐至夬、乾，行三十二卦，遇复而息。夫两间气化转毂循环，无有端绪，其来也非突然而来，即其去而来已在内；其去也非决然而去，即其来而去，已下伏焉。得分疆画界，厘然中判，其去其来，若左右不相连贯者。震、巽东西背驰，亦如人之行路，毕竟先有方向，然后可扬帆策马、行縢履屩焉。得东行者，山川、原隰，历历可指，而云已生；西行者，悉漭瀁无凭而待行者，自为开辟，乃云未生，与春夏何其逸，秋冬何其劳也。一、二、三、四、五、六、七、八之数目，有则俱有焉，得震独擅一、二、三、四，数往而顺；巽独擅五、六、七、八，知来而逆。且数自一而二、三、四为顺，今反以四、三、二、一为顺；自八而七为逆，今反以五、六、七、八为逆，亦难错说矣。震长男，阳也，阳主创，近乎未生，或可云逆，而反云顺，阳而顺，是不能制义者也。巽长女，阴也，阴主随，近乎已生，本可云顺，而反云逆，阴而逆，是牝鸡司晨者也。阴顺阳逆，一切颠倒矣。细心体贴，种种可疑，作者圣述者明，作者既鲁莽自圣述者，亦灭裂而不明，悠悠滔滔，羲、文、周、孔，何时得还归于正道也。

辩曰：邵氏以作“方图”，谓天圆地方，置之“圆图”之中，谓天包地外，其说曰：天地定位，以西北角置乾，东南角置坤，为定位，又非南北，故武矣。曰：否、泰反类，东北角置泰，西南角置否，反为类。曰：山泽通气，兑二斜依乾一，艮七斜依坤八为通气。曰：咸、损见义，斜依否之咸，斜依泰之损，为见义。曰：雷风相薄，以震四斜依离三，巽五斜依坎六，震、巽当中，斜依交会为相薄。曰：恒、益起意，恒自咸而未济斜来，益自损而既济斜来，亦交会于中，为起意。曰：水火相射，以坎六自艮七斜接巽五，离三自兑二斜接巽四，为相射。曰：既济、未济，既济自损来斜联于益，未济自咸来斜联于恒也。四象相交，成十六事。“大横图”既云阴、阳、老、少为四象，此则明明用其六画之卦，何以又称四象乎？云十六事者，乾、坤、否、泰、艮、兑、咸、损、震、巽、恒、益、坎、离、既济、未济，俱取老、长、中、少，阴阳正对，似乎稍有可观。易卦阳爻一百九十二画，阴爻一百九十二画，奇偶停匀，随人牵引，俱可布位整齐，使确守乾父坤母，一再三索而搬演之，何尝不锈错丝编烂然秩然，而理则校胜也。大易全篇，何莫非神化变通，而仅取否、泰、咸、恒、损、益、既济、未济为纲领，将谓此外皆附庸之国乎？皆仪文声色之末务乎？亦见其自隘矣。曰：八卦相荡，成六十四。夫既云相荡，则纵横杂糅，左右逢源，非鳞次猬排，胶固不可通方者也。信斯罗列，其义理安居，象数奚在，亦见其小慧而已。

邵氏以“圆图”配天，“方图”配地。“圆图”赘二十四气于卦下，令有分属，“方图”亦可裂为九州，以冀、兖、青、徐、扬、荆、豫、梁、雍分赘某卦隶某州，模糊约略而为之辞，亦不必求其切合也。又谁曰：不宜乎？况扬雄早有方、州、部、家之说矣。圣人作易，以前民用，反以痴人说梦，欺世惑众，何贵乎与民同患哉！

先天卦画奇偶相加，乱左阳右阴之常经。“方圆图”次第撮凑小巧，紊四时之序，变八方之位，去君父母子之名分，倒长中少之行列。曲护其说者，甚至谓乾坤无生六子之理。夫子所云“乾父坤母”，“乾坤易之门”，“乾坤易之蕴”。一笔涂抹，《说卦》三传，无一可宗，岂非大乱之道，宜其应于人事，为开辟未有之灾祥也欤？

六、黄氏先天六十四卦方圆图

解说

此黄晦木原图，与古本异，并存参考。

七、太极图（陈图南本图）

解说

辩曰：此图本名“无极图”，陈图南刻于华山石壁，列此名位。创自河上公，魏伯阳得之，以著《参同契》。钟离权得之，以授吕洞宾。洞宾后与图南同隐华山，因以授陈。陈又受“先天图”于麻衣道者，皆以授种放。放以授穆修，与僧寿涯。修以“先天图”授李挺之，挺之以授邵天叟，天叟以授于尧夫。修以“无极图”授周茂叔，茂叔又得先天地之偈于寿

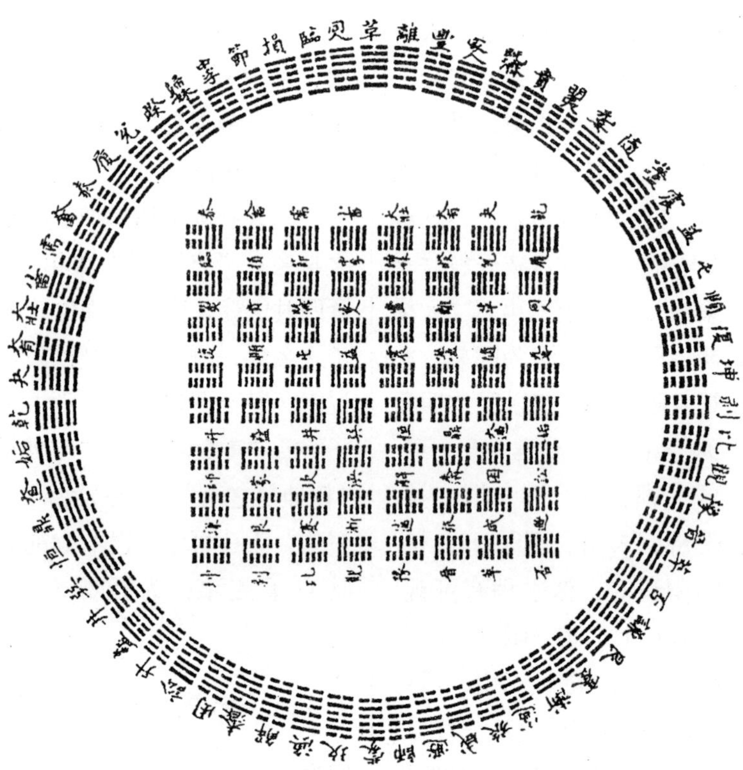

（六、黄氏先天六十四卦方圆图）

涯，乃方士修炼之术，其义自下而上，以明逆则成丹之法。其大较重在水火，火性炎上，逆上使下，则火不燥烈，唯温养而和燠；水性润下，逆之使上，则水不卑湿，唯滋养而光泽。滋养之至，接续而不已，温养之至，坚固而不败。律以老氏虚无之道，已为有意就其图而述之。其最下一〇，名为“玄牝之门”，玄牝，即谷神也。牝者，窍也；谷者，虚也。玄与神，皆莫可指测之谓。在老、庄而言，谓玄妙神化，即是此虚无而为万有之原。在修炼之家，以玄牝谷神为人身命门两肾空隙之处，气之所由以生，是为祖气。凡人五官百骸之运用知觉，皆根于此。于是提其祖气，上升为稍上一〇，名为“炼精化气”，“炼气化神”，炼有形之精，化为微芒之气，炼依希呼吸之气，化为出有入无之神，便贯彻于五脏、六腑，而为中。名为“五气朝元”。行之而得也，则水火交媾而为。又其上之◎，名为“取坎填离”，乃成圣胎。又使复还无始，而为最上之一〇，名为“炼神还虚”，“复归无极”而功用至矣。盖始于得窍，次于炼已，次于和

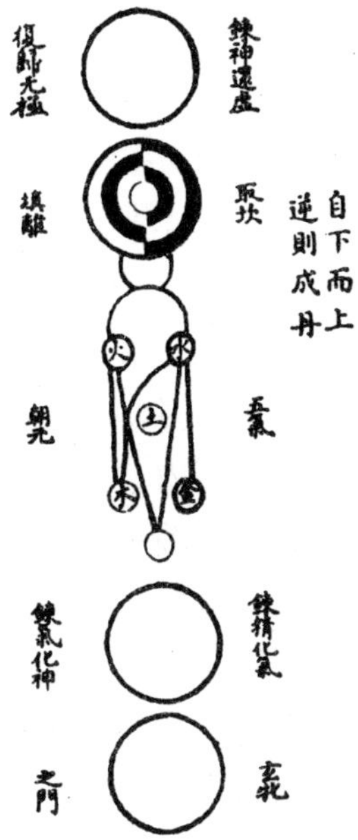

［七、太极图（陈图南本图）］

合，次于得药，终于脱胎成仙，真求长生之秘术也。若老、庄之本旨则不然，老氏云：天下之道生于有，有生于无，有之以为利，无之以为用。庄生云：万物出于无有，有不能以有为有，必出乎无有。其意以虚无生气，气生天地万物，天地万物之运行动作，皆气之运行动作也。气之运行动作，皆虚无为之宰也。故曰：忽兮恍兮，其中有象；恍兮忽兮，其中有物；幻兮冥兮，其中有精，有物混成，先天地生，独立而不改，周行而不殆，可以为天下母。皆言虚无之用也。其长生也，唯神是守，昏昏昧昧，纯纯常常，与天为游。气聚而生，气散而死，复归太虚，故曰生死为徒，吾又何患？彼人之形者，万化而未始有极也，生何足贪，死何足恶，故能齐彭殇，一寿夭，无心而任化。及其流而为仙真之教，则以矫揉为守气，而炼精炼气之术兴；以自私自利为全性，而取坎填离之法立，乃庄生所谓一犯人之形，而遂贪生恶死者也。则斯图也，非老氏之曲学，与在老氏犹为稂莠，在儒者反以为正传与？

清·胡渭《易图明辨》

一、扬子玄图

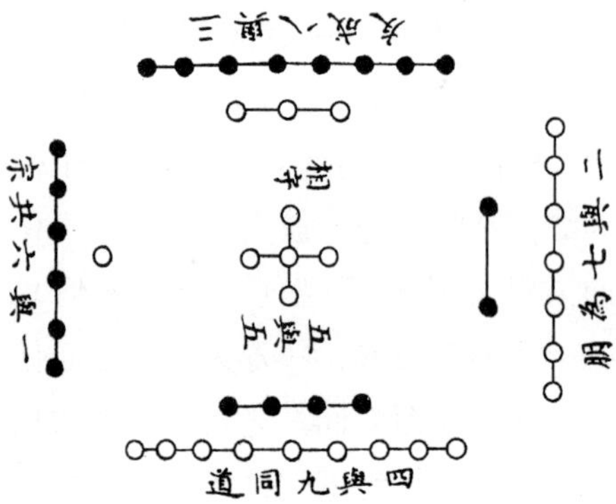

解说

扬子（雄）《太玄·玄图篇》曰：一与六共宗（范望解云：在北方也），二与七为朋（在南方也），三与八成友（在东方也），四与九同道（在西方也），五与五相守（在中央也）。

张子曰：天下之数止于十，穷则自十而反一。又数当止于九，其言十者，九之偶也。扬雄亦曰五复守于五者，盖地数无过天数之理，孰有地大于天乎？故知数止于九，九是阳极也。十也者，姑为五之偶焉耳。

按：《太玄》演五行之数，不曰五与十相守，而曰五与五相守，隐其十而不言何也？盖子云覃思浑天，参摹而四分之，极于九九八十一首，每首九赞，以五行之数，分隶九赞之下，势不得复用十矣。故其说曰：鸿本五行，九位施重。此十之所以隐而不言也与（今九九算法，遇十则变为一十，常隐而不见，即是此理）。刘、郑五行配合之说，与天地之数相符，然未尝名之曰图也。至《太玄》，始有《玄图篇》，而其所谓一六共宗，二七为朋，三八成友，四九同道，五五相守者，盖即其图也。图虽不见于今，既名为图，则图固具是矣。而奇偶各配，与刘、郑同，惟五不配十，为小异耳。范谔昌以是为伏羲重定生成之位，而刘牧目之曰“洛书”，关子明以是为龙马所授伏羲之数，而蔡元定宗之为“河图”，其粉本皆用《太玄》，而加以地十。然《玄》虽疑《易》，实老子之学，本名“玄图”，非“河图”也，安得附会《大传》，指为圣人之所则哉！奇白偶黑之点，非子云意中所有。今欲示共宗同道之形，姑借龙图之法以立象尔。

自春秋以迄两汉，言五行者，裨灶、梓慎主占候；吕不韦主时令；刘向主灾异；刘歆兼主历数；扬雄草《玄》，亦与泰初历相应。虽皆言生成之数，却非为易而设，至郑康成始援以注《易》，而四象之义乃定。要之，未有以此数为“河图”“洛书”者，何则？刘歆以“河图”为八卦，“洛书”为九章；郑康成以九篇为“河图”，六篇为“洛书”，刘瑜以《乾凿度》九宫之数为“河图”；蜀隐者以希夷之先天太极为“河图”，彼既自有其图书。必不于其外更标一图书，可知也。自伪“龙图”出，而始以五十有五为羲皇重定之数矣。自伪关易出，而直以五行生成为龙马所负之图矣。刘牧、蔡元定从而扬其波，抑又甚焉。自此以后，刘、蔡迭为兴废，或以此为“河图”，或以此为“洛书”，谬种流传，变怪百出，原其弊，实《汉志》有以启之。愚故先辨五行，次及“九宫”、《参同契》、先天太极，而以“龙图”“钩隐”、《启蒙》终焉。

二、明堂九室图

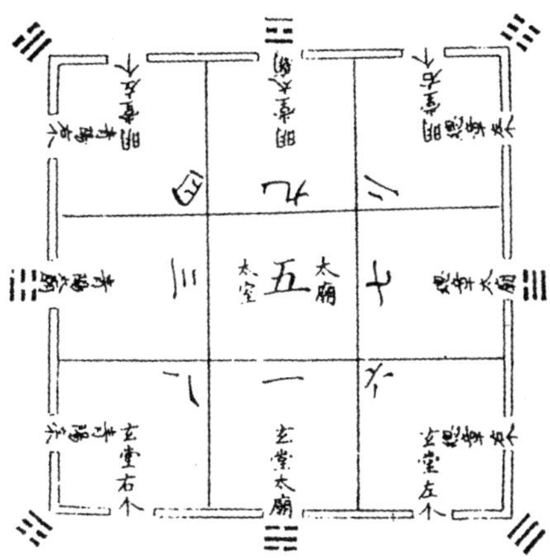

解说

《大戴礼记·明堂篇》曰：明堂者，古有之也。凡九室：一室而有四户、八牖，三十六户、七十二牖。以茅盖屋，上圆下方。

明堂者，所以明诸侯尊卑。外水曰辟雍，南蛮、东夷、北狄、西戎。明堂月令，赤缀户也，白缀牖也。二九四七五三六一八。堂高三尺，东西九筵，南北七筵，上圆下方。九室十二堂，室四户，户二牖，其宫方三百步。在近郊，近郊三十里。

按：后世以“九宫”为“河图”，实造端于《明堂》《月令》之说。今考“小戴”言天子居明堂九室，依四时十二月之序，而“大戴”则分九室为三条而言之。南曰明堂，其本名。古者以西为上，故从西南起。或曰：《封禅书》公玉带上黄帝时明堂图，有楼从西南入，命曰昆仑。天子从之入，以拜祠上帝，故九室起自西南也。二、九、四者，二为总章左个与明堂右个，九为明堂太室，四为明堂左个与青阳右个也。七、五、三者，七为总章太庙，五为太庙太室，三为青阳太庙也。六、一、八者，六为总章右个与玄堂左个，一为玄堂太庙，八为玄堂右个与青阳左个也。二、九、四共为十五，七、五、三共为十五，六、一、八亦共为十五。纵横十五，妙合自然。后世九宫之数，实权舆于此。其以某室当某数者，盖取九九算术所设乘除之位，以定明堂九室之数也。（详见于后）《汉·艺文志》“礼”十三家，有《明堂阴阳》三十三篇，又《明堂阴阳说》五篇。此必《戴记》所自出。故宣帝时魏相表采《易》阴阳及《明堂》《月令》奏之，言五帝所司各有时，东方之卦不可以治西方，南方之卦不可以治北方，则以八卦之方位。配明堂之九室可知矣。坎之为一，以至离之为九，则又据《明堂》九室之数而定之也。古之制度，大而分州，小而井田，莫不以九为则。明堂亦然，其制皆起于黄帝，在伏羲画卦之后。八卦之方位已定，并其中数之，则为九，九州、井田、明堂皆黄帝所以法八卦也。“九宫”盖即明堂之九室，故《隋志》有《九宫经》，依托黄帝。然自歆、固以前，未有直指为“河图”者。唯《后汉·刘瑜传》桓帝延熹八年，上书言：“河图”授嗣，正在九房。九房，即九室也（《考工记》云：内有九室，九嫔居之。盖王者路寝听朝时，则九嫔在此共听事也）。盖其时已有据《乾凿度》“河图八文”一章，而直指“九宫”为“河图”者，此即伪“龙图”三变之粉本矣（“龙图”第三变，刘牧谓之太皞授龙马负图）。然“河图”乃天成卦画之象，伏羲因之以作易，数因象而见，象不由数以生。纵横十五之数，虽非人私智所能为，亦出画卦之后，终不可指以为“河图”也。

三、太一下行九宫图

解说

王氏（应麟）《玉海》引《易·乾凿度》曰：“河图”入文，易变而为一，一变而为七，七变而为九。九者，气之究也，乃复变而为一（语本《列子》，彼注云：太极本一，而生阴阳五行，则为七。其变为九，则又以七之少阳而进为老阳。阳主进，阴主退，八退为六，七进为九也）。

东坡苏氏曰：世之通于数者，论参伍错综，则以“九宫”言之。“九宫”不经见，见于《乾凿度》，曰：太乙行“九宫”。“九宫”之数，以九、一、三、七为四方，以二、四、六、八为四隅，而五为中宫，经纬四隅，交络相值，无不得十五者。阴阳老少，皆分取于十五。老阳取九余六，以为老阴；少阳取七余八，以为少阴。此与一行之学不同，然吾以为相表里者。二者虽不经见，而其说皆不可废也。

程氏（大昌）《易原》曰：晋张湛传《列子》，至七变为九，曰：此章全是《周易·乾凿度》。则汉、魏已降，凡言《易》《老》者，皆已宗而用之，非后世托为也。然则图书也者，《乾凿度》实能得之，而孔、刘反不得见何邪？所可言者，其四正四维，皆为十五，正符陈抟所传。则其来已古，笃可信尔。

四、地承天气图

解说

《易》曰：至哉坤元！万物资生，乃顺承天。

《参同契》曰：恒顺地理，承天布宣。

石涧俞氏（琰）曰：人之元气藏于腹，犹万物藏于坤；神入气中，犹天气降而至于地；气与神合，犹地道之承天，天地以此而生物，吾身以此而产药。《太玄经》云：藏心于渊，美厥灵根，与此同旨。

五、月受日光图

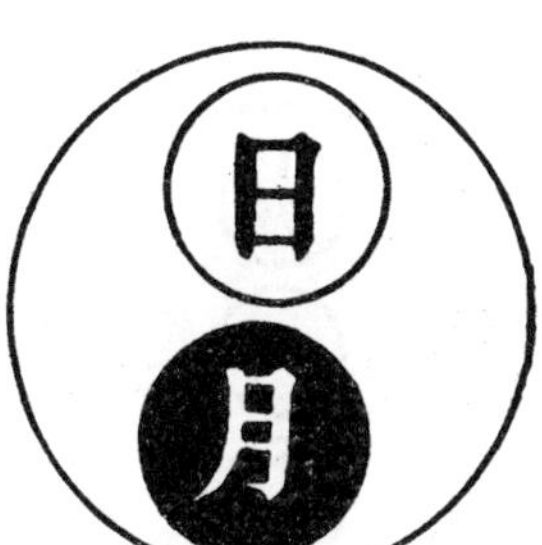

解说

邵子曰：月体本黑，受日之光而白。

俞氏曰：日为太阳，月为太阴，月本无光，月之光乃日之光也。阳明阴暗，阳禀阴受，故太阴受太阳之光以为明。人之心为太阳，气海犹太阴，心定则神凝，神凝则气聚。人能凝神入于气中，则气与神合，与太阴受太阳之光无异。

六、先天卦乾上坤下图

七、后天卦离南坎北图

解说 六、七两图并说

邵子曰：神统于心，气统于肾，形统于首，形气交而神主乎其中，三才之道也。

俞氏曰：人之一身，首乾，腹

坤，而心居其中，其位犹三才也。气统于肾，形统于首，一上一下，本不相交，所以使之交者神也。神运乎中，则上下浑融，与天地同运，此非三才之道欤。夫神守于肾，则静而藏伏，坤之道也；守于首，则动而运行，乾之道也。藏伏则妙合而凝，运行则周流不息。妙合而凝者药也，周流不息者火也。

《阴符经》曰：机在目。

邵子曰：天之神发乎日，人之神发乎目。

俞氏曰：目之所至，心亦至焉。故内炼之法，以目视鼻，以鼻对脐，降心火入于气海，盖不过片晌工夫而已。

八、乾坤坎离图

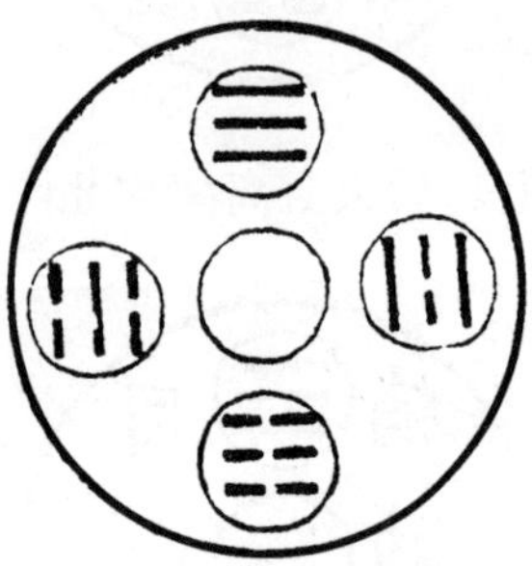

九、天地日月图

解说 八、九两图并说

《易》曰：乾为天，坤为地，离为日，坎为月。又曰：乾为首，坤为腹。

《太玄经》曰：阳气潜萌于黄宫。

《黄庭经》曰：子欲不死修昆仑。又曰：出日入月呼吸存。

俞氏曰：首居上而圆，诸阳之所会，乾天之象也，故《易》以乾为首。昆仑在西北，乾位，故《黄庭经》以乾为昆仑。腹居下而中虚，八脉之所归，坤地之象也，故《易》以坤为腹。天玄而地黄，故《太玄》以坤为黄宫。日生于东，月生于西，故《易》以离为日，坎为月。呼吸出入，升降上下，往来无穷，故《黄庭》以呼吸为日月。或以两目为日月，非也。两目仅有日月之形，无日月之用。

十、八七九六图

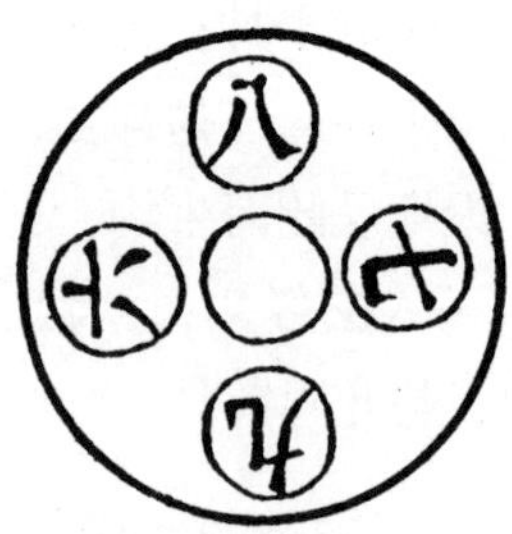

十一、木火金水图

解说 十、十一两图并说

《参同契》曰：九还七返，八归六居。又曰：七八数十五，九六亦相应。又曰：金水合处，水火为侣，四者浑沌，列为龙虎。

俞氏曰：六、七、八、九，乃水、火、木、金之成数。木数八，属东；火数七，属南；木自东而升，则与火为侣于南矣。金数九，属西；水数六，属北，金自西而降，则与水合处于北矣。丹家有所谓赤龙、黑虎者，东方苍龙七宿，运而之南，则为赤龙；西方白虎七宿，运而之北，则为黑虎。无非譬喻身中之呼吸，究而言之，何龙、虎之有，何金、水、木、火之有，何七、八、九、六之有，皆譬喻耳。或疑九、七、八言还返归，六独言居，得无异乎。曰：六居北不动。三方之还返归皆聚于北，故言居也。

十二、乾坤交变十二卦循环升降图

解说

俞氏曰：乾上坤下，吾身之天地也；泰左否右，吾身天地之升降也。复非十一月，亦非夜半子时，乃身中之子也；姤非五月，亦非日中午时，乃身中之午也。张悟真云：否、泰交，则阴阳或升或降，盖谓身中之泰、否。

十三、坎离交变十二卦循环升降图

解说

俞氏曰：坎北离南，吾身之水火也；既济东、未济西，吾身水火之升降也；屯居寅、蒙居戌，吾身之火候也。寅非平旦，寅乃身中之寅，戌非黄昏，戌乃身中之戌。张悟真云：屯、蒙作，动静在朝在昏盖谓身中之屯、蒙。

十四、屯蒙二卦反对一升一降图

十五、既济未济反对一升一降图

十六、周易参同契金丹鼎器药物火候万殊一本之图

解说 十四至十六诸图并说

《参同契》曰：朔旦屯直事，至暮蒙当受。昼夜各一卦，用之依次序。既未至昧爽，终则复更始。日辰为期度，动静有早晚。春夏据内体，从子到辰巳。秋冬当外用，自午讫戌亥。

俞氏曰：《参同契》以乾、坤为鼎，坎、离为药物，因以其余六十卦为火候。一日有十二时，两卦计十二爻，故日用两卦。朝屯则暮蒙，朝需则暮讼，以至于既济、未济一也。屯倒转则为蒙，有一升一降之象。屯自内而升，为朝，为昼，为春夏；蒙自外而降，为暮，为夜，为秋冬。诸卦皆然。夫以六十卦分布为三十日，以象一月，然遇小尽，则当如之何？盖比喻耳，非真谓三十日也。或以此为闭目数息之法，则不胜其烦且劳矣。岂至简至易之道哉！

惟斯之妙术兮，审谛不诳语。传于亿世后兮，昭然而可考。焕若星经汉兮，昞如水宗海。思之务令熟兮，

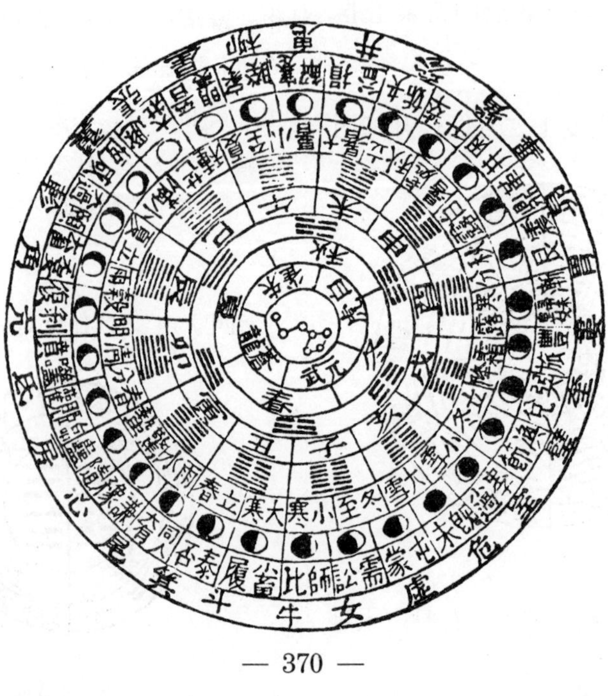

反覆视上下。千秋灿彬彬兮，万遍将可睹。神明或告人兮，心灵忽自悟。探端索其绪兮，必得其门户。天道无适莫兮，当传与贤者。

《云笈七签》：《神仙传》曰：魏伯阳作《参同契》，似解释《周易》，其实假借爻象，以论作丹之意。而儒者不知神仙之事，多作阴阳注之，失其奥旨矣。

《朱子语类》曰：易只是个阴阳。庄生曰：易以道阴阳。亦不为无见。等而下之，如医、技、养生家之说，皆不离阴阳二者。魏伯阳《参同契》，恐希夷之学，有些是其源流。

又曰：《先天图》传自希夷，希夷又自有所传。盖方士技术，用以修炼，《参同契》所言是也。参，杂也；同，通也；契，合也。谓与《周易》理通而义合也。其书假借君臣，以彰内外，叙其离、坎，直指汞铅，列以乾、坤，奠量鼎器，明之父母，保以始终，合以夫妻，拘其交媾，譬诸男女，显以化生，材以阴阳，导之反复，示之晦朔，通以降腾，配以卦爻，形于变化，随之斗柄，取以周星，分以晨昏，昭诸刻漏。莫不托《易》象而论之，故名《周易参同契》云。

十七、水火匡廓图

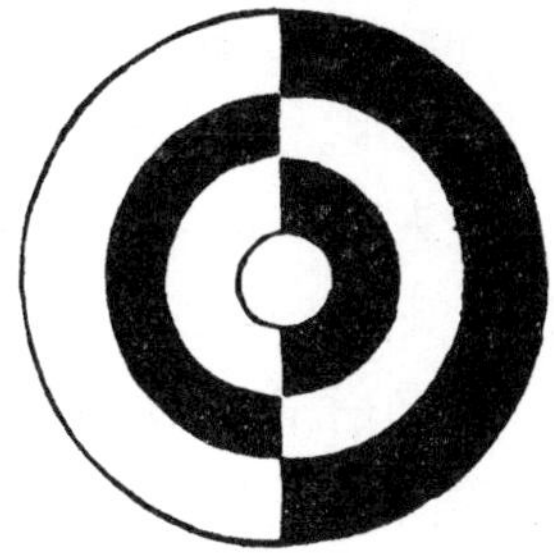

解说

《参同契》曰：乾坤者，易之门户，众卦之父母。坎离匡廓，（朱子《考异》作匡郭云其象如垣郭之形），运毂正轴。牝牡四卦，以为橐籥（空同道士邹䜣曰：以守内言之，则乾天在上，坤地在下，而阴阳变化在其间；以人身言之，则乾阳在上，坤阴在下，而一身之阴阳变化在其间；此乾坤所以为易之门户，众卦之父母也。凡言易，皆指阴阳变化而言，在人身则所谓金丹大药者也。然则乾、坤其炉鼎欤？乾、坤位乎上下，而坎、离升降于其间，如车轴之贯毂以运轮，一下而一上也。牝牡，调配合之；四卦，震、艮、巽、兑是也。橐，鞴囊，籥，其管也。上阳子陈致虚曰：何谓坎离匡廓？盖阳乘阴，则乾中虚，而为离；阴乘阳，则坤腹实，而为坎。故坎离继乾坤之体，而为阴阳之匡廓。比乾、坤之于坎、离，犹车辐之于毂轴。乾、坤正坎、离之辐，坎、离辏乾、坤之毂。《老子》曰：三十辐，共一毂。此大小徐君之旨同也）。

天地设位，而易行乎其中矣。天地者，乾坤之象也；设位者，列阴阳配合之位也。易，谓坎、离。坎离者，乾、坤二用。二用无爻位，周流行六虚。往来既不定，上下亦无常。幽潜沦匿，升降于中。包囊万物，为道纪纲。（全阳子俞琰曰：乾天坤地，吾身之鼎器也；离日坎月，吾身之药物也。先天八卦，乾南坤北，列天地配合之位；离东坎西，分日月出入之门，反求吾身，其致一也。乾、坤为体，坎、离为用。无、离二者，周流升降于六虚，往来上下，本无爻位。吾身坎、离，运行乎鼎器之内，潜天潜地，岂有爻位哉！）

河右毛氏曰："水火匡廓图"者，以章首有"坎离匡廓，运毂正轴"二语，所云水火，即坎、离也。丹家以坎、离为用。故轮而象之。又名"水火二用图"则又取"天地者，乾坤之象"；"坎离者，乾坤之用"二语，盖其图正作坎、离二卦，而运为一轴，非所谓"两仪"也，亦非所谓"阳动生阴，阴静复生阳"也。其中一○，则坎、离之胎也；左☾为离、白、黑，白即☲也；右☽为坎、黑、白，黑即☵也。（见《太极图说遗议》）

十八、三五至精图

解说

《参同契》曰：物无阴阳，违天背元，牝鸡自卵，其雏不全。夫何故

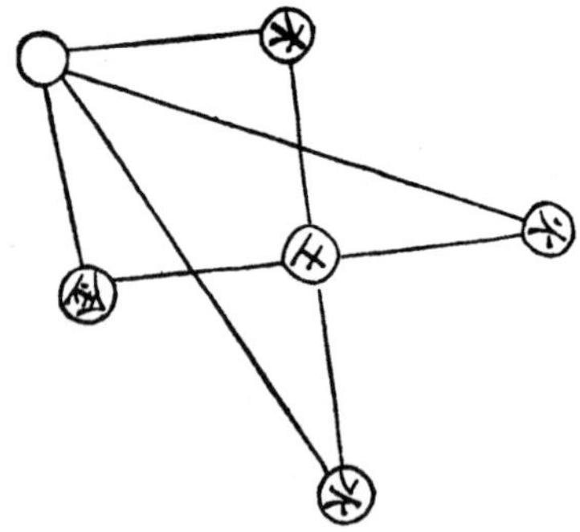

乎？配合未连，三五不交，刚柔离分。（陈显微曰：张紫阳诗云：莫把孤阴谓有阳，独修一物转羸尪。钟离先生诗云：莫谓此身亡是道，独修一物是孤阴。须知一阴一阳之谓道，男女构精，万物化生，而后可语还丹矣。苟二物不合，三五不交，水火未济，刚柔离分，则阴阳隔绝，天地闭塞，所谓"偏阴"。）

又曰：三五与一，天地至精，可以口诀，难以书传。子当右转，午乃东旋，卯酉界隔，主客二名。金水合处，木火为侣，四者混沌，列为龙虎。龙阳数奇，虎阴数偶。肝青为父，肺白为母，肾黑为子，心赤为女，脾黄为祖。子五行始，三物一家，都归戊己（彭晓曰：子水数一，为五行始。金、火、木，三物同功，首尾造化，俱归戊己者。是故，脾黄，为药之祖也）。刚柔迭兴，更历分布，龙西虎东，建纬卯酉。刑德并会，相见欢喜，刑主伏杀，德主生起（陈致虚曰：青龙属东，白虎属西，此其正也。更历分布者，青龙建纬于

西，白虎建纬于卯。是刑德并会，而龙虎欢喜颠倒相见）。

子南午北，互为纲纪。一九之数，终而复始，含元虚危，播精于子（陈致虚曰：子南午北者，颠倒五行也。仙圣云：五行顺行，法界火坑。五行颠倒，大地七宝，所以，水火互为纲纪，方能既济也。阳生于一，成于九，阳数至九则极，极则复于一。此谓“一九之数，终而复始。含元虚危，播精于子”者，丹之神功，在此两句。盖虚危之次，日月合璧之地，一阳初生之方，龟蛇蟠结之所，故太一所含先天之元气，其真精遇子则播施。此复应前文“子午行始”之义也。俞琰曰：子午即南北；水、火、卯、酉即东西；金、木右转左旋，一伏一起，则水火相交，金木自然不间隔矣。然东、西、卯、酉，皆金、木异名，非天地方位，亦非人身左右）。

张氏（伯端）《悟真篇》曰：三五一都三个字，古今明者实然稀。东三南二同成五，北一西方四共之。戊己自居生数五，三家相见结婴儿。婴儿是一含真气，十月胎圆入圣机。

毛氏曰：“三五至精图”者，取“三五与一，天地至精”语，而分五行为三五。中央土，一五也。天五生土也，左火与木共一五也。地二生火，天三生木也。二三，五也，右水与金，又共一五也。天一生水，地四生金也。一四，亦五也。故其为生序，则水承坎下，火承离下；其为行序，则金盛为水，木盛为火，而合而复归于一元也（合三五而皆钩连于下之一〇）。则此一〇者，三五之合，非二五之合，三五之精，非二五之精。盖丹家水火必还一元，故其后复有“含元播精，三五归一”之语（见《太极图说遗议》）。

按：三轮肖坎离二卦，五行即天地之生数。然伯阳专心修炼，特借此以明作丹之意，初非为易而设。盖三轮不可以为两仪，五行不可以为四象，其所谓易，专指坎、离、水、火，非圣人生生之易也。《唐真元妙经品》有“太极先天图”，合三轮五行为一，而以三轮中一〇、五行下一〇为太极，又加以阴静阳动，男女万物之象，凡四大〇。阴静在三轮之上，阳动在三轮之下（三轮左离右坎者，水、火、既济之象；二〇上阴下阳者，天地交泰之象。《鼎器歌》云：阴在上，阳下奔。即此义也），男女万物皆在五行之下，与宋绍兴甲寅，朱震在经筵所进“周子太极图”正同。今《性理大全》所载者，以三轮之左为阳动，右为阴静，而虚其上下之二〇以为太极，乃后人所改，非其旧也。此不在《本义》九图之列。或曰：陈抟传穆修，穆修传周子；或曰：周子所自作，而道家窃之以入藏。疑不能明，存而弗论云。

十九、参同契纳甲图

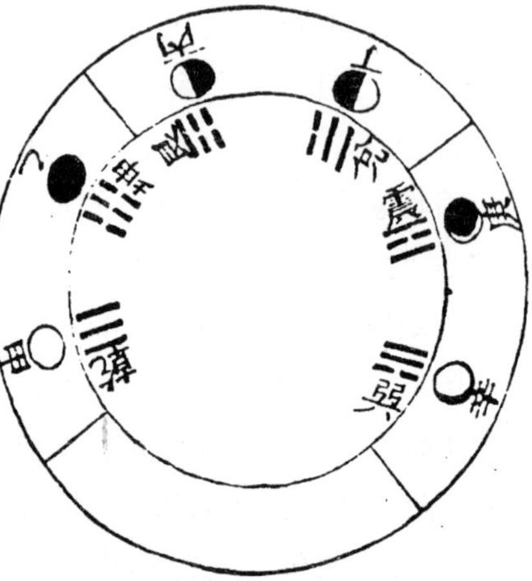

二十、汉上纳甲图

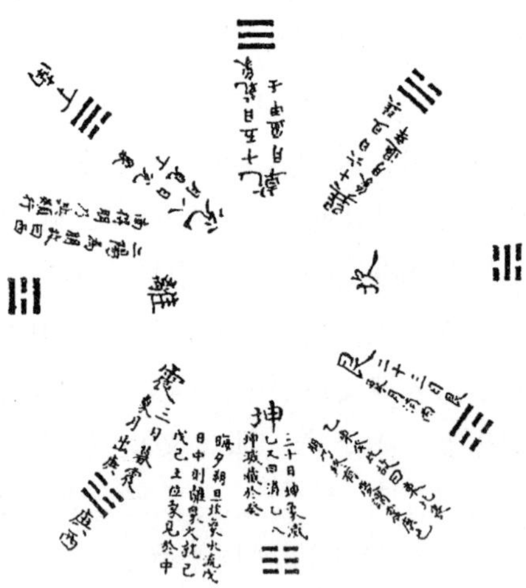

二十一、新定月体纳甲图

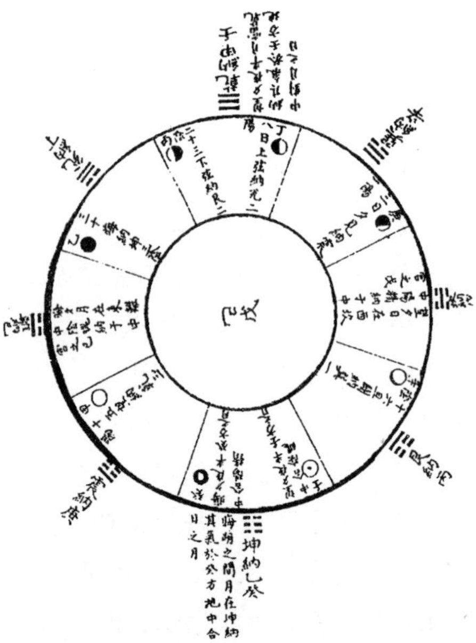

解说 十九至二十一诸图并说

《参同契》曰：言不苟造，论不虚生，引验见效，校度神明。推类结字，原理为征。坎戊月精，离己日光。日月为易，刚柔相当。土旺四季，罗络始终。青赤白黑，各居一方。皆禀中宫，戊己之功（彭晓曰："坎戊月精"者，月阴也。戊，阳也，乃阴中是阳象，水中生金虎也。"离己日光"者，日阳也。己，阴也，乃阳中有阴象，虎中生汞龙也。陈显微曰：易卦纳甲法，坎纳六戊，离纳六己，坎为月，离为日，故曰：坎戊，月精；离己，日光。日月二字合为易字，故曰："推类结字。"是皆原理为证，而非虚造言论也。易既不外乎日月，丹岂不本乎坎离。然坎之与离，皆存戊己。古人云：都缘彼此怀真土，遂命金丹有返还。况土旺四季，罗络始终，水、火、木、金，虽各居一方，而皆禀中宫土德也。张紫阳诗云：四象五行全藉土，土德之功大矣哉。盖土者，金丹也；知五行之俱归于土，则知五行之俱变为金，然后能会造化于中宫，种黄芽于后土矣）。

晦朔之间，合符行中。混沌鸿蒙，牝牡相从。滋液润泽，施化流通。天地神明，不可度量。利用安身，隐形而藏。始于东北，箕斗之乡。旋而右转，呕轮吐萌。潜潭见象，发散清光。昂毕之上，震出为征（陈显微曰：晦朔之间，当合符行中，如混沌鸿蒙，不可度量。盖牝牡相从，滋液润泽，施化流通之时也，岂可用功乎。故利用安身，隐形而藏，却自箕斗之乡，呕轮吐萌，发散辉光可也。寒山子诗云：不得露其根，根虚则子坠，盖体用不同，施功亦异故也）。

圣人不虚生，上观显天符。天符有进退，诎伸以应时。故易统天心，复卦建始萌。长子继父体，因母立兆兀（音其，荐物之具）。消息应钟律，升降据斗枢。三日出为爽，震庚受西方。八日兑受丁，上弦平如绳。十五乾体就，盛满甲东方。蟾蜍与兔魄，日月气双明。蟾蜍视卦节，兔者吐生光。七八道已讫，屈折低下降。十六转就统，巽辛见平明。艮直于丙南，下弦二十三。坤乙三十日，东北丧其朋。节尽相禅与，继体复生龙。壬癸配甲乙，乾坤括始终。七八数十五，九六亦相应。四者合三十，阳气索灭藏（陈显微曰：魏君以一月之间，月形圆缺，喻卦象进退，自初三日为一阳，初八日为二阳，十五则三阳全而乾体就；十六则一阴生，二十三则二阴生，三十日则三阴全而坤体成。昂毕在西方庚位，每月初三日，月现微明于西方庚位。应震之一阳初生；而《周易》纳甲法，震卦纳六庚，其造化之理，参合如此。初八日，月现上弦于南方丁位，应兑卦二阳生；而纳甲法则兑纳六丁，以至十五日，月满于东方即位。则乾卦又纳六甲，其时卦备三阳。三五之道已终，则满者亏，而伸者屈，高者低，而升者降。至十六日，一阴生，而当阴用事。月于平旦现西方辛位，以应巽卦纳辛。至二十三日，月于平旦现南方丙位，应艮卦纳丙。至三十日，月没东方乙位，应坤卦纳乙。节尽则又相禅，与阳复用事。俞琰曰：火候之妙，有未易明言者，于是古之至人，观天之道，设为法象以示人，以天地喻鼎器，以日月喻药物，以日月往来喻火候。月行于天，一月一度，与日交合，故谓“天符应时”者，十二时也。月自初一以后，光渐进，魂长魄消，阴屈阳伸，象一日之子至巳。十六日以后，光渐退，魄长魂消，阴伸阳屈，象一日之午至亥。火候进退屈伸犹是也）。

谬误失事绪，言还自败伤。别序斯四象（谓七、八、九、六），以晓后生盲。八卦布列曜，运移不失中。元精眇难睹，推度效符征。上观天河（今本作河图，非）。文，下序地形流，中稽于人心，参合考三才（陈显微曰：上察天文，下察潮候，中稽人心。俞琰曰：古之修丹者，仰观天文，俯察地理，中稽人心，于是虚吾心，运吾神，回天关，转地轴，上应河汉昭回，下应海潮升降。天地虽大，而其日、月、星、辰、五行、八卦，皆掇入于吾身，或为炉鼎，或为药物，或为火候，一反观而三才皆备于我，未尝外身而他求也）。动则观卦节，静则因彖辞。乾坤用施行，天地然后治。

按：邹欣注本图悉删去，唯存纳甲一环。盖以彭本之“昏见”“晨见”合而为一图也。甲、乙、丙、丁、庚、辛，指月昏旦出没之方，而图移六卦于月体之下，悖矣。汉上图较胜，然坎、离寄纳戊己，乾、坤兼纳壬癸之义，皆不能有所发挥，因更定附列于左，而为之说焉。

按：纳甲者，始于京房之积算，以甲为十干之首，举一干以该其余，故谓之“纳甲”。魏伯阳以月象附会之，以寓丹家行持进退之候。盖以月之明魄多少，取象于卦画，而以所见之方，为所纳之甲。震一阳始生于月，为生明⊙。三日夕，出于庚，故曰“震纳庚”，谓一阳之气，纳于西方之庚也。兑二阳为上弦⊙，八日夕，见于丁，故曰“兑纳丁”，谓二阳之气，纳于南方之丁也。乾纯阳，为望〇，十五夕盈于甲，故曰“乾纳甲”，谓三阳之气。纳于东方之甲也。此望前三候，阳息阴消之月象也（月分六候，每五日为一候）。

巽一阴始生于月，为生魄〇。十六旦，明初退于辛，故曰“巽纳辛”，谓以一阴之气，纳于西方之辛也。艮二阴，为下弦⊙，二十三旦，明半消于丙，故曰“艮纳丙”谓二阴之气，纳于南方之丙也。坤纯阴，为晦●，三十旦，明尽灭于乙，故曰：“坤纳乙”，谓三阴之气，纳于东方之乙也。此望后三候，阳消阴息之月象也。

离为日，日生于东，故离位乎东；坎为月，月生于西，故坎位乎西。至望夕，则日西月东，坎离易位。其离中一阴，即是月魄；坎中一阳，即是日光。东西正对，交注于中，此二用之气，所以纳戊己也。故曰：坎戊月精，离己日光。日月为易，刚柔相当。蟾蜍与兔魄，日月气双明也。

乾纳甲，而又纳壬；坤纳乙，而又纳癸者，何也？谓乾之中画，即太阴之精。望夕夜半，月当乾，纳其气于壬方地中对月之日；坤之中画，即太阳之精。晦朔之间，日在坤，纳其气于癸方地中合日之月也。徐敬可云：望夕之阳，既盈于甲矣，其夜半，日行至壬，而月与为衡。日中原有阴魄，所谓“离中一阴”者，平是含蕴而不出，至是则盛阳将革，又感正对之阴，乃充溢流滋，而为生阴之木。故其象为⊙，即望夕夜半壬方之日也。晦旦之阳，既尽于乙矣，其夜半，日行至癸，而月与同躔。月中原有阳精，所谓“坎中一阳”者，平是胚浑而不分，至是则盛阴将革，又感摩戛之阳，乃剖发迸泄，而为生阳之本。故其象为⊙，即晦朔间癸方之月也。故曰：壬癸配甲乙，乾坤括始终。此尤易象之要枢也。

七八数十五，九六亦相应。四者合三十，阳气索灭藏。盖即《明堂》九室纵横十五之数。虽不言“九宫”，而“九宫”在其中矣。横言之，二四为六之与九也，三五为八之与七也，一八为九之与六也，七八、九六皆十五也。纵言之，三四为七之与八也，一五为六之与九也，二六为八之与七也，七八、九六皆十五也。四维斜对言之，二五为七之与八也，四五为九之与六也，七八、九六皆十五也。七八数十五，九六数亦十五，合之为三十，当一月之日数。

阳气谓日光也，月本无光，感日之明以为光。明，阳也；魄，阴也。三日生明，十五而望，十六生魄，三十而晦。故曰：四者合三十，阳气索灭藏。索者，尽也，谓月所感日之光至是尽灭，全体皆魄也。此虽言月体之消长，而未尝不合于“九宫”之数。然其卦则以子午为纲，卯酉为纬，所谓“乾、坤定上下之位，离、坎列左右之门”者，是也。与《明堂》九室之卦位不同，观汉上“纳甲图”，用乾南坤北、离东坎西之位，则可知矣。彭本有“九宫八卦图”举二者合而为一，殊觉龃龉。

上观天河文，下察地形流。注家皆以“天河文”为云汉，“地形流”为海潮。今本云“上观河图文”，盖后人妄改，以应九为“河图”之说。“河图”非天象，安得云“上观”？其为俗子点窜可知。且淳于叔通《五相类》曰：法象莫大乎天地兮，玄沟数万里。河鼓临星纪兮，人民皆惊骇。俞琰注云：玄沟者，天河也。自箕尾之间，至柳星之分，介断天盘，不知几万里。修丹者法天象地，反身而求，则身中自有一壶天也。河鼓星位，在天河边斗牛之间。星纪天盘之丑位也。丹法：火临于丑，则驱回尾穴连云焰，赶入天衢直上奔（其气自闾关升于泥丸也）。正当斩关出路之时，一身之人民，岂不竦然惊骇乎！观此文及注，则天河正有精义，不得作“河图”。以是知七、八、九、六，伯阳特以为晦、朔、弦、望之候，虽有别序斯四象句，而实于“河图”之四象绝无交涉也。

二十二、天地自然之图

解说

清容袁氏（桷）《谢仲直易三图序》曰：上饶谢先生遁于建安，番阳吴生蟾往受易，而后出其图焉。建安之学为彭翁，彭翁之传为武夷君，而

（二十二、天地自然之图）

莫知所受。或曰“托以隐秘”，故谓之武夷君焉。始晁以道纪传易统绪，截立疆理，俾后无以伪。至荆州袁溉道洁，始受于薛翁，而易复传。袁乃以授永嘉薛季宣士龙。始薛授袁时，尝言河洛遗学，多在蜀汉间。故士大夫闻是说者争阴购之。后有二张，曰行成，精象数，曰缜，通于玄。最后朱文公属其友蔡季通如荆州，复入峡，始得其三图焉。或言“洛书”之传，文公不得而见。今蔡氏所传书，讫不著图，藏其孙抗，秘不复出。临邛魏了翁氏尝疑之，欲经纬而卒不可得。季通家武夷，今彭翁所图，疑出蔡氏，惜彭不具本始。谢先生名字今不著，其终也，世能道之。

渭按：清容，博雅君子也。君子之言，信而有征，故首著之。季通所得三图，一为“先天太极图”无疑矣。其二盖“九宫图”与“五行生成图”，而希夷未尝名之曰“洛书”，故或言“洛书”，朱子不得见也（谢枋得字君直，信州弋阳人。宋末以江西招谕使知信州事，国亡变姓名，遁入建阳。其后人稍识之，被征不就。福建行省参政魏天祐送至大都，遂不食而死。事具《宋史》本传。仲直，即君直也。清容以谢拒元命，为时所忌，故隐其名，复更其字）。赵氏（㧑谦）《六书本义》曰：“天地自然之图”虙戏氏龙马负图，出于荥河，八卦所由以画也。《易》曰：河出图，圣人则之。《书》曰：“河图”在东序。是也。此图世传蔡元定得于蜀之隐者，秘而不传，虽朱子亦莫之见。今得之陈伯敷氏，尝熟玩之，有太极函阴阳，阴阳函八卦之妙（㧑谦字古则，馀姚人，宋宗室，别号老古先生。《名山藏》作赵谦，云：洪武初聘修《正韵》）。

二十三、古太极图

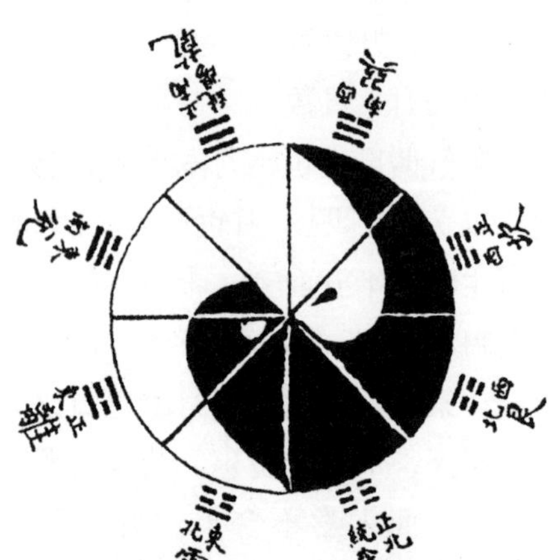

解说

赵氏（仲全）《道学正宗》曰：“古太极图”阳生于东，而盛于南；

阴生于西，而盛于北。阳中有阴，阴中有阳，而两仪，而四象，而八卦，皆自然而然者也。

按：潜溪宋氏（濂）曰：新安罗端良愿（罗愿，字端良），作阴阳相含之象，就其中八分之，以为八卦，谓之“河图”；用井文界分“九宫”，谓之“洛书”，言出于青城山隐者，然不写为象。今观赵氏此图，正所谓阴阳相含，就中八分之，以为八卦者。青城隐者之所授，当亦如此。然不著阴阳分数，视古则为疏略，其不曰“河图”，而谓之“古太极图”，何也？盖其时既从《启蒙》以五十五数为“河图”，而濂溪又自有所为“太极图”者，故不名“河图”、曰“太极图”，而加古以别之。

二十四、龙图天地未合之数

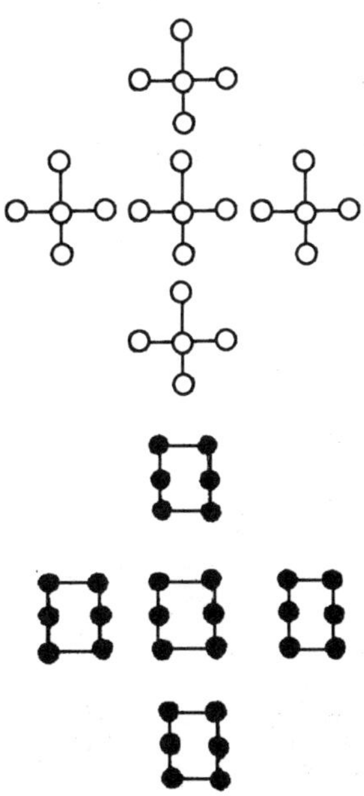

二十五、龙图天地已合之位

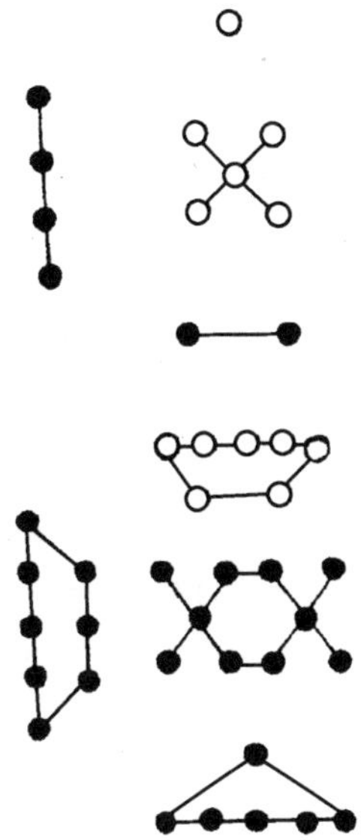

二十六、龙图天地生成之数

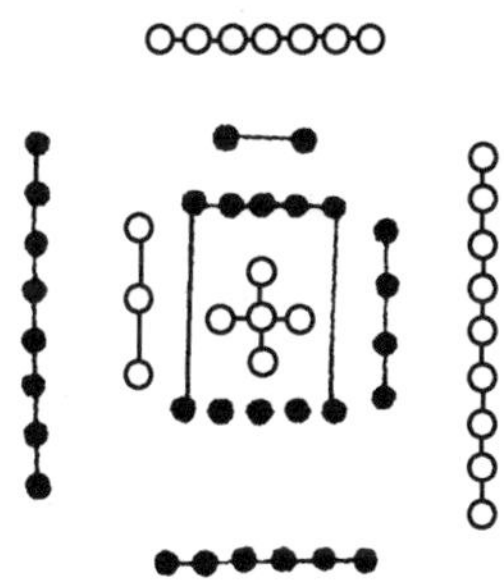

二十七、河洛纵横十五之象

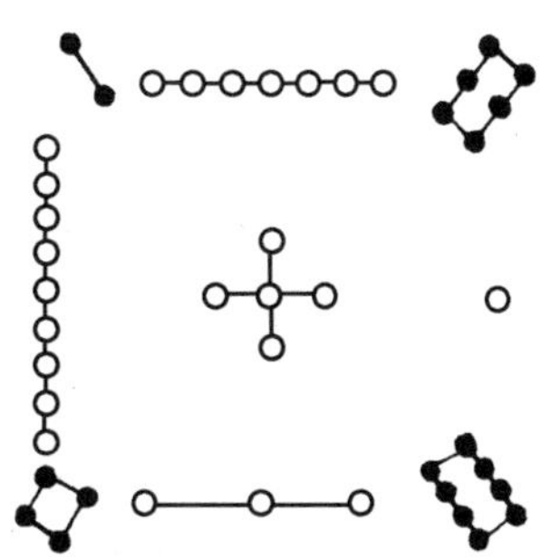

按：以上四图，并见《易象图说·内篇》，清江张理仲纯所著也。其第一为“天地未合之数”，上位以五五为天数二十有五，下位以五六为地数三十。盖《汉律历志》云：天之中数五，地之中数六。故依托为此图也。第二为“天地已合之位”，上位一上二下，四左三右，五居其中，即刘牧所谓上下未交之象也。及其已交，则天一下生地六，地二上生天七，天三左生地八，地四右生天九，故下位六、七、八、九、十，皆以生数乘中五而得之，即刘牧之“洛书”五行成数也。其“纵横十五之象”，本“龙图”三变，刘牧所谓“龙马负图”是也。雷氏以为“河图”张氏易其名曰“洛书”。“天地生成之数”，即范谔昌所谓羲皇重定五行生成之数，地上八卦之体者也，雷氏以为“洛书”张氏易其名曰“河图”。今考之本书，“纵横十五之象”，九数各居一位，故序曰“天散而示之”；“天地生成之数”，一六、二七、三八、四九、五十，皆偶居一方，故序曰“伏羲合而用之”；“河图”之数，四十有五，“洛书”五十有五，本象元自如此。张氏宗《启蒙》，恐启图九书十之辨，故疑为传写之误，而两易其名。然刘牧师范谔昌，谔昌师李溉、许坚，三传弟子一脉相承，使图书果如张氏所列，而牧辄两易之，是入室而操戈也。其何以取信于当世，而学者翕然宗之乎？西山谓图九书十出于刘牧之意见非也，而张氏宗之亦过矣。

易图以白为阳，黑为阴，自《参同》“水火匡廓”始，其后先天、太极图亦然，而“龙图”则独用奇白偶黑之点。序曰：天之垂象，的如贯珠。自一至于盈万，皆累累然如系之于缕也。因于点间为墨丝以联络之，使若贯珠然。思之可发一笑。前此未有此状，图出希夷之后，是亦一证也。雷氏不知“龙图”源出滋庐，非华山道士所作，故以为希夷必不如此，而归其罪于谔昌，此亦“莫须有”之狱。至以重定五行生成之数为老子，自西周传孔子，不知出何典记？凿空造端，增立怪论，诚有如雷氏所讥者。谔昌直一妄人耳！语曰：不知其形视其景，景曲则形必曲。观谔昌之言，则李、许之为人，从可知矣。

二十八、太皞氏授龙马负图

此即龙图纵横十五之象

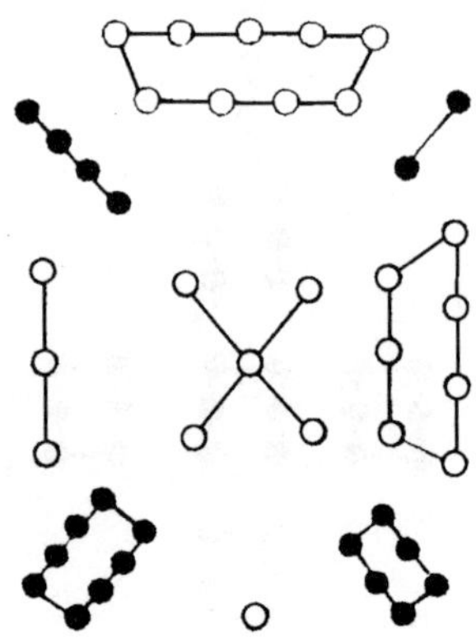

二十九、河图两仪

此即龙图天地已合之上位，而虚其中也

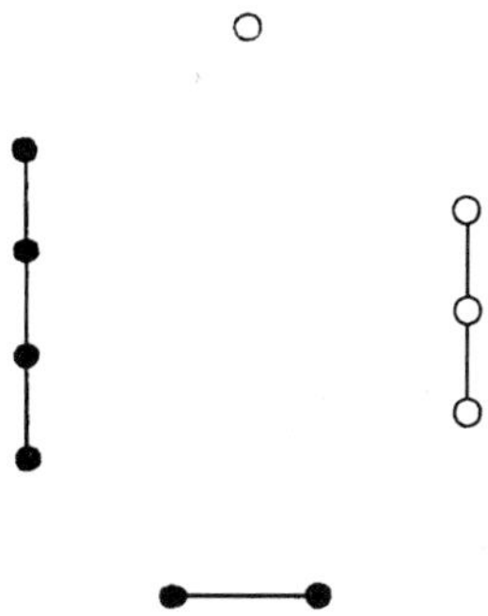

三十、河图四象

此即龙图天地已合之下位，而虚其中也

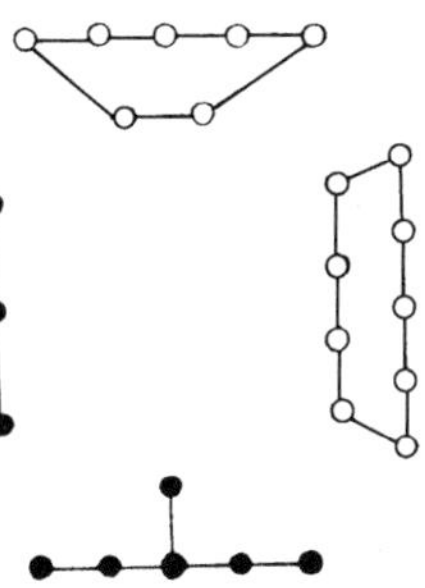

三十一、河图八卦

关子明则图画卦之说，与此无异

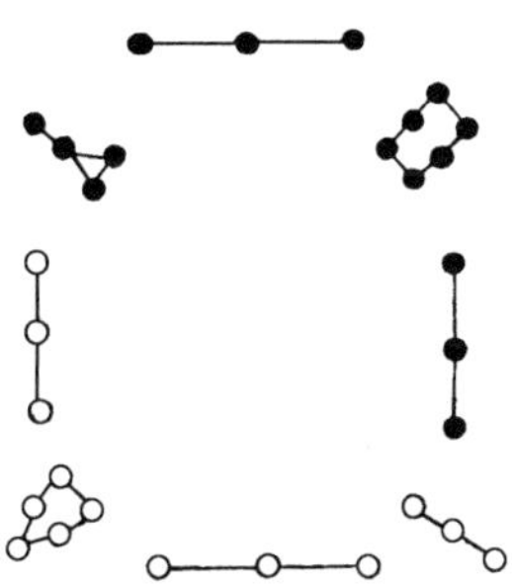

解说 二十八至三十一诸图并说

刘氏曰：昔虑牺氏之有天下，感龙马之瑞，负天地之数出于河，是为“龙图”者也。戴九履一，左三右七，二与四为肩，六与八为足，五为腹心，纵横数之皆十五，盖《易系》所谓“参伍以变，错综其数”者也。太皞乃则而象之，遂因四正定五行之数，以阳气肇于建子，为发生之源，阴气萌于建午，为肃杀之基，二气交通，然后变化，所以生万物焉，杀万物焉。且天一生坎，地二生离，天三处震，地四居兑，天五由中，此五行之生数也。且孤阴不生，独阳不发，故子配地六，午配天七，卯配地八，酉配天九，中配地十，既极五行之成数，遂定八卦之象，因而重之，以成六十四卦、三百八十四爻，此圣人设卦观象之奥旨也。

今“龙图”其位有九，四象八卦，皆所包蕴，且其图纵横皆合天地自然之数，则非后人能假伪而设之也。

刘氏曰：原夫八卦之宗，起于四象；四象者，五行之成数也。水数六，除三画为坎，余三画，布于亥上，成乾；金数九，除三画为兑，余六画，布于申上，成坤；火数七，除三画为离，余四画，布于巳上，成巽；木数八，除三画为震，余五画，布于寅上，成艮。此所谓“四象生八卦”也。

雷氏《易图通变》曰：究核谬昌之取用，不过循纳甲之绪余，及五子归庚之殊向。又谓天上八卦坎离对中之外，移置乾、兑、坤于东，艮、震、巽于西。不谓五行之说，多起于《易》后，而反引五行以为定卦之原。此又其敢于创异之大端也。是宜长民不独增以五十五图，又因谔昌坎、离、震、兑四正之外，而以四成数同于四方。谓坎六退本卦三数，以余三数三画为乾，离七退本卦三数，以余四数四画为巽；震八退本卦三数，以余五数五画为艮；兑九退本卦三数，以余六数六画为坤。皆以数为画，标为“河图”，是不揣本而齐末。夫八卦各三画，以刚柔生爻，未闻本卦止用三画，而以其余画之多反分为别卦也。所陈之数，抑配偶然。且以坎、离、震、兑为四象，则尤非也。象本在未成卦之先，故曰“四象生八卦”也。

按：希夷天地自然之图宗《参同契》，用乾南、坤北、离东、坎西之位，而“钩隐”仍以坎、离、震、兑居四正，乾、坤、艮、巽居四隅，即此一端，亦足以证“龙图”之本不出于希夷矣。

三十二、洛书五行生数

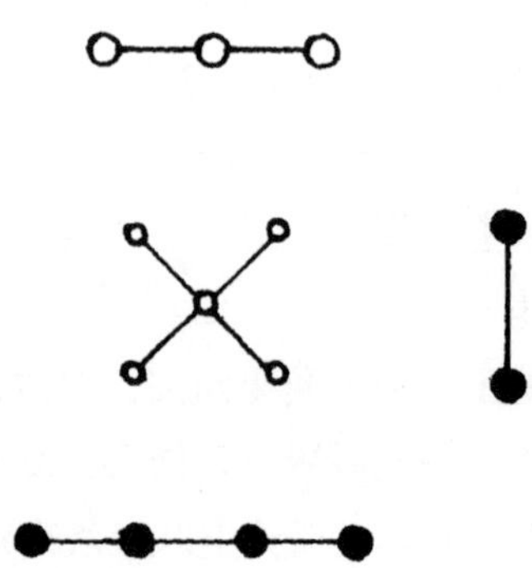

三十三、洛书五行成数

以上合二图合之，即是羲皇重定五行生成之数

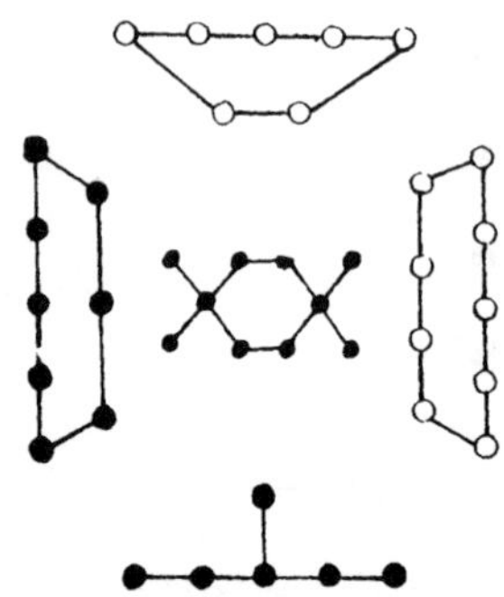

解说　三十二、三十三两图并说，并总论刘牧《易数钩隐图》

刘氏曰：或问：“洛书”一曰水，二曰火，三曰木，四曰金，五曰土，则与“龙图”五行之数之位不偶者何也？答曰：此谓陈其生数也。虽则陈其生数，乃是已交之数，下篇分土王四季，则备其成数矣。且夫“洛书”“九畴”，惟出于五行之数，故先陈其已交之生数，然后以土数足之，乃可见其成数也。

《书》之“九畴”，惟五行是包天地自然之数，余八法皆是禹参酌天时人事类之耳，非龟所负之文也。今详《洪范·五行传》，凡言灾异必推五行为之宗。又若鲧无圣德，汩陈五行，是以彝伦攸斁，则知五行是天垂自然之数。其文负于神龟，余八法皆大禹引而伸之，犹“龙图”止负四象八纯之卦，余重卦六十四，皆伏羲仰观俯察，象其物宜，伸之以爻象也。

按：刘牧谓“洛书”与“河图”并出于伏羲之世，兼则之以画卦，而五行之数未显，故禹复法之以陈“九畴”。然一为五行，二为五事，以至九十为福极，禹何以知之？故又为之说曰：惟五行是天垂自然之数，余八者皆禹自类之意，谓五事以下，禹从五行推演而得之也。然五事、皇极、庶征、五福、六极，刘向尝以此附会于五行，犹可通也，其余则绝无交涉矣。六十四卦，不离乎八卦；“河图”具八卦之象，则六十四卦包在其中。若“九畴”五事以下，未见五行中具有此义也。禹乃凿空而增之，以缀于五行之后，则几同骈拇枝指矣。是亦不可以已乎。且经云：天锡禹“九畴”，不言锡禹五行。“九畴”皆天之所设，非人之所为。谓八者禹自类之，妄也！

……

按：刘牧之学，当时皆谓其源出于希夷，而不知希夷所传者，乃“天地自然之图”，白黑回互之状（见第三卷），康节之所受而演之者也。于“龙图”曷与焉，于“钩隐”又曷与焉。盖自天禧之后，伪书盛行，而“天地自然之图”隐矣。说者以刘牧之学为希夷之传，是犹吕之代嬴，牛之易马，世仍以秦晋目之，而不知其血脉之已非也。李泰伯存其三图，雷齐贤归咎后人，亦寻常之见耳。“钩隐”支离破碎，缴绕窒塞，真无一可取。譬诸田功，圣人之易，五谷也；希夷之易，荑稗也；牧之易，进不可穷理以尽性，退不可养生以尽年，徒为稂莠而已矣。

三十四、蔡氏河图

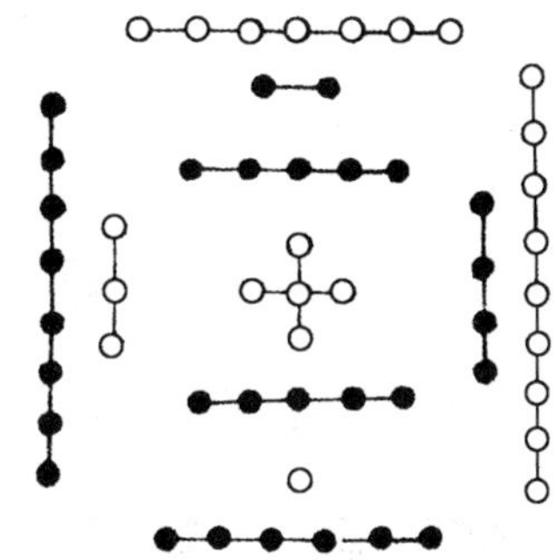

三十五、蔡氏洛书

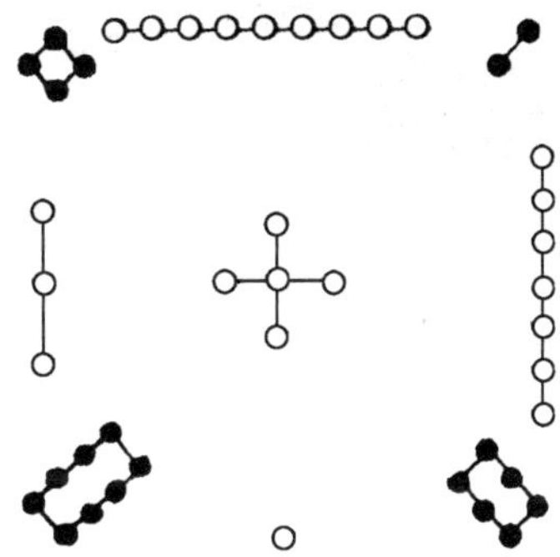

解说 三十四、三十五两图并说，并总论启蒙图书

按：季通据先天八卦之方位，而附会以太极、两仪、四象之名，曰：析四方之合，以为乾、坤、离、坎；补四隅之空，以为兑、震、巽、艮（即关易所云“正者全其位，隅者尽其画”。然彼用后天卦位，此用先天

卦位)。噫！伏羲上圣，其则“河图”以画卦，乃烦割裂补缀，费如许经营邪？虽至愚者，亦知其无是理矣。刘歆所云相为经纬表里者，不过以五行生成言之耳。季通发明其义，以为易之太极、两仪、四象，皆通于“洛书”而《洪范》之五行、九畴之子目，则又通子“河图”。任意牵合，无所不可。然十图九书，本无定理，故结之曰：安知图之不为书，书之不为图？终归于鹘突无据而已知。

三十六、伏羲八卦次序

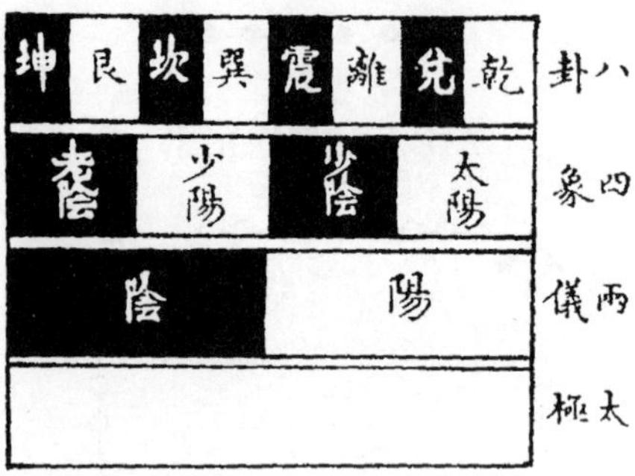

解说

按：康节先天八卦次序，伊川不用，以为圣人始画八卦，每卦便是三画。其后精通邵学者，莫如汉上，而《集传》释两仪、四象、八卦，亦不从康节，意可知矣。朱子初亦疑之，谓伏羲至淳厚，未必如此巧推排。而蔡季通坚执不移，故《本义》屈伊川，而伸康节。盖牧堂（季通父名发，字神与）尝以《皇极经世》授季通，曰：此孔孟正脉。故季通笃信邵学，不啻如孔孟。朱子方以为老友，不在弟子之列，往往曲从其言。至《启蒙》则属季通起稿，其“原卦画”一篇，敷畅邵学，尤为详备，而其说遂牢不可破矣。朱子又疑伊川不知康节之意。愚谓程、邵在洛中，晨夕往来，岂有邵不言而程亦不问者？此必伊川灼见其非，故《易传》不从耳。又疑八卦不知先画何卦。万季野云：读《大传》“成象之谓乾，效法之谓坤”，便见是先画乾，次画坤，然后以乾、坤相索成六子，有何难晓，李刚主亦云。……

按：“天地定位”“雷以动之”二章，皆以对待之体言。一首乾坤，明六子所自出；一先六子，而归功于乾坤，未见其为先天之方位也。“帝出乎震”章，以流行之用言，故顺四时以为序，而各著其方位。“神也者”章，兼流行对待言之。动、桡、燥、说、润、盛，流行之用也；水、火、雷、风、山、泽，对待之体也。虽不言乾坤，而六子之功用，莫非乾坤之所为，神与变化，正指乾坤而言，与“雷以动之”章略同，亦无以见上六句为后天之位，而下三句为先天之位也。横图方图从中起者为震巽，人皆谓根柢于此。自余观之，“三索”章先父母而后六子，此两章先六子而后父母，要皆归重于乾坤，岂有六子居母前之理！此天地之大经，古今之通义，而邵图紊乱如此，尚可信乎？

三十七、伏羲八卦方位

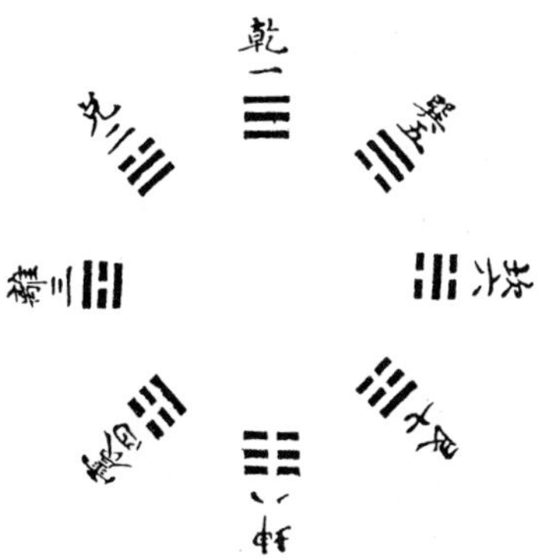

解说

《说卦传》曰：天地定位，山泽通气，雷风相薄，水火不相射，八卦相错，数往者顺，知来者逆，是故易逆数也（数往，色主反，逆数，色具反）。

……

按：此章与八方之位无涉。天地定位，言乾坤自为匹也；山泽通气，言艮兑自为匹也；雷风相薄，言震巽自为匹也；水火不相射，言坎离自为匹也。至于八卦相错，则天或位乎下，地或位乎上，而且与六子之位同列矣。山泽之气，不但二者自相通，而且与天地、雷风、水火之气互相通矣，雷风、水火亦然。上四句即所谓“八卦成列，象在其中”，下一句即所谓“因而重之，爻在其中”也，意重下句。孔疏云：就卦象明重卦之意，深得经旨。夫子大象，皆以二体八物发明其义，此节正其注脚。八卦相错，是为六十四卦，而占筮之法生焉。卦之德方以知，知以藏往，所谓“数往者顺”者。君子居则观其象，而玩其辞，藏往之学也。蓍之德圆而神，神以知来，所谓“知来者逆”也。君子动则观其变，而玩其占，知来之道也。虽往来并举，却重在知来。知来，乃揲蓍求卦之事。《系辞传》云：极数知来之谓占。又云：无有远近幽深，遂知来物。又云：占事知来，有一不以蓍言者乎？于卦何与焉。卦主象，蓍主数，虽象中亦有数，数中亦有象，然其间有宾主之辨。韩康伯曰：蓍极数以定象，卦备象以尽数，宾主极其分明。希夷之图，象学也。而康节则专精于数，故往往以蓍数为卦象，与经旨背。至于据“横图”，从中折取，以自震至乾为顺数已生之卦，自巽至坤为逆推未生之卦。然则易逆数也，岂专用巽、坎、艮、坤，而不用乾、兑、离、震乎？就其言解之，已有不可得通者矣……

三十八、伏羲六十四卦方位

解说

按：魏伯阳，丹经王也。希夷、康节，乃其嫡派正传，所言皆老氏之易也。康节“横图”，以白代⚊，以黑代⚋，实本希夷。然“天地自然之图”，本谓龙马授伏羲者，如是而伏羲则之以画卦，变白黑为⚊、⚋耳。康节乃谓伏羲所作亦如是。然而伏羲

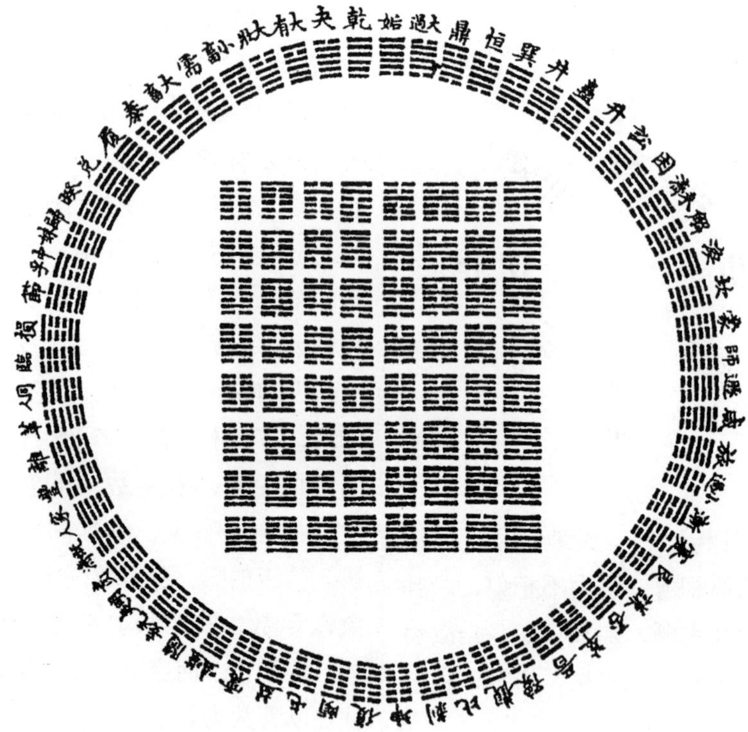

（三十八、伏羲六十四卦方位）

之后，更有何人变白黑为━，如今卦首所列之六画乎？又两仪、四象、八卦，希夷皆子在母中，康节却子在母外，虽取法希夷，而实失先天之本意矣。希夷之图，止有八卦方位，而无其次序。康节既独出臆见，于一奇一偶之上，各加一奇一偶之三画，而为乾一、兑二、离三、震四、巽五、坎六、艮七、坤八矣。又欲附会于希夷，乃以“天地定位”一章，当希夷八卦方位，就中推出次序。其左半乾、兑、离、震适符“横图”之一、二、三、四，遂以为数往者顺；至右半坤、艮、坎、巽，则与“横图”正相反，乃从中拗转为巽五、坎六、艮七、坤八，以为知来者逆。斯不亦娇揉造作，先天地自然之妙乎！且次序与方位元不相谋，未闻乾、坤三索之序，由出震齐巽之位而定也。何独于先天合之。故“圆图”抽坎填离，犹是丹家之遗制，而“横图”则无谓甚矣。乃复引而伸之，为六十四卦次序。遂至有四画、五画之卦。夫此四画、五画者，将名曰某卦乎？抑仍谓之两仪、四象乎？如以为两仪、四象，则八卦之后，不应复有两仪四象也。或曰：此康节之数学，知来之道寓焉。然吾观《皇极经世书》，其所推元会运世之数，及天地万物之变，恐别有方术，未必用加一倍法也。奇偶之上各加奇偶，只因错解“易有太极”一节，遂以揲蓍生爻之次序，为始作八卦之次序耳。然则大小“横图”既戾于圣人之经，又绝非希夷之指，先天之赘疣也。安得冠诸经首，以为伏羲不言之教乎。

三十九、文王八卦次序

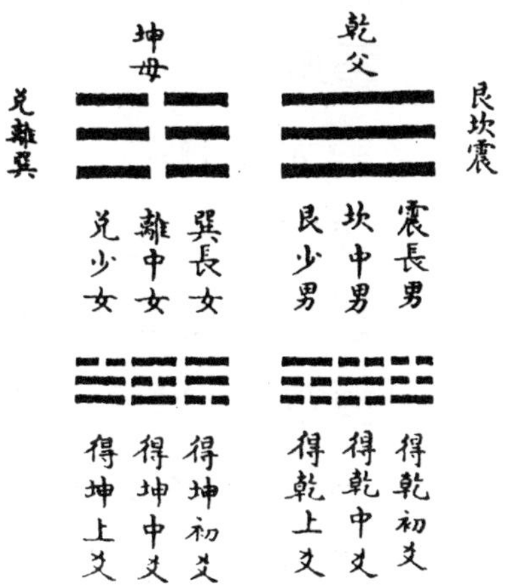

解说

按：伏羲胸罗造化，全体太极，仰观俯察，近取远取，三才之道，了了于心目之间，便一连埽出三画，有何不可？而必一生二，二生四，四生八，作巧推排计邪？一连埽出者，为私意杜撰补接，然则逐爻生出者，岂反非杜撰补接邪？孔子之传，无一语推本伏羲者则已，既有推本伏羲者，则何以知两仪、四象为伏羲之所画，画乾坤三索为文王之所演邪？先天、后天强生分别，前第六卷中辨之已详。知彼逐爻生出之为谬，则知一连埽出三画而交易以成六子者，真伏羲之易，而非文王之易矣。晓人自解，无庸辞费也。

四十、文王八卦方位

解说

按：以上二图，非古所传，亦邵子作也。乾坤三索之次序，出震齐巽之方位，伏羲之易本是如此，而邵子独以为文王之易，名之曰后天，以尊先天之学。序位皆是，而其名则非，九图之中，无一可存者也。

四十一、虞仲翔卦变图

解说

黄氏《象数论》曰：古之言卦变者，莫备于虞仲翔。其法以两爻相易，主变动者止一爻。四阴四阳，即二阴二阳之卦也。其变不收于临、遁之下者，以用临、遁生卦。则主变须二爻皆动，而后余卦可尽，不得不别起。观、大壮有四阴四阳，而不用五

一阴一阳之卦各六，皆自复、姤而变：

䷗复	䷫姤
䷆师 (初之二.)	䷌同人 (初之二.)
䷎谦 (初之三.)	䷉履 (初之三.)
䷏豫 (初之四.)	䷈小畜 (初之四.)
䷇比 (初之五.)	䷍大有 (初之五.)
䷖剥 (初之上.)	䷪夬 (初之上.)

二阴二阳之卦各九，皆自有临遁而变：

䷒临	䷠遁
䷭升 (初之三.)	䷘无妄 (初之三.)
䷧解 (初之四.)	䷤家人 (初之四.)
䷜坎 (初之五.)	䷝离 (初之五.)
䷃蒙 (初之四.)	䷰革 (初之四.)
䷣明夷 (二之三.)	䷅讼 (二之三.)
䷲震 (二之四.)	䷸巽 (二之四.)
䷂屯 (二之五.)	䷱鼎 (二之五.)
䷚颐 (二之上.)	䷛大过 (二之上.)

三阴三阳之卦各十，皆自泰、否而变：

䷊泰	䷋否
䷟恒 (二之四.)	䷩益 (初之四.)
䷯井 (初之五.)	䷔噬嗑 (初之五.)
䷑蛊 (初之上.)	䷐随 (初之上.)
䷶丰 (二之四.)	䷺涣 (二之四.)

（四十一、虞仲翔卦变图）

䷾既济（二之五。）　　䷿未济（二之五。）

䷕贲（二之上。）　　䷮困（二之上。）

䷵归妹（三之四。）　　䷴渐（三之四。）

䷻节（三之五。）　　䷷旅（三之五。）

䷨损（三之上。）　　䷞咸（三之上。）

四阴四阳之卦各九，皆自大壮、观而变：

䷡大壮　　䷓观

䷛重大过（初之五。）　　䷚重颐（初之五。）

䷱重鼎（初之上。）　　䷂重屯（初之上。）

䷰重革（二之五。）　　䷃重蒙（二之五。）

䷝重离（初之上。）　　䷜重坎（二之上。）

䷹兑（二之五。）　　䷳艮（三之五。）

䷥睽（三之上。）　　䷦蹇（三之上。）

䷄需（四之五。）　　䷢晋（四之五。）

䷙大畜（四之上。）　　䷬萃（四之上。）

变例之卦二：

䷼中孚

䷽小过

凡变卦皆从乾坤来：

䷀乾

䷁坤

（四十一、虞仲翔卦变图）

阴五阳之夬、剥者，以五阴五阳之卦已于姤、复，无所俟乎此也。

中孚、小过为变之卦何也？中孚从二阴之卦，则遁之二阴皆易位；从四阴之卦，则大壮三、四一时俱上。小过从二阳之卦，则临之二阳皆易位；从四阴之卦，则观三、四一时俱上。所谓主变之卦，以一爻升降者，至此而穷，故变例也。犹反对之卦至乾、坤、坎、离、颐、大过、中孚、小过而亦穷也。虞氏之卦变，脉络分明如此。当时所著《周易注》《周易集林》，今既不传，其见于李鼎祚《易解》中者，语焉不详，朱汉上据之以定虞氏卦变，遂有此然彼否之异，无怪赵汝楳谓其错杂无统也。某追寻其绪，而后知汉上之误。然四阴四阳与二阴二阳，毕竟相错，不能不有重出之卦。此八卦者（重于大壮者为大过、鼎、革、离，重于观者为颐、屯、蒙、坎）。其主变，属之临、遁乎？属之大壮、观乎？抑兼属之乎？其说有时而穷也。以《彖传》证之。如无妄刚自外来（遁之初三相易，皆在内卦，非外来），晋之柔进上行（观之四、五相易皆在上卦）。睽之柔进上行（大壮三上相易，柔为下行），蹇之往得中（观三上相易，不得为中），皆不能合，此虞氏之短也。

苏子瞻言刚柔相易，皆本诸乾、坤。程子亦专以乾、坤言卦变，本之属才曰“此本乾卦”“此本坤卦”，荀爽曰“谦是乾来之坤”，非创论也。但三阴三阳之卦，此往彼来，显然可见。其他则来者不知何来，往者不知何往。如无妄刚自外来，外卦之乾，未尝损一刚也，而云自外来，不已背乎？故朱子曰：程子专以乾、坤言卦变，然只是上下两体皆变者可通。若只一体变者，则不通。盖已深中其病矣。然较之虞氏而下，凿空为说者，某以为独优也。

清·李光地《周易折中》

一、河图阳动阴静图

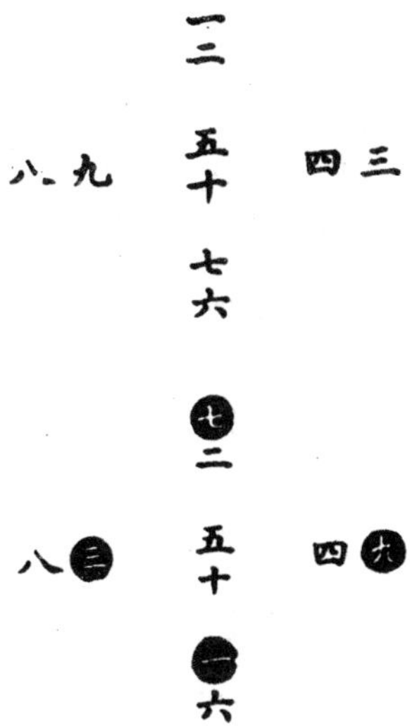

二、河图阳静阴动图

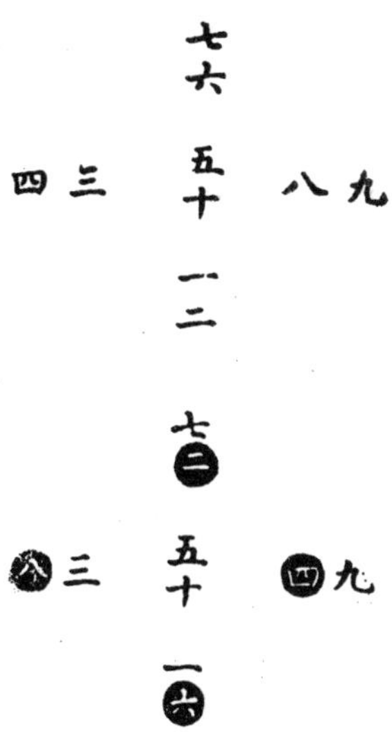

三、洛书阳动阴静图

四、洛书阳静阴动图

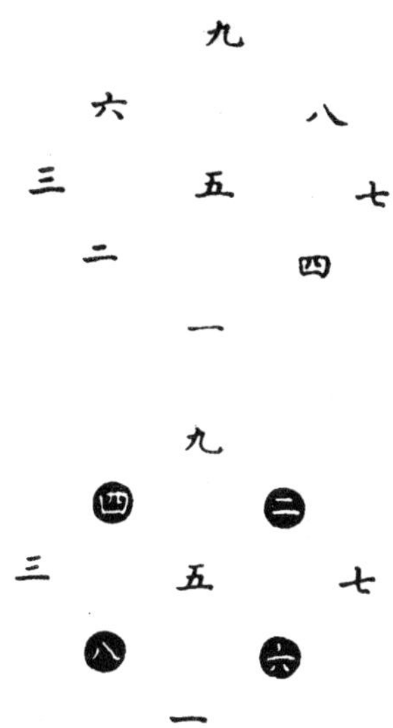

解说 一至四诸图并说

《大传》言“河图”，曰一、二，曰三、四，曰五、六，曰七、八，曰九、十，则是以两相从也。《大戴礼》言“洛书”，曰二、九、四，曰七、

五、三，曰六、一、八，则是以三相从也。是故原“河图”之初，则有一便有二，有三便有四，至五而居中；有六便有七，有八便有九，至十而又居中。顺而布之，以成五位者也。原“洛书”之初，则有一、二、三，便有四、五、六，有四、五、六，便有七、八、九，层而列之，以成四方者也。若以阳动阴静而论，则数起于上，故“河图”之一、二本在上也，三、四本在右也，六、七本在下也，八、九本在左也；“洛书”之一、二、三、四、五、六、七、八、九本自上而下也。于是阳数动而交易，阴数静而不迁，则成“河图”“洛书”之位矣。如以阳静阴动而论，则数起于下，故“河图”之一、二本在下也，三、四本在左也，六、七本在上也，八、九本在右也；“洛书”之一、二、三、四、五、六、七、八、九本自下而上也。于是阳数静而不迁，阴数动而交易，则又成“河图”“洛书”之位矣。盖其以两相从者，如有天，则有地也；有君，则有臣也；有夫，则有妇也。以三相从者，如有天地，则有人也；有君臣，则有民也；有父母，则有子也。阳动阴静者，如乾君而坤藏也，君令而臣从也，夫行而妇顺也。自上而下，以用而言者也。阳静阴动者，如乾主而坤役也，君逸而臣劳也，父安居而妻子勤职也。自内而外，以体而言者也。同本相从，以成合一之功；动静相资，以播生成之化，造化人事之妙，穷于此矣。先后天图象之精蕴，莫不于此乎出也。

自“洛书”以三三积数为数之原，而自四以下皆以为法焉。何则？三者，天数也，故其象圆，如前图居四方与居四隅者，或动或静（居中者一定不易），而各成纵横皆十五之数矣。四者，地数也，故其象方，如后图居中居四隅与居四方者，或动或静，亦各成纵横皆三十四之数矣。自五五以下，皆以三三图为根，自六六以下，皆以四四图为根，而四四图又实以三三图为根，故“洛书”为数之原，不易之论也。今附四四图如左，以相证明，其余具数学中，不悉载。

四　八　十二　十六　　四　九　五　十六　　十三　八　十二
三　七　十一　十五　　十　四　七　十一　二　　三　十　六　十五
二　六　十　十四　　十五　六　十　三　　二　十一七　十四
一　五　九　十三　　一　十二　八　十三　　十　六　五　九　四

此以十六数自左而右，自上而下列之（第一图）。其居中与居四隅者不易，而居四方者交易，则成纵横皆三十四之数（第二图）。若居四方者不易，而居中与居四隅者交易，亦成纵横皆三十四之数（第三图）。

十三	九	五	一
十四	十	六	二
十五	十一	七	三
十六	十二	八	四

十三	八	十二	一
三	十	六	十五
二	十一	七	十四
十六	五	九	四

四	九	五	十六
十四	七	十一	二
十五	六	十	三
一	十二	八	十三

此以十六数自右而左，自下而上列之（第一图）。用前法变为两图（第二图，第三图）并得纵横皆三十四之数。但其不易者，即前之交易者，而其交易者，即前之不易者（此第二图同前第三图，此第三图同前第二图）。盖亦阴阳互为动静之理云。

五、河图加减之原

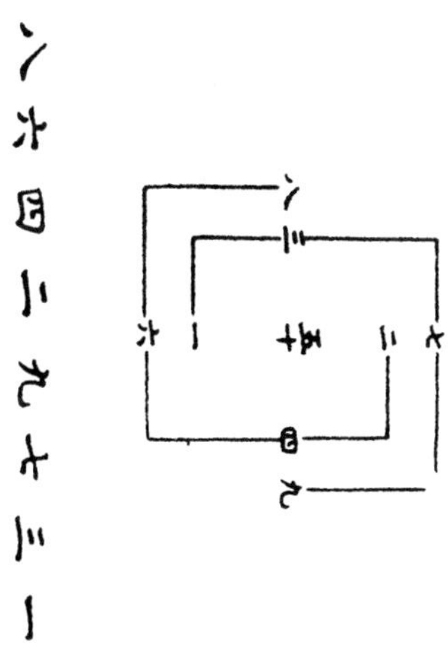

用中两率三、七相加为十，以一减之得九，以九减之得一。

若用一、九相加，亦为十，以三减之得七，以七减之得三。

用中两率四、六相加为十，以二减之得八，以八减之得二。

若用二、八相加，亦为十，以四减之得六，以六减之得四。

六、洛书乘除之原

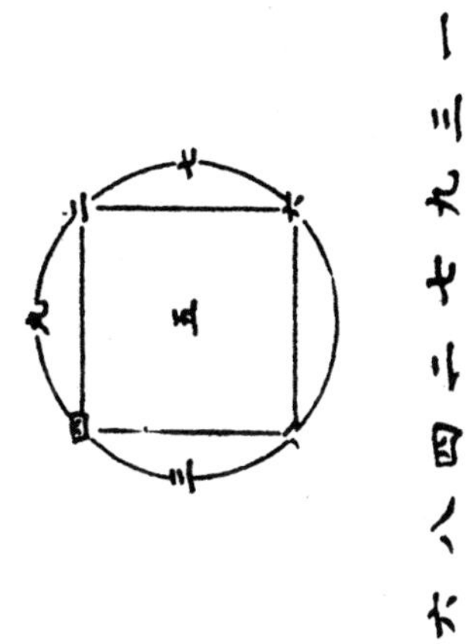

用中两率三、九相乘为二十七，以一除之，得二十七，以二十七除之，得一。

若用一与二十七相乘，以三除之得九，以九除之得三。

用中两率四、八相乘，为三十二，以二除之，得十六，以十六除之，得二。

若用二与十六相乘，以四除之，得八，以八除之，得四。

解说 五、六两图并说

《大传》曰：天一地二，天三地四，天五地六，天七地八，天九地十，天地之数皆自少而多，多而复还于少，此加减之原也。又曰：参天两地而倚数。天数以三行，地数以二行，此乘除之原也。是故“河图”以一、二为数之体之始，“洛书”以三、二为数之用之始。然“洛书”之用始于参两者，以参两为根也，实则诸数循环，互为其根，莫不寓乘除之法焉，而又皆以加减之法为之本。今推得“洛书”加减之法四，乘除之法十六。积方之法五，勾股之法四，各为图表以明之如左：

“洛书”加减四法：

一用奇数左旋相加，得相连之偶数：

一加三为四　三加九为十二　九加七为十六　七加一为八

若用奇数减左旋相连之偶数。得右旋相连之奇数：

三减四为一　九减十二为三　七减十六为九　一减八为七

一用偶数左旋相加，得相连之偶数：

二加六为八　六加八为十四　八加四为十二　四加二为六

若用偶数减左旋相连之偶数，得右旋相连之偶数：

六减八为二　八减十四为六　四减十二为八　二减六为四

一用奇数右旋加偶数，得相连之奇数：

一加六为七　七加二为九　九加四为十三　三加八为十一

若用奇数减相连之奇数，得相连之偶数：

一减七为六　七减九为二　九减十三为四　三减十一为八

一用偶数右旋加奇数，得相对之奇数：

二加九为十一　四加三为七　八加一为九　六加七为十三

若用奇数减相对之奇数，得相连之偶数：

九减十一为二　三减七为四　一减九为八　七减十三为六

“洛书”乘除十六法：

一用三左旋乘奇数，得相连之奇数：

三三如九　三九二十七　三七二十一　三一如三

一用八左旋乘偶数，得相连之偶数：

八八六十四　八四三十二　八二一十六　八六四十八

一用三左旋乘偶数，得相连之偶数：

三四一十二　三二如六　三六一十八　三八二十四

一用八左旋乘奇数，得相连之偶数：

八三二十四　八九七十二　八

七五十六　八一如八

一用二右旋乘偶数，得相连之偶数：

二二如四　二四如八　二八一十六　二六一十二

一用七右旋乘奇数，得相连之奇数：

七七四十九　七九六十三　七三二十一　七一如七

一用二右旋乘奇数，得隔二位之偶数：

二九一十八　二三如六　二一如二　二七一十四

一用七如旋乘偶数，得相连之偶数：

七二一十四　七四二十八　七八五十六　七六四十二

一用一乘奇数，得本位之奇数：

一一如一　一三如三　一九如九　一七如七

一用六乘偶数，得本位之偶数：

六六三十六　六八四十八　六四二十四　六二一十二

一用一乘偶数，得本位之偶数：

一二如二　一四如四　一八如八　一六如六

一用六乘奇数，得相连之偶数：

六七四十二　六九五十四　六三一十八　六一如六

一用四乘偶数，得相对之偶数：

四四一十六　四六二十四　四二如八　四八三十二

一用九乘奇数，得相对之奇数：

九九八十一　九一如九　九三二十七　九七六十三

一用四乘奇数，得隔二位之偶数：

四九三十六　四七二十八　四一如四　四三一十二

一用九乘偶数，得相参之偶数：

九二一十八　九八七十二　九四三十六　九六五十四

凡除法除其所得之数，得其所乘之数。

洛书乘除十六法可约为八法，何则？五者，河洛之中数，自此以上，由五以生，五加一为六，六减五为一，是六与一同根也。五加二为七，七减五为二，是七与二同根也。三八、四九，其理如之。今用三与八左旋乘奇偶，而皆得相连之奇偶，可以知八即三矣，用二与七右旋乘奇偶，而皆得相连之奇偶，可以知七即二矣。内惟二乘奇数，得隔二位之偶数者，其所得即相连奇位，同根之数，犹之乎相连也（如二九一十八，八与三同根。得八，犹之得相连之三也，余仿此）。用一与六乘而皆得本位之奇偶，可以知六即一矣。内惟六乘奇数，得相连之偶数者，其所得即本位同根之数，犹之乎本位也（如六七四十二，七与二同根。得二，犹之得本位之七也，余仿此）。用四与九乘而皆得对位之奇偶，可以知九即四矣。

内惟四乘奇数，得隔二位之偶数者，其所得即对位同根之数，犹之乎对位也（如四九三十六，六与一同根。得六，犹之得对位之一也。余仿此）。其但得同根之数者何？凡奇乘偶，偶乘偶所得，皆偶数而同（如三四一十二，八四亦三十二）。奇乘奇，其得数为奇，若偶乘奇，不能得奇数而同，故但得其同根之偶数也（如三三为九，八三二十四，九与四同根，得四，犹之得九也）。所以一六、二七、三八、四九在“河图”则四方之相配，在“洛书”则正隅之相连，以其数之生于中五而同根也。

数有合数，有对数。合数生于五，对数成于十。一六、二七、三八、四九，此合数也，皆相减而为五者也。一九、二八、三七、四六，此对数也，皆相并而为十者也。在“河图”，则合数同方而对数相连；在“洛书”，则合数相连而对数相对。相合之相从者，六从一也，七从二也，八从三也，九从四也（如前乘除十六法）。相对之相从者，九从一也，八从二也，七从三也，六从四也（如后积方五法）。凡以合数共乘一数，所得之数必同（乘偶既同数，乘奇则同根）。若各自乘焉，则以必合矣（如三三得九，八八六十四）。以对数共乘一数，所得之数必对（如三三得九，七三二十一）。若各自乘焉，则以必同矣（如一一得一，九九亦八十一，二二得四，八八亦六十四）。是以自乘之数，相合之相从者，此得自数，则彼亦得自数也（如一得一，六得六）。此得对数，则彼亦得对数也（如四得六，九得一）。此得连数，则彼亦得连数也（如三得九，八亦得四，二得四，七亦得九）。相对之相从者，此得自数，则彼得对数也（如一得一，九亦得一，六得六，四亦得六）。此得连数，则彼亦得连数也（如三得九，七亦得九，二得四，八亦得四）。要皆会于一六，四九而齐焉。故开平方之自乘数，止于一六、四九，而“洛书”之位一六、四九居上下以为经，二七、三八居左右以为纬者，此也。

七、洛书勾股图

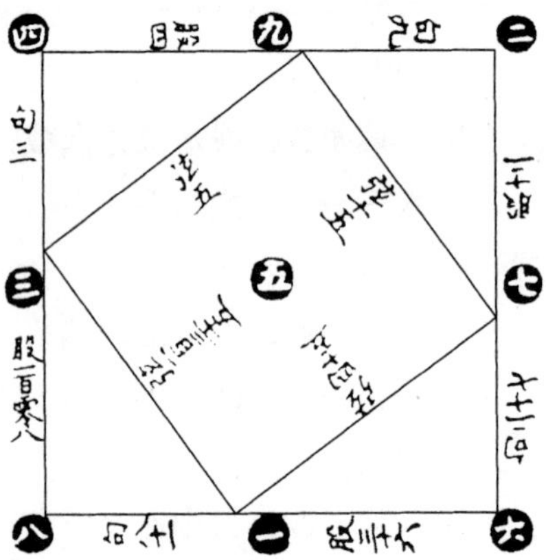

解说

勾三，股四，弦五。勾九，股十二，弦十五。勾二十七，股三十六，弦四十五。勾八十一，股一百零八，弦一百三十五。

此“洛书”四隅合中方而寓四勾股之法者，推之至于无穷，法皆视此。

八、河洛未分未变方图

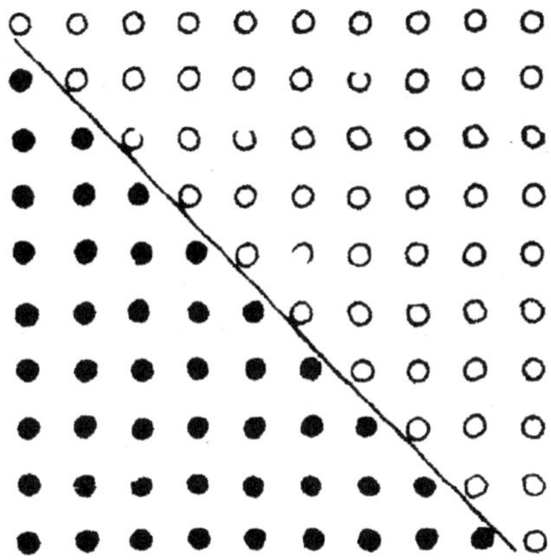

解说

“河图”之数五十有五，“洛书”之数四十有五，合为一百，此天、地之全数也。以一百之全数为斜界而中分之，则自一至十者，积数五十有五；自一至九者，积数四十有五，二者相交，而成河洛数之两三角形矣。凡积数自少而多，必以三角而破。百数之全，方以为三角，其形不离乎此二者。下诸图之根，实出于此。

九、河洛未分未变三角图

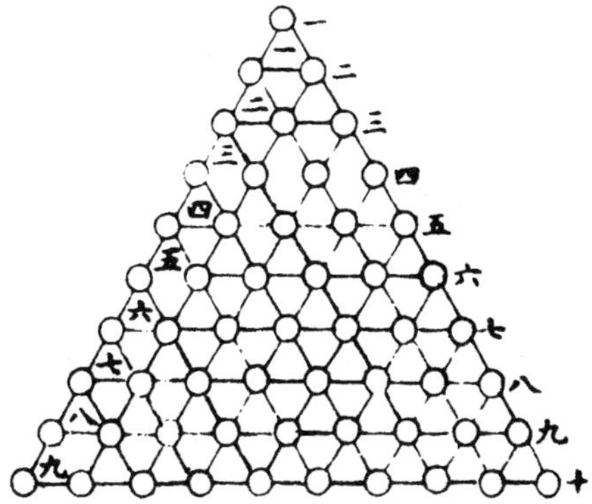

解说

“河图”之数，自一至十；“洛书”之数，自一至九，象之已分者也。图则生数居内，成数居外；书则奇数居正，偶数居偏，位之已变者也。如前图破全方之百数，以为河洛二数，又就点数十位中涵幂形之九层，以为河洛合一之数，则虽其象未分，其位未变，而阴阳相包之理，三极互根之道，已粲然默寓于其中矣。故为分析以明之，如后论。

十、点数应河图十位

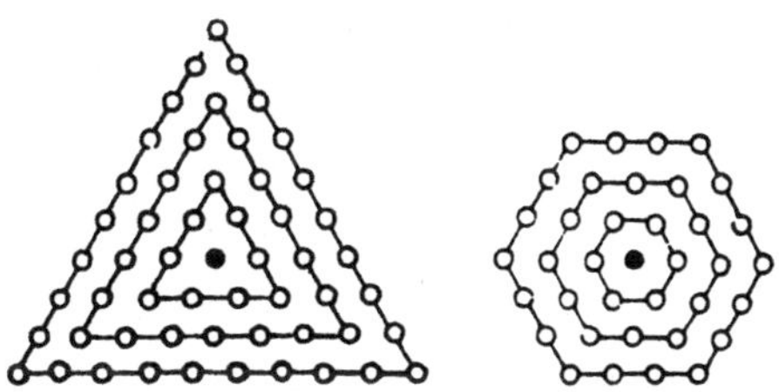

解说

周围三角分三重：中一重九，次内一重二九一十八，外一重三九二十七，除中心凡五十四。若自上而下作三层，亦如之。

中含六角，亦分三重：中一重六，次内一重二六一十二，外一重三六一十八，除中心凡三十六。若自上而下作三层亦如之。

十一、幂形应洛书九位

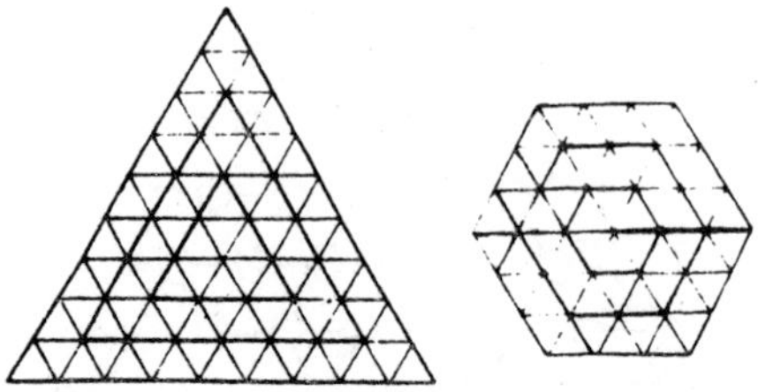

解说

周围三角分三重：中一重九，次内一重三九二十七，外一重五九四十五，凡八十一。若自上而下作三层，亦如之。

中含六角，亦分三重：中一重六，次内一重三六一十八，外一重五六三十，凡五十四。若自上而下作三层，亦如之。

解说 七至十诸图并说

以上诸图本同一根，虽积数若异，而其为九六之变则一也。九六可分为内、外、中之三重，亦可分为上、下、中之三层。就每重每层论之，则九为天而包地，六为地而涵于天，心为人而主乎天地。统三重而论之，则外为天，内为地，而中为人也。统三层而论之，则上为天，下为地，而中为人也。又合而论之，则九六者，在天为阴阳，在地为刚柔，在人为阴阳刚柔之会，而其心，则天地人之极也。以上下分者，其心有三，所谓三极之道，三才各具一太极也。以内外分者，其心惟一，所谓人者天地之心，三才统体一太极也。此图之中浑具理、象、数之妙者如此，故分而为图，则应乎阴阳刚柔之义，根于极而迭运不穷。圣人则之，易有太极，是生两仪，阳九阴六，命爻衍策者，此也。分而为书，则应乎三才之义，主于人而成位其中，圣人则之，皇极既建，彝攸斁，参天贰地，垂范作畴者，此也，或曰：“河图”“洛书”出于两时，分为两象，今以一图括之可乎？曰：十中涵九，故数终于十，而位止于九，此天地自然之纪，而图书所以相经纬，而未尝相离也。非有十者以为之经，则九之体无以立，非有九者，以为之纬，则十之用无以行，不知图书之本为一者，则亦不知其所以二矣。或曰：“河图”“洛书”有定位矣。今以为有未变者何与？曰：《易大传》之言“河图”也，曰天一地二，天三地四，天五地六，天七地八，天九地十，顺而数之，此其未变者也。又曰：天数五，地数五，五位相得而各有合，分而置之，此其定位者也。如易卦一每生二，以至六十有四，则其未变者也。乾南坤北，离东坎西，则其定位者也。不知未变之根，则亦不足以识定位之妙矣。

十二、幂形为算法之原

解说

此图左方注者，本数也。自一至

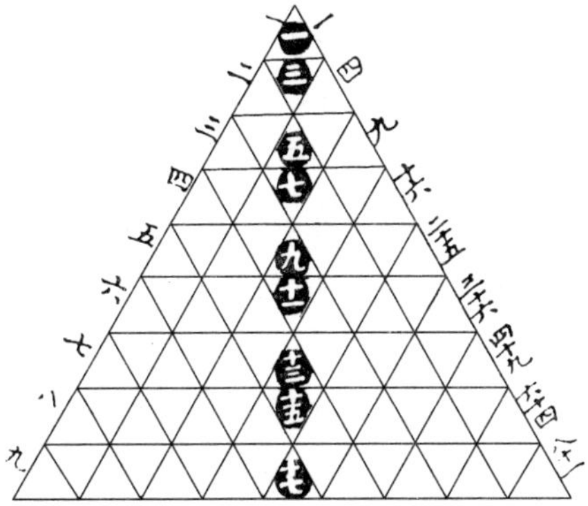

（十二、幂形为算法之原）

九，而用数全矣。中列注者，加数也。一加二为三，二加三为五，至于八加九而为十七，皆以本数递加，而每层之幂积如之。右方注者，乘数也。一自乘一，其幂积一；二自乘四，其幂积合一三两层而为四。至于九自乘八十一，则其幂积亦合自一至十七九层之数而为八十一，皆以本数自乘，而每形之幂积如之。得加乘之法，则减除在其中矣。自此而衍之，至于无穷其数，无不合焉。推之九章之术，其理无不贯焉。今考“洛书”纵横逆顺，无往不得加减乘除之法，开方勾股之算，乃自其未变之先，而诸法浑具，至“洛书”而始尽其参伍错综之致云尔。

十三、图形合洛书为象法之原

解说

凡有数则有象，象不离乎数也。万象起于方圆，而测方圆者以三角，此勾股而所以为算之宗也。圆者天象，方者地象，三角形者人象，何则？天之道如环无端，故其象圆也。地之道奠定有常，故其象方也。人受性于天，受形于地，犹三角之形，其心则圆之心，其边则方之边也。今就九数而三分之，则一者，圆之根也，

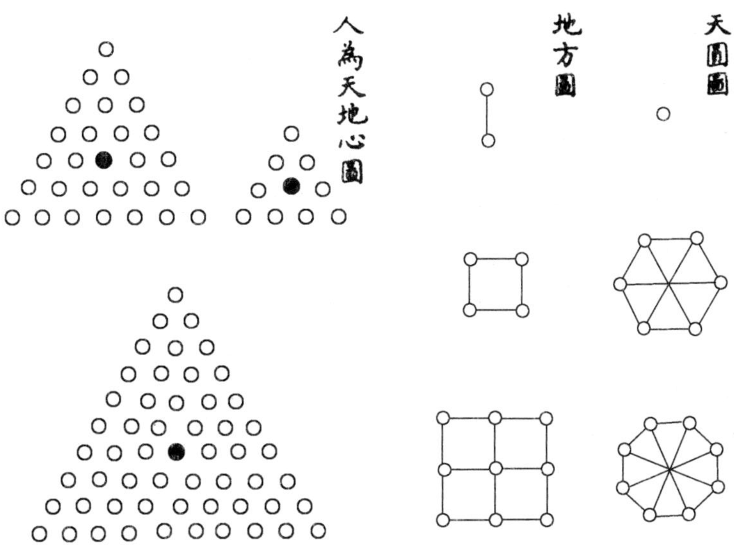

而十数之内，惟六角、八角为有法之圆形，其自十以后，角愈多，以至于无角者，视此矣。此一、六、八所以为圆象之数也。二者，方之根也，而十数之内，惟四与九可以积成方面，其自十以后，积愈多而皆可成方者，视此矣。此二、四、九所以为方形之数也。以十数裁为三角，自一至四，则三其心也；自一至七，则五其心也；自一至十，则七其心也，所谓三角求心之法者如是。其自十以后，数愈多而皆可以求心者，视此矣。此三、五、七所以为三角形之数也。“洛书”之位一、六、八，居下为天道之下济；二、四、九，居上为地道之上行；三、五、七，居中为人道之中处，其数其象，亦于图形乎有合矣。

十四、先后天阴阳卦图

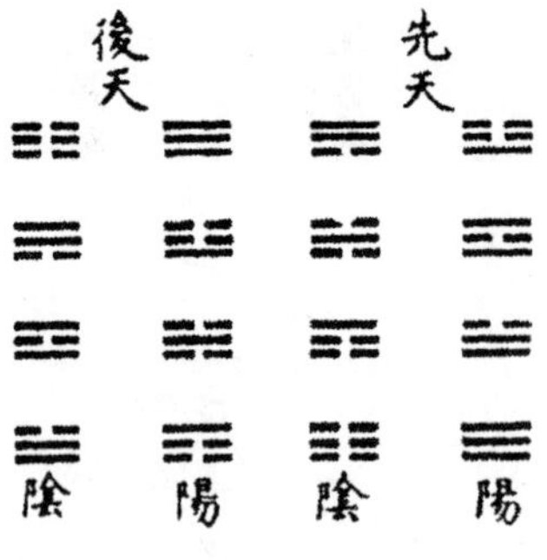

解说

先天之阳卦曰震、离、兑、乾，其阴卦曰巽、坎、艮、坤。后天之阳卦曰乾、震、坎、艮，其阴卦曰坤、巽、离、兑。不同何也？盖先天分阴阳卦，自两仪而分之，由阳仪以生者皆阳卦也，由阴仪以生者皆阴卦也。后天分阴阳卦，自爻画以定之，其以阳为主者皆阳卦也，其以阴为主者皆阴卦也。先天则因乎画卦之序而中分之，后天则卦之已成观其爻画之多寡而命之也。其理如何？曰：阳仪上有阴卦，此所谓立天之道曰阴与阳也。阴仪上有阳卦，此所谓立地之道曰柔与刚也。其法象之自然者如何？曰：火之炎热光明，其为阳也明矣。泽者水之积湿，为阳气所驱，以滋润万物者也，是亦阳也。水之幽暗寒肃，其为阴也明矣。山者，土之隆起与地为一体者也，是亦阴也。是故先天之卦，阴阳之象之正也。其变而后天，则火与泽从风，而俱为阴；水与山从雷，而俱为阳，盖有由矣。凡阴阳之气，未有不合而成者也，然有感应先后之别焉。先有阳而遇阴者属阳，先有阴而遇阳者属阴。有阳气在下，将发而遇阴，压之则奋，而为雷矣。有阳气在中，将散而遇阴，包之则郁，而为雨矣。有阳气直腾而上而遇阴，承之则止，而为山矣。此皆主于阳而遇阴，所以皆为阳卦也。有阴在内，阳气必入而散之、观之，阴霾尽而后风息可见也。有阴在中，阳气必附而散之、观之，薪刍尽而后火灭可见也。有阴在外，阳气必敷而散之、观之，湿润尽而后泽竭可见也。此皆主于阴而遇阳，所以皆为阴卦也。总而论之，惟乾纯阳，坤纯阴，不可变也。雷阳动之始，风阴生之始，亦不可变也，火温暖泽发散，故以用言之，则阳。然火根于阴之燥，泽根于阴之湿，故以体言之，则阴。水寒凉，山凝固，故以用言之，则阴。然水根于阳之嘘而流，山根于阳之矗而起，故以体言之，则阳。先天之象著其用也，后天之象探其根也。正如仁之发生为阳，而其柔和亦可以为阴，义之收敛为阴，而其刚决亦可以为阳，阴阳本一气而互根，故其理并行而不悖也。

十五、后天卦以天地水火为体用图

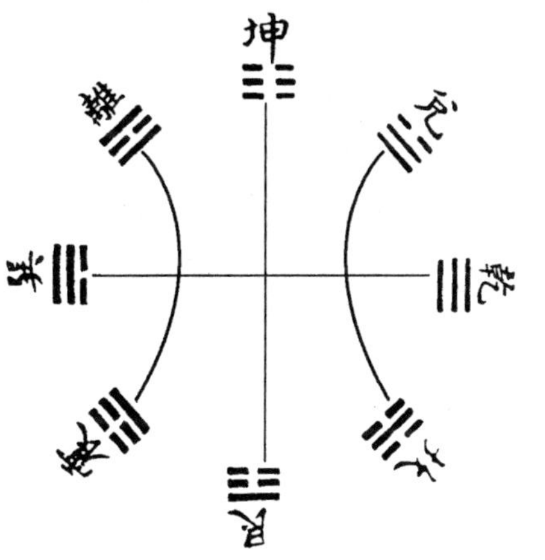

解说

造化所以为造化者，天地水火而已矣。易卦虽有八而实惟四，何则？风即天气之吹嘘，而下交于地者也；山即地形之隆起，而上交于天者也；雷即火之郁于地中，而搏击奋发者也；泽即水之聚于地上，而布散滋润者也。道家言天地日月，释氏言地水火风，西人言水火土气，可见造化之不离乎四物也。故先天以南北为经，而天地居之体也；以东西为纬，而水火居之用也。后天则以天地为体，而居四维；以水火为用，而居四正。雷者，火之方发，故动于春，及火播其气，则王于夏矣。泽者，水之未收，故散于秋，及水归其根，则王于冬矣。水火为天地之用，故居四正以司时令也。天气朕兆于西北，至东南而下交于地，易所谓天下有风姤也，故乾巽相对而为天纲。地功致役于西南，至东北而上交于天，易所谓天在山中，大畜也，故坤、艮相对而为地纪。天地为水火之体，故居四维以运枢轴也。天地水火体用互根，以生成万物，此先后天之妙也。若以卦画论之，则震即离也，一阴闭之于上则为震；兑即坎也，一阳敷之于下，则为兑；巽即乾也，一阴行于下，则为巽；艮即坤也，一阳亘于上，则为艮，是以六十四卦始乾、坤，中坎、离，而终于既济、未济，则知造化之道，天地水火尽之矣。

十六、先天卦变后天卦图

解说

此图先天凡四变而为后天也。盖火之体阴也，其用则阳，而天用之，故乾中画与坤交，而变为离。水之体阳也，其用则阴，而地用之，故坤中画与乾交，而变为坎。火在地中，阴

（十六、先天卦变后天卦图）

气自上压之而奋出，则雷之动也，故离上画与坎交，而变为震。水聚地上，阳气自下敷之而滋润，则泽之说也，故坎下画与离交，而变为兑。阳感于阴，则山出云，是山者，雷与泽之上下相感者也，故震以上下画与兑交，而变为艮。阴感于阳，而水生风，是风者，泽与雷之上下相感者也，故兑以上下画与震交，而变为巽。风本天气也，因与山交而入其下，则下与地接，故巽以上二爻与艮下二爻交，而变为坤。山本地质也，因与风交而出其上，则上与天接，故艮以下二爻与巽上二爻交，而变为乾。或曰：此于经书有征乎？曰：在易天与火同人，是天以火为用也。水与地比，是地以水为用也。离为火，亦为电，《易》曰“雷电合而章”，又曰“雷电皆至”，是雷与火一气也，泽有水则为节，泽无水则为困，是泽与水一物也。《周礼》云：日西则多阴。盖西方积山，故多云雷，今之近嶂者皆然也。又云：日东则多风。盖东方积泽，故多风飓，今之滨海者皆然也。庄周云：大块噫气，其名为风，是风与地气相接也。《礼》：登山以祭，升中于天，是山与天气相接也。夫天地水火者，一阴一阳而已。其情则交易而相通，其体则变易而无定，故先天交变以成后天，莫不各得其位，而妙其化，各从其类，而归其根也，岂偶然哉！

十七、先天卦配河图之象图

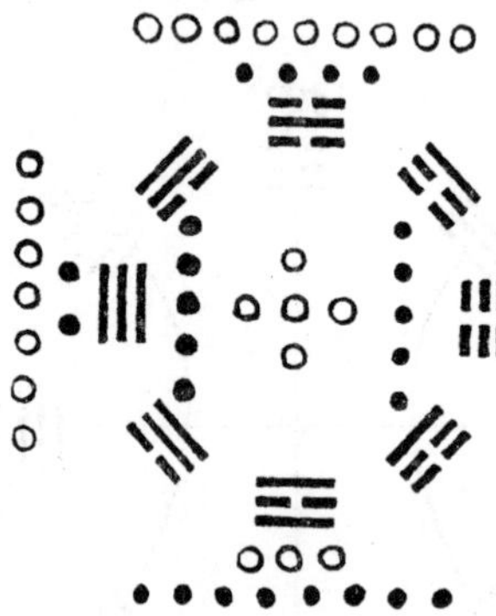

解说

图之左方阳内阴外，即先天之震、离、兑、乾，阳长而阴消也。其右方阴内阳外，即先天之巽、坎、艮、坤，阴长而阳消也。盖所以象二气之交运也。

十八、后天卦配河图之象图

解说

图之一、六为水，居北，即后天

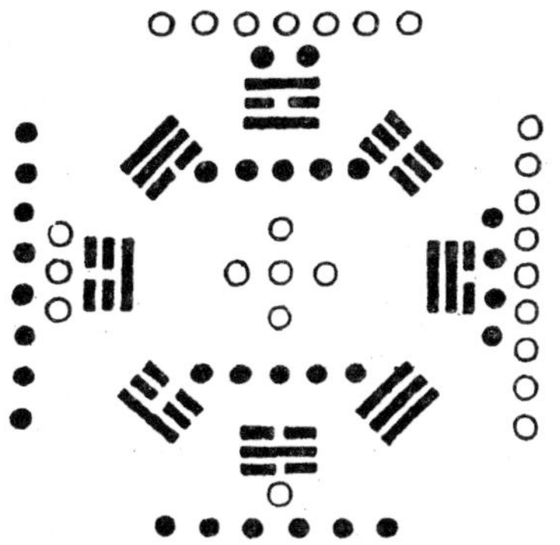

（十八、后天卦配河图之象图）

之坎位也；三、八为木，居东，即后天震、巽之位也；二、七为火，居南，即后天之离位也；四、九为金，居西，即后天兑、乾之位也；五、十为土，居中，即后天之坤、艮。周流四季，而偏旺于丑、未之交也。盖所以象五行之顺布也。

十九、先天卦配洛书之数图

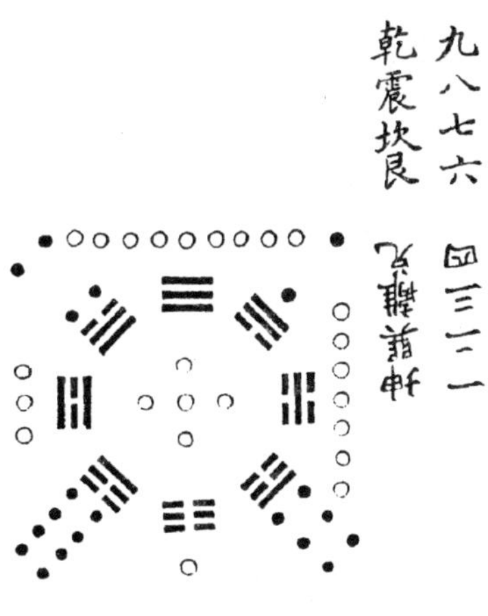

解说

直列“洛书”九数，而虚其中五以配八卦。阳上阴下，故九数为乾，一数为坤，因自九而逆数之，震八、坎七、艮六，乾生三阳也；又自一而顺数之，巽二、离三、兑四，坤生三阴也。以八数与八卦相配，而先天之位合矣。

二十、后天卦配洛书之数图

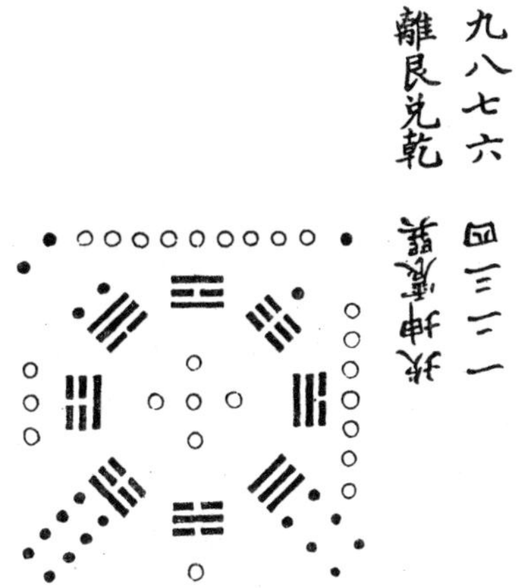

解说

火上水下，故九数为离，一数为坎。火生燥土，故八次九而为艮；燥土生金，故七、六次八而为兑，为乾；水生湿土，故二次一而为坤；湿土生木，故三、四次二而为震，为巽。以八数与八卦相配，而后天之位合矣。

“洛书”之左边，本一、二、三、四也；其右边本九、八、七、六也。然阴阳之道，丑未之位必交。“洛书”之二与八，正东北、西南之维，丑未之位，此其所以互易也。以此类之，则“先天图”之左方坤、巽、离、兑，其右方乾、震、坎、艮，以震、巽互而成先天也。“后天图”之左方坎、坤、震、巽，其右方离、艮、况、乾，以艮、坤互而成后天也。

据先儒说，图、书出有先后，又或谓并出于伏羲之世，然皆不必深辨，先圣、后圣其揆一也。况天地之理虽更万年，岂不合契哉！“洛书”晚出，而其理不妨已具于“河图”之中，是故以易象推配，亦无往而不合也。

二十一、先后天卦生序卦杂卦图

解说

“先天图”者，序卦之根也。

《序卦》之法，以两卦相对为义，有相对而翻覆不可变者，乾、坤、坎、离、颐、大过、中孚、小过是也；有相对而翻覆可变者，屯、蒙以后，既济、未济以前，五十六卦皆是也。就五十六卦之中，则翻覆而二体不易者十二卦，需、讼、师、比、泰、否、同人、大有、晋、明夷、既济、未济也；翻覆而二体皆易者十二卦，随、蛊、咸、恒、损、益、震、艮、渐、归妹、巽、兑也；其翻覆而止于一体易者三十二卦，则自屯、蒙至涣、节皆是也。盖翻覆而不可变者，法八卦之乾、坤、坎、离也；翻覆而可变者，法八卦之震、艮、巽、兑也。就翻覆可变之中，其二体不易者，又皆乾、坤、坎、离相交者也。其一体不易者，亦皆交于乾、坤、坎、离者也。惟震、艮、巽、兑相交之卦，则二体皆易焉。颐、中孚、大过、小过，虽为震、艮、巽、兑相交

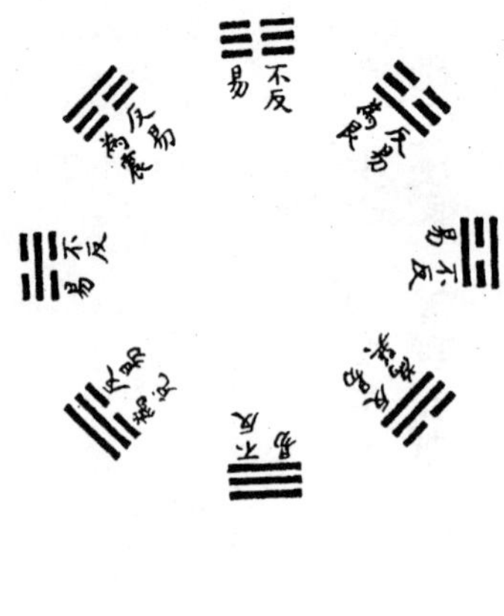

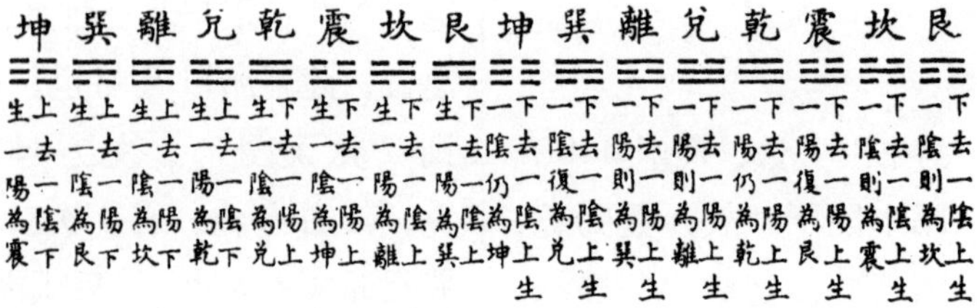

之卦，而翻覆不可变者，颐、中孚，具离之象，大过、小过，具坎之象也。故《序卦》以之附于坎、离、既济、未济，为其具离、坎之象焉尔。

“先天图”八卦两两相对，《序卦》之根也。乾与坤对，坎与离对，震与巽对，艮与兑对，相对而不相变，所以定《序卦》之体也。然既相对则必相交，四正之卦相交，则虽翻覆而其体不易；四维之卦相交，则翻覆而其体遂易矣。若四正之卦，与四维之卦杂交，则易者半，不易者半，所以极《序卦》之用也。是故天地定位，上经所以始于乾、坤，中于否、

（二十一、先后天卦生序卦杂卦图）

泰也。山泽通气，雷风相薄，下经所以始于咸、恒，中于损、益也。水火不相射，上下经所以终于坎、离、既济、未济也。

……

“后天图”者，杂卦之根也。

杂卦，即互卦也。互卦之法，或上去一画，而下生一画；或下去一画，而上生一画，则其体遂变矣。互体所成，凡十六卦。其阳卦从阳卦，阴卦从阴卦者八，乾、坤、颐、大过、蹇、解、家人、睽也。其阳卦交阴卦，阴卦交阴卦者亦八，剥、复、夬、姤、渐、归妹、既济、未济也。以交互之法求之，乾而上去一阳，下生一阳，或下去一阳，上生一阳，仍是乾矣。坤而上去一阴，下生一阴，或下去一阴，上生一阴，仍是坤矣。惟震而上去一阴，下生一阴，则变为坎；下去一阳，上生一阳，则变为艮。巽而上去一阳，下生一阳，则变为离；下去一阴，上生一阴，则变为兑。坎而上去一阴，下生一阴，则变为艮；下去一阴，上生一阴，则变为震。离而上去一阳，下生一阳，则变为兑；下去一阳，上生一阳，则变为巽。艮而上去一阳，下生一阳，则变为震；下去一阴，上生一阴，则变为坎。兑而上去一阳，下生一阴，则变为巽；下去一阳，上生一阳，则变为离。此八变者，皆阳得阳卦，阴得阴卦，故乾之变则乾也；坤之变则坤

也；震之变则雷水解也，山雷颐也；巽之变则风火家人也，泽风大过也；坎之变则水山蹇也，雷水解也；离之变则火泽睽也，风火家人也；艮之变则山雷颐也，水山蹇也；兑之变则泽风大过也，火泽睽也，皆因其能相变，故能相合也。又乾而上去一阳，下生一阴，则变为巽；下去一阳，上生一阴，则变为兑。坤而上去一阴，下生一阳，则变为震；下去一阴，上生一阳，则变为艮。震而上去一阴，下生一阳，则变为兑；下去一阳，上生一阴，则变为坤。巽而上去一阳，下生一阴，则变为艮；下去一阴，上生一阳，则变为乾。坎而上去一阴，下生一阳，或下去一阴，上生一阳，皆变为离。离而上去一阳，下生一阴，或下去一阳，上生一阴，皆变为坎。艮而上去一阳，下生一阴，则变为坤；下去一阴，上生一阳，则变为巽。兑而上去一阴，下生一阳，则变为乾；下去一阳，上生一阴，则变为震。此八变者，皆阳得阴卦，阴得阳卦。故乾之变，则天风姤也，夬泽天也；坤之变，则地雷复也，山地剥也；震之变，则雷泽归妹也，地雷复也；巽之变，则风山渐也，天风姤也；坎之变，则既济也，未济也；离之变，则未济也，既济也；艮之变，则山地剥也，风山渐也；兑之变，则泽天夬也，雷泽归妹也，亦皆因其能相变，故能相合也。易互卦之法尽于此，此其卦所以止于十六也。

“后天图”八卦阴阳上下画互变，杂卦之根也。何则？后天之卦，有各从其类以相变者焉；有各得其对，以相变者焉。乾居西北，而三阳从之；坤居西南，而三阴从之，此各从其类者也。乾与巽对，坎与离对，艮与坤对，震与兑对，此各得其对者也。相从者除乾、坤纯阳、纯阴不变外，坎而上去一阴，下生一阴，则为艮；艮而上去一阳，下生一阳，则为震；震而上去一阴，下生一阴，则复为坎，此三阳相次之序也。巽而上去一阳，下生一阳，则为离；离而上去一阳，下生一阳，则为兑；兑而上去一阴，下生一阴，则复为巽，此三阴相次之序也。相对者，乾而上去一阳，下生一阴，则为巽；坎而上去一阴，下生一阳，则为离；艮而上去一阳，下生一阴，则为坤；震而上去一阴，下生一阳，则为兑，此四阳卦变为对位四阴卦之序也。巽而下去一阴，上生一阳，则为乾；离而下去一阳，上生一阴，则为坎；坤而下去一阴，上生一阳，则为艮；兑而下去一阳，上生一阴，则为震，此四阴卦变为对位四阳卦之序也。然寻其对位相变之根，则又自父母男女长少而来。盖四阴卦兑为最少，离为中，巽为长，坤为老；四阳卦艮为最少，坎为中，震为长，乾为老。凡变者，自少而老，故兑而上去一阴，下生一阳，则变为乾矣；

离而上去一阳，下生一阴，则变为坎矣；巽而上去一阳，下生一阴，则变为艮矣；坤而上去一阴，下生一阳，则变为震矣。四阳卦之变，自阴而来，故又变而为对位之四阴也。艮而下去一阴，上生一阳，则变为巽矣；坎而下去一阴，上生一阳，则变为离矣；震而下去一阳，上生一阴，则变为坤矣；乾而下去一阳，上生一阴，则变为兑矣。四阴卦之变，自阳而来，故又变而为对位之四阳也。

合而观之，凡阳卦相变者，震变坎、艮也。坎变震、艮也，艮又变震、坎也。凡阴卦相变者，巽变离、兑也，离变巽、兑也，兑又变巽、离也。凡阳卦变阴卦者，乾变巽、兑也，震变坤、兑也，坎变离也，艮变坤、巽也。凡阴卦变阳卦者，坤变震、艮也，巽变乾、艮也，离变坎也，兑变乾、震也。易中所谓互卦者，止于此，而其错综次序，皆具于后天也。

二十二、大衍圆方之原

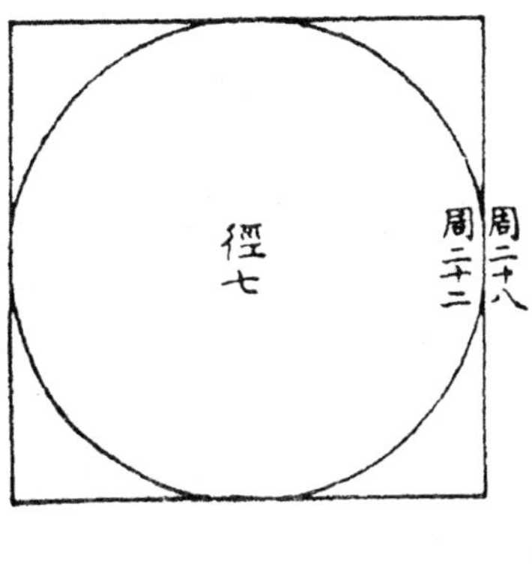

凡方、圆可为比例。惟径七者方周二十八，圆周二十二，即两积相比例之率也。用其半，故若十四与十一。合二十八与二十二，共五十。是大衍之数，函方圆同径两周数。

二十三、大衍勾股之原

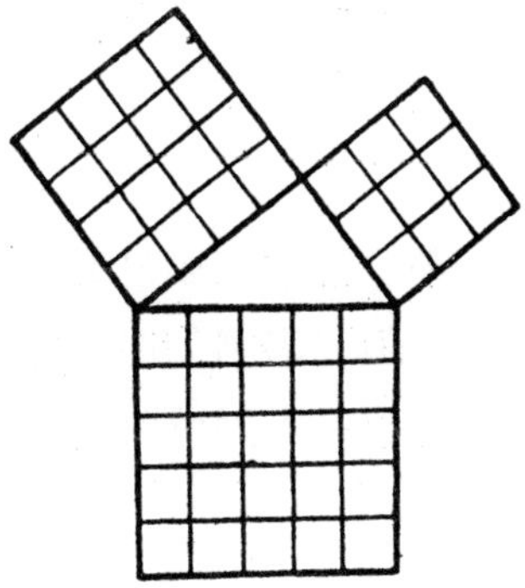

勾三其积九，股四其积十六，弦五其积二十五，合之五十，是大衍之数，函勾、股、弦三面积。

解说 二十三、二十四两图并说

蓍策之数，必以七为用者，盖方圆之形，惟以径七为率，则能得周围之整数；勾股之形，亦惟以三四为率，则能得斜弦之整数。径七固七也，勾三股四之合亦七也，是故论方圆周围之合数则五十，论勾股弦之合积亦五十，此大衍之体也。因而开方，则不尽一数，而止于四十九，此大衍之用也。开方而不尽一数，则蓍策之虚一者是已。方面之中函八勾股，而又不尽一数，则蓍策之挂一者是已。惟老阳、老阴之数，与此密合，故作图以明之。

二十四、老阳数合方法

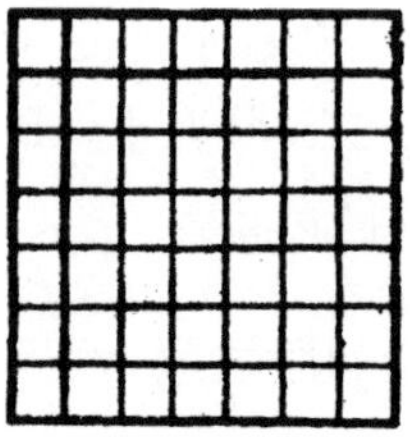

全方四十九，中含大方六六三十六，为过揲之数。

小角一一如一，二六互乘为十二，并成十三，为挂扐之数。

解说

此与前“洛书”以自乘互乘为积方之法同。但“洛书”用对数，如一与九之类是也；大衍用合数，则一与六是也。

二十五、老阴数合勾股法

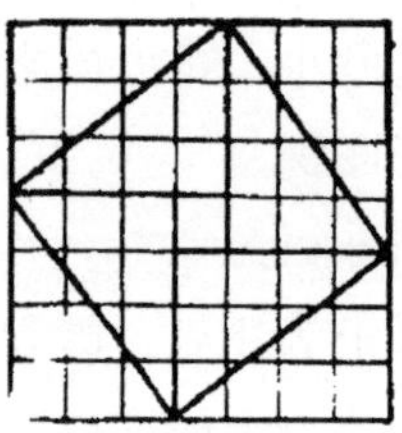

全方四十九。

勾三、股四其积六，四因之得二十四，为过揲之数。

弦五其积二十五，为挂扐之数。

解说

十数之中，除一一不变，自二二至十十皆可成方，然惟三三则五数居其中，七七则二十五数居其中，此二者为能得天地之中数，余则不能也。盖三三者，“洛书”之数也，七七者，蓍策之数也。“洛书”之数，五居其中矣，而其四方则又成四勾股之数，而以中五为弦之法焉。蓍策之数，二十五居其中矣，而其四方则又具四勾股之积，而即以二十五为弦之实焉。是故卦数之八，合乎“河图”之四也，为其虚五十者同一根也。蓍数之七，合乎“洛书”之三也，为其用中五者同一根也。圣人因心之作，与天地自然之文其相为经纬者如此。

二十六、乾策坤策图

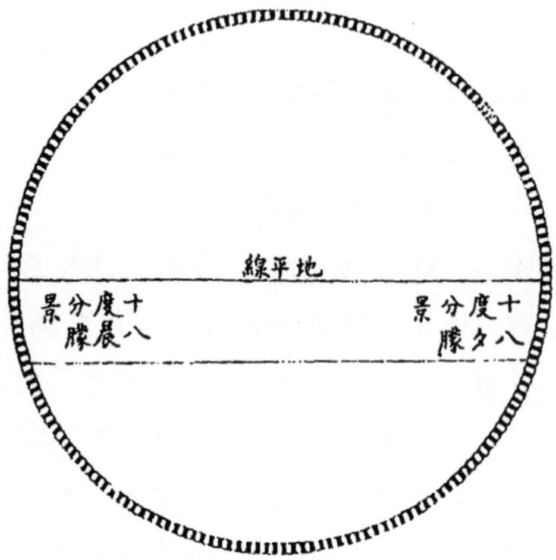

解说

以地平线分周天之度为二，各一百八十度，日出入朦景昏旦，各十八度，共三十六度。以加昼景一百八十度，合二百一十有六，则乾之策之数也，以减夜漏一百八十度，余一百四十有四，则坤之策之数也。

《大传》曰：乾坤之策凡三百有六十，当期之日，故各一百八十者，寒暑、昼夜并行之体数也。然阳生而阴杀，阳明而阴暗，故阳饶而阴乏，阳盈而阴虚，今以昼夜平分推之，其自然之数如此。若一岁寒暑之候，则若邵子之说，开物于寅末，是亦先十八日也。闭物于戌初，是亦后十八日也。以故万物之数，万有一千五百二十，其从阳者六千九百一十二，其从阴者四千六百八。生气常盛，则为丰年，善类常多，则为治世，其消息盈虚之理，亦若是而已矣。

二十七、加倍变法图

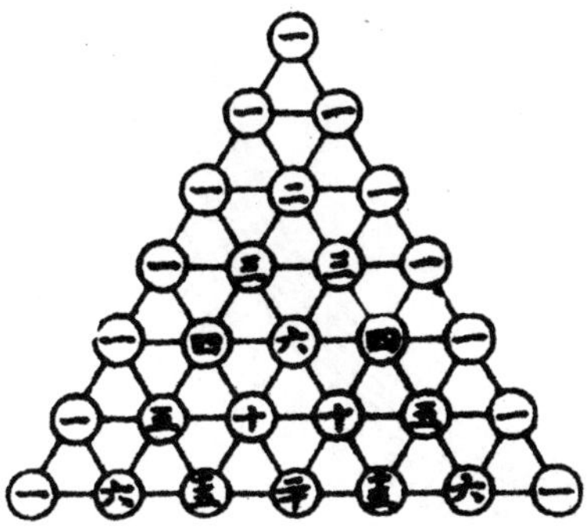

解说

此图用加一倍法（如第二层两一生第三层中位之二，并左右两一成四，是倍二为四也。第三层一二各生第四层中位之三，并左右两一成八，是倍四为八也。下仿此）。出于数学中，谓之开方求廉。率其法以左一为方，右一为隅，而中间之数则其廉法也（第三层为平方，第四层为立方，第五层、六层、七层为三乘、四乘、五乘方）。于成卦之理，亦相肖合。何则？阳大阴小，阳如方，阴如隅，分居两端，阴阳合则生中间之两象，如平方之方，隅合而生两廉，其长如方，其廉如隅也。又乘则生中间之六卦，如立方之方、隅合而生六廉。三平廉根于方，而其厚如隅；三长廉根于隅，而其长如方也。故开方之法，虽相乘至于无穷，莫不依方、隅以立算。成卦之法，虽相加至于无穷，莫不根阴阳以定体。成卦之始，一阴一阳，每每相加而已，及卦成而分析观之，则自一画至六画，惟纯阴纯阳者常不动，其余则方其为四象也。中间一阴一阳者二，方其为八卦也。中间一阴二阳者三，一阳二阴者三，方其为四画也。中间一阴三阳者四，一阳三阴者四，二阴二阳者六，方其为五画也。中间一阴四阳者五，一阳四阴者五，二阴三阳者十，二阳三阴者十，及其六画之既成也。中间一阴五阳者六，一阳五阴者六，二阴四阳者十五，二阳四阴者十五，三阴三阳者二十，朱子卦变之图以此而定也。盖其倍法同于画卦，而其多寡错综之数，则卦变用之。

二十八、序卦圆图

解说

孔子《系辞传》叙上下篇九卦曰：履，德之基也；谦，德之柄也；复，德之本也；恒，德之固也；损，德之修也；益，德之裕也；困，德之辨也；井，德之地也；巽，德之制也。先儒以其卦推配上下经，皆相对。盖乾与咸、恒对，履与损、益对，谦与困、井对，复与巽、兑对，每以下篇两卦对上篇一卦，凡十二

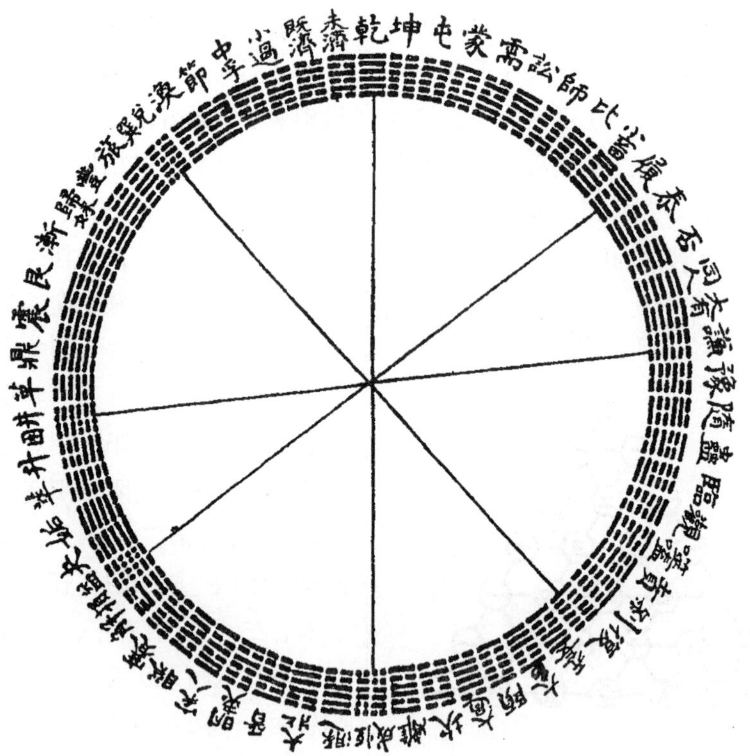

（二十八、序卦圆图）

卦，而二篇之数适齐矣。然十二卦之中，又止取九卦者，乾、咸其始也，兑其终也，略其终始而取其中间之卦，以著阴阳消息盛衰之渐，故止于九。前所推上下篇各四节，阴阳消息盛衰之次与此图密合。

二十九、四象相交为十六事图

解说

此互卦之根也，惟其方成四画时，所互为此十六卦，故六十四卦成后，以中爻互之只此十六卦，即以六爻循环互之，亦只此十六卦。四画互成十六卦，又以其中二画观之，则互乾、坤、剥、复、大过、颐、姤、夬者，皆中二爻为太阳、太阴者也。互渐、妇妹、解、蹇、睽、家人、既济、未济者，皆中二爻为少阳、少阴者也。故十六事归于四象而已。

三十、六十四卦中四爻互卦图

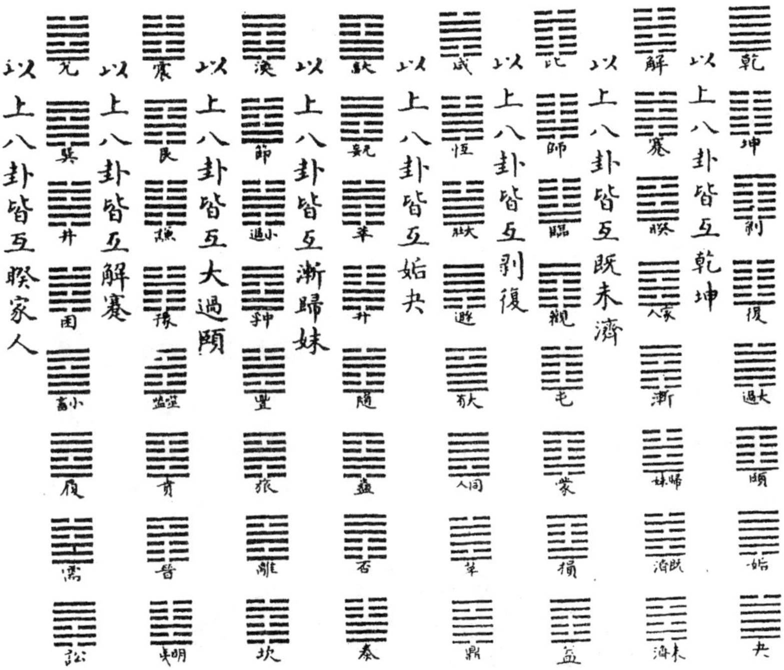

三十一、十六卦互成四卦图

解说

互乾、坤、既济、未济之十六卦，即诸卦之所互而成者也。故十六卦又只成乾、坤、既济、未济四卦，犹十六事之归于四象也。盖四象即乾、坤、既济、未济之具体。故以太阳三叠之即乾，以太阴三叠之即坤，以少阴三叠之即既济、以少阳三叠之即未济，乾、坤、既济、未济统乎易之道矣。故《序卦》《杂卦》皆以是终始焉。

三十二、互卦圆图

解说

乾、坤体也，既济、未济用也，故以乾坤始之，既济、未济终之。中间则左方六卦剥、复、渐、归妹、解、蹇为阳卦，皆以震、艮为主，而统于乾、坤。右方六卦姤、夬、大过、颐、睽、家人为阴卦，皆以巽、兑为主，而统于既济、未济。故图之外一层者，六十四卦也。次内一层者，所互之十六卦也。又次内一层者，十六卦所互之四卦也。以其象限观之，则皆互乾、坤者居前，互既济、未济者居后，以其左右观之，则左方者皆统于乾、坤，右方者皆统于既济、未济也。

为互卦之主，不在互卦之内者十四卦，乾互之得乾，坤互之得坤，既济互之得未济，未济互之得既济，此四卦者不可变，故不在互卦之内也。阳卦六，剥、复者，震、艮交于坤者也；渐、归妹者，震、艮交于巽、兑者也；解、蹇者，震、艮交于坎者也，故震、艮为互阳卦之主。阴卦六，姤、夬者，巽、兑交于乾者也；大过，颐者，巽、兑交于震、艮者也；睽、家人者，巽、兑交于离者也，故巽、兑为互阴卦之主。以三画言之，艮阳极而震阳生也。以六画言之，剥阳极而复阳生也。故剥、复象艮、震而为阳卦之首。以三画言之，兑阴极而巽阴生也。以六画言之，夬阴极而姤阴生也。故夬、姤象兑、巽

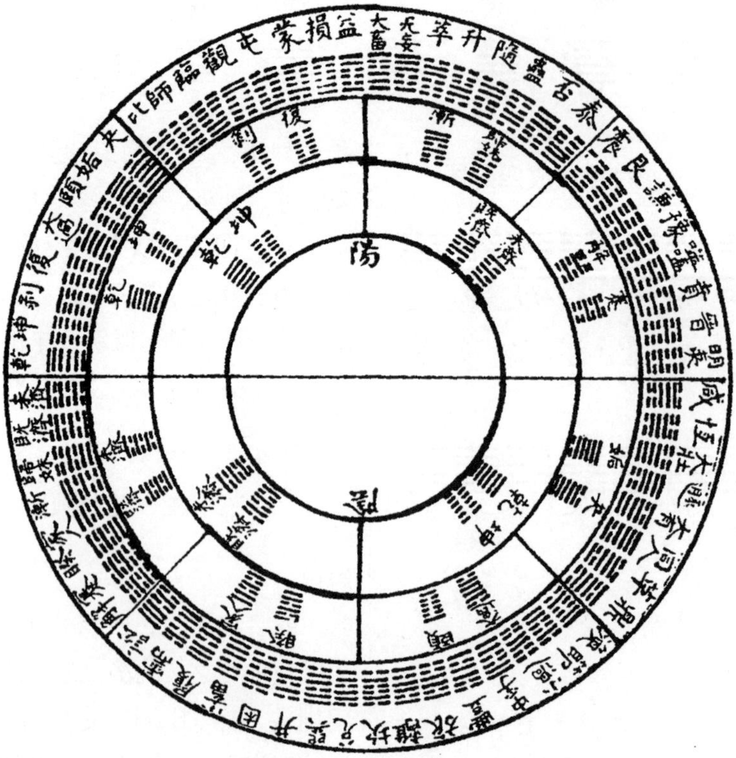

（三十二、互卦圆图）

而为阴卦之首。乾坤之用在否、泰，犹坎、离之用在既济、未济也。故否、泰、乾、坤之交而为既济、未济之宗。此十卦亦不在互卦之内，《杂卦》中遇此数卦，皆从本卦取义，不用互体，其余自比，师以后，需、讼以前，悉以互体相次。

互卦阴阳次第：自乾、坤至晋、明夷二十八卦，为阳卦（皆互剥、复、渐、归妹、解、蹇。凡上经之卦十八，而杂下经十卦于其中）。自井、困至需、讼二十八卦，为阴卦（皆互姤、夬、大过、颐、睽、家人。凡下经之卦十八，而杂上经十卦于其中）。自乾、坤至噬嗑、贲为阳卦之正（首剥、复，次渐、归妹、次解、蹇）。自兑、巽至晋、明夷，为阳卦之变（首渐、归妹、次剥、复，次解、蹇）。自井、困至否、泰，为阴卦之变（首睽、家人、次姤、夬，次大过、颐）。自大壮、遁至需、讼，为阴卦之正（首姤、夬、次大过、颐，次睽、家人）。

清·江永《河洛精蕴》

一、河　图

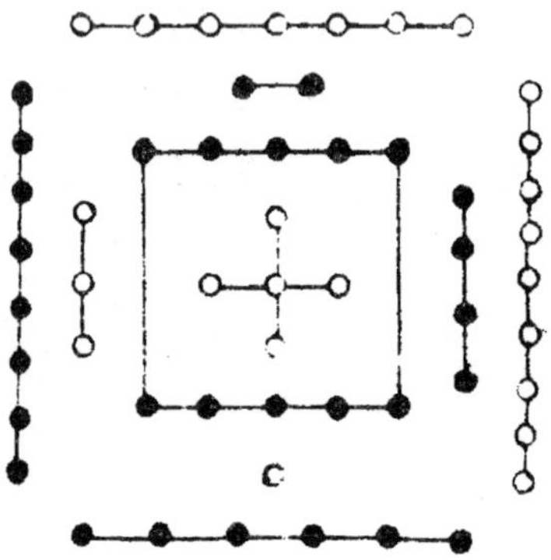

二、洛　书

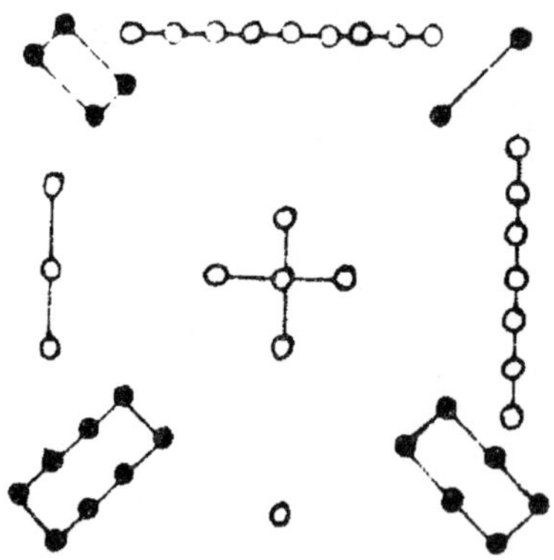

解说　一、二两图并说

按：刘歆云：“河图”“洛书”，相为经纬；八卦、九章，相为表里，此言似有见。以“河图”言之，火南水北，木东金西，合四方之正位，似为经，而“洛书”为纬。以“洛书”言之，奇数居四正，偶数居四隅，似为经，而“河图”为纬。以八卦言之，天地、水火、雷风、山泽，各居其方，似为表，而数为里。以“洛书”言之，生数成数，阴阳配偶，各得其位，似为表，而卦为里。然其所以相为经纬、表里者，恐歆亦未能明言。图书卦画，所以交关者，其窔奥未发也。况以九章为“九畴”，八卦、九畴，有何交涉乎？

元魏太和时，关朗子明述其六代祖渊有《洞极真经》，其叙本论云：“河图”之文，七前六后，八左九右，是故全七之三以为离，奇以为巽，全八之三以为震，奇以为艮；全六之三以为坎，奇以为乾；全九之三以为兑，奇以为坤。正者全其位，隅者尽其画，四象生八卦，其是之谓乎？按昔人不知有先天八卦，故惟以后天八卦言之。其比附“河图”，牵强补凑，非自然之理也。

三、圣人则河图画卦图

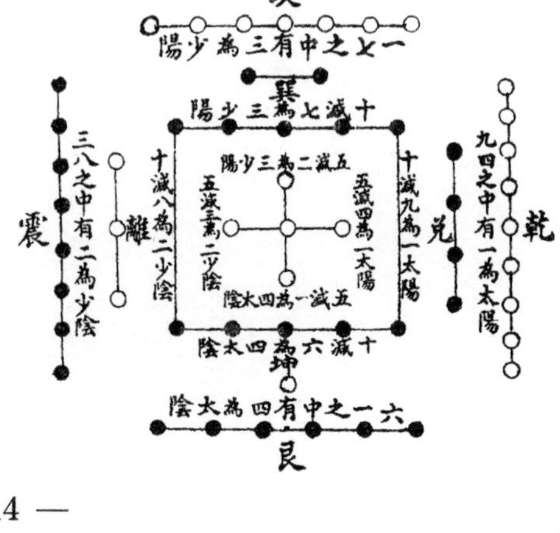

四、圣人则洛书列卦图

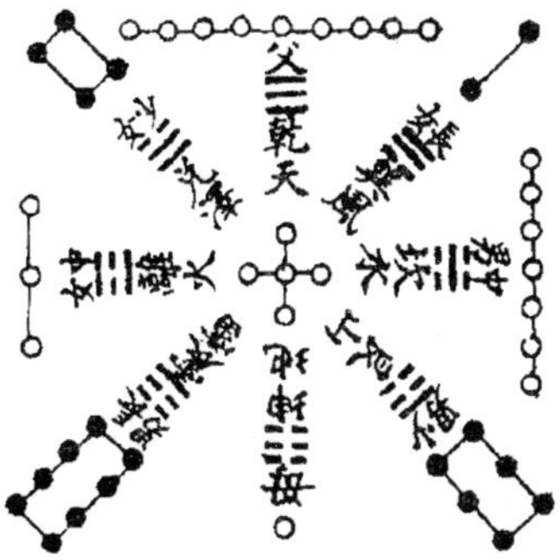

乾为父得九	坤为母得一
震长男得八	巽长女得二
坎中男得七	离中女得三
艮少男得六	兑少女得四

解说

《易》曰：河出图，洛出书，圣人则之。今幸有河洛二图传于世，朱子《易本义》取之以冠篇端，又作《启蒙》以发明之，可谓万世之幸矣。相传“河图”出于伏羲之世。则圣人之作《易》也，必于“河图”为最先。易卦之作，所谓“易有太极，是生两仪，两仪生四象，四象生八卦”者也。夫图以点，而卦以画，图数有十，而卦止八，二者甚不相侔，何以言则？既曰“则之”，则必有确然不易之理数，与之妙合无间，后然可谓则图作《易》。今以卦之方位，视图之方位，若方底而圆盖，圆凿而方枘，龃龉不能相入，若曰则之以意，不在形迹，则虚遁之辞也。若但以虚位比拟，可彼可此，牵强组合，可东可西，则亦不见圣人之神智矣。扬子云作《太玄》拟《易》，朱子讥其零星凑合，曾谓圣人则图作易，亦同于比拟组合者耶？《启蒙》之论则“河图”也，曰：析四方之合，以为乾、坤、离、坎，补四隅之空，以为兑、震、艮、巽。又曰：乾、坤、离、坎居四实，兑、震、艮、巽居四虚，后学思之，甚可疑焉。夫谓析四方之合，以为乾、坤、离、坎，而居四实也，未知其用内一层之生数，抑用外一层之成数乎？如用生数，则一似可为坤，而二何以为乾？三似可为离，而四何以为坎？如用成数，则六似可为坤，而七何以为乾？八何以为离？九何以为兑？其谓补四隅之空，以为兑、震、艮、巽，而居四虚也，未知其用成数补，抑用生数补乎？如用成数，则六似可居西北当艮，而七何以为兑？八似可居东北当震，而九何以为巽？如用生数，则二似可居西南当巽，而一何以为震？三何以为兑？四何以为艮？皆非确然之理数，正是虚位比拟，可彼可此，牵强组合，可东可西，恐圣人会心于图象以作易，不如是其肤浅也。且八方当八卦，而中间五十，竟置诸无用之地，则亦不见造化之妙矣。愚谓“河图”之数，水北火南，木东金西，乃先天涵后天之位，而其所以成先天八卦者，乃是析图之九、四、三、八，以当乾、兑、离、震之阳仪，分图之二、七、六、一，以当巽、坎、艮、坤之阴仪。序列既定，然后中判，规而圆之，乾、兑、离、震居左，则九、四、三、八亦居左，巽、坎、艮、坤居右，则二、七、六、一亦居右，适与“洛书”八方相符焉。此图书卦画，所以有相为经纬、相为表里之妙。若欲于图之八数，求卦之方位，必有虚位比拟，牵强组合之病矣。且先儒于两仪、四象，亦有未的确处。《本义》云：两仪者，始为一画，以分阴阳；四象者，次为二画，以分太、少，此言卦画则确矣。《启蒙》配合图书，则谓两仪者奇偶，夫阴阳之道，变化无方，岂止论奇偶哉？如聚一、三、五、七、九居左，二、四、六、八、十居右，以是为两仪，将何以自然而成四象，分八卦乎？以图、书观之，阴阳之类有三：一以奇偶分阴阳，天数五，地数五是也。一以生数成数分阴阳，一、二、三、四，其卦为坤、巽、离、兑，六、七、八、九，其卦为艮、坎、震、乾是也。一以纵横分阴阳，九、四、三、八，横列者为阳，其卦为乾、兑、离、震，二、七、六、一，纵列者为阴，其卦为巽、坎、艮、坤是也。圣人则图画卦，却是以纵横分阴阳为主，其为“横图”，则横列者在前，纵列者在后；为“圆图”，则横列者居左，纵列者居右，是谓两仪，即乾、兑、离、震之下一画为阳，巽、坎、艮、坤之下一画为阴是也。方其生八卦，则一仪分为四；方其生四象，则一仪分为二；方其生两仪，则止有二画，则乾、兑、离、震之下一画，岂不可连为一阳？巽、坎、艮、坤之下一画，岂不可连为一阴乎？不但八卦如此，六十四卦亦然。左边三十二卦之下一画，可连为一阳；右边三十二卦之下一画，可连为一阴也。然则以奇偶分两仪，当就卦画言之。虽成卦在后，而成卦之理在先，数亦在先。若图书数之奇偶，则与卦画奇偶大不同。乾、坤、离、坎居四正，当奇；兑、震、艮、巽居四隅，当偶，此又别是一理。四正卦不可反覆，四隅卦可反覆也。而坤、离以阴而居阳，震、艮以阳而居阴，若两仪之卦，兑、离阴也，而居阳；坎、艮阳也，而居阴，何其纷错如此？盖先儒未分析阴阳之类有不同，又未有言横列为阳，纵列为阴者，是以两仪无的确之论，而图书卦画不能相通，遂由此始也。至于四象，朱子谓其位则太阳一，少阴二，少阳三，太阴四，其数则太阳九，少阴八，少阳七，太阴六。分位与数为二。愚谓九、八、七、六者，由揲蓍得之，其实以一、二、三、四为根，其象则以两画相重，分奇偶者为正，先儒以九、八、七、六为数之实，而一、二、三、四第为次序之位，愚则谓九、八、七、六固为数之实，一、二、三、四亦是数之实。盖一、二、三、四，由中宫之五十而生，隐藏于西方八数之中，隐藏者其体，见出者其用，非即以图之一、二、三、四为四象之位也。太阳居一，藏于四方之九、四，九减十为一，四减五为一，九为太阳，而四亦为太阳。少阳居二，藏于东方之三、八，八减十为二，三减五为二，八为少阴，而三亦为少阴。少阳居三，藏于南方之二、七，七减十为三，二减五为三，七为少阳，而二亦为少阳。太阴居四，藏于北方之六、一，六减十为四，一减五为四，六为太阴，而一亦为太阴。伏羲画卦，变图之圆点以为横画，先画一奇以象阳，则西东九、四、三、八之横数在其中矣。次画一偶以象阴，则南北二、七、六、一之纵数在其中矣。奇上加奇以象太阳，则九、四在其中矣。奇上加偶以象少阴，则三、八在其中矣。偶上加奇以象少阳，则二、七在其中矣。偶上加偶以象太阴，则六、一在其中矣。又于太阳之上加一奇，纯阳也，九为成数之最多当之，命之曰乾。太阳之上加一偶，以偶为主，阴卦也，四为生数之最多当之，命之曰兑。少阴之上加一奇，以中画之偶为主，阴卦也，三为生数之次多当之，命之曰离。少阳之上加一偶，以下画之阳为主，阳卦也，八为成数之次多当之，命之曰震，是为阳仪之四卦，以其下画皆阳也。少阳之上加一奇，以下画之偶为主，阴卦也，二为生数之次少当之，命之曰巽。少阳之上加一偶，以中画之阳为主，阳卦也，七为成数之次少当之，命之曰坎。太阴之上加一奇，以奇为主，阳卦也，六为成数之最少当之，命之曰艮。太阴之上加一偶，纯阴也，一为生数之最少当之，命之曰坤。是为阴仪之四卦，以其下画皆阴也。八卦横列，一乾，二兑，三离，四震，五巽，六坎，七艮，八坤，其数之实，则为九乾，四兑，三离，八震，二巽，七坎，六艮，一坤。乾、坤首尾，以九、一对。其次兑、艮，以四、六对。其次离、坎，以三、七对。其中震、巽，以八、二对。圣人则“河图”画卦者本如此。在卦画则一分为二，二分为四，四分为八者，出于自然。在图数则九、四相合为太阳，三、八相合为少阴，二、七相合为少阳，六一相合为太阴，亦出于自然。是以天启其心，变点为画，自有若合符节之妙。及“横图”既成，中判为二，规而圆之，以象天地之奠定，气化之运行，则阳仪居左，为乾、兑、离、震；阴仪居右，为巽、坎、艮、坤。以八类象之，天地对于上下，水火对于西东，雷风对于东北、西南，山泽对于西北、东南，以成天地之体象。若以数观之，乾父、坤母当九、一，震长男、巽长女当八、二，坎中男、离中女当七、三，艮少男、兑少女当六、四，数与卦自相配。而“洛书”八方之位，正与先天八卦相符，故今分为两图。一为则“河图”以画卦，一为则“洛书”以列卦，而画卦之序，即附于“河图”之下，列卦之位。即见于“洛书”之中。昔也离之，今也合之；昔也图不能与书通，卦不能与数合，今则有绳贯丝联、操券符契之妙，是为河、洛之精义，先儒欲发明之，而未昭晰者，不可不为之补苴而张皇也。

“河图”四象，藏于四方，理未易明，变点为线以明之。

五、线河图

借天干之字作记号，非有意义也

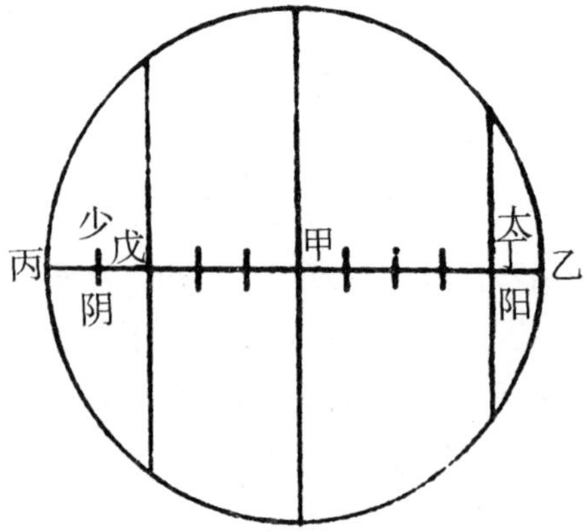

图一　横列太阳少阴图

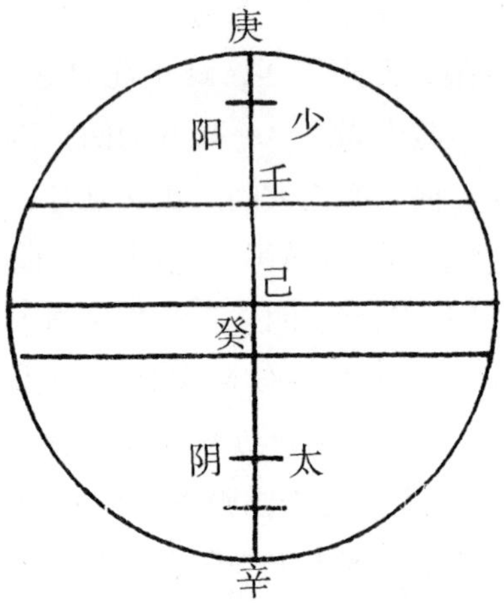

图二　纵列少阳太阴图

解说

圈象太极，乙丙全径为十，乙甲半径为五。西方截出乙丁，为太阳一。丁丙为九，丁甲为四，九、四皆生于太阳。九为乾，四为兑，乾、兑下二画皆太阳。东方截出戊丙，为少阴二。戊甲为三，戊乙为八，三、八皆生于少阴。三为离，八为震，离、震下二画皆少阴。庚辛全径为十，庚己半径为五。南方截出庚壬，为少阳三。壬己为二，壬辛为七，二、七皆生于少阳。二为巽，七为坎，巽坎下二画皆少阳。北方截出癸辛，为太阴四，癸庚为六，癸己为一，六、一皆生于太阴。六为艮，一为坤，艮、坤下二画皆太阴。

伏羲则“河图”画卦，原是变点为线，今欲明四象藏于四方，惟平圆中作分线，则其理易明。以虚圈象太极，周子所谓无极而太极也。朱子《启蒙》亦如之。凡圆必有心，心必当圆之半，则全径岂不为十，半径岂不为五乎？《启蒙》云：“河图”之虚五与十者，太极也。以今观之，五、十即太极之体。虚其中，即是实其中。盖四象由五、十而生，非能离

五、十而别有四象。“河图”见出用数以示人，其体数之中藏者，人不觉耳。旧说一、二、三、四为四象之位，六、七、八、九为四象之数，二老位于西北，二少位于东南，其数则各以其类交错于外，判位与数为二途，则同类者不同方，推之卦画，必不能相符矣。此线“河图”所为作也。

六、后天八卦图

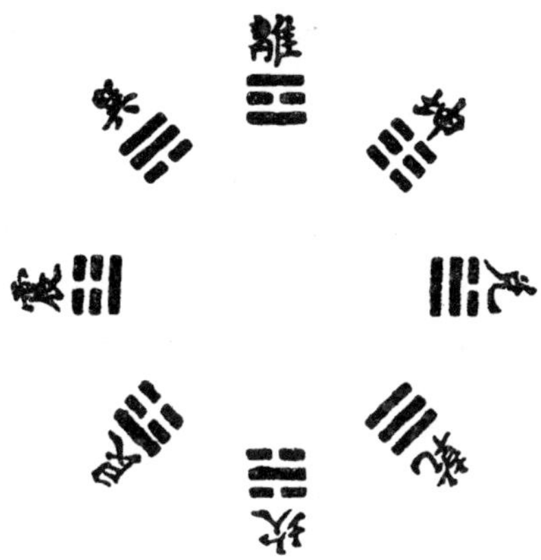

解说

《易》曰：帝出乎震，齐乎巽，相见乎离，致役乎兑，战乎乾，劳乎坎，成言乎艮。按：此似是古经之言，夫子述之，下文解说之也。古人圣人，心通造化，变易伏羲之八卦，别为方位，其理精深，其义广大，天道地道人道，无所不包。书不尽言，言不尽意，即古经之言，岂足以尽此图之义哉？夫子即其言解说之，或言方，或言时，或言德，或言象，互文见义，各举一隅，以待后人之引伸触长耳，岂谓此图之义，尽于所解说哉！故后儒不妨各随所见为说也。其以乾坤男女为说者，莫善于邵子。乾统三男于东北，坤统三女于西南二语，《折中》论之曰：邵子之言，可蔽图之全义。《周易》坤、蹇、解诸卦象辞，皆出于此也。大抵先天则以东南为阳方，西北为阴方，故自阳仪而生之卦，皆居东南，自阴仪而生之卦，皆居西北也。后天则以北东为阳方，南西为阴方，故凡属阳之卦，皆居东北，属阴之卦，皆居西南也。然先天阳卦，虽起于东，而其重之以叙卦气，则所谓“复天地心”者，仍以北方为始。后天阳卦，虽起于北，而其播之以合岁序，则所谓“帝出乎震”者，仍以东北为先。盖两义原不可以偏废，必也参而互之，则造化之妙，易理之精，可得而识矣。岁始于东，终于北，而西南在其间。后天图意，主化阳以统阴，故自震而坎而艮者，以阳终始岁功也，自巽而离而兑者，以阴佐阳于中也。震阳生，故直春生之令，以始为始也。乾则以终为始，而莫得其端，乃《传》所谓“大始”者也，所谓“不可为首”者也。兑阴成，故毕西成之事，阴功之终也。坤则致役以终事，而不居其成，乃《传》所谓“作成”者也，所谓“无成而代有终”者也。故阳居终始，而阴在中间，乃天地万物之至理。谨按：此一条发明图意，周详精密，先儒所未及。此言阳居终始，与《传》言艮终始万物若不合，何也？此通四阳卦言之，故以乾为终始，《传》谓冬之终，春之始，故以艮为终始也。又按：先儒以乾位西北，坤位西南，乾、坤任六子，自处无为不用之地。程子尝辩之曰：此说大故无义理。雷、风、山、泽之类，便是天地之用，如人身之有耳、目、手、足，便是人之用，岂可谓手、足、耳、目皆用，而身无为乎？《折中》亦曰：先儒有乾、坤不用之说，考以孔子之言，则坤曰“致役”，曰“致养”，其为用莫大于是。至于乾曰“战”，则又所以著刚健之体，有以克胜群阴，而主宰天命，八卦之用，皆其用也，夫岂不用也哉！谨按：先儒所以有乾、坤不用之说者，谓居四正之位为用事，四隅之位为不用，西北、西南阴方，尤为不用，如父母既老，退居不用之地也。此先儒立言，诚不能无病。夫方位之有正有隅，犹四时之有孟、仲、季也，岂必四仲之月始为用事耶？坤之居西南也，当夏秋之间，乾之居西北也，当秋冬之间，岂此时无所事事耶？阴阳五行更王更衰，当时者进，成功者退，则有之，非不用之谓也。不用则如人之手足，有不仁之病矣。即以一家言之，父母既老，男女任事者有之，然家事统于尊，仍以父母为主。非父母既老，即为休废之人也。且乾、坤无老时，亦不可以人之老为喻。又谓下章历举六子，不数乾、坤，以此为乾、坤不用亦非也。下章言神也者，妙万物而为言者也。所谓神者，正指乾、坤；妙万物者，言其主宰之功。神妙不测，六子之用，皆其用也，岂不用之谓哉！说此章者，夹漈郑氏之言为无病，郑氏曰：乾居西北，父道也，父道尊严，严凝之气，盛于西北。西北者，万物成就之方也。坤居西南，母道也，母道在养育万物，万物之生盛于西南。西南者，万物长养之方也。坎、艮、震方位次于乾者，乾统三男也。巽、离，兑方位夹乎坤者，坤统三女也。西北盛阴用事，而阴气盛矣。非至健莫能与争，故阴阳相薄，曰战乎乾，而乾位焉，战胜，则阳气起矣。

说易者，每谓易不言五行，以五行言易者，非易本旨。然人不知八象与五行相通之理耳，知其理，则言八象，即是言五行。且八象亦有时而变通，坎，水也，而亦言云，则知水与云一类也。离，火也，而亦言日言电，则知火与日与电一类也。坤之为地，艮之为山，其为土不待言也。巽本为风，而亦为木，是风与木同气，故医家曰：厥阴风木，然则震为雷，雷亦是木，雷化物之木也。雷动则龙随之，鳞虫属东方，苍龙为东方之宿也。龙雷之火，又为相火，其本体则阳木也。惟兑泽属金，人不屑信，不知海水与天连，犹山与地连，兑实与天同气也。乾之为金，岂止金玉之金哉！纯刚之气，万古不变，故“河图”为九金也。先天固当论八象，后天卦言方言时，正当以五行解之，方有著落。兑为正秋，正秋岂非金乎？先儒有以五行说卦位者，项氏安世曰：后天之序，据太极既分之后，播五行于四时也。震、巽二木主春，故震在东方，巽东南次之，离火主夏，故为南方之卦。兑、乾二金主秋，故兑为正秋，乾西北次之。坎水主冬，故为北方之卦。土主四季，故坤土在夏秋之交，为西南方之卦。艮土在冬春之交，为东北方之卦。木、金、土各二者，以形生也；水、火各一者，以气王也。坤阴土，故在阴地，艮阳土，故在阳地。震阳木，故正东，巽阴木，故近南而接乎阴。兑阴金，故正西，乾阳金，故近北而接乎阳。其序甚明。徐氏几曰：坎、离，天地之大用也。得乾、坤之中气，故离火居南，坎水居北也。震，动也，物生之初也，故居东。兑，说也，物成之后也，故居西，此四者各居正位也。震阳木，巽阴木，故巽居东南，巳之位也。兑阴金，乾阳金，故乾居西北，亥之方也。坤阴土，艮阳土，坤居西南，艮居东北者，所以均王乎四时也，此四者分居四隅也。震、巽木生火，故离次之，火生土，故坤次之，坤土生金，故兑、乾次之，金生水，故坎次之。水非土，亦不能以生木，故艮火之水土又生木。循环无穷，此所以为造化流行之序也。龚氏焕曰：土无时不养，然于西南夏秋之交，土气正旺，致养之功，莫盛于此，故曰“致役乎坤”，又曰“成言乎艮”，艮亦土也。养者成之渐，成者养之终，又将于此而始，此土无不在，养物之功，成始而成终者也。水火阴阳之正，木、金、土阴阳之交，正者一而交者二也。胡氏焕文曰：夏而秋，火克金者也。火金之交，有坤土焉，则火生土，土生金。克者又顺以相生，冬而春，水生木者也。水木之交，有艮土焉，木克土，土克水。生者又逆以相克，相生所以为克，相克所以为生。生生克克，变化无穷，孰主宰之？曰帝是也。《折中》曰：诸儒之说亦详密，然所言艮、坤之理，亦有未尽者。盖《月令》以土独王未月而为中央，则土位惟一也。京房以土分王辰、戌、丑、未而直四季，则土位有四也。今惟坤、艮二土，位于丑、未，视《月令》则多其一，视京房则少其二，何也？盖木之生水，金之生水，无所藉于土。若火非土，必不能生金，水非土，必不能生木，则土之功于是为著。尚有先天、后天列象交变之妙，见《启蒙附论》中。谨按：《折中》之说，能发坤、艮二土所以然，兼诸儒说，无遗义矣。又按土惟一者，五行五方之理，以中央统四方也。土有二者，八卦水、火一而木、金、土各二之理，以坤、艮居“洛书”二、八之位，纲维乎诸方也。土有四者，十二支有四季之理，四方皆有土也。坤、艮与乾、巽为四维，艮中有丑，坤中有未，则乾中有戌，巽中有辰，金、木中之土，亦隐藏于其间矣。八卦五行，水、火一而木、金、土各二，此后天一大节目。六十四卦之分宫属五行定于此，其源自一水，二火，三木，四金，五土，即已分清浊，分气质，亦是“河图”四象之变化。太阳九、四，定为乾兑金不变。太阴一、六本为水，变为坤、艮土。少阴三、八本为木；而三变为离火，八则仍为震木。少阳二、七本为火，而二变为巽木，七变为坎水。于是水、火各一，木、金、土各二矣。又归其五行之本数，则一为坎水，而六并之，二为离火，而七并之。六并则九为乾金而居西北，七并则八为巽木而居东南，仍有东北、西南之两隅，则中宫之五十居之，为艮、坤之二土。此“河图”之变体，别有图明之。然非圣人有意安排，自是不得不然之理。《外篇》又有两“勾股图”，正是水火一、木金土各二之理也。先天变后天，又有自然之数。后天卦位，又有配入干支成罗经，皆见外篇。

项氏谓水、火以气王，木、金、土以形王，龚氏谓水、火为阴阳之正，木、金、土为阴阳之交，项氏胜于龚说。

七、河图变后天八卦图

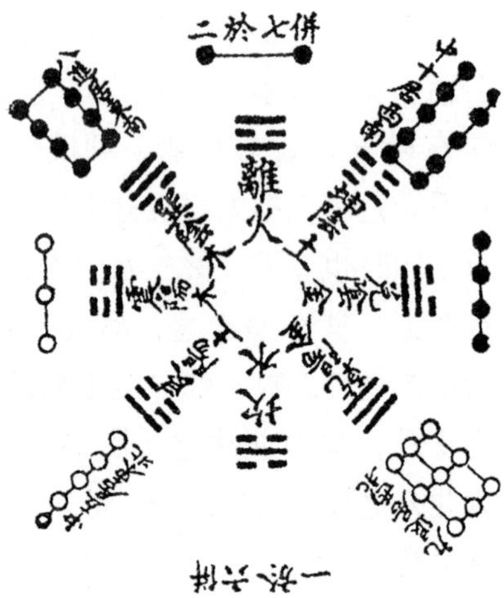

解说

“河图”本先天八卦之本，而水北、火南、木东、金西，已含后天之位，则“河图”又为后天之本，但五行有变化耳。五行论其常，水、火、木、金本各二。论其变，则水、火各一，而木、金、土各二，何也？水、火以精气为用，故专于一，木、金、土以形质为用，故分为二。惟其然，故图有十，而卦有八也。“河图”以一、二、三、四为坎、离、震、兑，四方之正位，坎、离，专也。故一为坎，而六并之；二为离，而七并之。六、七即并，则东方之八，进居东南隅，为巽阴木；西方为九，退居西北隅，为乾阳金。而东北、西南二隅为虚，于是中央之五、十入用。五随三阳，而位于东北，为艮之阳土；十随三阴，而位于西南，为坤之阴土。盖以二土为界，而二金、二木与水、火之对克，皆不得不然矣。

八、后天卦配洛书之数图

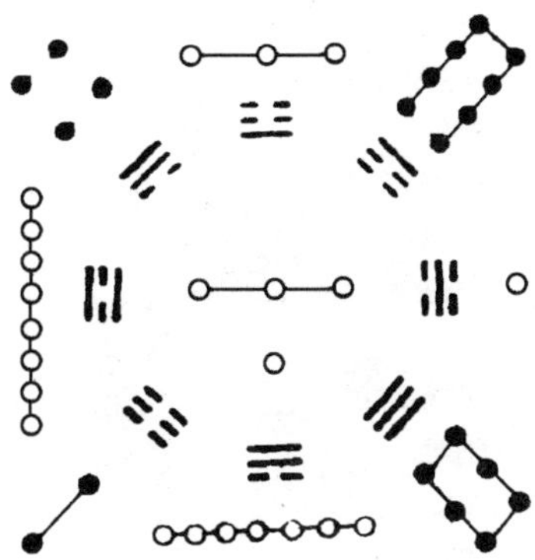

一	坎	离	九
二	坤	艮	八
三	震	兑	七
四	巽	乾	六

解说

《启蒙附论》曰：火上水下，故九数为离。一数为坎，火生燥土，故八次九而为艮，燥土生金，故七、六次八而为兑，为乾。水生湿土，故二次一而为坤。湿土生木，故三、四次二而为震、为巽。谨按：水生湿土，有至理，土从水化也。说详见后。又曰："洛书"之左边，本一、二、三、四也；其右边，本九、八、七、六也。然阴阳之道，丑未之位必交。"洛书"之二与八，正东北、西南之维，丑未之位，此其所以互易也。以此类之，则"先天图"之左方，坤、巽、离、兑；其右方，乾、震、坎、艮，以震、巽互而成先天也。后天图之左方，坎、坤、震、巽；其右方，离、艮、兑、乾，以艮、坤互而成后天也。谨按：别有二八必交说，见后。

九、后天卦以天地水火为体用图

解说

《启蒙附论》曰：造化所以为造化者，天地、水火而已矣。易卦虽有八，而实惟四，何则？风即天气之吹嘘，而下交于地者也；山即地形之隆起，而上交于天者也；雷即火之郁于地中，而搏击奋发者也；泽即水之聚于地上，而布散滋润者也。道家言天、地、日、月，释氏言地、水、火、风，西人言水、火、土、气，可见造化之不离乎四物也。故先天以南北为经，而天地居之，体也；以东西为纬，而水火居之，用也。后天则以天地为体，而居四维；以水火为用，而居四正。雷者，火之方发，故动于春，及火播其气，则王于夏矣。泽者，水之未收，故散于秋，及水归其根，则王于冬矣。水火为天地之用，故居四正以司时令也。乾、巽相对而为天纲，坤、艮相对而为地纪，天地为水火之体，故居四维以运枢轴也。天、地、水、火，体用互根，以生成万物，此先后天之妙也。若以卦画论之，则震即离也，一阴闭之于上则为震；兑即坎也，一阳敷之于下则为兑；巽即乾也，一阴行于下则为巽；艮即坤也，一阳互于上则为艮。是以六十四卦始乾、坤，中坎、离，而终于既济、未济，则造化之道，天地水火尽之矣。

谨按：道家言天、地、日、月，日即火也，月即水也。释氏言地、水、火、风，风即天也。西人言水、火、土、气，土即地也，气即天也。各随所见言之，其实一也。释氏以地、水、火、风为四大。人身亦是四大之合，形骸，地也；津液，水也；温暖之氯，火也；鼻息呼吸，风也。要之天亦是火，地亦是水。西人言三际，近地为温际，温际之上为冷际，冷际之上为火际。天之行，神速不可思议，非火而何？地虽是土，其初本是水，融结而成，故“河图”一、六水，成卦则为坤、艮土。先天乾、坤之位，后天离、坎居之。然则四物止两物而已，太极生两仪，原是一阴一阳也。

十、先天六十四卦横图

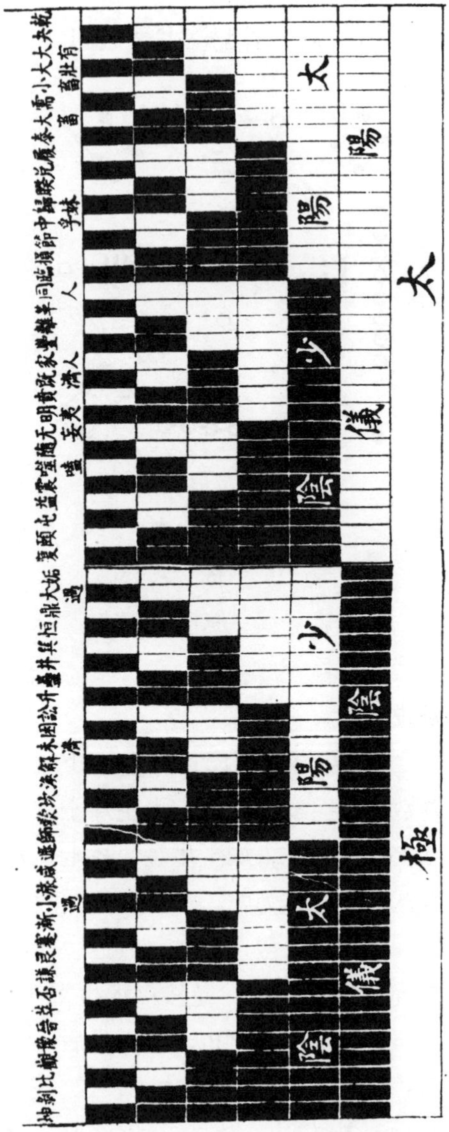

解说

朱子答林栗曰：太极、两仪、四象、八卦，生出次第位置行列，不待安排，而粲然有序。以至于第四分而为十六，第五分而为三十二，第六分而为六十四，则其因而重之，亦不待用意推排，而与前之三分焉者，未当不吻合也。比之并累三阳以为乾，连叠三阴以为坤，然后以意交错，而成六子。又先画八卦于内，复画八卦于外，以求相交而为六十四卦者，其出于天理之自然，与人为之造作，盖不同矣。又答袁枢曰：若要见得圣人作易根源，直截分明，不费辞说，于此看得，方见六十四卦，全是天理自然推排出来，圣人只是见得分明，便只依本画出，元不曾用一毫智力添助。盖本不烦智力之助，亦不容智力得以助于其间也。及至卦成之后，逆顺纵横，都成义理，千般万种，其妙无穷。却在人看得如何，而各因所见为说，虽欲各不相资，而实未尝相悖也。盖自初未有画时，说到六画满处者，邵子所谓先天之学也。卦成之后，各因一义推说，邵子所谓后天之学也。又《启蒙序》曰：圣人观象以画卦，揲蓍以命爻，其为卦也，自本而干，自干而枝，其势若有所迫而自不能已。其为蓍也，分合进退，纵横逆顺，亦无往而不相值焉。是岂圣人心思智虑之所得为也哉！特气数之自然，形于法象，见于图书者，有以启于心，而假手焉尔。按此数条，皆朱子极言圣人作易出于自然，而病当时之言易者，牵强附会，以为出于圣人心思智虑之所为也。今《外篇》有开方求廉率一法，与画卦绝不相侔，而亦与卦画阴阳多少适相肖，亦是自然推排而出。惜朱子未闻此说也，使其闻之，亦当叹其妙绝，愈信自然之理，不侔而合矣。夫圣人则图书而画卦，因大衍而揲蓍，岂全不用心思智虑哉？但其心思智虑，与造化者冥符，则犹之不用焉尔。观者又不可以辞害意，而谓圣人之立卦生蓍，如是其容易也。

问：两仪、四象、八卦，节节推去，固容易见，就天地间著实处，如何验得？朱子曰：一物上穴自各有阴阳，如人之男女，阴阳也。逐人身上，又各有血气，血阴而气阳也，如昼夜之间，昼阳而夜阴也。而昼自午后又属阴，夜自子后又属阳，便是阴阳各生阴阳之象。按：此说亦不可不知。就人身而言，背阳而腹阴，左阳而右阴，上阳而下阴，府阳而藏阴，其类不可胜穷。就一日而言，有干支之阴阳，有晴雨之阴阳，有寒温之阴阳，其类亦不可胜穷。

三画八卦，足以尽万物之理，六画六十四卦，所以备人事之用。使圣人作易，不必为人占筮之用，画止于三，卦止于八可也。惟其欲备人事之用，故须重为六爻，所谓兼三才而两之，故易六画而成卦。分阴分阳，迭用柔刚，故易六位而成章。数语尽之。其渐次生出，与开方、求廉法有符者，亦论其理耳，非真有四画、五画之卦也。其以四画、五画推互卦者，自是易中之一义，可谓之蕴，不可谓之精，故载之外篇。

十一、先天六十四卦圆图

解说

朱子《启蒙·原卦画》曰：古者包羲氏之王天下也，仰则观象于天，俯则观法于地，观鸟兽之文，与地之宜，近取诸身，远取诸物，于是始作八卦，以通神明之德，以类万物之情。是有太极，是生两仪，两仪生四象，四象生八卦，《大传》又言包羲画卦所取如此，则易非独以“河图”而作也。盖盈天地之间，莫非太极阴阳之妙。圣人于此，仰观俯察，远求近取，固有以超然而默契于心矣。故自两仪之未分也，浑然太极，而两仪、四象、六十四卦之理，已粲然于其中。自太极而分两仪，则太极固太极也，两仪固两仪也。自两仪而分四象，则两仪又为太极，而四象又为两仪矣。自是而推之，由四而八，由八而十六，由十六而三十二，由三十二而六十四，以至于百千万亿之无穷。

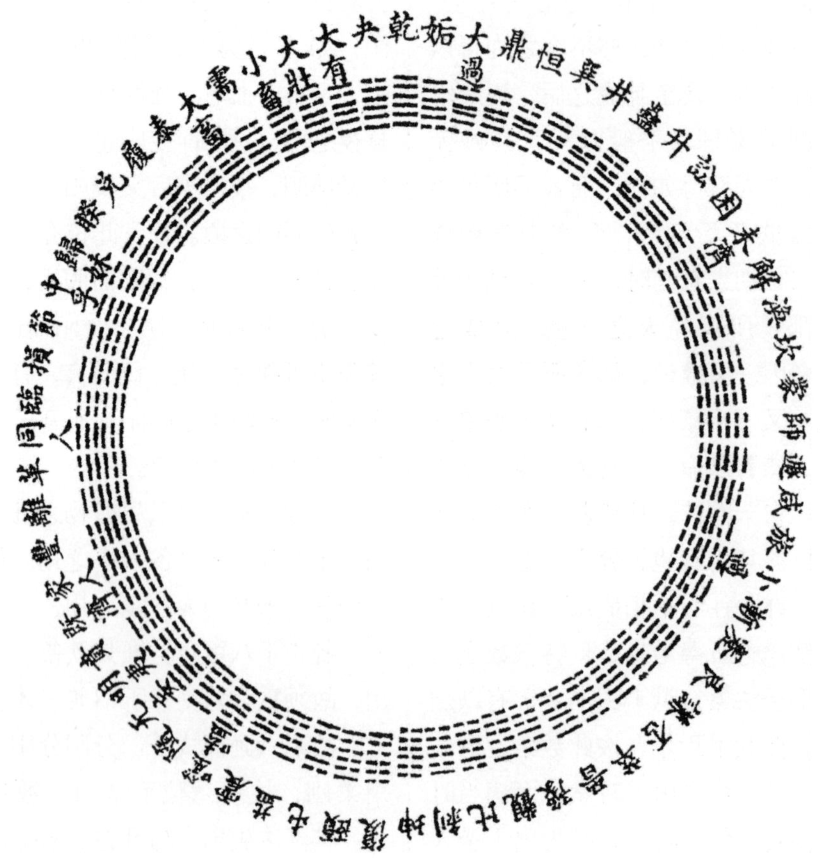

虽其见于摹画者，若有先后，而出于人为，然其已定之形，已成之势，则固已具于浑然之中，而不容毫发思虑作为于其间也。程子所谓加一倍法者，可谓一言尽之。而邵子所谓画前有易者，又可见其真不妄矣。世儒于此，或不之察，往往以为圣人作易，盖极其心思探索之巧而得之。甚者至谓凡卦之画，必由蓍而后得，其误益以甚矣。又答虞大中曰：太极、两仪、四象、八卦，此乃易学纲领，开卷第一义。孔子发明伏羲画卦自然之形体，孔子而后，千载不传，惟康节、明道二先生知之。盖康节始传先天之学，而得其说，且以此为伏羲之易也。《说卦》“天地定位”一章，“先天图”乾一至坤八之序，皆本于此。然康节犹不肯大段说破，易之心髓全在此处，不敢容易轻说，其意非偶然也。明道以为加一倍法，其发明孔子之言，又可谓最切要矣。又《语类》云：“先天图”直是精微，不起于康节，希夷以前元有，只是秘而不传，次第是方士辈所相传授。《参同契》中，亦有些意思相似。扬雄《太玄》全模仿《易》，他底用三数，《易》却用四数，他本是模《易》，故就他模底句上看《易》也，可略见得《易》意思。又云：自有易以来，只有邵子说得此图如此齐整，如扬雄《太玄》便零补凑得可笑，若不补，又欠四分之一，补得来，又多四分之三，又问程《易传》云：圣人始画八卦，三才之道备矣，因而重之，以尽天下之变，故六画而成卦。或疑此说，却是圣人始画八卦，每卦便是三画，圣人因而重之为六画，似与邵子一分为二，而至六十四为六画，其说不同。曰：程子之意，只云三画上垒成六画，八卦垒成六十四卦耳，与邵子说诚异。盖康节此意，不曾说与程子，程子亦不曾问之，故一向只随他所见去。按易之第一义，朱子谓孔子而后，千载不传者。自汉以来，儒者惟知有“帝出乎震”一章之卦位，故郑康成注《乾凿度》太乙行九宫，言一坎二坤，以至八艮九离，是不知有先天也。元魏时关朗作《洞极经》，解“河图”数，亦以“帝出乎震”之卦位言之，是不知有先天也。唐孔颖达作《易疏》，解“天地定位”一节，谓就卦象明重卦之意，卦若不重，则天地不交，水火异处，庶类无生成之用，品物无变化之理，故圣人重卦，令八卦相错，乾、坤、震、巽、坎、离、艮、兑，莫不交互。初不知此章本言先天卦位，非明重卦之意也。惟魏伯阳《参同契》，谓乾、坤者，易之门户，众卦之父母，坎、离为匡郭，牝牡四卦为橐籥，是谓“先天图”。乾南坤北，离东坎西，而兑、震、巽、艮分居四隅，以为开阖呼吸也。故云有些意思相似，但方士辈秘为丹灶之术，不欲轻传耳。愚谓不必丹家，即地理家以乾、坤、离、坎居四正，纳甲、乙、壬、癸，艮、巽、震、兑居四隅，纳丙、丁、庚、辛，何尝不是先天八卦？但儒家泥于旧闻，故令先天之学失传。邵子学易于李挺之，其后始知乾一至坤八之序，因“横图”以推“圆图”，由八卦以推六十四卦，于是始知“天地定位”一章是说先天，而别文王之卦为后天；于是知“易有太极”一条，一分为二，至三十二分为六十四之说，于是始知易本自然之理，不假思虑造作。此邵子大有功于易，朱子所以力为表彰者也。然邵子与二程子同时同地，而二程子不甚契于邵学，盖程子言理，邵子言数，先天之学，虽时时道之，而程子亦姑听之，皆不甚措意也，邵子易数甚精，如遇一物，起数算之，便可知是物何时而始，何时而终。但必有动处，方能起算，如见一叶落，便从落叶之时起算。明道程子闻说甚熟，一日因作监试官，在试院无事。试用其说算廊柱多少，及数之而数果合，因出谓邵子曰：尧夫之数，只是加一倍法，以此知《太玄》都不济事。邵子因惊叹其恁地聪明。然程子终不屑留意，他日问其所为加一倍法者，则忘之矣。其意盖谓术数之学，终非儒家所尚也。邵子一日问伊川程子云：今年雷起于何处？程子云：起于起处。亦谓雷自有起处，不必用数推算也。明道程子所谓加一倍法者，因算廊柱而偶中，遂以一语中其肯綮。然而邵子之数今不传，世所传先天演策，后天演轨，将卦爻演为千百十零之数，随其有动而占之，以决事之休咎者，未必邵子之数也。二程子不欲深究先天之学，并其八卦横列之次序，圆列之方位，亦未尝一语及之。则“天地定位”一章，当亦不求甚解，数往何以为顺，知来何以为逆，易何以为逆数？邵子虽有其说，未必信也。此则有赖于朱子之表彰者，其功复不细矣。后学思之，先天之学之精微全在“八卦横图”与“圆图”，可以上推图书之所以合，可以下推后天之所以变，则义蕴之包含者无穷。若由三画而六画，由八卦而六十四卦，不过因其一阴一阳者迭加之耳。循环而观之，亦只见其阴阳之渐消长耳。然而此经常之体也，易道尚其变，经常者不变，不变则不可以致用。故自有易以来，虽有此图之理，而文王之易，不以此为序也。夏《连山》首艮，商《归藏》首坤，当亦不以此为序也。后世卦气之学，地理文学，又别有其序，皆不用此卦之序也。邵子《经世书》于此图谆复言之，且云：图虽无文，吾终日言而未尝离乎是，盖天地万物之理，尽在其中；朱子谓易之心髓，全在此处。但后学以体、用之说言之，觉此图之意味有穷。邵子亦尝曰：乾、坤纵而六子横，易之本也。震、兑横而六卦纵，易之用也。则先天所以立体，而致用当从后天。后世善变古人之法者，无如掷钱之卦，其爻自下而变，由初至五，复由五至三，以归其本位，则与八卦在下不变者异矣。八卦分为五行，以八宫统之，而各有所属，与八宫之有统而无所属者异矣。故今以后天作图，与此图相配，而列之于外篇。

“圆图”内有“方图”，以象地在天中，而地究非方。八卦垒为八层，四角斜交，成十六事。乾居西北，似矣，坤居东南，义无所取。此图不用可也，故不载。

十二、河洛未分未变方图

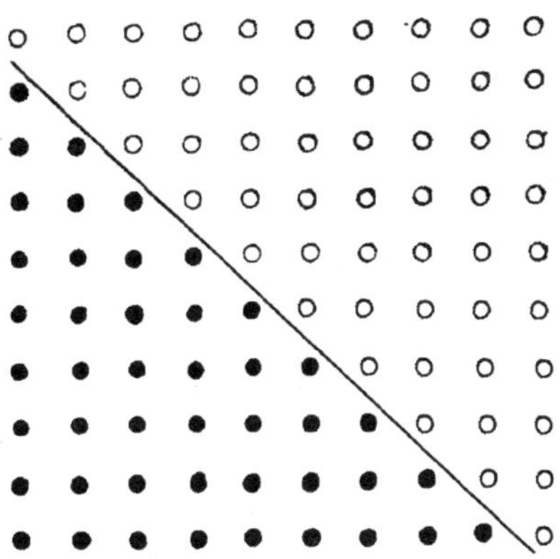

十三、河洛未分未变三角图

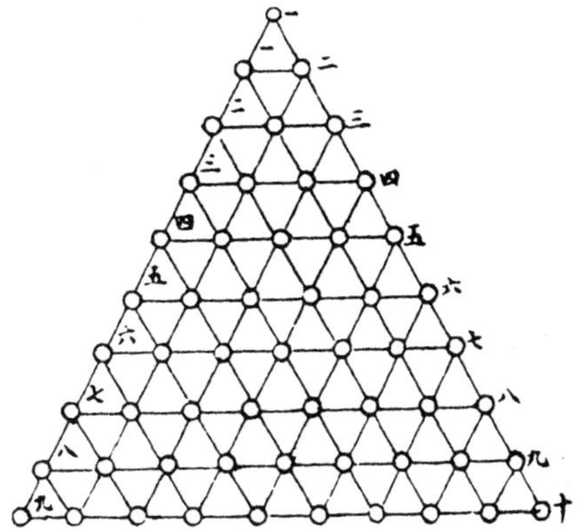

解说 十二、十三两图并说

《启蒙附论》曰：“河图”之数，五十有五；“洛书”之数，四十有五，合为一百，此天地之全数也。以一百之全数为斜界而中分之，则自一至十者，积数五十有五；自一至九者，积数四十有五，二者相交，而成河、洛数之两三角形矣。凡积数自少而多，必以三角，而破百数之全方，以为三角，其形不离乎此。

又曰：“河图”之数，自一至十；“洛书”之数，自一至九，象之已分者也。图则生数居内，成数居外，书则奇数居正，偶数居偏，位之已变者也。如前图破全方之百数，以为河、洛二数，又就点数十位，中函幂形之九层，以为河洛合一之数，则虽其象未分，其位未变，而阴阳相包之理，三极互根之道，已粲然寓于其中矣。

又曰：“河图”“洛书”，出于两时，分为两象，今以一图括之可乎？曰：十中涵九，故数终于十而位止于九，此天地自然之纪，而图、书所以相经纬，而未尝相离也。非有十者以为之经，则九之体无以立；非有九者以为之纬，则十之用无以行，不知图、书之本为一者，则亦不知其所以二矣。或曰：“河图”“洛书”，有定位矣，今以为有未变者何与？曰：《易大传》之言“河图”也，曰：天一地二，天三地四，天五地六，天七地八，天九地十。顺而数之，此其未变者也。又曰：天数五，地数五，五位相得，而各有合。分而置之，此其定位者也。如易卦一每生二，以至六十有四，则其未变者也，乾南坤北，离东坎西，则其定位者也。不知未变之根，则亦不足以识定位之妙矣。

谨按：“河图”“洛书”，本同根源，因已分而推未分，因已变而推未变。天地人物，莫不皆然。如人之始胎，五官百骸之位置已先具，鸟之方卵，头足尾翼之形象已先生。一粒之粟，而根茎苗穗，含于布种之初；一核之仁，而本干枝叶，肇于方萌之始。由是而推，天之日、月、星、辰，地之岳、渎、湖、海，不有默定于冯冯翼翼之先者乎？此皆河、洛未分未变之理也。既分既变，而万事万物，又有无穷之变化，皆包括其中矣。先儒言易之蕴，未推及此，特录此二图，为《外篇》之首。又有点数应“河图”十位，幂数应“洛书”九位，各二图，今略之。

十四、后天六十四卦方位图

解说

按：后天图六十四卦，虽本先天，其方位当归后天，故图之。既济、未济，下经之终也，位于北与

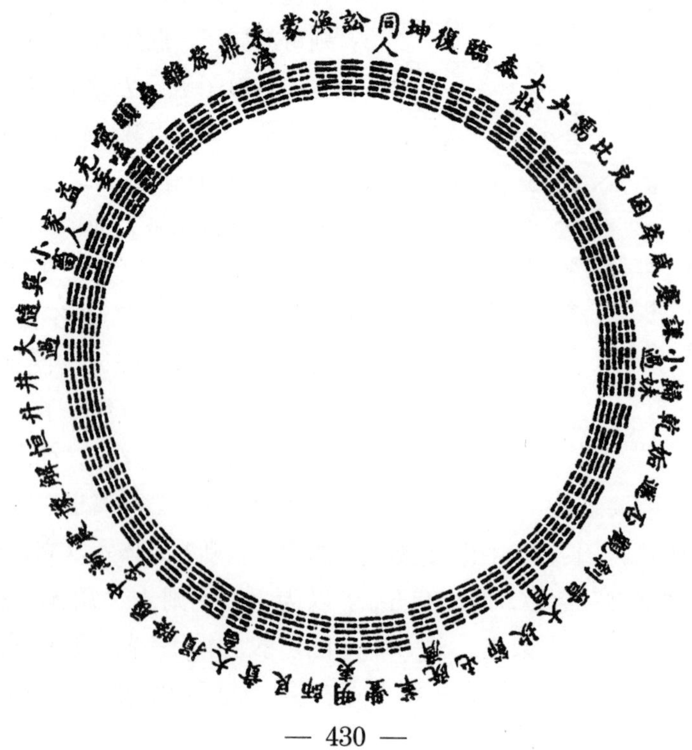

南。咸、恒，下经之始也，位于西与东。泰、否，上经之第十一、十二卦也，位于西南与西北。损、益，下经之第十一、十二卦也，位于东北与东南。四正相维，皆有自然之位置矣。

十五、勾三股四弦五图

十六、勾股幂图

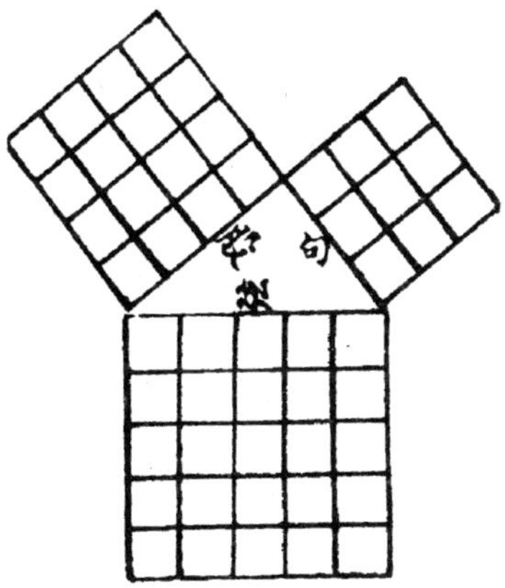

解说 十五、十六两图并说

黄帝臣隶首作九数，勾股其一，以御高深远近，其说始见《周髀算经》，云：昔者周公问于商高曰：窃闻子大夫善数也，请问古者庖牺立，周天历度，夫天不可阶而升，地不可尺寸而度，请问数安从出？商高曰：数之法出于圆方，圆出于方，方出于矩，矩出于九九八十一。故折矩，以为勾广三，股修四，径隅五。既方之外，半其一矩，环而共盘，得成三、四、五。两矩共长二十有五，是谓积矩。故禹之所以治天下者，此也。

短边为勾，长边为股，斜边为弦（或随纵横之势，恒以横者为勾，纵者为股，不论长短。又有正方形，勾股同长是为无较之勾股，任呼一边为勾，一边为股）。勾股相减之差，曰“勾股较”。勾股相并之数，曰“勾股和”（或省文单举较字，即是勾股较，单举和字，即是勾股和）。股弦之差，曰“股弦较”。勾弦之差，曰“勾弦较”。并勾股与弦相减之差，曰“弦和较”。弦与勾股之差相减其差，曰“弦较较”。股弦相并，曰“股弦和”。勾弦相并，曰“勾弦和”。勾股之差并弦，曰“弦较和”。勾股弦相并，曰“弦和和”。其名十有三，勾股弦自乘之方目曰幂，或曰实，其中容受曰积。勾股求弦，勾股各自乘，并为弦实，平方开之得弦。勾弦求股，勾弦各自乘，相减余为股实，平方开之得股。股弦求勾，股弦各自乘，相减余为勾实，平方开之得勾。以此三法为要，其余诸较诸和，皆有相求之法，犹可缓也。

勾股可以测地，亦可以窥天，其理至精，其用至博。凡方、圆、三角诸形，皆依勾股立算。虽浑圆弧曲，亦必以勾股直线算之。虚空中绝，无勾股之迹，亦可寻出勾股算之。日月生辰之高下，行度之迟疾，交食之浅深，御之以勾股，则分秒莫能遁。若数十里间，立表测望，而知高深远近，犹其用之小者耳。近世天学家讲论綦详，究其根源，亦与“河图”“洛书”、八卦、五行相联贯，学易者何可不深究乎？

十七、后天八卦应勾股图

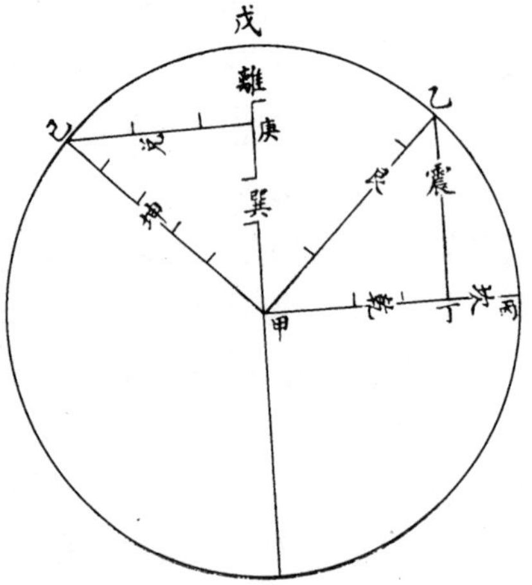

解说

后天八卦，乾与巽对，坎与离对，艮与坤对，震与兑对，水火两相对，阳土阴土自相对，阳金对阴木，阳木对阴金。此其理，算家弧矢勾股正象之。凡平圆中截出一为矢，则余弦必四，正弦必三；截出二为矢，则余弦必三，正弦必四，而半径恒为五（勾股法有二，一以短者为勾，长者为股；一以横者为勾，直者为股。此用横直之法，如图之甲至庚，亦作横论，己至庚，亦作直论）。弦者勾也，正弦者股也，半径者斜弦也。矢者，余弦与半径之较也，是为“勾弦较”。全径十中，惟有矢一矢二者，正弦得整数，无奇零；若矢三矢四，则正弦必有奇零不尽，故此两勾股形为自然之数，即有自然之法象，而后天八卦，阴阳五行配偶，正与之相符矣。天一生水为坎，地二生火为离，故从一所成之勾股弦为阳卦，从二所成之勾股弦为阴卦。一坎为勾弦较，则勾四金为乾，股三木为震，弦五土为艮。二离为勾弦较，则勾三木为巽，股四金为兑，弦五土为坤。较与较对，勾与勾对，股与股对，弦与弦对，其序为勾较弦股，则成乾、坎、艮、坤、巽、离、坤、兑矣。图之丁丙为一坎，甲丁为四乾，乙丁为三震，甲乙为五艮，庚戊为二离，甲庚为三巽，己庚为四兑，甲己为五坤。观两勾股之形，三、四必相对，则金必对木，而成乾、巽、震、兑之对；一、二相对，五自相对，则水必对火，土必对土，而成坎、离、艮、坤之对，皆有不得不然之势，先天所以变为后天也。

又以纳甲及地支三合之理推之，四勾乾纳甲，甲木生亥，一较坎纳癸，癸水生卯，同墓于未，为亥、卯、未三合。三勾巽纳辛，辛金生子，二较离纳壬，壬水生申，同墓于辰，为申、子、辰三合。五斜弦艮纳丙，丙火生寅，五斜弦坤纳乙，乙木生午，同墓于戌，为寅、午、戌三合。三股震纳庚，庚金生巳，四股兑纳丁，丁火生酉，同墓于丑，为巳、酉、丑三合。坎与乾相比为偶，离与巽相比为偶，艮与坤相对为偶，震与兑相对为偶也。然则后天八卦，水火一而金、木、土各二，即平圆中孤矢勾股之理也。

十八、洛书四勾股图

解说

“河图”具五勾股，弦数藏于勾股二幂之间，至“洛书”则以中五为弦。幂二十五，而东之三，东南之四，二幂适得二十五并而开方，得弦五，是勾股弦得整数者。自勾三股四弦五始，三者木也，四者金也，五者土也，是五行有形质之三物，合而成勾、股、弦也。图之三、四对于东

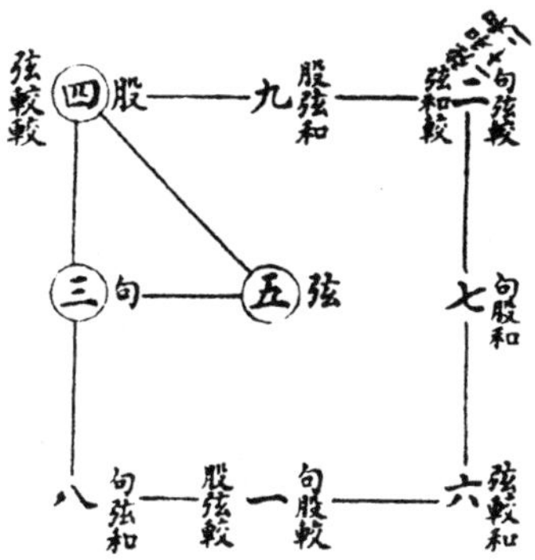

图一

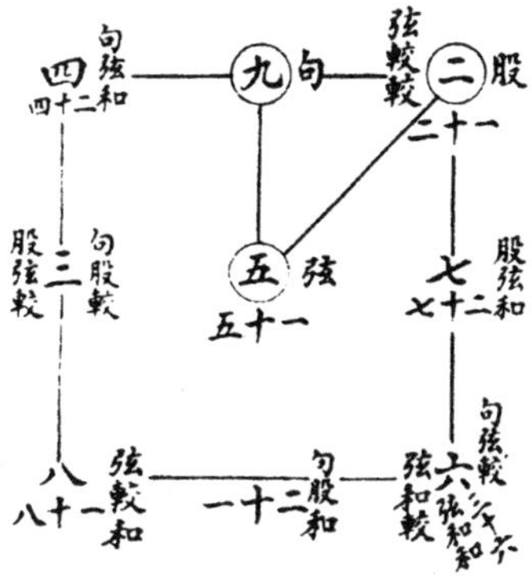

图二

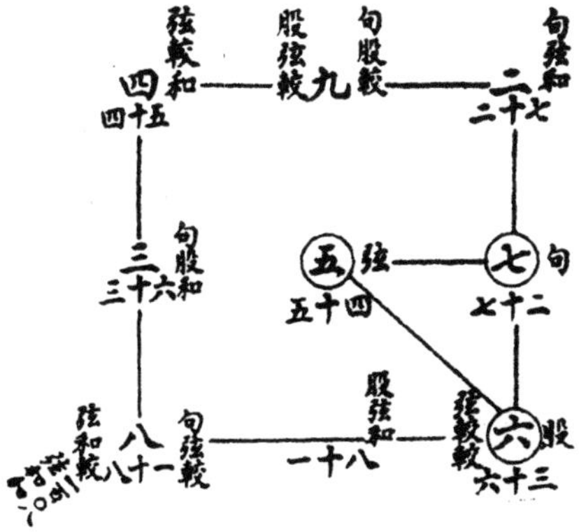

图三

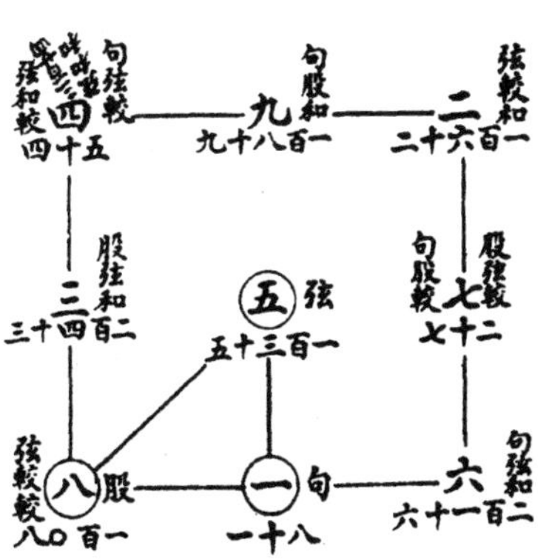

图四

西，书则连之，勾股之机括出于此矣。先儒论图书，未有及此者，度数之学未究心也。《启蒙附论》始作“洛书四勾股图”，皆以三倍迭加之(三加为九，九加为二十七，二十七加为八十一。四加为十二，十二加为三十六，三十六加为一百零八。五加为十五，十五加为四十五，四十五加为一百三十五)。本合为一图，今更推之，不止三方合为一勾股，八位中五和五较皆具，每易一勾股，则其方位皆如第一图之次以推移，分为四图，详注之。

十九、平圆两勾股得整数图

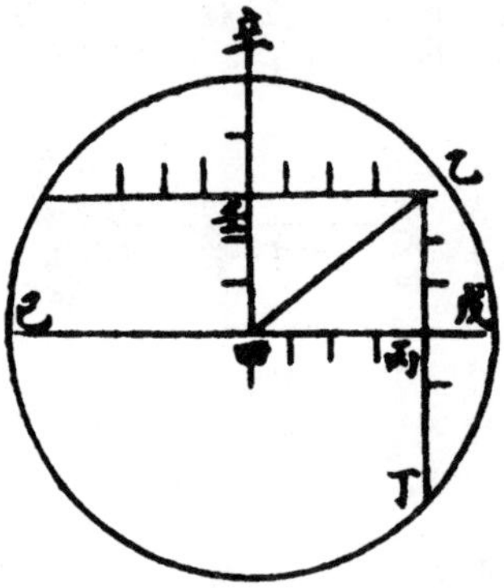

解说

戊已全径十，甲戊半径五。截丙戊一，辛壬二，作乙丁、乙庚两线，又作乙甲斜线，则乙丙勾三，丙甲股四，乙甲弦五，乙丁通弦六，乙庚通弦八，皆得整数。

“洛书”之北三方六、一、八相连，一升为十，自乘百，六、八两自乘方亦合得百。六者三之倍，八者四之倍，十者五之倍也。故平圆以十为全径，五为半径，能作三、四勾股，六、八通弦。以四为勾，三为股者，截矢一；以三为勾，四为股者，截矢二，惟此两勾股得整数，此五行自然之数，应后天之八卦（别有图见前）。若截三以为矢而勾二，截四以为矢而勾一，则以勾幂减半径幂，其余幂开方求半弧之正弦，必有奇零不尽者矣。他勾股弦，非无得整数者，如以七为勾，自乘四十九；二十四为股，自乘五百七十六，合之六百二十五，开方二十五，勾股弦不能相连，是为杂勾股，非本来自然之法象矣。

二十、法洛书蓍策用三百六十整度之理图

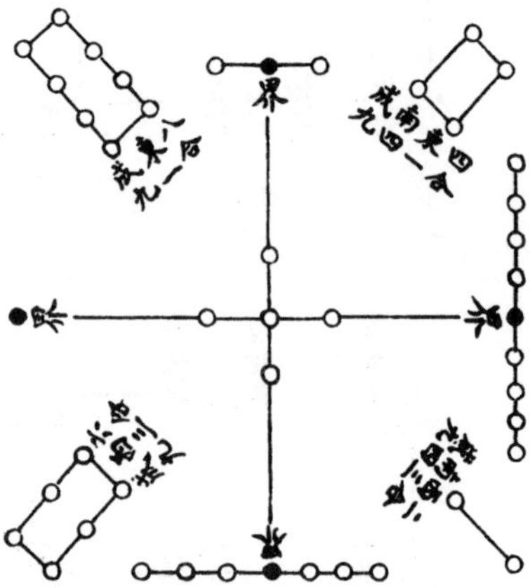

解说

《易》曰：乾之策二百一十有六，坤之策百四十有四，凡三百有六十，当期之日。夫一岁之日，三百六十五日有奇，而以三百六十策当之，何

也？举其成数言之也。古法以太阳一日行一度，故分周天为三百六十五度有奇，今法以奇零之法不便分析，悉用三百六十度为周天，谓之整度。四分之一九十度，谓之象限，取四象之义。此其理隐寓于“洛书”之中。盖“洛书”八方四十点，四方各取中一点虚之，以作十字界限，则四隅各得九点，以“河图”用十乘之，四九三百六十，正符周天之度矣。然则周天实止三百六十度，因太阳一日不满一度，而生五日有奇之零数。圣人言三百六十策当期之日者，犹云当期之度云尔。

二十一、乘方法合画卦加倍法图

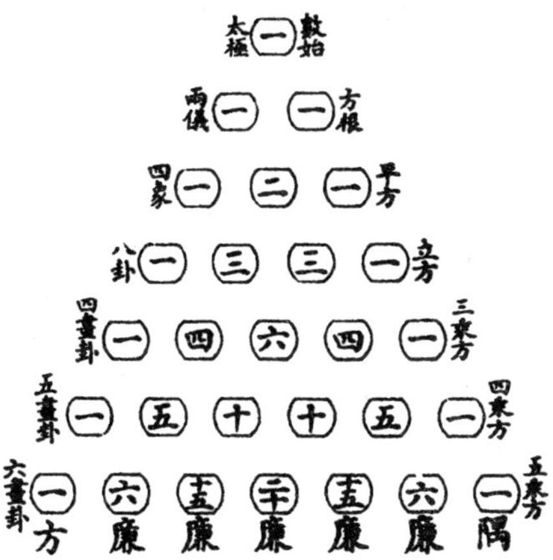

解说

《启蒙附论》曰：此图用加一倍法（如第二层两一，生第三层中位之二，并左右两一成四，是倍二为四也。第三层一、二各生第四层中位之三，并左右两一成八，是倍四为八也。下仿此），于数学中，谓之开方求廉率。其法以左一为方，右一为隅，而中间之数，则其廉法也（第三层为平方，第四层为立方，第五层、六层、七层为三乘、四乘、五乘方）。成卦之理，亦相肖合，何则？阳大阴小，阳如方，阴如隅，分居两端，阴阳合则生中间之两象，如平方之方隅合而生两廉，其长如方，其广如隅也。又乘则生中间之六卦，如立方之方隅合而生六廉，三平廉根于方，而其厚如隅，三长廉根于隅，而其长如方也。故开方之法，虽相乘至于无穷，莫不依方隅以立算，成卦之法，虽相加至于无穷，莫不根阴阳以定体。成卦之始，一阴一阳，每每相加而已。及卦成而分析观之，则自一画至六画，惟纯阴、纯阳者常不动，其余则方其为四象也。中间一阴一阳者二；方其为八卦也，中间一阴二阳者三，一阳二阴者三；方其为四画也，中间一阴三阳者四，一阳三阴者四，二阴二阳者六；方其为五画也，中间一阴四阳者五，一阳四阴者五，二阴三阳者十，二阳三阴者十。及其六画之既成也，中间一阴五阳者六，一阳五阴者六，二阳四阳者十五，二阳四阴者十五，三阴三阳者二十。朱子卦变之图，以此而定也。盖其倍法同于画卦，而其多寡错综之数，则卦变用之。

谨按：开方求廉率，乃九数中少

广之一法也。图以一层为数始，二层为方根，其左之一者一十也。右之一者零一也。十为“河图”之终数，一为“河图”之始数。以“洛书”言之，十为对方之合数，一为北方之始数。以十一为方根，后皆以十一迭乘而迭加之。三层则为一百二十一，四层则为一千三百三十一，左一为方，右一为隅，中间为廉。方渐长而无穷，隅居末而有定，犹天之高大无穷，而地之广厚不变也。以十一为有常之数，求出中间之廉，以为有定之率，任设若干积数，为若干长方。皆可除为方根，此算术设率之意也。而此十一之数，正象一阳一阴，由此可衍之无穷，皆为加倍之数，与太极生两仪，两仪生四象，四象生八卦者不约而同，自然之理也。五乘方以后，加至十一乘方，以合四千九十六卦之图，见后。

二十二、六乘方至十一乘方图

解说

六画卦既成之后，引而伸之，触类而长之，一卦可变为六十四卦，凡四千九十六卦。而乘方之理，亦接前图。六乘方至十一乘方，如卦之七画加至十二画，其阴阳之错综，亦如中间廉数，合方廉隅之数，亦适合四千九十六也（十二阴，十二阳者各一，中间十一阴一阳者十二，十一阳一阴者十二，十阴二阳者六十六，十阳二

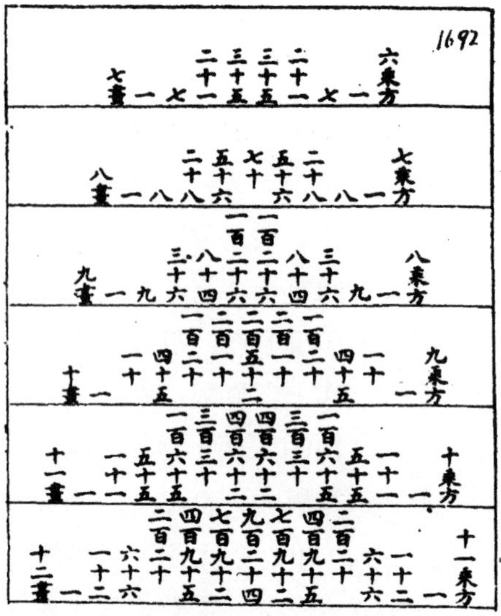

阴者六十六，九阴三阳者二百二十，九阳三阴者二百二十，八阴四阳者四百九十五，八阳四阴者四百九十五，七阴五阳者七百九十二，七阳五阴者七百九十二，六阴六阳者九百二十四）。

按：易之一卦，变为六十四卦，因爻有九、六而变，其变卦列之于旁，非累加于六画之上为十二画也。因《启蒙》有渐加之说，与乘方之理适符，故图之。其实卦变之用，如是而止，如乘方过多，高与天齐，亦无所用。《启蒙》又言累至二十四画无终极，似不必也。

二十三、法洛书制明堂图

解说

《大戴礼·明堂篇》云：明堂者，古有之也。凡九室，而有四户八牖，

（二十三、法洛书制明堂图）

赤缀户也，白缀牖也。二九四、七五三、六一八。郑康成云：记用九室，谓法龟文。取此数以明其制也。《考工记·匠人》云：周人明堂，度九尺之筵，东西九筵，南北七筵，堂崇一筵，五室，凡室二筵。今如其制图之，但四隅之室，不能与中室相连，意者中室之旁有一筵半之地，为左右房与九阶，则如夏后氏世室之制也。其太庙太室，明堂玄堂，青阳总章，及左个右个，《月令》之文也。《月令》虽秦人之书，《汲冢周书》犹存篇目，其序云：周公制赋十二月之政，作《月令》。盖吕不韦因周公之书，有所损益耳。朱子说明堂，四堂五室，其左右个，一室两用。又谓井田之遗意，其实是法“洛书”也。

二十四、河图变体图

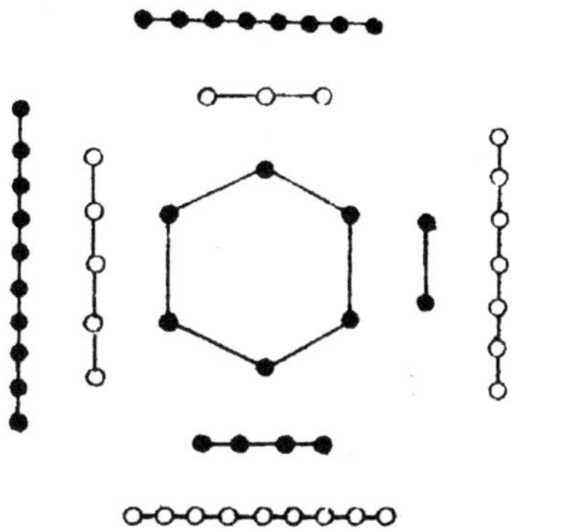

解说

按宋陈抟图南有“易龙图”一卷。其序载于双湖胡氏一桂《易翼传》。谓“龙马图”有未合之数，其说甚支离不可晓，中间有数语颇分明，云：始“龙图之未合也，惟五十五数，上二十五，天数也；下三十，地数也，在上则一不用，形二十四；在下则六不用，亦形二十四。本注云：上位中心去其一，见二十四；下位中心去其六，亦见二十四。以一岁三百六旬，周于二十四气也，故阴阳进退皆用二十四。余因此思之此“龙图”，盖水、土易位，一、六易五、十居中宫，而五、十居一、六之位也。水、土本同根，天地与人身，其初本是水，乃渐凝为土，故“河图”一、六水变为五、十坤艮土，此水土所以有易位之理。五、十既易而居北，则南北相对二十四点，东西相对亦二十四点，不止应二十四气也。地有二十四向，人身左右有二十四经脉，背吕二十一节，并项三节，为二十四节，一日十二时，各半之为二十四小时，皆是也。今依此作图，为

"河图变体图"，古今所未有。此图不止应二十四也，十干合化之理数，亦出于此。甲与己合化土，乙与庚合化金，丙与辛合化水，丁与壬合化木，戊与癸合化火。说者谓各以本于起子，从辰而化，甲己起甲子，得戊辰；乙庚起丙子，得庚辰；丙辛起戊子，得壬辰；丁壬起庚子，得甲辰；戊癸起壬子，得丙辰。故从辰至干而化，辰为龙，龙变化者也。此说固有理，犹非其所以然。以此图观之，乃是以变体之"河图"，合正体之"河图"，因有十干合化之数者也。甲一己六居中，得中央五、十之土气，故甲己化土。戊五癸十居北，得北方一、六合七之火气，故戊癸化火。丙三辛八居东，得东方三、八合十一之水气，故丙辛化水。丁四壬九居西，得西方四、九合十三之木气，故丁壬化木。乙二庚七居南，得南方二、七合九之金气，故乙庚化金。倘水、土不易位，则甲一己六在北，当化火，而何以化土？戊五癸十居中，当化土，而何以化火？以此知"河图"必有变体之数也。十干合化从变数故从辰，而化之数亦应之。辰不止象龙之变化，辰为东方土，又为北方水之墓地，是辰中兼有水、土，故水、土有变易之理也。十干合化之五行，为用者大，孰知造化之妙如此哉！其序录后，辩论之。

二十五、河图变体合十一数图

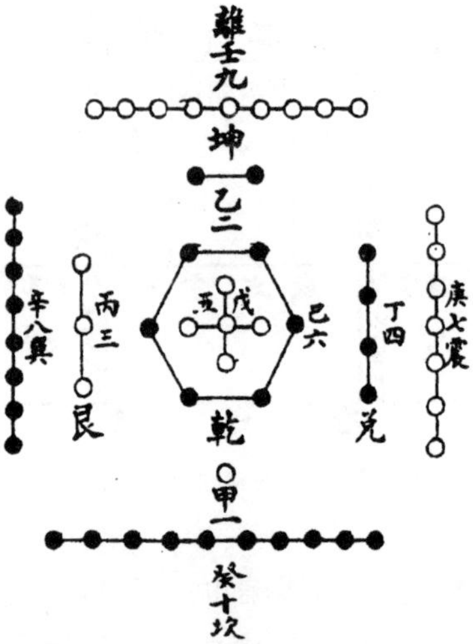

解说

按《前汉·律历志》云：天之中数五，五为声，地之中数六，六为律。唐一行亦云：合二始以定刚柔，合二中以定律历，合二终以纪闰余。是古人皆言五、六为天地之中矣。故"河图"变体，又当有此图焉。一、二、三、四、五，生数不变，置六于中，退十于北，九、七互易，三、八不移，如是则中央合十一也，四方亦皆合十一也。"河图"之数五十有五，固有五其十一之理也。以十干配之，甲乙，二始也；戊己，二中也；壬癸，二终也；丙丁、庚辛，始、中、终之间也。戊己为枢，八干八卦纳之，则纳甲之理由此出焉。二中以位戊己，二始以定乾、坤，二终以定离、坎，始、中、终之间，以定艮、兑、震、巽。形家之理，则二始二终为关杀，二中为空亡，惟在始、中、终之间者可用也。

二十六、河图含八卦五行天干图

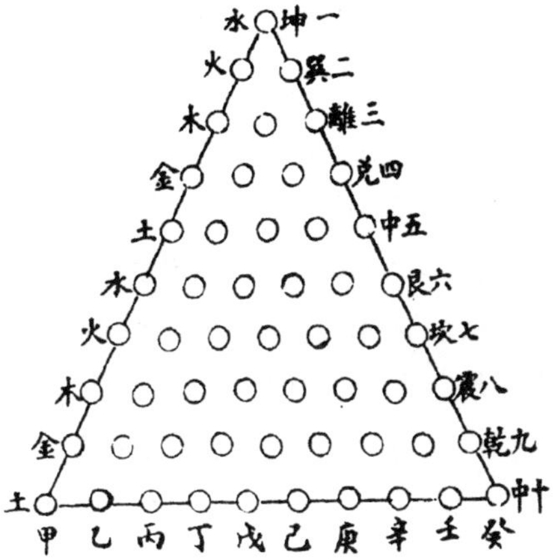

解说

“河图”十位，而卦止有八，四象成八卦，五、十居中，为不用之用也。四生数为阴卦，母居先；而长女、中女、少女之卦继之，阴以少者为尊也。四成数为阳卦，少男、中男、长男之卦为次，而父居后，阳以多者为尊也。五为半而中隔之，十为全而中统之。得奇数者根于天，得偶数者根于地，三角之右方列之。水、火皆气也，水最清而内明，故居一。火次清而外明，故居二。木、金、土皆质也，木柔而体轻，故居三。金坚而体重，故居四。土则最广大，故居五。五者有生有成，生者在先，成者在后，故自五以后，一得五为六，二得五为七，三得五为八，四得五为九，五得五为十。后为水、火、木、金、土焉，三角之左方列之。五行各分阴阳，古人制十干以名之。干本为干，如木之有干，其十二支，则由干而生者也。十干分五行，甲乙为木，丙丁为火，戊已为土，庚辛为金，壬癸为水。十干分阴阳，甲、丙、戊、庚、壬为阳，乙、丁、已、辛、癸为阴。以数配之，甲三也，丙七也，戊五也，庚九也，壬一也，乙八也，丁二也，已十也，辛四也，癸六也。此数含于左方五行之中，而十干之次，顺五行相生之序，以东方甲木为先。盖五行有生出之序，一水为先；有流行之序，一甲为先。二者相为用，并行不相悖。此依其流行之序，则一甲、二乙、三丙、四丁、五戊、六已、七庚、八辛、九壬、十癸，列于三角之下方。积数浑然之中，森然粲然者已具存。

二十七、人身督任脉手足经脉应洛书先天八卦图

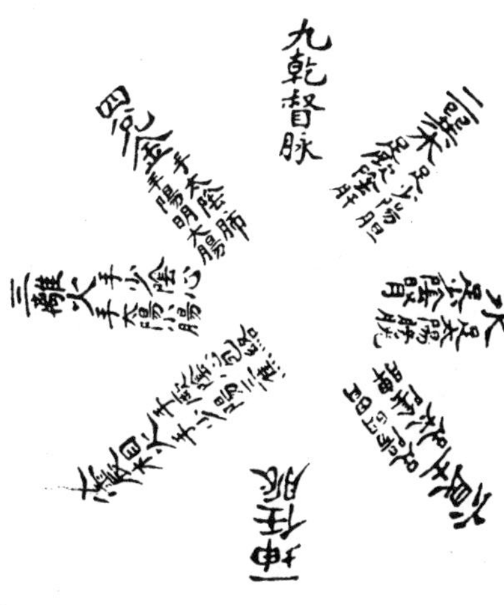

解说

人为三才之一，位居天地之中，本与天地相肖，则所谓“河图”“洛书”、八卦，其理自与人身相通。《易》谓近取诸身，乾首坤腹，震足巽股，坎耳离目，艮手兑口，粗举其大略耳，卦之所以应乎人身者，岂仅以形体粗迹比拟耶？人身有督脉，从下体二阴之间，过尾闾循背吕而上，至巅顶，下鼻抵人中止于唇之上；有任脉，从前阴循腹而上，至于口唇之下，此二脉即人身之乾、坤，亦九、一二数之相表里。督统一身之阳，任统一身之阴，不惟人有之，鸟兽虫鱼皆有之，即果实之类亦有之。人身内有藏府，则其肌肉之间，有十二经脉，行于手者六，行于足者六，即乾、坤之外，有六子之卦；九一之卦，有二八、三七、四六之数也。四六为兑金、艮土，非即太阴阳明之相表里乎？手太阴肺，从脏走手；手阳明大肠，从手走头，肺与大肠表里也。足阳明胃，从头走足；足太阴脾，从足走腹，脾与胃表里也。三七为离火、坎水，非即少阴太阳之相表里乎？手少阴心，从脏走手；手太阳小肠，从手走头，心与小肠表里也。足太阳膀胱，从头走足；足少阴肾，从足走腹，肾与膀胱表里也。八二为震阳木、巽阴木，而阳木即为相火，非即厥阴少阳之相表里乎？手厥阴心包络，从脏走手；手少阳三焦，从手走头，心包络与三焦表里也。足少阳胆，从头走足；足厥阴肝，从足走腹，肝与胆表里也。由此观之，督、任二脉者，人身之天地定位；肺金脾土、大肠金胃土者，人身之山泽通气；心火肾水、小肠火膀胱水者，人身之水火不相射；心包络三焦之相火，肝胆之阴木，即人身之雷风相薄，人身与造化相符如此。而兑、离、震，阳仪之卦，其脉行于手，巽、坎、艮，阴仪之卦，其脉行于足，自然之理，千古未经人道也。

“河图”十数，正应天干，亦配脏腑，甲胆、乙肝、丙小肠、丁心、戊胃、己脾、庚大肠、辛肺、壬膀胱、癸肾。五脏五腑，不能益也，乃画为八卦，则乾坤之外，有六子焉。“河图”变为“洛书”，则九一之外，有四六、三七、二八之六位焉，则五脏有六腑，以三焦为孤腑也。六腑亦有六脏，以心包络为之配也。此阴阳五行之变化甚奇，而不知其无奇也。八卦“洛书”早呈其象，人自不察耳。五行宜各专其一，而火则有二，一为君火，一为相火。以卦配之，君火离也，相火震也。震是阳木，而何以为相火？火无体，以木为体也。心包络三焦，皆相火之脏腑，故属之震八之位。

以震为相火，从来儒家、医家皆未知。不观《说卦传》乎？震为雷，为龙，龙雷之火，岂不象人身之相火乎？医家亦知相火为雷龙之火，而不知相火即震卦，可谓惑之甚矣。不但心包络三焦是震卦，即右尺命门，亦正是震卦，人自不察耳。医家谓相火亦寄于肝胆，何也？八与二，本厥阴少阳之相通，心包络与肝皆厥阴，三焦与胆皆少阳，且二本“河图”南方之火，故相火亦寄于肝胆。

十二经脉，起于手太阴肺，终于足厥阴肝，其序则兑于艮，离于坎，震于巽，符乎六子之序，循环周流，昼行阳二十五度，夜行阴二十五度，以应大衍之数。圣人作易，不必求合于人身，而人身自然相符如此。医家又有：子午流注经，谓人身血气所注，应十二时，今推之，正应“先天《八卦横图》”。

二十八、万氏河图

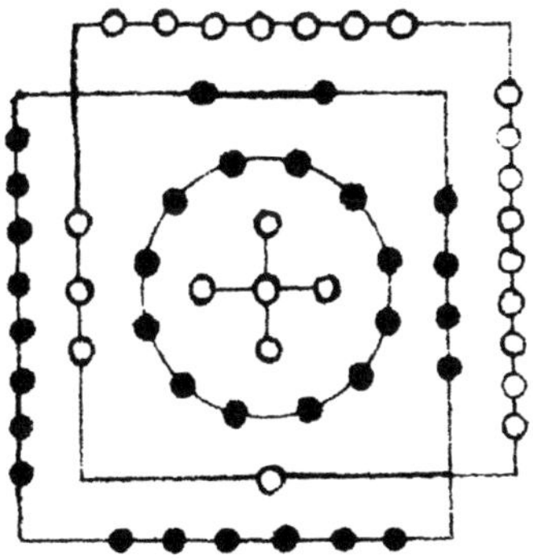

二十九、万氏洛书

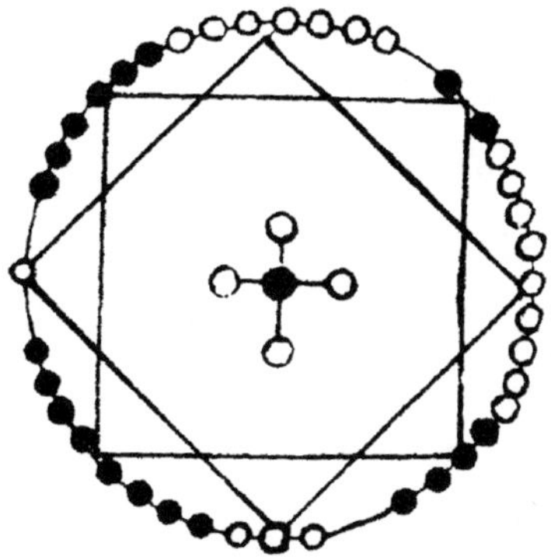

解说

万氏《弹峰易拇》更正《河图》《洛书》说曰：“河图”“洛书”邵子、朱子阐发无余蕴矣，但后人所传不无少差，如旧“河图”一、六居北，二、七居南，三、八居东，四、九居西，五、十居中，其点皆平铺无两折者，而十在中间，分二、五对置，便失其旨。盖“河图”外方而内圆，一、三、七、九为一方，其数二十也。二、四、六、八为一方，其数亦二十也。中十五，共五十五数。中十点，作十方圆布，包五数在内，此外方内圆，而五数方布在中者，中一圈，即太极圆形。外四圈分布四方，为方形，十包五在内，仍然圆中藏方，方中藏圆，阴中有阳，阳中有阴之妙也。而十五居中，即“洛书”纵横皆十五之数，是又“河图”包裹“洛书”之象。“河图”点皆平铺，无两折，“洛书”亦然。旧“洛书”图，二、四、六、八皆两折，不知河、洛本二、四、六、八，亦宜平铺。“洛书”外圆而内方，圆者黑白共四十数，圆布于其外，一、三、七、九为一方，二、四、六、八为一方，仍然“河图”本体。此又圆中藏方，“洛书”包裹“河图”之象，而中五又有方中藏圆之妙。“河图”已具“洛书”之体，“洛书”实有运用“河图”之妙。因将图、书奇偶方圆交互表之以图。汉刘氏云：“河图”“洛书”相为经纬，八卦、九章相为表里，此语自有传授，非汉儒所能言也(二、四、六、八，当曰四、二、八、六。万氏亦未知阴数逆用之序也)。

万氏之图，较仅改形式而无意义者（如以“河图”为旋毛形，“洛书”作龟坼形者是也），自高一筹。然两数之体用分合，固极明晰，不必改作，意自可见。惟初学得此，未始不可为触目会心之一助，故特录之。至两图之加减除乘，及进退变化之妙，除朱子《易学启蒙》、邵子《皇极经世》外，有蔡西山之《经世节要》，张行成之《经世演义》《易通变》，丁翼东之《衍翼》，胡沧晓之《周易函书》，江慎修之《河洛精蕴》，张楚钟之《易图管见》，推衍至详，千变万化，未能悉录。有以图书配八卦者，多拘执牵滞，不能悉当。其实“河图”为体，“洛书”为用，“河图”即先天，“洛书”为后天，“河图”为体，而体中有用，“洛书”为用，而用中有体，此即万氏图中，分圆分方，方含圆，圆又含方之意也。历代数理、历象、推步、占验、医学、风鉴诸家，均以“洛书”为用，其义悉本于《易》，前人罕有言者，兹特扼要略述如下。

“洛书”与“河图”相异，骤视之似一六与三八未易，二、七、四、九乃互易其方者，实则惟一、三、五不动。一、三、五者，天阳之生数，不可动者也。《周易》乾用九，九即一、三、五之积数也。故易道扶阳而抑阴，非阳之有待于扶，而阴毕处于抑也。天地阴阳之数，理本如是。论其体，阳生于阴；言其用，则阴统于阳。如《河图》之六合一为七，七，阳也；二合七为九，九，阳也；三合八为十一，一，阳也；四合九为十三，三，阳也；五合十为十五，五，阳也，总数五十有五，亦阳也。“洛书”之对位，则皆阴也。一九合十，三七合十，二八合十，四六合十，总数四十，皆阴数也。而御之以中五，则纵横、上下、交错无不为十五，总数四十有五，皆阳数矣（此为以阳统阴，君子道长，小人道消。《周易》之大义也。观天地生成之数，天数二十有五，而地数三十，阳少阴多，故古今来，恒苦治世少而乱世多，君子少而小人多。圣人参天两地，建中立极，以五御十，化阴为阳，而以“洛书”四十五数为用。则天数二十有五，地数三十，阳多阴少，十数不见，而潜藏于两数相合之中。是小人皆化为君子，拨乱反正，成爕理阴阳之功。其枢机悉在中五与十。五能御十，则君子道长，五不能御十，则君子道消。五、十者，中孚也。故孔子五十学易，可以无大过。详见《学易笔谈》）。“洛书”之位，一居于北，与“河图”同，此为万数之本，不可动摇。《乾文言》曰“确乎其不可拔者”，此也。由北而东北，而东，而东南，本一、二、三、四之数也。由西北而西，而西南，而南，本六、七、八、九之数也。古圣于此，但将二、八两数互易其位，遂成今日“洛书”之数。天地造化之机，阴阳变化之妙，悉在于此。略图如上。

三十、二八易位图

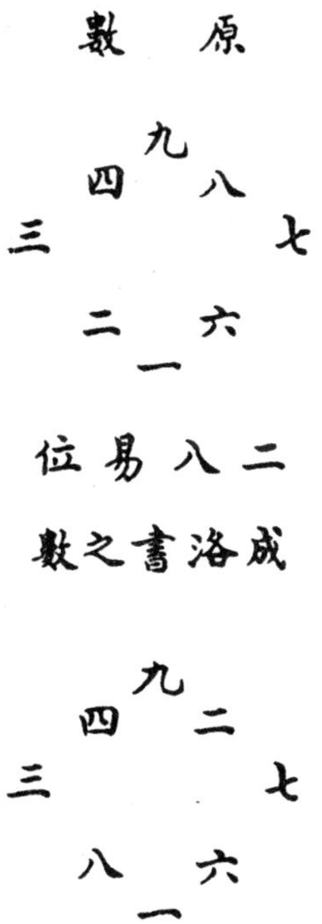

解说

此二、八两数，其位之相易，尚易见也。前人亦有言之者，而暗中实为五十之变化，则未易知之，前人亦从无发明者。盖二、八位在先天卦，则巽、震也；在后天卦，则坤，艮也。坤、艮皆土，为五、十之数，万物皆生于土，皆归于土，成始成终，而皆在于艮之一位矣（此须合先后卦位详玩之）。巽、震相易，故雷风恒之。《象传》曰：立不易方。此言其未易之体也。易则为巽、震，故风雷益之《彖传》曰：自上下下；曰：天施地生。此即其已易后之用也。坤、艮为谦，谦《彖传》曰：天道下济而光明，地道卑而上行；曰：天道亏盈而益谦（风雷益），地道变盈而流谦，鬼神（二西南未申，八东北丑寅。西南为神枢，东北为鬼藏）。害盈而福谦，人道恶盈而好谦。《象》曰：裒多益寡。凡此皆指二、八两位，阴阳变化之玄妙。先儒专就坤、艮本卦之象，以求其义，无论如何附会穿凿，终不能字字着落也。此即易与河、洛二数关合之证，亦即二、八两数易位之证。于此求易，则《易》《彖》《象》之辞，昔之所谓不可解者，亦可十解其五、六矣（此理精深微妙，先儒未肯轻泄。邵子《皇极经世》，但微露其机。学者宜潜心体会，勿忽视焉）。其两图位次，五行顺逆生克之序，旧说甚详，亦浅而易见，兹不赘述。惟“洛书”五行之行之次，既悉与后天八卦相符，而“河图”之四方与中央，亦悉本生生之义，正不必牵扯补凑为也。孔子曰：河出图，洛出书，圣人则之。古籍残阙，既无从取证，此所谓“河图”“洛书”者，未必为当日所取则之“河图”“洛书”，但其奇偶相得之数，必为天一天二之五十五数，虽有苏、张之舌，决不能指其为非者也。其数之悉符于易象，顺逆变化之与天地同流，亦虽有苏、张之舌，不能辨其为非者也。然则非则图以画卦，必则卦以画图，所谓相为表里者也。愚以为龙马负图，乾龙坤马，即乾、坤也；灵龟吐书，戴九履一，即坎、离也。后人不察，必求龙马以实之，泥龟形而坼之，不亦傎乎？

二、五之精妙合而凝，实为万物生化之源，而二、八易位，即二、五构精之妙用也。古今丹家，千言万语，譬喻百端，皆以玄机隐秘，终不肯一语道破，皆由不知图书易象，早已显示其端。学者畏难苟安，不肯从易学根本下手，致枉费心血，暗中摸索，千古长夜，有白首无成者，有终身由之而莫名其妙者，良可慨矣。兹复绘“二、五构精图”如下，明白浅显，无论何人，皆可一目了然矣。幸勿因其浅近，且得之太易而忽视焉。

三十一、二五构精图

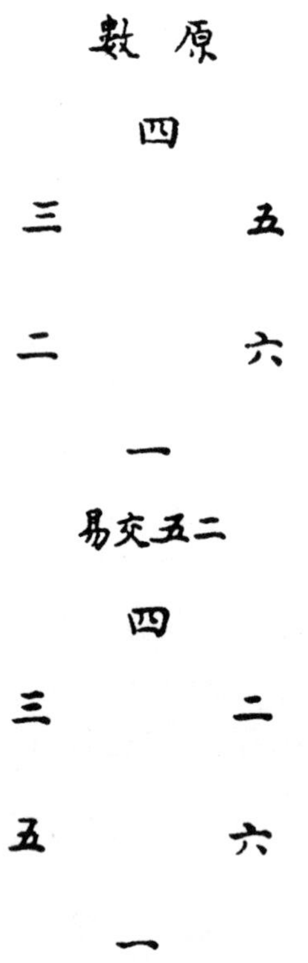

解说

周濂溪《太极图说》曰：二五之精，妙合而凝。《通书》曰：二气五行，化生万物。五殊二实，二本则一，是为万一，一实万分，万一各正。此数语，实扼阴阳变化之要，宜注意焉。

原数左五、六而右三、二，数偏倚而不平，虽有中五，无从化生。以二、五交易其位，则左右皆入。《谦象》曰：君子以裒多益寡，称物平施。谦为坤、艮二八之位。二、八交易，即二、五交易也。二八合十为土，二五亦合十为土，阴阳生化，因以不穷。数似浅，而义蕴极深。二千年来，无人道破。曾于此用苦功者，必当悉著者之苦心也。

清·连斗山《周易辨画》

一、参订大衍之数未加未减之图

注：此图原缺

解说

大衍之数五十，加五则为“河图”，减五则为“洛书”，此河、洛二图，圣人所为，则之而作易也。

二、河图原图

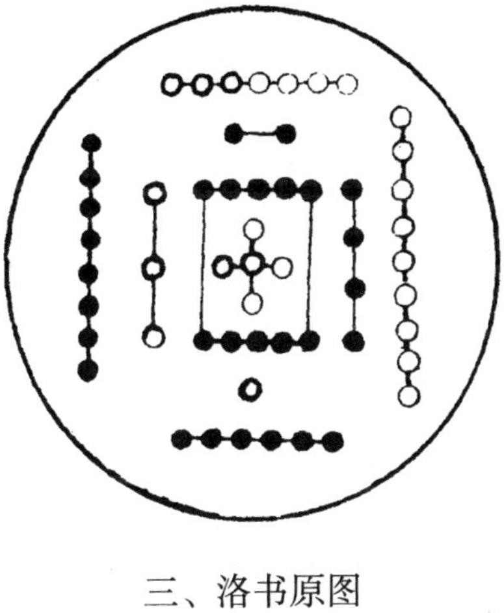

三、洛书原图

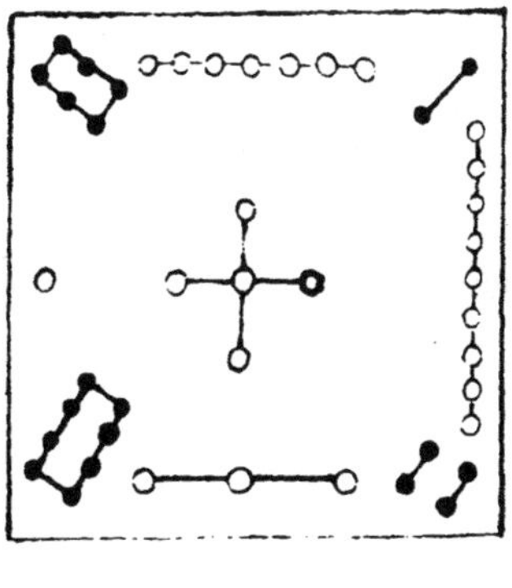

四、朱子先天卦配河图之象图

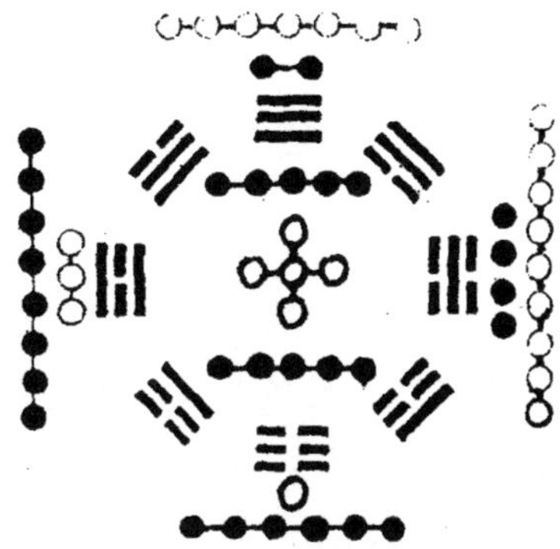

解说

朱子《易学启蒙》曰：图之左方阳内阴外，即先天之震、离、兑、乾，阳长而阴消也；其右方阴内阳外，即先天之巽、坎、艮、坤，阴长而阳消也，盖所以象二气之交运也。

五、朱子先天卦配洛书之数图

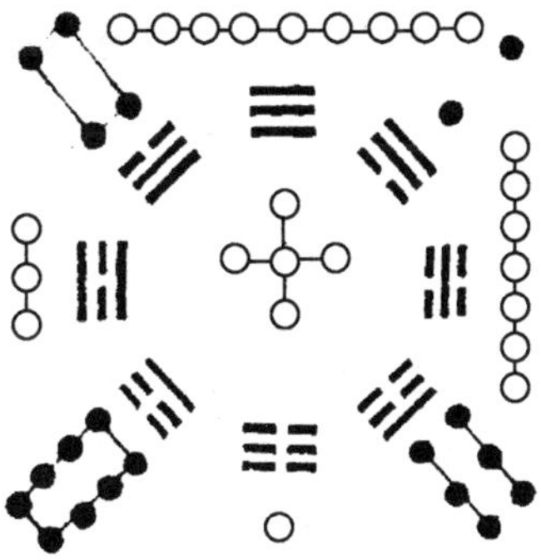

解说

朱子《易学启蒙》曰：阳道主变，其数以进为极；阴道主化，其数以退为极。阳以进为极，故乾为父而得九，震长男而得八，坎中男而得七，艮少男而得六，凡成数皆阳主之。阴以退为极，故坤为母而得一，巽长女而得二，离中女而得三，兑少女而得四，凡生数皆阴主之，所以五数、十数不同。

六、参订伏羲八卦次序图

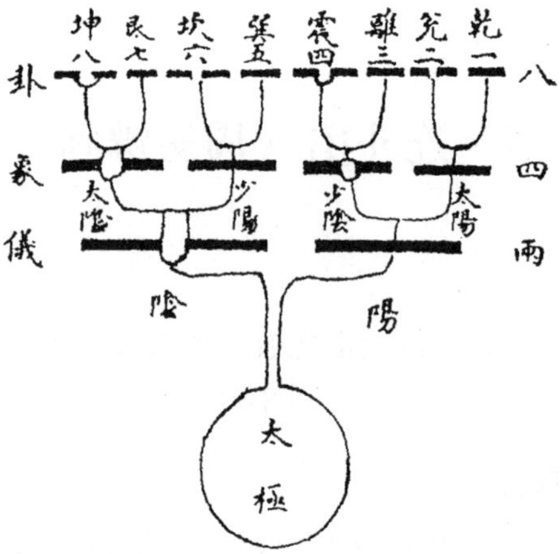

解说

右伏羲八卦次序之图，《系辞传》曰：易有太极，是生两仪，两仪生四象，四象生八卦。邵子曰：一分为二，二分为四，四分为八也。

七、参订伏羲因重六十四卦之图

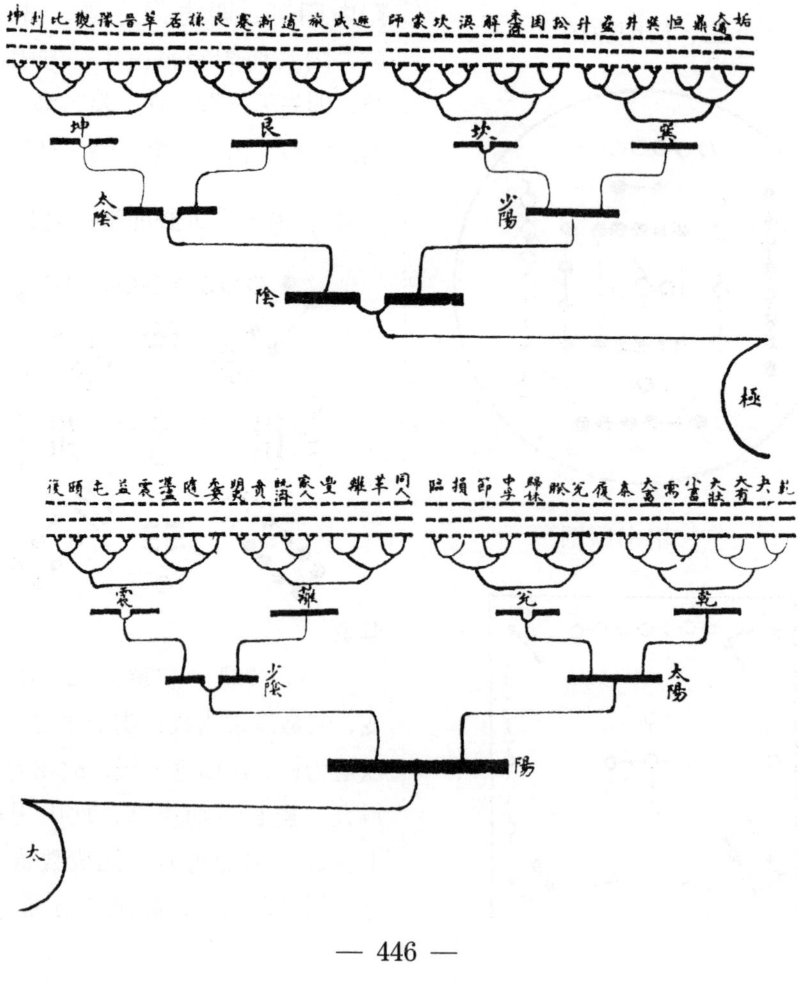

八、伏羲八卦方位原图

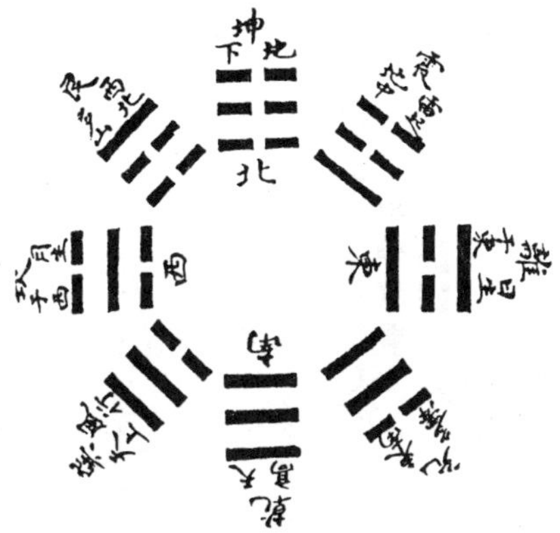

九、伏羲六十四卦外圆内方原图

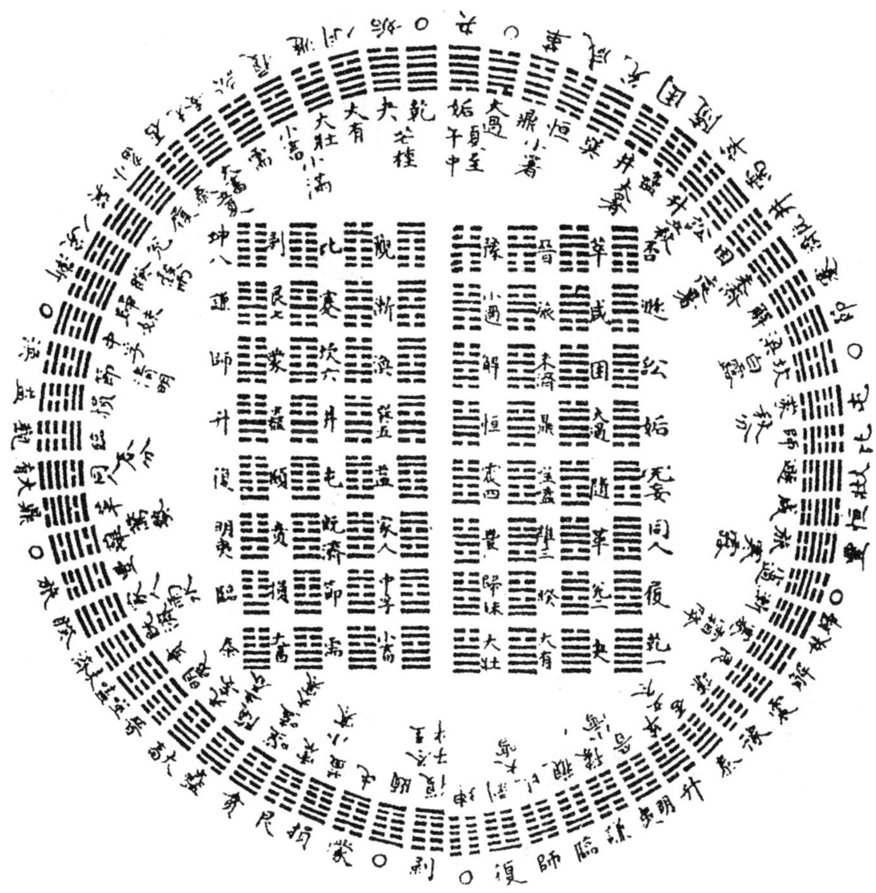

十、朱子后天卦配河图之象图

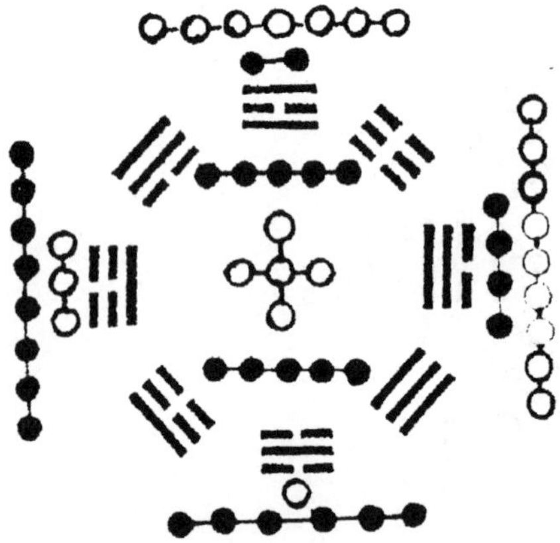

解说

朱子《易学启蒙》曰：图之一、六为水，居北，即后天之坎位也；三、八为木，居东，即后天震、巽之位也；三、七为火，居南，即后天之离位也；四、九为金，居西，即后天兑、乾之位也；五、十为土，居中，即后天之坤、艮，周流四季而偏旺于丑未之交也，盖所以象五行之顺布也。

十一、朱子后天卦配洛书之数图

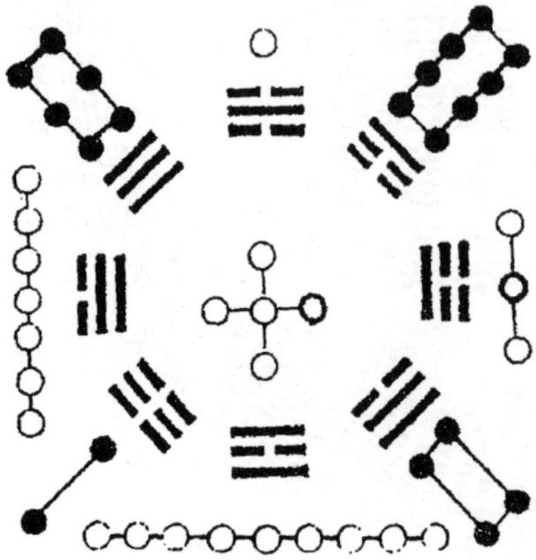

解说

朱子《易学启蒙》曰：火上水下，故九数为离，一数为坎。火生燥土，故八次九为艮。燥土生金，故七、六次八而为兑，为乾。水生湿土，故二次一而为坤。湿土生水，故三、四次二而为震，为巽。以八数与八卦相配，而后天之位合矣。

十二、文王八卦原图

解说

右见《说卦》。邵子曰：此文王八卦，乃入用之位，后天之学也。又曰：乾统三男于东北，坤统三女于西南。按四阳卦与四阴卦画各相配，阳数奇，三男皆五数，合父三数，共十八数。阴数偶，三女皆四数，合母六数，亦共十八数。

十三、参订文王六十四卦外圆内方图

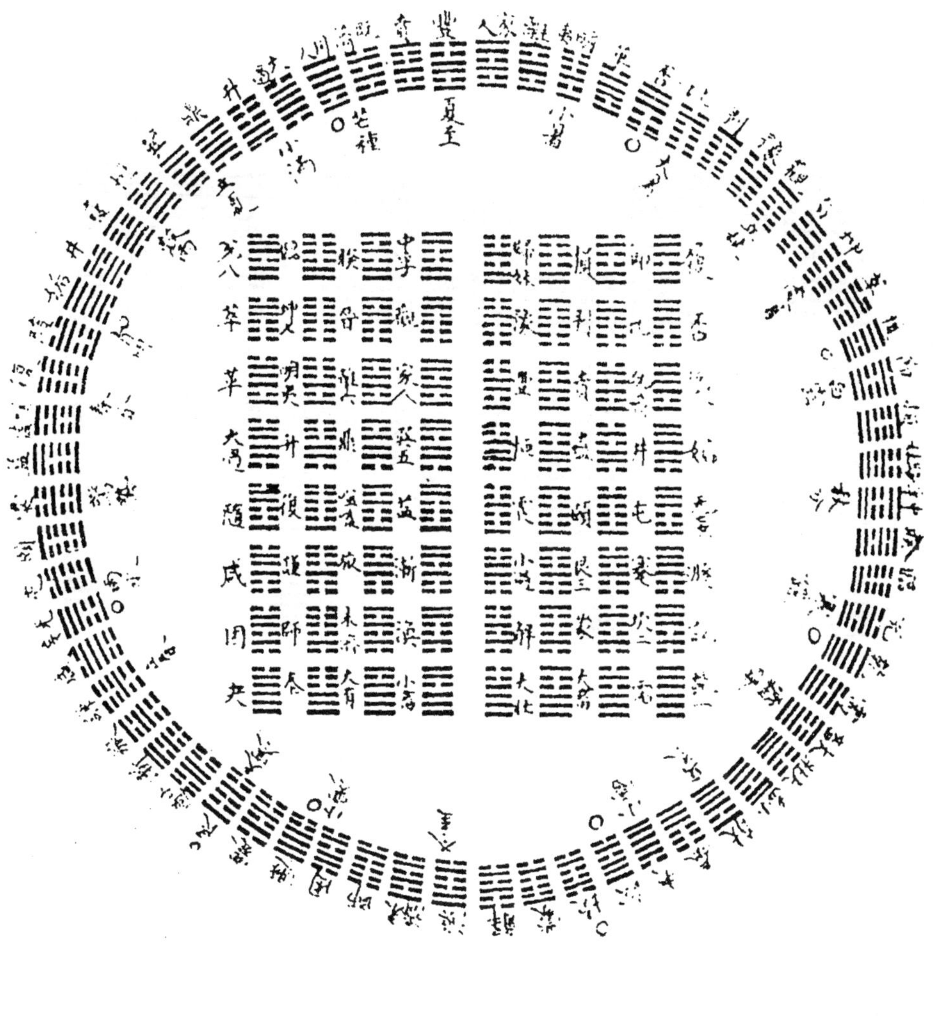

十四、六十四卦卦变图

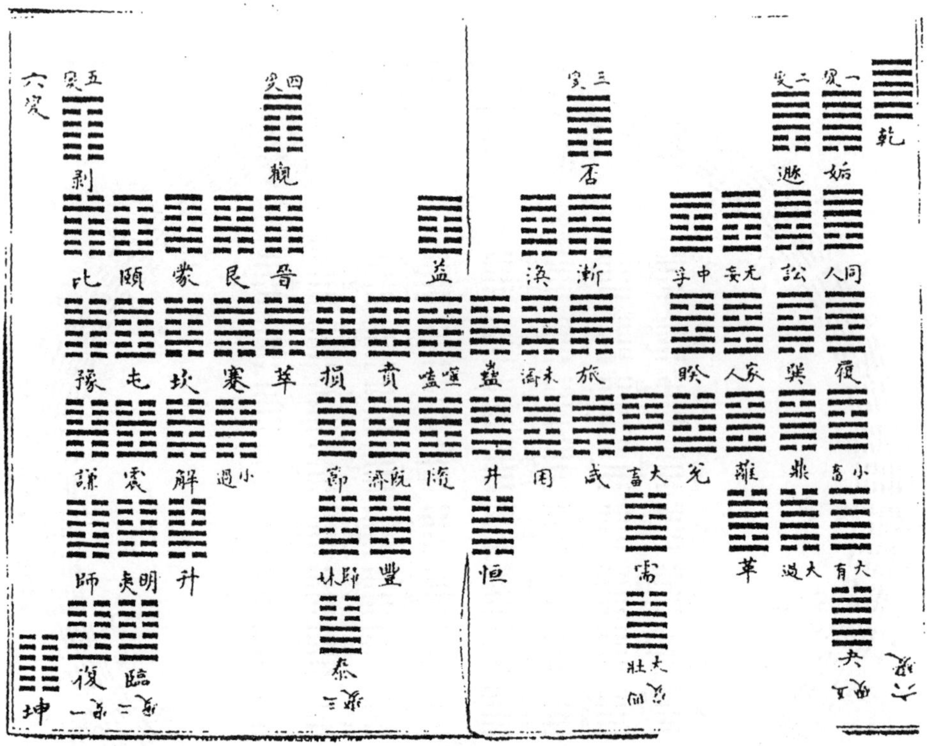

十五、六十四卦横布图

解说

此图即前图（编者按：指图十四）而横布之。乾、坤列上下之位，离、坎居乾、坤之间。盖离之中画，即坤；坎之中画，即乾也。乾、坤二画消长于诸卦之中，而一岁之气运一周焉。

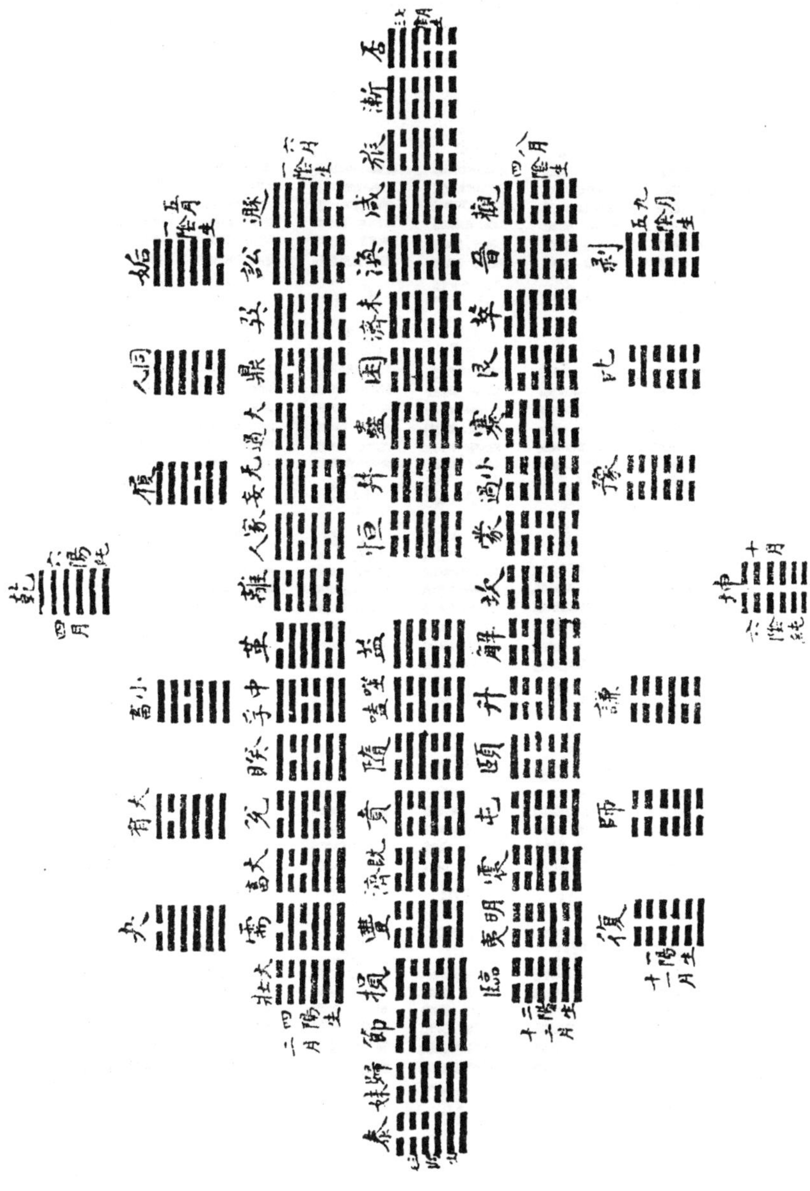

十六、后天序卦反对原图

十七、参订上下经文会图

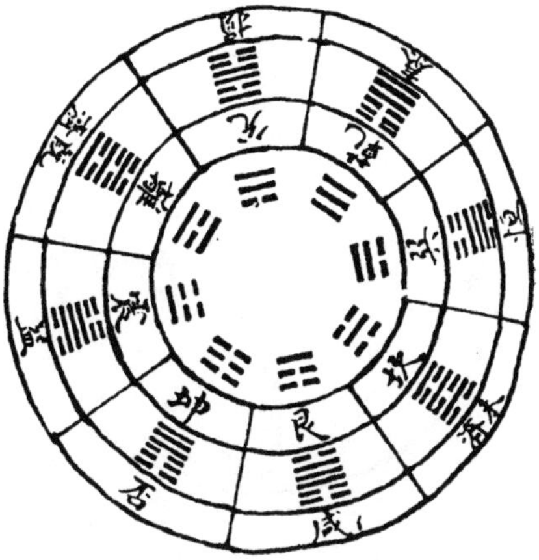

解说

乾、坤、坎、离不易之卦，故上经以乾、坤居首，坎、离居终。乾交坤而为否，坤交乾而为泰，故上经十二卦而成否、泰。兑、巽、震、艮反易之卦，故下经以兑、艮、震、巽相交居首，坎、离相交居终。艮交兑而为损，巽交震而为益，故下经十二卦而成损、益。否、泰以天道言，损、益以人事言也。

十八、十二卦气原图

解说

上十二卦合十二支，而年月日时皆该。

清·刘一明（悟云子）《周易阐真》

一、古河图

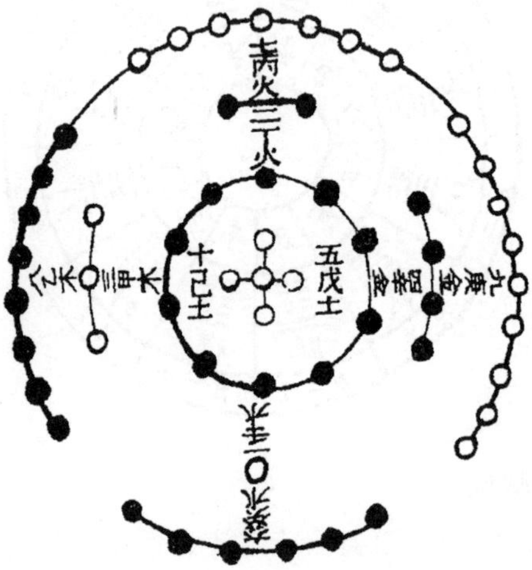

二、先天阳五行图

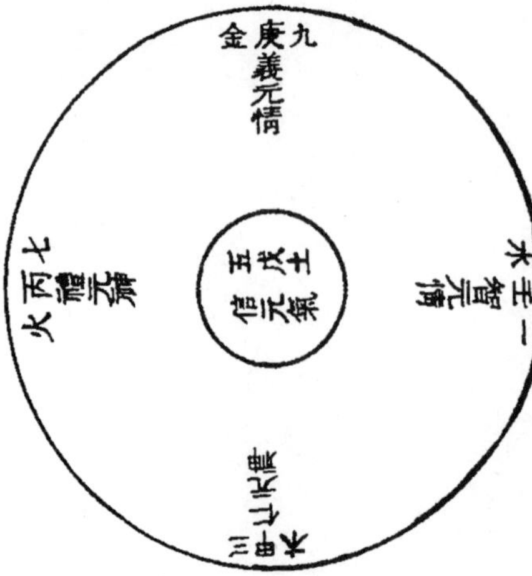

三、后天阴五行图

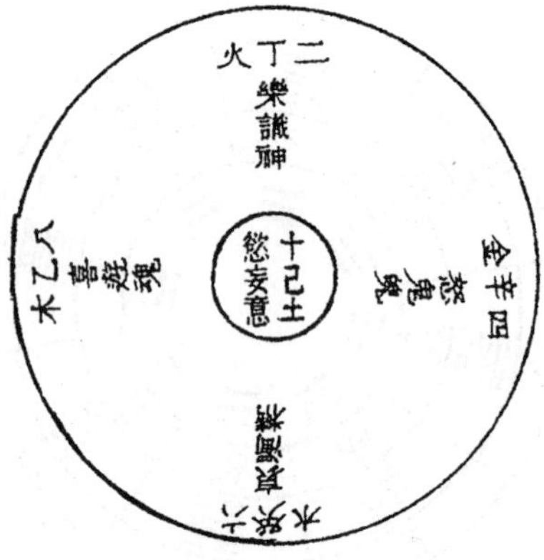

四、生初阴阳五行混合图

解说 一至四诸图并说

“河图”者，五行顺行，自然无为之道也。伏羲时，有龙马出孟河，其背有点，二、七在前，一、六在后，三、八在左，四、九在右，五、十在中。其位五，象五行；一、六在后，象北方壬癸水；二、七在前，象南方丙丁火；三、八在左，象东方甲乙木；四、九在右，象西方庚辛金；五、十在中，象中央戊己土。中五点，又象太极含四象；中一点，又象太极含一气。虽五十五点，其实二五；二五，其实一五；一五，总是中一。因其有五行，故分五点；因其五行有阴阳，故又积为十点；因其五行各有阴阳，故又积为五十五点。孔《传》曰：天一、地二，天三、地四，天五、地六，天七、地八，天九、地十。盖天地造化之道，不过一个阳五行，一个阴五行，一生一成而已。虽分五行，而实一阴一阳运用之；虽阴阳运用，而实一气来往运用之，故其象土生金，金生水，水生木，木生火，火生土，土又生金。从中而始，从中而终，始之终之，无非一气，无非一中。中也者，天下之大本也。即土居中，和合四象也。和也者，天下之达道也。即四象在处，一气流行也。中者，和也，一气也，总是太极也。惟人也，秉天地阴阳五行之气而生身，身中即具此阴阳五行之气。但此五行有先天，有后天。先天五行属阳，后天五行属阴。一、三、五、七、九，阳五行，先天也；二、四、六、八、十，阴五行，后天也。以先天而论，一为元精，属水，为壬水；三为元性，属木，为甲木；五为元气，属土，为戊土；七为元神，属火，为丙火；九为元情，属金，为庚金，此五元也。五元既具，五德即于此而寓之。五德者，仁、义、礼、智、信也。元精者，不精之精，其体纯粹，发而为智。元神者，不神之神，其体圆通，发而为礼。元性者，无性之性，其体柔慈，发而为仁。元情者，无情之情，其体刚烈，发而为义。元气者，无气之气，其体纯一，发而为信。五元者，五行之气；五德者，五行之性。五元五德，生于先天，藏于后天。当人在胞胎之中，混混沌沌，一气浑沦，形迹未见，其理已具，所谓水生出者，如图中五五点攒于一处，太极之象，古人教人穷取父母，未生以前面目者即此也。以其事在未生身以前，故谓“先天”。以后天而论，二为识神，属火，为丁火；四为鬼魄，属金，为辛金；六为浊精，属水，为癸水；八为游魂，属木，为乙木；十为妄意，属土，为己土，此五物也。五物既具，五贼即于此而寓之。五贼者，喜、怒、哀、乐、欲也。游魂主生其性，善感则生喜；鬼魄主死其性，恶感则生怒；识神至灵其性，贪感则生乐；浊精至浮，其性痴，感则生哀；妄意至动，其性乱，感则生欲。但后天五物五贼，虽是五行所化，其中犹有分别。五物之中，精、神、意皆后起，虽魂、魄最先，魂更先于魄也。魂者，历劫输回之种子，为人为鬼是他，为圣为贤是他，为善为恶也是他，披毛戴角也是他；身未生时他先来，气未绝时他先去。当人破胞出头之时，哇的一声，即魂入窍之时，魂一入窍，受后天木气，与先天元性相合，假依真存，故婴儿落地无声者不成，以其游魂未入，虽有元性，不能独存。假借真存，真亦借假而留也。至于魄者，借血气之灵，受金气而凝结，生后七七四十九日而始全，死后七七四十九日而始灭，世俗亡人，七七四十九日之期，正为此耳。魂之为物，迁移不定，离此去彼，离彼来此，轮回不息，历劫不坏；魄则随身而有无之。识神虽受火气而生，亦魂之所出；浊精虽受水气而生，亦魄之所摄。意者，思虑动作，所以役使精神魂魄四物者也。五物五贼，皆是生身以后所有，所谓已生出者也。以其事在生身以后，故谓“后天”。至于心、肝、脾、肺、肾，浊而有形，又不在此例矣。有生之初，后天五行与先天五行两而合一，五物为五元所统摄，五贼为五德所制伏；一举一动，皆先天主宰，后天不过为役从耳。故婴儿无识无知之时，至善无恶，仁之至矣，仁即元性之见端也；人我两忘，义之至矣，义即元情之见端也；声色不迷，智之至矣，智即元精之见端也；心气和平，礼之至矣，礼即元神之见端也；诚一不二，信之至矣，信即元气之见端也。静之则为五元，动之则为五德，动静皆是先天用事，间有喜、怒、哀、乐之迹，俱出无心，喜而不留，怒而不迁，哀而不伤，乐而不淫，喜怒哀乐之未发，谓之中；发而皆中节，谓之和；中也，和也，是谓无欲；无欲则精、神、魂、魄、意各安其位，听其先天主宰。先天、后天，阴阳相交，二五之精，妙合而凝。或先天动而后天成，或后天动而先天成，真不离假，假不离真，真赖假以全，假赖真而存，浑然一气，无伤无损，圆成具足。如图之五行，阴阳同居，一气流行之象，古人教人穷取娘生面者，即在此也。及其二八之年，先天气足阳极而阴潜生，交于后天，于是魂、魄不定，识神起而精窍开，意乱心迷，五物并兴，五贼相戕，五元五德，渐次剥消，日复一日，年复一年，阴气纯而阳气尽，不死岂能乎？此顺则生人之道也。惟圣人有先天之学，能于先天未极之时，而保阳于后天，将生之时而退阴，借后天，养先天，以先天，化后天，行无为之道，直入圣基。无为之道，乃不外此“河图”妙理。“河图”自中而生阴阳五行，即生人顺生之道也。“河图”五行，阴阳相合，一气浑然，即生圣逆运之道也。逆运非返还之谓，乃逆藏五行归于中黄太极，复见父母未生以前面目耳。孟子曰：仁、义、礼、智根于心。其生色也，睟然现于面，盎于背，施于四体，四体不言而喻。盖心为一身之主，具有仁、义、礼、智之德，以一心而运仁、义、礼、智，纯是天真。五物五贼，皆顺听其命。五行攒簇，四象和合，性即是命，命即是性，性命一家，阴阳浑化，形神俱妙，与道合真，根心生色，不言而喻，自然而然也。但此心非肉团之顽心，乃天地之心，五行不到，四大不着，所谓“元牝之门”者是也。无方所，无定位，拟之则失，议之则非，不可以言传，不可以笔肖，开阖有时，动静自如，不偏不倚，至虚至灵，强而名之，“太极”是也；强而图之，这个“○”是也。即“河图”中之一点，因其此心为天地之根，为性命之源，后之高明者，强图以连环样，性心命，使人自惺自悟。以神契之耳。是心也，其大无外，其小无内，三千大千容不得他；释氏五千四十八卷藏经，说不像他；儒家六经四书，论不及他；道家丹经子书，千帙万卷，形容不尽他。以言其无，则又活活泼泼，以言其有，则又杳杳冥冥，有无不立，动静不拘，有此心，则出死入生；失此心，则出生入死，生之死之，只在此心得失之间耳。仁、义、礼、智根于心，根于此心也，此心内有五行之气，而无五行之质，藏于五行之中，而不落于五行，本于父母未生以前，现于父母既生以后，寂然不动，感而遂通，所以主宰乎仁、义、礼、智之德。仁、义、礼、智，皆此心之变化也。因其能变化，仁、义、礼、智，又有信之名，信非外而言语之信，乃阴阳合一、真实无妄之信。真实者，妙有也；无妄者，真空也。空而不空，不空而空，仁、义、礼、智皆在其中。无为之事者，以道全形之事，以道全形，即以信而统仁、义、礼、智也。即以仁、义、礼、智而归于一信也，即以仁、义、礼、智而归于一心也，亦即以仁、义、礼、智而归于一中也。信也，心也，中也，总一气也。一气流行，五元五德，凝结不散，浑然太极，不渗不漏，后天五物五贼，亦皆化而为阳。先天气，后天气，两而合一，了性即可了命，上德无为之道，“河图”之理毕露矣。

五、古洛书

六、阴阳五行错乱图

七、阴阳五行综整图

解说 五至七诸图并说

“洛书”者，阴阳错综，五行逆运，有为变化之道也。其图大禹治水时，有神龟出洛河，其背有文，九文近头，一文近尾，三文近左胁，七文近右胁，四文近左肩，二文近右肩，六文近右足，八文近左足，五文在背中。其位九，象九宫；中五，又象太极；中一文，又象一气；其形方，方象地。“洛书”，盖取逆克之理。逆克者，以阴克阳，右行也，故中土克北方水，北方水克西方火，西方火克南方金，南方金克东方木，东方木克中央土，阴前阳后，阴静阳动，静以制动，以克为主收敛成就之功也。收敛成就，乃金、火之功，火以炼之，金以刑之，故金居火位，火居金位，金、火同宫，而万物无不藉赖陶熔成就矣。金火阴阳俱错，水木阳不动而阴错者，金火克而水木生气收敛也。克之，正所以全生；逆之，正所以成顺，故外错克而中综生。错者，错乱也，阴阳错乱于外而相克也；综者，总整也，阴阳总整于中而相生也。错中有综，借阴复阳，后天中返先天之道，不在是乎？人自有生以后，阳极阴生，五行错乱，阴阳不交，彼此戕害。真者埋没，假者张狂，七情六欲，般般俱有，五蕴八识，件件皆全。百忧感其心，万事劳其形，以苦为乐，以假作真，本来面目全失，如“书”阴水克阳火，阴火克阳金，阴金克阳木，阴木克阳土，阴土克阳水之象。“书”有五无十者，阴土错，外去克水也。天有好生之德，借神龟泄露返还之道，使人人归家认祖，在性命根本上着脚耳。根本在于何处？即中五之中一文，所谓元牝之门者是也。这个门，生之在此，死之在此，顺之在此，逆之在此，五行错乱分散亦在此，五行总整攒簇亦在此，盖此处有天地之根，有仁、义、礼、智之信也。因其有仁、义、礼，智之信，错之能以综，散之能以合，失此信，则五元皆伤，五物皆废，仁、义、礼、智之性，变而为喜、怒、哀、乐之性；守此信，则五元皆生，五物皆化，喜、怒、哀、乐之性，变而为仁、义、礼、智之性。“书”中五者，仁、义、礼、智皆本于信也；外四十者，以信而运仁、义、礼、智也。信于仁，则能仁；信于义，则能义；信于礼，则能礼；信于智，则能智，一信而仁、义、礼、智无不随心变化矣。变化之道，即后天中返先天之道，即“书”错中有综，三五合一之象。五行有阴有阳，只有二五，并无三五，所谓三五者，就中五三家之数论之也。中五共五文，北第一文为水，西第二文为火，东第三文为木，南第四文为金，中第五文为土，木生火为一家，积数二三为一五；金生水为一家，积数一四为一五；土居中央为一家，积数自为一五，三家相见，是谓“三五合一”。三五合一，总是一阴一阳。二五之精，妙合而一之，二五合一，总是阴中返阳。一五攒簇而一之，一五攒簇浑浑沦沦，循环无端，无声无臭，何有一五，何有二五，更何有三五乎？后天中返先天之道，即于阴五行中，返还阳五行，复归于一气耳。返之之道，莫抚返乎信。老子云：恍兮惚兮，其中有物；幻兮冥兮，其中有精。其精甚真，其中有信。此信即先天来复之信。此信其复，戊土变现，内有主宰，万缘皆空，诸虑俱息，则不哀而生智。信中生智，是戊土克癸水，而水返阳矣。水返阳而智本于信，智不妄用，无贪无求，心平气和，则乐真而有礼。智中出礼，是壬水克丁火，而火返阳矣。火返阳而礼本于智，和而不同，非礼不履，燥气悉化，则不怒而成义。礼中出于义，是丙火克辛金，而金返阳矣。金返阳而义本于礼，义不过偏，通权达变，循规蹈矩，则喜善而藏仁。义中生仁，是庚金克乙木，而木返阳矣。木返阳而仁本于义，仁不过懦，至善无恶，诚一不二，则无欲而有信。仁中行信，是甲木克己土，而土返阳矣。土返阳而信本于仁，止于其所，而不动不损，真土现象，假土自静，戊己相合，喜、怒、哀、乐，皆归无欲，仁、义、礼、智，皆归一信；五气朝元，后天五物，皆听命于五元。四象和合，五行一气，三五合一，结成圣胎。浑然天理，人欲不生，还元返本，归根复命，依然是生初本来面目。如书阳五行居于正位，阴五行居于偏位，错中有综也。错中有综，阴中返阳，金丹有象，在儒则谓明善复初，在释则谓摩诃般若波罗密。摩诃者，华言大也。般若者，华言智慧也。波罗密者，华言登彼岸也。以大智慧登彼岸，亦明善复初，还元返本之义。三教圣人，皆不外此。逆运妙理，金丹有为之道，全以逆运，故曰七返九还，金液大还丹。七为阳火之数，火居金位，火运金而入库返真。九为阳金之数，金居火位，金遇火而生明还元。火返真而后天之气悉化，金还元而先天之气逆回，生生不息，仁、义、礼、智，本于一信；金、木、水、火，归于中土。五行攒簇，“洛书”已返成“河图”矣。有为事毕，无为事彰，再加向上工夫，修“洛书”妙理了，先天无为自然之功，可以神化不测矣。修道者能于“洛书”错综变化处，钻破个孔窍，于中心一文处，立定脚根，逆而修之，何患五行不能攒簇，阴阳不能和合，金丹不能凝结，性命不能俱了乎？

八、图书合一之图

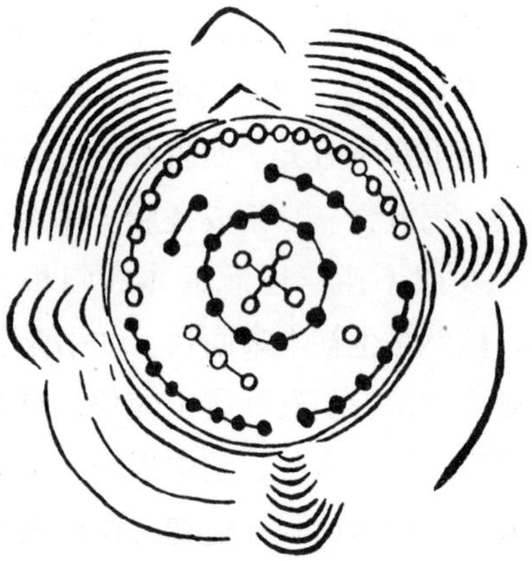

解说

“河图”形圆，阴阳合一，五行一气，无为顺生自然之道；“洛书”形方，阴阳错综，五行克制有为逆运变化之道。圆以象天，一气流行，浑然天理，无修无证，从太极中安身，所以了性；方以象地，两仪变化，天人合发，有增有减，在阴阳中造作，所以了命。无为者，纯阳未破，上德之人修之；有为者，后天已交，中下之人修之。特以上德之人，五行合一，先天祖气未伤，性命一家，无待返还之功，只用天然真火，以温养之，不为后天所伤。神全气足，诚则能明，由中达外，露出法身，永久不坏，历劫长存。道家谓之身外有身，释家谓之跳出轮回，儒家谓之圣，而不可知之之谓神。至于中下之人，或为气质所拘，或为积习所累，先天破而后天用事，性命分为两处，若无有为之道，则已失者而难返，已去者而难还，虽有志士，不能成功。故“河出图，洛出书”，圣人图之以留世，使人深玩其义，各了性命也。《坤卦传》曰：敬以直内，义以方外。敌者，谨固牢藏也；直者，至中至正，不偏不倚也。以敬直内，率性之谓道也，即“河图”无为自然之道。义者，变化裁制也；方者，不动不摇，循规蹈矩也。以义方外，修道之谓教也，即“洛书”有为变化之道，无为以修内，有为以修外。修内者，性也；修外者，命也；上德者，修性而命即立，自诚而明也；下德者，顺先修命而后修性，自明而诚也。自明诚谓之性，为上德者而说；自明诚谓之教，为下德者而言。今立内圆外方之图，以明上德者修内以制外，先圆而后方；下德者修外以安内，先方而后圆。虽是如此说，下德者以必以内圆为本，但不过着重处，在外方耳。但方圆二字，大有妙用。圆非空寂无为，其中有防危虑险之功；方非断绝人事，其中有依世法。而修道法之功，知得“河图”五行一气，中黄一点，则圆之所以为圆，不落于寂灭着空之学矣。悟得“洛书”五行错综，克中有生，纵横逆顺，到头总归中黄，则方之所以为方，不落于勉强执相之学矣。方之圆之，总在中黄一点，方亦从此而方，圆亦从此而圆，识不得中黄，方亦不是，圆亦不是。噫！月到天心处，风来水面时，一般清意味，料得少人知。

九、羲皇画卦次序横图

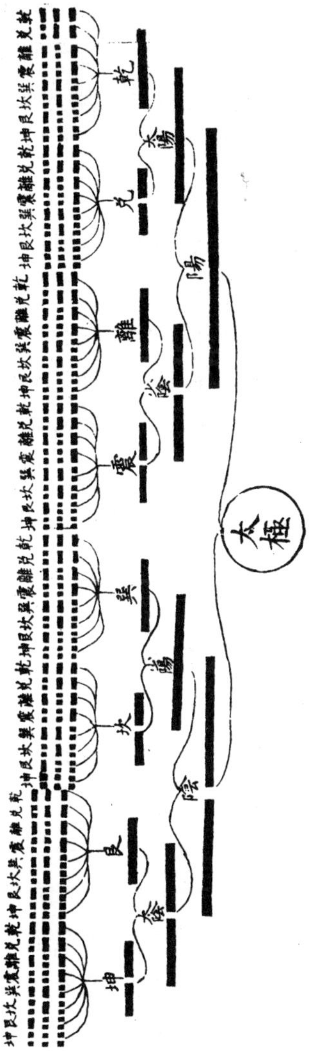

十、无中生有图

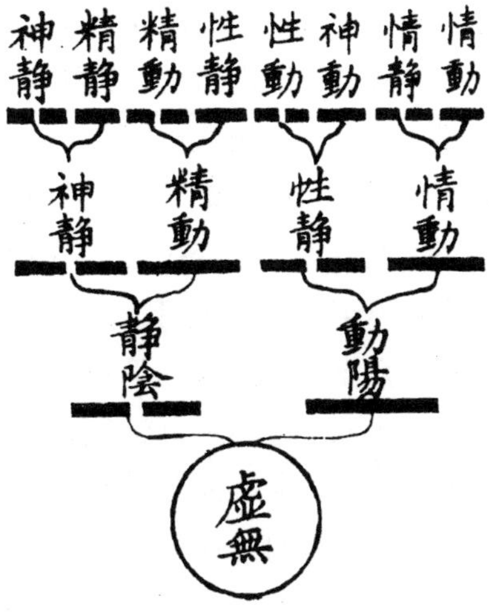

解说 九、十两图并说

“先天横图”，乃伏羲画卦之序也。当其无卦而生卦，本图之中五太极也。先画一奇以象阳仪，次画一偶以象阴仪，太极生两仪，本图之奇偶也。复于两仪之上，各画一奇一偶，以象太阳、太阴、少阳、少阴，两仪生四象，本图之奇偶分金、木、水、火，四象也。复于四象之上，各画一奇一偶，以成八卦，四象生八卦，本图之四象各有阴阳也。画四象不及于土者，太极即土也。阴阳对配相交生卦者，亦土也。因其生生不息，谓之土；因其一气运用，谓之太极，太极也，土也，一而已，故不及土。仅画四象，四象既有阴阳，则八卦相交，彼此相荡，一卦荡于八卦之上，八卦相荡，重而为六十四卦矣。一卦六画，下三画按天、地、人三才也；上三画相荡因重之画，按天、地、人各有阴阳也。八卦者，即四象之阴阳，六十四卦者，即四象阴阳配合之生气。八卦成列，因而重之，则阴阳相交，生生不息，岂第六十四卦哉。画卦仅以六十四卦终者，特以造化之道，不过四象之阴阳变化耳。四象阴阳，是谓八卦，一卦行于八卦之位，八卦行于六十四卦之位，千卦万卦总不外乎六十四卦。然所以行气者，六十四卦。六十四卦，总是八卦；八卦总是四象；四象总是两仪；两仪总是太极，一气流行也。然则太极者，万化之根本，生物之祖气，有此太极，方有阴阳，方有四象，方有八卦，方有六十四卦。若无太极，阴阳于何而出，四象于何而生，八卦于何而列，六十四卦于何而行？羲皇画卦生卦，其即“河图”生数之妙乎？紫阳读《参同契》有文云：一自虚无兆质，两仪因一开根，四象不离二体，八卦互为子孙。万象生乎变动，吉凶悔吝兹分，百姓日用不知，圣人能究本源。先天生卦奥义，于此毕露矣。人之本来真心，空空洞洞，不挂一丝毫，至虚至无，即太极○也，所谓无名天地之始，但此虚无太极，不是死的，乃是活的，其中有一点生机藏焉。○此机名曰“先天真一之气”，为人性命之根，造化之源，生死之本，虚无中含此一气，不有不无，非色非空，活活泼泼的；又曰“真空”，真空者，不空而空，空而不空，所谓有名万物之母。虚无中即有一点生机在内，是太极含一气，一自虚无兆质矣。一气即兆质不能无动静，动为阳，静为阴，是动静生于一气，两仪因此一气开根也。即有动静，动极而静，静极而动，性情精神即于此而寓之，是两仪生四象，四象不离二体也。既有性情精神之四象，四象各有动静，是四象生八卦矣。八卦互相生克，递为子孙，六十四卦于此而生，万象变动于此而出矣。然万本于八，八本于四，四本于两，两本于一，一本于虚。虚者气之始，一者气之母，虚无为体，一气为用，体用如一。两也，四也，八也，万也，皆在虚无一气中运用，何有吉凶悔吝乎？若失虚无一气，则动静不时，四气不和，八卦错乱，万象变动，而吉凶悔吝，于兹分矣。这个秘密，迷之者顺其阴阳，有生有死，万劫沉沦，故曰“百姓日用而不知”；悟之者逆其阴阳，出死入生，立跻圣位，故曰“圣人能究本源”。“日用不知”者，不知虚无一气也；“能究本源”者，能保虚无一气也。夫天地能役有形，不能役无形，能役有情，不能役无情，能役有心，不能役无心。能究本源，安心于虚无，养心于一气，虽两仪、四象，八卦、六十四卦，皆在虚无根本之处运用。未曾生出，万象皆空，惟有这个○，试问这个虚无一气的物事，吉凶何能加的？悔吝何能近的？羲皇生卦列卦，妙矣哉！妙者，妙其八卦成列。乾，阳健于始；坤，阴顺于终。阴阳初生，皆在中央，乾始者，乾易知；坤终者，坤简能。在天地为“易知”“简能”者，在人道为良知、良能。浑然天理，一动一静，皆在当中一点子虚白处立根基。人能于无卦生卦处，究其本源，忽然见其本来面目，则知这个虚无一气的物事，至无而含至有，至虚而含至实，无形而能变化，是以变化无穷，吾心自有一羲皇，吾身自具生生不已之道也。

十一、羲皇八卦方位古图

十二、羲皇先天六十四卦圆图

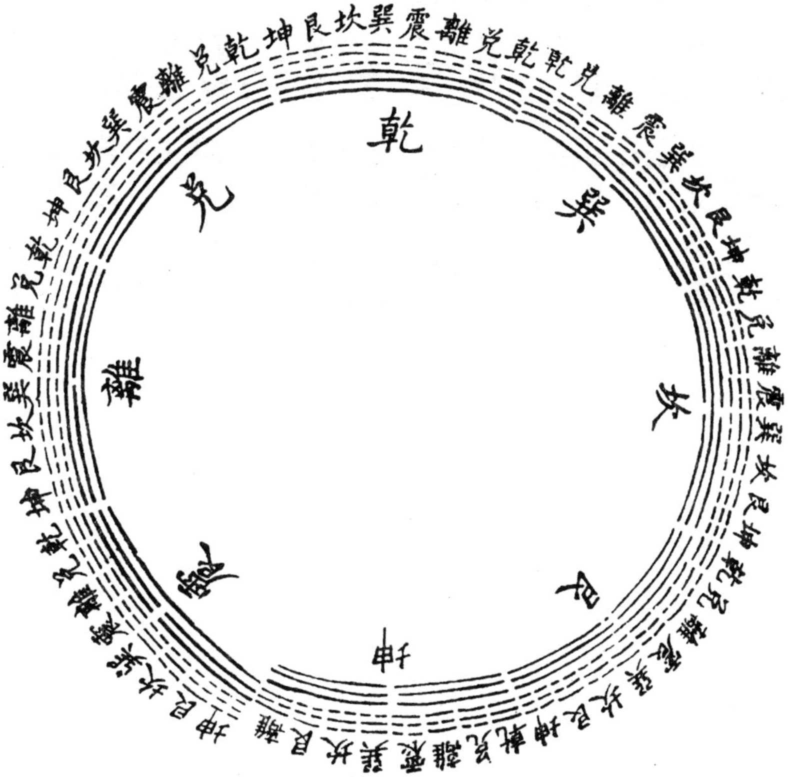

十三、羲皇先天六十四卦方图

十四、邵尧夫方圆内外合一图

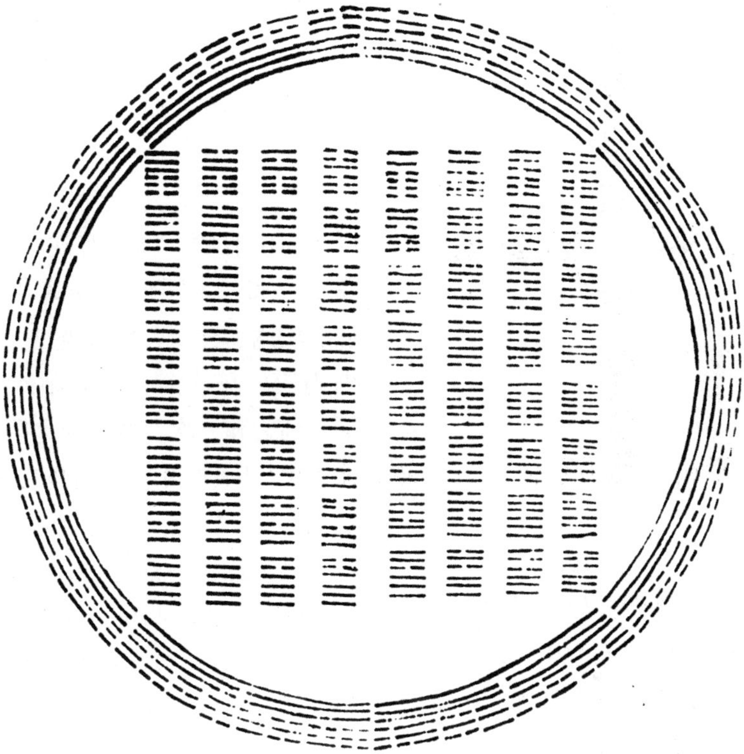

十五、先天阴阳混成图

谷神不死，是谓元牝；元牝之门，是谓天地根。

有物混成，先天地生，吾不知其名，强名曰道。

十六、逆运先天结丹图

十七、炼神还虚图

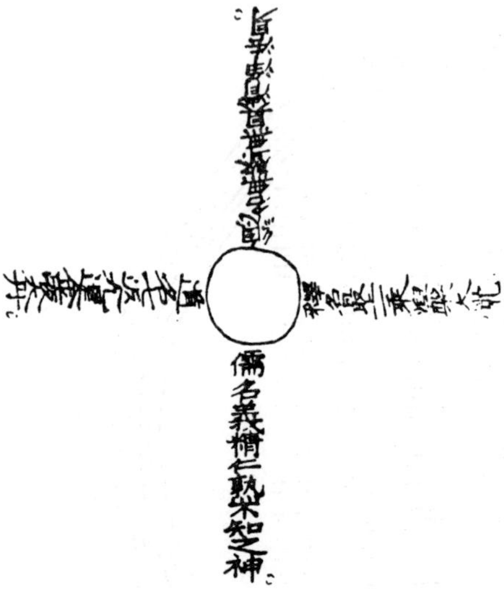

解说 十一至十七诸图并说

羲皇八卦圆图卦位，天地列上下之位，日月行天地之中，雷动于地下，风吹于天上，泽上仰天，山下附地，天地反覆，有阴有阳；山泽通气，有生有成；风雷相薄，有升有降；水火不相射，有寒有暑，此八卦之象也。天地为包罗，日月行造化，日自左旋而阳气升，故震一阳，兑二阳，乾三阳，在左；月自右退而阴气生，故巽一阴，艮二阴，坤三阴，在右，此八卦之气也，气行而六十四卦即生矣。六十四卦，即八卦相荡，变化而生者。气，行于内者也；象，见于外者也。但八卦气行之序，亦逆道也。有逆方有生，不逆不能生，顺生即在逆退之中。图圆者，圆以象天。天之为运，一气上下，周而复始，循环无端，太极之象，未生出者也。未生之道不可见，可见者生出之卦，已生逆回，则未生者，即在其中，故卦位震一阳在左至下，离二阳一阴在左中，兑二阳在右近上，乾三阳在左至上，其序则乾一、兑二、离三、震四，卦位自下而上，卦序自上而下，以示逆中有顺，顺中有逆。其乾一、兑二、离三、震四之逆来者，即巽五、坎六、艮七、坤八也。一气顺上则为震、兑、离、乾之阳；一气逆下，则为巽、坎、艮、坤之阴。阳退即阴生，阳进即阴退，阴阳总是一气变化，非一气之外，别有阴阳。但一气生机，总在一逆之妙，惟逆故来，逆来则阳气收敛归根，而仍得生，故《系辞传》曰：数往者顺，知来者逆，是故易逆数也。可知先天太易，全在逆上也。卦位顺生，卦序逆序，其意深哉！不特八卦如是，即“六十四卦方圆图”，亦无不如是。“圆图”即八卦相荡之道，相荡者，一卦荡而行八卦之气，八卦相荡，而行六十四卦之气，非八卦之外，别有六十四卦，六十四卦，无非八卦运用，八卦总是一阴一阳运用，一阴一阳运用，总是一气逆顺运用耳。“圆图”“方图”，仍是八卦之气，惟“方图”乾西北，坤东南，以乾一、兑二、离三、震四、巽五、坎六、艮七、坤八斜行。二图似不相同，但圆以象天，方以象地，上者为阳，下者为阴，地西北高而东南低，高即阳，低即阴也。方亦以乾一、兑二序之者，易道之逆道也。千变万化，总是一逆，无有二理。妙哉邵子移方图于圆图之中，大得羲皇心传矣。盖“羲皇圆图”，仰观于天而画，“方图”俯法于地而画，地本无为，因受天之气而有为，天之气五运也，地之气六气也。天运入于地气之中，则甲、乙、丙、丁、戊、己、庚、辛、壬、癸，行于子、丑、寅、卯、辰、巳、午、未、申、酉、戌、亥之位。金、木、水、火、土，五行之气，化而为风、寒、暑、湿、燥、火矣。圆以外运之，方以内生之，天气动而地气静，一气往来，以乾坤为包罗，以六少为变化，阳逆则阴生，阳顺则阴退，四时成而百物生，先天造化之道，于此了了。但这个内方外圆、天动地静之道，还有秘密难言处。羲皇不能明示于人，只以六十四卦列为方圆二图而已。邵子亦不能笔书于人，只以方圆二图，合为内方外圆一图而已。羲皇非不欲示也，示之不过以卦为图，其于不可卦不可图者，不能示也。邵子非不欲书也，书之不过以内方外圆图之，其于不能方圆，不拘方圆之所以然者，不能书也。然有卦有图，其不能示不能书者，可于卦图推之。“方图”八卦交错，十六卦十字正中处，即是太极，为阴阳出入之门户，阴亦在此生，阳亦在此生，四象和合在此，五行攒簇在此，故震巽一阴一阳卦居中，如“图”“书”中五之义。惟其有此太极，故阴阳有生有成，有分有合，有动有静。阳自西北而逆退于中央，生气在中也；阴自中央而顺往于东南，阴气在外也。阴为宾而阳为主，以阳统阴，以阴顺阳，阴随乎阳之进退，以为进退，此方之义也。“圆图”左阳升，右阴降，阴来交阳，一阴生于天上；阳来交阴，一阴生于地下。阳生阴生，皆在图之正中。圆，象天之一气上下，上而阳，下而阴；象一气运阴阳，○其中阴阳相交处，即太极一气也。太极即一气，一气即太极。以体言，则为太极；以用言，则为一气，时阳则阳，时阴则阴，时上则上，时下则下，阳而阴，阴而阳，一气活活泼泼，有无不立，开阖自然，皆在当中一点子运用。这一点子○，即是造化炉、阴阳窟，羲皇不能明示者即此，邵子不能明书者，即此。学者能于“方图”十字当头上知其根由，“圆图”乾坤交代处悟的实迹，即于十字当头立定根脚，于当中一点子修持性命，方以治内，圆以应外，以太极一气为体，以四象、八卦为用，圆中有方，方外有圆，方圆不拘，吾身自有羲皇六十四卦方圆二图，不必泥文执象，可以得意忘言，活活泼泼的矣。但方圆着重处，总在能逆，逆则生，顺则死，顺中之生有限，逆中之生无穷，有生则不生，无生则长生。一逆一顺，天地悬远，羲皇序出，逆数之象，宣圣释出，逆数之理；邵子注出，未生之卦，其易为逆道也无疑。《古经》云：五行顺生，法界火坑；五行颠倒，大地七宝。世之尽性至命者，舍此先天逆道，别无他从矣。逆者何逆？即逆回于父母未生以前本真耳。人秉天地阴阳五行之气而生。天之阳气至健，结而为命；地之阴气至顺，凝而为性。有生之初，健顺相合，性命一家，性不离命，命不离性，性即命，命即性，所谓天命之谓性。当此之时，浑然天理，流行不息，先天主事，后天未发，万有皆空，诸尘不染，一动一静，皆在太极中运用，故其性动，而不至于暴躁。动而巽缓，巽而不过于懦弱；巽而果行，巽动合一，亦如“雷风相薄”也。明而不至于自用，明而似陷，陷而不至于昧真，陷而能明，明陷合一，亦如“水火不相射”也。和而不流于伪妄，和而止所，止而不落于空寂，止而能和，和止合一，亦如“山泽通气”也。阳也，而有阴藏；阴也，而有阳藏。阳健阴顺，阴阳浑成，空空洞洞，中悬黍米宝珠，圆陀陀，光灼灼，净倮倮，赤洒洒，不识不知，顺帝之则，所谓率性之谓道也。道者何？即太乙含真气，不假作为，从容中道，真空妙有，至善无恶之谓。至善无恶，则是善之极，无渗漏，无内外，无人我，无修证，无配对，一灵真性，炯炯不昧，非色非空，即色即空，非有非无，即有即无，色空如一。有无不立，纯是天机，绝无人机，生气常存，虽有仁、义、礼、智之性，而无仁、义、礼、智之形。不仁而至仁，不义而至义，不礼而至礼，不智而至智，即仁，即义，即礼，即智。一善可以该四德，一气可以该万法，更何有五物、五贼之滓质，此所谓未生出者也。未生出者，天真在内，未散于外，即本来面目，即圣贤种子，即仙佛胚胎。这个面目、种子、胚胎，人人具足，个个圆成，处圣不增，处凡不减，圣凡同途，及其先天气足，后天潜生，阴气用事，精、神、魂、魄、意俱起，圣凡即分矣。于此而能保守此本来面目者，惟天纵之圣人能之。一切常人，未有不弃真入假，自伤其性命者。古来圣师，大慈大悲，以抱一无为之道，留于后世。盖欲人人成道，个个了真耳。一者，先天真一之气，即阴阳混合不二之气，即性命凝结不散之气。此气在人身中，四大不着，五行不到，无形无象，至虚至灵，活活泼泼的，号曰“谷神”。此神主宰万象，掌握阴阳，所云谷神不死，是谓“元牝”；元牝之门，是谓天地根也。抱者，持守也；抱一者，即持守此一气，绵绵常存而不失，所云守黄庭，养谷神也。但抱一非空空无为之说，乃逆退先天真阳，不为后天假阴所伤也。逆退真阳，自有真阴温养，真阴真阳相会，健顺合，元牝交，动不离静，静不离动，自有天然真火，炉中赫赫长红。先天渐凝，后天渐化，谷神坚固，即成无漏真人。所谓“要得谷神长不死，须凭元牝立根基；真精既返黄金屋，一颗灵光永不离”也。真精灵光，皆谷神之别名，灵光不离，即谷神不死，谷神不死，则得长生矣。是谷也，在“圆图”则乾坤中虚处是，在“方图”则十字中分处是，在人身则四象和合处是。是神也，在“圆图”则乾坤交代处是，在“方图”则十字交接处是，在人身则四象动静处是。有谷则神存，失谷则神亡，生之在此，死之在此，阴生在此，阳长在此，古人号曰“生门死户”，又曰“造化炉”“阴阳户”，儒曰“道义之门”，释曰“不二法门”，道曰“众妙之门”，总而言之曰“这个”而已。若有上智者，得遇明师指示这个端的，逆而修之，圣胎现成，不使阳极生阴，直登彼岸，再加向上工夫，炼神还虚，逆于父母未生以前面目，打破虚空，跳出阴阳之外，圣而不可知之之谓神矣。噫！顺去死，逆去活，往往教君寻不着，不遇真师，逆之一字，岂易知哉！

十八、文王索生八卦图

十九、文王后天八卦方位图

二十、后天顺行造化图

二十一、后天逆运变化图

二十二、金木交并图

二十三、坎离颠倒图

二十四、乾坤颠倒图

二十五、解脱本面图

解说 十八至二十五诸图并说

文王后天八卦，乃是羲皇所画之卦，不过于已成卦中，看出有此一番道理，故变其卦之义，卦之气，发羲皇所未发，非强作也。如乾为老阳，乃诸阳之宗，为父；坤为老阴，乃群阴之主，为母；父母相配，阴阳相交，必生男女，故乾一索坤，得坤之初爻而生巽，为长女；坤一索乾，得乾之初爻而生震，为长男；乾再索坤，得坤之中爻而生离，为中女；坤再索乾，得乾之中爻而生坎，为中男；乾三索坤，得坤之上爻而生兑，为少女；坤三索乾，得乾之上爻而生艮，为少男。乾索坤之三阴，阳变为阴，而生三女；坤索乾之三阳，阴变为阳，而生三男。男女既生，于是男从父而女从母。乾统三男，居于东北，坤统三女，居于西南。乾老父，三阳真气，为三男所得，健德收敛，故潜藏于西北寒盛之方；坤老母，三阴真气，为三女所得，顺性失常，故迁移于西南杀机之乡。离得坤之中阴，阴丽阳中，阴借阳而生明，故居正南火旺之方；坎得乾之中阳，阳陷阴中，阳入阴而生潮，故居正北水旺之方；震得乾之初阳，初阳主生长，故居正东木旺之方；兑得坤之末阴，末阴主消化，故居正西金旺之方；艮得乾之末阳，末阳主静养，故居东北阳弱之方；巽得坤之初阴，初阴主潜进，故居东南阳盛之方。乾、坎、艮、震属阳，造生万物；巽、离、坤、兑属阴，化成万物。父母男女，自相配合，以行卦气，后天六十四卦，亦于此而生。六十四卦生，造之化之，生之成之，造而又化，化而又造，生而又成，成而又生，消息盈虚，无有停息，此已生出者，故谓“后天”。后天者，顺生之道也。而逆运之道，亦在内。离本阳而反为女者，外阳而内阴，阴居中位，真阴也；坎本阴而反为男者，反阴而内阳，阳居中位，真阳也。外阳者，后天之阳；内阴者，先天之阴；外阴者，后天之阴；内阳者，先天之阳。先天是主，后天是宾，坎离辐辏，水火相济，寒暑有时，故足以代乾坤，而行造化。震阴多阳少，而为男者，震乃阳气方升，阳气升而足以破阴气；兑阳多阴少，而为女者，兑为阴气外现，阴气现而足以灭阳气；震为生机，兑为杀机，金木相拼，生杀分明，故足以代乾坤而成造化。乾与巽交不合，坤与艮交不正。乾老阳，坤老阴，不能生育。艮仅交接其阳，巽只顺生其阴，故八卦方位，乾、坤、艮、巽居于四隅，坎、离、震、兑居于四正也。此后天逆顺之道，圣贤尽性至命之学，亦不外此。人之本来，阴阳混成，性命一家，健顺相合，纯是先天一交后天。真中有假，假陷其真，健体有亏，顺体有伤，性命分为两处，于是健德不彰，灵明而误用，元神昧而识神出矣。顺德不真，昏暗而有险，元精藏而浊精生矣。如图坎离居中正之位，乾移西北，坤近西南也。后天精神用事，动而暴躁，气性发矣。和而同流，妄情起矣。如图震居于正东卯地，阳变为阴，兑居于正西酉地，和变为杀也。精神性情变幻，阴气潜入而进，阳气衰弱而止，如图巽居东南阳旺之地，艮居东北阳暗之乡也。噫！后天一发，阴渐长，阳渐消，不至消尽其阳而不止。图之乾遇巽而姤，坤逢艮而剥，离上坎下，火水不济，震东兑西，雷泽归妹之所由来也。是道也，天地自然顺行之道，阳极必阴，阴极必死，亦人之无可如何者。但圣人又有逆运之道，善能窃阴阳，夺造化，转乾坤，扭气机，于后天中返先天，死里逃生，其道何在？仍不外乎后天八卦之理。图之坎、离、震、兑居于四正，乾、坤、艮、巽居于四隅，此中天机，非师难知。离中一阴，人心是也，坎中一阳，道心是也。道心本是乾家中阳，因交后天，入于坤宫，阳陷阴内，健者不健矣。人心本是坤家中阴，因失先天，入于乾宫，阴窃阳位，顺者不顺矣。若能虚其心，则人心化；人心化，则阴顺而仍还于坤，火返其真矣。若能实其腹，则道心生；道心生，则阳健而仍还于乾，水归于源矣。兑为金，他家客气也，震为木，我家主气也。震本阳，其中有阴；兑本阴，其中有阳。主气为客气所盗，东虚而西实。若于杀中求生，杀气变而为和气，金情恋木慈仁，金还其元矣。木性爱金顺义，木返其本矣。取坎填离，健复本命，借离炼坎，顺还本性。以震求兑，健动而能和顺；以兑求震，和顺而能健动。健顺如一，乾坤相合，四象相和，五行攒簇，后天精、神、魂、魄、意，归真五德五元，浑然圆成，还元返本。金丹有象，所谓“乾坤交媾罢，一点落黄庭”。一点者，丹元也；黄庭者，中央也。丹落中央，阴阳一气，还我娘生本来面目。基址坚固，所谓“一粒金丹吞入腹，始知我命不由天”。噫！健顺一失，性命分离，五行错乱；健顺一复，性命凝结，五行攒簇。一失无不失，一复无不复，后天变化有为之道，大矣哉！但还元返本，乾坤相合，只完的前半工夫，还有后半工夫，犹未完的。盖道至乾坤相合，是将后天已返，成先天矣。既返成先天，从此再立鼎炉，别置钳锤，用无为逆运之道，颠倒乾坤。乾逆退而坤顺生，借阴以全阳，温之养之，用天然真火烹炼，消尽一身后天阴浊之气，煅成一个金刚不坏之物。从虚无中透出，入于无声无臭之境，还我未生身以前面目，方是大解大脱，逍遥自在于无拘无束之天矣。

二十六、先天后天八卦合一图

解说

先天八卦，一气循环，浑然天理，从太极中流出，乃真体未破之事；后天八卦，分阴分阳，有善有恶，在造化中变动，乃真体已亏之事。真体未破，是未生出者，须当无为。无为之妙，在乎逆中行顺，逆藏先天之阳，顺化后天之阴，归于父母未生以前面目，不使阴气有伤真体也。真体有伤，是已生出者，须当有为，有为之窍，在乎顺中用逆，顺退后天之阴，逆返先天之阳，归于娘生本来之面目，务使阳气还成真体也。但先天未生出者，犹有分别，后天已生出者，亦有分别。当在胞胎之时，先天阴阳，五行一气，包含无形无迹不可见，未生出者也。及其在身以后，未交后天不识不知，顺帝之则，至善无恶，虽有阴阳五行之性，而无阴阳五行之质，一气浑然，亦未生出者也。先天逆中行顺者，即逆藏先天阴阳五行，而归于胞胎一气之中，顺化后天之阴，而保此一气也。当生身之初，后天阴阳五行入于躯壳之中，与先天阴阳五行相合。先天之内，即杂后天之气，虽后天之气未发，而形迹已露，如婴儿善恶刚柔，本于性成，但后天为先天所统摄，性相近耳。此已生出者也，及其先天阳极，交于后天，知识开而灵窍闭，其机已发，大肆张狂，亦已生出者也。后天顺中用逆者，即顺退已发之阴，归于初生未发之处，返出先天之阳，以还此初生也。阳健阴顺，复见本来面目，仍是先天后天，两而合一之原物。从此别立乾坤，再造鼎炉，行先天逆中用顺之道，则为九还七返大还丹矣。今以“先天图”移于“后天图”内者，使知真体未破者，行无为自然之道，以道全形，逆中行顺，以化后天之阴；真体已亏者，行有为变化之道，以术延命，顺中用逆，以复先天之阳。先后合一，有无兼用，九还七返，归于大觉，金丹之事了了。

二十七、河图洛书先天后天合一之图

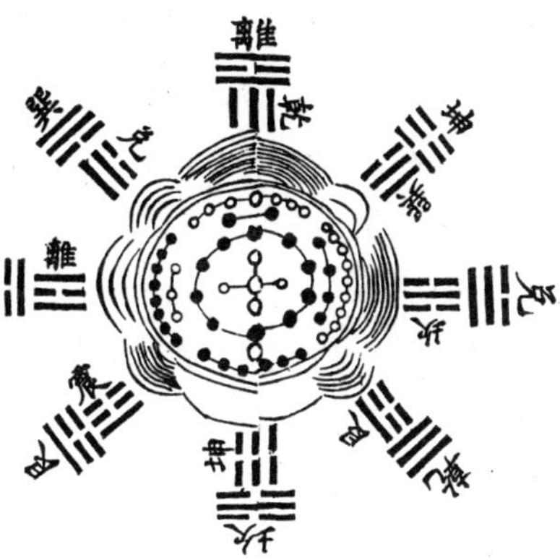

解说

“河图”形圆，阴阳合一，无为自然之道也；“洛书”形方，阴阳分位，有为变化之道也。“先天”形圆，阴阳一气，用逆全顺，亦无为自然之道也；“后天”形方，阴阳分判，顺中用逆，亦有为变化之道也。“河图”“先天”，皆以道全形之事，“洛书”“后天”皆以术延命之事。“先天”

“后天”者，即“河图”“洛书”之注释；“河图”“洛书”是“先天”“后天”之数。“先天”“后天”是“河图”“洛书”之理。数得理而始明，理得数而有本。“河图”“洛书”相为表里，“先天”“后天”相为表里。无“洛书”则“河图”无变化，无“后天”则“先天”不成全。“河图”为“洛书”之体，“洛书”为“河图”之用；“先天”为“后天”之体，“后天”为“先天”之用。体用俱备，理数兼该，性命双修之道，无余蕴矣。今仿邵子内方外圆之图，移“河图”于“洛书”之中，移“先天”于“后天”之中。“河图”“洛书”为一图，“先天”“后天”为一图，作内圆外方二图，以变化内方外圆之义。又以四图合为一图，以示图为活图，理为活理，不得以图说图，以卦说卦也。以道全形者，圆成无亏，防危虑险之功，诚之者性也。以术延命者，阴阳错综，返本还元之道，明之者教也。内方内圆者，自诚而明，无为而抵有为也。外方内圆者，自明而诚，有为而归无为也。无为了性，有为了命，了性所以成“后天”之功，了命所以复“先天”之气。“先天”全，“后天”化，有无不立，性命俱了，现出父母未生以前面目，露出无始五行不到的本像。“图”“书”、先后八卦，一以贯之，浑然太极，万象归空，阴阳混化，无声无臭至矣。

二十八、中　图

解说

儒曰“执中”，道曰“守中”，释曰“虚中”，中之一字，乃三教圣人之心法，所以修性命而成大道，千经万典，说来说去，只说的这一字。篆文中字从○从｜，在人即秉彝之良，为至善无恶，圆明不昧之物，所谓“先天真一之气”者是也。○中有｜，浑然天理，一气上下，流行不息之义。且｜在○之当心，ф左为阳，右为阴，即“河图”左阳右阴，一气上下之象。薛道光曰：有物先天地，无名本寂寥，能为万象主，不逐四时凋。寂寥即○，万象主即｜，至无而含至有，至虚而含至实，故谓“中”。

是中也，不偏不倚，无前无后，无背无面，无头无尾。非有非无，非色非空，虚圆不测，无象而能主宰万象，无形而能造化有形，生天，生地，生人物，在人非四大一身之中，非中外之中，无方所，无定位，视之不见，听之不闻，搏之不得，古人推其理而肖其形，强名之曰“十字街”，曰“四会田”，曰“通衢路”，曰“戊已门”、曰“元牝门”，曰“元关窍”，曰“生杀舍”，曰“刑德门”，曰“生死关”，曰“阴阳户”，曰“性命窍”，曰“天地根”，曰“人兽关”，曰“悬胎鼎”，曰“造化炉”，名号多端，总而言之曰“中”。中也者，天下之大本也。亘古圣贤仙佛，皆从此中生出。其大无外，其小无内，放之则弥六合，卷之则退藏于密，悟之者立跻圣位，迷之者万劫沉沦。盖此中乃性命之根，在先天性命如一而为中性命，在后天中分而为性命性中命，其实后天中返出先天，性了命凝，性命归根，仍是一中。老子云：谷神不死，是谓“元牝”，元牝之门，是谓“天地根”。紫阳云：要得谷神长不死，顺凭元牝立根基。谷神即中也，元牝为阴阳，即性命也。谷神不死，中含性命，元化立基，性命成中。守此中者，圣人也；失此中者，凡人也。圣凡之分，只在得失之间耳。一切常人，为气质所拘，为积习所染，性命分居两处，中有亏损，曰亏曰损，性乱命摇，神昏气浊，将中之原物，全然失却。中一有失，性命无本，形虽动而神已丧，焉能长久乎？三教圣人以中为本者，欲人执守此中，保全性命耳。中之一字，为修道者始终之要着，筑基在此，采药在此，烹炼在此，温养在此，进阳在此，退阴在此，结丹在此，脱丹在此。七返九还，无一不在此。但这个中，人不易见，亦不易知，不可以有心求，不可以无心守，有心求之，则落于色相；无心守之，则入于空寂，均非中道。真正之中，非有非无，即有即无，非色非空，即色即空，不落○偏，于恍惚中求，于杳冥内寻，庶乎近焉。天下学人不知此中是个甚么物事，或谓“黄庭穴”，或谓“天谷穴”，或谓“百会穴”，或谓“绛宫”，或谓“明堂”，或谓“咽喉”，或谓“两肾中间”，执守幻身穴窍，便谓守中抱一，妄冀长生，不但不能长生，反而促死，哀哉！儒曰：喜、怒、哀、乐之未发，谓之中；又曰：不偏不倚之谓中。道曰：前弦之后后弦前，药味平平气象全；又曰：阴阳得类归交感，二八相当自合亲。释曰：吾有一物，上柱天，下柱地，无头无尾，无背无面；又曰：舍利子，色不异空，空不异色，色即是空，空即是色，凡此皆言中之实落处也。若人能于此等处留心，极深研几，就正于真师，认得真正之中，将往杖子，穿在牛鼻孔内，立登彼岸，绝不费力。从此直进大路，缓步而行，终有到家之日。《经》云：得其一，万事毕，岂虚语哉！

二十九、金丹图

有物先天地，
無名本寂寥。
能為萬象生，
不逐四時凋。
無極
性
丹
命
太極
同行同坐又同眠，
恍惚杳冥在面前。
認得收歸爐內煉，
功完十月化金蟬。

解说

《悟真》曰：道自虚无生一气，便从一气产阴阳；阴阳再合成三体，三体重生万物张。所谓“虚无一气”者，乃天地之根，阴阳之宗，万物之祖，即金丹是也。世人不知金丹是何物事，皆于一身有形有象处猜量，或以为金石煅炼而成，或以为男女气血而结，或以为心肾相交而凝，或以为精神相聚而有，或以为在丹田气海，或以为在黄庭泥丸，或以为在明堂玉枕，或以为在两肾中间，如此等类，不可枚举，皆是抛砖弄瓦，认假作真，故学道者如牛毛，成道者如麟角。殊不知金者，坚久不坏之义；丹者，圆明无亏之义。丹即本来先天真一之气，此气经火煅炼，历劫不坏，故谓“金丹”。是丹也，至无而含至有，至虚而含至实，无形无象，先天而立其体，后天而发其用，不可以知知，不可以识识，凝之则失，议之则非，古人强图之以“○”，强名之曰“道”，曰“虚无”，曰“先天一气”，曰“无极”，曰“太极”。曰“道”者，无名之名也；曰“虚无”“无极”者，自未生物时言之；曰“太极一气”者，自方生物时言之。其实“虚无一气”“无极”“太极”，总是“道”之一个物事，非有二件。这个物事，即是“金丹”。在“河图”“洛书”，即中五之中一点，在“先天”“后天”，即阴阳相交之中一窍。人人具足，个个圆成，处圣不增，处凡不减，只缘秉气所拘，积习所染，顺其后天之阴，迷失本宗，流荡忘返，莫知底止矣。古来圣贤，慈悲度世，设金丹有为之道以觉人，盖欲人人归根复命，还其当初一个原物而已。其法有二：一有为，一无为。无为者，即“河图”阴阳相合，“先天图”阴阳对交，一气浑然之理；有为者，即“洛书”阴阳错综，“后天图”阴阳生克，两仪变化之理。上智之人，行无为之道，以温养这个“○”。中下之人，行有为之道，从无守有，以复还这个“○”。其实这个到复还来时，仍归无为。无为到尽头时，圆陀陀，光灼灼，净倮倮，赤洒洒，坚固稳定，长久不坏，跳出五行，脱去阴阳，我命由我，不由天矣。但圣贤大道，穷理尽性至命之学，有工程，有次序，有文烹，有武炼，有急缓，有先后，有止足，毫发之差，千里之失，欲要行的，先须知的。知的一分事，行的一分事；知的十分事，行的十分事。世间迷人在皮囊上强扭捏，自以为修持性命，非修性命，乃是伤性命也。性命且不知，妄想长生，岂不愚哉！夫命者，先天正气；性者，先天元神。命属阳，性属阴，性命相合，阴阳混一，是谓“金丹”。金丹者，性命之别名，乃虚无中结就，非后天一身所产之物。不知性命，焉能修持性命；不识金丹，焉能凝结金丹？故穷理工夫，最为先着，果是穷透“河图”“洛书”奥妙，“先天”“后天”机秘，则宇宙在乎手，万化生乎身，大地裹黄芽，长遍满乾坤。金花开绽，一步一趋，皆是大道。攒簇五行，和合阴阳，还我生初本来面目。金丹凝结，“洛书”“后天”有为之功毕，再行温养之功。了“河图”“先天”无为之道，以复其父母未生以前面目，打破虚空，至于无声无臭地位，大丈夫之能事毕矣。噫！性由自悟，命假师传，不得口诀，徒自猜量耳。

三十、鼎炉药物火候六十四卦全图

解说

金丹，有为之道；“后天”，变易之道也。变易之道，以乾、坤为体，以坎、离为用，以屯、蒙六十卦为气候，周而复始，一气流行也。金丹之道，以乾、坤为鼎炉，以坎、离为药物，以屯、蒙六十卦为火候，阴而阳，阳而阴，阴阳迭运，亦一气流行也。徐从事《参同笺注》云：乾、坤者，易之门户，众卦之父母；坎、离，匡廓运毂正轴牝牡，四卦以为橐籥，覆冒阴阳之道。又云：月节有五六，经纬奉日使。兼并为六十，刚柔有表里。朔旦屯值事，至暮蒙当受。昼夜合一卦，用之依次序。即未至晦爽，终则复更始。日月为期度，动静有早晚。春夏据动体，从子到辰巳。秋冬当外用，自午讫戌亥。赏罚应春秋，昏明顺寒暑。爻辞有仁义，随时发喜怒。如是应四时，五行得其理。此言金丹之道，不外乎变易之道；变易之道，不外乎天地日月阴阳造化之道。人能以刚健为鼎，柔顺为炉，则乾坤鼎炉立矣。人能虚人心，灵性不昧，振道心，正气常存，则坎、离药物得矣。鼎炉立，药物得法，天地效日月，当刚健而即刚健，刚健必归于中正；当柔顺而即柔顺，柔顺必归于中正。仁义并行，动静如一，日乾夕惕，其功不缺。与时偕行，随机应变，即是乾、坤、坎、离四卦，以为橐籥。始于屯、蒙，终于既济、未济，即是赏罚应春秋，昏明顺寒暑。爻辞有仁义，随时发喜怒。一部易理，在吾方寸之中，又何患乎大道不成，性命不了耶？紫阳翁云：先把乾坤为鼎器，次搏乌兔药来烹。既驱二物归黄道，争得金丹不解生。此诗泄尽丹法天机，而无余蕴矣。今立“鼎炉药物火候全图”，以乾在上为鼎，坤在下为炉，坎、离居中为药物，四卦列之于外，以象阴阳之橐籥。其余六十卦，屯、蒙为始，既济、未济为终，列之于内，以象朝暮之火候。屯者，阳气动于阴中也；蒙者，阳气陷于阴中也；既济者，阴阳已合也；未济者，阴阳不交也。阳气初动，即扶阳，所以进阳火，朝之功也；阳气有陷，即养阳，所以运阴符，暮之功也。既济，阴阳已合，须当随时而保济。保济者，借阴全阳也。未济，阴阳不交，须当待时而求济。求济者，借阳益阴也。借阳益阴，进阳火，自屯至既济三十卦，所以致其济也；借阴全阳，运阴符，自蒙至未济三十卦，所以防不济也。始于屯、蒙，终于既济、未济，其余五十六卦，俱皆阴符阳火之事，可以类推而知。然其妙用处，总在坎、离阴阳健顺，归于中正耳。健顺中正，则始而屯、蒙，终而既济，未济，皆自然而然，无容勉强也。

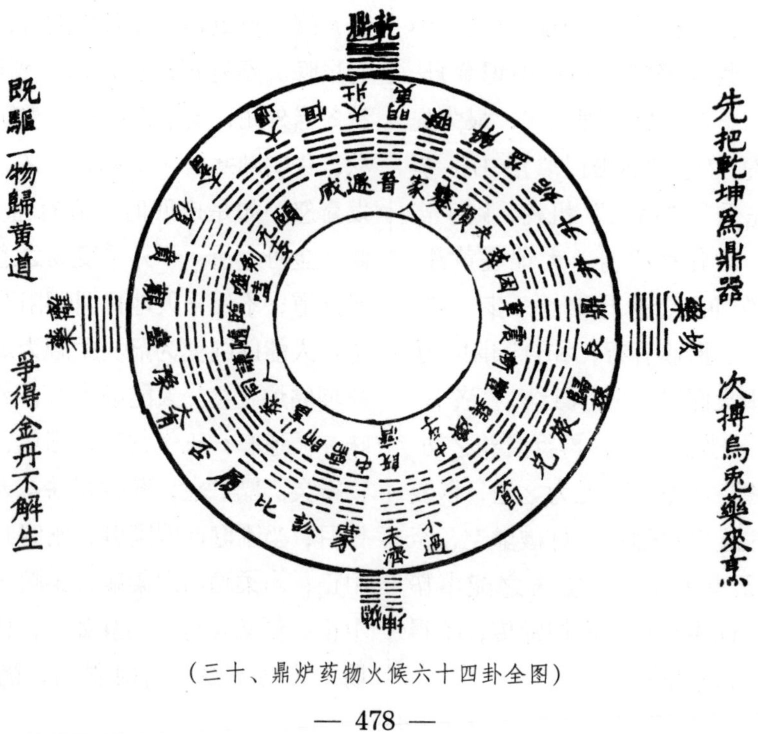

（三十、鼎炉药物火候六十四卦全图）

三十一、阳火阴符六阳六阴全图

解说

金丹大道，始终两段工夫。一进阳火，一运阴符。进阳火者，阴中返阳，进其刚健之德，所以复先天也；运阴符者，阳中用阴，运其顺柔之德，所以养先天也。进阳火，必进至于六阳纯全，刚健之至，方是阳火之功尽；运阴符，必运至于六刚纯全，柔顺之至，方是阴符之功毕。阳火阴符，功力俱到，刚柔相当，健顺兼全，阳中有阴，阴中有阳，阴阳一气，浑然天理。圆陀陀，光灼灼，净倮倮，赤洒洒，圣胎完成。一粒黍米宝珠，悬于太虚空中，寂然不动，感而遂通。感而遂通，寂然不动，常应常静，常静常应，本来良知良能，面目全现，所谓“一粒金丹吞入腹，始知我命不由天”也。再加向上工夫，炼神还虚，打破虚空，脱出真身，永久不坏，所谓“圣而不可知之之谓神”，进于形神俱妙，与道合真之境矣。今立“六阳六阴阳火阴符全图”，以复、临、泰、大壮、夬、乾、姤、遁、否、观、剥、坤十二卦，列之于外，其余五十二卦，列之于内。虽是六十四卦，总是十二卦统之。复之一阳进，而凡一阳之卦，皆在其中；临之二阳进，而凡二阳之卦，皆在其中。至于三阳、四阳、五阳，俱皆如此。运阴亦然。左阳卦者，先进阳火以复先天也。

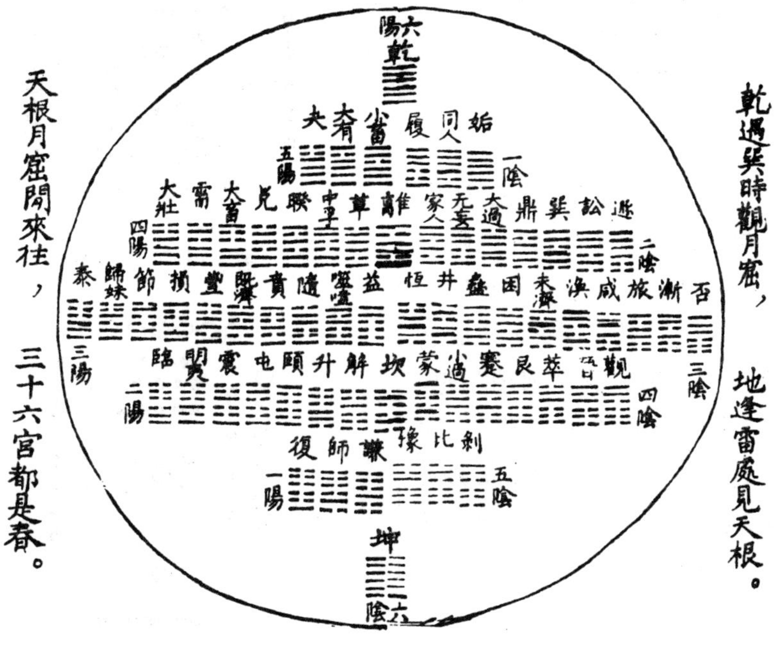

清·张惠言《易图条辨》

一、龙图天地未合之数图

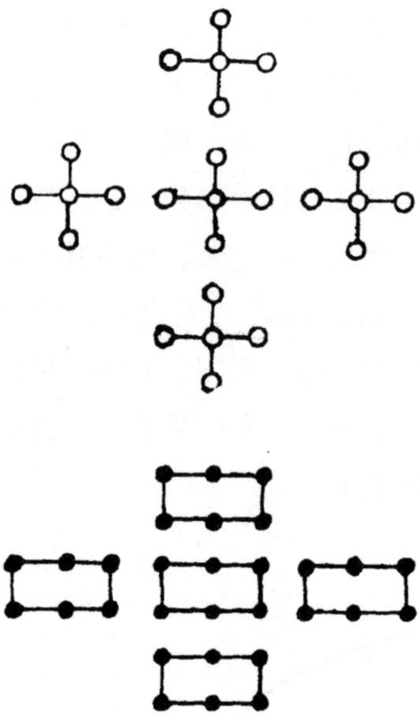

解说

此“龙图”天地未合之数，张理《图说》第一，与序文合。其二则天地已合之位，即刘牧之“洛书”生数、成数二图也。其三则天地生成之数，即朱子《启蒙》之“河图”也。其四则“洛书纵横十五之象”，即《启蒙》之“洛书”也（说云希夷所传，以此为“龙图”三变）。皆理以意说，谬于希夷之旨。

二、刘长民河图

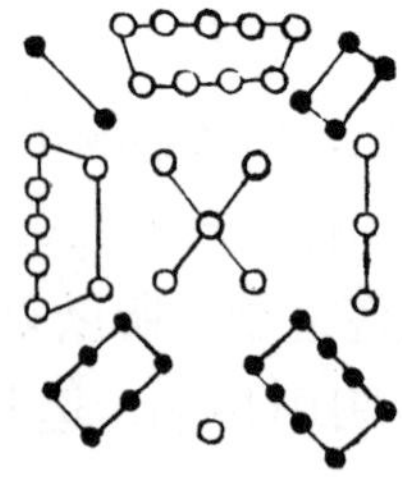

三、刘长民洛书生数图

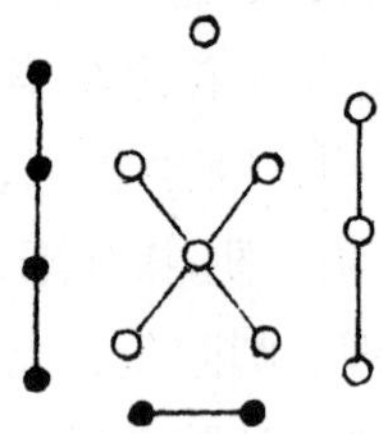

四、刘长民洛书成数图

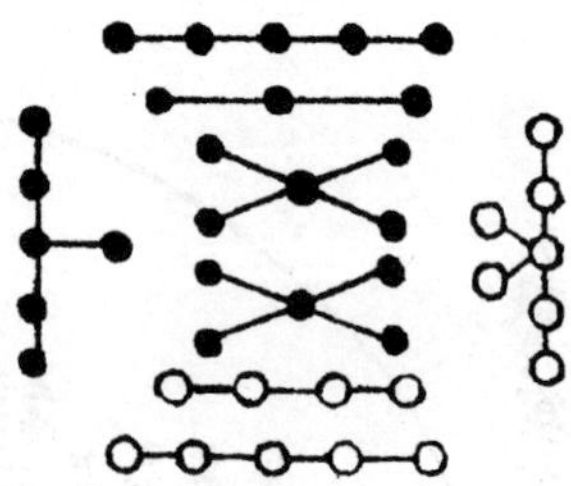

五、朱子发河图

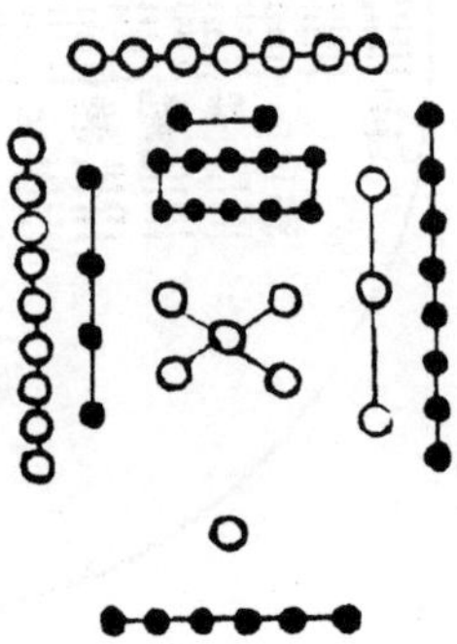

六、朱子发洛书

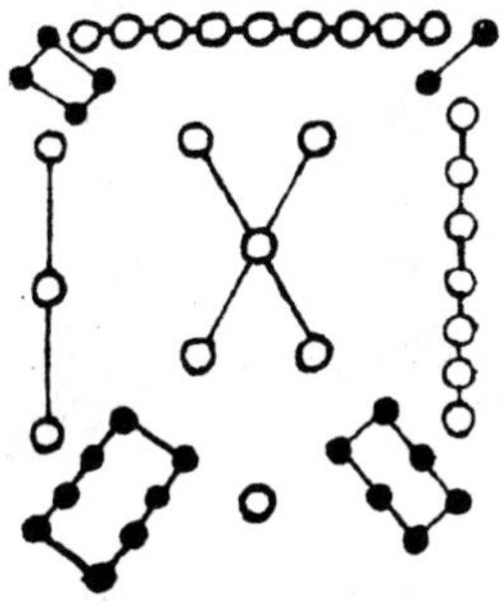

解说 五、六两图并说

朱子发“汉上易图”云：右图刘牧传于范谔昌，谔昌传于许坚，坚传于李溉，溉传于种放，放传于希夷陈抟。

七、刘牧太极生两仪图

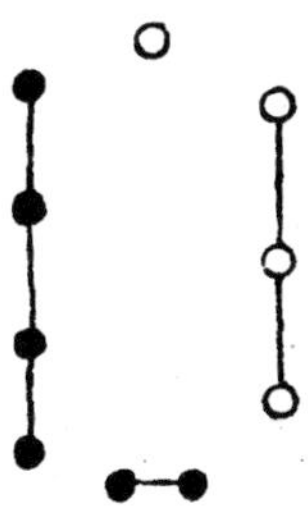

解说

刘氏曰：画天左旋者，取天一天三之位也。画地右动者，取地二地四之位也。分而各其处者，盖明上下未交之象也。

易者，一也，一变而为七，七变而为九。一者，太初气也；七者，太始气也；九者，太素气也。太初气始，故曰一；太始形始，故曰七，七者，气上生也；太素质始，故曰九，九者，究也。气形质虽具而未离，故曰“浑沦”。此在易之先数者，假以言之，非可数也。九复变而为一，则太极矣。乃分而为天地，天地交而生万物，大衍之数，天地生万物之数也。非日月进退，则乾一、坤二之数，无由出也。非五行生成，则水一、火二之数，无由立也。今乃以生物之次，为天地之体，是今日适越而昔至也。且图两仪而数以四，不其傎耶？

刘氏此图，一南二北，三西四东，盖先天之卦，始乎此矣。不知一、三立阴方，二、四立阳方，阴阳之位已错。

刘氏曰：天五居中而变化，不知何物也，强名曰中和之气，兹所谓“阴阳不测之谓神”者也。

夫神者统天生物，妙万物而为言，乾元是也。寂然不动，则谓之中，太极是也。感而遂通，则谓之和，九、六是也。天五生土，地十成之，方其有五，独阳无阴，何以为不测乎？土分于四时，而土非四时之所以行也；信具于五德，而信非五德之所以立也。宫倡五声，而元音之本，不可谓即宫也；甘受五味，而至味之元，不可谓即甘也。刘氏论其用四十九云：天一者，在数为天一，在乾为初九，在复为初爻，在五行为水（此非也），在律为黄钟，然则其意以为阴阳之神也，则易有二神矣。

八、刘牧天地数十有五图

解说

刘氏曰：天一下生地六，地二上

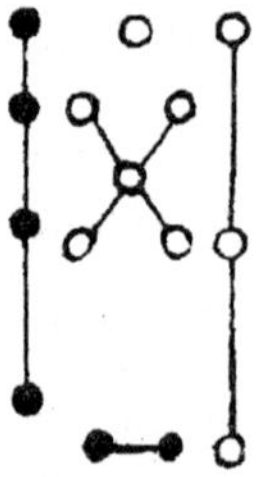

生天七，天三左生地八，地四右生天九（法以一合五为六，二合五为七，三合五为八，四合五为九），谓之参伍以变。参，合也；伍，为偶配也（七、八、九、六为四象，是为两仪生四象）。

闻一、六合水于北，未闻一南而北合为六也。且若一、五合为六，是皆天数，安得谓地成之乎？天一生水，地六成之，由刘氏之言，即天一生地六而为水也。

吾于刘氏此图，取二言焉：曰天一、天三、天五成九，地二、地四成六也。然以为用九、用六因此则不可，阴阳无进退，安得为用乎？

七、八、九、六为四象，郑氏说也。然其所谓七、八、九、六者，阴阳涵三为一，进退之数，其取于水、火、木、金者，以配四时，仍仲翔天地生四时之义也。故由郑、虞言之，阳自一而变七，究于九，火、金得之以居南、西；阳自一而变八，究于六，木、水得之以居东、北。七、八生物为精气，九、六终物为游魂，是两仪象变而生四象也。自刘氏言之，一生六，三生八，二生七，四生九，又各兼五，是五仪生四象也。

九、刘牧四象生八卦图

解说

刘氏曰：水居坎而生乾（水数

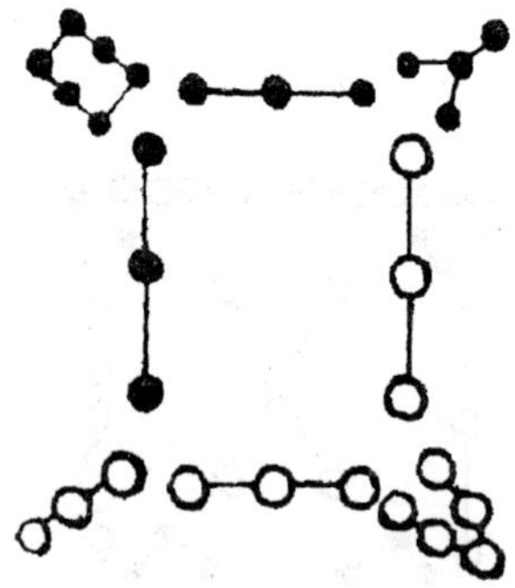

六，除三画为坎，余三画布于亥成乾），金居兑而生坤（金数九，除三画为兑，余六画布于申为坤），火居离而生巽（火数七，除三画为离，余四画布于巳为巽），木居震而生艮（木数八，除三画为震，余五画布于寅为艮）。

乾、坤、艮、巽象其画数，可谓巧矣。坎、离、震、兑皆三画，何耶？不特此也，刘氏所谓“河图”之数一、六合北，坎、乾也；三、八合东，震、艮也；二、七合西，坤、兑也；四、九合南，巽、离也。乃以九生兑、坤，以七生离、巽，是何违错耶？“河图”之数，自一至九而虚五以应八卦。今于数虚其自一至五而分六、七、八、九为三者五，四、五、六者各一，以为八卦，乃曰此“河图”之数也，呜呼！其谁信之。

刘氏曰：大衍之数五十，天五不用。扬子云曰：五与五相守。地十即五，五十有五即五十。

虞氏曰：略其奇五，地十即五，故可略也。刘氏求其说，不得从而为之辞。

九宫数止于九，故天五不用，与地十合中宫也。若用地十而不用天五，则土有成而无生矣。

刘氏曰：天地之数十有五，居其内而外斡，五行之数四十也（此说朱子发已驳之）。今只用四十九，何也？盖由天五为变化之始，散在五行之位，故中无定象。又天一者居尊而不动，惟天三、地二、地四之数合而成九阳之数也。天三则乾之三画，地二、地四则乾之六画也。

刘氏既以天一、天三、天五为九，地二、地四为六，则是自一至五，天地之体相合不可偏废矣。今乃虚生土之五，又以生水之一，尊而不动，别兼地二、四以足天之九，是为阴阳混居，五行偏阙。区区以三、六象乾、坤画数，不亦诬乎？

十、刘牧乾坤生六子图

损东方坤之一，以益东南乾，则震五巽四。损北方坤之一，益南方乾，则坎五离四。损东北坤之一，益西方乾，则艮五兑四。是谓三索。

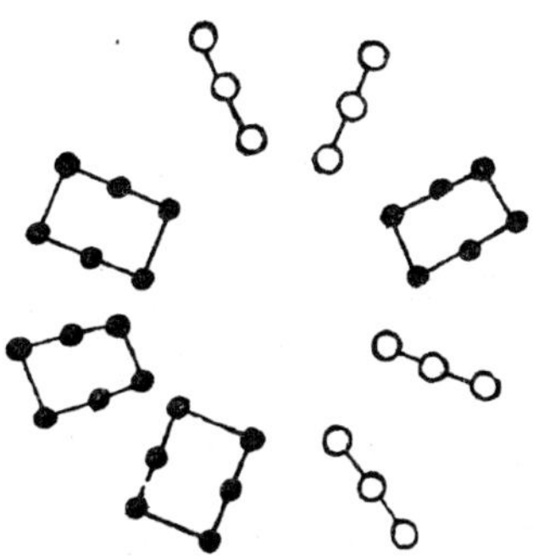

解说

朱震《丛说》引刘氏而驳之云：刘氏曰：先布五十五数，后除天地四方数，余以奇偶数排之，便见八卦之位。此说不通。除天九地六，四方四数而布八卦，即八卦所用只三十六，而十九数为赘矣。所谓天者，乾也；坤，地也；四方，坎、离、震、兑也，若除天地四方之数，又于四象、二仪之外，而有八卦矣。

刘氏论“河图”之数四十五，五行之数则四十，四象生八卦之数则三十，此又去其十九而三十六，朱氏驳之当矣。且不特此既有八卦，而后有方位，不识六子未生，何以乾布四位而夹坤，坤布四位而错乾也。又不识乾、坤何以一卦，而羡其三也。

十一、刘牧三才图 注：此图原缺

解说

若所图则是否也，三才之道岂若是乎？

朱震引刘氏而驳之云：刘氏云内十五天地之用，九、六之数也。兼五行之数四十，合而为五十有五。此说不通。虞翻曰：甲乾乙坤相得合木，丙艮丁兑相得合火，戊坎己离相得合土，庚震辛巽相得合金，天壬地癸相得合水。翻谓天地者，谓乾坤也（此则未然。天地，坎、离之合也，故曰坎离生冬。然以为乾、坤亦可）。十日之数甲一、乙二、丙三、丁四、戊

五、己六、庚七、辛八、壬九、癸十，故乾纳申壬，配一、九；坤纳乙癸，配二、十；震纳庚，配七；巽纳辛，配八；坎纳戊，配五；离纳己，配六；艮纳丙，配三；兑纳丁，配四，此天地分五十五数也。

朱氏此说正合系注，惠定宇讥之，谓其合纳甲生成二数为一非也。朱氏又曰：言五行之成数，则九六在其中矣。以此驳刘氏，非也。阴阳九六进退取数于未生物以前，五行就其数耳。刘氏之说所以不通者，阴阳进退有七、八而后有九、六，易一变而为七，七变而为九，阴并阳生，九退而七，八退而六，非积一、三、五为九，二、四为六也。何以知之？一、三、五无七数，二、四无八数故也。

李泰伯论“河图”曰：刘御寇言易者，一也。一变而为七，七变而为九，九复变而为一。御寇所谓变者，论此图也。如泰伯之意以一始于北，历西七而南得九；二始于西南，历西北八而东北得六，其义不然。易有始有壮有究，故阳有一、七、九，阴有二、八、六。阴阳相并俱生，有一则有二，有七则有八，阳壮而进，变七之九；阴壮而退，变八之六，九、六不相并也。三者皆为气变，未始有物也。九、六既究阴阳浑成是为太极而形变生焉，故曰：九复变而为一。今若泰伯之说，阳以逆行而曰进，阴以顺行而曰退，其不可一也。且若阳以逆行为进，阴以顺行为退，而阴进自一而七而九，阴退当自八而六而二，其不可二也。阳一、七、九将变而三，阴二、八、六将变而四，不然，则图废其二，何得九复变而为一者乎？其不可三矣。

十二、朱子启蒙河图

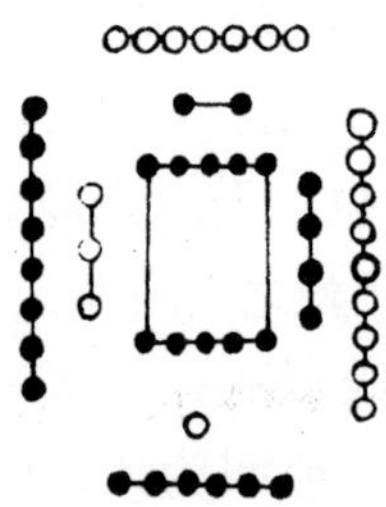

十三、朱子启蒙洛书

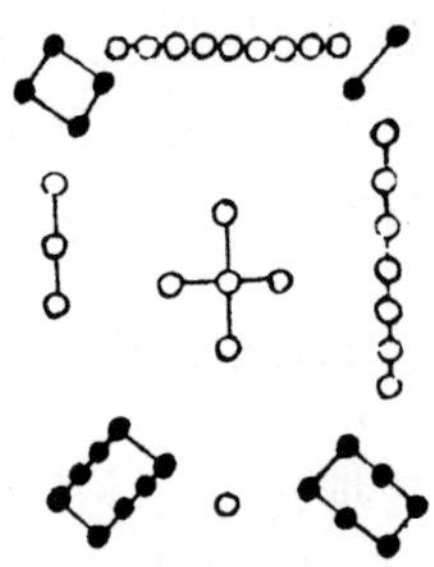

解说 十二、十三两图并说

蔡元定云：关子明、邵康节皆以十为“河图”，九为“洛书”，唯刘牧臆见以九为“河图”，十为“洛书”，托言出于希夷，与诸儒旧说不合。

康节唯言圆者“河图”之数，方者“洛书”之数，未尝言九、十，蔡氏所据，唯有“关易”耳。邵子之说，胡渭《易图明辨》详矣。

《启蒙》曰：则“河图”者虚其中，则“洛书”者总其实也。“河图”之虚五与十者，太极也。奇数二十，偶数二十者，两仪也。以一、二、三、四为六、七、八、九者，四象也。析四方之合，以为乾、坤、离、坎，补四隅之空，以为兑、震、巽、艮者，八卦也。“洛书”之实，其一为五行，其二为五事，以至其九为福极，其位与数，尤晓然矣。

“河图”实有五十而曰虚，其五十为太极，以其五十为太极而虚之耶？将以五十在中，居太极之位，而当太极耶？朱子与陆象山论太极，言“极”不可训为“中”。据此，则“极”仅“中”之名矣。不然，五十非起数之本也。两仪有四，四象有八，其病与刘牧正同。而四方之象，皆一阴一阳，又未见其分四象也。析四方之合，其谓六、七、八、九乎？补四隅之空，其一、二、三、四乎？然不识坤何以六，艮何以一，乾何以七，兑何以二，此于数无一合者，又不若刘牧之巧矣。

元道士雷思齐著《易图通变》，论云：由汉而唐，《易经》行世，未有及于图书之文。迨宋之初，陈抟图南始创意推明象数，自谓因孔子三陈九卦之义，得其远旨，新有书述，特称“龙图”离合变通，图余二十，是全用《大传》“天一、地二”至“天五、地十”五十有五之数，杂以纳甲。内一图谓形九宫，附一图谓形“洛书”者，则尽去其五。生数只起地六至地十，自释十为用十，为成形，故《洪范》陈五行之用数语而已。及终其书，再出两图，其一形九宫者，元无改异，标为“河图”；其一不过尽置列《大传》五十有五之数于四方，而自标异谓为“洛书”，并无传例言说。特移二、七于南，四、九于西，莫可知其何所祖法，而标以此名。自图南五传而至刘牧长民，乃增至五十五，图名以“钩隐”。师友自相推许，各于易有注释曰“卦德论”，曰“室中语”，曰“记师说”，曰“指归”，曰“精微”，曰“通神”。时则有李覯泰伯著《六论》以驳其非，而删其图之复重，而存之者三焉：“河图”也，“洛书”也，“八卦”也。夫长民之多为图画固非，而泰伯亦原未知此图之三本之则一尔。夫图南之初为形“洛书”者，亦不过谓十为用。十为成形，故《洪范》陈五行之用也。其序明称始图之未合唯五十五数，不知何以于其末改标之以为“洛书”，殆其始误也。长民辈乃增益其误，遂真以为“洛书”，而有五十五图以实之。以至泰伯以后，悉以图南之标异之五十五数为真“洛书”也。不思图南标“洛书”之始，偶谓用十。夫“洛书”所叙“九畴”，其十数当何从而起哉！意岂谓《大传》之“河图”既可出而示世，则“洛书”亦可以并出示之，因假《大传》五十五数托为书之九畴乎？九畴所言，皆用纵比而同之，谓五十五数其用又安在哉！此不可之大者也。故尝因长民之事讨其原，图南之后，种放、许坚、李溉，未及见其他有著述。若范谔昌所著《大易源流》，其称龙马负图出河，羲皇穷天人之际，重定五行生成之数，定地上八卦之体，故老子自西周传授孔子造易之源。天一正北，地二正南，天三正东，地四正西，天五正中央；地六配子，天七配午，地八配卯，天九配酉，地十配申寄于未（未字雷伪作末，亦以为驳非也），乃天地之数五十有五矣。详所寘之数，正今图所传有四方而无四维者，是谔昌原不识图南所以标异，特因《太玄》准《易》取于《洪范》一水、二火、三木、四金、五土而然，造端老子，增立怪异，以实图南易置二、七、四、九之位耳，然犹未尝以九畴分配九宫也。至长民乃云“洛书”之九畴，本“河图”自然之数，虚皇极于中，而以八畴分布四正、四维。夫九畴为禹次第之者，直自初一、次二、次三、四而以次用之也。今随“河图”十五纵横置之，则成乱次矣。以至谓火金易位，与“河图”不同，其颠倒迷谬若此。其后杨次公自著《洞极经》，托名关子明，后山《谈丛》云：世传王氏《元经》，《薛氏传》，关子明《易传》，李卫公问对，皆阮逸所著。逸以草示苏明允，而子瞻言之。杨杰字次公，元丰中与范镇论乐，其人又在阮逸之后。其叙本篇，称子曰：“河图”之本，七前六后，八左九右，圣人观之以画八卦，是故全七之三以为离，奇以为巽；全八之三以为震，奇以为艮；全六之三以为坎，奇以为乾；全九之三以为兑，奇以为坤。正者全其位，隅者尽其画，而谓四象生八卦（此仍长民之说），此谬之尤者。乾坤相索而生六子，今为男女者，反能生父母之卦耶？又谓“洛书”之文，五处其中，九前一后，三左七右，四前左，二前右，八后左，六后右。后世稽之以为三象，因而九变之以二十七象。次公之假此妄例，特以盖其所祖者，乃杨子云三方、九州、二十七部，私以为书耳。而朱元晦、蔡季通反祖之，信以为关子明作也，反指斥刘牧，谓以九为“河图”，十为“洛书”，托言出于希夷，与诸儒旧说不合，而直以图南始标误之“洛书”为“河图”，而以其初正指“河图”反以为“洛书”，则朱、蔡实自误，而反罪长民之先误，专己自是，张其辨说，不克自反，一至于此。

思齐字贤，号空山，临川人，著《易图通变》五卷，《易筮通变》三卷。其言易图，以四象无五，八卦无十，虚用五、十以行实体之四十。尊“河图”，抑“洛书”，于希夷之术，为知所本者。此论推“河图”传讹之妄，可谓著明矣。《卦德论》一卷，即刘牧撰。《室中记师隐诀》一卷，黄黎献撰，黎献，牧弟子也。《精微》三卷，《纪师说辨》二卷，皇甫泌撰。《周易通神》一卷，吴秘撰。并见元胡一桂《启蒙翼传》。泌与秘，胡不知为牧弟子也。

十四、太极图

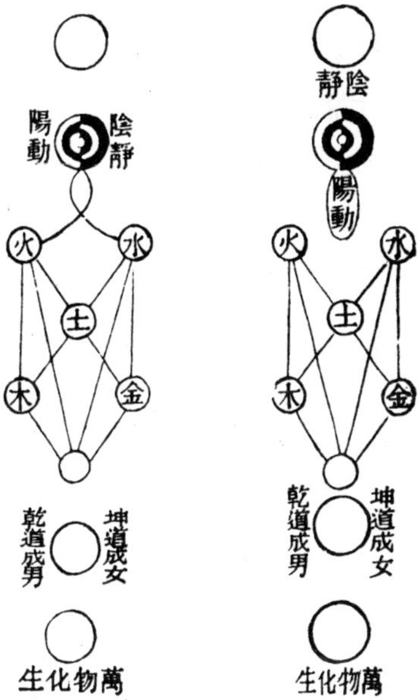

解说

右载《性理大全》。朱子曰：“太极图”者，濂溪先生之所作也。○，此所谓无极而太极也；，此○之动而阳，静而阴也。中○者，其本体也；者，阳之动也，○之用所以行也；者，阴之静也，○之体所以立也。者，之根也；○者，○之根也。○，此阳变阴合，而生水、火、木、金、土也。者，阳之变也；者，阴之合也。㊌，阴盛，故居右；㊋，阳盛，故居左；㊍，阳稚，故次火；㊎，阴稚，故次水；㊏，冲气，故居中。而水、火之、交系于上，阴根阳，阳根阴也。此无极，二五所以妙合而无间也。○，乾男坤女，以气化者言也。各一其性，而男女一太极也。○，万物化生，以形化者言也。各一其性，而万物一太极也。

右见朱子发《汉上易图》。子发云：陈抟以“太极图”授种放，放传穆修，修传周敦颐，敦颐传二程先生。

右载《性理大全》。

毛奇龄《太极图说·遗议》云：“参同契图”自朱子注后，则学者多删之，唯彭本有“水火匡廓图”“三五至精图”“斗建子午图”“将指天罡图”“昏见图”“晨见图”“九宫八卦图”“八卦纳甲图”“含元播精三五归一图”，然或并“至精”“归一”图，或并“斗建”“将指”图，故或七或九，今藏书与道家多有之。

十五、水火匡廓图

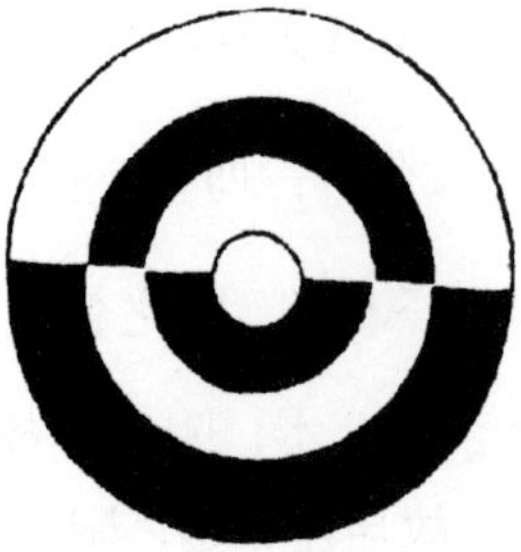

解说

“水火匡廓图”者，以章首有“坎离匡廓”“运毂正轴”二语。所云水、火，即坎、离也。丹家以坎、离为用，故轮而象之，又名“水火二用图”，则又取“天地者，乾坤之象”，“坎离者，乾坤之用”二语。盖其图正作坎、离二卦，而运为一轴，非所谓两仪也，亦非所谓阳动生阴、阴静复生阳也。其中一○，则坎、离之胎也。

十六、三五至精图

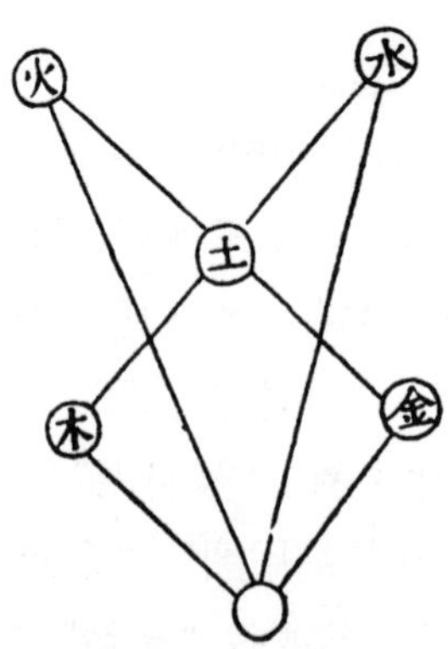

解说 十四至十六诸图并说

“三五至精图”者，取“三五与一，天地至精”语，而分五行为三五。中央土，一五也，天五生土也；左火与木，共一五也，地二生火，天三生木也；右水与金，又共一五也，天一生水，地四生金也。故其为生序，则水承坎下，火承离下；其为行序，则金盛为水，木盛为火而合，而复归于一元也（合三五而皆钩联于下之一○）。则此一○者，三五之合，非二五之合，三五之精，非二五之精。盖丹家水火必还一元，故其后复有“含元播精”“三五归一”之语。

胡渭《易图明辨》云：唐《真无妙经品》有“太极先天图”，合三轮五行为一，而以三轮中一○，五行下一○为太极，又加以阴静阳动，男女万物之象，凡四大○。阴静在三轮之上，阳动在三轮之下，男女万物皆在五行之下，与宋绍兴甲寅朱震在经筵所进“周子太极图”正同。今《性理大全》所载者，以三轮之左为阳动，右为阴静，而虚其上下之二○，以为太极，乃后人所改，非其旧也。或曰陈抟所传，或曰周子所自作，而道家窃之以入藏。

“太极图”为希夷所传，朱子发证之，言必非无征。道家以之言丹，而周子取之以论易，则改“水火”为“两仪”；改“三五归一”为“二五妙合”。毛大可之说，不足以驳之。

胡朏明据道藏之图，以为今图，系后人所改，证之《汉上易图》，则至为确凿。盖朱子所定也。易以阴阳为体，动静为用，阴阳相并俱生，分而迭用。《太极图说》则以阴静为体，阳动为用，其病与康节正同。

朱彝尊云：自汉以来，诸儒言易，莫有及“太极图”者，惟道家有《上方太洞真元妙经》，著“太极”“三五”之说。唐开元中明皇为制序，而东蜀卫琪注《玉清无极洞仙经》，衍有“无极”“太极”诸图。陈抟居华山，曾以“无极图”刊诸石。为圜者四，位五行其中，自下而上，初一曰“元牝之门”，次二曰“炼精化气，炼气化神”，次三“五行定位”曰“五气朝元”，次四“阴阳配合”曰“取坎填离”，最上曰“炼神还虚，复归无极”，故谓之“无极图”。相传受之吕嵒，嵒受之钟离权，权得其说于伯阳，伯阳闻其旨于河上公。周元公取而转易之，亦为圜者四，位五行于其中，自上而下，最上曰“无极而太极”，次二“阴阳配合”曰“阳动阴静”，次三“五行定位”曰“五行各一其性”，次四曰“乾道成男，坤道成女”，最下曰“化生万物”，更名之曰“太极图”，仍不没无极之旨。由是诸儒推衍其说，南轩张氏谓元公自得之妙，盖以手授二程先生者，自孟氏以来未之有也。

此所云《上方太洞真元妙经》著“无极”“三五”之说，盖即胡朏明所云，然竹垞何以不引其图，岂未之见耶？抑见其绝似周子之图，以为后人窃入者，而不以之驳周子耶？然果如此说，则周子信非受之希夷，而异端之说固有稍反之，而即为吾儒者，亦不足以借原彼氏为周子咎也。

十七、赵扮谦天地自然之图

十八、赵仲全古太极图

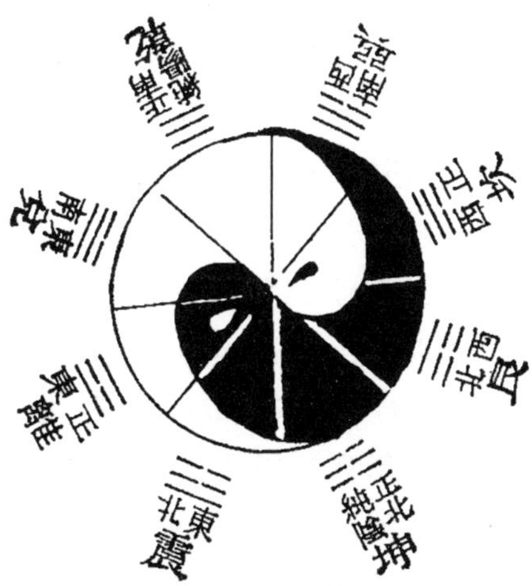

解说 十七、十八两图并说

赵㧑谦（字古则，余姚人，宋宗室，别号老古先生。名山藏作赵谦，云洪武初聘修《正韵》）《六书本义》云“天地自然之图”。虙戏氏龙马负图出于荥河，八卦所以画也。此图世传蔡元定得于蜀之隐者，秘而不传，虽朱子亦莫之见，今得之陈伯敷氏。尝熟玩之，有太极涵阴阳，阴阳函八卦之妙。

赵仲全《道学正宗》云：“古太极图”，阳生于东而盛于南，阴生于西而盛于北，阳中有阴，阴中有阳，而两仪，而四象，而八卦，皆自然而然者也。

元袁桷（字清容）《谢仲直易三图序》云：上饶谢先生遁于建安（胡渭云即枋得也，字君直、清容，以谢拒元命，为时所忌，故隐其名，复更其字），番阳吴生蟾往受易，而后出其图焉。建安之学为彭翁，彭翁之学为武夷君，而莫知所受，故曰托以隐秘，故谓之武夷君焉。始晁以道纪传易统绪，截立疆理，俾后无以伪。至荆州袁溉道洁始受于薛翁，而易复传袁，乃以授永嘉薛季宣士龙。始薛授袁时，尝言河洛遗学，多在蜀汉间，故士大夫闻是说者，争阴覸之。后有二张，曰行成，精象数；曰缜，通于玄。最后朱文公属其友蔡季通如荆州，复入峡，始得其三图焉。或云：“洛书”之传，文公不得而见。今蔡氏所传，书讫不著图，藏其孙抗，秘不复出。临邛魏了翁氏尝疑之，欲经纬而卒不可得。今彭翁所图，疑出蔡氏，惜彭不具本始。谢先生名字今不著其终也，世能道之（胡渭云：蔡氏所得之三图，清容不言其形，象据赵古则所传“天地自然图”以为蔡氏之所得。则三图之中，此居其一）。

明宋濂云：新安罗端良愿作阴阳相含之象，就其中八分之以为八卦，谓之“河图”。用井文界分九宫，谓之“洛书”，言出于青城山隐者（阴阳相含，八分为八卦，盖与赵仲全之图同）。

观此数说，则此图元初出于建安，明人盛传之，其托于蔡季通，非有证据，而胡朏明酷信之，以为希夷所授，康节所传，仅有此图，而“龙图”为妄托，抑亦惑矣。为此图者，盖由朱子发纳甲之图，用周元公太极之法，圜而入之，其于卦画之象，则诚有巧合者，使后人观之一览，而即得先天八卦，更无一毫有待推排，此世所以笃信也（胡渭明云：但不可指以为伏羲之“河图”，特以其于古无征耳。非疑其义）。然阴阳之理，阳必生于子中，阴必生于午中，今图阳始于丑，阴始于未，则于天地之理大谬。若以二始对子、午，即乾、坤又不正南、北，此其大不通者也。坎之象，取对过阳在中（胡渭云：取东之黑中白点，为二偶含一奇）；离之象，取对过阴在中，取西之白中黑点，为二奇含一偶，以合参同戊己在中宫之象。然坎在西而象东，离在东而象西，六卦皆得其方，而坎离易其位，非其例也。至于八分之，而坎之下多一分黑，离之下多一分白，则不成卦矣。或者谓坎、离皆取外一分为下爻，内一点为上爻，黑白之体为中爻，则上爻之上亦余一分黑白，其不成卦同此，又其不通也。故就其图合之朱、邵，而抵牾若此，况朱、邵之图又于易不合者乎？世儒驳元公之图而取此，未见其知古书之真伪也。

十九、参同契纳甲图

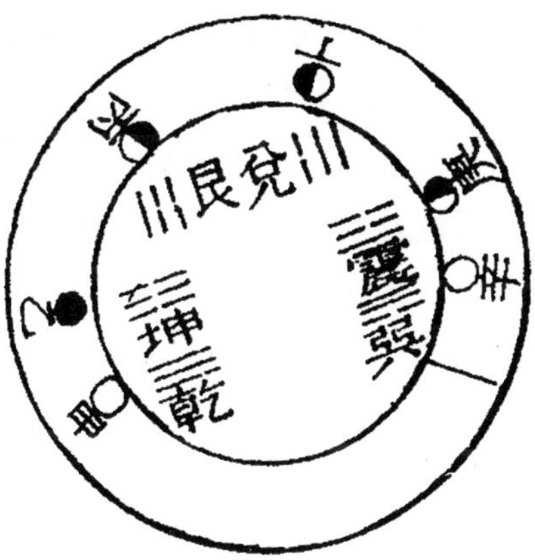

二十、汉上易卦纳甲图

解说　十九、二十两图并说

前图六卦各就其方，唯未明坎、离象见中宫，乾、坤合壬癸为不备。后图则以先天之卦位配之，于消息则震、兑、巽、艮不得相属，坎、离不得进退；于纳甲则十干错乱，既违《易》五位相得之义，又戾《参同》青赤白黑皆禀中宫之文，是子发惑于邵子之说，而改《参同》以合之也。

清·刘沅《周易恒解·图说》

一、易有太极图

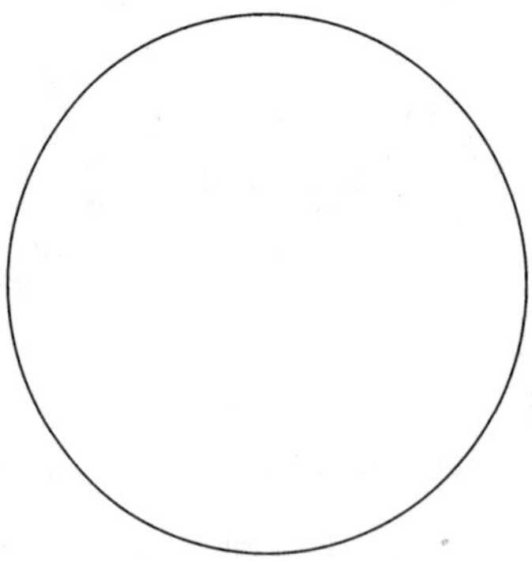

解说

理气之浑然粹然者，是天地之精，而万物所从出。理之极致而无以加，故曰太极。太极莫名其极，即无极，非太极之外别有无极也。太极居乎天地之始，宰乎天地之中，无名象之可图也，特恐人莫识天地之妙，则为此图以见浑然粹然者，无成亏，无欠缺。万物莫不共由则曰道，得之于身则曰德，无过无不及则曰中，至真无二则曰诚，生生之理气所含则曰仁，本诸有生之初，所以承天地而立极，则曰性。其他星历方舆一切术数，皆由此而衍之，随所会通，莫不有理，然于圣人承天立极、尽性至命之学为鳞爪矣。旧传周濂溪《太极图》内图白黑二气以象阴阳，由中一点运化，盖取生阴生阳之意。然太极者理气之总汇，阴阳含于其中，本难名象，故曰无极。无极者，状太极也，非太极之外别有无极。太极既无极矣，而又可图耶？故兹但列一空圈，以象浑然粹然之意。

二、两仪图

解说

天地未兆，太极在天地之前；天地既分，太极即在天地之中。谓天地之外复有太极者，非也。惟天地即太极之体，故天包乎地，而以阳施阴；地孕于天，而以阴承阳。阳直而专，则为⚊奇；阴辟而翕，则为⚋偶，此两仪之象所由名也。然奇者，天一之数也；偶者，地二之数也。阴仪阳仪，只是天地之体段。天一地二，其数得三；两奇一偶，则为四；两偶一奇，则为五。故数止于五，以其为天地之交，而阴阳奇偶所会也。六七八九十，即倍一二三四五而成，非有加于五之外也。天地无一息不交，阴阳无一息不和，故成为太极浑然之体。而阴静阳动，阳静阴动，互为其机，互根其宅，于是屈伸消长而生五行。五行分布，阴阳之功用以宏，实则太极浑然之理气，如环无端，亘古不息，故五行只一阴阳，阴阳仍一太极耳。河图五行分列，金木水火各居其方，而中土为之运用，即是此理。但圣人画卦，即有形以象无形，由两仪而重复错综之，遂生八卦。前人以阳动阴静为生两仪，不知阴阳各有动静，夫子已明言之，且于阴何以偶之义不明，又似太极生天地者，总缘不知天地之妙耳，今特明著之。

三、两仪生四象图

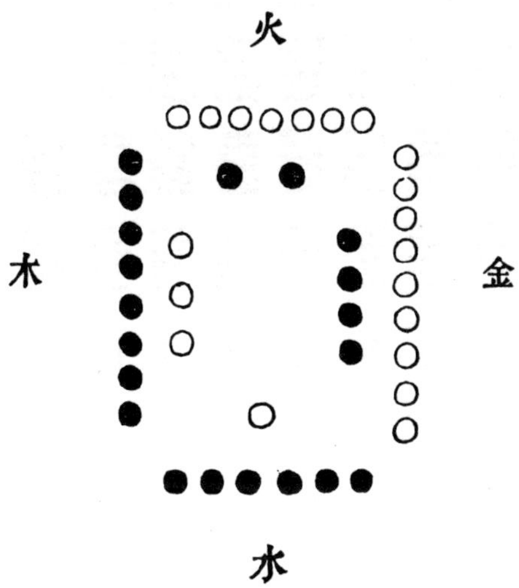

解说

阳生于子，天气始胎，为天一生水，至午而极。阴生于午，地气始生，为地二生火，至子而极。水火者，阴阳之大用，即天地之精神也。一阳二阳三阳，阳盛于东而木旺。一阴二阴三阴，阴盛于西而金旺。天三生木，以天气盛而得名。地四生金，以地气盛而得名也。然木乃火之父，金乃水之母，故金木者，水火之性情也。一元运转，进退消长而生四象。分言之，则木少阳而火太阳，水少阴而金太阴，先天之阴阳也。互言之，则太阳极于午，而阴已生火，实外阳而内阴，太阴极于子，而阳已生水，实外阴而内阳，后天之阴阳也。故金木水火者，天地自然之四象，而少阴、少阳、太阴、太阳即在其中，不必以重⚊为太阳，重⚋为太阴，两⚊加⚋为少阴，两⚋加⚊为少阳也。金木水火，分著四方，此河图之四象，而土不言者，土为天地之中气，有名无质，所谓太和元气，非指块然者也。元气运于中央，四象之内皆有土在。天五地十，太极之全体，太极无可指名，即此中土之浑然者，目之而可识矣。言少阴、少阳、太阴、太阳，而不指水火金木以实之，则所谓四象者，仍虚而无著。今故即河图以明之，俾知太极生两仪，两仪生四象，非判然各为一物，而天地气机如此，圣人设卦观象，特假此示人耳。

四、四象生八卦图

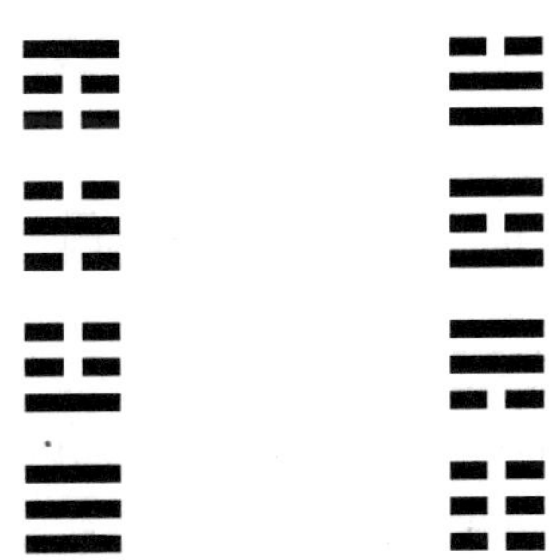

解说

阴阳之数，偶变而奇不变。然一奇亦不能变，一偶亦不能变也，故阴阳皆以三而成纯，是为乾坤。乾坤者，天地之性情也。天一下交于坤，其数三；地二上交于乾，其数亦三。前人谓三生万物，谓两仪并立，一气之上交下交者，即五行万物所自出也。乾下交于坤，坤上交于乾，初爻交而成震、巽，中爻交而成坎、离，上爻交而成艮、兑。邵子乾一、兑二、离三、震四、巽五、坎六、艮七、坤八，则以画卦之序言也。以天地之气化言，阳生于北，而东而南，时历六月，序更三时，则阳极而阴生；阴生于南，而西而北，亦时历六月，序更三时，而阴极生阳。阴阳屈伸消长，少阳、太阳、少阴、太阴，循环迭生，只此一元之气耳，八卦只此两仪顺逆颠倒而成。云四象生八卦者，太极著而为象，金木水火四者，显而有端，运而不息，在天则风雷鼓其气，在地则山泽布其形，而水火者又南北之中气，天地之精神，生化万物，莫不由此，即天地之妙亦尽于此，此八卦所以为神也。

五、八卦生六十四卦图

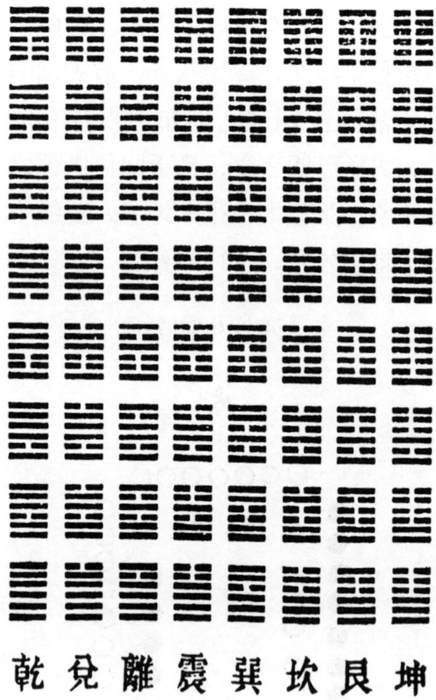

解说

阴阳各三，则成一卦矣。因阴阳循环，各老于六，故又倍三为六，以合天地之数。爰即八卦，错综颠倒而推衍之，为六十四卦。其序亦以乾一、兑二、离三、震四、巽五、坎六、艮七、坤八递生而成，是皆天地自然之理，而非有一毫私意造作于其闲也。及卦成之后，纵横逆顺，都成义理，随所取用，各不相悖。先儒谓未有《易》前，《易》在天地，既有《易》后，天地在《易》者，此也。由一阳、二阳、三阳、四阳、五阳而六阳，为复、临、泰、大壮、夬、乾六卦，阳生于子极于午也。由一阴、二阴、三阴、四阴、五阴而六阴，为姤、遁、否、观、剥、坤六卦，阴生于午极于子也。十二卦应十二月，而十卦仍乾、坤二卦消长之机。汉儒谓一阴一阳之卦各六，皆自复卦而来云云，即此义也。图之列序，以乾一、兑二、离三、震四、巽五、坎六、艮七、坤八次第而上。

六、伏羲八卦图

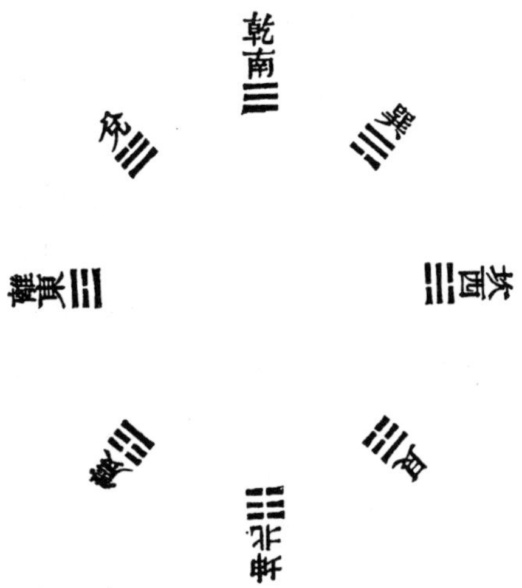

解说

此图方位取义，愚已详著于《说卦传》天地定位章，兹不赘。邵子所言画卦先后之序，乾一、兑二、离三、震四、巽五、坎六、艮七、坤八，即从此图左右依次而定，其于画卦次序相生之理至顺，然非图之本意也，不可执以解此图焉。

七、文王八卦图

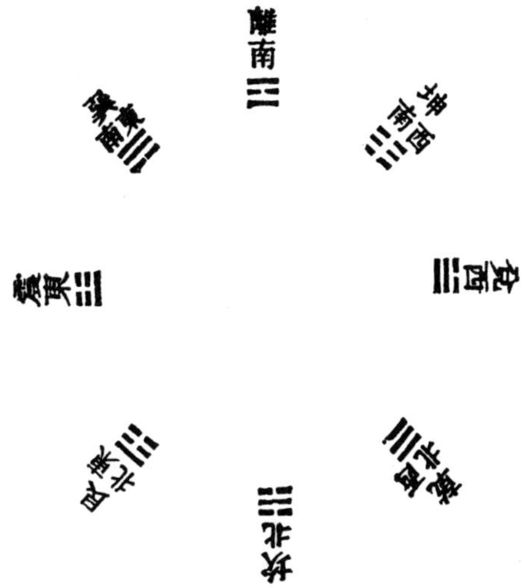

解说

右图取义，愚已详著于《说卦传》帝出乎震章，兹亦不赘。但二图虽分先天、后天，实互相发明，非判然二物。故夫子于先天图言通气、相薄、不相射等义，而总之曰八卦相错，于后天图言流行终始之义，而以一帝字贯之。人之生也，秉天地气化之正，得乾坤之正气，即坎离之真精也。天地生六子，而坎离独得乾坤中气，金木则水火之精华耳。纯阳纯阴者，天地；阴阳互宅者，日月。天地无功，以日月为功，故人得日月之华而生。阴阳互宅，水火易位，道心不纯，人心易起。知天地本一太极，则复性之功，只是返还受中之本然。后世言取坎填离，流为小术异端，不知取坎中之阳，实离中之阴，乃返还乾坤之正体耳。离中木液，是为流珠，人心之谓也；坎中金精，是为玉液，道心之苗也。克己者，克去离中阴私；复礼者，复还乾宫真阳。真阳，性也；阴私，欲也。前人假八卦以言性命，谓乾，性也，坤，命也。性本于天，命本于地，是人所以独得天之理以成性，得地之理以成形也。然天地只一太极，则谓得天地之理气而已，亦不容强分也。心中之阴私，逐物而迁，为善则难，为恶则易，人以为心之灵，不知其为性之贼也。然在受中之始，则心固浑然无欲，迨既生以后，始杂阴邪耳。故先天之心即性，孟子所谓性善也；后天之心不尽性，孔子所谓性相近也。未生为先天，既生为后天。先儒不明先后天之理，故于性情道心人心实际多影响。不明伏羲之图，乾坤定子午之位，坎离列日月之门，而山泽雷风鼓其机，此天地自然之理象，人之得天地而成性成形者，未始有异也。乾生于子而老于南，坤生于午而老于北，纯阴纯阳，只此一元运转之机耳。一元之气机不可见，于日月见之。山泽成形于地，雷风行气于天。有形之质，无形之气宰之，无形之气，实一定之理寓焉。由先天而后天，人物之所以生生不穷；由后天而先天，克己复礼之所以尽性立命。故此二图者，道学之渊源，非仅卦爻之象数也。然圣人洞明此理，不敢臆造，因图书呈光而始泄之，故图书者，又二图之所本也，而世乃有以图书为非者，何哉？

八、伏羲大圆图方图

解说

圣人既画八卦，因而重之为六十四卦，则天地万物之理尽于此矣。右方圆二图，圆象天，方象地，方者静，圆者动。以明六十四卦，天地同含此理，非分析以当天地也，其序则以乾一、兑二、离三、震四、巽五、坎六、艮七、坤八相次而成。方图横推，圆图左右旋以序。六十四卦本于八卦，八卦以乾坤为主，乾老于南，坤老于北。阴阳二气屈伸消长，而生五行。播五行于四时，仍一乾坤之运用而已。此图即先天小圆图而推衍之，以明造化流行不出乎此，而画卦自然之理亦可识矣。图传自陈希夷，朱子谓三代以后，流为方外，至邵子始返之于易道。然邵子据《说卦传》以解此图，其言数往者顺，知来者逆，实非孔子之意。诸儒绍述邵子，又各自为一说，于理非无可观，但泥于象数，不得圣人教人之意。且夫子惟言八卦，未及六十四卦也。六十四卦以次相生，亦只一阴一阳颠倒错综而成，其象如此，其所以屈伸往来消长变化，则固非人力之所与也。圣人即有象以著无象，而后人多泥象以求象，是以此图之解愈多，其义愈棼。今惟挈其大要，他不尽述也。

邵子曰：数往者顺，左旋，顺天而行，得已生之卦。知来者逆，右旋，逆天而行，得未生之卦。其所谓左旋右旋者，不合天地也，何可以解易数耶？其曰阳交于阴，阴交于阳，而生天之四象。刚交于柔，柔交于刚，而生地之四象。夫天地只一阴阳，夫子曰：立天之道曰阴与阳，立地之道曰柔与刚，立人之道曰仁与义。阴阳以气言，刚柔以质言，仁义以理言。不过明三才并立，性命为重

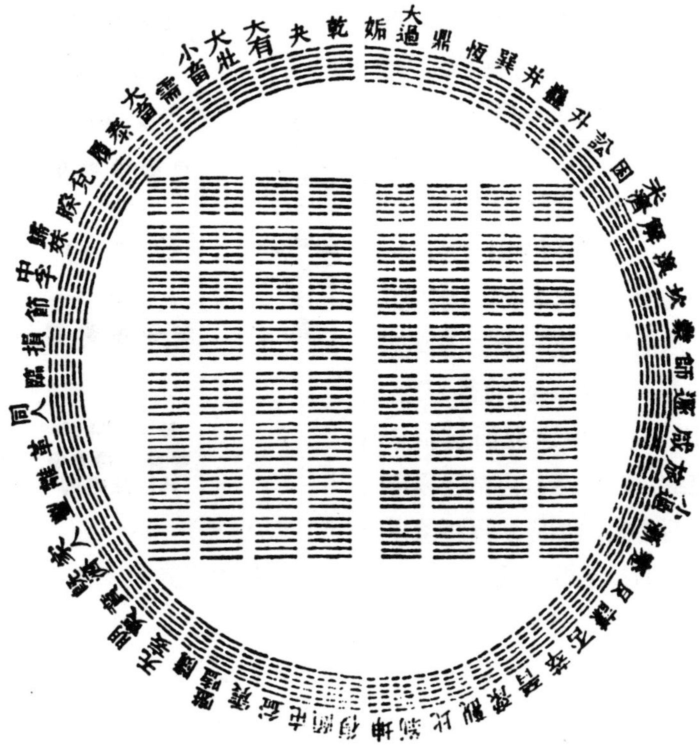

（八、伏羲大圆图方图）

之义耳，其实一也。天地岂判然自为阴阳刚柔哉。又谓画卦一分为二，二分为四，四分为八，八分为十六，十六分为三十二，三十二分为六十四。朱子取之，反以程子之说为非。然夫子明言参天两地而倚数，观变于阴阳而立卦，则邵子之说不如程子矣。特程子辞浑，亦未甚了然于卦之所以生耳。愚前两仪四象图说，已言其义，兹不赘。其曰乾以分之，坤以翕之，震以长之，巽以消之，长则分，分则消，消则翕也。乾坤定位也，震巽一交，兑离坎艮再交，故震阳少而阴尚多，巽阴少而阳尚多，兑离阳浸多，坎艮阴浸多，则亦第据此图消长之序而言。其实坤可言翕，而乾不可言分也。天包乎地，地孕乎天，乾坤交而大生广生，万古无穷。其消息者，阖辟气机，物感之而有生有化耳。一交再交，亦非天地之理。阴阳浸少浸多，犹无害耳。又曰无极之前阴含阳，有象之后阳分阴，是以无极为在有象之前，而不知有象之后，无极仍在也。复姤为阴阳之机，在天为四季消长大关，在人为阴阳升降理气，而于此图为尤切当。邵子所谓月窟天根者，是也。儒者疑其类道引家言，不敢以论此图，则非。又曰震始交阴而阳生，巽始消阳而阴生，兑阳长，艮阴长，震兑在天之阴，巽艮在地之阳云云，拘于卦画相生之序，不及顾天地自然之理，及圣人列八卦之蕴矣。又曰乾四十八而四分之一分，为阴所克，坤四十八而四分之一分，为所克之阳，故乾得三十六，而坤得十二。然圣人画卦，即天地之数而重至六画，顺逆错综，自成八八之数，以之该天地万物而有余，不应积算折除以为配合也。至谓复至乾，凡百一十有二阳，姤至坤，凡八十阳；姤至坤，凡百一十有二阴，复至乾，凡八十阴，则自然之数无伤于理者。盖邵子之学，工于数者，故其解《易》也，数理为多。圣人作《易》，理气象数，无所不包，而理为之本。今将明圣意以匡前贤，故不敢不缕析条辨，非好诋诃也，识者鉴之。

九、河　图

解说

太极之理气浑然耳，太极动静而分阴阳，阴阳流行消长进退，遂有五行。五行成质，则为金水木火土，其实止一阴一阳之精所凝结耳。循环相生，亦循环相克。克者乃其生之机，生者即其克之渐，而握其枢者土也。土本中气，天地合一太极之精，其显而为块然者，则天地之质耳。故金水

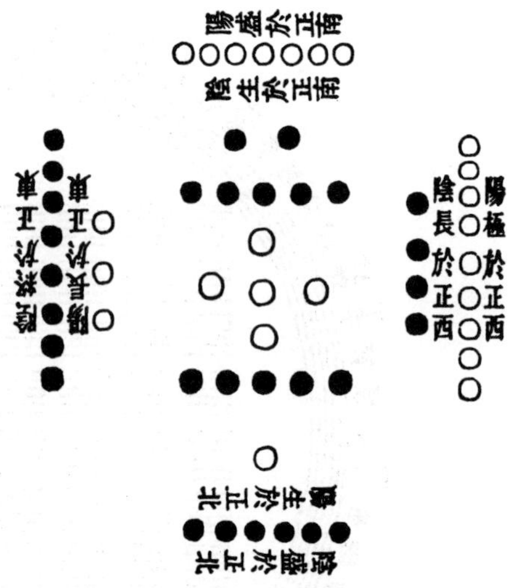

木火，悉生于其中。苍苍之天，包含乎地，苾苾之土，中孕乎天。以上覆者为天，以下凝者为地。即有象以分观，实则天地未尝两橛也。河图之象，中五与十，乃天地浑然合一之象，而由是而左旋相生金水木火，土仍归中央，所以明五行分布，一太极之理气运行也。若以阴阳之分著者言，则天一水旺于北，地二火旺于南，天三木旺于东，地四金旺于西，是四时之显象也。以阴阳之消长者言，天一阳始生，天三阳始盛，阳气用事之时，故阳在内为主，而阴在外。阳盛将衰，则地二阴生，地四阴盛，阴气用事之时，故阴在内为主，而阳在外。天一地二，其数得三，前人谓三生万物。盖天地之体用已全，故变化而生万物耳。倍一为二，而地四合之，则为六。倍二为四，而天一合之，则为五。五、六，天地之中

合，以天地相交在乎此也。天数五，地数五，合之则十。人得天地之中气，故五行成质，五性、五事、五脏、五官、五音、五色，分之各有其用，合之共为其用。河图五行分布对待，以呈其数，而流行之理已该。山泽通气，雷风相薄，水火不相射，八卦相错之理实原于此。伏羲则之以画卦，天一地六，一阳在中，而六阴外包，坎之象。地二天七，一阴在中，而七阳外包，离之象。天三地八，阳壮而阴消，震之象也。地四天九，阴壮而阳消，兑之象也。天五地十，为乾坤纯阳纯阴之体。艮巽虽无其象，而木火之气旺于东南，非巽风无以鼓其机；金水之气盛于西北，非艮山无以藏其用。且兑覆则为巽，震覆则为艮，有四象而八卦自成。故伏羲则之，设卦观象。不得谓河图止有金木水火，无由成八卦也。且河图洛书，同出伏羲之世，孔子已明言之，则伏羲画卦，固兼取图书之意而成。先儒拆补以配八卦，其说牵强，非圣人之意。而妄庸者流，又以河图、洛书为非伏羲所则，先天后天八卦图为陈希夷所撰，楚失而齐亦未为得也。

十、洛　书

解说

太极，理气之元，无声无臭，而动而生阳，静而生阴，著为万象，则有象数之可言。故五行者，阴阳之

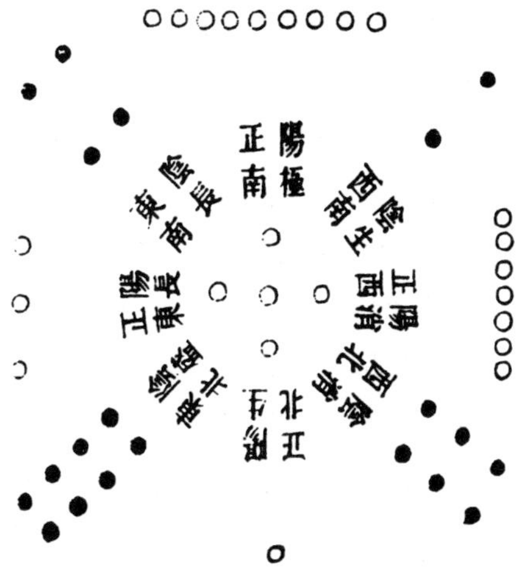

用，即太极理气之流行者也。阴阳递运，顺而出者，生生不穷，气不虞其尽乎，逆而克之，滴滴归原，理不有其宗乎。故相生者生物之理，相克者成物之义。前人谓之克则不能生，实不克则不能成耳。盖阴阳互为其根，即交相为用。阳施而阴受，即阴敛而阳舒。生化万物，莫不由此。若以人身理气言，受气于天而成质，受理于天而成性。人生而静天之性，是理气之浑然者，无稍欠阙，先天也。既生以后，形气用事，而知诱物化，非复太极之浑然，后天也。由后天以返先天，必有复性之功，诚身之学。故其自天而之人也，是生生之义。其自人而之天也，是克成之义。河图左旋相生，洛书则由中土而右旋相克。相生者即存于对待，相克者即寓于流行。此以见阴阳二气无闲断，无始终，即太极之浑然粹然者，万古如斯也。人为天地之心，所以不如天地者，止此

气质之拘，致生物欲之蔽，不克长存其浩然。圣人所以教人穷理尽性以至于命，而夫子曰圣人作《易》，将以顺性命之理，正谓此也。洛书中宫有五无十，明乎天地生生之理无一息停，其成者即其生之终，非有二也。且天地之生机浑然无声臭者，固不可测，而其可测者阴阳耳。阴阳之互宅者不易言，而其显呈者五行耳。阳生于北而消于西，其气左旋。阴生于西南而消于西北，其机右转。是四时之义所以成变化而生万物也。朱子曰：河图以五生数，统五成数，而同处其方，揭其全以示人，而道其常数之体。洛书以五奇数统四偶数，而各居其所，主于阳以统阴，而肇其变数之用。然河图洛书，相为经纬，常变二字，不可泥看。河图五十居中，象天地浑然之太极，而四象分著于外，水火金木，各居旺地，是四时递运，一元气之周流常在，是即变亦在是也。洛书五土生数居中，而一三七九依然，四象各旺其方，明乎生生之意流贯四时，象似变而理仍常也。先儒又谓河图数十，洛书数九，不知十者天地之合一，九者一元之流行。流行者，屈伸消长迹象易求，合一者，全体浑然无稍闲断。河图之数全于十，一三七九左旋而右，二四六八右旋而左，各成一十。一二三四生数在内，合为十，六七八九成数在外，合为三十，固无往非十也。然一三五之奇，合而成九，中土发水木之菁华。二七合而成九，离火炳乾宫之阳光。五与四合亦九也，金老于西亦九也，是其流行之机自在浑合之内。若夫洛书固以九为数也，然虚中土以为太极。一九、三七、二八、四六，皆相对而成十，故河图九含于十，洛书十含于九，则河图以成先天卦画。乾三坤六震五巽四兑离四艮坎五，亦用九数之意，则洛书以合后天卦位。乾六巽四坎一离九艮八坤二震三兑七，亦用十数之意。圣人设卦观象，固未尝以十与九为判然两端，图书必相参，而天地之义始全。先天后天卦位亦互观，而变化之神始见。夫子曰河出图，洛出书，圣人则之，固谓伏羲画卦也。至禹王演畴数止于九，不过因天地变化，以九为用，而综经世理物之凡，列为九端，亦如夫子论文武之政，撮其大要，列为九经。岂区区规合于数，谓图自图而书自书，《易》自《易》而《范》自《范》乎？蔡元定谓伏羲但据河图以作《易》，不必豫见洛书，而已逆与之合。大禹但据洛书以作《范》，不必进考河图，而已暗与之符。以此理之外无复他理，盖已见其同原共贯矣。而不敢决图书为皆出伏羲时，则误信汉儒之过也。学者详之。

上古风气浑朴，至伏羲时，民气渐华，天乃假图书以泄大道之机缄。圣人因而画卦，以通神明之德，以类万物之情。此非仅祥瑞物也。后世附会以为怪诞之说者，则有如顾野王以洛书农用、敬用十八字，为神龟之所负；班固以初一至六极六十五字，为洛书之本文。谶纬之书，谓河图有九篇，洛书有六篇。不知夫子但言图书出于河洛，何尝言有文字。其第以图书为天瑞而神其说者，则有如《路史》野王符瑞图云，黄帝轩辕氏省河过洛，龙鱼负图，上有文字。郦道元《水经》云，帝尧修坛河洛，有五老游焉，谓河图将来告帝期，言讫，五老化为流星入昴。而《论语比考》谓孔子亦云然，《书中候握河纪》、孙氏《图瑞》皆同其说。又谓周公践阼，青龙衔甲，元龙背书。纷纷怪异之谈，皆徒知图书为瑞物，而不知天启大道，圣人觉世牖民之心也。天道至秘，然人道即是天道，但无端奚从尽窥图书牖圣人之智。圣人发天地之藏，期与民偕于大道。而以曲说乱之，宁不可叹。又或谓朱子《四书集注》成，有图书现，此其附会妄诞，尤堪一噱。今略举其概，学者慎毋为邪说所惑可也。

图书既同出于羲世，为《易》所本，而汉魏晋唐宋初之儒不见图书，何也？朱子云，秦火以后，儒者不能守，而流为方伎家。其说然也。陈希夷知其为大道根源，始显传之。穆修、种放，从希夷游，穆得其古《易》，种得其图书。穆传李之才，再传而至邵子。种传李溉、许坚、范谔昌，四传而至刘牧。刘亦发挥图书，有《易象钩隐图》。然邵子以十为“河图”，九为“洛书”；刘则以九为“河图”，十为“洛书”。盖传远不免自为一家言。当时有阮逸者，作关子明易，阮与穆、种同时，盖因二家而得见图书，然所传未广。故欧阳公、王临川与阮亦同时，而不及见图书。欧阳直以二卦为河图，而不信有洛书，并疑《系辞》非孔子作。王氏虽不以为无，而其说图书，皆以臆断。至朱子然后断其可信，而表章邵子。此朱子之为功大也。第朱子之说亦多偏于数学，后人从而推衍其说愈支，其义愈浅。今皆略之。诚以图书为大道之原，三才奥义悉具于斯，至衍之为星历占课等事，皆不出其范围，然于至道为鳞爪。盖夫子已明言圣人作《易》，将以顺性命之理，则河图者性命之原，不宜第以数论。且图书之数虽千变万化，只是一阴一阳盈虚进退，而阴阳消长进退只一太极理气流行。若昧其本而逐其流，未有不为方伎所乱者也。方伎亦非无补于世，而令人不得性命之原，不知人所以承天地之道，则大可惜也。故愚于邵子、朱子计算之说且多不取，其他可知。明者必有以愚言为然也。

十一、六十四卦反对变不变图

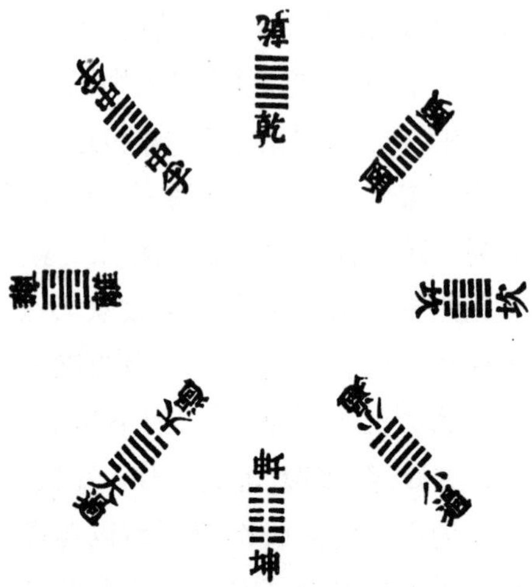

一体不变八卦

二阴四阳二阳四阴反对各十二卦

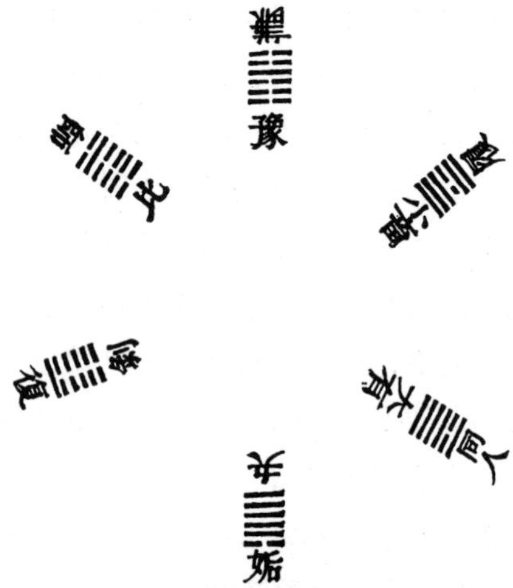

一阴五阳一阳五阴反对各六卦

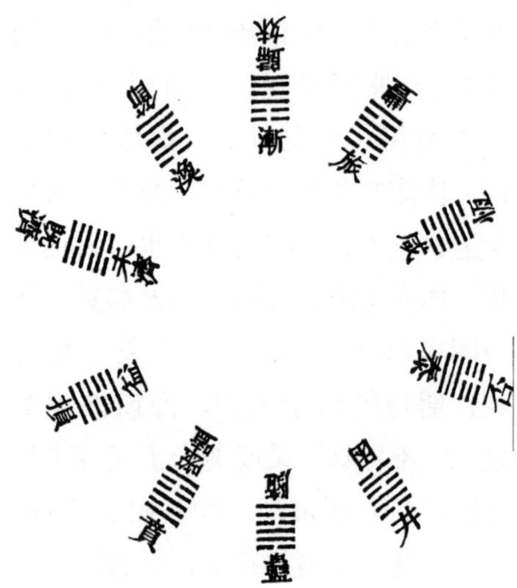

三阴三阳反对各十卦

解说

孔子曰：易有太极，是生两仪，两仪生四象，四象生八卦，八卦定吉凶，吉凶生大业。又曰：八卦成列，象在其中矣。因而重之，爻在其中矣。又曰：庖羲氏始作八卦。而下文历举盖取诸云云，所以明太极之理流行散布，有自然之理象，而圣人因则图书以为卦，因八卦而重为六十四卦，皆伏羲所作。其止言作八卦，而不言作六十四卦者，以六十四卦不外于八卦。故上言作八卦，而下文历举十三卦，错文以见意也。前人拘泥不通，乃谓伏羲第作八卦，文王始重为六十四卦，而于是异说纷起。为古河洛图者有之，为古伏羲图者有之。衍之为象数，推之为占历，其说愈多，其义愈末。使后之学者，视《易》学为畏途，而不得其向方，深堪悼矣。夫圣人作《易》，固将使天下之人同归于大道，大道之实，不离日用伦常，日用伦常，根极于性命而原于天地。天地之理数著于万事万物，物物各有一理，万理归于一理，《易》之为书，言此而已。乾坤生六子，八卦生六十四卦，皆自然而然，不假丝毫造作，何有于铢铢而积之，寸寸而析之也哉？即铢积寸析，亦非无与于道，而所以然者不在焉，故弗贵耳。吾蜀来矣鲜于《易》甚勤，惜其学未至，所列诸图，多不免纯驳之互见。惟反对变不变图，简易明白，实胜前人，今特录之。而凡昔人所谓互卦、变卦等说，皆可类推。学者不必沾沾求合于传注，惟期不谬于圣人则得矣。

十二、八卦取象歌

☰ 乾三连	☷ 坤六断
☳ 震仰盂	☶ 艮覆碗
☲ 离中虚	☵ 坎中满
☱ 兑上缺	☴ 巽下断

十三、上下经卦名次序歌

乾坤屯蒙需讼师，比小畜兮履泰否。
同人大有谦豫随，蛊临观分噬嗑贲。
剥复无妄大畜颐，大过坎离三十备。
咸恒遁兮及大壮，晋与明夷家人睽。
蹇解损益夬姤萃，升困井革鼎震继。
艮渐归妹丰旅巽，兑涣节兮中孚至。
小过既济兼未济，是为下经三十四。

十四、分宫卦象次序

乾坎艮震为阳四宫，巽离坤兑为阴四宫，每宫阴阳八卦。

乾为天	天风姤	天山遁
天地否	风地观	山地剥
火地晋	火天大有	坎为水
水泽节	水雷屯	水火既济
泽火革	雷火丰	地火明夷
地水师	艮为山	山火贲
山天大畜	山泽损	火泽睽
天泽履	风泽中孚	风山渐
震为雷	雷地豫	雷水解
雷风恒	地风升	水风井
泽风大过	泽雷随	巽为风
风天小畜	风火家人	风雷益
天雷无妄	火雷噬嗑	山雷颐
山风蛊	离为火	火山旅
火风鼎	火水未济	山水蒙
风水涣	天水讼	天火同人
坤为地	地雷复	地泽临
地天泰	雷天大壮	泽天夬

水天需　　水地比　　兑为泽
泽水困　　泽地萃　　泽山咸
水山蹇　　地山谦　　雷山小过
雷泽归妹

右三者朱子《本义》所列，前二歌以示初学，《分宫卦象》则为占卜家用，均不可废者也，故彩存之。

附　录
旧题唐·吕嵓《易说》

（编者按：此书仅见《道藏辑要》，旧题唐·吕嵓撰，《中国丛书综录》著录亦同。然其书中称引北宋邵雍之名，则显为邵雍以后人之伪著。因其著年不能确定，故附于编末，以备一观）

一、先天混极图

解说

混极者，虚中之象也。苞象数于清浊未分之内，具形器于图书将判之先。其气机毕具者，言两仪、四象、八卦之理，暗然藏伏，所谓体不杂乎阴阳之太极也。形器已呈者，言虽有仪象卦画之分，而其所以然之理，初无声臭之可求，所谓用亦不离乎阴阳之太极也。

二、先天元极图

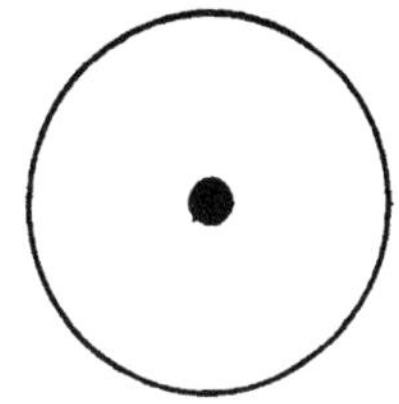

解说

元极者，本元始之凝合，藏太和之细缊，粹至精而无色，含一气而无形，正有物浑成，先天地生之谓也。居混沌之先，清浊一致；具阴阳之体，变化有机；包三古而立混极之元，还终天而为始天之化，兹非太极之气母乎？是以知无终尽之机者，易也；有相生之本者，乃元极之神也。性超无极而独立者，乃能见之。

三、先天灵极图

解说

灵极者，藏妙有于虚灵之内，体真无于有极之先，不别而自分，不凿而自窦，将以启造化之初机，发灵光之始窍。《经》云：常无欲以观其妙，有欲以观其窍。正此时之探取也。道虚则大，心虚则灵，故灵极为天地之始窍，即为万物之化源也。

四、先天太极图

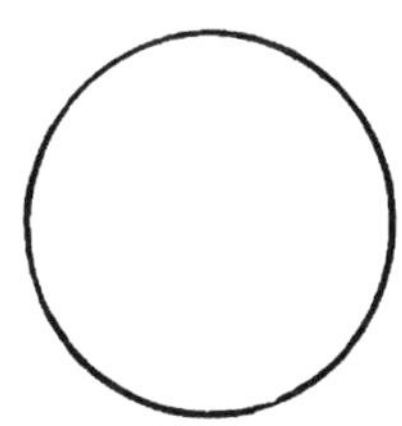

解说

太极者，灵极之渐辟而渐虚者也。洞然不杂于阴阳，朗然不亏于元体，存变化于无定极之中，而阴阳自有至定极之理，所以上之一即阳之奇也，下之二即阴之偶也，其中以奇偶之画合而歧之，即人也。人之用出于阳之上，而包于阴之外，故能参天两地而成位乎其中也。不言元极，则太极同于一物，而不足为万化之本根；不言太极，则元极沦于空寂，而不能为万物之资始，是以动静无端，阴阳无始，正太极之妙用也。

五、中极动静图

解说

中极者，即灵极本来之真体。太极初分之始，机向之凝者渐融，形者渐运，阳动而上，动中有阴；阴静而下，静中有阳。静极则为动之体，动极即为静之用，交相体用，运行不息。静则阴之体立，而阴以分；动则阳之用行，而阳以分。但阴阳当以上下分，不当以左右列，动静当以生中含化，不当以极后推复也。故太极本自嶷然，乘气机而端，变化本于刚柔相生之至理，非有颠倒造化之，能转移乾坤之力者，不能知其所以然之妙也。

六、少极变化图

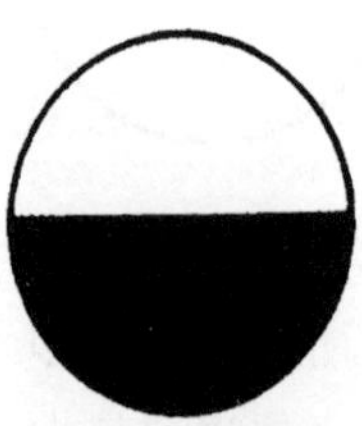

解说

少极者，一奇立于其中，二偶分于左右，阳气屈曲于其下，积气尚微，生机尚伏，故谓之“少”也。但阳既动，而轻清者上浮；阴既静，而重浊者下沉，则天气升而生化，地气降而化生，由是一元真气充塞两间，生生不穷，化源具备已。如阳始生为水，水尚柔弱，必至生木，而气始强盛；阴始生为火，火尚微渺，必至炼金，而力始坚固，故水为阳之稚，木为阳之盛；火为阴之稚，金为阴之盛也。老阳、老阴不能复生，必得少阳、少阴而后能成生育之功。少极继生生于太极之后者，岂非为三才之朕乎？

七、太阳图

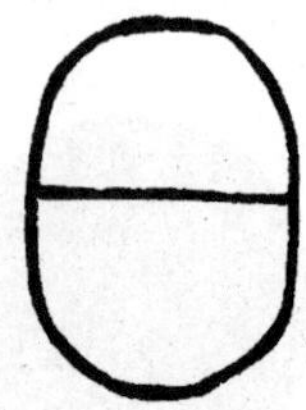

解说

太阳者，日也，以太极之全体一画横亘于其中，精实而不亏，故日为太阳之象也。但日虽阳精，质本乎阴，燠万物而化光者，必资于月质之合。始阳得蔽而不泄，是以日之体本阴，阴之精藏乎阳也。得其体，则万古不变，相兼以成者，即相待以久之理也。此日之所以交于月而成易也。

八、太阴图

解说

太阴者，月也，以太极之分形，二画并列于其中，精虚而不盈，故月为太阴之象也。但月虽阴精，质本乎阳，丽万物而有常者，必借于日光之合。始阴有主而不散，是以月之体本阳，阳之精藏于阴也。得其用，则盈虚有度相克于隐显者，即相制于上下之理也，此月之所以承于日而成易也。

九、象明图

解说

象明者，因日月之象而合之以成明，因日月合明而体之以成易，故悬象著明，莫大乎日月，日月之道，贞明者也。贞明者，易之义也。盖日东月西则为明，日上月下则为易，阴阳变化特一旋转运用之间耳。故易之体用，不胶于离南、坎北之方位，不睽于先天、后天之推移，隐显融通，一名而含三义，其易之谓乎？以交代而名，则曰“易”，所谓生生不穷是也；以常体而名，则曰“不易”，所谓定位不移是也；以改革而名，则曰“变易”，所谓变则必通是也。“易”者，其德也；“不易”者，其位也；“变易者”，其气也。以往来环转之机律，上下一中之理，岂非日月相推而明生焉之谓乎？

十、三才图

解说

三才者，以偶之二，叠于奇一之上，数象合三，乃天、地、人之全体也。天开于子，地辟于丑，人生于寅，以人而具二气之精，立两仪之极而首出乎其中矣。以藐然之身，而乃与天地并立为三，至其为道，又与天地混然而无间，其可不知所以自立之义哉！盖盈天地之间者，惟万物，而人居万物之一。物之感人，人之应物，无时不然。及其扩充运用，正三纲，明五教，序万事，穷理尽性以至于命；致中和，赞化育，参天地而相与于无穷者，人又与太极同其功用也。故易之为书也，广大悉备，有天道焉，有人道焉，有地道焉。立天之道曰阴与阳，立地之道曰柔与刚，立人之道曰仁与义也。是以三才之统，还于太极之一也。

十一、八卦合洛书数图

解说

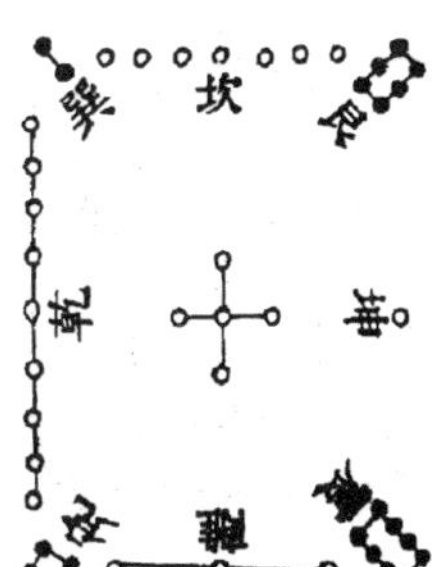

先天八卦，乾、兑生于老阳之四、九；离、震生于少阴之三、八；巽、坎生于少阳之二、七；艮、坤生于老阴之一、六，其卦未尝不与“洛书”之位数

相合。

上古神龟出洛，其数戴九履一，左三右七，二、四为肩，六、八为足，五居其中。以一、九、三、七阳数，居四正之宫；二、八、六、四阴数，居四隅之地，始于一，而终于九。五行之性，顺则相生，逆则相克，而以一、六水克二、七火；二、七火克四、九金；四、九金克三、八木；三、八木克中五土；中五土克一、六水，右旋一周，以见循环制化之理。“洛书”之序，自北而西，右旋而相克。然相待之位，东南四、九金，生西北一、六水；东北三、八木，生西南二、七火，而相生已寓乎相克之中。盖造化之理，克而不生，则所克者必至灭绝，已是以克里含生。生之即所以成其克之之权，相克而有相生之机，于“洛书”而见之矣。

十二、八卦合河图数图

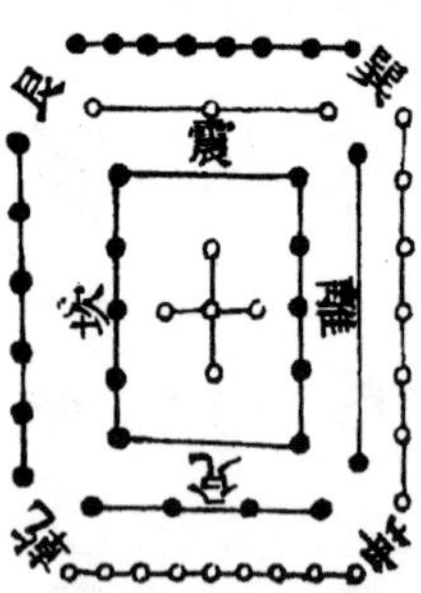

解说

后天八卦，坎一、六水；离二、七火；震、巽三、八木；乾、兑四、九金；坤、艮五、十土，其卦未尝不与“河图”之数位相合。此“图”“书”所以相为经纬，而先、后天亦有相为表里之妙也。

上古龙马负图出河，其阴阳奇偶错综分列，皆本乎天地自然之文。伏羲则而象之，绎成为图，其于八卦之义，自相吻合，生数居内，成数居外，一、二、三、四、五，生数也，六、七、八、九、十，成数也。一乃数之始，十乃数之终，五为天地之中，数即阴阳之统会也。阳生阴成，阴生阳成，内外配合，五行各居其方。生数至五已极，一乘五为六，故一、六同位于北；二乘五为七，故二、七同位于南；三乘五为八，故三、八同位于东；四乘五为九，故四、九同位地于西；五乘五为十，故五、十同位于中。合而观之，奇偶并处，阴阳类从，乃相得有合，而同处其方，并行而无碍者也。观其相生之序，一、六水生三、八木；三、八木生二、七火；二、七火生五、十土；五、十土生四、九金。金复生水，左旋一周，以见生生不穷之义。

“河图”之数，自北而东，左旋而相生。然对待之位，北方一、六水，克南方二、七火；西方四、九金，克东方三、八木，而相克者寓于相生之中。盖造化之理，生而不克，则生者无有裁制，非天地一生一成之功也。是以生中带克，克之正，所以全其生之之德。先天以克为生，于“河图”而见之矣。

十三、阳奇图

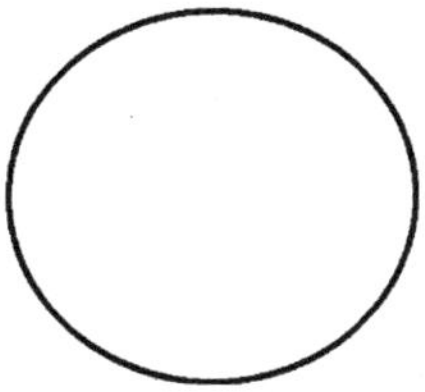

解说

阳奇者，包羲氏仰观俯察之余，见天之不满于西北也。故将太极之全体，欲分补其西北，而申之使直焉，则为一而横陈也，于是画一画以象之。其数奇，即谓之奇，阳之所以一而实也。而天运之左旋，四气之顺布，莫不自天门之辟而出之矣。彼圣人者，岂徒为一画而已哉！

十四、阴偶图

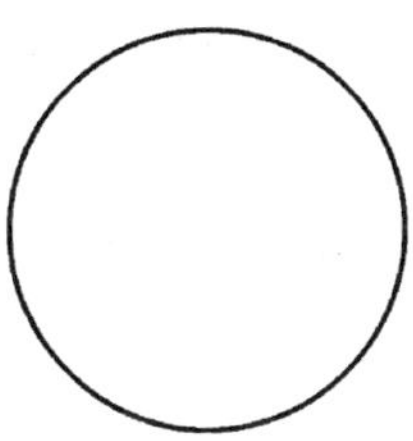

解说

阴偶者，包羲氏又有见于地之不满于东南也，复将太极之全体欲分补其东南，而析之使两焉，则为一而并列矣。于是断一画以象之，其数偶，故谓之偶。阴之所以二而虚也，而寒暑之平分，山河之两截，莫不自地户之辟而见之矣。作易者，岂泛然为二画而无本欤？

十五、两仪生四象图

十六、四象生八卦图

解说　十五、十六两图并说

自太极相涵，阴阳摩荡，左阳右阴，两仪判矣。一元含化，两两相摩，阴阳老少，四象见矣。四象相摩，循流环转，分方定位，八卦成矣。此皆从天地氤氲之气，自相摩荡而成，非强为布置于其间也。或谓乾、坤定位于上下，坎、离分衡于左右，艮山峙形于西北，兑泽通气于东南，以明天高地卑，日东月西，山起有原，水归有委，春近必雷，秋近必风之理。虽然，此亦是先天卦位已定其气机，岂因变化相合，而后定先天之卦位哉！天地之初，未有此形，先有此气；未蕴此气，先藏此理，理不可见，是为“无极”。及其无中生有，体象浑沦，其气氤氲将以化醇，是为“太极”。太极摩荡而生两仪，左为阳，右为阴也。两仪摩荡，而生四象，则有太阴、太阳、少阳、少阴之别。四象摩荡而生八卦，自然乾南坤北，离东坎西，兑居东南，艮居西北，巽居西南，震居东北矣。圣人亦何尝别其义以强合哉！不过就太极相涵之数，与太极初分之理推移以定斯位，故天上地下，日东月西，山起有源，水归有委，春近必雷，秋近必风之数，自具于中，岂强为布置于其间也耶！自震而离，而兑，而乾，阳之复也，故为顺；自巽而坎，而艮，而坤，阴之渐也，故为逆。阳生于子中，而极于午中；阴生于午中，而伏于子中。其阳自东而南，其阴自西而北，故乾尽午中，坤尽子中，坎尽酉中，离尽卯中，乃阴阳对待之理，即阴阳起伏之机也。观日以亥子，观月以晦朔，岁以冬至为始，令以四季为序，此正阴阳相交，动静相生之妙也。故知太极无所不包，则知两仪四象八卦之变化，无不涵蕴于其中也。此即气化自然之理矣。

十七、乾坤阖辟图

解说

《易》曰：辟户谓之乾，阖户谓之坤，一阖一辟谓之变，往来不穷谓之通。是以阴阳阖辟之法，象不独取诸卦画，而取诸乾、坤也。以乾、坤为大父母，自一阳生于子，传至巳而六阳气足，则长养之用已极。卦为一阴生而继之以姤，自一阴生于午，传至亥而六阴气盈，则肃杀之机已极。卦为一阳生而继之以复，阴极生阳，时之至子一阳来复，乃以柔遇刚也。丑二阳为临，寅三阳为泰，至正月而乾道小成矣。盖言泰卦之下体成乾也。卯四阳为大壮，辰五阳为夬，至巳而六阳已极，乾体大成，纯阳太过，不可用事。当此时，万物皆动，故乾之六阳为辟。阳极生阴，时之至午，一阴生而为姤，此以刚遇柔也。未二阴为遁，申二阴为否，至七月而坤道小成矣。盖言否卦之下体成坤也。酉四阴为观，戌五阴为剥，至亥而六阴已极，坤体大成，纯阴不及，不能用事。当此时，万物皆静，故坤之六阴为阖。然阴极生阳，阳极生阴，自子至巳乾爻主之；自午至亥，坤爻主之，乾坤定位乎其中，阴阳化形于其外，互相消息，环运不穷，是以一阳息则一阴消，一阴进则一阳退也。往来变通之妙，不于此而可见哉！

十八、伏羲则河图以作易图

解说

横图者，卦画之成数；圆图者，卦气之运行。以卦配数，离、震、艮、坤为同，而乾、兑、巽、坎为异。盖以阴之老少至静而守其常，阳之老少至动而通其变故也。

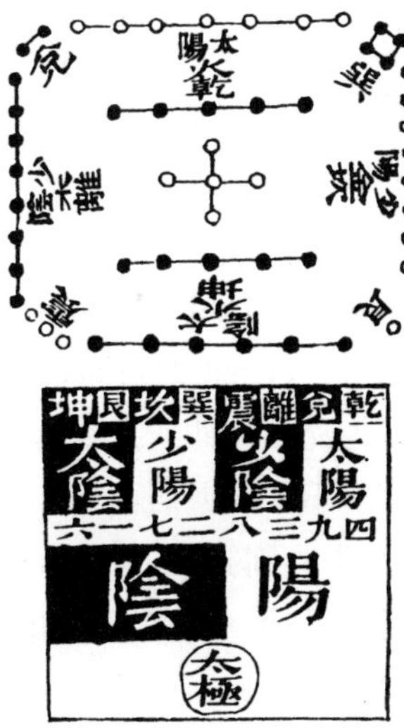

（十八、伏羲则河图以作易图）

十九、大禹则洛书以作洪范图

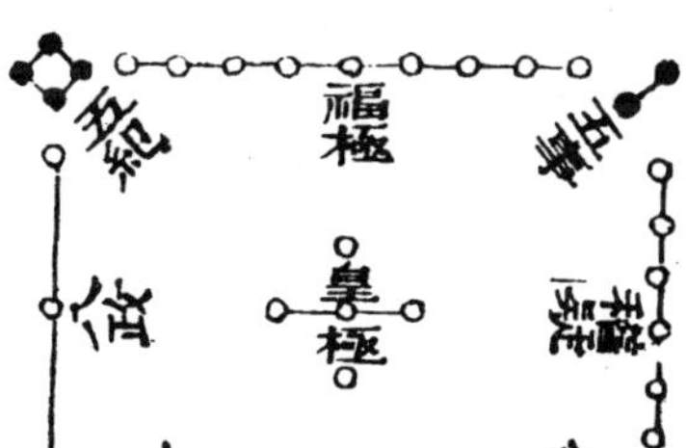

解说　十八、十九两图并说

天乃锡禹“洪范九畴”，彝伦攸叙，初一曰五行，次二曰敬用五事，次三曰农用八政，次四曰协用五纪，次五曰建用皇极，次六曰乂用三德，次七曰明用稽疑，次八曰念用庶征，次九曰向用五福，威用六极。“洪范九畴”配九宫之数，阴阳之用备矣。

伏羲继天而王，受“河图”而画之八卦，禹治洪水，锡“洛书”而陈之九畴。“河图”“洛书”相为经纬，八卦、九章相为表里。大抵经言其正，纬言其变，而二图之左旋右转，右转左旋，互为正变者也。主“河图”而言，则“河图”为正，“洛书”为变；主“洛书”而言，则“洛书”为正，而“河图”又为变。要之，天地间不过一阳一阴而已，太极主乎中，两仪转乎外，五行变动于参互之间，即可攸分经纬，而相为表里也。是以“河图”不但可以画卦，亦可以明“畴”；“洛书”不特可以明“畴”，亦可以画卦。当时圣人不过因时论事，取象垂法耳。若以变通言之，伏羲之画卦，其表为八卦，而其里固可以为“畴”；大禹之叙“畴”，其表为“九畴”，而其里固可以为八卦。“河图”之文，七前六后，八左九右。“洛书”之文，九前一后，三左七右，四前左二，前右八后，左六后右。象以圆者为星辰，方者为井地；以奇者为阴用，以偶者为阳用，而羲文因之而作《易》，禹箕叙之而作《范》也。则知相通互用之妙，天下之万象，不出乎一方一圆；天下之万数，不出乎一奇一偶；天下之万理，不出于一动一静；天下之万声，不出于一阖一辟也。探索于此，可以体天地而知变化也矣。

二十、太极中分八卦图

解说

“太极中分八卦图”，以伏羲“横图”合观之，则阴阳上下之分，八卦内外之别，了然在目，则知画前有易，便可参先天造化之机矣。

二十一、伏羲八卦方位图

二十二、伏羲八卦次序图

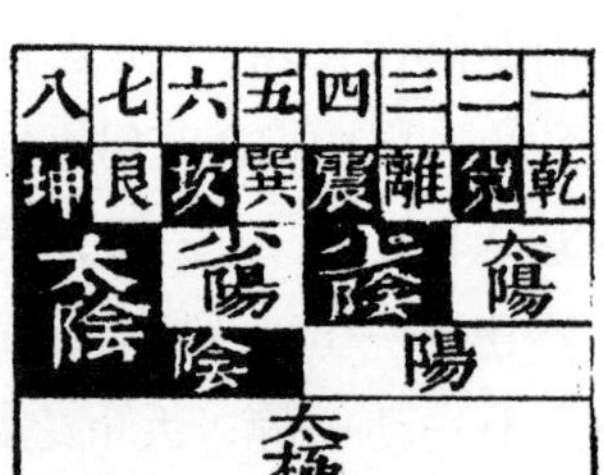

解说 二十一、二十二两图并说

伏羲八卦，乾、坤、坎、离为四正，震、兑、巽、艮为四隅，所谓“先天”也；文王八卦，坎、离、震、兑为四正，乾、坤、艮、巽为四隅，所谓“后天”也。先天之为后天也，以变易而成也。四正相交，则变其卦体；四隅不相交，则易其方位。乾交于坤，而变为离；坤交于乾，而变为坎；离交于坎，而变为震；坎交于离，而变为兑，此四正之交也。坤得乾而以阴承阳，则退居西南；乾得坤而以阳薄阴，则退置西北。坤居巽位，则巽顺乎坤，而移于东南；乾居艮位，则艮避乎乾，而移于东北，此四隅之易位也。造化之变易，自然而然也。乾、坤为父母，而坎、离代其位，震、巽用其权，艮、兑终其事，故坎、离者，乾坤之用，而六子之体也。坎卦阳里而阴表，离卦阴里而阳表，阴阳之交，即性命之蒂也。六虚之动，坎离之运用也。万化之流，性命之根源也。是故八卦者，天体之自然也，即心体之自然也。圣人则而象之，理而分之，本无矫强之智也。

二十三、文王八卦方位图

二十四、文王八卦次序图

解说 二十三、二十四两图并说

先天之为后天何也？乾自南而北，以与坤交，则退居亥位；坤自北而南，以与乾交，则退居申位。亥者，水之父也；申者，金之母也。乾居父位以生水，而坎子居北，故水为天一子，首十二辰也。水生木，则震居东；木生火，则离居南；火生土，则坤居西南；土生金，则兑居西，至于金，则又生水焉。土本居中，分王四方，是以乾、坤、艮、巽，皆土位也。坤为阴木，而收火之余气，则不过寒，故能生金。艮为阳土，而藉水之余气，则不过燥，故能资木。乾之阳金，得土而旺，故先为父以生水。巽之阴土，得土而培，故能为母以生火。金、水相生，乾居其中，此乾为阳而主生气也。火、金相克，坤居其中，此坤为阴而主杀气也。五行之变化，虽不可胜穷，而生生之理不外乎此也。生所以制克，克所以继生，即太极之周流也。自强不息，体于此也。

二十五、六十四卦方圆图

解说

伏羲之图，所谓八卦方位也，外此而“横图”也，“圆图”也，方图也，则皆邵子之图也。图从中起，其心法也，三图不同，其揆一也。“横图”之序，始乾终坤，而震、巽居其中，阴阳不起于乾、坤，而起于震、巽也。震、巽者，阴阳之初也。由震、巽而坎、离，由坎、离而艮、兑，由艮、兑而乾、坤，所谓图起于中，原于此也。即“横图”之两仪中分之，则为“圆图”；即“横图”之八卦重累之，则为“方图”。“圆图”周围皆八也，而震、巽居中为之交接；“方图”纵横亦皆八也，而震、巽居中为之联属，故图起于中者，震、巽为之也，即天之根也，月之窟也，六十四卦之枢也，在人心则寂感之交也，在事物则万化之本也，此先天定位之玄机也。

二十六、六十四卦刚柔相摩图

解说

观“八卦相生图”，阴阳迭运，刚柔相摩，乃太极中变化之本根也，正指二气之相成也。盖天体至圆，运行不息，其行日夜一周，绕地左旋。两极不动，北高南下，阴阳交感，阳自东升，阴自西降，南随阳气上升而牵于左，北随阴气下降而则牵于右，

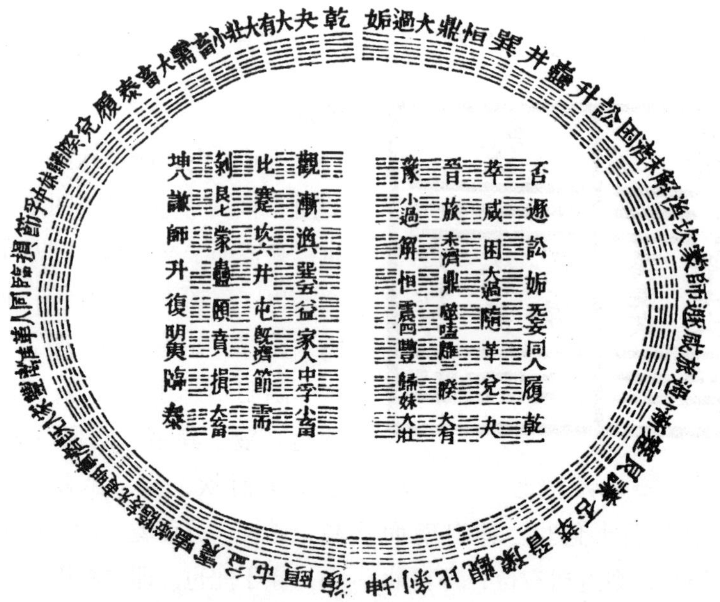

（二十五、六十四卦方圆图）

（二十六、六十四卦刚柔相摩图）

自外动而观乎变，理虽繁可以执一御也；由内静而返之极，义虽博可以一名举也。得其自然之主，不宰之宰，则六十四卦，原无卦也；三百八十四爻，原无爻也。是故卦画有先后，而理气无后先，阴阳为动静，动静即阴阳，以至神者而象之，至妙者而物之，可方可圆，变动不居，易之形象明矣，而天道自然之运亦明矣。

二十七、六十四卦节气图

解说

易之数由逆而成，逆知四时之谓也。盖太阳未交以前，乾未生也。自其上生一奇，则为乾，而兑犹未生也，然其生之势不容已。不必太阳上生一偶，方知其为兑；即乾而逆推，兑于未生之前，已知其必为兑矣。少阴未交以前，离犹未生也，自其上生一奇则为离，而震犹未生也，然其生之势亦不容已。不必少阴上生一偶，方知其为震，即离而逆推，震于未生之前，已知其必为震矣。自巽五至坤八，其所推者亦然。如是春而推夏，知春之后必为夏；自夏而推秋，知夏之后必为秋；自秋而推冬，知秋之后必为冬。以气相接，以神交换，所谓逆知四时之谓者此也。以节候合卦气

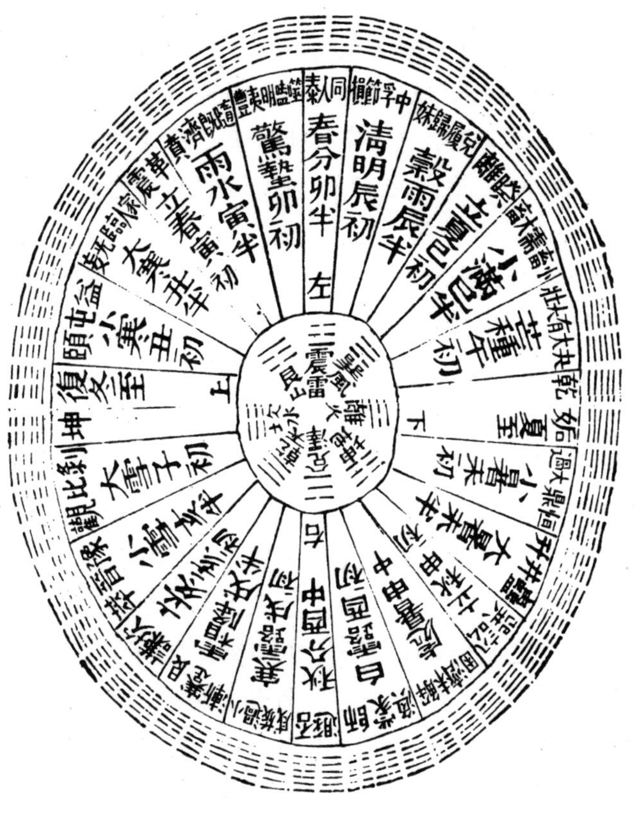

而言之，复为冬至子之半，颐、屯、益为小寒丑之初，无妄、临、家人为大寒丑之半，震、革为立春寅之初，贲、既济、随为雨水寅之半，丰、明夷、噬嗑为惊蛰卯之初，泰、同人为春分卯之半，损、节、中孚为清明辰之初，归妹、履、兑为谷雨辰之半，离、睽为立夏巳之初，大畜、需、小畜为小满巳之半，大壮、大有、夬为芒种午之初，至乾之未交夏至午之半焉。此三十二卦，皆进而得。夫震、离、兑、乾，已生之卦也。姤为夏至午之半，大过、鼎、恒为小暑未之初，升、井、蛊为大暑未之半，巽、讼为立秋申之初，困、未济、解为处暑申之中，涣、蒙、师为白露酉之初，遁、否为秋分酉之中，咸、旅、小过为寒露戌之初，渐、蹇、艮为霜降戌之半，谦、坎为立冬亥之初，萃、晋、豫为小雪亥之半，观、比、剥为大雪子之初，至坤之未交冬至子之半焉。此三十二卦皆进而得。夫巽、坎、艮、坤，未生之卦也。二分、二至、四立，总为八节，每节各计两卦。以震之一阳初生同革卦，为立春之值候；以离之一阴初生同讼卦，为立秋之值候；以离之一阴中伏同睽卦，为立夏之值候；以坎之一阳内伏同谦卦，为立冬之值候。以三阳三阴上下平分，阳在下者，为春分之值候；阴在下，为秋分之值候。以一阳生于五阴之下，为冬至之值候；以一阴生于五阳之下，为夏至之值候。纪分四序，气合八卦，左行合于先天已生之阳数，右转合于后天未生之阴数，大易之秘见于斯矣。

二十八、阴阳律吕生生图

解说

“阴阳律吕图”以见阴阳往来，隔八相生之义。乾为八卦之首，以类相从，配黄钟而起子，即先天坤位，乾、坤始交之义也。故一阳生于子，而为万化之根。坤为老阴之偶，就其眷恋隔八下生配林钟而起未，后天坤位乃归根复命之机。子、寅、辰、午、申、戌阳也，乾之属也。三男从父，长男虽当午位，代父之职，不敢自专，原从父而起子。坎中男也，故起于寅；艮少男也，故起于辰。丑、亥、酉、未、巳、卯阴也，坤之属也。三女从母，故长女起丑，中女起卯，少女起巳。巽居未而起丑，离居酉而起卯，兑居亥而起巳者，故内卦三爻位从我外而推，外卦三爻方从我后而出。巽不从母起未，而从本宫相对起丑者，长女乃阴之始，其势方长，故内从夫志而外承母谊。离之先天居卯，帝出乎震，天下大明矣。兑之先天在巳东南泽国，水归有委矣。坎中男眷恋中女，而傍先天之离。寅乃火之长生，木火相交，助其生机也。艮少男眷恋少女而邻先天之兑，山泽通气，意有所属矣。阳刚用事，

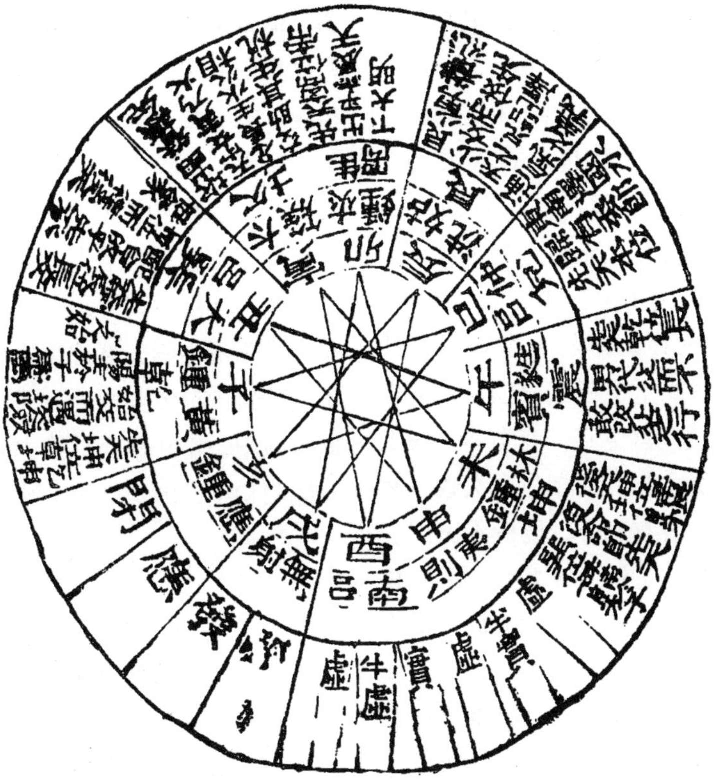

（二十八、阴阳律吕生生图）

不必托体，皆能自立，阴柔之德依附而成，故皆有所本耳。三八为木，八者，生成之数也。且卦止于八，隔八相生，义类从也。是吞吐、阖辟、往来、进退，皆不出其数耳。于是黄钟子生林钟未，林钟未生太簇寅，太簇寅生南吕酉，南吕酉生姑洗辰，姑洗辰生应钟亥，应钟亥生蕤宾午，蕤宾午生大吕丑，是皆阳下生阴，阴上生阳也。阳起于子，阴起于丑，阳自奋而起，阴自合而止，阳生阴，而阴生阳者，虽云隔八相生，实以见对代。参前有三合，将周之义也。盖有天地而后有水火，有水火而后有山泽，有山泽而后有雷风，故先天乾、坤、坎、离当四正之位，震、巽、艮、兑列四维之地，即可见阴阳后先之理矣。

古者考律推声，出音入义，必先立黄钟之平为本，是以一阳来复之子。律起黄钟，而为万事根，其管长九寸，九九八十一也。凡律吕之数，以九乘之，九者，阳极之数也。阳极则风生，风以鼓吹发于声，而中乎音者也，故用九数。然数多者下生数，少者上生，相生之数，不出于八；增减之数，不出于三。三者，东方之生数也，即三才之理也。一生二，二生三，三生万，三者，其万化之机乎？八者，木气之成数也，即八风之义也。二而四，四而八，八而为六十四，八者，其变化无穷之数乎？此相生相因增减之所由分也。以下生者，倍其实，三其法；以上生者，四其实，三其法。上生皆三分损益，下生亦三分损益。宫生商，商生羽，羽生角，角生徵，此五音相生之次也。然十二辰每辰各有五音，要皆不出十二律之正声也。黄钟之律九寸，下生林钟；林钟之律六寸，上生太簇；太簇之律八寸，下生南吕；南吕之律五寸三分寸之一，上生姑洗；姑洗之律七寸九分寸之一，下生应钟；应钟之律四寸七十四分四不尽，上生蕤宾；蕤宾之律六寸三十二分五九二一，下生大吕；大吕之律四寸二十一分七二八一，上生夷则；夷则之律五寸六十二分三零四一，下生夹钟；夹钟之律三寸七十四分八六九四，上生无射；无射之律四寸九十九分四九二五三，下生仲吕；仲吕之律六寸六十五分九九八十有一，此十二律长短上下相生之一终也。是以黄钟生林钟，一阳生二阴也；林钟生太簇，二阴生三阳也；太簇生南吕，三阳生四阴也；南吕生姑洗，四阴生五阳也；姑洗生应钟，五阳生六阴也；应钟生蕤宾，则六阴生一阴矣。虽阴不生阴，然声音之道，低极不能顿高，况数极则变，变则以极阴而生微阴，正低极而欲高之机也。蕤宾生大吕，一阴生二阳也；大吕生夷则，二阳生三阴也；夷则生夹钟，三阴生四阳也；夹钟生无射，四阳生五阴也；无射生仲吕，五阴生六阳也；仲吕生黄钟，则六阳生一阳矣。虽阳不生阳，然律吕之义，紧极不能骤缓，况节变则通，通则以极阳而生微阳，正吐极而欲吞之候也。此非阴阳相生，虚实借用之妙乎？

二十九、三分损益之图

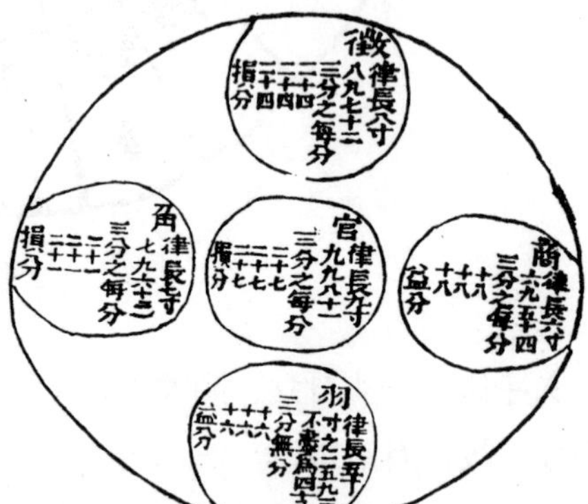

解说

天地之道，形以气感；声音之道，气以形应。是气也，触于形而发于声也。声从阳起，九者，阳之极也，极则生风，风之于声，是以律吕相生以九乘之。然形有长短，气有衰旺，故声有高下之分，音有清浊之殊耳。黄钟之律九寸，九九八十一也，宫之数也。分而三之，每得二十七数，三九之数已极，势不能增，不增则减，故损一分而留二分，共存五十四数而生徵。太簇之律八寸，八九七十二也，商之数也。分而三之，每得二十四数，三九之数已盈，数益多矣，即欲不损，不可得也，故损一分而留二分，共存四十八数而生羽。姑洗之律七寸，七九六十三也，角之数也。分而三之，每得二十一数，损之又少，益之又多，故有奇零，有奇零，则不能生，所以五音遇角而收。收者，变之机也。蕤宾之律六六寸，九五十四也，徵之数也。分而三之，每得一十八数，数已少矣，若使再损，五音皆无其数，故益一分十八，共积七十二数而生商。夷则之律五寸三十二分三不尽，五九四十五，三三不尽，而为四十八，羽之数也。分而三之，每得一十六数，数甚少矣，虽欲不益，不可得也。故益一分十六，共积六十四数而生角。羽有奇零者，音之尽也，角之应也。角有奇零者，音之中也，羽之生也。角其阳之阖乎？羽其阴之开乎？于此可以见阴阳开阖之机矣。阳数多而阴数少，数多而损，阳生阴也；数少而益，阴生阳也。一损一益，进退之道也。阳主升而阴主降，阴以生阳，升而进也；阳以生阴，降而退也。一升一降，阖辟之机也。损益、升降、往来不穷，进退、阖辟、吞吐、高下，要皆气之感乎形，而形达乎气者耳。若非律吕之长短损益，何以别声音之高下清浊哉！

三十、天根月窟图

耳目聪明男子身，
洪钧赋予未为贫。
手探月窟方知物，
足蹑天根始识人。
乾遇巽时观月窟，
地逢雷处见天根。
天根月窟闲来往，
三十六宫都是春。

解说

易者，履运处身之道也。凡动而生阳，静而生阴，理也；动而无静，静而无动，物也；静而无静，动而无动，神也；静中有动，动中有静，气也；一动一静之间，往来不失其衡者，即“天根月窟”之谓也。所谓“天根”者，指坤、震二卦之间为言也。坤、震之间阴既极矣，阴复孕阳。微阳将生，即天所生之根也。所谓“月窟”者，指乾、巽二卦之间为言也。乾、巽之间阳既极矣，阳将生阴，微阴复生，即月所出之窟也。阴阳，一元气也，非有二也。动而阳，静而阴，更相禅代，无有穷已。方其动而阳也，非全无阴，阳渐盛，则阴渐微。及其静而阴也，非全无阳，阴渐盛，则阳渐微。盛之极者消，则微之极者息矣。知此，则知坤、震之间，乃乾之静专既极，而动直之将萌也，故曰“天根”。乾、巽之间，乃坤之静翕既极，而动辟之将萌也，故曰“月窟”。盖天包地外，地下有天，凡根之著愈深，则萌之所发愈畅，此天根之名所以立也。月之魄受日之光，就月之无光处，正月之本体始现，此月窟之名所以立也。气机阖辟，流行不已，而人物生焉。以吾身而处乎人物之中，必也下极乎动静之间，如足之蹑天根；上极乎动静之间，如手之探月窟，真有以见乎气机消息之妙，而后可以喻于呼吸存存之窍。所谓“三十六宫”，即指八卦之画为言也。以刚画奇为一，柔画偶为二，合阳宫之十二，阴宫之二十四，共成“三十六宫”之数也。以“耳目聪明”之身，而探月窟，蹑天根，知物识人，灼见乎震、巽之出入，即造化之所往来也。闲心独处，无将无迎，无起无灭，默合流行之妙，则泛而应曲而当三十六宫。阳宫不暑，阴宫不寒，无适而非春也。是故万物化光，皆根于心。心之为根也，心之为窟也，生生不息，与震俱出，与巽俱入，不戕其根，不障其窟，则满腔皆春，发育万物，是无偏倚驳杂之虞也已。